अयोध्या का इतिहास
एवं
पुरातत्त्व

अयोध्या का इतिहास
एवं
पुरातत्त्व

(ऋग्वेद काल से अब तक)

ठाकुर प्रसाद वर्मा
स्वराज्य प्रकाश गुप्त

प्रकाशक
भारतीय इतिहास एवं संस्कृति परिषद्, नई दिल्ली - ११० ०१६
एवं
डी॰ के॰ प्रिण्टवर्ल्ड (प्रा०) लि०, नई दिल्ली - ११० ०१५

Cataloging in Publication Data — DK

Verma, T.P., (Thakur Prasad), 1933 –
Ayodhyā kā itihāsa evaṁ purātattva.
Includes bibliographical references (p.)
Includes index.

1. Ayodhya (India) — History. 2. Ayodhya (India) — Antiquities. I. Gupta, S.P. (Swarajya Prakash). 1931 – joint author. II. Title.

ISBN 81-246-0181-X

प्रथम संस्करण, 2001

प्रकाशक
भारतीय इतिहास एवं संस्कृति परिषद्
B-17, कुतुब इंस्टीटयुशनल एरिया
नई दिल्ली – 110 016

डी॰ के॰ प्रिण्टवर्ल्ड (प्रा॰) लि॰
पंजीकृत कार्यालय : *'श्री कुञ्ज'*, F-52 बाली नगर,
नई दिल्ली – 110 015
दूरभाष : (011) 545 3975, 546 6019; फैक्सः (011) 546 5926
ई-मेल : dkprint@4mis.com

मुद्रकः **डी॰ के प्रिण्टवर्ल्ड (प्रा॰) लि॰**

प्राक्कथन

अयोध्या का इतिहास एवं पुरातत्त्व : ऋग्वेद काल से अब तक पाठकों के हाथों में देते हुए हमें एक ऐसी महती आनन्द की अनुभूति हो रही है जिसका वर्णन शब्दों में तो किया नहीं जा सकता। हम तो ऋणी हैं उन सबके जिन्होंने हमारी हर तरह से सहायता की और हमें समय-समय पर जोखिमों से भी बचाया।

विगत पांच वर्षों से हम लोग इस विषय पर कार्यरत रहे हैं किन्तु सच बात तो यह है कि अभी भी बहुत कुछ अनकहा रह गया है। फिर भी जितना भी अभी तक जाना-सुना गया है उसकी यहां पूरी, किन्तु संक्षिप्त में, व्याख्या की गई है। उस बहुचर्चित पुस्तक की भी छान-बीन और समुचित विवेचना की गई है जिसको 'प्रमाण' मानकर कुछ इतिहासकार अपना दुराग्रह प्रकट करने से नहीं चूकते। उस पुस्तक का नाम है *अयोध्या* और इसके लेखक हैं डॉ॰ हैन्स बेकर जो हॉलैंड के निवासी हैं। वैसे तो बड़ी ही लगन और मेहनत से उन्होंने इस पुस्तक को रचा है, किन्तु २०० वर्षों से चली आ रही योरोपीय मानसिकता से वे भी पूरी तरह से उबर नहीं पाए हैं। उनकी इस पुस्तक में भी अनेक स्थानों पर वही दुराग्रह देखने को मिलता है जिससे उन्नीसवीं और बीसवीं शती के अधिकांश योरोपीय इतिहासकार ग्रस्त थे। वे कौन से दुराग्रह हैं? यदि इसको थोड़ा विस्तार में समझना हो तो गत वर्ष प्रकाशित कैम्ब्रिज विश्वविद्यालय में पुरातत्त्व पढ़ाने वाले विद्वान् डॉ॰ दिलीप कुमार चक्रवर्ती की पुस्तक देखें जिसका शीर्षक है *Colonial Indology;* इसके प्रकाशक हैं मुंशीराम मनोहरलाल, रानी झांसी रोड, नई दिल्ली। यहाँ केवल इतना कहना पर्याप्त होगा कि उन सभी विद्वानों में इतिहास की वैज्ञानिक छान-बीन के नाम पर भारतीय परम्परा का दुर्लक्ष्य करना प्रमुख था, भले ही इतिहास और पुरातत्त्व उसकी कितनी ही पुष्टि क्यों न करता हो। यहाँ हम हैन्स बेकर की अनेक मे से केवल एक बात की ओर आप सबका ध्यान आकर्षित कराना चाहेंगे, शेष पुस्तक में भीतर देखें। हैन्स बेकर के साथ सबसे बड़ी विडम्बना यह है कि वे *अयोध्या* नामक इस महाग्रन्थ में अयोध्या के अस्तित्व से ही इन्कार करते हैं। वे *अयोध्या* को बहुत बाद में दिया गया एक स्थान का नाम मानते हैं जिसका सच्चे इतिहास से कुछ लेना-देना नहीं है। इस प्रकार अपने योरोपीय दुराग्रह पर अड़े रहकर वे अयोध्या के परम्परागत इतिहास को एक मिथकीय संरचना ही सिद्ध करने का प्रयास करते हैं। वे यह भूल जाते हैं कि भारत में ऐतिहासिक स्थलों की परम्परा ही उनका प्रमाण है। सम्राट् अशोक को कैसे पता लगा कि भगवान बुद्ध उसी स्थान पर पैदा हुए थे जिसे आज भी लुम्बिनी कहते हैं जिसके कारण उन्होंने वहीं जाकर पूजा की और एक स्मृति-स्तम्भ स्थापित करवा दिया। आखिर इसके पीछे ३०० वर्ष पुरानी परम्परा ही तो थी। वे यह भी भूल जाते हैं कि यदि आज की अयोध्या ही प्राचीन अयोध्या नहीं थी तो क्या *रामायण* में वर्णित शृंगवेरपुर, भारद्वाज आश्रम, चित्रकूट, आदि भी वे स्थल नहीं हैं जहां वे आज हैं? तब तो मानना होगा कि पूरी-की-पूरी *रामायण* ही झूठी है, ऐसे हैं ये योरोपीय इतिहासकार ! इनके लिए आज का बेथलेहाम ही, जहां ईसा पैदा हुए थे, प्राचीन बेथलेहाम है, लेकिन आज की अयोध्या प्राचीन अयोध्या नहीं है जहां राम पैदा हुए थे, अतः उनका विचार अत्यंत संदेहात्मक है। इस विषय पर प्रो॰ बी॰ बी॰ लाल की विवेचना द्रष्टव्य है।

इस पुस्तक में हमने प्राचीन भारतीय साहित्य से उन सभी संदर्भों को जुटाने का प्रयास किया है जिसमें किसी-न-

किसी रूप में अयोध्या नगर का इतिहास झलकता है। यह साहित्य संस्कृत भाषा में है, पालि में है, प्राकृत में है, हिंदी, उर्दू और फ़ारसी में है। अंग्रेज़ी, फ्रेंच आदि विदेशी भाषाओं में भी है, विशेषकर उन विदेशी पर्यटकों के यात्रा-विवरणों में जिन्होंने मध्ययुग में यहां आकर सब कुछ अपनी आंखों से देखा और कानों से सुना था। अर्थात् भारतीय और विदेशी भाषाओं में प्रचुर मात्रा में यह सामग्री उपलब्ध है। जिन अन्य ग्रंथों में यह सब उपलब्ध है वे वेद हैं, पुराण हैं, दो महाकाव्य हैं, बौद्ध ग्रंथ हैं, जैन ग्रंथ हैं, फ़ारसी ग्रंथ हैं अर्थात् हर प्रकार के धर्म और नीति सम्बन्धित ग्रंथ हैं। इन पर १०० वर्षों से अनेक विद्वान् लिखते आए हैं, अतः हम सब उनके आभारी हैं क्योंकि हमने तो अधिकांश उन्हें ही उद्धृत् किया है।

हमारा यह प्रयास भी रहा है कि शिलालेख, मुद्रालेख और मुद्राचित्र भी न छूटने पायें क्योंकि इनके द्वारा भी अयोध्या के इतिहास पर प्रकाश पड़ता है। द्वितीय शताब्दी ई॰ पू॰ से ही ऐसी सामग्री मिलने लगती है। मध्य युग के तो बहुत से शिलालेखों में अयोध्या का इतिहास भरा पड़ा है।

हमें पुरातत्त्व से भी बहुत सहायता मिली है। समय-समय पर यहां उत्खनन हुआ है। समय-समय पर विद्वानों को अनायास ही धरती पर बिखरे प्राचीन भग्नावशेष मिले हैं जिनमें शिलालेख भी हैं। कई लोगों के घरों में तथा अर्वाचीन मंदिरों में अभी भी प्राचीन वस्तुओं और मूर्तियों को पड़ा हुआ देखा जा सकता है। १६७० के दशक की प्रो॰ ब्रजबासी लाल, प्रो॰ अवध किशोर नारायण आदि की खुदाइयां तो सर्वविदित हैं ही, जून-जुलाई १६६२ में डॉ॰ कृष्णमुरारी श्रीवास्तव एवं डॉ॰ स्वराज्य प्रकाश गुप्त की खुदाई एवं प्रो॰ बी॰आर॰ ग्रोवर की पुरातात्त्विक खोजों का विवरण भी यहां दिया जा रहा है। इतना ही नहीं, ६ दिसम्बर १६६२ के दिन तथाकथित 'बाबरी मस्जिद' के गिरने के बाद उसके मलबे से बहुत सारी पुरातात्त्विक सामग्री मिली जिसमें सबसे प्रमुख तो बारहवीं शताब्दी का वह शिलालेख है जिसमें राम-जन्मभूमि पर एक विशाल हिन्दू मंदिर के होने का प्रमाण उपलब्ध है। इसको सबसे पहले प्रकाश में लाने का श्रेय यदि किसी एक व्यक्ति को जाता है तो वह हैं श्रीमती (डॉ॰) सुधा मलैया। हम सब उनके ऋणी हैं।

भारतीय इतिहास एवं संस्कृति परिषद् ने १० से १३ अक्टूबर १६६२ में अयोध्या में ४० से अधिक इतिहासकारों और पुरातत्त्ववेत्ताओं का तीन दिनों का एक सम्मेलन आयोजित किया और उसमें आए सभी विद्वानों को तब तक की प्राप्त सभी पुरातात्त्विक सामग्री को दिखाया। सबने फिर इसकी सूक्ष्म विवेचना की और एक मत होकर उस पर अपनी राय दी कि ये सभी साक्ष्य यहां पर बारहवीं शती के मंदिर के हैं।

जब पुराना ढांचा अभी भी खड़ा था हम वहां लगातार दो वर्षों तक, १६६१ एवं १६६२, जाते रहे थे और उस ढांचे के भीतर लगे हुए काले "कसौटी" पत्थर के स्तम्भों आदि का अध्ययन करते रहे थे जो वास्तव में एक पुराने हिन्दू मंदिर के ही अवशेष थे जैसाकि उन पर उकेरे गए ६० से भी अधिक हिंदू देवी-देवताओं की तोड़ी गई मूर्तियों से पता चलता है। इसका पूरा लेखा-जोखा हम लोगों — श्री देवेन्द्र स्वरूप, डॉ॰ बी॰ आर॰ ग्रोवर, डॉ॰ स्वराज्य प्रकाश, श्री मोरो पंत पिंगले, डॉ॰ जे॰ के॰ जैन — ने तत्कालीन प्रधानमंत्री चन्द्रशेखर जी को स्वयं मिलकर दिया था; उसको देखने के बाद उन्होंने उसे हिंदू मंदिरों के अवशेष ही माना था। कालान्तर में जब श्री नरसिंह राव प्रधानमंत्री बने तो उनके निवास पर हमने उनको भी इन सभी पुरातात्त्विक साक्ष्यों के चित्र दिखाए थे। उस दिन उन्होंने विश्व हिंदू परिषद् तथा बाबरी मस्जिद एक्शन कमेटी के सदस्यों को भी रात्रि-भोज पर निमन्त्रित किया था। उत्तर प्रदेश के मुख्यमंत्री श्री कल्याण सिंह एवं श्री ब्रह्मदत्त द्विवेदी, उनके सहयोगी मंत्रीगण यथा श्री राजेन्द्र गुप्त, श्री लालजी टंडन, श्री फोनिया एवं श्री कलराज मिश्र, श्री राजनाथ सिंह आदि को भी हमने सभी ऐतिहासिक और पुरातात्त्विक सामग्री को दिखाया था। इन सभी महानुभावों ने माना था कि यह सामग्री हिन्दू मंदिर की ही हैं।

कहते हैं साहित्य इतिहास का मुख है और पुरातत्त्व उसकी आँखें। साहित्य जो कुछ सुनाता है पुरातत्त्व उसे दिखाता है। हाँ, कहीं-कहीं पुरातत्त्व जो दिखाता है, साहित्य वहाँ मौन भी रह जाता है। यह भी सत्य है कि जहाँ साहित्य जो कुछ सुनाता है पुरातत्त्व वह सब दिखा नहीं पाता। इसीलिए, जहाँ एक ओर साहित्य और पुरातत्त्व एक-दूसरे की पुष्टि करते हैं, वहीं दूसरी ओर वे एक-दूसरे के पूरक भी हो जाते हैं। सौभाग्य से अयोध्या के इतिहास पर साहित्य और पुरातत्त्व दोनों ही प्रकार के साक्ष्य हमारी दोनों ही प्रकार से सहायता करते हैं। अयोध्या का प्राचीन और मध्ययुगीन

इतिहास इसी कारण से अपनी पूर्णता में हमारे सामने इस ग्रंथ के माध्यम से उभरकर आता है।

अयोध्या के अर्वाचीन इतिहास के तो अनेक ऐसे स्रोत हैं जो पूर्ण रूप से प्रमाणित हो चुके हैं। इनमें डिस्ट्रिक्ट गज़ेटियर हैं, डिस्ट्रिक्ट रेवेन्यू रिकाड्र्स हैं, पब्लिक वर्क्स डिपार्टमेंट की फाइलें हैं, जजों के फैसले हैं और देशी-विदेशी इतिहास की, धर्मों की, सामाजिक अवस्था की पुस्तकें हैं, अखबारों की रिपोर्टें आदि हैं। प्रो॰ बी॰ आर॰ ग्रोवर ने इस पर बहुत अधिक कार्य किया है। फैज़ाबाद जिले के नए-पुराने सभी रेवेन्यू रिकॉर्ड्स का बारीकी से अध्ययन किया है। अतः दुराग्रहों को छोड़ दें तो इतिहास के सभी स्रोतों से यह बिल्कुल साफ हो जाता है कि अयोध्या का इतिहास राम-जन्मभूमि के इतिहास से घनिष्ठ रूप से जुड़ा है। और राम-जन्मभूमि का इतिहास हिन्दुओं के पिछले चार सौ वर्षों से अधिक के उस प्रतिरोध का इतिहास है, जिसमें उतार-चढ़ाव तो आए किन्तु वह सतत् चलने वाला सिलसिला रहा है। जैसा श्री देवेन्द्र स्वरूपजी की मान्यता है, उसकी जड़ों में मध्ययुगीन मुस्लिम शासकों की वह मनोवृत्ति रही है जिसमें गैर-मुस्लिम पूजा-स्थलों को तोड़ना मानो उनके धर्म का हिस्सा था।

शायद ही कोई एकाध मुस्लिम शासक हुआ होगा जिसने यह दुष्कृत्य नहीं किया। दुःख तो यह है कि आज का मुसलमान अपने को उस मनोवृत्ति से अलग नहीं कर पाता, वरन् उससे अपने को जोड़ता है। नहीं तो "बाबरी मस्जिद" के औचित्य को उसने स्वयं ही नकारा होता, उसके लिए लड़ता नहीं। उसने बाबर को आक्रमणकारी ही घोषित किया होता, उससे कोई नाता नहीं जोड़ा होता। उसने साफ कहा होता कि बाबर ने अयोध्या में राम-जन्मभूमि पर बने हुए मन्दिर को तोड़कर बहुत गलत काम किया है।

इसमें अब संदेह नहीं रह गया है कि बारहवीं शती में राम-जन्मभूमि पर भगवान विष्णुहरि का एक विशाल मंदिर बनवाया गया था जहां पर कालान्तर में उसे गिराकर एक मस्ज़िद बनवा दी गई थी। कला और स्थापत्य के आधार पर तो यह भी कहा जा सकता है कि इसी स्थान पर नौवीं–दसवीं शताब्दी का एक और भी पुराना मंदिर था जो हल्के पीले रंग के बलुए पत्थरों से बनाया गया था जो बारहवीं शती से पहले नष्ट हो चुका था। यह कोई अकेली घटना नहीं थी। भारत के अनेक भागों में ऐसी कितनी और घटनायें घटी थीं इसका पूर्ण वर्णन श्री सीताराम गोयल की पुस्तक *What Happend to Hindu Temples*, वायस ऑफ इण्डिया पब्लिशर्स, नई दिल्ली, में देखा जा सकता है।

इतिहासकार होने के नाते हम सोचते हैं कि अयोध्या का इतिहास क्या इस पर भी प्रकाश डाल सकता है कि इस देश का बंटवारा क्यों हुआ? एक हज़ार साल से भी अधिक समय से साथ-साथ के मकानों में रहते हुए भी हिंदू और मुसलमान एक राष्ट्र का निर्माण क्यों नहीं कर पाए? क्यों मुसलमानों ने अपने लिए एक पृथक् देश की मांग की? आज का शायद ही कोई मुसलमान हो जिसकी रगों में हिन्दू खून न हो फिर भी वह इतना अधिक हिंदू-विरोधी क्यों है? देने वाले इन प्रश्नों के अनेक उत्तर देते रहे हैं और देते रहेंगे लेकिन वे सब अर्द्धसत्य ही होंगे। इस दृष्टि से देखने पर हमें तो हर खोज का एक ही उत्तर मिलता है : मध्ययुगीन वह मनोवृत्ति जिसमें एक धर्मावलम्बी दूसरे धर्मावलम्बियों के पूजा-स्थलों को ज़बरन तोड़कर या हथियाकर उस पर अपने धर्म अथवा मज़हब अथवा पूजा-पद्धति की इमारत बनवा देता है, मानो ईश्वर की सबसे बड़ी आराधना बस इसी एक कृत्य में है और किसी में नहीं।

अतः आवश्यकता है इस्लाम के वास्तविक स्वरूप को जानने की, क्योंकि तभी यह पता लग सकता है कि इस्लाम का वह तौर-तरीका कैसे हुआ कि भारत में मंदिर गिराए गए और स्पेन में गिरजाघरों को मस्ज़िद में बदला गया। हमारी दृष्टि में यहीं से शुरू होता है उस खाई का निर्माण जो भारतीय समुदाय को दो भागों में विभाजित कर देती है और कभी भी इन दो समुदायों को शांति और सुलह से जीने नहीं देती। अयोध्या का इतिहास इसका सबसे बड़ा साक्षी है। न मंदिर गिराए गए होते, न वहीं पर मस्ज़िद बनाई गई होती और न खाई बन पाती। अयोध्या का इतिहास इस अर्थ में पूरे भारत का इतिहास है। नाम अलग हो सकते हैं, स्थान भी अलग-अलग हो सकते हैं, तिथियां भी अलग-अलग हो सकती हैं, फिर भी इतिहासकारों के लिए यह सब अर्थहीन है क्योंकि उनके लिए ये सब केवल उदाहरण हैं उस एकमात्र मनोवृत्ति के जिसमें एक मतावलम्बी दूसरे मतावलम्बी के धर्म पर सीधी चोट करता है और वे पीढ़ी-दर-पीढ़ी एक-दूसरे के दुश्मन बन बैठते हैं। इसके मूल में धर्म नहीं है, धर्म का केवल आवरण है, मूल में है सामरिक विजय से उत्पन्न होने

वाला साम्राज्यवादी अहंकार। रूस और पोलैण्ड के बीसवीं शती के प्रारम्भ का इतिहास भी इसका प्रमाण है। रूस ने पोलैण्ड को उन्नीसवीं शती में हड़पा और उसकी राजधानी में अपना गिरजाघर बनवा दिया। (देखें टॉयनबी का भाषण पृ॰ xiii पर)

कहते हैं धर्म, जाति, भाषा, प्रांत आदि सभी इकाइयों से ऊपर है मनुष्य स्वयं, एक अदद मनुष्य/हाड़-मांस का पुतला जो पैदा होता है, बढ़ता है, अपनी क्षमताओं का प्रकटीकरण करता है फिर मर जाता है। सब धर्म इसी पुतले के चारों ओर घूमते हैं। मगर काश ! यह सही होता। इतिहास तो कुछ और ही बताता है। मनुष्य समुदाय का प्राणी है; वह अपने समुदाय में ही जीता और मरता है। उसका मानस उसी समुदाय से बनता है। इसी को कभी हम संस्कार कहते हैं तो कभी परम्परा, तो कभी सामूहिक चेतना। वह अकेला होता ही नहीं। वह हाड़-मांस का पुतला होते हुए भी बहुत कुछ और है। वह सामाजिक प्राणी है, केवल मात्र एक जंतु नहीं है। इसीलिए वह अपने धर्म और संस्कृति की देन है। अतः हमें अलग-अलग धर्मों के उस स्वरूप को समझना होगा जो उसका व्यावहारिक रूप होता है, जो अनेक बार उसके मूल से बिल्कुल ही भिन्न होता है क्योंकि यदि यह सच नहीं होता तो मानव जगत् में न कभी द्वेष होता और न कभी युद्ध क्योंकि मूल रूप में सभी धर्म श्रेष्ठ मानवीय आदर्शों का प्रतिपादन करते दिखते हैं। अतः मूलभूत अध्ययन का विषय होना चाहिए हर धर्म के व्यावहारिक रूप की जानकारी और उसकी मीमांसा। क्योंकि एक बार उसका खुलासा हो गया तो हमारी समझ में सब कुछ आ जाएगा।

अतः *अयोध्या का इतिहास और पुरातत्त्व* इस बात की खोज है कि मध्य युग में हिन्दू धर्म का व्यावहारिक रूप क्या रहा है और उसी काल-खण्ड में इस्लाम का व्यावहारिक रूप क्या रहा है? इस विवेचना में हम इन धर्मों के धर्मावलम्बियों के प्रत्यक्ष व्यवहार को देखें, समझें और परखें जो बारहवीं शती के पहले के काल में भी हुआ। अर्थात् हिन्दू और इस्लाम धर्मों के मानने वालों की उस आचरण-पद्धति को देखें जो सातवीं शती से सत्रहवीं शती तक रही और उसके बाद भी चलती रही। यह अध्ययन कुछ एक के लिए चौंकाने वाला हो सकता है फिर भी हमारे लिए यह स्पष्ट है कि अपवादों को छोड़ दें और आचरण-पद्धति को देखें तो लगेगा कि इस्लाम के मानने वाले लोगों का व्यावहारिक पक्ष हिन्दुओं, ईसाइयों, यहूदियों, आदि सभी के लिए एक जैसा ही रहा है – सब पर ज़ज़िया, सबके प्रति असहिष्णुता, सबके धार्मिक स्थलों को क्षति पहुंचाना, अर्थात् धर्म को तलवार से मनवाना, लोगों का धर्म परिवर्तन करना, उसका विस्तार करना, उसका प्रचार करना, उसे ज़बरन दूसरों पर थोपना। ऐसा नहीं कि दूसरों का इतिहास इस अर्थ में बिल्कुल ही साफ़ हो लेकिन कम-से-कम हिन्दू धर्मावलम्बियों का ७०० ई॰ से १७०० ई॰ और १७०० ई॰ से १९४७ का इतिहास इस अर्थ में बहुत कुछ मस्जि़द-विरोधी और गिरजाघर-विरोधी नहीं रहा। विरोध रहा, खुलकर रहा, ज़ोरदार रहा मगर इस्लाम और ईसाइयत के उस तौर-तरीके का, जो डर, भय या प्रलोभन के द्वारा लोगों के धर्मों का परिवर्तन कराता है।

अयोध्या का इतिहास और पुरातत्त्व इसी बात को समझने का एक प्रयास है कि कोई क्यों मन्दिर-विरोधी हो जाता है और कोई क्यों मस्जि़द–विरोधी हो जाता है? क्या यह केवल एक घटनामात्र है कि जहां बारहवीं शती में एक मंदिर था वहीं सोलहवीं शती में एक मस्जि़द बन गई और बीसवीं शती में उसी स्थान पर एक बार फिर से मंदिर बन गया? क्या इस घटना-चक्र के पीछे हिन्दुओं और मुसलमानों के धर्मों के व्यावहारिक पक्ष की मूलभूत प्रवृत्तियों का अन्तर है अथवा केवल ऊपरी वैमनस्य, जो एक समय के शासक समुदाय का उस समय के शासित समुदाय के प्रति हो जाता है? हमारे विचार में अगर दूसरा कारण सच होता तो वह पिछले वर्षों में मिट जाता, लेकिन चूंकि ऐसा नहीं हो पाया अतः पहली बात सच क्यों नहीं है?

अयोध्या का 'इतिहास' तो अब बहुत कुछ सुस्पष्ट है किन्तु अयोध्या का 'पुरातत्त्व' अभी भी केवल खण्ड-खण्ड में ही उजागर हो पाया है। अभी भी १००० ई॰ पू॰ के नीचे के, अर्थात् पहले के स्तरों की खोज बाकी है। अयोध्या में पग-पग पर प्राचीन स्थलों और टीलों के अवशेष देखे जा सकते हैं। आवश्यकता है उनकी विधिवत खुदाई की। अनेक टीलों पर लोगों ने मकान बना लिए हैं, आवश्यकता है उनसे प्रार्थना करके उन्हें खाली कराने की। अनेक लोगों के घरों में प्राचीन वस्तुएं दीवारों में जड़ी हैं, आवश्यकता है उन्हें प्रेरणा देकर प्राप्त करने की। अयोध्या नगर के दस किलोमीटर व्यास के क्षेत्र में अनेक स्थल हैं, आवश्यकता है उनके पूरे सर्वेक्षण की। सच बात तो यह है कि अयोध्या का पुरातत्त्व

तो अभी केवल अपने प्रारम्भिक चरण में ही है। जितना हुआ है वह जितना होना शेष है उसका शतांश भी नहीं। इस संदर्भ में हम अपनी नई खोज की ओर सबका ध्यान आकर्षित करना चाहेंगे ताकि यह बात स्पष्ट हो जाए कि अभी कितना कुछ करना बाकी है।

अयोध्या नगरी पिछले हज़ारों साल से केवल एक ही छोटे से स्थान में सिमटी हुई बस्ती नहीं थी। समय-समय पर चार-छः किलोमीटर इधर-उधर भी वह अपना स्थान बदल लेती थी। इसे 'स्थानान्तरित आवासी' 'shifting settlement pattern' पद्धति कहते हैं। अर्थात् जहां पर मौर्यकाल की बस्ती थी, आवश्यक नहीं है कि वहीं शुंगकाल की भी बस्ती रही हो। इसी प्रकार से जहां कुषाणकाल की बस्ती थी, वहीं गुप्तकाल में भी बस्ती रही हो। और जहां गुप्तकाल की बस्ती थी, वहीं हर्षकालीन बस्ती रही हो। हमने सर्वेक्षण द्वारा यह पाया है कि समय-समय पर बस्तियों के स्थान बदलते रहे हैं। किन्तु यह सब एक भू-खण्ड अथवा सीमित क्षेत्र में ही हुआ था; दस किलोमीटर के व्यास के भीतर। यही कारण है कि राम-जन्मभूमि पर प्रो॰ बी. बी. लाल की खुदाइयों में कभी ऐसे स्तर भी मिलते हैं जिसमें पुरावशेष नहीं के बराबर है। इससे पता लगता है उस काल-खण्ड में यहां से लोग अन्यत्र चले गए थे। हमारी खोजों के अनुसार अयोध्या के इतिहास में यह बस्ती-स्थानान्तरण का कार्य कम-से-कम तीन बार अवश्य हुआ था, पांच बार भी होने के संकेत हैं। राम-जन्मभूमि, कुबेर टीला, नल-नील टीला, हनुमानगढ़ी, स्वर्गद्वार, रानोपाली, आदि वे स्थान हैं जहां की खुदाइयां बस्तियों के स्थानान्तरण पर गहरा प्रकाश डाल सकती हैं। यह कार्य छोटा नहीं है। एक-दो वर्ष का भी नहीं है। कम-से-कम पांच-दस वर्षों का है। मुझे आशा ही नहीं विश्वास है कि एक दिन वह दूरदर्शी सरकार अवश्य आएगी जो इस महती कार्य को कराने के लिए विद्वानों को सभी प्रकार की सहायता देगी।

एक बात और, *अयोध्या का इतिहास और पुरातत्त्व* यह बताता है कि यह नगर भारत की पूरी-की-पूरी संस्कृति को दर्शाता रहा है — वैदिक, पौराणिक, बौद्ध, जैन, सिक्ख, आदि सभी वैचारिक पद्धतियों और पूजा-पद्धतियों का यह समागम-स्थल था। राम यहीं पैदा हुए तो जैनियों के पांच तीर्थंकरों की भी यह जन्म–भूमि थी। बुद्ध भी यहां आए थे और गुरु गोबिंद सिंह ने भी यहां निवास किया था। सम्राट् अशोक ने यहां एक स्तूप और उसके आगे पत्थर का एक विशाल स्तम्भ खड़ा किया था। पुष्यमित्र शुंग के काल में पतञ्जलि ने यहां अश्वमेध यज्ञ करवाया था। कुषाणकाल में यह व्यावसायिक केन्द्र और धर्मस्थल था। गुप्तकाल में तो यह उन राजाओं की राजधानी ही थी। पूर्व मध्यकाल में यह मंदिरों का अनुपम नगर था। मध्यकाल में इसकी मालगुज़ारी की कोई समानता ही नहीं थी। यद्यपि मुसलमानी काल में यहां तरह-तरह के दमन-चक्र भी चले फिर भी तुलसीदास यहीं रहे और भक्ति के माध्यम से मुगलों के दमन-चक्र का प्रतिरोध करते रहे।

अयोध्या का इतिहास और पुरातत्त्व जहां एक ओर अपने में इन सभी बातों को समेटता है वहीं राम-जन्मभूमि आंदोलन की पृष्ठभूमि भी पाठकों के सामने रखता है। एक-एक वर्ष का इसमें ब्यौरा है। इतिहास और पुरातत्त्व की जितनी भी आवश्यक सामग्री है उसे भी हमने यहां रखने की चेष्टा की है। मंदिर के पक्ष में और मंदिर के विरोध में रखी गई विद्वानों की दलीलों को हमने यहां रखा ही नहीं है वरन् उसका समुचित विवेचन भी किया है। अतः यह समकालीन इतिहास का लेखा-जोखा भी है। हां यह विस्तृत नहीं है, अतः इसमें बहुत कुछ छूटा है। प्रकाशक की सीमा होती है। अतः इस ग्रंथ को संक्षिप्त ही माना जाना चाहिए, न कि पूर्ण और विस्तृत; फिर भी अनेक चित्रों के माध्यम से हमने पुस्तक में वर्णित पुरातात्त्विक साक्ष्यों को पूर्णता प्रदान करने की चेष्टा अवश्य की है।

इतना सब होते हुए भी, हम यह भली-भांति जानते हैं कि देश में अनेक ऐसे जिज्ञासु होंगे जो और अधिक जानना चाहेंगे। हम प्रयास करेंगे कि भविष्य में जब इस पुस्तक का दूसरा संस्करण आए तो उसमें हमसे छूट गए अंश भी आ जाएं। यही नहीं, उसमें नई खोजों का भी समावेश हम करने का प्रयास करेंगे। पाठकों से यह आग्रह है कि वे हमें लिखते रहें।

यहां हम उन सभी विद्वानों और व्यक्तियों के प्रति आभार प्रकट करते हैं जिन्होंने हमें इस कार्य में तरह-तरह की सहायता की है। सभी लोगों का नाम लेना तो मुश्किल है लेकिन इसमें श्री देवेन्द्र स्वरूप जी का मार्ग-दर्शन ही हमारे

लिए वरदान था। प्रोफेसर बी॰ आर॰ ग्रोवर, प्रो॰ के॰ एस॰ लाल, डॉ॰ सुधा मलैया, ठाकुर रामसिंह, प्रो॰ आर॰ नाथ, पूर्व जस्टिस धर्मवीर सहगल, पूर्व जस्टिस देवकी नन्दन अग्रवाल, पूर्व एडवोकेट जनरल, उत्तर प्रदेश, वीरेन्द्र कुमार सिंह चौधरी एवं प्रो॰ हर्ष नारायण के हम सबसे अधिक आभारी हैं क्योंकि इनके अथक प्रयासों के कारण बहुत कुछ इतिहास और पुरातत्त्व की सामग्री मिली और हमारे द्वारा इस पुस्तक का लिखना सम्भव हुआ। इस ग्रंथ में साहित्य और पुरातत्त्व दोनों ही प्रकार की सामग्रियों का उपयोग किया गया है। इस पुस्तक के प्रथम लेखक ने साहित्यिक सामग्री का अध्ययन और लेखन किया है जबकि द्वितीय लेखक ने केवल पुरातात्त्विक सामग्री का अध्ययन और भूमिका एवं अंतिम अध्याय का ही लेखन किया है।

अयोध्या से प्राप्त शिलापट्ट अभिलेख को पढ़ने में हमें अनेक विद्वानों से सहायता और सहयोग प्राप्त हुआ है जिनमें डॉ॰ के॰ वी॰ रमेश, प्रो॰ अजय मित्र शास्त्री, डॉ॰ अरविन्द कुमार सिंह, डॉ॰ सुधा मलैया, डॉ॰ देवी प्रसाद दुबे, डॉ॰ गयाचरण त्रिपाठी के नाम विशेष रूप से उल्लेखनीय हैं। प्रथम विद्वान् ने ही प्रथम बार इसे पढ़ा था, अतः हम उनके सबसे अधिक ऋणी हैं। मुझे (डॉ॰ गुप्त) और डॉ॰ सुधा मलैया को वह शाम कभी नहीं भूलेगी जिस दिन हम अयोध्या से शिलालेख का चित्र लेकर दिल्ली लौटे थे तथा हमने उस चित्र का एक बड़ा प्रिंट बनवाया था और उसे लेकर हम डॉ॰ रमेश के कमरे में लगभग ८ बजे रात पहुँचे थे और उनसे प्रार्थना की थी कि वे इस शिलालेख को पढ़ दें। हम सांस बांधकर उनके सामने बैठे हुए थे क्योंकि उनका पाठ हमारे आन्दोलन और हमारे विश्वास तथा हमारी विद्वत्ता को या तो बल दे देता और या तो उसे मिट्टी में मिला देता। आखिर हमने पिछले दो वर्षों से यह लगातार कह रखा था कि उस समय जहां तथाकथित 'बाबरी मस्ज़िद' खड़ी थी वहीं बारहवीं शताब्दी में एक हिन्दू मन्दिर हुआ करता था। अतः जैसे ही 'जन्मभूमि', 'अयोध्या', 'साकेत मण्डलम्', 'शिला मन्दिरम्', 'दशानन' आदि शब्दों को उन्होंने पढकर हमें सुनाया तो हमने ईश्वर को बहुत-बहुत धन्यवाद दिया क्योंकि उसने हम लोगों की लाज रख ली।

हम श्री रंजीत दत्त गुप्त, श्री लक्ष्मी नारायण और श्री विमल श्रीमाली के भी बहुत आभारी हैं क्योंकि इस पुस्तक में छपे अधिकांश चित्र उन्हीं के बनाए हुए हैं। श्री॰ एम॰ एस॰ मणि ने नक्शे बनाकर हमारी बडी सहायता की है। श्री अश्विनी अस्थाना और श्री राकेश ने टंकन में हमारी सहायता की।

श्री रमाशंकर अग्निहोत्री, श्री अशोक चटर्जी तथा श्री राम बाबू अग्रवाल के प्रति भी हमें (स्वराज्य प्रकाश गुप्त एवं सुधा मलैया को) आभार प्रकट करने में एक विशेष प्रकार के सुख की अनुभूति हो रही है क्योंकि ११ दिसम्बर १९९२ के दिन, जब अयोध्या में कर्फ्यू लगा हुआ था और राम-जन्मभूमि स्थल सेना के अधिकार में था, इन्हीं महानुभावों ने हम दोनों का मार्गदर्शन किया था और अनेक संकटों से हमें बचाया था, जिसके कारण हम शिलालेखों के फोटो चित्र लेने में सफल हो पाए थे और उन्हें लेकर दिल्ली पहुंच पाए थे। श्री आनंद आदीश और श्री बलबीर पुंज ने दिल्ली के हिमाचल भवन के पत्रकार सम्मेलन में भी हमारी रक्षा की थी। उस दिन ग़ैर-जिम्मेदाराना ढंग से दिल्ली पुलिस ने ५०० सिपाहियों के साथ हिमाचल भवन की घेराबन्दी कर दी थी ताकि वे हमें बंदी बना सकें, यद्यपि पत्रकार सम्मेलन बुलाना कोई अपराध नहीं था। अपने मित्रों की सूझ-बूझ की वजह से ही हम वहां से निकल जाने में सफल हो पाए यद्यपि श्री॰ देवेन्द्र स्वरूप जी को डॉ॰ गुप्त समझकर उन्हें पकड़ने का पुलिस ने पूरा प्रयास किया। यह बात दूसरी है कि श्री भानु प्रताप शुक्ल के द्वारा पुलिस को ललकारने के कारण सभी पत्रकार पुलिस पर टूट पड़े और शीघ्र ही पुलिस को वह स्थान छोड़ देना पड़ा।

श्री विष्णुहरि डालमिया, श्री ओंकार भावे, श्री चम्पत राय, डॉ॰ सुरेश चन्द्र वाजपेयी, श्री सोहन सिंह, श्री प्रेमजी गोयल, पं॰ विश्वामित्र, श्री सूर्य कृष्ण एवं श्री देवी प्रसाद सिंह एवं श्री आनन्द जी ने भी हमें इस पुस्तक के लिए सामग्री को एकत्र करने में अत्यधिक सहायता दी अतः हम उनके भी आभारी हैं। श्री आभास कुमार चटर्जी ने कैम्ब्रिज विश्वविद्यालय से टायफेन्थलर की पुस्तक के कुछ अंशों का अंग्रेजीकरण करके हमारी उस समय बड़ी सहायता की थी अतः हम उन्हें भी धन्यवाद देते हैं। उन्हीं दिनों श्री राम स्वरूप, श्री सीताराम गोयल, प्रो॰ के॰ एस॰ लाल एवं प्रो॰ आर॰ नाथ ने भी हमें बहुत परामर्श दिया था और बहुत सारी नई सामग्री प्रदान की थी। श्री कोनार्ड एल्डस्ट एवं श्री॰ अरुण शौरी ने भी हमें हमारे कार्य में बहुत विद्वत्तापूर्ण योगदान दिया था। अतः हम इन सब विद्वानों के भी बहुत आभारी हैं।

इस पूरे प्रकरण में जिन्होंने हमारा पग-पग पर मार्गदर्शन किया और हर प्रकार से हमारी सहायता की, वे हैं माननीय श्री मोरो पन्त पिंगले, माननीय श्री अशोक सिंहल जी और आचार्य गिरिराज किशोर। हम उनके सबसे अधिक ऋणी हैं।

हम माननीय श्री कु॰ सी॰ सुदर्शन जी के प्रति शायद ही कभी पूर्ण रूप से अपनी कृतज्ञता व्यक्त कर सकेंगे क्योंकि उनकी सतत प्रेरणा ही हमारे लिए हमेशा ही सम्बल रही। श्री॰ अटल बिहारी वाजपेयी, श्री॰ लालकृष्ण आडवाणी, श्री॰ के॰ आर॰ मलकानी, डॉ॰ मुरली मनोहर जोशी, श्री विजय कुमार मल्होत्रा एवं श्री केदार नाथ साहनी जी को भी बहुत धन्यवाद देते हैं क्योंकि इन सभी महानुभावों ने हमें अनेक प्रकार से हमारे तमाम कार्यों में मदद की थी। श्री मदन लाल खुराना, श्री साहिब सिंह वर्मा, श्री जगदीश मुखी एवं डॉ॰ हर्षवर्द्धन के भी हम अत्यंत आभारी हैं क्योंकि इन सभी महानुभावों ने हमारी हर तरह से सहायता की थी। श्री तरुण विजय, सम्पादक, *पाञ्चजन्य* तथा श्री शेषाद्रिचारी, सम्पादक, *ऑरगेनाइज़र* को भी हम धन्यवाद देते हैं क्योंकि उन्होंने १९९१, १९९२ और १९९३ में समय-समय पर हमारी दी हुई सामग्री को बराबर छापकर जनता तक पहुँचाया। डॉ॰ मुरली मनोहर जोशी जी ने हमारी पुस्तक *राम-जन्मभूमि अयोध्या : नए पुरातात्त्विक अवशेष* को वित्तीय सहायता देकर उसे छपवाने में हम सबकी बड़ी सहायता की थी जिसके कारण यह पुस्तक घर-घर जा पाई और बाबरी मस्ज़िद एक्शन कमेटी के द्वारा प्रस्तुत प्रमाणों का खण्डन कर सकी।

हमारा 'आभार' हर तरह से अधूरा ही रह जाएगा यदि हम अपने सबके परम श्रद्धेय प्रो॰ राजेन्द्र सिंह उपाख्य 'रज्जू भैया', श्री भाऊराव देवरस एवं श्री हो॰ वे॰ शेषाद्रि के सतत् मार्गदर्शन एवं आशीर्वाद का वर्णन न करें। बिना इनके तो यह कार्य सम्भव ही नहीं था। उनका मार्गदर्शन और उनका सस्नेह आशीर्वाद आज भी हमारा सबसे बड़ा सम्बल है।

मध्यप्रदेश के तत्कालीन मुख्यमंत्री श्री॰ सुन्दर लाल पटवा के प्रति भी हम आभार व्यक्त करते हैं क्योंकि उनके और उनकी सरकार द्वारा हमें बड़ी सहायता मिली थी। और अंत में हम उत्तर प्रदेश सरकार के आभारी हैं जिसकी वित्तीय सहायता के द्वारा यह कार्य पूर्ण हुआ, यद्यपि यहां रखे गए विचार हमारे हैं और हम ही उसके उत्तरदायी हैं, उ॰ प्र॰ सरकार नहीं।

बुद्ध पूर्णिमा,
१८ मई, २०००

ठाकुर प्रसाद वर्मा
स्वराज्य प्रकाश गुप्त

पृष्ठभूमि

As I have been speaking, some vivid visual memories have been flashing up in mind's eye. One of these mental picture of the principal square in the Polish city of Warsaw sometime in the late ninteen-twenties. In the course of the first Russian occupation of Warsaw (1914-1915) the Russians had built an Eastern Orthodox Christian cathedral on this central spot in the city that had been the capital of the once independent Roman Catholic Christian country Poland. The Russians had done this to give the Poles a continuous ocular demonstration that the Russians were their masters. After re-establishment of Ploand's independence in 1918, the Poles had pulled this cathedral down. The demolition had been completed just before the date of my visit. I do not greatly blame the Polish Government for having pulled down that Russian church. The purpose for which the Russians had built it had been not religious but political, and the purpose had also been intentionally offensive.

Aurangzeb's purpose in building those three mosques was the same intentionally offensive political purpose that moved the Russians to build their Orthodox cathedral in the city-centre at Warsaw. Those mosques were intended to signify that an Islamic government was reigning supreme, even over Hinduism's holiest of holy places. I must say that Aurangzeb had a veritable genius for picking out provocative sites. Aurangzeb and Philip II of Spain are a pair. They are incarnations of the gloomily fanatical vein in the Christian-Muslim-Jewish family of religions. Aurangzeb — poor wretched misguided bad man — spent a lifetime of hard labour in raising massive monuments to his own discredit. Perhaps the Poles were really kinder in destroying the Russians' self-discrediting monument in Warsaw than you have been in sparing Aurangzeb's mosques.

— Arnold Toynbe in *One World and India* (New Delhi, 1960) pp. 59-60

ये विचार हैं २०वीं सदी के सबसे बड़े इतिहासकार के, जिन्हें पढ़कर हम इतिहास के मर्म को जान पाते हैं। दुःख तो तब होता है कि पश्चिम के तमाम इतिहासकार पोलैंड की घटना पर चुप्पी साधे हैं किन्तु भारत की वैसी ही घटना पर हाय-तौबा मचाए हैं। हमने *अयोध्या का इतिहास और पुरातत्त्व* क्यों लिखा हम इसकी थोड़ी और विवेचना अवश्य करना चाहेंगे। कहते हैं—

"If you want to kill a nation, don't do anything, just distort its history"

हम अपनी बात की शुरूआत इस प्रश्न से करना चाहेंगे कि आखिर 'इतिहास क्यों और किसके लिए?' यों तो पिछले २०० वर्षों में शायद ही कोई दशक गया हो जिसमें यह प्रश्न न उठाया गया हो और तरह-तरह से इसका उत्तर न दिया गया हो फिर भी मोटे तौर पर जो उत्तर दिए गए हैं वे निम्न हैं —

To record faithfully the past-as-it-was.

To know how the people involved or affected by an event looked at it and reacted.

To understand the patterns of group-behaviour in time and sapce and not record events alone one.

The past may not have an independent existence apart from the present. Let the past serve the present.

The Third World is doomed since its history is still been written by the First World or the stooges of the First World.

There is nothing scientific in history-writing in the modern times since it is a product of Colonialism of the nineteenth century and Marxism of the twentieth century, both are hegemonic.

Since individual events, unless one is an accident, are the products of long-standing social, cultural, religious or political problems, the events themselves are meaningless save as illustrations of causes lying elsewhere, the job of a historian is to find out these causes.

इतिहास के बारे में इस तरह के कितने ही और भी विचार हो सकते हैं, और हर एक में कुछ-न-कुछ सच्चाई अवश्य है किन्तु एक बात जो बार-बार उभरकर सामने आती है उसको समझना कठिन नहीं है।

इतिहास केवल घटनाओं की खोज और उनका वर्णन मात्र नहीं है क्योंकि घटनाओं के कारण कहीं और ही छिपे होते हैं और जब तक उन कारणों का खुलासा और उसकी समझ नहीं होती है, तब तक घटनाओं के वास्तविक चरित्र को समझा ही नहीं जा सकता। ये कारण कई प्रकार के हो सकते हैं — सामाजिक, धार्मिक, आर्थिक, राजनैतिक, सैद्धान्तिक, आदि।

दूसरी बात यह है कि उन्नीसवीं और बीसवीं शताब्दियों में दुनिया में इतिहास-लेखन की एक नई प्रकार की विधा शुरू होती है जिसका सूत्रपात उन योरोपीय लोगों द्वारा किया गया जिन्होंने दुनिया के अनेक भागों में अपने साम्राज्य का विस्तार किया और अपने शासन की पकड़ को मजबूत करने की दिशा में इतिहास को एक औज़ार की तरह उपयोग किया। मार्क्सवाद भी इसी बड़े ढांचे का एक हिस्सा बनकर उभरा भले ही उसकी भाषा और शब्दावली दूसरे प्रकार की थी। उसका एक कारण था, मार्क्स भी योरोपवासी था अतः वह भी एशिया की आत्मा अथवा उसके सांस्कृतिक स्वरूप को योरोपीय चश्मे से देखता रहा। अतः वह उसे समझ ही नहीं पाया। सच बात तो यह है कि वह राष्ट्रों के जीवन में धर्म और संस्कृति दोनों का ही महत्त्व नहीं समझ पाया। उसके लिए मनुष्य माने रोटी, सिर्फ रोटी था अतः जब रूस में मनुष्य का पेट भर गया तो उसने उन सभी मार्क्सवादियों को उखाड़ फेंका जिन्होंने उसे रोटी दी थी और वह मांगने लग गया धर्म, संस्कृति, राष्ट्रवाद, प्रजातन्त्र, आदि। मार्क्स उसी देश में हार गया जिसको लेकर उसने अपने सपने संजोए थे।

अतः यह स्पष्ट है कि आज के युग में इतिहास-लेखन की जितनी भी विधाओं का सूत्रपात किया गया वह अधिकांशतः या तो सिद्धांतों के प्रतिपादन करने के लिए अथवा शासक वर्ग के द्वारा, शासक वर्ग के लिए और शासन-तन्त्र को मजबूत करने हेतु किया गया। सिर्फ बिरले ही इसके अपवाद थे। मोटे तौर पर यह शासक-वर्ग योरोप में राज-तंत्र के झण्डे के नीचे कार्य करता रहा, अमेरिका में जन–तंत्र के झण्डे के नीचे कार्य करता रहा और सोवियत यूनियन में मार्क्सवाद के झण्डे के नीचे कार्य करता रहा। झण्डा कोई भी क्यों न रहा हो, मक़सद सबका सिर्फ एक था — अपने

को श्रेष्ठ और दूसरे को हीन करार देकर राज्य करते रहना। अतः उनकी दृष्टि में एशिया, अफ्रीका और पैसिफिक के लोगों की संस्कृतियां सड़ी-गली और अन्धविश्वासों में घिरी संस्कृतियां हैं जिनको रोशनी दिखाने का बोझ भगवान ने गोरी चमड़ी के कन्धों पर डाल रखा है। इसी को 'whiteman's burden' कहा गया था। भारतीय संस्कृति को सड़ी, गली, अन्धविश्वासों में घिरी ही सिद्ध करना उनका उद्देश्य था क्योंकि तभी साम्राज्यवादी लेखक तथा साम्यवादी लेखक भारत में अंग्रेज़ी राज्य की सार्थकता सिद्ध कर सकते थे। यह उनका मिथ्याभिमान था और कुछ नहीं।

ज़ाहिर है, एशिया, अफ्रीका और पैसिफिक देशों का पढ़ाया जाने वाला इतिहास एक कुत्सित मनोवृत्ति का इतिहास है भले ही उसके लिखने वाले गोरे रहे हों, जैसे जेम्स मिल्स या विंसेट स्मिथ या ए॰ एल॰ बैशम, और चाहे इनके भूरे शिष्य, जैसे आर॰ एस॰ शर्मा या रोमिला थापड़। भारत का इतिहास मानो भारतीयों का न होकर एक 'शासित वर्ग' का इतिहास था नाम भले ही कुछ भी हो – भारतीय, ईरानी, मध्य एशियाई, दक्षिण-पूर्व एशियाई, अफ्रीकी, लैटिन अमेरिकी, इत्यादि। साम्राज्यवादी और साम्यवादी इतिहासकारों की नज़र में जो गोरा नहीं वह सभ्य नहीं, जो सभ्य नहीं उसका इतिहास भी नहीं। भारत का भी कोई इतिहास नहीं क्योंकि वहां के लोग गोरे नहीं थे।

१८५३ और १८५७ के बीच मार्क्स ने भारत के बारे में २३ लेख लिखे जिसे मार्क्सवादी इतिहासकार भारत में अपने विद्यार्थियों से ज्यादातर छिपाते ही हैं। १८५३ के एक लेख में, जो न्यूयार्क में प्रकाशित हुआ था, उसने लिखा (*न्यूयार्क डेली ट्रिब्यून,* २२-६-१८५३) –

> Indian society has no history at all, at least no known history. What we call its history, is but the history of the successive intruders who founded their empires on the passive basis of that unresisting and unchanging society. The question, therefore, is not whether the English had a right to conquer India, but whether we prefer India conquered by the Turk, by the Persian, by the Russian, to India conquered by the Briton.

अर्थात् यह तो भारत की नियति ही थी कि उस पर कोई.न.कोई विदेशी राज्य करे, वे अगर अंग्रेज़ नहीं होते तो तुर्क होते या पारसी होते या रूसी होते। सवाल तो सिर्फ़ इतना ही है कि हम किसे अच्छा मानते हैं।

सच बात तो यह है कि मार्क्स ७०० ई॰ के पूर्व के भारत के इतिहास का न तो कभी ठीक से अध्ययन कर पाया और न ही उसकी विवेचना ही कर पाया। उसके २३ के २३ लेख इस बात के गवाह हैं।

सवाल उठता है हम भूरे, काले, पीले लोग उस गज़ और मीटर से अपनी संस्कृतियों की लम्बाई, चौड़ाई और गहराई क्यों नापें जिसे ईजा़द किया उन गोरों ने जो या तो मार्क्स की तरह भारत के बारे में अधकचरा ज्ञान रखते थे अथवा जो साम्राज्यवाद के पिट्ठू थे। आर्यभट्ट क्योंकर आइन्सटाइन से छोटा था? कौटिल्य का अर्थशास्त्र अपने समकालीन किसी भी अर्थशास्त्र से किस अर्थ में हीन था? गुप्त काल की दिल्ली की लौह स्तम्भ की तकनीक योरोप की इसी समय की लौह तकनीक से क्या अधिक नहीं थी? हम चरक और सुश्रुत को गोरे आयुर्वैज्ञानिकों से नीचे क्यों समझें? राजतंत्र में प्रजातंत्र का संविधान सबसे पहले, ७०० ई॰ पू॰ में, हमने रचा था या दूसरों ने? धर्म और दर्शन शास्त्र की हम बात नहीं करते क्योंकि इसके बारे में हर एक ने बहुत कुछ लिखा है। हम तो विज्ञान, तकनीकी, वाणिज्य, अर्थ-व्यवस्था, प्रजातंत्र की बातें करते हैं। ६००० वर्ष पूर्व सिन्धु-सरस्वती सभ्यता में ये सारे गुण संसार के सभी तत्कालीन सभ्यताओं से अधिक थे। इन क्षेत्रों में आगे भी हमारी प्रगति कम नहीं थी, इनमें कमी आने लगी मुस्लिम शासन के समय से। मुद्दे की बात है कि अपने इतिहास का मूल्यांकन करना हमारा काम है। ६००० वर्ष सिन्धु-सरस्वती सभ्यता में ये सारे गुण संसार के सभी तत्कालीन सभ्यताओं से अधिक थे। इन क्षेत्रों में भी हम योरोप से आगे ही थे, हां, मध्यकाल में, अर्थात् मुस्लिम काल में, विदेशी शासन में, विज्ञान और तकनीकी की बहुत बड़ी उपेक्षा हुई और हम पिछड़ते चले गए। मुग़ल सम्राट् हुक्के ही पीते रह गए योरोप के लोग उनके दरबारों में लगातार आते रहे लेकिन किसी ने भी नई खोजों और तकनीकियों को उनसे जानने, समझने का प्रयास तक नहीं किया। अकबर ने पुर्तगालियों से छापाखाना भी लेने से मना

कर दिया।

हम अपना एजेन्डा अब खुद तय करेंगे। हम दूसरों के एजेन्डों से क्यों काम करें? हमें इस बात का हक़ क्यों नहीं है कि हम अपने इतिहास की उपलब्धियों और गलतियों को समान रूप से याद करें और उनसे प्रेरणा लें? हम उससे शिक्षा लें। हमारे लिए इतिहास महज़ बुद्धि-विलासिता नहीं है। हज़ारों वर्षों से निरंतर चली आने वाली संस्कृतियों को पूरी तरह से समझना शायद उन नए राष्ट्रों के बल-बूते के बाहर है जिनका इतिहास ही ३०० वर्षों से ज्यादा का नहीं है। यही नहीं, जिन्होंने अमेरिका, क़नाडा, दक्षिण अफ्रीका, आस्ट्रेलिया, मैक्सिको आदि अनेक देशों की तमाम आदिम संततियों और तमाम उच्च संस्कृतियों को मौत के घाट उतार दिया उन जातियों को हम क्या कहें? सभ्य या असभ्य? दुनिया की ६००० पुरानी तमाम नगरीय सभ्यताओं के पतन का इतिहास बताता है (मिश्र, मेसोपोटामिया, सिंधु-सरस्वती, आदि) कि तकनीकी विकास के बल पर भौतिक उन्नति के गर्भ में ही उसके विनाश के कारण पनपने लगते हैं और शीघ्र ही वे उसे खा जाते हैं और एक बार फिर सभ्यताएं ग्रामीण संस्कृतियों में लौट जाती हैं और वहीं जीवित रह पाती हैं। संस्कृतियां वैसी थोडे ही होती हैं जैसी हम उनकी कल्पना करते हैं। बिपिनचन्द्र पाल ने ठीक ही कहा था—

> Max Muller . . . persistently refused . . . to come to this country, lest his dream picture of our land and people should be cruelly destroyed. The fact of the matter really is that neither Max Muller nor any other European Orientalist has been able to grasp the truth that age after age, and epoch after epoch, there have been evolution and progress in India as elsewhere it did at the time of the Vedas, the Upanishads or the epics.

विकास के माने भौतिक उन्नति ही नहीं होता। सीमित भौतिक उन्नति किन्तु सामाजिक जीवन के मूल्यों का अधिक-से अधिक विकास ही सही प्रगति है।

१९६१ में ए॰ एल॰ बैशम महोदय लिखते हैं —

> Time such as this, when national pride may all too easily lead the historian to portray a false or exaggerated picture of his country's past.

रमेशचन्द्र मजूमदार सम्पादित पुस्तक *वैदिक एज* में ए॰ डी॰ पुसालकर द्वारा लिखित लेख की भर्त्सना करते हुए वे आगे लिखते हैं कि —

> he claims an exaggerated antiquity for Indian civilization and placing too much reliance on tradition.

काश् बैशम साहब यह जान पाते कि संस्कृतियों की प्राचीनता अब रेडियो कार्बन जैसी अनेक वैज्ञानिक पद्धतियों द्वारा तय होती है, न तो मैक्स मूलर जैसों के ख्याली पुलाव से और न ही बैशम जैसे उनके अन्धभक्तों से जो वेदों को १२००-१००० ई॰ पू॰ में रखता है। बैशम की विद्यार्थी और बैशम की भारत-विरोधी विचारधारा को ही आगे बढ़ाने वाली रोमिला थापड़ १९६८ में जो लिखतीं हैं उसमें भारत का इतिहास 'हिन्दू-विरोध' का ही रूप ले लेता है —

> Nationalism was replaced by a form of militant Hinduism, and the communal atmosphere in Indian politics in the late 1930s and 1940s tended to vitiate the study of ancient and medieval history.

रोमिला जी को पिटते और हारते हुए राष्ट्रवाद की श्रेष्ठता मान्य है प्रखर राष्ट्रवाद की नहीं क्योंकि उनके गुरु श्री बैशम के अनुसार भारत के राष्ट्रवादी इतिहासकार अपने प्राचीन इतिहास को बढ़ा-चढ़ाकर पेश करते हैं। और भी आगे पढ़िए वे क्या लिखती हैं —

> The Gupta period became the 'Golden Age' largely because it was the period of

> renascent Hinduism. The identification of ancient India with Hindu culture became so marked that even the Buddhists were regarded with some suspicion.

अंग्रेज़ों की कुटिल बुद्धि की उस पुछलग्गी मनोवृत्ति को आप क्या कहेंगे जो 'हिन्दू' और 'बौद्ध' को परस्पर विरोधी धर्म मानती हो। पहली बात तो यह है कि हिन्दू बौद्ध की तरह एक मज़हब नहीं था और दूसरा यह कि दक्षिण-पूर्वी एशिया का इतिहास इस मान्यता को नकारता है। थाईलैंड और इन्डोनेशिया के बौद्ध मंदिरों में *रामायण* के चित्रों की भरमार है। दूसरी शताब्दी में नागार्जुनकोंड में इक्ष्वाकु राजा हिन्दू मन्दिरों को बनवा रहे थे और उनकी रानियां बौद्ध स्तूपों और चैत्यों को। दोनों ही बगल-बगल में थे जैसे आजकल आर्य समाज मंदिर और शिव या विष्णु मंदिर बगल-बगल में बनते रहते हैं। रोमिला थापड़ की दृष्टि इस विषय में सर्वथा भ्रष्ट है। और भी आगे देखिए वे क्या लिखती हैं –

> Earlier attemps at providing the indigenous origin of all things Indian were accentuated, a trend which continues to be supported by certain historians to this day.

इन पर टिप्पणी करते हुए कैम्ब्रिज विश्वविद्यालय के आचार्य डॉ॰ दिलीप चक्रवर्ती १९९७ में लिखते हैं –

> Considering their implications (these comments made against the so-called Nationalist Historians) certainly needed detailed arguments which she did not offer. The link she suggests between the nationalist writings on ancient India and the feelings of communalism among the Hindus would have been acceptable only if the argument could have a solid empirical basis in the total political and communal contexts of India. I view the comments of her's with grave suspicion. The communal atmosphere in Indian politics in the 1930s and 1940s was a product of political forces of the day, nationalist image of ancient India had hardly any fundamental relationship with it. If Thapar is so contemptuous of seeking indigenous origin of all things Indian, she should also have explained the virtue of invoking the origin of every thing Indian from outside.

चक्रवर्ती आगे लिखते हैं –

> Also, the Gupta period came to be considered as the Golden Age, not because of what Thaper calls, 'renascent Hinduism' which she subsequently (Thaper 1989) found as an unified religion to be a creation of Western Orientalists (again, no detailed empirical investigation was needed to make this claim), but mainly because of the qualities of art and literature during this period.

चक्रवर्ती और आगे लिखते हैं –

> As far as the suggestion that even the Buddhists were regarded with some suspicion concerned, Thapar should have known that one of the reasons why the Western Orientalists took an interest in Buddhism was their idea that its study would show that Hinduism was not the only religion of India and thus weaken the position of Hinduism. Secondly, by weakening the position of Hinduism this would also make the task of propogating Christianity in India easier.

भारत के अनेक साम्यवादी इतिहासकारों का लक्ष्य ठीक उसी तरह का होता है जैसा अंग्रेज़ का होता था – भारत की हर अच्छी चीज़ विदेशियों की देन है, और इस्लाम और ईसाई धर्म हिन्दू धर्म से हर मायने में श्रेष्ठ हैं। कोई भी यह खोजने की चेष्टा नहीं करता कि अगर हिन्दू संस्कृति इतनी ही ख़राब थी और उधार में मांगे की थी तो वह आज भी

जीवित क्यों है जबकि मिश्र, रोम, ग्रीक आदि सभी संस्कृतियां दुनिया से समाप्त हो गईं? जिस इस्लाम ने दुनिया की तमाम संस्कृतियों को तलवार से समाप्त कर दिया वह हिन्दू धर्म को पूर्ण रूप से समाप्त क्यों नहीं कर पाया? ईसाइयत भी हिन्दू को क्यों नहीं मिटा पाई? इसके उत्तर साम्यवादियों के पास कुछ भी नहीं हैं। जितने भी उत्तर दिए जाते हैं सब खोखले हैं। दरअसल वे इन सवालों को कभी उठाते भी नहीं हैं, वे इससे मुंह मोड़ते हैं।

इस छोटी-सी विवेचना से यह बात तो साफ हो जाता है कि भारत के इतिहास का मूल्यांकन आज जिन भारतीय और विदेशी साम्यवादी इतिहासकारों ने अपने हाथों में ले लिया है उनकी सोच की संरचना उन ब्रिटिश साम्राज्यवादी इतिहासकारों द्वारा की गई है जो उस समय के साम्यवादी विचारधारा के शिकार हुए थे जब मास्को के नए साम्राज्यवाद के इन्द्रधनुष में दुनिया के तमाम सारे 'बुद्धिजीवी' सात रंग तो देख रहे थे मगर वे भूल गए थे कि सात रंगों का चक्र जब काल के थपेड़ों में जोर से घूमेगा तो सिर्फ एक ही रंग दिखेगा और वह है सफेद! यही प्रकृति का नियम है। दुनिया के ये तमाम 'बुद्धिजीवी' मास्को की दुर्दशा के बाद यह सोचने को मज़बूर हो गए हैं कि आखिर इतिहास का अध्ययन उनके लिए नहीं है जिनके द्वारा वह रचित हुआ है तो क्योंकर और किसके लिए है? क्या दूसरों के 'बुद्धि-विलास' के लिए है? क्या हर राष्ट्र के इतिहासकार अपने राष्ट्र की उपलब्धियों को नकार दें अथवा उसे छोटा करार दें तभी वह 'अच्छे इतिहासकार' होते हैं, अन्यथा वह 'राष्ट्रवादी इतिहासकार' हैं? 'राष्ट्रवादी' शब्द का प्रयोग साम्यवादी इतिहासकार एक भद्दी गाली के बतौर करते हैं जिसका खुलकर प्रयोग दिल्ली और जवाहरलाल विश्वविद्यालयों के इतिहास विभागों में किया जाता है। ये स्वयं स्टेलिनवादी और देशद्रोही की तरह व्यवहार करते हैं, भारत में और भारत के बाहर भी।

रमेशचन्द्र मजूमदार, नीलकंठ शास्त्री, गोविंदचन्द्र पांडे, ब्रजबासी लाल जैसे इतिहासकारों के लिए, विशेषकर उन लोगों के द्वारा जो स्वयं न तो संस्कृत जानते हैं, न पालि, न प्राकृत, न अरबी, न फ़ारसी, और जो न तो पुरातत्त्ववेत्ता हैं, न पुरालेखन विशेषज्ञ, न मुद्राशास्त्री और जो केवल मूल ग्रंथों के अंग्रेज़ी अनुवाद से काम चलाते हैं जिनकी कमियां भी पकड़ पाने की उनकी स्वयं की क्षमता नहीं है 'राष्ट्रवादी' संज्ञा का प्रयोग कर क्या सिद्ध करना चाहते हैं? अपने अहं की संतुष्टि की और कुछ? भारत के तमाम साम्यवादी इतिहासकार जिनमें से कुछ एक अपने को पुरातत्त्ववेत्ता भी कहते हैं, जैसे रोमिला थापड़ और आर॰ एस॰ शर्मा, वे सबके सब खोखले हैं क्योंकि इतिहास और पुरातत्त्व के मूल स्रोतों पर उनकी पकड़ तक नहीं है। कभी किसी पुरातत्त्व की बड़ी खुदाई में भाग लेकर अपने हाथों में उन्होंने मिट्टी तक नहीं लगाई है।

मज़ेदार बात तो यह है कि रूस के स्वयं का इतिहास ही भारतीय साम्यवादी इतिहासकारों की सोच की कलई खोल देता है। १९३० के दशक के साथ-साथ रूसी इतिहासकारों ने गुहार लगाई कि वे रूस के इतिहास की राष्ट्रवादी स्मिता का खुलासा करें ताकि इससे प्रेरित होकर देश की एकता और अखण्डता का निर्माण हो सके। और अब तो लेनिनग्राद का नाम बदलकर फिर से पुरातन नाम सेंट पीटर्सबर्ग कर दिया गया है और रूस से लेनिन की तमाम विशालकाय मूर्तियों को चुन-चुनकर हटा दिया गया है। स्टेलिन की मूर्तियां तो पहले ही हटा दी गई थीं। क्या बैशम साहब के भारतीय शिष्य बतलाएंगे कि रूस के अर्वाचीन एवं सामयिकी इतिहास को राष्ट्रवादियों की विजय कहें कि नहीं? इतना होने पर भी हर साम्यवादी भारतीय इतिहासकार, चाहे वह पूरी तरह से अक्षम्य क्यों न हो, भारत की छोटी-सी-छोटी उपलब्धि को भी नकारता रहता है मानो यही उसका नया धर्म है। श्री भगवान सिंह द्वारा रचित पुस्तक *वैदिक हड़प्पन* पर डॉ॰ रोमिला थापड़ एवं डॉ॰ आर॰ एस॰ शर्मा जैसे साम्यवादी टिप्पणी कर रहे हैं जिन्हें संस्कृत का 'क' 'ख' भी नहीं आता वैदिक संस्कृत की तो बात ही जाने दीजिए। इस पुस्तक ने मैक्स मूलर की मान्यताओं की जड़ें हिला दी हैं जिससे सारे साम्यवादी इतिहासकार बौखला गए हैं। गाली-गलौज पर उतर आए हैं। एक दूसरे के शत्रु हो गये हैं यद्यपि कि श्री भगवान सिंह भी घोर मार्क्सवादी हैं। कामरेड राम बिलास शर्मा को भी इसी कारण अब गालियां दे रहे हैं क्योंकि वे भारत के प्राचीन गौरव को मान्यता दे रहे हैं।

अयोध्या का समकालिक इतिहास साम्यवादी और साम्राज्यवादी इतिहासकारों की मिलीभगत को सरे-बाज़ार नंगा करने के लिए यह काफी है क्योंकि वह सर्वथा नकारात्मक है और ऐतिहासिक एवं पुरातत्त्वीय तथ्यों की बेईमान विवेचना करता है। उस शिलालेख की सत्यता को नकारना जिसे फ़रिश्ते भी नकारने का साहस नहीं कर सकते, जिसमें साफ

साफ़ लिखा है कि जन्मभूमि पर एक विशाल मंदिर बनाया गया था, उनकी भ्रष्ट मानसिकता का परिचय नहीं है तो क्या है?

अब अयोध्या के प्रश्न का भी खुलासा करना हम ज़रूरी समझते हैं।

पुरातत्त्ववेत्ता दिलीप चक्रवर्ती अयोध्या और राम-जन्मभूमि के बारे में जिन बातों को १९९७ में लिख रहे हैं वे मुझे यह सोचने पर मज़बूर कर रहे हैं कि या तो योरोपीय इतिहासकारों और पुरातत्त्ववेत्ताओं की बिरादरी में अपनी छवि को 'सेकुलर' साबित करने के लिए कर रहे हैं अथवा उन्हें अयोध्या में इतिहास की छान-बीन और गहराई से करनी होगी। मथुरा के कृष्ण जन्मस्थान और काशी के ज्ञानवापी मंदिर के संदर्भ में देखिए वे क्या लिखते हैं –

पहले कहते हैं कि मथुरा और बनारस में हिन्दू मंदिर और मुस्लिम मस्जिद साथ-साथ एक ही स्थान पर हैं और फिर विचार रखते हैं कि –

> However, neither in Mathura nor in Banaras was there any controversy (atleast till recently).

शायद वे यह नहीं जानते कि जिस दिन से यहां मंदिर तोड़े गए उस दिन से आज तक हिन्दू कभी चुप नहीं बैठे, भले ही समय-समय पर यह विषय ठंडे बस्ते में रख उठे थे। आगे ज़रा ग़ौर फरमाइए वे क्या लिखते हैं,

> *The Muslims did not object to the construction of temples at these places* and Hindus also did not try to destroy the mosques there. (emphasis ours)

आश्चर्य है कि वे यह भी नहीं जानते कि यहां मंदिर पहले से बने हुए थे न कि मस्जिद। मुसलमानों के 'did not object' का सवाल कहां था? और सुनिए उनका सेकुलरवाद किस क़दर उनके सिर पर चढ़कर बोलने लगा,

> In fact, the temples and the mosques at the Hindu holy places in Mathura and Banaras stand wall to wall and there had never been a serious problem about the performance of religious duties by the Hindus and the Muslims in their respective shrines.

इसको अंग्रेज़ी में कहते हैं 'इतिहास को सिर के बल खड़ा कर देना, मंदिर को आधा तोड़कर वहीं मस्जिद बना दी गई थी और वह भी ज़बरन। 'Stand' के क्या माने हैं, क्या यह खुशी-खुशी हुआ था? और इन दोनों ही स्थानों पर हमेशा ही झगड़े होते रहे है। इतिहास को झुठलाने की ज़रूरत नही है।

अयोध्या के बारे में देखिए वे क्या कहते हैं,

> That the dispute was aggravated beyond control in recent years was due to the intransigence of both the Hindus and the Muslims. What was basically a local law and order problem was allowed to go out of hand, but — and this is the entire point of our reference to this controversy — Archaeology has nothing to do with this issue.

फिर आगे लिखते हैं,

> The 'communal and regressive' historians and archaeologists were, in their turn, secure in their knowledge right from the beginning of the present controvery that there was a temple dedicated to Rama below the mosque, and they did their pampheleteering accordingly. . .

विद्वान् लेखक भारतीय हैं और सर जदुनाथ की पुस्तकों के माध्यम से यह भली-भांति जानते हैं कि मथुरा और काशी

दोनों ही जगह प्राचीन हिन्दू मंदिर थे जिन्हें सत्रहवीं शताब्दी में औरंगज़ेब द्वारा खण्डित किया गया था। और उन्हीं स्थानों पर उसी तरह मस्ज़िदें बनवा दी गईं जैसे कि बारहवीं शताब्दी में मेहरौली में २७ मंदिरों को खण्डित करके, कुतुब मीनार के बगल में स्थित, कुव्वते-इस्लाम मस्ज़िद को बनवा दिया गया था। इसके लिए औरंगज़ेब द्वारा ज़ारी किए गए फ़रमान उसी ढंग से मौजूद हैं जैसे दिल्ली का फ़ारसी में लिखा गया वह शिलालेख जिसमें २७ हिन्दू और जैन मंदिरों का तोड़ना और कुव्वते-इस्लाम मस्ज़िद का बनाना। लेकिन चक्रवर्ती महोदय ने शायद इनका ज़िक्र करना इसलिए ठीक नहीं समझा कि ये तथ्य उनकी 'थ्योरी' के लिए बड़े ही 'इनकन्वीनियन्ट' थे। मैं उनसे पूछना चाहूँगा कि तथ्यों को दबाकर क्या कोई इतिहासकार या पुरातत्त्ववेत्ता किसी भी प्रकार की प्रतिष्ठा का हक़दार हो पाया है? गैर-साम्यवादी इतिहासकारों और पुरातत्त्ववेत्ताओं को पम्फलेट लिखने वाले क़रार देने के पहले इरफ़ान हबीब के उस झोले का वर्णन करना तो अच्छा लगता है जिसमें से वे अपने फटीचर पम्फलेट को निकालकर वर्ल्ड आर्केलोजिकल कांग्रेस के प्रतिनिधियों को प्रथम दिन से ही बांट रहे थे। भारत के वे सभी साम्यवादी इतिहासकार राष्ट्रद्रोहियों जैसा व्यवहार कर रहे थे। जो भारत का अपना अन्दरूनी मामला था उसे इन देशद्रोहियों ने अंतर्राष्ट्रीय मंच पर उठा दिया। दिलीप महोदय अयोध्या स्थित 'बाबरी मस्ज़िद' के गिराए जाने पर रोष भी प्रकट करते हैं, खिन्न भी हैं, शर्म भी महसूस करते हैं लेकिन भारत में गिराए गए ३००० मंदिरों का ज़िक्र तक नहीं करते। चलिए ये रही बीते दिनों की बातें। १९९२ दिसम्बर और १९९३ के जनवरी में पाकिस्तान और बंगलादेश में गिराए गए मंदिरों के बारे में ऐसी चुप्पी लगा गए हैं मानो उन्हें सांप सूंघ गया हो। वे तो दो बरस तक ढाका के विश्वविद्यालय में पढ़ाते रहे हैं, अमरीका के फोर्ड फाउंडेशन द्वारा प्रदत्त स्कीम के अन्तर्गत, और जो कुछ उन्होंने वहां देखा वह रोंगटे खड़े करने वाले तथ्य हैं जिनका जिक्र वे मौखिक रूप से तो भारत में करते रहे थे किन्तु लिखने में आज भी कतरा रहे हैं — बाबरी मस्ज़िद गिरने से कई वर्ष पहले ही ढाका के ढाकेश्वरी मंदिर की विशाल कांस्य प्रतिमा नष्ट कर दी गई थी और अब सिर्फ वहां एक कैलेंडर की ही पूजा होती है। कितने मंदिर टूटे इसकी गिनती नहीं। पाकिस्तान में १९४७ से दिसम्बर १९९३ तक अर्थात् बाबरी मस्ज़िद के टूटने से पहले और ठीक उसके बाद कितने मन्दिर टूटे इसका ब्यौरा देना तो क्या उसका ज़िक्र करना भी उन्हें नागवार गुज़रा। यह कौन-सा इतिहास-धर्म वे निभा रहे हैं?

चक्रवर्ती महोदय का मानना है कि अयोध्या प्रॉब्लम 'लॉ एण्ड आर्डर' का था और पुरातत्त्व को उससे कुछ भी लेना-देना नहीं था। यह आश्चर्यजनक विवेचना है क्योंकि राम जन्मभूमि का अर्वाचीन विवाद कम-से-कम १९८६ से, जबसे मंदिर का ताला न्यायालय ने खुलवा दिया, तो आरम्भ हो ही गया था। यह तभी से अखिल भारतीय जन-आन्दोलन भी बन गया था। १९९० तक यह दुनिया भर के हिन्दुओं में फैल गया था। विश्वनाथ प्रताप सिंह के प्रधानमंत्री काल से ही भारत सरकार इसमें प्रत्यक्ष रूप से भाग लेने लग गई थी। उसका कारण यह नहीं था कि भारत के तमाम़ प्रधानमंत्री सच्चाई नहीं जानते थे, वस्तुतः वे दो पाटों के बीच पिस रहे थे — न तो हिन्दू वोट-बैंक खोना चाहते थे और न मुस्लिम !

अयोध्या में ६ दिसम्बर १९९२ को भारत के कोने-कोने से आए पांच लाख लोगों का जमघट महज 'प्रॉब्लम लॉ एण्ड आर्डर' की पृष्ठभूमि में देखा जाना चाहिए या हिन्दुओं की ४०० वर्षों के जमा होते रोष के ज्वालामुखी की पृष्ठभूमि में, यह मैं दिलीप महोदय के ऐतिहासिक विवेक पर ही छोड़ देता हूँ। यह उनको भूलना नहीं चाहिए कि अयोध्या की इस मस्ज़िद पर पिछली चार शताब्दियों में अनेकों बार खून-खराबा हो चुका था। भारत के तत्कालीन प्रधानमंत्री श्री नरसिंह राव जानते थे कि ६ दिसम्बर, १९९२ का दिन भारत के इतिहास में दूसरा जलियांवाला बाग हो जाता अगर उन्होंने उसे फ़ौजी दमन से दबाने की चेष्टा की होती। वे जानते थे कि वे इतिहास के उस चौराहे पर खड़े थे जहां इतिहास के लिक्खाड़ इसे 'लॉ एण्ड आर्डर का प्रॉब्लम' मानकर सिपाहियों से गोले दगवा देते। वहां राजनीतिज्ञ की सूझ-बूझ ने अयोध्या की धरती को रक्तरंजित होने से बचा लिया।

डॉ॰ चक्रवर्ती की जानकारी के लिए यहां यह बताना ज़रूरी है कि ३० और ३१ अक्टूबर १९९२ को दिल्ली में एक विशाल धर्म-संसद की बैठक हुई थी। उसमें ३१ ता॰ के ४ बजे शाम को १०० चुने हुए लोगों के बीच आकर विश्व हिन्दू परिषद् के महामंत्री श्री अशोक सिंघल ने यह सूचना दी कि प्रधानमंत्री ने विश्व हिन्दू परिषद् के लोगों से यह साफ कह

दिया है कि "वे तो क्या यदि भारतीय जनता पार्टी भी सेंटर में आ जाए तो 'बाबरी मस्ज़िद' का कुछ भी नहीं हो सकता।" और उनकी यह घोषणा थी कि संत श्री वामदेव जी, आदि सभी ने प्रधानमंत्री से मिलने की योजना छोड़ दी और '६ दिसम्बर को अयोध्या कूच करो' का नारा दे दिया। तब भी एक महीने का समय था कि बात-चीत से बात बन जाती। लेकिन 'विनाश काले विपरीत बुद्धि', राव महोदय ने राष्ट्रीय स्वयंसेवक संघ के सरसंघचालक *प्रो॰ राजेन्द्र सिंह* उपाख्य "रज्जू भैय्या" के नवम्बर और दिसम्बर के प्रयासों की भी ऐसी अनदेखी कर दी मानो वे सर्वज्ञ हों। अंत में 'बुद्धिमत्ता' का अहंकार उन्हें खा गया। अतः बिना यह सब जाने चक्रवर्ती महोदय का कथन दुर्भाग्यपूर्ण ही माना जाएगा।

इस तथ्य को जानना इसलिए किसी भी इतिहासकार के लिए ज़रूरी है क्योंकि *श्री नरसिंह राव* के 'मिसप्लेस्ड कॉन्फीडेन्स' को जाने बगैर हम ६ दिसम्बर १९९२ की घटना का भी सही मूल्यांकन नहीं कर सकते और श्री राव की भूमिका को भी नहीं समझ सकते। भारतीय जनता पार्टी के अप्रैल १९९३ के 'व्हाइट पेपर' में इसकी काफी जानकारी मिल सकती है। राव साहब इतिहास और साहित्य दोनों के विद्वान् कहे जाते हैं और शायद उन्होंने उन तमाम पुस्तकों को पढ़ रखा था जिसमें साम्राज्यवादी इतिहासकार जैसे *जेम्स मिल्स* और *कार्ल मार्क्स* ने बार-बार कहा था कि हिन्दू क़ौम एक बुज़दिल क़ौम है और अपने स्वत्व की रक्षा के लिए, मंदिरों के बचाव के लिए, कभी भी हिंसा नहीं कर सकती। वे भूल गए थे कि सिर्फ ५८ साल पहले ही, १९३४ में हनुमानगढ़ी के बैरागियों ने बाबरी मस्ज़िद के गुम्बदों को बुरी तरह से खण्डित कर दिया था, जिसकी मरम्मत ब्रिटिश सरकार ने एक स्थानीय ठेकेदार से पी॰ डब्लू॰ डी॰ के माध्यम से कराई थी। उस समय यहां पर मुसलमानों ने एक गाय काटी थी। तब दंगे भड़क उठे थे। सैकड़ों मुसलमान मारे गए थे। तब इस जगह को 'गंज शहीदां' कहा गया था।

इन तथ्यों से यह तो साफ़ हो ही जाता है कि राव साहब सपने में भी यह नहीं सोच पाए थे कि उनके जीवनकाल में ही उनके द्वारा पढ़ी हुई इतिहास की सारी पुस्तकें झूठी साबित हो जाएंगी। वे 'ओवर कॉन्फीडेन्स' के शिकार हुए। काश् उन्होंने राजनैतिक इतिहास के साथ-साथ सामाजिक और धार्मिक इतिहास को भी पढ़ा होता और तेरहवीं शती के क्रूसेड को समझा होता जिसके तहत २०० वर्षों तक योरोप भर के ईसाइयों ने बेथलेहाम की रक्षा के लिए तुर्कों से युद्ध किया था। सिर्फ इसलिए कि किंवदन्तियों के अनुसार ईसामसीह उसी स्थान पर पैदा हुए थे जहां बारहवीं शती में 'चर्च ऑफ नेटीविटी' की स्थापना की गई थी। अब क्या विद्वान् लेखक डॉ॰ चक्रवर्ती को अयोध्या के इतिहास में बेथलेहाम के क्रूसेड की तस्वीर नहीं झलकती, लेकिन उन्होंने इसका ज़िक्र तक नहीं किया।

अठारहवीं, उन्नीसवीं और बीसवीं शती का इतिहास इसका गवाह है कि मराठा काल से ही बनारस और मथुरा के लिए झगड़े होते रहे। स्वर्गीय श्री *रायकृष्ण दास* के जीवनकाल में ही मथुरा के मंदिर को लेकर मुकदमेबाज़ी भी हुई और अनेक बार मार-पीट भी हुई। इलाहाबाद हाई कोर्ट का फैसला आज भी मौजूद है जिसमें साफ लिखा है कि ईदगाह ही असली कृष्ण-जन्मभूमि है और इसकी मस्जिद को स्वयं ही गिर जाने दें, मुसलमानों को इसकी मरम्मत कराने का हक नहीं है।

और काशी के मंदिर के बारे में भी अपने विद्वान् मित्र को बता दूं कि गौरी जलाभिषेक के अवसर पर हर वर्ष उसी प्रकार से दो समुदायों में तनाव होता है, मार-पीट होती है, झगड़े होते हैं जैसे कि मुस्लिम त्यौहारों के समय नमाज़ियों के जत्थों को लेकर होते रहे हैं। कितनी बार इस पर कोर्ट-कचहरी हुई है। ब्रिटिश काल में हुई अदालती कार्यवाही तथा फैसलों की फाइलें छप चुकी हैं, वे सब इंगलैंड में भी उपलब्ध हैं। अतः जब वे लिखते हैं कि –

> "there had never been a serious problem about the performance of religious duties by the Hindus and the Muslims at their respective shrines (in Mathura and Banaras),"

तब हमें सोचना पड़ता है कि क्या उन्होंने अब "सोर्स मैटेरियल" को पढ़ना छोड़ दिया है?

चक्रवर्ती महोदय कहते हैं कि अयोध्या का मसला इतिहास और पुरातत्त्व का है ही नहीं। काश् वे सही होते। १९९२ में सैय्यद शाहबुद्दीन कहते थे कि अगर कोई यह प्रमाणित कर दे कि 'बाबरी मस्ज़िद' वहीं बनी थी जहां पहले राम को

समर्पित एक मंदिर हुआ करता था, जिसे कालान्तर में तोड़ दिया गया था, तो अपने हाथों से उस मस्ज़िद को वे स्वयं ही तोड़ देंगे। क्या मैं अपने विद्वान् मित्र से पूछ सकता हूँ कि पुरातत्त्व के अलावा किस दूसरी विधा से यह सिद्ध किया जा सकता था? *मुस्लिम इण्डिया* की १९९१ और १९९२ की तमाम जिल्दों को वे देखें जिसे शाहबुद्दीन महोदय प्रकाशित करते रहे हैं। इसी विषय पर उनके कई पत्र भी सुरक्षित हैं। सभी में पुरातत्त्व की दुहाई दी जाती रही है। हर व्यक्ति, हर वकील, हर जज पुरातत्त्ववेत्ताओं से पूछ रहा था कि वे बताएं तथ्य क्या हैं लेकिन विद्वान् मित्र कैंब्रिज के पुस्तकालय में बैठकर अयोध्या और भारत का समकालीन इतिहास शुतुरमुर्ग की तरह बालू में सिर गड़ाए लिखे जा रहे थे और कह रहे थे कि इस विवाद में पुरातत्त्व का क्या काम, उससे इसका क्या सरोकार?

डॉ॰ चक्रवर्ती ने सुप्रीम कोर्ट का भी हवाला अपने विचारों के पक्ष में दिया है। मुझे हैरानी होती है यह पढ़कर कि आख़िर जब भारत का राष्ट्रपति सुप्रीम कोर्ट से पूछता है कि वह अपनी राय इस बारे में दे कि क्या 'जन्मभूमि बाबरी मस्ज़िद' के स्थान पर मस्ज़िद बनने से पहले कोई हिन्दू धर्म से सम्बंधित इमारत थी', तो उसका सही उत्तर पुरातत्त्व के अलावा और कौन-सी विधा दे सकती थी? स्वयं सुप्रीम कोर्ट ने ६ दिसम्बर १९९२ में विवादित ढांचे के मलबे से निकले २० पंक्तियों के उस शिलालेख को तथा उस पर खुदी हुई इबारत के छापे (इस्टैम्पेज) को, जिसे सुप्रीम कोर्ट की आज्ञा के तहत भारत सरकार के भारतीय पुरातत्त्व सर्वेक्षण द्वारा तैयार कराया गया था, सील-बंद लिफाफे में सुरक्षित रखने तथा कोर्ट में केस की गवाही के रूप में पेश करने का फैसला दिया था। अगर पुरातत्त्व का इससे कुछ भी लेना-देना ही नहीं था तो क्या भारत के राष्ट्रपति से लेकर सुप्रीम कोर्ट की पीठ तक के सभी लोगों को उस स्थिति की कोई समझ नहीं थी?

शायद चक्रवर्ती महोदय को यह मालूम नहीं है कि खसरा और खतौनी जिस पर राम-जन्मभूमि बाबरी मस्ज़िद खड़ी रही है वह उन्नीसवीं शती (१८६१) से लेकर आज तक के सभी रेवेन्यू रिकॉर्ड्स में हिन्दू महंतों की मलकियत के रूप में दर्ज़ है जिनमें इसे 'मस्ज़िदे जन्मस्थान' लिखा गया है।

इतिहास की यह कैसी विडम्बना है कि ज़मीन तो अभी भी हिन्दुओं की है मगर टूटा हुआ ढांचा मुसलमानों का था ! विधिवेत्ताओं के अनुसार यह भी झगड़े का कारण रहा है। क्योंकि इससे यह स्पष्ट है कि यहां मस्ज़िद के पहले हिन्दुओं का मन्दिर हुआ करता था और यह जमीन हिन्दुओं की ही थी और आज तक उन्हीं की है भले ही कुछ वर्षों के लिए मुसलमानों ने उस स्थान पर ज़बरन अपना कब्जा करके उस पर एक मस्ज़िद क्यों न बनवा दी हो।

अब तक यह साफ हो गया होगा कि जब इतिहासकार खुद-ब-खुद अपने लिए कतिपय सिद्धांतों का ढांचा खड़ा कर लेता है और उसकी बुर्ज़ पर खड़ा होकर मुल्ला, मौलवी और जज की तरह फतवा या डिक्री देने लगता है, तब वह इतिहासकर न होकर झंडाबरदार हो जाता है। अतः जब तक कि वह सभी तरह के साक्ष्यों की तह में नहीं जाता और अपने विवेक का प्रयोग नहीं करता, और जो समकालीन सामाजिक सच्चाइयों से मुंह मोड़कर फैसले करता है, इतिहास अपने ही इतिहासकार को एक-न-एक दिन रद्दी की टोकरी में फेंक देता है।

यह कहना तो आसान है कि पोलैंड के वार्सावा के चौराहे पर उन्नीसवीं शती के अंतिम छोर में रूसियों द्वारा खड़े किए गए गिरजाघर को रोमन कैथोलिक पोलैंडवासियों ने, प्रथम महायुद्ध के बाद जब वे स्वतंत्र हो गए, गिराकर एक महान् सांस्कृतिक धरोहर को धर्मान्धता में आकर नष्ट कर दिया लेकिन आरनॉल्ड टॉयनबी को छोड़कर कौन इस बात को समझ पाया कि यह किसी सत् भाव से खड़ा किया गया गिरजाघर नहीं था, यह तो उस कुत्सित मानसिकता का चिह्न था जो रूसियों ने पोलैंड को पाने के बाद उसकी छाती पर गाड़ दिया था ताकि आने वाली तमाम संततियां यह याद रखें कि एक दिन रूसियों ने पोलैंड की धरती को अपने पैरों के नीचे रौंद दिया था और अपना ग्रीक आर्थोडॉक्स चर्च स्थापित कर दिया था। यह खुदा का घर तो कम था पोलैंडवासियों की शर्म का प्रतीक ज्यादा था। मुझे अच्छा लगता यदि मेरे विद्वान् मित्र ने इसी तरह की अनेक और भी घटनाओं का ज़िक्र किया होता ताकि 'ह्यूमन बिहेवियर पैटर्न' की उनको समझ आ पाती। तब इतिहास, पुरातत्त्व, स्मारक, राष्ट्रवाद, आदि के आन्तरिक सम्बन्धों का खुलासा हो जाता। इतिहास 'तथ्यपरक' होता है 'वादपरक' नहीं। इसे दुर्भाग्य ही कहना होगा कि साम्यवादियों ने इसे 'वादपरक' बना

डाला। चलो, सच्चा इतिहास बीसवीं सदी में ही इनसे बच गया था और उनका 'वादपरक' इतिहास अपनी ही खोदी कब्र में दफ़न हो उठा !

भले ही योरोप में नैपोलियन के बाद राष्ट्रवाद अथवा 'नेशनलिज्म' के अर्वाचीन स्वरूप का उदय माना जाता हो, किन्तु एशिया के प्राचीन देशों में, विशेषकर भारत में, इसके सांस्कृतिक स्वरूप का निर्धारण वैदिक काल से ही प्रारम्भ हो गया था। राष्ट्र, स्टेट की तरह, एक भावनात्मक सत्ता है जिसे परिभाषित भले ही न किया जा सके लेकिन उसके अस्तित्व को कभी नकारा नहीं जा सकता क्योंकि उसकी जड़ों में धार्मिक विश्वासों की एक लम्बी और सांझी फेहरिस्त है। उसकी पीठ पर एक लम्बे और समान इतिहास का भारी बोझ है। उसके ज़मीर में कितनों का बलिदान है। उसकी बोलियों में एक प्रमुख सांस्कृतिक भाषा की तरंगें बहती हैं। युगों लगते हैं इसके निर्माण में — कोई एक दिन में एक भू-भाग में रहने वाले एक राष्ट्र का निर्माण नहीं कर सकते। यहूदियों का इतिहास और इज़राइल की मिट्टी इसके साक्षी हैं।

अयोध्या की राम-जन्मभूमि पर सोलहवीं सदी में ज़बरन बनाई गई तथाकथित 'बाबरी मस्जिद' के ढाँचे का गिरना पुरातत्त्व की दृष्टि से भले ही कोई कुछ भी कहे लेकिन हमारे भीतर का इतिहासकार यही कहता है कि इसे गिरना तो था ही, सवाल सिर्फ यह था कि वह कब गिरता है; आश्चर्य तो यह है कि वह १९४७ में ही क्यों नहीं गिर गया। या फिर १९४६ में यह क्यों नहीं गिर गया? टॉयनबी तथा अन्य विद्वानों के कथन से हम पूरी तरह से सहमत हैं कि 'बाबरी मस्जिद' का इस्लाम धर्म से कुछ भी लेना-देना नहीं था। सैकड़ों साल तक तो उसमें मुसलमान नमाज़ भी अदा करने नहीं जाते थे क्योंकि इसके निर्माण को वे पाक-साफ नहीं मानते थे, वजह यह थी कि कुरान शरीफ़ के अनुसार मस्जिद एक साफ-सुथरी जगह पर बनानी चाहिए न कि किसी दूसरे के मज़हब की इमारत को तोड़कर। 'बाबरी मस्जिद' का ढांचा हिन्दुओं के मंदिर को तोड़कर उसी जगह बनाया गया था, भला खुदा यहां अदा की गई नमाज़ को कैसे कबूल कर सकता है? इसीलिए औरंगज़ेब की पोती और बहादुर शाह की बेटी इस बात का रोना रोती है कि उसके दादा की बनवाई गई मथुरा, बनारस और अजुद्धा (अयोध्या) की मस्जिदों में कोई भी नमाज़ पढ़ने नहीं जाता। इसका ज़िक्र वह *सहीफा-चिल्ल-नसाए* में पूरी तरह से करती हैं।

ज़ाहिर है कि ताक़त का सहारा लेकर बाबर के सिपहसालार मीर बाक़ी ने बाबर की आज्ञानुसार जल्दी-जल्दी में १५२८-२९ में एक चलताऊ इमारत बनवा दी जिसका प्रमाण मीर बाक़ी के ही वे लेख हैं जिसका अनुवाद श्रीमती ब्रेवरीज़ ने *बाबरनामा* में छापा। इसे मौलवी अशरफ़ हुसैन ने भारत सरकार द्वारा प्रकाशित *एपीग्राफिआ इण्डिका* (अरेबिक एवं परशियन) के १९६५ के अंक में पृष्ठ ५२-६८ पर भी छापा है। अस्तु, इस इमारत के दालान में बने गुम्बदों की दीवारों 'पायर' के कोनों पर हिन्दू मंदिरों से निकाले काले कसौटी के १२ स्तम्भ और बाहर के दरवाजे पर दो और लगवा दिए ताकि आने वाली पीढ़ियां यह याद रखें कि मुस्लिम ताक़त के सामने हिन्दू अपने मंदिर भी नहीं बचा पाए। जैसा टायनबी ने कहा इसके पीछे धर्म नहीं राजनीति थी। अतः धार्मिक पवित्रता का यहाँ प्रश्न ही नहीं था।

वैसे भी पुरातत्त्व की दृष्टि-से इस छोटी-सी गारे-ईंट की इमारत में ऐसी क्या खास बात थी जिसके लिए हाय—तौबा मचाई जा रही है? क्या मेरे विद्वान् मित्र यह बताने का कष्ट करेंगे कि भारत के कला और स्थापत्य पर लिखी गई सैकड़ों पुस्तकों में इस इमारत की किस ख़सूसियत का और कहां ज़िक्र किया गया है? कहीं नहीं। अगर किसी ने किया भी है तो इसमें लगे कसौटी के हिन्दू मंदिर के स्तम्भों की ही सुन्दरता और देवी-देवताओं की मूर्तियों का ही ज़िक्र किया है। अतः पुरातत्त्व की दृष्टि से तथाकथित 'बाबरी मस्ज़िद' एक मामूली इमारत थी और इस्लाम धर्म की दृष्टि से भी यह कोई मक्का नहीं थी। यह तो केवल इस्लामी धौंसबाजी और तथाकथित सेकुलरवादियों के 'वोट बैंक राजनीति' की उपज थी जिसने तिल को ताड़ बना दिया। जबकि पुरातत्त्व और आस्था दोनों ही दृष्टियों से यह हिन्दुओं के लिए अत्यंत विशिष्ट स्थान रहा है।

मेरे कहने का यह तात्पर्य नहीं है कि जो सुन्दर नहीं उसे तोड़ दें लेकिन इतिहासकार सामाजिक सच्चाई को भी तो नज़रअंदाज़ नहीं कर सकता जिसने कुछ लोगों को इसे तोड़ने पर मज़बूर कर दिया। हमें यह नहीं भूलना चाहिए

कि यह ऐसी 'बर्लिन वाल' थी जो हिन्दुओं और मुसलमानों के बीच खड़ी थी। मैं वर्ल्ड आर्केलॉजिकल कांग्रेस के सदस्यों से तथा उसके बाहर के सभी पुरातत्त्ववेत्ताओं से एक सरल मगर अहम् सवाल करना चाहूँगा "क्या बर्लिन की दीवार एक स्मारक नहीं थी जिसके तोड़ने वालों की वैसी ही भर्त्सना की जानी चाहिए जितनी कि 'बाबरी मस्जि़द' के तोड़ने वालों की कुछ लोग कर रहे हैं?"

लेकिन दुनिया के सारे पुरातत्त्ववेत्ता चुप हैं। यही नहीं वे सब खुश हैं। एक-दूसरे को बधाइयां दे रहे हैं।

हम सब याद रखें कि 'बर्लिन वाल' द्वितीय महायुद्ध के बाद 'कोल्डवार' के दिनों के अन्तर्राष्ट्रीय कूटनीति का एक जीता-जागता साक्ष्य था जिसे १९६० में बनाया गया था जिसे तोड़कर इतिहास की एक सबसे बड़े घटना-चक्र के अंतिम चिन्ह और प्रमाण को ही मिटा देने की यह एक अन्तर्राष्ट्रीय साजिश थी। हम तो मानते ही हैं कि अच्छा हुआ बर्लिन की वह दीवार टूट गई जो भाई-भाई को जुदा किए हुए थी ठीक उसी की तरह जैसे "बाबरी मस्जि़द" टूट गई जिसने हिन्दू और मुसलमान भाइयों को एक-दूसरे से जुदा कर रखा था।

यह हम बता दें कि प्रो॰ एच॰ हर्टल जैसे पश्चिमी बर्लिन के अनेक विद्वान् वैसे ही इस कृत्य से नाखुश थे जैसे भारत के कुछ लोग तथाकथित बाबरी मस्जि़द के गिरने पर थे। मैंने उन दिनों बर्लिन में हुए एक सेमिनार के दौरान लोगों से यह सुना था अतः यह कही-कहाई बातों पर आधारित नहीं है। यहां यह कहा जा सकता है कि धार्मिक स्थलों के स्मारकों की तुलना सेकुलर स्थलों के स्मारकों से नहीं की जानी चाहिए। लेकिन यह बात बेतुकी होगी। इसके दो कारण हैं। पहला तो यह कि यदि पुरातत्त्ववेत्ता इस सिद्धांत को मान लें तो मैं कहूँ कि वे भी धर्म के नाम पर स्मारकों का बंटवारा कर रहे हैं, जो पुरातत्त्व के मूलभूत सिद्धांतों के विरुद्ध है। स्मारक होता है क्योंकि उसे इतिहास ने हमें दिया है। दूसरा कारण यह है कि इतिहास का मूलभूत सिद्धांत यह है कि इतिहास-लेखन की प्रामाणिकता ऐतिहासिक सामग्री पर पूरी तरह से आधारित होती है और इस सामग्री में हर तरह की इमारतों का साक्ष्य होता है। दुनिया में धर्म का ही इतिहास तो नहीं होता, युद्धों का, संधियों का, परिवहन का, पुलों का, नावों का, वाणिज्य का, अर्थात् उन तमाम अन्य चीज़ों का भी इतिहास होता है जिससे कि धर्म का कोई संबंध नहीं होता। यह जन-साधारण का इतिहास होता है। आज इसलिए चाहे वह बर्लिन की दीवार हो अथवा चीन की दीवार दोनों का ही तोडा जाना उतना ही भर्त्सना योग्य होना चाहिए था जितना कि 'बाबरी मस्जि़द' का तोडा जाना। किन्तु क्या ऐसा हो रहा है? क्या ऐसा हुआ है? क्या ये दोहरे मापदण्ड नहीं हैं?

पुरातत्त्व के सिद्धांत में धरोहर है, न वह हिन्दू है, न इस्लामिक, न जैन, न बौद्ध, न सिक्ख। भारतीय पुरातत्त्व सर्वेक्षण इसी सिद्धांत पर देश के स्मारकों की सुरक्षा करती है।

ऊपर लिखी विवेचना का उद्देश्य खण्डन-मण्डन नहीं है, इसका उद्देश्य-मात्र उन कुछ एक बिन्दुओं को उठाना है जिनके बारे में तरह-तरह के भ्रम फैले हैं और फैलाए जा रहे हैं। इन्हें सिद्धांतों का मुखौटा तो जरूर पहनाया जा रहा है, असली नहीं। क्योंकि अगर वह असली चेहरा होता और सिद्धांत-परक होता तो वह दोहरे मापदण्ड का शिकार नहीं होता। मेरा स्पष्ट मत है कि जो लोग क्रुसेड की, वार्सा के गिरजाघर के टूटने की, बर्लिन दीवार के ढहाने की, पाकिस्तान और बंगलादेश में मंदिरों के ध्वस्त करने की और तमाम ऐसी घटनाओं की भर्त्सना नहीं करते, उन्हें तथाकथित 'बाबरी मस्जि़द' के टूटने पर उसकी भर्त्सना करने का कोई अधिकार नहीं है। जो फिर भी ऐसा करते हैं वे सिद्धांतहीन हैं, न अच्छे इतिहासकार ही हैं, और न अच्छे पुरातत्त्ववेत्ता।

अन्त में हम यह भी बताना चाहेंगे कि इस तरह की घटनाएं सिर्फ भारत में ही नहीं हुई हैं, योरोप का इतिहास ऐसी अनेक घटनाओं से भरा पड़ा है जहां मुसलमानों ने जब़रन ईसाई गिरजाघरों को मस्जि़दों में बदला और जब ईसाई भारी पड़े तो उन्होंने अंतिम मुसलमान तक को अपने देश से भगा दिया और गिरजाघरों को फिर से गिरजाघर बना दिया। स्पेन में मूर (मुसलमानों) का इतिहास तथा रोमन कैथोलिकों का इतिहास इसका जीता-जागता सबूत है।

इतिहास बताता है कि १४६६ में आइसाबेला और फ़र्डीनान्ड, जो स्पेन के दो स्वतंत्र राज्यों के अध्यक्ष थे, का विवाह

हो गया जिसके कारण स्पेन एक अत्यंत शक्तिशाली राज्य बन गया । दोनों लोग रोमन कैथोलिक थे। अतः दोनों ने स्पेन के मुसलमानी राज्य ग्रेनाडा को १४६२ में हराकर उस पर कब्जा कर लिया। १४६६ से १५०० ईसवी तक में ज्यू तथा मूर दोनों ही धर्मों के लोगों से कहा गया कि या तो वे ईसाई बन जाएं या स्पेन छोड़ दें। अधिकांश लोगों ने देश छोड़ देने में ही अपनी भलाई समझी।

अयोध्या का इतिहास और पुरातत्त्व एक ऐसा प्रयास है जो तथ्यों से भरपूर है और पूरे प्रकरण को एक नया आयाम देता है। यह भूमिका इसीलिए आवश्यक समझी गई कि दुनिया के इतिहास के परिप्रेक्ष्य में इस को देखा और समझा जाए।

ठाकुर प्रसाद वर्मा
स्वराज्य प्रकाश गुप्त

विषय-सूची

१

भौगोलिक पृष्ठभूमि एवं नामकरण

भौगोलिक स्थिति

अयोध्या उत्तर प्रदेश के फैजाबाद जिले का एक सुप्रसिद्ध नगर है जो घाघरा नदी के दाहिने तट पर बसा हुआ है। यह फैजाबाद से मात्र छः किलोमीटर दूर है। वैसे, वर्तमान काल में फैजाबाद और अयोध्या के बीच का स्थल आबाद होता जा रहा है। प्राचीन काल में विशेषकर पालि साहित्य में काशी और कोसल महाजनपदों के नाम एक साथ ही गिनाए गए हैं। कोसल जनपद की राजधानी अयोध्या बताई गई है।

अयोध्या एक अत्यंत प्राचीन नगर है। इस क्षेत्र के मानचित्र को देखने पर प्रथम दृष्टि में ही इस बात का आभास हो जाता है कि घाघरा अथवा सरयू नदी के तट पर नगर बसाने की दृष्टि से अयोध्या के इस टीले से बढ़कर उपयुक्त कोई दूसरा स्थल नहीं हो सकता था। वैसे, प्राचीन काल में जब मानव गिरि कन्दराओं से निकलकर मैदानी क्षेत्रों में बसने की दृष्टि से आवागमन कर रहा था, तब नदियों के किनारे ही बसने के लिए स्थल खोजता था। वह प्रारम्भ में छोटी नदियों के किनारे अपने आवास बनाने लगा क्योंकि अति प्राचीन काल में बड़ी नदियां प्रायः विकराल रूप धारण कर लेती थीं और उस समय आवागमन की दृष्टि से तथा निवास की दृष्टि से बड़ी नदियों के किनारे के स्थल अनुपयोगी हो जाते थे। इसके अतिरिक्त बड़ी नदियां प्रायः अपने तटबन्धों को तोड़कर अपना मार्ग बदलकर काफी दूर चली जाया करती थीं जिसके कारण नदी के किनारे बस्ती बसाने का उद्देश्य ही समाप्त हो जाता था। लेकिन, जहां तक सरयू के किनारे अयोध्या के इस टीले का प्रश्न है यह सबसे अधिक उपयुक्त था क्योंकि यहां पर नदी के दोनों ओर ऊंचे टीले हैं और मानवीय बस्तियों को बसाने के लिए यहां आदर्श परिस्थितियां विद्यमान थीं।

इस दृष्टि से वाराणसी का भी उदाहरण दिया जा सकता है जहां पर प्राचीनतम वाराणसी के बसने का पुरातात्विक प्रमाण प्राप्त होता है। प्राचीनतम वाराणसी वरणा नदी के बाएं तट पर गंगा-वरणा संगम पर बसी थी तथा बाएं तट पर जहां आधुनिक वाराणसी नगरी बसी हुई है, वहां पर गंगा नदी अपने दोनों ओर के प्राकृतिक टीलों से नियंत्रित होकर उत्तर दिशा में बहती हुई पूरब की ओर मुड़ जाती है। इस प्रकार गंगा नदी का बायां तट बसने के लिए उपयुक्त तो था किन्तु यहां पर अनेक और छोटी नदियाँ तथा तालाब, जो गंगा में मिलते थे, वे गंगा में बाढ़ आने पर आप्लावित हो जाते थे। लेकिन, अयोध्या के लिए यह बात लागू नहीं होती है।

जहां अयोध्या का प्राचीनतम टीला था वह स्थल तीन ओर से सरयू नदी से घिरा हुआ था। यहां पर यह नदी दो मोड़ लेती है। पहला मोड़ फ़ैज़ाबाद के पश्चिम में गोप्रतार घाट से प्रारम्भ होता है, जो एक प्राचीन स्थल है। यहां का मांझा नदी के दोनों तटों पर काफी बड़े भू-भाग में फैला हुआ है तथा दोनों तट एक-दूसरे से लगभग दस किलोमीटर की दूरी पर हैं। वर्षाकाल में कहीं-कहीं नदी का घाट पांच किलोमीटर तक चौड़ा हो जाता है। इस प्रथम मोड़ में ही आधुनिक फ़ैज़ाबाद नगर बसा हुआ है। दूसरा मोड़ अयोध्या नगर को तीन ओर से घेरे हुए है। पश्चिम में नदी का जल रामकोट के टीलों को छूता हुआ बहा करता था, जिसका चिह्न दक्षिण में प्रह्लादघाट से लेकर उत्तर में राजघाट तक लम्बी गहरी खाई जैसी नीची भूमि के रूप में अभी तक दिखाई पड़ता है। यहां स्थान-स्थान पर पक्के घाटों के चिह्न मौजूद हैं। किन्तु अब नदी के पश्चिम की ओर खिसक जाने से ये घाट सूखे पड़े हैं। उत्तर की दिशा में नदी अभी भी नगर के टीले को लगभग छूती हुई बह रही है। नदी के उत्तर की ओर दूसरे तट पर भी एक टीला होने के कारण यहां नदी का तट लगभग एक किलोमीटर की चौडाई में सिमट गया है। इसी स्थल पर वर्तमान में पक्का पुल बना हुआ है। नगर के पूर्व की दिशा में नदी का तट अब कई किलोमीटर तक खिसक गया है तथा बालू का एक विशाल दियारा बन गया है। किन्तु ऐसा

लगता है कि कभी ऐसा समय रहा होगा जब नदी नगर के पूर्वी छोर को छूती हुई त्रिपुरारी तथा विल्वहरि को होती हुई बहती थी। आज नदी का जल इन स्थानों से काफी दूरी पर बहता है। सरयू नदी कभी अयोध्या के वर्तमान टीले के पूरब की ओर सटकर बहती थी, इस बात का अनुमान हम वर्तमान तिलोदकी-सरयू संगम से लगा सकते हैं जो इस समय प्रायः सूखा रहता है और नगर क्षेत्र में आ गया है। यहां पर भाद्रपद की पूर्णिमा को मेला लगता है क्योंकि इस समय वर्षा एवं बाढ़ से वास्तविक संगम दिखाई पड़ने लगता है। यह तिलोदकी, जिसे तिलोई या तिलंग भी कहा जाता है, शुष्क नदी है। किन्तु इसमें संदेह नहीं कि एक समय ऐसा भी रहा होगा जब यह नदी जलप्रवाह से युक्त रही होगी और दक्षिण दिशा से अयोध्या नगर की सुरक्षा के लिए एक प्राकृतिक परिखा अथवा खाई का काम करती रही होगी। संभवतः यही वे प्राकृतिक परिस्थितयां रही होंगी जिनके कारण इस स्थल को नगर बसाने के लिए चुना गया होगा और जिनके कारण ही इसे 'अयोध्या' (अपराजेय) नाम मिला होगा। अति प्राचीन काल में इससे बढ़कर कोई दूसरा आदर्श स्थान नगर बसाने के लिए इस क्षेत्र में नहीं दिखाई पड़ता।

सरयू नदी

ब्रह्मसर से निर्गत होने के कारण इस नदी का नाम सरयू पड़ा।[1] इस सम्बन्ध में इसकी तुलना सरस्वती नाम से की जा सकती है, किन्तु एक भिन्नता के साथ। जबकि सरयू नाम एक सर से निकलने के कारण पड़ा तो दूसरी ओर सरस्वती नाम इसलिए पड़ा कि उसके मार्ग में विभिन्न सर पड़ते थे। जो भी हो वर्तमान में इस नदी का एक अन्य नाम घाघरा (सं॰ घर्घरा) भी है। यह नदी दक्षिण तिब्बत के मानससर एवं राक्षससर के दक्षिण में स्थित पर्वतमाला (३०°-४०' उत्तर ८०°-५१' पूर्व) से निकलती है। यह पर्वत सरयू की घाटी तथा मानससर के बीच जल विभाजक का काम करता है। वहाँ से निकलकर यह नदी करदान तथा तकलकोट होती हुई सियर के पास नेपाल में प्रवेश करती है जहां से इसको हुमला-करनाली कहा जाता है। नेपाल में यह करनाली नाम से बहती है तथा भेरी नदी से मिलने के बाद इसे कौड़ियाला नाम प्राप्त होता है। यह दन्दाजरी तथा गैन्दाकान्दा (२८°-३६' उत्तर तथा ८१°-१६' पू॰) के मध्य गंगा के मैदान में प्रवेश करती है तब इसको 'गिरवा' नाम प्राप्त होता है। भारत में इस नदी को सरयू-घाघरा कहा जाता है। इससे यह स्पष्ट होता है कि भारत की सीमा में प्रवेश करने के पूर्व इस नदी को कई स्थानीय नामों से पुकारा जाता है। लेकिन समस्त प्राचीन भारतीय साहित्यिक स्रोत इस सम्बन्ध में एक मत हैं कि ब्रह्मसर (मानससर) से निकलने से लेकर गंगा के संगम करने तक इस नदी का नाम सरयू है। बौद्ध साहित्य में इसे 'सरभू' (सर से निकला हुआ) भी कहा जाता है जो अधिक सार्थक लगता है। सरयू-गंगा के संगम का *रामायण* में विस्तृत विवरण दिया गया है।[2]

वर्तमान काल में सरयू के नाम के सम्बन्ध में कुछ मतिभ्रम की स्थिति उत्पन्न करने का प्रयास दिखाई पड़ता है। फैज़ाबाद गज़ेटियर यह सुझाव देता है कि सरयू नाम केवल अयोध्या से कुछ किलोमीटर पहले और बाद में ही जाना जाता है। शेष भाग में घाघरा नाम ही प्रचलित है। तब से विद्वानों की दुनिया में यह वेदवाक्य की तरह बिना जांच-विचार या तर्क के बार-बार दुहराया जा रहा है। उक्त गज़ेटियर (पृ॰ ३) कहता है कि "वर्तमान में जो नदी तिब्बत से निकलती है तथा अयोध्या होते हुए बहती है सामान्यतः घाघरा नाम से जानी जाती है। जबकि सरयू नाम नदी के केवल इसी भाग के लिए सुरक्षित है जो अयोध्या क्षेत्र में पड़ता है।" ब्रिटिश काल के सभी नक्शों पर इस नदी का नाम इसी आधार पर अंकित है। किन्तु स्थानीय लोगों से यह सूचना मिली है कि बलिया तक के लोग, विशेषकर ग्रामवासी इस नदी को मुख्य रूप से सरयू ही कहकर पुकारते हैं घाघरा नाम सरकारी अभिलेखों में होने के कारण विशेष रूप से पढ़े-लिखे लोगों में ही प्रचलित है। एक गहढ़वाल अभिलेख में इसे सरयू-घर्घरा नाम दिया गया है। सरयू के साथ घाघरा नाम किस प्रकार जुड़ गया इस विषय पर हम बाद में चर्चा करेंगे। किन्तु इसके पहले हमें यह देखना चाहिए कि किस प्रकार सरयू के नाम एवं पहचान के सम्बन्ध में मतिभ्रम उत्पन्न हुआ है।

मैक्डॉनेल एवं कीथ[3] ने *ऋग्वेद* से संदर्भ देते हुए सरयू, सरयु तथा सरजू नामों में विभेद किए हैं। उनका मानना है कि *ऋग्वेद* में सरयु नदी का उल्लेख तीन बार आया है। कहा गया है कि चित्ररथ एवं अर्ण स्पष्ट रूप से तुर्वशों एवं यदुओं द्वारा परास्त किए गए, जिन्होंने सरयू पार किया था। किन्तु पादटिप्पणी में वे कहते हैं कि 'यह अनुच्छेद कोई सहायता नहीं करता, क्योंकि इस बात की संभावना खुली हुए है कि या तो यह मानिए कि तुर्वशु-यदु आर्य 'जाति के' चित्ररथ एवं अर्ण को पराजित करते हुए नहीं वर्णित हैं, अथवा यदि वे करते हैं तो यह मानिए कि वे इन दोनों के विरुद्ध पूरब आए रहे होंगे। इस प्रकार वे प्रकारान्तर से यह स्वीकार करते हैं कि वे *ऋग्वेद* के ४।३०।१८ में आए 'सरयोरिन्द्रपारतः' के अर्थ के विषय में अनिश्चय में हैं। इस ऋचा पर हम बाद में विचार करेंगे। वे आगे लिखते हैं कि 'एक अनुच्छेद में सरयु सरस्वती और सिन्धु नदियों के साथ

आती है तथा दूसरे में रसा, अन्तभा एवं कुभा के साथ। बाद के उत्तर वैदिक काल में, सरयू, विरल रूप में सरयु, अवध की एक नदी का नाम है जो आधुनिक सरयू है।' यहां पर सरयु, सरयू तथा सरजू में भिन्नता दर्शाने के पीछे का उद्देश्य स्पष्ट है जो निःसन्देह यह बताता है कि वे जानबूझकर इसकी पहचान अवध के सरयू से करने में कतरा रहे थे। इसकी महत्ता को कम करने के लिए एक पादटिप्पणी में वे कहते हैं कि 'यह (सरजू) एक सहायक नदी है जो घाघरा, अवध की बड़ी नदी, से बाएं ओर उसके ऊपरी भाग से मिलती है। घाघरा के लिए सरजू नाम भी बहराम घाट के नीचे प्रचलित है। निचली घाघरा की एक शाखा दाहिनी ओर अलग होकर, घाघरा के एक पुराने छोर में बहती हुई बलिया के आगे गंगा में मिल जाती है, छोटी सरयू कहलाती है।' इन समस्त सूचनाओं को एक में मिलाकर देखा जाए तो कोई भी यह परिणाम निकाल सकता है कि घाघरा नाम कतरनिया घाट के थोड़ा सा ऊपर से लेकर जहां वह भारत की वर्तमान सीमा में प्रवेश करती है, बहराम घाट के बीच में ही प्रचलित है। किन्तु वे यह छाप उत्पन्न करना चाहते हैं, तथा उसमें बहुत कुछ सफल भी हो चुके हैं कि सरजू नाम केवल अयोध्या क्षेत्र में ही प्रचलित है। ऊपर उद्धृत दोनों विद्वान् कुछ और विद्वानों का हवाला देते हुए कहते हैं कि 'हॉपकिन्स का विचार है कि सरयू पश्चिम में पाई जाती है, तथा लुडविग इसकी पहचान कुरुमु (कुर्मू) से करते हैं। विवियन डि सेन्ट मार्टिन इसकी पहचान संभवतः शतुद्रि (सतलज) तथा विपाश (व्यास) की संयुक्त धारा से करते हैं।' *वैदिक इण्डेक्स* के ये दोनों रचनाकार उद्धृत *ऋग्वेद* की इन ऋचाओं के रचनाकारों की अपेक्षा अधिक जानकार लगते हैं जिनको यह नहीं मालूम था कि कुर्मू या शतुद्रि एवं विपाश की संयुक्त जलधारा को ही सरयू कहा जाता था। वैसे, ये विद्वान् एक-एक बात के लिए साहित्यिक स्रोतों के प्रमाण खोजने में और न मिलने पर उनको निरस्त करने में अत्यन्त कठोरता बरतते हैं किन्तु जहां इस प्रकार का भ्रम उत्पन्न करना होता है वहां केवल पाश्चात्य विद्वानों के मतों का सहारा लेकर तर्क प्रस्तुत कर देते हैं। *ऋग्वेद* की ऋचा (१० ।६४ ।६) में सरयु का नाम सरस्वती और सिन्धु नामों के बीच में आता है। इसमें अपने पूर्वाग्रह को सिद्ध करने के लिए भौगोलिक क्रम की कल्पना करते हुए पाश्चात्य विद्वानों ने यह निष्कर्ष निकाल लिया कि सरयू निश्चय ही सरस्वती के पश्चिम में तथा सिन्धु के पूर्व में बहने वाली नदी रही होगी। लेकिन, यदि वहां पर ऐसी कोई नदी नहीं बहती, तो यह इन विद्वानों की गलती नहीं है। वे किसी नदी का आविष्कार करके या किसी भी अन्य नदी को यह नाम दे सकते थे। कुछ अन्य विद्वानों ने तो यहां तक सुझाव दे डाला है कि यह सरयू नदी सिन्धु के पश्चिम में उत्तरी ईरान में स्थित थी। किन्तु वे इसकी पहचान नहीं बताते हैं।[४]

ये महान् पाश्चात्य शोधकर्त्ता, जो प्राचीन भारतीय साहित्य के अच्छे जानकार थे तथा *रामायण*, *महाभारत* एवं *वायु* (४७ ।१४ ।१५) *श्रीमद्भागवत्* (१८ ।७०), मत्स्य (१२१ ।१६-१७) आदि पुराणों के उन उल्लेखों से पूर्णतया परिचित थे जिनमें सरयू को मानससर से निकला हुआ बताया गया है, तथा वे यह भी जानते थे कि वर्तमान घाघरा नदी का उद्भव भी उसी स्थल से है, इसके बावजूद उन्होंने अवध क्षेत्र की सरयू नदी को वैदिक ऋचाओं में संदर्भित सरयू से पहचान करने में आनाकानी करके मतिभ्रम की स्थिति उत्पन्न करने का प्रयास किया। जिम्मर जैसे कुछ विद्वानों के सुझाव को खिल्ली में उड़ा दिया गया जिसमें कहा गया था कि सभी वैदिक उल्लेखों में इसी (अवध वाली) सरयू का ही संदर्भ है।[५]

ऋग्वेद में सरयू और सरयूपार

ऋग्वेद के नदी सूक्त में जिन नदियों के नाम गिनाए गए हैं वे गंगा से प्रारम्भ होकर अफगानिस्तान के कुर्मू नदी तक भौगोलिक क्रम से आती हैं। संदर्भित ऋचा इस प्रकार है —

> इमं मे गङ्गे यमुने सरस्वति शुतुद्रि स्तोमं सचता परुष्णिया।
> असिक्न्या मरुद्वृधे वितस्तयाआर्जीकीये श्रणुह्यया सुषोमया।।
> तृष्टामया प्रथमं यातवे सजूः सुसर्त्वा रसया श्वेत्या त्या।
> त्वं सिन्धो कुभया गोमतीं क्रुमुं मेहत्न्वा सरथं याभिरीयसे।।
>
> *ऋग्वेद*, १० ।७५ ।५–६।

इस क्रम में गंगा, यमुना, सरस्वती, शतुद्रि, परुष्णी, असिकिनी, मरुद्वृधा, वितस्ता, आर्जीकीया, तृष्टामा, सुसर्तु, रसाम कुभा, गोमती, कुर्मू आदि नदियों के नाम भौगोलिक क्रम में मिलते हैं जिनकी पहचान आज भी संभव है। किन्तु इस भौगोलिक क्रम में कहीं भी सरयू का नाम नहीं आता। इस कारण गंगा से लेकर अफगानिस्तान के कुर्मू (कुर्रम) तक की नदियों के बीच में सरयू नदी को खोजना अथवा उसकी बात करना एक प्रकार से बौद्धिक विलासिता ही कहा जाएगा। *ऋग्वेद* के चौथे मण्डल के तीसवें सूक्त की सतरहवीं-अट्ठारहवीं ऋचा में यदु और तुर्वश के द्वारा इन्द्र की सहायता से नदी पार करके सरयूपार के क्षेत्र में अर्ण और चित्ररथ को परास्त करने अथवा वध करने की बात कही गई है —

> उत त्या तुर्वशायदू अस्नातारा शचीपतिः।
> इन्द्रो विद्वाँ अपारयत्।।१७।।

उत त्या सद्य आर्या सरयोरिन्द्र पारतः।
अर्णा चित्ररथावधीः ।।१८।।

यहां पर स्पष्टतः सरयूपार क्षेत्र का उल्लेख है जहां के चित्ररथ और अर्ण को चन्द्रवंशी तुर्वश और यदु क्षत्रियों ने परास्त किया था। यह सरयूपार का प्राचीनतम उल्लेख माना जा सकता है। यहां पर यह उल्लेखनीय है कि यदु और तुर्वश उत्तर भारत के पश्चिमी क्षेत्र के चन्द्रवंश कुल के थे और इस दृष्टि से देखें तो अर्ण और चित्ररथ सूर्यवंश से सम्बन्धित होने चाहिए। यदि इस विषय को सही परिप्रेक्ष्य में समझने का प्रयास किया गया होता तो मैक्डॉनेल और कीथ उन बातों को नहीं कहते जिनका उल्लेख हम ऊपर कर आए हैं। लेकिन इसको स्वीकार करने में उन लोगों के द्वारा प्रतिपादित १५०० ई॰ पू॰ में भारत पर आर्यों के तथाकथित आक्रमण और छः- सात शताब्दियों बाद, सातवीं शताब्दी ई॰ पू॰ के लगभग पूर्वी उत्तर प्रदेश तथा बिहार के बसाए जाने के सिद्धान्त को क्षति पहुंचती थी। इस दूषित दृष्टिकोण के कारण उन्होंने इसे स्वीकार करने से इन्कार कर दिया।

इसके अतिरिक्त सरयू का अगला संदर्भ *ऋग्वेद* के पांचवें मण्डल के ५३वें सूक्त की नवीं ऋचा में इस प्रकार आया है —

मा वो रसानितभा कुभा क्रमुर्मा वः सिन्धुर्नि रीरमत।
मा वः परिष्ठात्सरयुः पुरीषिण्यस्मे इत्स्टम्नमस्तु वः।।
।।५।।३।।६।

यहां पर सरयू को फैले हुए जलवाली (परिष्ठात् सरयुः) कहकर इसे, कुभा, कुर्मू और सिन्धु के साथ उल्लिखित किया गया है। और यह कहा गया है कि वे सुखदायी अथवा कल्याणकारी हैं। इन उल्लेखों में किसी भी प्रकार का भौगोलिक क्रम नहीं है। वरन् इन पांचों नदियों के कल्याणकारी होने की प्रार्थना की गई है। जो लोग इसमें भौगोलिक क्रम खोजना चाहते हैं और उसके आधार पर सरयू की स्थिति निर्धारित करना चाहते हैं उन्हें उपरोक्त ऋचा में उल्लिखित अन्य नदियों के भौगोलिक क्रम को भी सिद्ध करना पड़ेगा।

सरयू का तीसरा उल्लेख *ऋग्वेद* के दसवें मण्डल के चौसठवें सूक्त में आया है जिसमें सरस्वती, सरयू और सिन्धु इन तीनों नदियों के तीन सप्तकों अर्थात् सात-सात सहायक नदियों का उल्लेख किया गया है (त्रिः सप्त सस्रा नद्यो)। इसमें सरस्वती, सरयू और सिन्धु का जो उल्लेख है उसमें भी किसी भौगोलिक क्रम को खोजने का प्रयास निष्फल ही माना जाएगा। यहां पर हम इन दोनों ऋचाओं को उद्धृत करते हैं —

त्रिः सप्त सस्रा नद्यो महीरपो वनापतीन्पर्वतॉं अग्निमृतये।
कृशानुमस्तृन्तिष्यं स धस्थ आ रुद्रं रुद्रेषुरुद्रिये हवामहे।।८।।

सरस्वती सरयुः सिन्धुरुर्मिभिर्महो महीरवसा यन्तु वक्षणीः।
देवीरापो मातरः सूदयित्न्वो घृतवत्पयो मधुमन्नो अर्चत।।६।।

इस प्रकार वैदिक संहिताओं, पुराणों एवं महाकाव्यों में वर्णित सरयू नदी को पंजाब अथवा ईरान में बताना अनुचित एवं तर्क की समस्त मर्यादाओं के विपरीत है। *ऋग्वेद* की ऋचाओं में वर्णित सरयू नदी तथा सरयूपार का क्षेत्र प्राचीन अवध की सरयू नदी तथा सरयू के उत्तर का वर्तमान सरयूपार क्षेत्र को ही संदर्भित करता है किसी अन्य को नहीं। इन सभी उल्लेखों में नदियों के नामों की सूचियों को भौगोलिक क्रम में मानकर उनकी पहचान किसी अस्तित्वहीन नदी से करना दुराग्रह मात्र ही कहा जाएगा जो किसी सिद्धान्त विशेष की पुष्टि अथवा समर्थन करने के लिए ही किया गया प्रतीत होता है। साथ ही यह प्राचीन भारतीय साहित्य की घोर उपेक्षा, अवमानना तथा अज्ञान को भी दर्शाता है।

वेदों के साथ इस प्रकार की खींचतान करने वाले विद्वानों के लिए पुराणों तथा *महाभारत* में एक श्लोक आता है जिसको पार्जिटर ने अपनी पुस्तक के प्रारम्भ में ही दिया है।[६] इसका भावार्थ इस प्रकार है 'वह ब्राह्मण (विद्वान्) जिसने चारों वेदों को अंगों और उपनिषदों के साथ पढ़ा हुआ है वास्तव में विद्वान् नहीं माना जा सकता, जब तक उसे पुराणों का सम्यक् ज्ञान न हो। वेद को इतिहास एवं पुराण द्वारा ही सम्पुष्ट करना चाहिए। अल्पश्रुत (इतिहास-पुराण को न जानने वाले) से वेद डरते हैं कि यह मुझ पर प्रहार करेगा।' मैक्डानेल एवं कीथ तथा उनके अनुयायियों जैसे अनेक आधुनिक विद्वानों के लिए यह उक्ति बिल्कुल सटीक बैठती है जिन्होंने इस देश में प्रचलित परम्पराओं की उपेक्षा एवं अनदेखी करके वेदों से उल्टे-सीधे निष्कर्ष निकाले हैं। इनमें से अधिकांश ने तो वेदों को अनुवादों द्वारा ही जाना था। बाद के विद्वानों ने तो केवल उद्धृत अंशों को ही पुनः-पुनः उद्धृत करके अपनी बातें कही हैं। वास्तव में, ऋग्वेदादि संहिताओं की वास्तविक आत्मा तक पहुंचने के लिए इतिहास-पुराण जैसे सोपानों से होकर गुजरना ही पड़ेगा।

सरयू बनाम घाघरा

अब हमें इस बात पर विचार करना चाहिए कि सरयू के एक भाग को किस प्रकार घाघरा नाम प्राप्त हुआ। गहड़वाल राजा चन्द्रदेव के चन्द्रावती ताम्रपत्र अभिलेख में 'अयोध्या में स्वर्गद्वार नामक तीर्थ में सरयू–घर्घरा में स्नान करके' दान किए जाने का

उल्लेख मिलता है। इस प्रकार यह ज्ञात होता है कि ग्यारहवीं शताब्दी में ही अयोध्या क्षेत्र में इस नदी को सरयू-घर्घरा कहा जाता है। हम पहले ही यह संकेत कर चुके हैं कि कतरनिया घाट से लेकर बहराम घाट के बीच के क्षेत्र में ही घाघरा नाम विषेश प्रचलित था। बहराम घाट से लेकर बलिया के आगे गंगा से संगम करने तक इस नदी का जन-साधारण में सरयू नाम ही प्रचलित है। अयोध्या से ऊपर के क्षेत्र में कई ऐसी जलधाराएं हैं जिनको सरयू नाम से जाना जाता था। एच॰ आर॰ नेविल का फैजाबाद गजेटियर में कहना है कि 'सर्जू नाम की एक नदी नेपाल से आती है तथा चाम दूगरा के निकट रामेश्वर के पास काली नदी से मिल जाती है'। किन्तु लैसन[७] यह सूचना देते हैं कि रामेश्वर में सर्जू नदी अपनी एक सहायक नदी रामगंगा से संगम बनाती है।[८]

इसके साथ कम-से-कम तीन धाराएं हैं जो घाघरा की घाटी में हैं और सरयू कहलाती है (दे॰ संलग्न मानचित्र)। एक सरयू घाघरा नदी के दाहिने ओर बहती है। यह नदी नेपाल में हिमालय की पहाड़ियों से निकलकर शारदा एवं घाघरा के बीच में उसके समानान्तर बहती हुई कतरनिया घाट से दस मील दक्षिण में घाघरा से संगम करती है। इसे सरयू संख्या १ कह सकते हैं। सरयू नामक दो अन्य धाराएं हैं। एक घाघरा के बाएं (मुख्य धारा के पूर्व) बहती है, तथा वास्तव में दोनों एक ही जलधारा के दो मार्ग हैं। नेपाल के क्षेत्र में इसे बबई नदी तथा भारतीय क्षेत्र में सरयू या सरजू कहा जाता है। यह केशवापुर तक दक्षिण-पश्चिम दिशा में बहती हुई यहां से दक्षिण की ओर मुड़ जाती है तथा मल्लानपुर के समीप घाघरा में मिल जाती है। मानचित्र में इसे सरयू संख्या २ कहा गया है। इसके साथ ही केशवापुर से इसकी एक शाखा दक्षिण-पूर्व को बहती है तथा अपेक्षाकृत एक लम्बा रास्ता तय करके यह घाघरा में क्रमशः तेघनाहन तथा पस्का के समीप संगम बनाती है। इसे सरयू संख्या ३ या पुरानी सरयू कहा गया है। बहराइच गजेटियर में सरजू संख्या २ के लिए एक रोचक कथा का उल्लेख है। कहा जाता है कि इसका अंतिम मार्ग कृत्रिम है। १८७३ ई॰ के लगभग एक यूरोपीय सौदागर ने, जो लकड़ी के लट्ठों का व्यापार करता था, नदी की धारा को एक पुराने जलमार्ग की ओर मोड़कर कौड़ियाला (अर्थात् घाघरा) से मिला दिया जिससे उसके लकड़ी के लट्ठे अधिक तेजी से परिवहित किए जा सकें।[९] इस प्रकार बबई सरयू के जल के मुख्य भाग का सरयू संख्या २ द्वारा आहरण कर लिए जाने के कारण सरयू संख्या ३ की धारा काफी धीमी हो गई है। दो अन्य छोटी नदियां वरस्त्रोतस तथा कुटिला (टेढ़ी) बहराइच एवं गोण्डा जिलों में बहती हुई अयोध्या के समीप घाघरा में संगम करती हैं। यही नहीं घाघरा के उत्तर में कई नदियों के छाड़न या गोखुर झीलें हैं, जिनमें एक पार्वती ताल, विशेष रूप से बड़ा और उल्लेखनीय है। इससे भी आगे पूर्व की ओर रामरेखा तथा मनोरमा (मनवर) नदियां घाघरा के उत्तर की ओर बहती हुई उसमें मिलती हैं।[१०]

सरयू (घाघरा) नदी के दोनों तटों की ओर वर्तमान सहायक नदियों की भौगोलिक स्थिति का यह विवरण इस बात को समझने के लिए आवश्यक है कि सरयू नदी की धारा ने अपने अस्तित्व के हजारों वर्षों में अनगिनत बार स्थान परिवर्तन किया। देश के इस क्षेत्र में सरयू और गण्डकी सर्वाधिक भयंकर नदियां मानी जाती हैं जो अपना रास्ता बदलने के लिए कुख्यात हैं। इनमें गण्डकी तो अभी भी अपना रास्ता रातोंरात बदलकर मीलों दूर इधर से उधर चली जाती है। पुरातन काल में सरयू भी प्रायः अपनी धारा बदलकर किसी सहायक नदी की धारा को अपना लेती रही होगी, इसकी कल्पना करना कठिन नहीं है। कहा जाता है कि 'सरयू (घाघरा) नदी की औसत जल निकासी ग्रीष्म काल में १८,००० क्यूसेक तथा अधिकतम ३,२५,००० क्यूसेक असाधारण बाढ़ के समय अंकित की गई है।' श्री एच॰ सी॰ सिंह ने घाघरा के मार्ग परिवर्तन के विषय में अध्ययन किया है तथा फैजाबाद से लेकर सरयू-गंगा संगम तक के क्षेत्र में इस नदी द्वारा किए गए मार्ग परिवर्तनों पर प्रकाश डाला है।[११] इसमें यह दिखाया गया है कि सरयू ने अपनी लगभग सभी सहायक नदियों के जलमार्ग का आहरण किया है तथा इस क्षेत्र में मिलने वाले अनेक दह (ह्रद) और झीलें इस बात की साक्षी हैं कि इस नदी का मार्ग परिवर्तन क्षेत्र सैकड़ों किलोमीटर में फैला हुआ है। जिस प्रकार सरयू के अयोध्या के उत्तरी क्षेत्रों में दो या तीन सरयू मिलती हैं उसी प्रकार दक्षिणी क्षेत्र में भी ऐसी अनेक छोटी नदियां और नाले हैं जिन्हें 'छोटी सरयू' कहा जाता है। ये सभी जलमार्ग किसी-न-किसी समय अल्प अथवा दीर्घ अवधि के लिए सरयू की मुख्य जलधारा के मार्ग रह चुके हैं। छोटी या बडी सरयू के नाम से जानी जाने वाली ये जलधाराएं बलिया एवं आजमगढ़ जिलों में भी पाई जाती हैं। अभी हाल में ही आजमगढ़ के समीप छोटी सरयू (टोंस) के पुराने जलमार्ग में एक बड़ी नाव के लंगर का पाया जाना इसी बात की ओर संकेत करता है।[१२] डॉ॰ सिंह ने अयोध्या के पूर्व के क्षेत्र में ही घाघरा के जलमार्ग परिवर्तनों पर प्रकाश डाला है। किन्तु यदि उन्होंने ऊपरी घाघरा के क्षेत्र का भी अध्ययन किया होता तो उससे सरयू के अन्य जलमार्ग परिवर्तनों के भी दृश्य उभरकर सामने आते। फिर भी, पूर्वोक्त समस्त साहित्यिक साक्ष्यों को ध्यान में रखते हुए यह मानने के अतिरिक्त कोई अन्य चारा नहीं है कि हिमालय से

निकलकर गंगा में मिलने वाली नदी को भारतीय परम्परा में आदि से अन्त तक सरयू ही माना जाता था। बीच-बीच में विभिन्न स्थानों पर इसके अनेक स्थानीय नाम भी आते हैं जिनका उल्लेख हम पहले कर चुके हैं। जहां तक बीच में इसके घाघरा नामकरण का प्रश्न है उसका कारण यह दिखता है कि प्राचीन काल में किसी समय घाघरा (घर्घरा) नाम की किसी सहायक नदी या नाले के जलमार्ग को अपना लेने के कारण उस क्षेत्र में इसे घाघरा कहा जाने लगा जो कालान्तर में इसका दूसरा नाम ही बन गया। जैन ग्रन्थ *विविधतीर्थकल्प* में यह कहा गया है कि घर्घरा-दाह (घर्घरा-ह्रद या दह) और सरयू का संगम अयोध्या के पास हुआ है और इस संयुक्त नदी को स्वर्गद्वार नाम से अभिहित किया गया है।[१३] इसी स्वर्गद्वार घाट को गहड़वाल नरेश चन्द्रदेव के चन्द्रावती अभिलेख में सरयू-घर्घरा के तट पर स्थित स्वर्गद्वार नाम का तीर्थ कहा गया है।[१४] किन्तु यह कहना गलत है कि सरयू नाम केवल अयोध्या क्षेत्र में प्रचलित है तथा शेष समस्त क्षेत्रों में इसे घाघरा (अंग्रेज़ीः गोग्रा) नाम से जाना जाता है। बड़ी नदियों के स्थानीय छोटे नालों के मार्ग अपना लेने के कारण उस क्षेत्र में उनके नाम उसी आधार पर प्रचलित हो जाते हैं। इसके उदाहरण प्रायः मिल जाते हैं। उदाहरण के लिए किसी समय प्राचीन अचिरावती (राप्ती) नदी बांसी (जिला सिद्धार्थनगर) के दक्षिण से बहती थी किन्तु वर्तमान में बांसी, कस्बे के उत्तर से बहती है। दक्षिण से बहने वाली धारा को, जो अब प्रायः सूख चली है, बूढ़ी राप्ती कहते हैं। उत्तर से बहने वाली मुख्य धारा आगे चलकर स्थानीय लोगों में हहवा नाम से प्रचलित है जिसका कारण यह है, मुख्य धारा ने हाहा नामक नाले की धारा को अपना लिया है। उपरोक्त स्पष्टीकरण घाघरा और सरयू नामों के प्रचलित होने और उस भ्रम का निवारण करने के लिए दिया गया है जिसको पाश्चात्य और आधुनिक विद्वानों ने प्रचलित कर रखा है।

नाम

अयोध्या — एक प्राचीन नगर

अयोध्या कोशल जंनपद की एक नगरी थी जिसकी स्थापना का श्रेय स्वयं मनु को दिया गया है।[१५] परम्परागत रूप में इस मनु को सातवां मनु कहा गया है। ऐतिहासिक तथा साहित्यिक प्रमाणों से भी यह स्पष्ट विदित होता है कि अयोध्या एक प्राचीन नगरी है। *अथर्ववेद*[१६] और *तैत्तिरीय आरण्यक*[१७] में अयोध्या का एक प्रतीकात्मक वर्णन मिलता है जिसमें मानव शरीर को आठ चौकों और नौ द्वारों वाली देवताओं की नगरी अयोध्या बताया गया है। कुछ विद्वानों ने इस नगरी के प्रतीकात्मक वर्णन को आधार मानकर इसके प्राचीन अस्तित्व को नकारते हुए एक काल्पनिक नगर माना है।[१८] किन्तु इस बात को अयोध्या के अस्तित्व को नकारने का आधार नहीं बनाया जा सकता, क्योंकि यहां पर अयोध्या को एक उपमान के रूप में प्रयुक्त किया गया है। यदि उपमान का अस्तित्त्व ही नहीं होगा तो उपमेय (देवताओं की पुरी) से उसकी तुलना करने का प्रश्न ही नहीं उठेगा। अतः अयोध्या के एक नगर के रूप में विद्यमान होने का प्रमाण हम *अथर्ववेद* और *तैत्तिरीय आरण्यक* के इन उल्लेखों में मान सकते हैं। इस धरती पर अयोध्या का अस्तित्व कब से माना जाय, इसकी काल गणना के सम्बन्ध में विवाद हो सकता है किन्तु भारतीय साहित्य में अयोध्या का उल्लेख भारत के प्राचीनतम नगर के रूप में आता है इसे विवाद का विषय नहीं बनाया जा सकता।

नामकरण

कुछ पुराणकारों ने अयोध्या शब्द का प्रयोग अयोध्या के एक उपाधि के रूप में किया है।[१९] यहां पर अयोध्या का विशेष अर्थ किया है 'न योध्या' अर्थात् 'योधितुमर्हा' अर्थात् 'युद्ध के अयोग्य'। यहां पर 'युधसंप्रहारे' अथवा 'आक्रमण करना' 'युद्ध करना' आदि के अर्थ में अयोध्या शब्द का प्रयोग किया गया है। अयोध्या के नामकरण के सम्बन्ध में एक अन्य पौराणिक कथा का उल्लेख किया जा सकता है। कहा जाता है कि मनु ने अयोध्या नगरी को बसाकर उसका राज्य अपने ज्येठ पुत्र इक्ष्वाकु को दे दिया। इक्ष्वाकु के बाद उसका पुत्र विकुक्षि अयोध्या का राजा हुआ। इस विकुक्षि का एक दूसरा नाम 'अयोध' भी था और कुछ विद्वानों ने यह संकेत दिया है कि इस नगरी का यह नाम अयोध के कारण पड़ा।[२०] जहां तक पुराणों में उल्लिखित इतिहास का प्रश्न है, अपने लम्बे अस्तित्व काल में अयोध्या के कम-से-कम चार बार बसाए जाने का उल्लेख मिलता है। पहली बार स्वयं मनु ने इसे बसाया था, जिसका उल्लेख हम पहले कर चुके हैं। श्रीराम ने अपने जीवन के अंतिम समय में इस नगरी का परित्याग करके स्वर्ग-गमन किया और अयोध्या उजड़ गई। लेकिन, कुछ ही दिनों बाद उनके पुत्र कुश ने इसे दुबारा बसाया था।[२१] *रामायण* के उत्तरकाण्ड में यह उल्लिखित है कि अयोध्यापुरी राम के जाने के बाद बहुत दिनों तक सूनी पड़ी रहेगी, फिर राजा ऋषभ के समय में यह पुनः आबाद होगी।[२२] किन्तु कालान्तर में यह पुनः उजड़ गई और किंवदन्ती यह कहती है कि विक्रमादित्य ने इसे फिर बसाया।[२३]

अयोध्या की गणना भारत की प्रमुख सात नगरियों में की जाती है जो पवित्र होने के कारण मोक्षदायिनी कही गई हैं।

प्रायः सभी पुराणों और दोनों महाकाव्यों में अयोध्या का उल्लेख बार-बार मिलता है। कई पुराणों में एक प्रसिद्ध श्लोक मिलता है जिसमें अयोध्या को मथुरा, माया, काशी, काञ्ची, अवन्तिका और द्वारावती, इन सात मोक्षदायी नगरियों में सबसे पहला स्थान दिया गया है।[२४] *ब्रह्माण्ड पुराण* में केवल छः नाम गिनाए गए हैं।[२५] किन्तु इन सभी उद्धरणों में अयोध्या का नाम सबसे पहले आता है। कुछ पुराणों में इन सप्तपुरियों के नाम थोड़े से हेर-फेर के साथ भी मिलते हैं।[२६] पुराणों में इसका उल्लेख तीर्थ के रूप में भी हुआ है।[२७]

विविध नाम

अयोध्या के अनेक नाम तथा उनके उच्चारण भेद प्राप्त होते हैं अयोध्या से उच्चारण भेद के कारण निकले हुए नाम इस प्रकार हैं –

अयोज्झा, अयुज्झापुर, अजोदह, अ-यु-ज, उज्झा, अयुधा और अवध। इसके अतिरिक्त साकेत, सोगेद, श-कि (= साकेत), श-कि-त भी हैं। साथ ही विनीता और विणीझा, विशाखा, कोशल, कोशलनगर, कोसलपुरी, कोसलानयरी, इक्खागभूमि, रामपुरी, पदमपुरी आदि नाम भी आए हैं। *महाभारत* में इसे 'पुण्य लक्षणा' भी कहा गया है। इसे नन्दिनी भी कहा गया है।[२८] अब हम इन नामों की चर्चा कुछ विस्तार से करेंगे। सबसे पहले अयोध्या नाम लेते हैं।

अयोध्या

अयोध्या के विविध रूप मिलते हैं जैसे – अयोज्झा,[२९] अयुज्झापुर,[३०] उज्झा,[३१] अ-यु-ज,[३२] अयुधा,[३३] अजोदह[३४] और अवध[३५]। बौद्ध पालि ग्रंथों में अयोध्या का नाम अयोज्झा और अयुज्झा मिलता है। प्रारम्भिक जैन प्राकृत ग्रंथों में अयुज्झा[३६] और उत्तरकालीन जैन ग्रंथों में अयुज्झा और उज्झा दोनों नाम मिलते हैं। *आवस्सगनिज्जुति* में उज्झा को अजिय की राजधानी बताया गया है।[३७] *संयुक्त निकाय* में इसे गंगा के किनारे स्थित बताया गया है।[३८] इसी ग्रंथ पर लिखी गई टीका *सरत्थप्पकासिनी* में इसे अयुज्झापुर कहा गया है जहां के नागरिकों ने बुद्ध के लिए विहार बनवाया था।[३९] किन्तु यहां पर अयोध्या के गंगा नदी पर स्थित होने का उल्लेख कुछ विद्वानों को यह मानने के लिए विवश करता है कि यह वह अयोध्या नहीं थी जो सरयू नदी पर स्थित है। मललसेकर ने यह संभावना व्यक्त की है कि यह उल्लेख भ्रमपूर्ण है अथवा मूल अयोध्या के किसी निवासी द्वारा बसाए गए किसी अन्य नगर का उल्लेख है।[४०] किन्तु ऐसा लगता है कि आधुनिक विद्वान् इस प्रकार के उल्लेखों से स्वयं दिग्भ्रमित होकर भांति-भांति की कल्पना करने लगते हैं और सुस्थापित तथ्यों की उपेक्षा करके नए-नए सिद्धान्तों का प्रवर्त्तन करते हैं। *संयुक्त निकाय* के ही पठम-दारुक्खन्द सुत्त[४१] में कहा गया है कि "एक समय भगवान कौशाम्बी में गंगा नदी के तीर पर विहार करते थे"। इस प्रकार हम जानते हैं कि न तो कौशाम्बी गंगा के किनारे स्थित है और न अयोध्या ही। निश्चय ही यहां पर गंगा का प्रयोग सामान्य रूप से केवल नदी के अर्थ में किया गया है। श्रीलंका में प्रायः सभी नदियों के साथ गंगा शब्द जुड़ा रहता है जिसका अर्थ केवल नदी होता है। इसी प्रकार पूर्वी उत्तर प्रदेश के क्षेत्र में प्रायः समीप बहने वाली किसी भी नदी को लोग गंगा कहकर संबोधित कर देते हैं। यह गंगा नदी की पवित्रता और उसकी लोकप्रियता की द्योतक है। इस प्रकार *संयुक्त निकाय* के इन उल्लेखों को 'समझ में न आने वाली परम्परा'[४२] कहकर टाला नहीं जा सकता। *संयुक्त निकाय*[४३] के इस उल्लेख को सरयू नदी ही मानना पड़ेगा क्योंकि वैष्णव लोग इसे रामगंगा भी कहते हैं अन्यथा भ्रम की स्थिति बनी रहेगी। कुछ विद्वान् तो इसे अयोध्या के अस्तित्व को ही नकारने के लिए साक्ष्य के रूप में प्रयोग कर रहे हैं।[४४]

चतुर्थ शताब्दी ई॰ के प्रारम्भिक जैन प्राकृत ग्रन्थ *पौमचरिय* में अयोज्झा को इक्ष्वाकु वंश के राजा अजित की राजधानी तथा भारत (भरत) की नगरी बताया गया है।[४५] इसी ग्रंथ में अयोध्या को कोसल तथा साकेत के पर्यायवाची के रूप में भी उल्लिखित किया गया है।[४६] संस्कृत ग्रंथों में प्रायः अयोध्या नाम ही मिलता है। *महाभारत* तथा *रामायण* में अयोध्या का उल्लेख है। *महाभारत* में इसे इक्ष्वाकुओं की राजधानी[४७] तथा *रामायण* में[४८] अयोध्या को सरयू तट पर स्थित बताया गया है। कालिदास ने *रघुवंश*[४९] महाकाव्य में अयोध्या और साकेत को एक ही अर्थ में प्रयुक्त किया है। *मत्स्य* तथा *वायु पुराण*[५०] में इसे इक्ष्वाकुओं की राजधानी तथा *वृहत्संहिता*[५१] में राम के पुत्र कुश द्वारा इसे दुबारा बसाए जाने का उल्लेख भी मिलता है। चीनी स्रोतों[५२] में इसे अ-यु-ज = अयुज (अथवा अवध) नाम से उल्लिखित किया गया है इसमें कहा गया है कि पि-क-ल-म-अ-चि-त (= विक्रमादित्य) राजा के संरक्षण में अ-यु-ज (= अयोध्या) में एक शास्त्रार्थ हुआ था जिसमें सांख्याचार्य बि-न-ज-क-ब-श (=विन्ध्यवासिन) ने वसुबन्धु द्वितीय के गुरु को पराजित कर दिया था। अल बेरुनी[५३] ने भी अयोध्या का उल्लेख किया है जिसमें यह लिखा है कि 'बारी से गंगा के किनारे पूर्व की ओर आगे चलने पर निम्नलिखित स्थान मिलता है – अजोदह (अयोध्या) बारी से २५ फर्सख, प्रसिद्ध बनारसी (वाराणसी) से

२० फर्सख।' मध्य-युग में अयोध्या अवध हो गया और एक सूबे के रूप में जाना जाने लगा। रीज़ डेविड्स[५४] आदि विद्वान् अवध को एंग्लो-इण्डियन भाषा का बताते हैं और इसे प्राचीन अयोध्या से व्युत्पन्न मानते हैं। उल्लेखनीय है कि 'अवध' शब्द का प्रकारान्तर से एक अर्थ 'जहां वध अथवा हत्या न की जाए' होता है; इसकी व्युत्पत्ति अयोध्या से ही माननी पड़ेगी। *ऋग्वेद*[५५] में भी अवध शब्द इसी अर्थ में प्रयुक्त हुआ है। *इन्साइक्लोपीडिया ब्रिटेनिका*[५६] में *रामायण* और *महाभारत* में उल्लिखित अयोध्या का अपभ्रंश रूप अवध बताया गया है तथा मोटे तौर पर इसे 'मध्य देश' कहा गया है। किन्तु यह अवधारणा मध्य-युग की देन है। मुगल काल के उत्तरार्ध में अवध के नवाब लगभग सम्पूर्ण पूर्वी उत्तर प्रदेश के शासक थे। ईस्ट इण्डिया कम्पनी के अधिकारियों ने अपने स्वार्थवश कुछ प्रदेश दिल्ली के शासकों से प्राप्त करके अवध के नवाब को दिलाए और कुछ सीधे अपने शासन के अन्तर्गत रखे। १८५७ के भारतीय स्वतन्त्रता संग्राम के समय लगभग आधे से अधिक उत्तर प्रदेश को अवध क्षेत्र के अन्तर्गत माना जाता था। इस प्रकार मोटे तौर पर यदि अंग्रेज़ शासक अवध को 'मध्य देश' का पर्याय मान लें तो आश्चर्य नहीं होना चाहिए। वास्तव में मुगल काल में अवध एक सूबा था जिसमें गोरखपुर और फैजाबाद की कमिश्नरियां शामिल थीं। बाबर ने अवध और बहराइच सूबों की आमदनी १,१७,०१,३६६ टंके बताया है।[५७]

साकेत

अयोध्या का एक नाम साकेत भी मिलता है। पाणिनि तथा पतञ्जलि ने साकेत की तरफ जाने वाले मार्गों का उल्लेख किया है।[५८] *युग पुराण*[५९] में साकेत का उल्लेख करते समय उसके सात राजाओं तथा यवन सैनिकों द्वारा उसके घेरे जाने का उल्लेख है। *वायु* तथा *ब्रह्माण्ड पुराण* में भी साकेत का उल्लेख है।[६०] *रघुवंश*[६१] महाकाव्य में साकेत को अयोध्या के साथ समीकृत किया गया है। हेमचन्द्र[६२] ने साकेत, अयोध्या और कोशल को एक ही माना है। यादव प्रकाश के *शब्दकोश* वैजन्ती में साकेत, अयोध्या, कोसल एवं नन्दिनी को पर्यायवाची माना गया है।[६३] *यशोधर* तथा *कामसूत्र* में भी साकेत को अयोध्या का पर्यायवाची मानकर उल्लिखित किया गया है।[६४] *काशिका*[६५] में साकेत को पाटलिपुत्र के समान एक खाई की भांति बताया गया है। वराहमिहिर[६६] ने भी साकेत का उल्लेख किया है। *महामयूरी*[६७] में साकेत के यक्षों का तथा *कामसूत्र*[६८] में वहां स्थित गणिकायों का उल्लेख किया गया है।

बौद्ध पालि ग्रन्थों में साकेत के अनेक उद्धरण मिलते हैं। *संयुक्त निकाय*[६९] में उसे कोशल राजा पसेनदि (प्रसेनजित) के साम्राज्य के अन्तर्गत बताया गया है। *विनय* तथा *संयुक्त निकाय* में साकेत के मार्गों, नदियों तथा उसे कोशल की राजधानी के रूप में उल्लिखित किया गया है।[७०] *दीप निकाय*[७१] में साकेत की गणना भारत के छः महाजनपदों में की गई है। *अंगुत्तर निकाय*[७२] में साकेत के तिकण्डकि वन, जहां बुद्ध ने निवास किया था और कालकाराम बगीचे का[७३] तथा *सुत्तनिपात*[७४] में श्रावस्ती और प्रतिष्ठान के बीच पड़ने वाले पहले पड़ाव के रूप में साकेत का उल्लेख मिलता है। जातकों में *नन्दियमग जातक*[७५] तथा *महावस्तु*[७६] में इसका उल्लेख है। पालि बौद्ध टीका *धम्मपदत्थकथा*[७७] में व्यापारी धनञ्जय द्वारा साकेत के स्थापित किए जाने की चर्चा है।

प्रारम्भिक जैन प्राकृत साहित्य में साकेत का ज्ञान कुछ भिन्न रूप में मिलता है। इसमें साकेत को सायेय और सागेय अथवा साकेय के रूप में उल्लिखित किया गया है, जो साकेत का ही रूप है। सायेय और सागेय का उल्लेख *पन्नवना*,[७८] *नायाधम्मकहाओ*,[७९] *अन्नगददसाओ*,[८०] *अनुत्तरोववाइयदसाओ*[८१] तथा *विवागसूय*[८२] आदि में मिलता है। सायेय और साकेय नाम उत्तरकालीन जैन प्राकृत ग्रन्थों में मिलते हैं। इसमें *अवस्सगचूर्णि* और *अवस्सनिज्जुति* ग्रन्थ आते हैं। *अवस्सगचूर्णि* में साकेय में सुरप्पिया के नाम के यक्ष मंदिर होने का उल्लेख[८३] है तथा *अवस्सनिज्जुति*[८४] में अभिणन्दन द्वारा सायेय में प्रथम पारणा करने का उल्लेख है। चतुर्थ शताब्दी ईसवी के प्रारम्भिक जैन प्राकृत साहित्य में भी साकेत के लिए सायेय नाम मिलता है। पौमचरिय[८५] में सायेय में स्थित एक मंदिर का उल्लेख है जो मुनि सुरतस्वामिन को दिया गया था।

ग्रीक लेखक टॉलेमी[८६] साकेत को सोगेद के रूप में उल्लिखित करता है और तिब्बती ग्रंथ इसे 'सोकेड' के रूप में। तिब्बती ग्रन्थों[८७] में गुजान शासक कनिक (कुषाण शासक कनिष्क) और लिग-वंश के शासक विजयकीर्ति द्वारा सोकेड को अधिकृत किए जाने का उल्लेख है जहां विजयकीर्ति ने अनेक बौद्ध विहारों को प्राप्त किया था। चीनी स्रोतों में साकेत के लिए श-कि नाम मिलता है जिसका उल्लेख फाहियान[८८] ने किया है। उसने श-कि को महान् देश के रूप में उल्लिखित किया है। चीनी स्रोतों में इसका एक नाम श-कि-त (= साकेत) भी मिलता है। इसमें कहा गया है कि म-मिंग (अश्वघोष) श-यि (= श्रावस्ती) देश के श-कि-त का निवासी था।[८९] कनिंघम[९०] ने साकेत और अयोध्या को एक ही माना है। उनके अनुसार फाहियान की श-कि अथवा श-चि और ह्वेनसांग की विशाखा, साकेत अथवा अयोध्या ही है। *रघुवंश*[९१] महाकाव्य में साकेत और अयोध्या को एक-दूसरे का पर्यायवाची बताते हुए साकेत नगर को राजा दशरथ और उनके पुत्र की राजधानी के रूप में उल्लिखित किया गया है।

अयोध्या और साकेत — हन्स बेकर का मतिभ्रम

हन्स बेकर[९२] ने अपनी विशिष्ट यूरोपीय मनोवृत्ति का परिचय देते हुए अयोध्या के अस्तित्व से ही इन्कार किया है। उनके अनुसार 'लंका की भांति अयोध्या भी संभवतः कवि की कल्पना सृष्टि था।'[९३] वे आगे यह भी कहते हैं कि 'यह प्रश्न कि कभी प्रागैतिहासिक भारत में कोई आर्यों की अयोध्या नाम की बस्ती रही होगी, अनुत्तरित ही रहेगा, क्योंकि यह ऐतिहासिक शोध की सीमाओं के बाहर पड़ता है।'[९४] अपने ग्रन्थ के प्रारम्भ से ही हन्स बेकर ने अयोध्या के अस्तित्व को नकारते हुए अयोध्या के वर्तमान स्थल को अंग्रेज़ी के AY अक्षरों से संकेतित करके अपना कथन प्रारम्भ किया है। उनके अनुसार, अयोध्या नाम की कोई प्राचीन बस्ती इस स्थल पर नहीं थी, बल्कि साकेत नाम का एक नगर था जिसको बाद में पुराणपंथियों ने अयोध्या कहकर उसका वास्तविकीकरण कर दिया। जबसे राम को एक अवतार कहकर उनका दैवीकरण प्राारम्भ हुआ तभी से साकेत का अयोध्या के रूप में वास्तविकीकरण किया जाने लगा। उनके इन विचारों को तथा उनके मत की निःसारता का आकलन करने के लिए यह आवश्यक है कि इनके द्वारा दिए गए तर्कों का समुचित रूप से उल्लेख किया जाए।

हन्स बेकर की कठिनाई यह है कि वे कुछ योरोपीय मान्यताओं को छोड़ नहीं पाए हैं और नवीनतम शोधों तथा इतिहास की नवीन प्रवृत्तियों का भी अपने शोध कार्य में उन्होंने समावेश नहीं किया है। उन्होंने पहले यह धारणा बना ली कि अयोध्या नाम का कोई नगर अथवा स्थल नहीं रहा होगा। उनके अनुसार, ऐतिहासिक काल में बौद्ध और जैन ग्रन्थों ने जिसे साकेत नाम दिया उसी स्थल को संस्कृत साहित्य के रचनाकारों और कवियों ने साकेत नाम दिया तथा अयोध्या कहकर प्रचारित करने का प्रयास किया।

वे कहते हैं कि 'जब अर्धघुमन्तु जनजातियों के आक्रमणकारी गंगा की उपजाऊ घाटी में ई॰ पू॰ की आठवीं-सातवीं शताब्दियों में बसे तो नदियों के किनारे विशेष रूप से छोटी-छोटी बस्तियां बनने लगीं जो परिवहन के महत्त्वपूर्ण मार्गों का काम करती थीं। छठी शताब्दी ई॰ पू॰ में इनमें से कुछ नगरों के रूप में विकसित हुईं जबकि साथ-ही-साथ जनजातीय देश (जनपद) राज्यों अथवा लोकतन्त्रों के रूप में विकसित हुए। इस प्रकार कोशल जनपद ऐतिहासिक काल में कोशल राज्य के रूप में अस्तित्व में आया।[९५] आगे चलकर वे कहते हैं कि 'प्रागैतिहासिक भारत में कोई आर्यों की बस्ती थी जिसका नाम अयोध्या था इस प्रश्न का उत्तर अनुत्तरित ही रह जाएगा, क्योंकि यह ऐतिहासिक शोध की परिधि के बाहर पड़ता है।'[९६] वे आर्य समस्या के भंवर-जाल में इतने संलिप्त हैं कि आधी शताब्दी से अधिक पहले के विद्वानों की भांति बीसवीं शताब्दी के उत्तरार्ध में भी वे यही मानते हैं कि आर्य लोग जब गंगा की घाटी में आए, तब उन्होंने पश्चिम के किसी सरयू नदी के नाम के आधार पर एक नदी को सरयू कहना प्रारम्भ कर दिया जो कोशल जनपद में पड़ती थी।[९७] इस प्रकार उनके अयोध्या तथा पूर्वी उत्तर प्रदेश के अन्य नगरों के बसाए जाने की तिथि निर्धारण के पीछे यह कालबाह्य अवधारणा काम कर रही है कि आर्य पन्द्रहवीं शताब्दी ई॰ पू॰ में भारत में आए और उनको पश्चिमोत्तर भारत से पूर्वी उत्तर प्रदेश में पहुंचने में लगभग सात शताब्दियाँ लग गईं। यहाँ पर उन्होंने आठवीं–सातवीं शताब्दी ई॰ पू॰ में बस्तियां बसाना प्रारम्भ किया था। किन्तु अब प्रायः सभी प्रबुद्ध ऐतिहासिक विचारक यह मानने लग गए हैं कि आर्य नाम की कोई जाति ही नहीं थी। मैक्स मूलर[९८] द्वारा प्रतिस्थापित आर्य भाषा के आधार पर निर्धारित, आर्य जाति सम्बन्धी जो एक संदिग्ध प्रस्थापना आगे चलकर सिद्धान्त के रूप में प्रचारित की गई थी, वह अब ध्वस्त हो गई है। इस कारण भारत में किसी आर्य जाति के प्रवेश और उसके पूर्व की ओर आगे बढ़ने की बात करना ऐतिहासिक तथ्यों की ओर से आंखें बंद कर लेना है तथा वास्तविक ऐतिहासिक अन्वेषण मनोवृत्ति के साथ विश्वासघात है।

अपने उसी पुरातन उपनिवेशवादी अंदाज में हंस बेकर ने भारतीय साहित्य का भी आकलन किया है। उनके अनुसार बौद्ध, जैन ग्रन्थ 'अर्ध-वैज्ञानिक' अथवा 'तथ्यात्मक प्रवृत्ति' के हैं, जबकि परवर्ती *महाभारत, रामायण* आदि अपने मूल रूप में काल्पनिक चरित्र के ग्रन्थ हैं।[९९] इसी मनोभावना के साथ उन्होंने साकेत और अयोध्या के प्रश्न पर विचार किया है।

उन्होंने अपने मन में बनाई गई इन दीवारों को खड़ी करके यह प्रश्न उठाया है कि क्यों संस्कृत महाकाव्यों में साकेत का उल्लेख नहीं मिलता तथा क्यों बौद्ध-जैन ग्रन्थ अयोध्या का उल्लेख नहीं करते।[१००] उन्होंने बारेयू के नवीनतम शोध में उठाए गए प्रश्न का अपने पक्ष में उपयोग करने का प्रयास किया है तथा असुविधाजनक स्थापनाओं का विरोध किया है। इसी क्रम में उन्होंने रीज़ डेविड्स के इस उल्लेख की भी आलोचना की है कि साकेत और अयोध्या लंडन और वेस्टमिनस्टर की तरह दो संयुक्त (युगल) नगर थे। वे कहते हैं कि 'छठी शताब्दी ई॰ पू॰ के भारत में इस प्रकार संयुक्त (युगल) नगरों का कोई अन्य ऐतिहासिक प्रमाण नहीं मिलता। इस प्रकार यह तर्क स्वीकार करने योग्य नहीं है।' हन्स बेकर ने और मतिभ्रम उत्पन्न करते हुए प्रस्थापना

करने का प्रयास किया है कि *रामायण* के प्राचीनतम भागों (२-६ काण्डों) में अयोध्या के सरयू के किनारे स्थित होने का कोई उल्लेख नहीं मिलता। इसी प्रकार वे यह भी कहते हैं कि यद्यपि *महाभारत* में इस नगर को कोशल देश में बताया गया है जहां का राजा ऋतुपर्ण कहा गया है किन्तु कहीं पर भी इसे सरयू के किनारे स्थित नहीं बताया गया है। इस प्रकार के नकारात्मक प्रमाणों को अपने पक्ष में प्रस्तुत करते हुए वे बौद्ध *दशरथ जातक* का भी उल्लेख करना नहीं भूलते, जिसमें दशरथ और उनके पुत्र राम को अयोध्या के बजाए बनारस से सम्बद्ध किया गया है। इसी कड़ी में वे यह भी कहते हैं कि जो इक्ष्वाकु जाति अयोध्या से संबद्ध बताई जाती है उसका उल्लेख तो *ऋग्वेद* (१० ।४ ।६० ।४) में है किन्तु अयोध्या का नहीं। इसी प्रकार *सांख्यायन श्रौतसूत्र* में इक्ष्वाकु राजा हरिश्चन्द्र के निवास को ग्राम कहा गया है। इन सब नकारात्मक प्रमाणों को वे अपने पक्ष के समर्थन में दिखाना चाहते हैं। किन्तु वे उन ढेर सारे प्रमाणों की अनदेखी कर देते हैं जिनमें अयोध्या और साकेत को एक ही नगर के दो नामों के रूप में दिखाया गया है। हम पीछे यह दिखा आए हैं कि *रघुवंश* महाकाव्य में साकेत को अयोध्या के साथ समीकृत किया गया है। हेमचन्द्र ने साकेत, अयोध्या और कोशल को एक ही माना है। *यशोधर* तथा *कामसूत्र* में भी साकेत को अयोध्या का पर्यायवाची मानकर उल्लिखित किया गया है। यादव प्रकाश के शब्दकोश *वैजन्ती* में भी साकेत को अयोध्या ही माना है, जिसे मल्लिनाथ ने कालिदास के *रघुवंश* की टीका में उद्धृत किया है। *अवस्सगनिज्जुति* में इक्खागभूमि, उज्झा, विणीआ और कोसलपुर का उल्लेख एक ही पंक्ति में आता है। *पौमचरिय* की अनुक्रमणिका के अनुसार अयोध्या के इतने पर्यायवाची शब्द मिलते हैं – अयोज्झा – कोसलपुरी (कोसला, कोसला नयरी) पदमपुरी – विणीया (॰पुरी) – सायेय (सायेय पुरी) – साकेयपुर (॰नयरी)। गुप्त-काल में भारत आए चीनी यात्री युवान-च्वांग के विशाख की पहचान अयोध्या से करते हुए कनिंघम[१०१] कहते हैं कि अयोध्या और साकेत की समानता, मेरा विश्वास है, सदैव स्वीकार की गई है। मैक्रिण्डल[१०२] भी टालेमी के 'सगोद' की पहचान साकेत से करते हुए लिखते हैं कि इस स्थान की अयोध्या से पहचान करने में किसी प्रकार का संदेह नहीं हो सकता जो कोशल की राजधानी था जिसका नाम साकेत अथवा सागेद था। इसके अतिरिक्त काणे[१०३] भी इन दोनों नगरों को एक ही मानते हैं। वी॰ सी॰ ला[१०४] तथा पेटेक[१०५] भी इन दोनों को एक ही मानते हैं।

इस प्रकार प्राचीन साहित्य और परम्परा दोनों में अयोध्या और साकेत को एक ही माना गया है। लेकिन आधुनिक शोध के नाम पर विभ्रम की स्थिति उत्पन्न करना विद्वता की कसौटी माना जाने लगा। सारे संसार में यह एक मान्य नियम है कि परम्परा को सर्वोपरि महत्त्व दिया जाता है। लेकिन हन्स बेकर ने अपने मत को सिद्ध करने के लिए एक वकील की भांति ऐतिहासिक तथ्यों को त्रुटिपूर्ण संदर्भों में प्रस्तुत किया है।

इसके अतिरिक्त हन्स बेकर ने अयोध्या के स्थल की अवस्थिति के बारे में भी मतिभ्रम उत्पन्न किया है। वे कहते हैं कि अयोध्या की स्थिति के विषय में साहित्यिक स्रोतों में अस्पष्टता है। इसका उदाहरण देते हुए वे बताते हैं कि राम के अयोध्या से लंका जाने के मार्ग के निर्धारण में असंख्य कठिनाइयां हैं।[१०६] अपनी पाद-टिप्पणी के लिए वे सांकलिया को भी उद्धृत करते हैं। लेकिन *रामायण* में अयोध्या से शृंगवेरपुर तक के मार्ग के विषय में किसी भी प्रकार की अस्पष्टता नहीं है। *वाल्मीकि रामायण* में जिन नदियों को श्रीराम द्वारा पार करने का उल्लेख मिलता है वे सभी आज भी विद्यमान हैं। यदि हन्स बेकर ने *वाल्मीकि रामायण* को ध्यान से पढ़ा होता तो उत्तर प्रदेश में अयोध्या की स्थिति के विषय में कवि को वे कभी दोष नहीं दे सकते थे।

इसके अतिरिक्त हन्स बेकर बौद्ध और जैन स्रोतों को भी इसी प्रवृत्ति का शिकार मानते हैं जो ईसा की प्रथम शताब्दी में लिखे गए और उन पर साकेत के शासकों को इक्ष्वाकु राजवंश से जोड़ देने का आरोप उन्होंने लगाया है।[१०७] इस प्रकार हन्स बेकर के अनुसार ईसा की प्रथम शताब्दी में ही इन बौद्ध और जैन ग्रन्थों में उस षडयन्त्र की शुरुआत हो गई थी जिसको आगे चलकर गुप्त-काल और उसके बाद के (उनके अनुसार) संस्कृत साहित्य में राम का दैवीकरण तथा अयोध्या का वास्तविकीकरण करना प्रारम्भ हुआ था। अपने मत के समर्थन में हन्स बेकर यह तर्क भी देते हैं कि ईसा की दूसरी सहस्राब्दी के पहले ही इस क्षेत्र की क्षत्रिय जातियां अपने को सूर्यवंश से संबन्धित नहीं मानतीं। हेमचन्द्र रायचौधरी तथा दिनेश चन्द्र सरकार के इस मत को, कि अयोध्या और साकेत दो विभिन्न ऐतिहासिक कालों में प्रयुक्त नाम हो सकते हैं अर्थात् अयोध्या बुद्ध पूर्व के काल का नाम रहा होगा तथा साकेत बुद्ध के समय तथा उसके बाद के काल का, हंस बेकर रद्द करते हुए कहते हैं कि हमें यह ध्यान में रखना होगा कि गंगा की घाटी में छठी शताब्दी ई॰ पू॰ के पहले नगरों का अस्तित्व ही नहीं था।[१०८] इस प्रकार के कथन योरोपियनों के उन कालातीत उपनिवेशवादी अवधारणाओं के अवशेष हैं जिनसे अधिकांश विद्वान् अभी भी ग्रस्त हैं तथा नवीनतम शोधों और तज्जन्य परिवर्तनों से अनभिज्ञ हैं। प्राचीन भारत में तथाकथित

नगरीकरण की तीन अवस्थाओं की अवधारणा का समापन तभी से हो गया है जबसे आर्य नामक जाति के अस्तित्व को ही नकार देने की बात सामने आई तथा १५०० ई॰ पू॰ में उसके भारत पर आक्रमण का मिथक टूटने लग गया। वैदिक लोगों को ग्राम्य अथवा अरण्य संस्कृति का कहने के औचित्य को भी अब चुनौती दी जाने लगी है। वैदिक संस्कृति एवं सारस्वत-सैंधव संस्कृति में नगरों का अभाव नहीं था यह सिद्ध हो गया है। सौभाग्य से ६ दिसम्बर १९९२ के दिन विवादित ढांचे के मलबे में एक २० पंक्तियों का जो शिलालेख मिला उसमें स्पष्ट रूप से लिखा है कि अयोध्या नगर 'साकेत मण्डल' में स्थित है। अतः हंस बेकर के तर्क दुराग्रहपूर्ण तथा अप्रभावी हो गए हैं।

विशाखा

अयोध्या का एक नाम विशाखा भी कहा गया है जो संभवतः बौद्ध काल की देन है। सिंहली परम्परा में[१०९] धनञ्जय नामक एक श्रेष्ठि की पुत्री विशाख नाम की थी और बौद्ध साहित्य में उसे बहुत सम्मानित स्थान दिया गया है। धनञ्जय राजगृह का एक श्रेष्ठि था जो साकेत में आकर बस गया था। उसकी पुत्री विशाख का विवाह श्रावस्ती के श्रेष्ठि मृगार के पुत्र पुनर्वर्धन के साथ हुआ था। ह्वेनसांग[११०] ने यह उल्लेख किया है कि विशाख ने श्रावस्ती में एक पूर्वाराम का निर्माण कराया था। कनिंघम[१११] ने भी यह उल्लेख किया है कि साकेत में भी एक पूर्वाराम था और इस बात में संदेह नहीं किया जा सकता कि इस विहार का निर्माण भी विशाख ने ही करवाया होगा। इस प्रकार विशाखा का सम्बन्ध साकेत से स्थापित किया जा सकता है। कनिंघम ने 'धनन' और 'विशाख' लेख वाले सिक्कों का भी उल्लेख किया है जो साकेत अथवा अयोध्या से बहुत बड़ी मात्रा में मिले हैं।[११२] किन्तु यह एक संदेहास्पद बात है क्योंकि धनन और विशाख दोनों ही श्रेष्ठि थे और अब तक जो सिक्के प्राप्त हुए हैं उन्हें राजाओं के द्वारा ही प्रचलित माना जाता है। इस कारण अयोध्या के 'धनन' या 'विशाख' लेख वाले सिक्कों का सम्बन्ध धनञ्जय और विशाखा नाम की उसकी पुत्री से स्थापित करना समीचीन नहीं होगा। किन्तु इस परम्परा को स्वीकार करने में कोई कठिनाई नहीं होनी चाहिए कि साकेत के लिए विशाखा नाम धनञ्जय की पुत्री विशाख के नाम पर पड़ा। लेकिन यहां पर यह संदेह करने की गुंजाइश बनी हुई है कि क्या पूरे साकेत नगर का नाम विशाखा पड़ गया था अथवा बौद्ध विहारों अथवा उसके आसपास के क्षेत्रों को ही विशाखा कहा जाता था। क्योंकि इस प्रकार के नामकरण को जनमानस की स्वीकृति तुरन्त नहीं मिल जाती और लोकमानस ऐसे नामों को काफी समय के पश्चात् ही स्वीकार करता है। जो भी हो, सातवीं शताब्दी के पूर्वार्द्ध में भारत की यात्रा करने वाले चीनी यात्री ह्वेनसांग ने विशाख का उल्लेख 'पि-सो-किया' के रूप में किया और उसके अनुसार यह राज्य चार हजार लि और राजधानी सोलह लि क्षेत्र में फैला हुआ था। उसने लिखा है कि –

> नगर के दक्षिण में राजमार्ग के बाईं ओर एक विशाल संघाराम है। यह वह स्थान है जहां अर्हत देव सर्मा ने विजांकय शास्त्र की रचना की थी जिसमें उसने व्यक्ति में 'अहं' या 'मैं' की स्थिति न होने की पुष्टि की थी। अर्हत गोप ने भी इसी स्थान पर शिंग-कयौ-इड-शिन-लुन की रचना की थी जिसमें उन्होंने व्यक्ति में 'अहं' अथवा 'मैं' के होने का प्रतिपादन किया था। . . . . इस संघाराम के बगल में दो सौ फीट ऊँचा एक स्तूप है जिसकी रचना अशोक राजा ने करवाई थी। यहां पर प्राचीन काल में तथागत ने छः वर्ष तक निवास किया और उपदेश दिए तथा लोगों को धर्म की दीक्षा दी। इस स्तूप के पार्श्व में छः या सात फीट ऊँचा एक अद्भुत वृक्ष है। अनेक वर्षों से यह वृक्ष न तो बढ़ता है न घटता है, उसी ऊँचाई का बना हुआ है। यहां पर पूर्वकाल में तथागत ने दातौन करके उसे फेंक दिया था। उसमें जड़ें निकल आईं और यह वृक्ष अब भी विद्यमान है।[११३]

चौथी शताब्दी में भारत की यात्रा करने वाले चीनी यात्री फाह्यान ने भी इस अद्भुत वृक्ष का उल्लेख किया है। फाह्यान ने श-कि (श-चि) अथवा साकेत का वर्णन करते समय इस वृक्ष के सम्बन्ध में प्रचलित परम्परा का उल्लेख किया है। कनिंघम के अनुसार, केवल इतना अंतर है कि फाह्यान ने सड़क के बाईं ओर के स्थान पर सड़क के पूर्व की ओर वृक्ष के होने का उल्लेख किया है।[११४] यही वह आधार है जिस पर कनिंघम यह निष्कर्ष निकालते हैं कि फाह्यान का श-चि अथवा साकेत तथा ह्वेनसांग की विशाखा दोनों एक ही स्थल का उल्लेख कर रहे हैं।[११५]

इसके अतिरिक्त कनिंघम ने एक और बिन्दु इन दोनों नगरों के एक होने के लिए प्रमाण के रूप में प्रस्तुत किया है। वे कहते हैं कि सिंहली परम्परा के अनुसार, बुद्ध ने पैंतीस वर्ष की अवस्था में बुद्धत्व प्राप्त किया था उसके बाद बीस वर्षों तक वे संन्यस्त जीवन बिताते रहे तथा उत्तर भारत के विभिन्न क्षेत्रों में धर्मोपदेश करते रहे। इन वर्षों की विस्तार से चर्चा की गई है। इसके बाद के अपने जीवन के शेष पच्चीस वर्षों में तथागत ने

नौ वर्ष श्रावस्ती के जेतवन विहार में व्यतीत किए तथा सोलह वर्ष साकेतपुर के पूब्बाराम विहार में व्यतीत किए थे।[११६] कनिंघम ने बर्मा की परम्परा की भी चर्चा की है जिसके अनुसार, श्रावस्ती और साकेत में बिताए गए वर्षों की संख्या क्रमशः उन्नीस और छः बताई गई है और उन्होंने इस बात की ओर भी ध्यान दिलाया है कि ह्वेनसांग भी छः वर्षों की ही चर्चा करते हैं। इसको कनिंघम सबसे महत्त्वपूर्ण प्रमाण मानते हैं। उनके अनुसार, केवल दो स्थान ऐसे हैं जहां पर बुद्ध ने काफी लंबे समय बिताए थे। श्रावस्ती में नौ अथवा उन्नीस वर्ष और साकेत में छः अथवा सोलह वर्ष और ह्वेनसांग के अनुसार, तथागत ने विशाख में छः वर्ष बिताए थे। इस आधार पर भी साकेत और विशाखा एक ही स्थल के दो नाम माने जा सकते हैं।

इस संबंध में एक बात और ध्यान देने की है। फाह्यान ने श-चि अथवा साकेत का उल्लेख अपनी यात्रा विवरण में किया है। वह विशाखा का नाम नहीं लेता जबकि ह्वेनसांग विशाखा का विवरण देता है और साकेत का नाम नहीं लेता। इन उल्लेखों से यह ध्वनि निकलती है कि चौथी शताब्दी ईसवी में जिस क्षेत्र का विवरण फाह्यान ने साकेत नाम से किया है सातवीं शताब्दी में उसे विशाखा नाम से जाना जाता था या यह भी संभव है कि बौद्ध जगत् में साकेत को सातवीं शताब्दी में विशाखा ही कहा जाता रहा हो। इन दोनों यात्रियों ने मुख्य रूप से बौद्ध स्थलों और उनसे जुड़ी परम्पराओं की चर्चा की है। इस कारण यह भी संभावना व्यक्त की जा सकती है कि अयोध्या क्षेत्र के बौद्ध मठों और विहारों वाले सहक्षेत्र को साकेत अथवा विशाखा कहा जाता रहा होगा। ह्वेनसांग ने अपने विवरण में ओ-यु-तो[११७] का विवरण किया है जिसको अनुवादक ने अयोध्या की संज्ञा दी है। किन्तु जहां तक ह्वेनसांग के यात्रा विवरण की भौगोलिक स्थितियों का प्रश्न है ओ-यु-तो को किसी भी दशा में अयोध्या नहीं माना जा सकता। वह इसी ओ-यु-तो को गंगा के किनारे स्थित बताता है तथा उनके विवरण के अनुसार इसे कन्नौज और प्रयाग के बीच पड़ना चाहिए। कारण यह है कि ओ-यु-तो से वह ओ-मु-खि (हयमुख) तथा वहां से पो-लो-ये-किया (प्रयाग) होते हुए किअयु-शंग-मि (कौशाम्बी) पहुँचता है। ऐसी दशा में ओ-यु-तो की पहचान अयोध्या से करके, जिसे गंगा के किनारे बसा हुआ बताया गया है, अनुवादक ने एक भ्रम की स्थिति उत्पन्न कर दी है। अतः इस ओ-यु-तो की पहचान किसी भी दशा में अयोध्या से नहीं की जा सकती और जिन विद्वानों ने ऐसा करने का प्रयास किया है वे भ्रम की स्थिति में हैं।

इक्खागभूमि

जैन ग्रन्थों में भी अयोध्या के कई नाम मिलते हैं यथा इक्खागभूमि, कोसल, विनीता, रामपुरी और पदमपुरी, आदि। *आवस्सगनिज्जुति*[११८] में इक्खागभूमि (इक्ष्वाकुभूमि) को अयोध्या का ही एक नाम बताया गया है और इसे प्रथम जैन तीर्थंकर उसभ की राजधानी बताया गया है। *रामायण*[११९] के उत्तरकाण्ड में यह उल्लेख मिलता है कि राम के जाने के बाद अयोध्यापुरी बहुत दिनों तक सूनी पड़ी रहेगी, फिर राजा ऋषभ के समय में यह पुनः आबाद होगी। इससे लगता है कि ऋषभ राम के बाद हुए थे किंतु जैनियों में ऋषभ प्रथम जैन तीर्थंकर के रूप में जाने जाते हैं जिसका जन्मस्थान इक्खागभूमि बताया जाता है। जैन ग्रन्थ *कल्पसूत्र*[१२०] में भी कोशल के ऋषभ तीर्थंकर की जन्मभूमि इक्खागभूमि का उल्लेख मिलता है। इस प्रकार *रामायण* में उल्लिखित अयोध्यापुरी और *कल्पतरु* में आए इक्खागभूमि दोनों एक ही स्थान हैं। पुनः *अवस्सगनिज्जुति*[१२१] में इक्खागभूमि के साथ उज्झा (अयोध्या), विणीया (विनीता) तथा कोसलपुर का उल्लेख एक ही पंक्ति में आया है जो एक-दूसरे के पर्यायवाची जान पडते हैं।

कोशल

कोशल यद्यपि महाजनपद के रूप में जाना जाता है किन्तु जैन स्रोतों में इसे एक नगर के रूप में भी बताया गया है। हेमचन्द्र ने *अभिधान चिन्तामणि* में[१२२] कोशल को साकेत और अयोध्या के अर्थ में ही प्रयुक्त किया है : साकेत = अयोध्या = कोशल। प्रारम्भिक जैन प्राकृत ग्रंथ *पन्नवना*[१२३] और *नायाधम्मकहाओ*[१२४] में कोशल को साकेत की राजधानी बताया गया है। उत्तरकालीन जैन ग्रंथ *अवस्सगचूर्णि*[१२५] में अयुज्झा (अयोध्या) को कोशल की प्रधान नगरी के रूप में उल्लिखित किया गया है। *अवस्सगनिज्जुति*[१२६] में कोशल को कोसलपुर कहा गया है और उसे चौथे तीर्थंकर सुमै की राजधानी बताया गया है। चतुर्थ शताब्दी ई॰ के प्रारम्भिक जैन प्राकृत ग्रंथ *पौमचरिय*[१२७] की अनुक्रमणिका में अयोध्या के पर्यायवाची के रूप में कोशल को कोसलपुरी, कोसला और कोसलानयरी के रूप में उल्लिखित किया गया है। *हिन्दी विश्वकोश*[१२८] में कहा गया है कि अवध प्राचीन काल में कोशल के नाम से अभिहित होता था जिसकी राजधानी अयोध्या थी। दिल्ली से प्रकाशित एक अन्य *हिन्दी विश्वकोश*[१२९] में कोशल और अयोध्या दोनों ही अवध के नाम बताए गए हैं। *विविधतीर्थ कल्प*[१३०] में कोशल के साथ रामपुरी का भी उल्लेख मिलता है जो अयोध्या का ही एक नाम था। *पौमचरिय* की अनुक्रमणिका में उल्लिखित कोसलानयरी का उल्लेख *विष्णु पुराण* में कोसलनगर के रूप में मिलता है। इसके

अनुसार, यह अयोध्या का ही एक नाम था जो राम और सगर की नगरी थी।[१३१]

विनीता

अयोध्या का एक अन्य नाम विनीता अथवा विणीया भी मिलता है। *जम्बूद्वीप प्रज्ञप्ति*[१३२] में अयोध्या के लिए विणीया शब्द का प्रयोग मिलता है जिसे बरहवास (भारतवर्ष) की राजधानी बताया गया है जो प्रथम जैन तीर्थंकर ऋषभ की जन्मभूमि भी थी। विनीता नाम *आवस्सक काम्मि*[१३३] में भी मिलता है जो अयोध्या के अर्थ में ही प्रयुक्त हुआ है। जैन ग्रन्थ *कल्पसूत्र*[१३४] में यहां पर सिद्धात्थवन होने का उल्लेख है। उत्तरकालीन जैन ग्रन्थों में विनीता के स्थान पर विणीया नाम मिलता है। *अवस्सगनिज्जुति*[१३५] के अनुसार, विणीया तीसरे जैन तीर्थंकर अभिणंदन की राजधानी कही गई है। *थानसूत्र*[१३६] में विनीता की पहचान साकेत और अयोध्या से की गई है। चतुर्थ शताब्दी ई॰ के प्रारम्भ के जैन ग्रंथ *पौमचरिय*[१३७] अनुक्रमणिका में विणीया (॰ पुरी) अयोध्या के पर्यायवाची के रूप में प्रयुक्त हुआ है।

रामपुरी और पढमपुरी

जैन ग्रन्थों में अयोध्या के लिए प्रयुक्त कई नामों में रामपुरी और पढमपुरी नाम भी मिलते हैं। *विविधतीर्थकल्प*[१३८] में अयोध्या के लिए रामपुरी और कोशल दोनों नामों का प्रयोग हुआ है। पढमपुरी का उल्लेख *पौमचरिय*[१३९] अनुक्रमणिका में किया गया है। यहा अयोध्या के कई नामों में इसकी भी गणना की गई है : अयोज्झा, कोसलपुरी (कोसला, कोसलानयरी), पढमपुरी, विणीया (॰पुरी), सायेय (सायेय पुरी), साकेयपुर (॰नयरी)।

नन्दिनी

अयोध्या का एक नाम नन्दिनी भी है। यह नाम क्यों पड़ा इस विषय में कुछ कहा नहीं जा सकता। किन्तु वशिष्ठ-विश्वामित्र की जिस नन्दिनी के लिए लम्बी प्रतिस्पर्धा चली वह अयोध्या ही रही होगी। इस विषय पर आगे विस्तार से विचार किया गया है।

संदर्भ

१. नस्मात सुस्राव सरसः सायोध्यामुपगूहते।।८।।
सरः प्रवृत्ता सरयूः पुण्या ब्रह्मसरश्च्युता।
— *वाल॰ रामा॰* १।२।४६-१०।
महाभारत में भी इस नाम के पड़ने के लिए यही कारण बताया गया है — सरोभिन्नं तया नद्य सरयू सा ततोऽभवत्।

२. उपरोक्त १।२४।४ और आगे।

३. *वैदिक इन्डेक्स आफ नेम्स एण्ड सब्जेक्ट्स*, पुनर्मुद्रण १९५८, खण्ड दो, पृ॰ ४३३-३४।

४. दे॰ शंभुनाथ सिंह, *वैदिक जाति का निवास स्थान और भारतीय संस्कृति का स्वरूप*, वाराणसी, १९८६, पृ॰ ६६।

५. *वैदिक इण्डेक्स*, खण्ड दो, पृ॰ ४३४।

६. पार्जिटर, एफ॰ ई॰, *एन्शियण्ट इण्डियन हिस्टॉरिकल ट्रेडिशन*, दिल्ली १९७२, (पुनर्मुद्रण) पृ॰ १।
यो विद्याच्चतुरो वेदान्साङ्गोपनिषदो द्विजः।
न चेत्पुराणं संविधान्नैव स स्याद्विचक्षणः।
इतिहास पुराणाभ्यां वेदं समुपवृंहयेत।
विभेत्यल्प श्रुताद्वेदो मामयं प्रहरिष्यति।।
— *वायु॰* १।२६०, *पद्म॰* ५।२।५०-५२, *शिव॰* ५।१।३५, *महाभारत* १।२।६४५ तथा १।२३०।

७. *इपि॰ इण्डि॰*, खण्ड १४, (१९१७-१८) पृ॰ १६३-६७, पंक्ति १६-२१ (. . . ग्रामयोध्यायां पंचाशदधिकैकादश शत संवत्सरे आश्विने मासि अमावस्यायां रविदिनेङ्केपि संवत् ११५० अश्विनवदि १५ रवौ सूर्यो-पराग पर्वणि जनित सरयूघर्घराघमर्षणे स्वर्गद्वारनाम्नि तीर्थे स्नात्वा)।

८. हन्स बेकर, पूर्वोक्त, खण्ड, दो प ॰ ४८।

९. उपरोक्त पृ॰ ४८ पर उद्धृत।

१०. *महाभारत* के शल्यपर्व (३८।२३-२५) में उल्लेख आता है कि सरस्वती उत्तर कोसल में मनोरमा नाम से अवतरित हुई।

११. एच॰ सी॰ सिंह, *'चेजेंस इन द कोर्स आव रिवर्स एण्ड देअर इफेक्ट्स ओन अर्बन सेटेलमेण्ट्स इन द मिडिल गंगा प्लेन'*: नेशनल जिओग्राफी सोसायटी आव इण्डिया, वाराणसी १९७३, अध्याय तीन पृ॰ ४४-५३।

१२. उपरोक्त, पृ॰ ४११ इसके अतिरिक्त उत्तरी क्षेत्र में बस्ती जिले एवं अन्य स्थानों पर बड़ी नावों के टुकड़े मिलने से भी इसी बात की पुष्टि होती है। दे॰ एन॰ डब्ल्यू॰ पी॰ गजेटियर, बस्ती, इलाहाबाद, १८८१, पृ॰ ५६६, उपरोक्त द्वारा उद्‌धृत।

१३. दे॰ विजयेन्द्र कुमार माथुर, *ऐतिहासिक स्थानावली*, १९६०, पृ॰ ३६।

१४. *एपि॰ इण्डि॰* १४, (१९१७-१८) पृ॰ १६३-६७।

१५. *वाल॰ रामा॰*, बालकाण्ड, ५-६।

१६. अष्टचक्रा नवद्वारा देवानां पुरयोध्या।
तस्या हिरण्मयः स्वर्गो लोको ज्योतिषावृतः।
— *अथर्व॰* १०।२।३१; १६।६२।३ पैप्पलाद।

१७. *तैत्तिरीय आर॰* १।२७।३ में यही लोक कुछ परिवर्तन के साथ मिलता है।
अष्टचक्रा हिरणमयः नवद्वारा देवानां पुरयोध्या।

तस्यां हिरण्मयः स्वर्गो लोको ज्योतिषावृतः।।

१८. दे॰ लाल॰, बी॰बी॰, *पुरातत्त्व,* नं॰ १६, प ॰ ७६-८४।

१६. अयोध्यायामयोध्यायां रामे दाशरथौ स्थिते (*हरिवंश पु॰* १।५४।२३)।

अयोध्यायायामयोध्यायांरामेदशरथात्मजे (*विष्णुधर्मोत्तर पु॰* १।२०२।२)

विष्णुधर्मोत्तर के एक अन्य श्लोक 'देवानाम त्ययोध्यास्ति त्वयोध या नामतः पुरी' (१।१३।१) में अयोध्या शब्द का तात्पर्य और अधिक स्पष्ट हो जाता है, जिसका अर्थ यह है कि 'अयोध्या नाम की इस नगरी को देवता भी नहीं जीत सकते।'

२०. दे॰ *पुराणम्,* खण्ड २३, संख्या २, जुलाई १६६१, पृ॰ २६ जिसमें *ब्रह्म पुराण* ७।४५ ब और ४६ अ तथा *हरिवंश* १।११।१३ के इस श्लोक का उल्लेख है।

तेषां विकुक्षिर्ज्येष्ठस्तु विकुक्षित्वाद् अयोधताम्।
प्राप्तः परधर्मज्ञः सोऽयोध्याधिपतिः प्रभुः।।

२१. *रघुवंश* १६।३८-४२।

२२. *वा॰ रामा॰* ७।१११।१०।

अयोध्यापि पुरी रम्या शून्या वर्षगणान् बहून्।
ऋषभं प्राप्य राजानं निवासमुपयास्यति।। १०।।

२३. *भविष्य पु॰* प्रतिसर्ग में यह उल्लेख मिलता है –
अयोध्या मथुरा माया काशी काञ्ची ह्यवन्तिका।
पुरी द्वारावती तेन राज्ञा च पुनरुरुधृताः।।

(४।२३, २६ बी-३० अ)

यहाँ पर 'तेन राज्ञा च पुनरुद्धृताः' का तात्पर्य यह बताया गया है कि उस राजा ने इन सातों नगरियों का पुनरुद्धार किया। कुछ लोगों ने इसे पुष्यमित्र माना है, जो ईसा पूर्व की दूसरी शताब्दी में हुए थे। (दे॰ *पुराणम्* खण्ड ३३, संख्या दो॰ पृ॰ ७७) किन्तु ऐसा लगता है कि यह गुप्तवंशीय कोई राजा था जिसको विक्रमादित्य कहा गया है।

२४. अयोध्या मथुरा माया काशी काञ्ची ह्यवन्तिका।
पुरी द्वारावती ज्ञेया सप्तैता मोक्षदायिकाः।।

– *नारदीय पु॰* १।२७।३५; *वृहद्धर्म पु॰* २।२४।६: *भविष्य पु॰* प्रतिसर्ग २६ बी॰ ३० अ

२५. अयोध्या मथुरा माया काशी काञ्ची ह्यवन्तिका।
एताः पुण्यतमाः प्रोक्ताः पुरीणामुत्तमोत्तमाः।।
– *ब्रह्माण्ड पु॰* ४।४०।८ अ

२६. काशी काञ्ची च मायाख्या त्वायोध्या द्वारवत्यपि।
मथुरावन्तिका चैताः सप्त पुर्योऽत्र मोक्षदाः।।
– *स्कन्द पु॰,* धर्मारण्य २३।७

२७. *पद्म पु॰* पाताल १७।६६; *वृ हद्धर्म पु॰* १।१४।११: *गरुड़ पु॰* १।८१।७; *स्कन्द ब्रह्मसेतु* ५२।१०१-१०४; *स्कन्द,* काशी ६।२२; *स्कन्द,* विष्णु बदरिकाश्रम १।२४

२८. 'साकेतः स्यादयोध्यायां कोसला नन्दिनी' तथा इति यादवः।। यादव प्रकाशकृत *वैजयन्ती कोश*। मल्लिनाथ रघुवंश टीका में उद्धृत।

२६. *संयुक्त निकाय*। १४०; *घट जातक,* ४।८२।

३०. *सारत्थप्पकासिनी* २।३२०, *बुद्धघोष* और *संयुक्त निकाय* ३।१४०, *थानसूत्र* ६३७, २।४३५।

३१. *अवस्सगनिज्जुति,* लोक ३२३।

३२. *चीनी स्रोत* में, तककुसु १६०४, २८३-८५।

३३. फाह्यान द्वारा उल्लिखित (दे॰बी॰सी॰ला, पृ॰ ७६)।

३४. सचाउ, ई॰सी॰, *अल्बरुनीज इण्डिया,* भाग एक, अध्याय १८।

३५. *इन्साइक्लोपीडिया ब्रिटेनिका,* भाग १६, पृ॰ ११६३, प्राचीन नगरी अयोध्या का अपभ्रंश रूप।

३६. *थान सूत्र,* ६३७।२।४३५।

३७. *अवस्सगनिज्जुति,* श्लोक ३२३।

३८. *संयुक्त निकाय,* फेणसुत्त ३।२४०।

३६. *सारत्थप्पकासिनी* २।३२०।

४०. मललसेकर, *डिक्शनरी आव पोलि प्रापर नेम्स,* खण्ड एक (१६७४) १६५।

४१. *संयुक्त निकाय* ४।१७६:५.१ तथा हिन्दी अनुवाद, दूसरा भाग, पृ॰ ५२५।

४२. टांमस, ई॰जे॰, *लाइफ आव बुद्ध,* पृ॰ १५।

४३. अवधवासी लाला सीताराम, *अयोध्या का इतिहास,* १६३२, प्रयाग, पृ॰ २४४, पाद्-टिप्पणी।

४४. राम शरण शर्मा, *साम्प्रदायिक इतिहास और राम की अयोध्या,* १६६२, पृ॰ १८-१६।

४५. *पौमचरिय* ३७।१८, ११।७।

४६. दे॰ *पौमचरिय* की अनुक्रमणिका।

४७. *महाभारत,* १।१६८।

४८. *रामायण,* २।४६।१३; २।३२।१५; ५।३२।१८; २।७०।१६।

४६. *कालिदास कृत रघुवंश,* ५।३१, १३।७६, १४।१३।

५०. *मत्स्य पु॰* २७१।५, *वायु पु॰* ६६।२८३ (पार्जिटर १६१३.१०); *स्कन्द पु॰* १०।६४–६५ में अयोध्या को मीन के आकार का बताया गया है।

५१. वराहमिहिर, *वृहत्संहिता,* १४।४।

५२. तककुसु, जे॰, १६०४, *दि लाइफ आव वसुबन्धु बाइ परमार्थ,* पृ॰ २८३-८५।

५३. सचाउ ई॰सी॰, पूर्वोक्त, (१६६४ पुनर्मुद्रित) पृ॰ २००।

५४. रीज़ जेविड्स, *बुद्धिस्ट इण्डिया,* पृ॰ ३४।

५५. *ऋग्वेद,* १।१८५।३।

५६. *इन्साइक्लोपीडिया ब्रिटेनिका*, पूर्वोक्त।

५७. *बाबरनामा*, विलियम अर्सकिन के अंग्रेज़ी अनुवाद का हिन्दी रूपान्तर, इलाहाबाद १९६८ पृ. ३६६।

५८. पाणिनि १।३।२५, *पतंजलि महाभाष्य* ३।३।२; १।३।२।

५९. *युग पुराण* ११।११९-१९, ११।६४-६५।

६०. *वायु पु.* २।७४।१८५ (पार्जिटर, १९१३, पृ. ५३) *ब्रह्माण्ड पु.* ३।५४-५५।

६१. कालिदास, *रघुवंश महाकाव्य* ५।३१, १३।७६, १४।१३।

६२. हेमचन्द्र, *अभिधान*, ४।४१।

६३. साकेतः स्यादयोध्यायां कोसला नन्दिनी तथा इति यादवः।

६४. *यशोधर* और *कामसूत्र* २।८।३०।

६५. *काशिका* और *पाणिनि* ५।१।११६।

६६. वराहमिहिर *वृहत्संहिता* १४।४।

३७. *महामयूरी* ११।१०।६५।६८।

६८. *कामसूत्र* २।८।३०।

६९. संयुक्त निकाय ४।३७४।

७०. विनय, भाग एक, २५३।८८-८९, *संयुक्त निकाय* ४।३७४, विनय ४।६५।

७१. *दीघ निकाय* १।५४, ५।७३, २१८ आदि।

७२. *अंगुत्तर निकाय* ३।१६।

७३. वही, २।२४।

७४. *सुत्त निपात* १०११-१३।

७५. *नन्दिमयग जातक* ३।२७०-७४।

७६. *महावस्तु*, १।३४८।

७७. *धम्मपदकथा*, १।३८६।

७८. *पन्नवना*, ३७।५५।

७९. *नायाधम्मकहाओ*, पृ. ६५, २२८।

८०. *अन्त गददसाओ* पृ. ६४-२३।

८१. *अनुत्तरोववाइयदसाओ*, ६-८।

८२. *विवाग सूय* (अन्तगददसाओ सूत्र) ३४।६५।

८३. *अवस्सगचूर्णि*, भाग एक, पृ. ८७ और आगे।

८४. *अवस्सगनिज्जुति*, श्लोक ३२३।

८५. *पौमचरिय* ८९।२०।

८६. टालेमी ७, अध्याय १।७१, अध्याय २।२२ (१५० ई.)।

८७. *लि प्रदेश की कथाएं*, ४३६ बी (थामस १९६५, ११६) (१०४६ ई.)।

८८. फाह्यान *'फो क्वो' कि*, अध्याय १६ (बील पृ. ४३) (४०० ई.)।

८९. तककुसु जे., १९०४, पूर्वोक्त पृ. २७८ (६०० ई.)।

९०. ए. कनिंघम, *दि एन्शियण्ट ज्योग्राफी आव इण्डिया*, १९६३, वाराणसी, पृ. ३३६।

९१. *रघुवंश*, १३।७८, १४।१६।

९२. हन्स बेकर, *अयोध्या*, १९८६, खण्ड एक, पृ. १ और आगे।

९३. ९०, उपरोक्त, पृ. १०।

९४. उपरोक्त, पृ. १२।

९५. उपरोक्त, पृ. २।

९६. उपरोक्त, पृ. १२।

९७. उपरोक्त, पृ. ६, पाद्-टिप्पणी-२।

९८. मैक्समूलर ने इस विषय की स्थापना करते समय जो लिखा था उसे अपने मूल रूप में उद्धृत करना उचित होगा, "Aryan, in scientific language, is utterly inapplicable to race. It means language and nothing but language; and if we speak of Aryan race at all, we should know that it means no more than X + Aryan speach." आर. सी. मजूमदार संपादित, *हिस्ट्री आव इण्डियन पीपुल*, खण्ड दो, *वैदिक एज*, पृ. २०५ पर उद्धृत।

९९. हन्स बेकर, पूर्वोक्त, पृ. ३४१।

१००. उपरोक्त, पृ. ३।

१०१. ए. कनिंघम, पूर्वोक्त पृ. ३८१।

१०२. जे. डब्ल्यू. मैक्रिण्डल, *एन्शियण्ट इण्डिया एज डिस्क्राइब्ड बाई टालेमी* पृ. २२८ और आगे। "There can be no doubt of the identity of this place with Ayodhya, the capital of Kosala under the name of Saketa or Sageda."

१०३. पी. वी. काणे, *हिस्ट्री आव धर्मशात्र*, खण्ड चार, पृ. ७८९।

१०४. बी. सी. ला, *दि जर्नल आव दि गंगानाथ झा रिसर्च इन्स्टीट्यूट*, भाग एक, 'अयोध्या इन एन्शियण्ट इण्डिया' पृ. ४२३ ४३।

१०५. एल. पेटेक, पी. डब्ल्यू जेड., पृ. ४४०।

१०६. हंस बेकर, पूर्वोक्त, पृ. ९-१०।

१०७. उपरोक्त, पृ. ११।

१०८. उपरोक्त, पृ. ४।

१०९. हार्डी, *मैनुअल आव बुद्धिज्म*, पृ. २२० तथा जुलियन का 'ह्वेनसांग', खण्ड एक, पृ. ३०५१ (कनिंघम द्वारा उद्धृत)।

११०. जूलियन का 'ह्वेनसांग' खण्ड एक, पृ. ३०५, सिंहली परम्परा में भी पुब्बाराम का उल्लेख आया है। (दे. टर्नर, *जर्नल आव एशियाटिक सोसाइटी आव बंगाल*) भाग ७, पृ. ७९०।

१११. कनिंघम, पूर्वोक्त पृ. ३३९।

११२. उपरोक्त।

११३. सियु-यु-कि, *बुद्धिस्ट रिकॉर्ड्स आव दि वेस्टर्न वर्ल्डः चायनीज*

एकाउन्टस आव इण्डिया। सैमुअल बील द्वारा अनुवादित, खण्ड दो, पुस्तक पांच, पृ॰ २५८ (१६८०, भारतीय पब्लिशिंग हाउस, नई दिल्ली द्वारा पुनर्मुद्रित)।

११४. फाह्यान फो, क्वो 'कि' अध्याय २१ (बील पृ॰ ४३); तथा कनिंघम, पूर्वोक्त, पृ॰ ३३६।

११५. कनिंघम, पूर्वोक्त, पृ॰ ३३६, ३४१।

११६. टर्नर, *जर्नल आव एशियाटिक सोसायटी आव बंगाल*, भाग ७, पृ॰ ७६०, कनिंघम, पूर्वोक्त, पृ॰ ३४० पर उद्धृत।

११७. सियु-यु-कि, पूर्वोक्त पृ॰ २४७-५०।

११८. *आवस्सगनिज्जुति*, ३८२ लोक।

११६. *वा॰ रामा॰* ७।१११।१०।

अयोध्यापि पुरी रम्या शून्या वर्षगणान् बहून।
ऋषभं प्राप्य राजानं निवासमुपयास्यति ।।१०।।

१२०. *कल्पसूत्र*, २०६।

१२१. *आवस्सगनिज्जुति*, पूर्वोक्त।

१२२. हेमचन्द्र, *अभिधान चिन्तामणि*, ४।४१।

१२३. *पन्नवना* ३७।५५।

१२४. *नायाधम्म कहाओ*, पृ॰ ६५।

१२५. *अवस्सगचूर्णि*, भाग एक, पृ॰ ३३७।

१२६. *अवस्सगनिज्जुति*, श्लोक ३८२।

१२७. दे॰ *पौमचरिय* की अनुक्रमणिका।

१२८. *हिन्दी विश्वकोश*, खण्ड एक नागरी प्रचारिणी सभा, वाराणसी, १६६०, पृ॰ २०८।

१२६. श्री नागेन्द्रनाथ वसु, *हिन्दी विश्वकोश*, दिल्ली, १६८६, पृ॰ २८१।

१३०. *विविधतीर्थकल्प*, पृ॰ २४।

१३१. *विष्णु पुराण* ४।४।१०३; *ब्रह्माण्ड* ४।४०।६१।

१३२. *जम्बूद्वीप प्रज्ञप्ति*, भाग एक, प ॰ १५४, ११२।

१३३. *आवस्सक काम्मि*, प ॰ २४४ अ।

१३४. *कल्पसूत्र*, २११।

१३५. *अवस्सगनिज्जुति*, पृ॰ ३८२।

१३६. *अभयदेव और थानसूत्र* ७१८ (थान दो, पृ॰ ४७६)।

१३७. दे॰ *पौमचरिय अनुक्रमणिका*।

१३८. *विविधतीर्थकल्प*, पृ॰ २४।

१३६. *पौमचरिय अनुक्रमणिका*।

२

परम्परागत इतिहास : मौर्य-पूर्व काल तक

अयोध्या बनाम कोशल

अयोध्या एक प्राचीन नगरी है जिसको बसाने का श्रेय मनु को दिया जाता है और मनु से भारत का सम्पूर्ण इतिहास प्रारम्भ हुआ माना जाता है। अयोध्या कोशल जनपद में सरयू के किनारे बसी थी, इसके विषय में हम प्रथम अध्याय में ही चर्चा कर चुके हैं। कोशल एक बड़े जनपद का नाम था। इसके पश्चिम में पंचाल, दक्षिण में काशी और पूर्व में विदेह जनपद था। *रामायण* में कोशल नाम के एक विस्तृत जनपद का उल्लेख हुआ जो सरयू के तट पर धन-धान्य से परिपूर्ण बताया गया है।[१] वाल्मीकि ने कोशल का वर्णन करने के तुरन्त बाद अयोध्या नाम की नगरी का उल्लेख किया है तथा उसे बारह योजन लम्बी और तीन योजन चौड़ी बताया है।[२] *विविधतीर्थकल्प* में इसकी चौड़ाई नौ योजन कही गई है।[३] उपरोक्त वर्णन में वाल्मीकि ने पहले अयोध्या को नगरी तथा पुरी बताया है। उसके बाद उसे महापुरी कहकर उसका विस्तार बताया है। किन्तु यहां पर विचारणीय प्रश्न यह है कि क्या कोई भी नगरी या महानगरी बारह योजन लंबी और तीन योजन चौड़ी हो सकती है। यह विस्तार किसी एक नगर का न होकर छोटे से राज्य अथवा जिले का क्षेत्रफल हो सकता है। दूसरी ओर इसको हम सम्पूर्ण कोशल प्रदेश अथवा जनपद का भी विस्तार नहीं मान सकते क्योंकि भौगोलिक दृष्टि से जो कोशल की सीमा ऊपर बतायी गयी है वह इससे कहीं अधिक विस्तृत है। इस प्रकार अयोध्या को यदि राजधानी माना जाए तो क्या उसे सम्पूर्ण कोशल जनपद अथवा महाजनपद की राजधानी कह सकते हैं? अथवा, अयोध्या को एक नगर राज्य की राजधानी ही कहा जाएगा क्योंकि *वाल्मीकि रामायण* में अनेक स्थानों पर नगर राज्य अथवा अयोध्या के राज्य का ही उल्लेख है। उदाहरण के लिए, कैकेयी भरत को समझाते हुए अयोध्या को 'नगर राज्य' कहती है तथा यह बताती है कि यह अब तुम्हारे ही अधीन है। इसी प्रकार दशरथ राम से यह कहते हैं कि 'अब तुम मुझे बन्दी करके और स्वयं ही अयोध्या के राजा बन जाओ क्योंकि मैं कैकेयी को दिए गए वरदान के कारण मोह में पड़ गया हूँ।[४] इसी प्रकार राम भी राजा दशरथ को आश्वासन देते हुए कहते हैं कि 'मैंने यह नगर, यह राष्ट्र और धरती छोड़ दी है और यह सब कुछ भरत को दे दिया जाए।[५] यहां पर कहीं भी कोशल का नाम नहीं आया है। इसके अतिरिक्त संतान प्राप्ति की इच्छा वाले राजा दशरथ की आज्ञा से वशिष्ठ जिन-जिन लोगों को अश्वमेध यज्ञ में आमंत्रित करने की बात करते हैं उनमें कोशल के राजा भानुमन्त का भी नाम आता है।[६] इस प्रकार यदि कोशल का राजा भानुमन्त था तो अयोध्या का राज्य इस कोशल से भिन्न था अथवा कोशल जनपद के अन्तर्गत एक स्वतंत्र राज्य था। यहां पर हम दक्षिण कोशल की चर्चा अभी नहीं करेंगे क्योंकि उसका अस्तित्व बाद में, संभवतः राम के शासनकाल के बाद, स्वीकार किया जाना चाहिए। *वाल्मीकि रामायण* में कहीं भी उत्तर कोशल अथवा दक्षिण कोशल की बात नहीं आती है। तुलसीदास ने भी इसी परम्परा का निर्वाह किया था और वे यद्यपि कोशल, कोशलेश आदि शब्दों का अनेक बार उल्लेख करते हैं किन्तु, उत्तर अथवा दक्षिण कोशल की बात नहीं करते। दूसरी ओर, हम देखते हैं कि श्रीराम की माता का नाम कौशल्या था अर्थात् वे कोशल देश की या कोशल जनपद से आने वाली किसी राजघराने की कन्या रही होंगी। दूसरी ओर, *वाल्मीकि रामायण* में ही एक स्थान पर श्रीराम के लिए कोशलेन्द्र शब्द का उल्लेख आया है।[७] इसके अतिरिक्त राम ने अपने जीवनकाल में अपने पैतृक राज्य को जिस प्रकार अपने पुत्रों में बांटा था उससे भी यही लगता है कि उनका पैतृक राज्य बहुत छोटा था और अपने भाइयों के पुत्रों के लिए अलग-अलग राज्यों का निर्माण करवाया। भरत के दोनों पुत्रों को गान्धार क्षेत्र का राज्य दिया गया जो वर्तमान पाकिस्तान में पड़ता है और यह स्पष्ट दिखाई पड़ता है कि भरत की ननिहाल होने के कारण उन्हें वहां भेजा गया।[८] जहां तक शत्रुघ्न के दोनों पुत्रों का प्रश्न है उन्हें मथुरा के क्षेत्र में भेजा गया जिसकी विजय शत्रुघ्न ने राम की आज्ञा

से की थी।[९] इस प्रकार ये दोनों क्षेत्र अयोध्या राज्य के परम्परागत क्षेत्र में नहीं आते। लक्ष्मण के दोनों पुत्रों के लिए राम ने कारूपथ नामक क्षेत्र में स्थान खोजने का काम भरत को सौंपा था और लक्ष्मण के दोनों पुत्र वहां बसाए गए।[१०] राम ने अपने पैतृक राज्य का स्वामी लव को बनाया और अयोध्या छोड़कर शरावती (श्रावस्ती) को राजधानी बनाने को कहा।[११] कुश के संबंध में थोड़ी-सी भ्रांति है। कालिदास तथा कुछ अन्य स्थानों पर ऐसा उल्लेख मिलता है जिससे लगता है कि कुश को जिस कुशावती क्षेत्र का राज्य करने का आदेश दिया गया था वह दक्षिण में विन्ध्य में था। हालांकि कुश अपने जीवनकाल में ही अयोध्या लौट आए थे और कालिदास के अनुसार, वे राम द्वारा विजन या उजड़ी हुई अयोध्या को पुनः बसाकर राज्य करने लगे थे।[१२] यहां पर यह ध्यान देने की बात है कि दण्डक वन में राम ने कम-से-कम दस वर्ष बिताए थे और यह वही क्षेत्र है जो आजकल महाकोशल नाम से जाना जाता है जिसमें मध्य प्रदेश के रायपुर और बिलासपुर जिले आते हैं। इसी प्रकार यह स्वीकार करने में कठिनाई नहीं होनी चाहिए कि आज का दक्षिण कोशल अथवा महाकोशल क्षेत्र राम की राज्य-सीमा के अन्तर्गत आ गया था और राम की यह इच्छा थी कि उनका पुत्र दक्षिण कोशल जाकर उस क्षेत्र का शासन प्रबंध संभाले। अतः यदि हम ध्यान से देखें तो लव को जिस क्षेत्र का शासन करने का भार राम ने सौंपा था, वही अयोध्या के नगर से शासित होने वाला राम का पैतृक राज्य क्षेत्र होना चाहिए। इसके विपरीत जहां तक कोशल की दक्षिणी सीमा का प्रश्न है वह *वाल्मीकि रामायण*[१३] में स्वयं संकेतित कर दी गई है। वन जाते समय राम गोमती पार करने के बाद स्यन्दिका नदी को पार करने के उपरान्त सीता को संबोधित करते हुए उस भूमि का दर्शन करते हैं जो पूर्व काल में राजा मनु ने इक्ष्वाकु को दिया था। इसे कोशल की सीमा बताते हुए राम ने पुरी श्रेष्ठ अयोध्या से वन में जाने की आज्ञा मांगी। इस प्रकार कोशल की सीमा और अयोध्या राज्य दोनों के बीच एक सूक्ष्म रेखा-सी खिंची हुई दिखाई पड़ती है। कनिंघम[१४] ने भी अयोध्या अथवा अवध के क्षेत्र को चार भागों में विभक्त बताया है। उनके अनुसार, सरजू के दाहिनी ओर के क्षेत्र को वनौध (वन-अवध) क्षेत्र कहा है जो पुनः दो भागों में विभक्त था। पूर्व के क्षेत्र को पूर्व-राट (पूर्व राष्ट्र) और पश्चिम के क्षेत्र को पश्चिम-राट (पश्चिम राष्ट्र) कहा है। सरजू के उत्तर का क्षेत्र अथवा मोटे तौर पर राप्ती के दक्षिण का क्षेत्र गौड़ कहलाता था जिसे आजकल गोण्डा और बहराइच जिलों के क्षेत्र कहा जा सकता है। पूर्व का भाग जो मोटे तौर पर घाघरा के उत्तर का भाग था उसे ही अवध अथवा अयोध्या का राज्य कहा जाता था। इस प्रकार के विवरण का सूक्ष्म विवेचन करें तो यही स्पष्ट होगा कि राम के पैतृक राज्य में मुख्य रूप से आधुनिक गोण्डा, बहराइच, बस्ती, सिद्धार्थनगर तथा गोरखपुर का क्षेत्र आता था। वर्तमान सरयूपार क्षेत्र भी घाघरा के इसी उत्तरी क्षेत्र को कहा जाता है और इसका प्रशासन अयोध्या से होता था। इसका प्रमाण इस क्षेत्र का सरयूपार नामकरण ही बताया जा सकता है।[१५] मोटे तौर पर अयोध्या से शासित होने वाला सरयूपार का क्षेत्र मुख्य रूप से सरयू के उत्तरी भाग में रहा होगा और इसी का प्रशासन राम के द्वारा लव को सौंपा गया था। ऐसी हमारी धारणा है।

कोशल जनपद में अनेक राज्य (राष्ट्र) रहे होंगे इसकी भी कल्पना की जा सकती है। *वाल्मीकि रामायण* में अनेक स्थलों पर कोशल शब्द का बहुवचन में प्रयोग हुआ है।[१६] इससे यह आभास होता है कि कोशल क्षेत्र में अनेक राष्ट्र अथवा राज्य रहे होंगे। *महाभारत* के सभापर्व से भी इसी प्रकार की सूचना प्राप्त होती है। भीम जब पूर्व दिशा के अनेक राजाओं को जीतने के लिए निकलते हैं तो कुमार देश के राजा श्रेणिमान को हराने के बाद कोशल के राजा वृहद्बल को परास्त करते हैं। तत्पश्चात् अयोध्या के राजा दीर्घयज्ञ को हराते हैं। उसके बाद उन्होंने गोपालकक्ष और उत्तर कोशल देश के राजाओं को जीतकर मल्ल राष्ट्र के राजा को भी पराजित किया और तत्पश्चात् हिमालय के तराई में जलोद्भव क्षेत्र में आने वाले अनेक राजाओं को हराया।[१७] इस प्रकार अयोध्या और कोशल के राज्य अलग-अलग थे यह *महाभारत* के काल तक भी प्रचलित माना जा सकता है।

अयोध्या के राजाओं का इतिहास : कालक्रम-सम्बन्धी भ्रांति

मनु द्वारा स्थापित अयोध्या नगरी का राज्य क्षेत्र कितना विस्तृत था, इस विषय पर अंतिम रूप से कुछ भी कह पाना अभी संभव नहीं है। किन्तु जो कुछ भी पुराणों और महाकाव्यों से सूचना प्राप्त होती है उसे किसी भी प्रकार का विस्तृत इतिहास नहीं कहा जा सकता। अयोध्या के राजाओं का इतिहास कितने लम्बे कालखण्ड में विस्तृत है, इसकी भी सहज कल्पना नहीं की जा सकती। पुराणों के आधार पर पार्जिटर[१८], विशुद्धानन्द पाठक[१९] तथा पुसालकर[२०] एवं अन्य विद्वानों ने अयोध्या के राजाओं की जो सूचियां तैयार की हैं वे सर्वथा अपूर्ण हैं और उनके आधार पर यह कहना उचित नहीं है कि अयोध्या में मनु से श्रीराम तक ६३ अथवा ६५ पीढ़ियों ने ही शासन किया अथवा राम से *महाभारत* काल तक इतनी पीढ़ियों ने ही शासन किया, क्योंकि यह सूचियां केवल उन महान् राजाओं की हैं जिन्होंने बड़े-बड़े

कार्य किए, चाहे वे राजनीतिक-सामाजिक क्षेत्र में हों अथवा धार्मिक।[२१] प्राचीन भारतीय इतिहास की जो अवधारणा रही है उसके अनुसार भी वंशानुचरित में केवल उन्हीं राजाओं के नाम गिनाए गए हैं जिनका उदाहरण देकर समाज को अच्छे कामों को करने के लिए प्रवृत्त और बुरे कामों से रोकने के लिए प्रेरित किया जा सके, जिससे कि समाज धर्म, अर्थ, काम और मोक्ष की प्राप्ति की ओर अग्रसर हो। भारतीय इतिहास घटनाओं की कालबद्ध सूचना या पूर्व राजाओं की तालिका नहीं होती। जिन राष्ट्रों का इतिहास बहुत लम्बे कालखण्ड में फैला हुआ होता है उन राष्ट्रों में इस प्रकार की लम्बी सूची को बनाए रखना और इसका स्मरण रखना एक असभव सा कार्य होता है। अतः यह आशा करना उचित नहीं है कि अयोध्या के जितने राजाओं की सूची हमें पुराणों और महाकाव्यों में मिलती है वह पूर्ण है, अथवा कवि की कल्पनाओं की उपज है। दूसरी ओर बौद्ध और जैन स्रोतों में अयोध्या के जिन राजाओं के नाम हमें मिलते हैं उनका नाम पौराणिक सूचियों में नहीं है जो स्पष्ट रूप से यही निर्देशित करता है कि राजाओं की ये सूचियां अपूर्ण हैं।

इसके अतिरिक्त अयोध्या का परम्परागत राजनीतिक इतिहास लिखने से पूर्व एक और बात स्पष्ट करना आवश्यक है। वह यह है कि हमें वर्तमान परिस्थितियों तथा निकट भूतकाल की परिस्थितियों के परिप्रेक्ष्य में अति सुदूर भूतकाल की घटनाओं पर विचार नहीं करना चाहिए। राजाओं के चरित्रों अथवा उनके द्वारा किए गए कार्यों को सम्यक् परिप्रेक्ष्य में देखने से ही वास्तविक इतिहास की झलक मिल सकती है। कभी-कभी इसमें अति मानवीय तथा दैवी और समझ में न आने वाली बातें भी कही गई हैं जिनका निहित अर्थ खोजने के लिए हमें भू-भौतिक शास्त्र तथा अन्य विज्ञानों की ओर भी देखना पड़ेगा। कहीं-कहीं राजाओं की कुछ पीढ़ियों के इतिहास में क्रमबद्धता दिखाई पड़ती है और कहीं-कहीं अनेक पीढ़ियों के अन्तराल आ जाते हैं जिनकी सम्यक् व्याख्या करना सरल नहीं है। अयोध्या के राजाओं के पारम्परिक इतिहास को हम इसी परिप्रेक्ष्य में देखने का प्रयास करेंगे।

अयोध्या अथवा कोशल के राजाओं की इन वंशावलियों का अध्ययन करके कुछ विद्वानों ने महाभारत युद्ध की तिथि निर्धारित करने का प्रयास किया है। विभिन्न पुराणों में कोशल की जो सूचियां दी गई हैं, वे भी एकमत नहीं हैं। उदाहरण के लिए, *महाभारत* के बाद से प्रसेनजित द्वितीय तक की वंशावली में *मत्स्य* और *भागवत* पुराणों में बीस, *शिव पुराण* में इक्कीस और *विष्णु पुराण* में बाईस राजाओं के उल्लेख हैं जिन्हें पार्जिटर ने स्वीकार किया है।[२२] उन्होंने प्रत्येक राजा का औसत राज्यकाल अट्ठारह वर्ष मानकर महाभारत के युद्ध का समय ८७९ ई॰ पू॰ सिद्ध किया है। उनके अनुसार, प्रसेनजित के शासन का अंतिम वर्ष ४८३ ई॰ पू॰ में समाप्त हुआ तथा इसमें ३९६ (२२ × १८ = ३९६) वर्ष जोड़ देने पर ८७९ ई॰ पू॰ का वर्ष मिलता है।[२३] स्पष्ट रूप से यह गणना त्रुटिपूर्ण है और पुरातात्त्विक अथवा परम्परागत इतिहास, किसी भी दृष्टि से इस समय को महाभारत युद्ध का काल नहीं माना जा सकता। कुछ लोगों ने महाभारत युद्ध का काल १४०० ई॰ पू॰ निर्धारित किया है जिसको अधिकांश विद्वानों की सहमति प्राप्त है। लेकिन भारतीय परम्परा इसको भी स्वीकार नहीं करती। पार्जिटर ने स्वयं एक अन्य स्थल पर[२४] यह स्वीकार किया है कि पौराणिक वंशावलियां अपूर्ण हैं। इस प्रकार यदि आधुनिक लेखक तथा प्राचीन पुराणकार दोनों ही इस बात पर सहमत हैं कि पौराणिक वंशावलियों की सूचियां अपूर्ण हैं तो इस बात का दुराग्रह क्यों किया जाता है कि महाभारत युद्ध ९५० ई॰ पू॰ अथवा १४०० ई॰ पू॰ में ही हुआ होगा। भारतीय परम्परा को स्वीकार करने में क्यों विद्वानों को कठिनाई होती है कि महाभारत युद्ध ३१०२ ई॰ पू॰ में कलियुग के प्रारम्भ होने के ३६ वर्ष पहले हो चुका था? इस संबंध में यह बात ध्यान देने की है कि ये पाश्चात्य इतिहासकार मिस्र, कैल्डिया, मेसोपोटामिया, चीन, आदि प्राचीन सभ्यताओं में प्रचलित परम्परागत तिथियों को ज्यों-का-त्यों स्वीकार कर लेते हैं लेकिन भारतीय परम्परागत इतिहास को स्वीकार करने में अनेक प्रकार की भ्रमपूर्ण परिस्थितियों को यह कहकर जन्म देते हैं कि भारतीय पुराण परस्पर सहतम नहीं हैं और अनेक स्थलों पर एक-दूसरे के विरोधी उदाहरण मिल ही जाते हैं।

अयोध्या के मुख्य राजाओं का इतिहास

मनु

अयोध्या के राजवंश को स्थापित करने वाला वैवस्वत मनु को बताया गया है। मनु भारत के समस्त राजवंशों के प्रारम्भकर्त्ता माने जाते हैं। अयोध्या का राजवंश सूर्यवंश कहलाता है। परम्परा के अनुसार मनु के नौ पुत्र थे और एक पुत्री । विभिन्न ग्रंथों में इन पुत्रों के नाम अलग-अलग ढंग से लिखे गए हैं। *शतपथ ब्राह्मण* में यह बताया गया है कि इन्हीं वैवस्वत मनु के समय वह प्रलयंकारी बाढ़ आई थी और मनु ने ही मनुष्य जाति की रक्षा की थी। *भागवत पुराण* में मनु का पूर्व नाम 'सत्यव्रत' बताया गया है और उन्हें द्रविड़ेश्वर कहा गया है।[२५] प्रलयंकारी बाढ़ का उल्लेख विश्व की अनेक प्राचीन सभ्यताओं के इतिहास में अंकित है। मेसोपोटामिया, बेबीलोनिया आदि की परम्पराओं में..

भी बाढ़ का उल्लेख मिलता है। इनमें मनु को नूह (मनुः) कहा गया है। ऐसा लगता है कि इस प्रलयंकारी बाढ़ ने सारी मानवता को प्रभावित किया था। बाढ़ की कथा से प्रायः सभी लोग परिचित हैं और मत्स्य की सहायता से एक नाव में बैठकर मनु अथवा नूह ने किस प्रकार लोगों की रक्षा की यह कथा भी प्रायः सभी प्राचीन सभ्यताओं में थोड़े-बहुत अंतर से लगभग समान रूप से प्रचलित है। भारतीय परम्परा के अनुसार, मनु ने बाढ़ से बचने के लिए हिमालय की चोटियों पर शरण ली थी और धीरे-धीरे जब पानी खिसकने लगा तो वे नीचे आए। इसी कारण इस पर्वत का एक नाम 'मनोरवतरणम्' भी पड़ा।[२६] ऐसा लगता है कि हिमालय के पर्वतों से उतरकर मनु को जो पहला बसने योग्य उपयुक्त स्थान मिला वह सरयू के किनारे अयोध्या का स्थल ही था और हम प्रथम अध्याय में इस बात की ओर संकेत कर चुके हैं कि सरयू के किनारे बस्ती बसाने के लिए अयोध्या से अच्छा स्थल उस क्षेत्र में नहीं हो सकता था।

मनु के नौ पुत्रों के अतिरिक्त एक पुत्री भी थी जिसका नाम इला था। इला एक उभयलिंगी व्यक्तित्व थी जिसमें पुरुष और नारी दोनों के गुण वर्तमान थे। इला का विवाह चन्द्रमा के पुत्र बुध से हुआ था। उनके पुत्र पुरुरवा ऐल थे। पुराणों के अनुसार उन्हें प्रतिष्ठान (इलाहाबाद के समीप) का क्षेत्र राज्य के लिए दिया गया। पुरुरवा से चन्द्रवंश चला जिनके राज्य प्रारम्भ में कान्यकुब्ज और काशी क्षेत्र में फैले, उसके बाद वे पश्चिम में अधिक प्रभावी हो गए। मनु के नौ पुत्रों के नामों में भिन्नता मिलती है, लेकिन पार्जिटर ने इन निम्नलिखित नौ नामों को सुझाया है – इक्ष्वाकु, नाभाग, धृष्ट, शर्याति, नरिष्यन्त, प्रांशु, नाभागोदिष्ट (अथवा नाभानेदिष्ट), करुष तथा पृष्ध्र। इनमें केवल चार ही ऐसे हुए जिन्होंने महत्त्वपूर्ण राजवंशों की नींव डाली। वैसे, मनु ने अपने सभी पुत्रों को समस्त भारत में शासन करने के लिए अलग-अलग क्षेत्र बांट दिए थे।

मनु के ज्येष्ठ पुत्र इक्ष्वाकु को अयोध्या का राज्य दिया गया था जिनसे सूर्यवंश अथवा ऐक्ष्वाकु राजवंश का प्रारम्भ हुआ। उनके पुत्र का नाम विकुक्षि था। नाभाग को किस क्षेत्र का शासन दिया गया यह अनिश्चित है। संभवतः उन्हें मध्य देश में कहीं पर स्थापित किया गया था। परम्परागत इतिहास में इनका नाम नहीं आता। इसलिए ऐसा लगता है कि नाभाग के वंशज जल्दी ही लुप्त हो गए। धृष्ठ से धार्ष्टक क्षत्रियों की उत्पति हुई जो पंजाब में वाहीक क्षेत्रों में शासन कर रहे थे। इनके विषय में भी कोई विशेष सूचना नहीं मिलती। संभवतः इनको कभी ब्राह्मण, कभी क्षत्रिय और कभी वैश्य कहा गया है। शर्याति के पुत्र शार्यात कहलाए जो आनर्त्त क्षेत्र में शासन कर रहे थे। यह क्षेत्र गुजरात में है। नरिष्यन्त के वंशजों को शक कहा गया है। लेकिन, आधुनिक इतिहासकार इसको स्वीकार करने के लिए तैयार नहीं हैं। क्योंकि उनके अनुसार शकों का उद्भव ईसवी सन् के प्रारम्भ के आसपास हुआ था। प्रांशु के वंशजों के बारे में कुछ ज्ञात नहीं है। नाभागोदिष्ट उत्तरी बिहार में स्थापित हो गए और उनके वंशज विशाल ने वैशाली नामक नगर की स्थापना की और वहां वे राज्य करने लगे। करुष के वंशज आधुनिक रीवा क्षेत्र के आस-पास सोन नदी के पूर्व के क्षेत्र में स्थापित किए गए और जनपद का नाम करुष जनपद पड़ा। पृष्ध्र ने अपने गुरु की गाय का वध कर दिया था, इस कारण उसे कोई भी क्षेत्र राज्य करने के लिए नहीं दिया गया।

इला को नारी रूप में बुध से विवाह करने के उपरान्त पुरुरवा नामक पुत्र उत्पन्न हुआ जहां से चन्द्रवंश चला। इससे भी अनेक राजवंश उत्पन्न हुए। कान्यकुब्ज, यादव (हैहय, अन्धक और वृष्णि), तुर्वसु, द्रुह्यु, आनव, पंचाल, बृहद्रथ और चेदि आदि राजवंश उत्पन्न हुए। इला का पुरुष रूप में नाम सुद्युम्न था। इससे सौद्युम्न उपाधि वाले तीन पुत्र उत्पन्न हुए उत्कल, गय और विनिताश्व जिन्होंने क्रमशः उत्कल (उड़ीसा), गया (दक्षिण बिहार) तथा पूर्वी क्षेत्रों पर राज्य किया। इसमें उत्तरी कुरु क्षेत्र शामिल था। सौद्युम्न राजवंश अनवों तथा कान्यकुब्जों द्वारा जीत लिया गया था।[२७]

मनु के पुत्रों और उनके लिए बांटे गए शासित क्षेत्रों को देखने से यह ज्ञात होता है कि परम्परा जिसे मध्य देश मानती है वे क्षेत्र ही मनु के द्वारा पहले बसाए गए थे और उनके वंशजों ने इसी मध्य क्षेत्र में शासन किया था जिसमें मोटे तौर पर पूर्वी पंजाब, हरियाणा से लेकर बिहार तक के उत्तर भारत का समस्त क्षेत्र आ जाता है। लेकिन, आधुनिक इतिहासकार अपने आर्य समस्या के सिद्धांत के प्रतिपादन हेतु इस बात की उपेक्षा करते हैं और इस क्षेत्र की पुरातत्त्व सम्बन्धी खोजों को अपने पूर्वाग्रहों के आधार पर तिथ्यांकित करते हैं। उनको ऐसा लगता है कि भारतीय परम्परा का प्रचलन भारतीयों ने किसी षडयन्त्र के तहत चलाया था जिसे उनका पुरातत्त्व विज्ञान स्वीकार करने को तैयार नहीं होता।

इक्ष्वाकु

मनु के पुत्र इक्ष्वाकु को अयोध्या का राज्य दिया गया था जिनके अनेक पुत्रों का उल्लेख मिलता है। कुछ पुराणों में उनके सौ पुत्र बताए जाते हैं जिनमें ५० उत्तरापथ का संरक्षण कर रहे थे

और ४६ दक्षिणापथ में शासन कर रहे थे। उत्तरापथ में शकुनि का प्रमुख नाम आता है और दक्षिणापथ में शासन करने वाले राजाओं में वसाति का नाम आता है। लेकिन इनमें सबसे महत्त्वपूर्ण विकुक्षि, निमि और दण्डक थे। निमि ने विदेह में अपना राज्य स्थापित किया तथा दण्डक ने दक्षिण में राज्य किया जिसे दण्डकारण्य कहा गया। राम द्वारा वनवास ग्रहण करने पर दण्डकारण्य में जाने का संभवतः यह भी एक कारण रहा होगा। विकुक्षि का एक दूसरा नाम शशाद भी था। यद्यपि इक्ष्वाकु ने उसे राज्य से वंचित कर दिया था फिर भी वह, अपने पिता की मृत्यु के बाद, अयोध्या के शासक हुए। कुछ पुराणों में विकुक्षि के १५ पुत्रों के होने का उल्लेख है जो मेरु के उत्तर में शासन करते थे तथा ११४ अन्य पुत्र मेरु के दक्षिण में शासन करते थे। यहां पर मेरु के उल्लेख से समस्या कुछ उलझ जाती है क्योंकि यदि इस मेरु को पामीर पर्वत माना जाए तो विकुक्षि के पुत्रों को पामीर के क्षेत्र में किस प्रकार पहुँचा हुआ सिद्ध किया जाएगा, यह एक समस्या है। ऐसा लगता है कि विकुक्षि की कुछ संतानें पश्चिम की ओर संक्रमण कर गई थीं और वहां पर उपनिवेश बनाकर रहने लगी थीं। लेकिन, इस विषय पर अभी और शोध करने की आवश्यकता है।

ककुस्थ और पृथु

विकुक्षि के बाद अयोध्या का शासन परञ्जय अथवा पुरञ्जय को मिला जिसका दूसरा नाम ककुस्थ पड़ा। इसी के आधार पर आगे चलकर इस वंश को काकुस्थ कहा जाने लगा। ककुस्थ की कई पीढ़ियों के बाद पृथु नाम का राजा हुआ जिसने, ऐसा कहा जाता है कि पृथ्वी को समतल कराकर उसमें कृषि आदि का प्रारम्भ कराया। इसी पृथु के नाम पर धरती को पृथ्वी कहा जाने लगा। पृथु की यह कथा प्रागैतिहासिक स्थिति की ओर संकेत करती प्रतीत होती है।

ईरानी परम्परा

यहां पर भारत और ईरान के इतिहास में कुछ समानताओं की बात को भी रेखांकित करना उचित होगा। ऐसा कहा जाता है कि ईरान का प्राचीनतम राजा यम वैवस्वत था। वह मनु वैवस्वत का छोटा भाई था। ईरानी साहित्य में उसे 'यिम खिश्ओस्त' कहा गया है। अवेस्ता में यह नाम 'यिम खशएत' है। यह 'विवध्वन्त' का पुत्र 'पिश्दादियन' कुल का राजा था। इनमें 'यिम' यम का, 'विवध्वन्त' विवस्वान (= विवस्वन्त) का और 'पिशदादियन' पश्चाद्देव का अपभ्रंश है।[२८] ईरानियों ने भी पृथ्वी को समतल करके कृषि आदि करने का श्रेय जमशेद को दिया है।[२९] यहां पर विकुक्षि के पुत्रों को मेरु पर्वत के उत्तर और दक्षिण में शासन करने की परम्परा को यदि जोड़कर देखें तो ऐसा लगता है कि पुराणों में कई पुरानी परम्पराएं एक-दूसरे में मिल गई हैं। इन्हें गल्प या कल्पना न मानकर यदि विभिन्न परम्पराओं के एक-दूसरे में मिल जाने की दृष्टि में शोधकार्य किया जाए तो वास्तविक इतिहास को खोजा जा सकता है।

श्रावस्त

अयोध्या के सूर्यवंश का अगला महत्त्वपूर्ण राजा श्रावस्त हुआ। उसने सरयू नदी के उत्तर में राप्ती नदी के किनारे एक नगर की स्थापना करवाई जिसका नाम श्रावस्ती रखा गया। बाद के काल में यह श्रावस्ती नगर कोशल देश की राजधानी के रूप में प्रसिद्ध हुआ। राम ने अपने पुत्र लव को जिस शरावती नगर को राजधानी बनाकर अपने पैतृक राज्य पर शासन करने के लिए अधिकृत किया था वह यही श्रावस्ती रही होगी। वर्तमान में उत्तर प्रदेश के बहराइच जिले में सहेत-महेत स्थान की पहचान श्रावस्ती से की जाती है। इस क्षेत्र को गौड़ देश भी कहा गया है जो वर्तमान गोण्डा और बहराइच जिलों को मिलाकर बना रहा होगा। *पद्म पुराण*[३०] और *मत्स्य पुराण*[३१] में गौड़ देश में श्रावस्ती नामक नगरी के बसाने का उल्लेख किया गया है। कई अन्य पुराणों[३२] में भी श्रावस्त के द्वारा श्रावस्ती बसाने का उल्लेख है।

कुवलयाश्व

इसका नाम कुवलाश्व भी मिलता है और धुन्धु नामक राक्षस को मारने के कारण[३३] इसको धुन्धुमार भी कहा गया है। धुन्धुमार के सम्बंध में जो कथा दी जाती है वह बड़ी रोचक है तथा संभवतः किसी प्राकृतिक घटना से सम्बन्धित मानी जा सकती है। ऐसा कहा जाता है कि धुन्धु नामक राक्षस उदक अथवा उत्तंक ऋषि को बराबर परेशान किया करता था। उसकी गुहा में से निरंतर धुआं, आग और राख इत्यादि की वर्षा होती थी। अयोध्या के राजा बृहदाश्व से इस बात की शिकायत उदक ऋषि ने की तथा राजा ने अपने इक्कीस हज़ार पुत्रों को अपने पुत्र कुवलयाश्व के नेतृत्व में भेजा। यह २१,००० संख्या संभवतः उस सेना की होगी, लेकिन *ब्रह्म पुराण* में केवल १०० पुत्रों की बात कही गई है (*ब्रह्म०* ७।७४) तथा *हरिवंश पुराण* (१।११।४४) में भी इतनी ही संख्या दी गई है। इस सेना ने राक्षस की गुहा को खोदना शुरू किया लेकिन वे सभी धुन्धु के मुख से निकली हुए अग्नि के कारण मारे गए। किन्तु धुन्धु के शरीर से निकले जल स्रोत के कारण सौभाग्यवश कुवलयाश्व की रक्षा हो गई और राक्षस मारा गया तथा उसका अग्नि निवास भी नष्ट हो गया। इसी कारण

कुवलयाश्व का दूसरा नाम धुन्धुमार पड़ गया। पार्जिटर ने पुराणों की इस घटना को दक्षिणी राजपूताना के क्षेत्र की घटना बताया जो उस समय भी उनके अनुसार उथला समुद्र रहा होगा।[३४] बी॰सी॰ला॰[३५] ने भी इसको प्राकृतिक घटना से जोड़ा है। ए॰ डी॰ पुसालकर[३६] भी इससे सहमत जान पड़ते हैं। यहां पर इन सभी लेखकों ने इस घटना को आर्यों के राजपूताना क्षेत्र में प्रसार का एक प्रमाण माना है। यह एक मिथ्या मिथक (आर्य समस्या) को सत्य के रूप में प्रतिष्ठापित करने का दुष्प्रयास मात्र है क्योंकि आर्यों का तथाकथित प्रसार पश्चिम से सिन्ध, पंजाब अथवा हरियाणा की ओर होना चाहिए था न कि पूर्वी उत्तर प्रदेश के कोशल जैसे क्षेत्र में। इस बात को येन-केन-प्रकारेण आर्यों के आक्रमणों की बात को सत्य सिद्ध करने का प्रयास मात्र कहा जा सकता है क्योंकि हम इसके पहले देख चुके हैं कि मनु ने अपने पुत्रों के वंशजों के माध्यम से मध्य देश से लेकर समस्त भारत में उनके राज्य स्थापित करवाए थे। ऐसी स्थिति में बीच-बीच में आर्यों के तथाकथित इतस्ततः प्रसार की बात को उठाना एक मिथ्या अवधारणा को जीवित रखने का प्रयास मात्र मानना चाहिए। जहां तक प्राकृतिक घटना का प्रश्न है हम यह सुझाव देना चाहते हैं कि धुन्धुमार की इस कथा को सरस्वती नदी के क्रमशः सूखते जाने की घटना से जोड़ा जा सकता है। सरस्वती नदी का क्रमशः सूखना एक ऐसी प्रक्रिया थी जिसकी प्रतिध्वनि वेदों और पुराणों में प्रायः सुनाई पड़ती है। अतः उसके किनारे बसने वाले ऋषिगण का चिन्तित होना स्वाभाविक था। यहां पर उदक (उत्तंग या उत्तंक) का नाम भी लाक्षणिक लगता है। उदक का एक अर्थ जल भी होता है। धुन्धु नामक राक्षस की तुलना रेगिस्तान से कर सकते हैं और धूल भरी आंधियों को धुन्ध कहा जाता है। कुवलयाश्व ने अपने साथियों के साथ धुन्धु के द्वारा बनाए गए इन टीलों को खोदते हुए जब उदक अथवा जल के लिए मार्ग निकालने का प्रयास किया तो उसमें उसके अनेक साथी मारे गए लेकिन अंततः जलधारा बह निकली और रेगिस्तान के बढ़ते चरण को रोका जा सका। अतः इस ऐतिहासिक घटना का महत्त्व होने के कारण धुन्धुमार का नाम अमर हो गया।

यौवनाश्व मान्धातृ

ऐक्ष्वाकु वंश का अगला सर्वाधिक महत्त्वपूर्ण राजा मान्धाता हुआ जिसकी कथा अनेक साहित्यिक स्रोतों में मिलती है। मान्धाता का पिता यौवनाश्व था और इसका दूसरा नामा सौद्युम्न भी था। मान्धाता की उत्पत्ति के सम्बन्ध में एक पौराणिक कथा प्रचलित है। इसके विषय में हम यहां चर्चा नहीं करेंगे क्योंकि ऐसा लगता है कि मान्धाता नाम रखे जाने का कारण बताने के लिए इस कथा की सृष्टि बाद में की गई। मान्धाता की माता का नाम गौरी था जो पौरव वंश के राजा मतिनार की पुत्री थी। इसी कारण मान्धाता का एक नाम गौरीक भी था। मान्धाता एक महान् विजेता था। उसे त्रैलोक्य विजयी राजा कहा गया है।[३७] *महाभारत* में यह भी कहा गया है कि उसने इन्द्र के आधे सिंहासन पर अधिकार प्राप्त कर लिया था।[३८] मान्धाता ने जिन राजाओं को परास्त किया था उनके नाम *महाभारत*[३९] में इस प्रकार दिए गए हैंः अंगार, मरुत, असित, गय और वृहद्रथ; तथा *महाभारत* में अन्यत्र[४०] इन राजाओं के ये नाम दिए गए हैं – जनमेजय, सुधन्वा, गय, पुरु, वृहद्रथ असित और नृग। वर्तमान में इन राजाओं की पहचान संभव नहीं है। किन्तु पुसालकर[४१] ने इनमें से कुछ की पहचान करने का प्रयास किया है। मान्धाता की ये विजयें अत्यधिक विस्तृत रही होंगी जिनकी प्रतिध्वनि पुराणों,[४२] *महाभारत*[४३] तथा जातकों[४४] में मिलती है। *भागवत पुराण* में[४५] यह भी उल्लिखित है कि रावण आदि दस्यु उससे उद्विग्न एवं भयभीत रहते थे इस कारण इन्द्र ने उस बालक मान्धाता का नाम 'त्रसदस्यु' रखा। यहां पर रावण का नाम आने से कुछ विद्वानों को कठिनाई मालूम पड़ती है क्योंकि अनेक पीढ़ियों के बाद इसी राजकुल में उत्पन्न राम ने लंका में जाकर रावण का वध किया था। इस प्रकार वे यह सोचते हैं कि किस प्रकार एक रावण अनेक पीढ़ियों तक जिन्दा रह सकता है। यही नहीं, आगे चलकर हम यह भी देखेंगे कि इसी वंश के अन्य राजा अनरण्य का वध रावण ने किया था जिसको पार्जिटर ने[४६] पच्चीसवीं पीढ़ी में रखा है। हम यहां पर पार्जिटर[४७] द्वारा प्रतिपादित रावण शब्द की व्युत्पत्ति की ओर ध्यान दिलाना चाहेंगे जिसमें उन्होंने रावण को तमिल शब्द 'इरैवण' का संस्कृत रूप बताया है जिसका अर्थ राजा, स्वामी और ईश्वर होता है। मलयालम में राजा को –'ईणान्' कहकर संबोधित किया जाता है। कन्नड़ में 'एणै' शब्द स्वामी का बोधक होता है। इस प्रकार यह कहा जा सकता है कि रावण कोई व्यक्तिगत नाम नहीं था, वरन् राजवंश का नाम था। मिथिला के सभी राजा जनक कहलाते थे लेकिन इसके साथ उनके व्यक्तिगत नाम भी होते थे जैसे, राम के ससुर सीता के पिता का व्यक्तिगत नाम सीरध्वज था। उसी प्रकार राम द्वारा मारे गए रावण का व्यक्तिगत नाम दशग्रीव था। दशग्रीव को रावण कहना उसी प्रकार सत्य है जैसे, राम को राजा कहना।[४८] इस प्रकार यदि रावण मान्धाता, अनरण्य तथा राम, इत्यादि अनेक पीढ़ियों के राजाओं के समय में उपस्थित रहता है तो इसमें आश्चर्य करने की कोई बात नहीं है।

मान्धाता को जो त्रसदस्यु कहा गया है, उसकी विश्वविजयी छवि तथा शत्रुओं का विनाशक होने के कारण है। *ऋग्वेद* में भी

मान्धाता को दस्युहन्ता कहा गया है।[४९] इस प्रकार मान्धाता का त्रसदस्यु (दस्युओं को त्रास देने वाला) नाम *ऋग्वेद* के द्वारा भी सम्पुष्ट होता है। *ऋग्वेद* के ही एक अन्य मंत्र में मान्धाता को अंगिरस के बराबर का ऋषि माना गया है।[५०] इसके अतिरिक्त *ऋग्वेद* के ही दसवें मण्डल की एक ऋचा का ऋषि यौवनाश्व मान्धाता कहा गया है।[५१] मान्धाता का विवाह यादव राजा चित्ररथ के पुत्र शशबिन्द की पुत्री बिन्दुमती से हुआ था। मान्धाता को सात द्वीपों का स्वामी कहा गया है और जैसा कि हम पीछे संकेत कर आए हैं संस्कृत और पालि भाषाओं में लिखे अनेक ग्रंथों से इसकी पुष्टि होती है। इसके अतिरिक्त मान्धाता को यमुना के किनारे तथा कुरुक्षेत्र में अनेक यज्ञों को करने वाला भी बताया गया है। ये मान्धाता के महान् पराक्रम और चक्रवर्ती होने के प्रमाण हैं। *सुमंगलविलासिनी*[५२] में यह बताया गया है कि मान्धाता ने चार महाद्वीपों को अपने अधिकार में कर लिया था तथा तीन द्वीपों के राजा भी इसकी शरण में आ गए थे। इसके अतिरिक्त मान्धाता के विषय में उसकी पचास पुत्रियों की कथा भी कम-से-कम चार पुराणों में आती है[५३] जिसके अनुसार सौभरी ऋषि से उनका विवाह होता है। लेकिन, यहां इस कथा के विस्तार में जाना आवश्यक नहीं है। किन्तु यहां पर इस बात को रेखांकित किया जाना उचित होगा कि एक ऐसा भी समय था जब एक ही व्यक्ति राजा, ऋषि तथा मन्त्रदृष्टा आदि सभी कुछ होता था। ऋषि कुल एवं राजकुल परस्पर वैवाहिक सम्बन्ध भी करते थे।

पुरुकुत्स

मान्धाता के पुत्र पुरुकुत्स का विवाह एक नागकन्या से हुआ था जिसका नाम नर्मदा था। *विष्णु पुराण*[५४] में यह उल्लिखित है कि नाग लोग मौनेय गन्धर्वों से पीड़ित थे जो रसातल के रहने वाले थे। इन्होंने पुरुकुत्स से सहायता मांगी। पुरुकुत्स ने गन्धर्वों को नष्ट कर दिया। रसातल की भौगोलिक स्थिति के विषय में विश्वासपूर्वक कुछ कहा नहीं जा सकता। कुछ लोगों ने इसे दक्षिण में बताया है।[५५] मौन शब्द का एक अर्थ मधुमक्खी भी होता है।

पुरुकुत्स का एक छोटा भाई मुचुकुन्द बताया जाता है लेकिन इस मुचुकुन्द की कथा को कृष्ण के काल के मुचुकुन्द की कालयवन की कथा के साथ जोड़ दिया गया है जिससे काल-संबंधी विसंगति उत्पन्न हो गई है। पुसालकर[५६] इसकी काल-संबंधी कठिनाई को मानते हुए भी पुराणों में वर्णित[५७] इस कथा को स्वीकार करते हैं। इस मुचुकुन्द के विषय में कहा गया है कि उसने नर्मदा नदी के किनारे पारियात्र तथा ऋक्ष पर्वतों के बीच में एक नगर की स्थापना की थी। किन्तु हैहय राजा महिष्मन्त ने इसको जीतकर इसका दूसरा नाम माहिष्मती रखा।[५८] पुरुकुत्स का उल्लेख *ऋग्वेद*[५९] में आया है। *शतपथ ब्राह्मण*[६०] भी उसका उल्लेख करता है। इसके अतिरिक्त त्रसदस्यु को *ऋग्वेद* में पौरुकुत्स भी कहा गया है।[६१] इसके पूर्व हम मान्धाता का ही एक अपर नाम त्रसदस्यु बता आए हैं और वह भी *ऋग्वेद* के संदर्भ में। यहां स्पष्ट नहीं है कि यह पौरुकुत्स त्रसदस्यु पुरुकुत्स के पुत्र का नाम है अथवा मान्धाता के लिए ही पौरुकुत्स आया है। यह भी कहा जाता है कि इस पुरुकुत्स का, जो मान्धाता के बाद हुआ, उल्लेख कुछ पुराणों में बिल्कुल ही नहीं हुआ है।

अल्प महत्त्व वाले इक्ष्वाकु राजा

चक्रवर्ती मान्धाता के बाद अयोध्या के जो राजा हुए उनका महत्त्व राजनीतिक इतिहास की दृष्टि से बहुत अधिक नहीं है और ऐसा नहीं लगता कि उन्होंने भारतवर्ष के राजनीतिक क्षितिज पर कोई महत्त्वपूर्ण कार्य किए। किन्तु उनमें से अधिकांश के नाम पुराणों में मिल जाते हैं। इसके बाद की कई पीढ़ियों तक शक्तिहीन इक्ष्वाकु राजाओं का काल आता है जिनमें सम्भूति, अनरण्य, सुधन्वा आदि के नाम आते हैं। लेकिन इनके विषय में कुछ विशेष नहीं कहा जा सकता। अनरण्य के विषय में कई पुराणों में कहा गया है कि रावण ने उसका वध कर दिया था।[६२] यद्यपि *वाल्मीकि रामायण*[६३] में इस रावण को राम के द्वारा मारे जाने वाले रावण से सम्बद्ध किया गया है किन्तु यह स्पष्टतः एक विरोधाभास है क्योंकि राम तो अनरण्य से कई पीढ़ियों के बाद उत्पन्न हुए थे। इस कारण इस रावण की पहचान राम द्वारा वध किए जाने वाले दशग्रीव रावण से नहीं की जा सकती। यह दशग्रीव रावण का कोई पूर्वज रावण रहा होगा। रावण राजवंश दक्षिण में काफी दिनों से शासन करता आ रहा था और संभवतः दशग्रीव के समय में कुबेर को पराजित करके उन्होंने लंका में अपनी राजधानी बनाई थी।

अनरण्य के बाद हैहयों और भार्गवों के बीच संघर्ष छिड़ गया था। हैहय, कृतवीर्य और उसके पुत्र सहस्रबाहु अर्जुन के नेतृत्व में बहुत शक्तिशाली हो गए थे और उन्होंने उत्तर भारत में काशी और अयोध्या तक के क्षेत्रों में आक्रमण करके राजाओं को स्वतंत्र कर दिया था। अर्जुन ने कृतवीर्य के एक सेनापति भद्रश्रेण्य के नेतृत्व में काशी का राज्य अधिगृहीत कर लिया था। भार्गव हैहयों की इस बढ़ती हुई शक्ति से संत्रस्त थे। ऋचिक भार्गव ने कान्यकुब्ज के राजा गाधि की पुत्री सत्यवती से विवाह कर लिया था जिससे जमदग्नि ऋषि उत्पन्न हुए। जमदग्नि यद्यपि शास्त्र एवं शस्त्र दोनों के अच्छे जानकार थे फिर भी वे

शास्त्र साधना में ही लगे रहे। उन्होंने इक्ष्वाकु वंश के राजा रेणु की पुत्री कामली रेणुका से विवाह कर लिया था। इक्ष्वाकु वंशावली में राजा रेणु का नाम नहीं आता है लेकिन, यह संभव है कि कोई विशेष महत्त्वपूर्ण कार्य न करने के कारण वंशावली में उनका नाम छोड़ दिया गया हो। ऐसे अनेक नाम हैं जो इक्ष्वाकु राजवंशावली में नहीं आए हैं। डॉ॰ विशुद्धानन्द पाठक ने यह सुझाव दिया है कि रेणु या तो त्रिशंकु अथवा हरिश्चन्द्र का दूसरा नाम था अथवा किसी दूसरी इक्ष्वाकु वंश की शाखा के राजा का नाम था।[६४] रेणुका और जमदग्नि से कई पुत्र उत्पन्न हुए जिनमें राम जामदग्नेय सबसे छोटे थे। वे परशुराम के नाम से इतिहास में प्रसिद्ध हो गए।

हैहय और जमदग्नि की कथा अनेक पुराणों में वर्णित है जिससे यह ज्ञात होता है कि सहस्रबाहु अर्जुन ने जमदग्नि की हत्या कर दी थी और बदले में वह परशुराम के द्वारा मारा गया। क्षत्रियों के प्रति परशुराम का यह प्रतिशोध बहुत दिनों तक चला। ऐसा लगता है कि कुछ क्षत्रिय राजवंश परशुराम के पक्ष में थे। महाभारत[६५] के अनुसार पौरवों में ऋक्षवान, अयोध्या के सर्वकर्मा, मगध के वृहद्रथ, मगध के चित्ररथ तथा काशी के वत्स परशुराम के प्रतिशोध से बच गए थे। ऐसा लगता है कि ये राजवंश परशुराम के सहयोगी थे। डॉ॰ पुसालकर का कहना है कि भार्गवों का कान्यकुब्ज और अयोध्या के राजाओं से वैवाहिक संबन्ध होने के कारण परशुराम ने राजवंशों के एक परिसंघ का निर्माण किया था जिसमें वैशाली, विदेह, काशी, कान्यकुब्ज और अयोध्या के राजाओं ने अनेक अवसरों पर हैहयों से युद्ध किया था।[६६]

वशिष्ठ-विश्वामित्र संघर्ष और अयोध्या का राजवंश

यहीं से वशिष्ठ तथा विश्वामित्र के उस पारस्परिक संघर्ष का सूत्रपात होता है जिसके पीछे अयोध्या राज्य के पौरोहित्य पर अधिकार प्राप्त करने की महात्त्वाकांक्षा काम कर रही थी। हैहयों के भय से अयोध्या के राजा बाहु को वन में शरण लेनी पड़ी और परशुराम के एक वंशज और्व भार्गव के आश्रम में उनका देहान्त हुआ। सगर अपने समय का अयोध्या का सबसे शक्तिशाली शासक हुआ। सगर के पिता बाहु (*रामायण* में उनका नाम असिन कहा गया है) यद्यपि बहुत धार्मिक राजा थे किन्तु अपने स्वभाव के कारण प्रजा में अत्यधिक अलोकप्रिय हो गए और ऐसा कहा जाता है कि हैहयों के आक्रमण के कारण जब उनको राज्यं छोड़कर भागना पड़ा तो जनता इतनी प्रसन्न हुई कि मानो अपना शत्रु ही मारा गया हो। परशुराम के नाना गाधि का पुत्र विश्वरथ कान्यकुब्ज का राजा हुआ और उनको ब्रह्मर्षि बनने की इच्छा हुई तब उन्होंने अपना नाम विश्वामित्र रख लिया। इसका विरोध अयोध्या के पुरोहित देवराज वशिष्ठ ने किया।

उस समय अयोध्या के राजा त्रैयारुण थे। उन्होंने अपने पुत्र सत्यव्रत को गुरु की गाय की हत्या करने के अपराध में घर से निकाल दिया था तथा उसको चाण्डालों के बीच रहने का आदेश दिया था। वशिष्ठ, जो सत्यव्रत की सहायता कर सकते थे, इस विषय में मौन रहे और सत्यव्रत को वन में रहना पड़ा। उसी वन में विश्वामित्र की पत्नी और बच्चे भी रहते थे क्योंकि विश्वामित्र ब्रह्मर्षि बनने के लिए तपस्या हेतु वन में गए हुए थे। भरण-पोषण की कठिनाई के कारण विश्वामित्र की पत्नी को अपने बीच के बच्चे को बेचकर भोजन आदि का प्रबन्ध करना पड़ा। ऐसे समय में सत्यव्रत ने विश्वामित्र के पुत्र को मुक्त कराकर और जंगल से शिकार आदि करके उनके परिवार का भरण-पोषण किया। इस बीच में अयोध्या के शासन का सूत्र वशिष्ठ के हाथों में था। विश्वामित्र और वशिष्ठ के बीच संघर्ष की कथा को नन्दिनी नामक कामधेनु गाय की कथा के रूप में पुराणों में चित्रित किया गया है। कामधेनु सभी प्रकार की इच्छाओं को पूर्ण करने वाली गाय के रूप में मानी जाती है। नन्दिनी अयोध्या का भी एक नाम है।[६७] ऐसा लगता है कि अयोध्या राज्य की भूमि इतनी समृद्धशाली थी और वहां के लोग वशिष्ठ के इतने भक्त थे कि विश्वामित्र के आक्रमण उनका कुछ नहीं बिगाड़ सके। विश्वामित्र को यह लगा कि अयोध्या का पौरोहित्य कार्य बहुत महत्त्वपूर्ण है क्योंकि वह शक्ति, धनबल तथा जनबल का भण्डार है जिस पर अधिकार करना परम आवश्यक है। उन्होंने राजा के रूप में अपनी पराजय स्वीकार करने के बाद ब्रह्मर्षि बनकर अयोध्या का पौरोहित्य प्राप्त करने का प्रयास किया। लेकिन वशिष्ठ के आगे उनकी एक नहीं चल पाई।

दूसरी ओर सत्यव्रत के विरुद्ध वशिष्ठ ने तीन अभियोग लगाए – अपने पिता का अनादर करना, गुरु की गाय की हत्या करना तथा बिना विधान से किसी कन्या से विवाह करना। इन तीन शंकुओं अथवा पापों से लांछित सत्यव्रत त्रिशंकु कहलाए। सत्यव्रत त्रिशंकु ने विश्वामित्र के परिवार की सहायता की थी इस कारण विश्वामित्र ने उनको अयोध्या के राज्य सिंहासन पर बैठाने का प्रयास किया लेकिन वशिष्ठ ने इसका विरोध किया। परिणामस्वरूप त्रिशंकु बीच में ही रह गए। इस कथा को प्रतीकात्मक ढंग से व्यक्त किया गया है और यह कहा गया है कि त्रिशंकु सदेह स्वर्ग जाना चाहते थे। विश्वामित्र ने उनको अपने तपोबल से स्वर्ग भेजा किन्तु देवताओं के विरोध होने के कारण वे स्वर्ग नहीं पहुँच पाए और बीच में लटके रह गए। उनके लिए

विश्वामित्र ने एक नई सृष्टि की रचना कर डाली। इस प्रतीकात्मक कथा का यह सारांश निकाला जा सकता है कि विश्वामित्र ने त्रिशंकु के लिए एक अलग राज्य का निर्माण कर दिया था। त्रिशंकु की यह कथा अयोध्या के राज पुरोहित की गद्दी पर अधिकार करने का विश्वामित्र और वशिष्ठ के पारस्परिक संघर्ष की एक अस्थायी परिणति थी जो अगली पीढ़ी तक चली।

त्रिशंकु के बाद उसके पुत्र हरिश्चन्द्र हुए। उन्होंने विश्वामित्र को अपना राजपुरोहित बनाया। हरिश्चन्द्र ने राजसूय यज्ञ किया जिसमें विश्वामित्र को 'यज्वा' नियुक्त किया। किन्तु वशिष्ठ के विरोध के कारण विश्वामित्र को यह पद बिना किसी प्रकार की दक्षिणा प्राप्त किए छोड़ना पड़ा। इसके बाद हरिश्चन्द्र को विश्वामित्र के प्रतिशोध का शिकार होना पड़ा। इसी अवसर पर हरिश्चन्द्र को अपना समस्त राज्य, धन आदि विश्वामित्र को दान करना पड़ा तथा राजसूय यज्ञ में दक्षिणा न देने के कारण उस राशि को एकत्र करने के लिए हरिश्चन्द्र को अपनी पत्नी तथा स्वयं को बेचना पड़ा, जिसकी कथा सभी लोग जानते हैं। इसके विषय में अधिक लिखने की आवश्यकता नहीं है।

इसी के साथ एक अन्य कथा भी हरिश्चन्द्र से जुड़ी हुई है। *ऐतरेय ब्राह्मण*[६८] में शुनःशेप की कथा मिलती है। हरिश्चन्द्र को पुत्र न होने के कारण वरुण से पुत्र प्राप्ति का वरदान मिला लेकिन उसके साथ शर्त यह थी कि पैदा होते ही बच्चे को बलिदान के लिए सौंप दिया जाएगा। लेकिन, बच्चे के पैदा होने के बाद वरुण के आने पर किसी बहाने बलिदान की बात टलती गई और रोहित बड़ा हो गया। बड़ा होने पर जब रोहित को यह ज्ञात हुआ तो वह जंगल में भाग गया। उधर वरुण के शाप से राजा को कुष्ठ रोग हो गया। रोहित पिता को देखने जाना चाहते थे किन्तु उन्हें छः बार इन्द्र द्वारा रोक दिया गया। अन्ततः अजीगर्त्त नामक एक ऋषि भूख से परेशान होकर अपने बीच के लड़के शुनःशेप को बेचने के लिए तैयार हो गए और यह निश्चय हुआ कि शुनःशेप की बलि वरुण को चढ़ाई जाए। लेकिन कोई ऋषि इसका पौरोहित्य करने के लिए तैयार नहीं हुआ और अन्ततः अजीगर्त्त स्वयं सौ अन्य गायों की दक्षिणा लेकर इस कार्य के लिए तैयार हुए। शुनःशेप अपने जीवन के लिए सभी देवताओं से प्रार्थना करता रहा और अन्ततः वरुण ने प्रसन्न होकर उसे जीवनदान दिया। विश्वामित्र ने शुनःशेप को अपना दत्तक पुत्र बना लिया और उसका नाम देवरात रखा। यह भी हरिश्चन्द्र के प्रति विश्वामित्र की शत्रुता का एक प्रतीक था।

मानव बलि की यह प्रथा भारतीय इतिहास में सर्वाधिक महत्त्वपूर्ण है। इसका उल्लेख यहां पर इसलिए किया गया है कि जहां पर राक्षसगण मनुष्यों को पकड़कर और जबरदस्ती मारकर खा जाते थे, जिसका उल्लेख *रामायण* में अनेक स्थानों पर किया गया है, वहीं वैदिक लोग भी अपने यज्ञों के लिए वध करते थे। डॉ॰ विशुद्धानन्द पाठक ने लिखा है कि 'हमारे इतिहास के प्रारम्भिक स्तरों पर मानव वध प्रचलित था। शुनःशेप की कथा से यह स्पष्ट हो जाता है। इसके साथ ही यह भी दिखाई पड़ता है कि कुछ लोग इस प्रकार के जघन्य कार्य से धीरे-धीरे अपने को विरत रखना चाहते थे। इस कथा में न केवल बलि के लिए चयन किए गए व्यक्ति की करुण मानसिक दशा का वर्णन किया गया है बल्कि ऐसे यज्ञों में पौरोहित्य करने वाले लोगों की हिचकिचाहट को भी व्यक्त किया गया है। यह स्पष्ट है कि शुनःशेप का पिता, जिसमें पैतृक अथवा मानव प्रेम लेश मात्र भी नहीं बचा था, केवल कुछ धन के लिए अपने पुत्र का बलिदान करने को तैयार हो गया।[६९]

योरोपीय विद्वान् वशिष्ठ-विश्वामित्र के इस संघर्ष को क्षत्रिय-ब्राह्मण संघर्ष के रूप में पेश करते हैं जिसमें योरोप में प्रचलित पुरोहित और राजवंशों के पारस्परिक संघर्ष की प्रतिछाया उन्हें दिखाई पड़ती है। लेकिन, यहां पर अयोध्या के पौरोहित्य पद की लालसा में वशिष्ठ और विश्वामित्र का संघर्ष हुआ था यह मानने में कोई कठिनाई नहीं होनी चाहिए। अयोध्या का क्षेत्र धन-धान्य से इतना समृद्ध था कि वहां राजा और पुरोहित दोनों ही केवल इसी बल पर शक्तिशाली माने जाते थे। कामधेनु नन्दिनी की कथा एक प्रतीक के रूप में है और यह कामधेनु अयोध्या को ही माना जाना चाहिए जिसके लिए कभी राजा को हटाने के लिए राजपुरोहित स्वयं षड्यंत्र करते थे तथा पड़ोस के राजा स्वयं क्षत्रियत्व त्यागकर ब्रह्मर्षि बनने का प्रयास करते थे।

सगर

सगर अयोध्या का एक महत्त्वपूर्ण राजा था जिसे चक्रवर्ती कहा गया है और मान्धाता की भांति उसकी भी गणना 'षोडश राजिक' अर्थात् सोलह महान् राजाओं में की गई है।[७०] उसने एक सौ अश्वमेध यज्ञ किए थे।[७१] जातकों में भी उसका उल्लेख हुआ है।[७२] सगर का बाल्यकाल जंगलों में बीता और उसका पिता बाहु हैहय-तालजंघों के भय से निर्वासित जीवन व्यतीत कर रहा था। जब वह अपनी माता यादवी के गर्भ में था तो उसकी विमाता ने विष देकर उसे मारने का प्रयास किया था। फिर वह बच गया और भार्गव ऋषि और्व की कृपा से पाल-पोसकर बड़ा किया गया। उन्हीं के द्वारा उसको संस्कार तथा वेद शास्त्रों और शस्त्रों की शिक्षा प्राप्त हुई। बड़ा होकर उसने अपने समस्त शत्रुओं पर न केवल विजय प्राप्त करके उनका

समूलोच्छेद कर दिया वरन् यह भी कहा जाता है कि उसने शक, यवन, काम्बोज, पारद, कोणिसर्पा, माहिषका, दर्व्व, चोल और केरलों आदि को भी परास्त किया।[७३] किन्तु कुछ इतिहासकार शक, यवन आदि जातियों के सम्बन्ध में संदेह व्यक्त करते हैं क्योंकि इनकी उत्पत्ति काफी बाद में मानी जाती है।

सगर और गंगा अवतरण का प्रयास

दिग्विजयों के अतिरिक्त सगर द्वारा अश्वमेध यज्ञों के करने का भी उल्लेख मिलता है। ऐसे ही एक यज्ञ में सगर के ६०,००० पुत्रों के मारे जाने का उल्लेख आता है। सगर के ये साठ हजार पुत्र (अथवा सैनिक)[७४] अश्वमेध के यज्ञ के घोड़े को खोजते हुए पाताल में गए, जहां पर कपिल ऋषि के आश्रम में इन्द्र द्वारा छिपाए गए घोड़े को देखने के बाद वे कपिल द्वारा भस्म कर दिए गए। यहां पर गंगा के अवतरण की कथा पौराणिक ढंग से प्रतीकात्मक रूप में व्यक्त की गई है। ऐसा लगता है कि पहाड़ों से उतरने के बाद गंगा की धारा इतस्ततः अमर्यादित रूप से बहती रही थी और सगर ने उसको मर्यादित करने के लिए अपनी साठ हजार प्रजा को नहर खोदने के काम में लगाया जिससे गंगा की धारा सुनिश्चित रूप से बहने के लिए नियोजित की जा सके। लेकिन अपने जीवनकाल में वे इस कार्य में सफल नहीं हो सके। उनकी चौथी पीढ़ी में भगीरथ ने हिमालय से गंगा की एक धारा को फोड़कर मैदानों तक लाने का प्रयास किया था। इसके कारण गंगा का एक नाम भागीरथी भी पड़ गया। हिमालय से मैदान में आने के बाद कान्यकुब्ज के राजा जह्नु ने उसकी धारा को अपने क्षेत्र से जाने से रोकने का प्रयास किया लेकिन, बाद में उन्होंने इसकी अनुमति दे दी जिसके कारण गंगा को जाह्नवी भी कहा जाता है।

सगर के बड़े पुत्र असमंजस को गद्दी से वंचित कर दिया गया था क्योंकि वह बच्चों को सरयू में फेंककर मनोरंजन किया करता था। उसका छोटा पुत्र अंशुमान गद्दी पर बैठा। अंशुमान का पौत्र भगीरथ हुआ। इसकी भी गणना चक्रवर्ती राजाओं में की गई है। *महाभारत* में उसे चक्रवर्ती कहा गया है।[७५] डॉ॰ विशुद्धानन्द पाठक ने[७६] भगीरथ की इस कथा का यह निष्कर्ष निकाला है कि उस समय कोशल की शक्ति अपनी पराकाष्ठा पर थी और हिमालय से लेकर गंगासागर तक का क्षेत्र उसके शासन के अन्तर्गत आ गया था। भगीरथ की भी गणना सोलह महान्-राजाओं में की गई है।[७७]

भगीरथ के बाद अयोध्या के राजाओं के द्वारा कई महत्त्वपूर्ण कार्य किए जाने के उल्लेख मिलते हैं। नाभाग के पुत्र अम्बरीश द्वारा अनेक यज्ञों के किए जाने तथा ब्राह्मणों को प्रभूत दान दिए जाने का उल्लेख मिलता है। इनको भी सौ अश्वमेध यज्ञों को करने का श्रेय दिया जाता है।

कल्माषपाद द्वारा राक्षसत्व प्राप्ति

सुदास का पुत्र मित्रसह कल्माषपाद अयोध्या का राजा हुआ। पुराणों में[७८] ऐसा उल्लेख मिलता है कि एक राक्षस के प्रभाव में आकर उसने वशिष्ठ को मानव मांस खिला दिया और बदले में वशिष्ठ ने उसको राक्षस बन जाने और मानवभक्षी हो जाने का श्राप दे दिया। कहते हैं कि इससे राजा क्रुद्ध होकर वशिष्ठ को शाप देने के लिए जल हाथ में लेकर तैयार हुए किन्तु अपनी रानी मदयन्ती के मना करने पर वैसा नहीं किया और वह जल उनके पैरों पर आ गिरा जिससे उनके पैर काले हो गए और वे कल्माषपाद कहलाए। यहां पर यह उल्लेखनीय है कि उस काल में मानव-मांस भक्षण प्रत्यक्ष अथवा अप्रत्यक्ष रूप से अनेक जातियों में प्रचलित था। हमारे पुराण जिसे 'राक्षसत्व' कहते हैं वह जन्मजात अथवा जातिगत लक्षण न होकर एक उपार्जित स्वभावगत वैशिष्ट्य था। इसकी पुष्टि के लिए अनेक उदाहरण प्रस्तुत किए जा सकते हैं। राक्षसों को पिशिताशन[७९] और रुधिराशन[८०] भी कहा जाता था। दोनों का अर्थ मांस अथवा रक्त का भक्षण करने वाला होता है। अनेक ऐसे राक्षसों का उल्लेख महाकाव्यों और पुराणों में मिलता है जो किसी शाप के वशीभूत होकर राक्षस हो गए थे। ताड़का नामक राक्षसी सुकेतु नामक यक्ष की पुत्री थी तथा उसका पति सुन्द दैत्य वंश का था। इन दोनों के पुत्र मारीचि हुए। अगस्त्य ने सुन्द का वध कर दिया था तथा ताड़का और मारीचि को राक्षस बन जाने का शाप दे दिया था।[८१] विराध नामक राक्षस भी पहले तुम्बुरु नामक एक गन्धर्व था जो कुबेर के शाप से राक्षस बन गया था।[८२] इसी प्रकार कल्माषपाद को भी मानव-मांस भक्षी होने के शाप की बात कही गई है। इनके और नाम प्रबृद्ध और सौदास भी आते हैं। सौदास का अर्थ होता है सुदास का पुत्र। किन्तु *रामायण* में उन्हें रघु का पुत्र कहा गया है, जो गलत है।[८३] *रामायण* के उत्तराकाण्ड में वशिष्ठ के शाप द्वारा उनके राक्षस होने की कथा वर्णित है लेकिन कुछ पुराणों में उनके राक्षस होने की दूसरी ही कथा दी हुई है।[८४] पुलस्त्य के वंशजों में रावण, कुम्भकर्ण तथा सूर्पणखा का राक्षस होना बताया गया है किन्तु विभीषण मानव-मांस भक्षी नहीं थे।[८५] इस प्रकार के उदाहरणों से ऐसा लगता है कि व्यक्ति मानव-मांस-भक्षण प्रायः किसी महापुरुष के शाप के कारण राक्षस बनने के उपरांत करने लगता है। किन्तु इस संबंध में यही मानना चाहिए कि प्राचीन काल में मानव-मांस भक्षण एक प्रचलित

प्रथा थी और कभी-कभी सुसभ्य और सुसंस्कृत समुदाय के लोग भी मांस भक्षण के लिए आकर्षित हो जाया करते थे। यहां पर हमें इल्वल और वातापी की कथा को भी स्मरण करना चाहिए जिसमें इल्वल की यह आदत थी कि वह ब्राह्मणों को बुलाकर वातापी को मारकर उसका मांस खिलाया करता था। बाद में इल्वल ब्राह्मणों का पेट फाड़कर निकल आता था, और दोनों भाई उस ब्राह्मण को खा जाते थे। वे अगस्त्य को भी इसी विधि से मारना चाहते थे। लेकिन अगस्त्य ने वातापी के मांस को पचा लिया और वह पुनः जीवित नहीं हो सका। इस कथा से यह स्पष्ट है कि राक्षसों द्वारा ब्राह्मणों को बुलाकर मानव-मांस भक्षण कराना एक सामान्य-सी बात थी। इसी प्रकार शुनःशेप के बलि की कथा को भी यदि इस संदर्भ में देखें तो नरमेध यज्ञ का स्वरूप सामने आता है। लेकिन इस कथा से यह भी स्पष्ट हो जाता है कि अनेक लोग इस प्रकार की प्रवृत्ति से बचना चाहते थे। कल्माषपाद के राक्षसत्व प्राप्ति का काल बारह वर्ष के बाद समाप्त हो गया और बाद में वशिष्ठ के द्वारा नियोग से कल्माषपाद की रानी मदयन्ती को एक पुत्र प्राप्त हुआ जिसका नाम अश्मक रखा गया। कल्माषपाद के दो पुत्र थे सर्वकर्मा तथा अश्मक। पार्जिटर ने यह संभावना व्यक्त की है कि अयोध्या का राज्य दो भागों में विभक्त हो गया था और दिलीप के समय तक विभक्त रहा।

दिलीप और रघु का युग

दिलीप इस वंश के एक महान् राजा माने जाते हैं। इनकी भी गणना 'षोड्श राजिकों' में की गई है।[८६] दिलीप को एक महान् यज्ञकर्ता और दान देने वाला बताया गया है और यह कहा गया है कि उसने अपना समस्त राज्य और सारी सम्पत्ति दान में दे दी थी। यह भी कहा जाता है कि दिलीप के राज्य में तीन शब्द निरन्तर गूंजते रहते थे स्वाध्याय घोष, जयघोष और दान मांगने वालों के स्वर।[८७] दिलीप को भी सम्राट् और चक्रवर्ती कहा गया है और देवासुर संग्राम में देवताओं की सहायता करने वाला भी बताया गया है। उसकी रानी का नाम सुदक्षिणा था जो मगध की राजकुमारी थी। दिलीप ने भी एक सौ अश्वमेध यज्ञ किए थे।

रघु

दिलीप के पुत्र रघु हुए जो एक महान् विजेता थे। कालिदास ने अपने *रघुवंश* में रघु की विजयों का विस्तृत उल्लेख किया है जिसमें समस्त भारत के अतिरिक्त फारस (ईरान) तथा यवनों और हूणों पर भी विजय की बात कही गई है। लेकिन रघु की यह विजय यात्रा, जो कालिदास द्वारा वर्णित है, वास्तविक थी अथवा काल्पनिक इस विषय में निश्चयपूर्वक कुछ नहीं कहा जा सकता।

राम का युग

रघु के पुत्र अज हुए और अज के दशरथ। इन दोनों को ही महान् विजेता कहा गया है। डॉ॰ विशुद्धानन्द पाठक[८८] ने दशरथ को लगभग सम्पूर्ण भारत का राजा बताया है। लेकिन यह संदिग्ध है।

दशरथ के पुत्र राम, लक्ष्मण, भरत और शत्रुघ्न थे। राम की कथा केवल भारत में ही नहीं विश्व के अनेक देशों में भी प्रचलित है और स्थान भेद के अनुसार उसके अनेक संस्करण भी प्राप्त होते हैं। सर्वपरिचित होने के कारण यहां पर इस विषय में विस्तार से चर्चा करना उचित नहीं होगा किन्तु दो बातों की ओर ध्यान दिलाना आवश्यक है – पहला यह कि राम ने अपने पैतृक राज्य से दूर जाकर रावण जैसे एक पराक्रमी राजा का विनाश कर दिया तथा अपने व्यक्तिगत जीवन में उन्होंने अनेक आदर्शों की स्थापना की जिसके कारण वे मर्यादा पुरुषोत्तम कहलाए।

राम ने अपने विजित और पैतृक राज्य को अपने दोनों पुत्रों में बांट दिया था। इसी अध्याय में हम पहले ही उल्लेख कर आए हैं कि लव को श्रावस्ती का राजा बनाकर और कुश को दक्षिण कोशल का शासन देकर राम ने अयोध्या को विजन कर दिया था। अतः एक प्रकार से इक्ष्वाकु वंश का अयोध्या का इतिहास यहीं पर समाप्त हो जाता है। पुराण भी इस विषय में अयोध्या के राजाओं की जो वंशावली देते हैं वह बहुत हद तक त्रुटिपूर्ण और अनेक प्रकार के विरोधाभासों से युक्त है। फिर भी, पार्जिटर,[८९] एस॰ एन॰ प्रधान[९०] तथा विशुद्धानन्द पाठक[९१] ने भी इस विषय में जो शोध-कार्य किए हैं वह अपने में महत्त्व रखता है। *रामायण*, पुराणों, *महाभारत* तथा कालिदास के *रघुवंश* से इन राजाओं के विषय में जो जानकारी होती है उससे यह स्पष्ट नहीं होता कि कितने राजाओं ने अयोध्या से शासन किया और कितने राजाओं ने श्रावस्ती से। अयोध्या के राजाओं की, अथवा दूसरे शब्दों में कहें, तो कुश की वंशावली देते हुए श्रावस्ती के राजाओं के साथ उन्हें मिला दिया गया है जिससे एक समस्या उठ खड़ी हुई है। इन राजाओं के द्वारा कोई विशेष कार्य किए गए इसका भी उल्लेख पुराणों आदि में नहीं मिलता। केवल *महाभारत* के समय अयोध्या के राजा दीर्घयज्ञ का उल्लेख *महाभारत* में मिलता है जिसके बारे में हम पहले ही विचार-विमर्श कर चुके हैं। अयोध्या

के राजा दीर्घयज्ञ को भीम ने हराया था। लेकिन, डॉ॰ विशुद्धानन्द पाठक ने वृहद्बल को भी अयोध्या का राजा मान लिया है जिसने पहले युधिष्ठिर के राजसूय यज्ञ में भाग लिया था लेकिन बाद में कर्ण द्वारा पराजित किए जाने के बाद उसे कौरवों की ओर से युद्ध करना पड़ा और वह अभिमन्यु द्वारा मारा गया। इस वृहदबल को अधिकांश लेखक अयोध्या का राजा मानते हैं। किन्तु, इसे कोशल का राजा कहा गया है। लेकिन कर्ण ने जिस कोशल को विजय किया था और अर्जुन ने जिस कोशल के राजा को युधिष्ठिर के राजसूय यज्ञ में भाग लेने के लिए बाध्य किया था वह दक्षिण कोशल का राजा था। इसलिए उसे अयोध्या के राज्य से सम्बन्धित करना उचित नहीं होगा। इस प्रकार अयोध्या के राजवंश के विषय में अनेक भ्रांतियां होने के कारण यहां हम उस विषय में कुछ अधिक नहीं कह सकते।

अयोध्या के अन्य शासक

इसी अध्याय में हम इस बात का उल्लेख कर आए हैं कि अयोध्या के राजाओं की, अथवा मोटे तौर पर इक्ष्वाकु वंश के राजाओं की, जो तालिका पुराणों में मिलती है वह पूर्ण नहीं है। जो भी विद्वान् इस तालिका के आधार पर राजाओं की संख्या निश्चित करके उनका कालक्रम निर्धारित करने का प्रयास करते हैं वे किसी निश्चित तिथि पर पहुँचकर भ्रांति उत्पन्न करते हैं। विशुद्धानन्द पाठक[६२] ने भी इस बात को स्वीकार किया है। इस मत का प्रतिपादन करने के लिए हम उन जैन तीर्थंकरों की ओर संकेत करना चाहेंगे जिनको इक्ष्वाकु वंशी तथा अयोध्या के राजा बताया गया है। लेकिन पुराणों की सूचियों में इनके नाम नहीं आते। इसी प्रकार अनेक जातकों में अयोध्या के कुछ राजाओं के नाम प्रसंगवश आ जाते हैं जिनमें मान्धाता, दिलीप और सगर आदि राजाओं के बारे में तो जातकों में आई चर्चा को हम इस अध्याय में सूचित कर चुके हैं। इसके बाबजूद कई राजा ऐसे हैं जिनके बारे में पौराणिक अथवा परम्परागत इतिहास से कोई सूचना नहीं मिलती। यहां यह उल्लेखनीय है कि यद्यपि *दशरथ जातक* में दशरथ को काशी का राजा कहा गया है फिर भी, उन्हें अयोध्या का ही राजा मानना उचित होगा। यही बात राम के विषय में भी कही जा सकती है।

जैन-तीर्थंकर

रामायण में उत्तरकाण्ड में यह कहा गया है कि राम के स्वर्ग चले जाने के पश्चात् रमणीय अयोध्यापुरी अनेक वर्षों तक सूनी पड़ी रहेगी और राजा ऋषभ के समय में यह पुनः आबाद होगी।[६३] जैन परम्परा के अनुसार सभी तीर्थंकर कालक्रम से अयोध्या में जन्म लेते और यहीं पर राज्य करते हैं। लेकिन चौबीस तीर्थंकरों में केवल पांच तीर्थंकरों की जन्मभूमि अयोध्या में मानी जाती है। इनके नाम इस प्रकार हैं — १. आदिनाथ अथवा ऋषभनाथ, २. अजितनाथ, ३. अभिनन्दननाथ, ४. सुमन्तनाथ और ५. अनन्तनाथ। किन्तु सभी चौबीस तीर्थंकरों को इक्ष्वांकुवंशीय ही कहा गया है। इनके विषय में विशेष चर्चा हम आगे जैन धर्म के अध्याय में करेंगे।

सन्दर्भ

१. कोशल नाम मुदितः स्फीतो जनपदो महान् ।
निविष्टः सरयूतीरे प्रभूत धन धान्यवान् ।। *वा॰ रा॰* १।५।५

२. अयोध्या नाम नगरी तत्रासील्लोक विश्रुता।
मनुना मानवेन्द्रेण या पुरी निर्मिता स्वयम्।।
आयता दश च द्वे च योजनानि महापुरी।
श्रीमति त्रीणी विस्तीर्णा सुविभक्तमहापथा।।

३. दे॰ विजयेन्द्र कुमार माथुर, *ऐतिहासिक स्थानावली*, १९६२, पृ॰ ३६।

४. अहं राघव कैकेय्या वरदानेन मोहितः।
अयोध्यायां त्वमेवाद्य भव राजा विगृह्य माम् ।। *वा॰ रा॰* २।३४।२६।

५. पुरं राष्ट्रं च महीं च केवला मया विसृष्टा भरताय दीयताम्।
अहं निदेशं भवतोऽनुपालयन् वनं गमिष्यामि चिराय सेवितुम।।

६. तथा कोसलराजानं भनुमन्तं सुसत्कृतम्।
मगधाधिपतिं शूरं सर्वशास्त्रविशारदम् ।। *वा॰ रा॰* १।१३।२६

७. आनाय्य च महाबाहुं कोसलेन्द्रं महाबलम्।
स्वयमेव प्रवेक्ष्यामि वनं मुनिनिषेवितम्।। *वा॰ रा॰* २।७४।३१

८. *वा॰ रा॰* ७।१०१।११ जहां पर तक्ष के तक्षशिला और पुष्कल के लिए पुष्कलावती नगरी बसाने का उल्लेख है।'

९. *वा॰ रा॰*, उत्तरकाण्ड, अध्याय ७२।

१०. पूर्वोक्त, उत्तरकाण्ड, अध्याय १०२।

११. पूर्वोक्त, अध्याय १०७, तथा *रघुवंश* १५।६७।

१२. *रघुवंश* १५।६७, १६।३१ तथा आगे।

१३. *वा॰ रा॰* २।४६।१२-१३ तथा २।१४।१-२।

१४. कनिंघम, *एन्शियण्ट ज्योग्राफी आव इण्डिया* (१८७१, पुनर्मुद्रित १९६३) पृ॰ ४०७ तथा आगे।

१५. ठाकुर प्रसाद वर्मा, *युगयुगीन सरयूपार*, १९८७, सम्पादकीय, पृ॰ १।

१६. *वा॰ रा॰* २।५०।१।

१७. *महाभारत*, सभापर्व ३०।१-४।

१८. एफ॰ ई॰ पार्जिटर, *एन्शियण्ट इण्डियन हिस्टारिकल ट्रेडिशन*, पृ॰ ११४-४६।

१९. विशुद्धानन्द पाठक, *हिस्ट्री आव कोशल अप टू राइज आव मौर्याज*, १९८३, अध्याय तीन, पृ॰ ८३ और आगे।

२०. दे॰ *वैदिक एज*, सम्पा॰ र॰ च॰ मजूमदार, पृ॰ २७१ एवं आगे तथा तालिका १ एवं २।

२१. एते इक्ष्वाकुभूपालाः प्राधान्येय मयोरिताः। *विष्णु पु॰* ४।५।११३ तथा

बहुत्वान्नामधेयानां परिसंख्या कुले कुले।

पुनरुक्ति बहुत्वाच्च न मया परिकीर्तिताः।। *ब्रह्माण्ड पु॰* ३।७४।२४७, २४८।

२२. एफ॰ ई॰ पार्जिटर, *द पुराण टेक्ट्स आव दि डायनेस्टीज आव दि कलि एज*, पृ॰ ६६-६७।

२३. एफ॰ इ॰ पार्जिटर, *एन्शियण्ट इन्डियन हिस्टारिकल ट्रेडिशन*, पृ॰ १७९-८३।

२४. *जे आर ए एस*, १९१०, पृ॰ ७ और आगे।

२५. स तु सत्यव्रतो राजा ज्ञानविज्ञान संयुतः।
विष्णोः प्रसादात् कल्पेऽस्मिन्नासीद् वैवस्वतो मनुः।। *भागवत पुराण* ८।२४।५८।

२६. *वैदिक एज*, पृ॰ २७५।

२७. उपरोक्त, पृ॰ २७६ से उद्धृत।

२८. प॰ भगवंत्‌दत्त तथा सत्यश्रवा, *वैदिक वाङ्मय का इतिहास*, प्रथम भाग, १९७८, पृ॰ ५६ से उद्धृत।

२९. अवधवासी लाला सीताराम, *अयोध्या का इतिहास*, १९३२, पृ॰ ८३।

३०. निर्मिता येन श्रावस्ती गौडदेशे नराधिप। *पद्म पु॰* श्लोक ८।१३५।

३१. निर्मिता येन श्रावस्ती गौडदेशद्विजोत्तमाः।। *मत्स्य पु॰* १२।२०।

३२. जज्ञे श्रावस्तको श्रावस्ती राजा येन निर्मिता।। *ब्रह्म पु॰* ७।५३; *ब्रह्माण्ड पु॰* ३।६३।२८; *वायु पु॰* ८८।२७, *विष्णु पु॰* ४।२।३७; *भागवत पुराण* ६।६।२१। इन पुराणों में अलग-अलग पाठ हैं किन्तु सभी श्रावस्त द्वारा श्रावस्ती बसाने का उल्लेख करते हैं।

३३. *वायु॰* ८८।२६ तथा आगे, *विष्णु* ४२।३६ तथा आगे; *ब्रह्म* ७।५६ तथा आगे; *ब्रह्माण्ड* ३।६३।३० तथा आगे, *महाभारत* ३ अध्याय २०१ से २०३ तक।

३४. एफ॰ इ॰ पार्जिटर; *एन्शियन्ट इन्डियन हिस्टारिकल ट्रेडिशन*, पृ॰ २६०-६१।

३५. बी॰ सी॰ ला; *ट्राइब्स इन एन्शियण्ट इण्डिया*, पृ॰ १२१।

३६. *दि वैदिक एज*, पृ॰ २७६।

३७. मान्धाता भुवनाश्वस्य त्रिषुलोकेषु विश्रुतः।। *'शिव पुराण* (भाग दो, खण्ड ५।३७।४४)।

मान्धाता यौवनाश्वो वै त्रैलोक्य विजयी नृपः। *ब्रह्माण्ड* ३।६३।६८; *वायु* ८८।६७; *ब्रह्म* ७।१२, *हरिवंश* १।१२।६।

३८. शक्रस्याधसिनं राजल्लब्धवानमतिधतिः।। *महाभारत* ३।१२६।३८; तथा दे॰ *वा॰ रा॰* ७।६७।८।

३९. यश्चांगारं नृपतिं मरुत्तमासितं गयम्।
अङ्ग वृहद्रथं चैव मान्धाता समरेऽजयत्।। *महाभारत* १३।२९।८८।

४०. धर्मात्मा धृतिमान्वीरः सत्यसंधोजितेन्द्रियः।
जनमेजयं सुधन्वानं गय पुरुं वृहद्रथम्।। *महा॰* ७।१०

४१. *दि वैदिक एज*, पृ॰ २७६।

४२. अत्रास्युदाहरन्तीमौ श्लौकौ पौराणिका द्विजाः।
यावत्सूर्य उदयति यावच्चप्रतिष्ठति।

सर्व तधौवनाश्वस्य मधातुर्क्षेत्रमुच्यते। *वायु॰* ८८।६७-६८; *विष्णु* ४।२।६५; *भागवत* ६।६।३७; *ब्रह्माण्ड* ३।६३।६९-७०।

४३. इमां च पृथिवीं कृत्स्नामेकाह्ना स व्यजीनयत्। *महाभारत* ७।६२।६ तथा ६।८७।

४४. यावता चन्दिमा सूरिया दिसा भन्ति विसेचना।
सव्वे वादासा मधातु येयाण पदवनिस्सिता।। जातक (संपा॰ फासबाल) भाग दो, पृ॰ ३११।

४५. त्रसदस्युरितीन्द्रोऽगं विदधे नाम तस्य वै।
यस्मात् त्रसन्ति स्युद्विग्ना दस्यवो रावणादयः ।। *भागवत पु॰* ६।६।६३

४६. एफ॰ ई॰ पार्जिटर, *एन्शियण्ट इन्डियन हिस्टारिकल ट्रेडिशन*, पृ॰ १४५।

४७. एफ॰ ई॰ पार्जिटर, उपरोक्त पृ॰ २४२ पाद टि॰ ५ तथा *ज रा ए सो*, १९१४, पृ॰ २८५।

४८. ठा॰ प्र॰ वर्मा, *श्रीराम विश्वकोश*, खण्ड एक १९९३, 'श्री राम और उनका काल : पुरातात्विक एवं ऐतिहासिक आकलन', पृ॰ २७।

४९. यो अग्नि सप्तमानुषः श्रितोविश्वेषु सिन्धुषु।
तमागन्म त्रिपत्स्यं मंधातुर्दस्यृहन्तममग्नि यज्ञेषुपूर्वं नभन्तामन्यके समे। ऋ॰ ८।३९।८

५०. एवेन्द्राग्निरयां पितृवन्नवीयो मन्धातृवदंगिर स्वदवाचि।
विधातुना शर्मणां पातमरमान्वयं स्याम पतयो रयीणां।। ऋ॰ ८।४०।१२।

५१. ऋ॰ १०।१३४।

५२. *सुमंगल विलासिनी*, पा॰ टे॰ सो॰, खण्ड दो, पृ॰ ४८२।

५३. *विष्णु* ४।२।६६ तथा आगे, *भागवत* ६।३३।५५; *पद्म* ६।१६।३३-८२, *गरुड़* १।१३८।२३।

५४. *विष्णु* ४।३।३-१५।

५५. वि॰ पाठक; पूर्वोक्त, पृ॰ १२७।

५६. पुसालकर, पूर्वोक्त, पृ॰ २८२।

५७. *पद्म* ६।१८६।७३ तथा २१७३।५१-७०, *ब्रह्म* १६६।१६ तथा १६७।५, *विष्णु* ५।२३।२६-३४, ५ *हरिवंश* २।५७।४७-६३।

५८. पुसालकर, पूर्वोक्त, पृ॰ २८२।

५९. *ऋग्वेद* १।६३।७।

६०. *शतपथ ब्राह्मण* १३।५; ४।५ तथा १३।५, ४।१-१६।

६१. *ऋ॰* ४।४२।८-६।

६२. सम्भूतस्यात्मजः पुत्रो ह्यनरण्यः प्रतापवान्।
रावणेनहतो येन त्रैलोक्य विजितं पुरा।। *ब्रह्माण्ड* ३।६३।७४; *विष्णु* ४।३।१७; *लिंग* १।६५।४४; *वायु* ८८।७५।

६३. *वा॰ रा॰* ६।६०।८-१०।

६४. विशुद्धानन्द पाठक, पूर्वोक्त, पृ॰ १२६।

६५. *महाभारत,* १२।४६। ७६-८३।

६६. *वैदिक एज,* पृ॰ २८५।

६७. साकेतः स्यादयोध्यायां कोसला नन्दिनी तथा इति यादवः।। *यादव प्रकाशकृत वैजयन्ती*। मल्लिनाथ द्वारा रघुवंश टीका में उद्धृत।

६८. *ऐतरेय ब्रा॰* ७।३, यही कथा *सांख्यायन श्रौतसूत्र,* १५। १७-२७ तथा *वृहद्देवता* ३।१०३ में भी दी हुई है।

६९. वि॰ पाठक, पूर्वोक्त, पृ॰ १४०।

७०. एकछत्रा मही तस्य प्रतापादभवत्पुरा। *महाभारत* १२।२६।१३२।

७१. आजहायश्वमेधानां शतं च सुमहातयाः। *ब्रह्म* ८।६१; *ब्रह्माण्ड* ३।६३।१५१; *वायु* ८८।१५२; *शिव* २ खंड ५।३८।५७; *महाभारत* १२।२६।१३२।

७२. यो सागरान्तं सागरो विजित्वा यूपं सोष्णमयं उलारम्। इस्सेसि वेस्सानरमाददानो सुभोग देवञ्ञतरो अहोसि। *जातक* (संपा॰ फासबाल) खण्ड तीन, पृ॰ २०३।

७३. शकायवनकाम्बोजाः पारदाश्च द्विजोत्तमाः।
कोणिसर्पा महिषका दर्व्वाश्चोलाः सकेरलाः।। *हरिवंश* १।१४१।८; *ब्रह्म* ८।५०; *वायु* ८८।१४२ केरल के स्थान पर खस का नाम लेते हैं।

७४. ऐसा कहा जाता है कि सगर के दो रानियां थीं। बड़ी रानी का नाम केशिनी था जो राजा विदर्भ की पुत्री थी। दूसरी रानी का नाम सुमति था जो राजा अरिष्टनेमि की पुत्री और सुपर्ण की बहन थी। केशिनी के पुत्र का नाम असमंजस अथवा पञ्चजन था और सुमति के साठ हजार पुत्रों के होने की बात कही गई है। प्राचीन साहित्य में पुत्र के लिए प्रजा शब्द का प्रयोग हुआ है। यहां पर ऐसा लगता है कि सगर की साठ हजार प्रजा ने गंगा सागर तक नहर खोदी थी जिसमें वे पूरी तरह सफल नहीं हो पाए। यहां पर पुत्रों से प्रजा का अर्थ लेना चाहिए।

७५. स तु राजा महेष्वासश्चक्रवर्ती महारथः
वभूव सर्वलोकस्य मनोनयनन्दनः ।। *महाभारत* ३।१०८।१

७६. वि॰ पाठक, पूर्वोक्त, पृ॰ १४६।

७७. *महाभारत,* १२।२६।६४–७०।

७८. *विष्णु* ४।४।४०–७२; *भागवत* ६।६।१८-३६; *वा॰ रा॰* उत्तरकाण्ड अध्याय ६५।

७९. *वा॰ रा॰* १।३०।१५।

८०. उपरोक्त १।३०।२१।

८१. उपरोक्त १।२५।६-१३।

८२. उपरोक्त ३।४।१६ यहां यह उल्लेखनीय है कि विराध को महासुर भी कहा गया है (३।४।३०) जो महाबलशाली के अर्थ में है। *रामायण* में असुर शब्द का प्रयोग बहुत ही कम आया है।

८३. उपरोक्त १।७०।३६-४० २।११०।२६। इन दोनों ही स्थलों पर उन्हें रघु का पुत्र बताया गया है। लेकिन, ७।६५।१० में उन्हें सुदास का पुत्र बताकर उन्हें सौदास कहा गया है। यहां उनको वीरसह और मित्रसह भी कहा गया है। (उपरोक्त ७।६५।१७)।

८४. दे॰ पार्जिटर, पूर्वोक्त, पृ॰ २०७-२०६ जिसमें इस कथा के कई संस्करणों का उल्लेख किया गया है।

८५. *वा॰ रा॰* ७।६।३५-३६ तथा ७।१०।२७-३५।

८६. *महाभारत* १२।२६।७१-८०।

८७. त्रयः शब्दा न जीर्यन्ते दिलीपस्य निवेशने।
स्वाध्यायघोषो ज्याघोषो दियतामिति वै त्रयः। *महाभारत* १२।२६।७६।

८८. वि॰ पाठक, पूर्वोक्त, पृ॰ १५७-५८।

८९. एफ॰ ई॰ पार्जिटर, *एन्शियण्ट इण्डियन हिस्टारिकल ट्रेडिशन,* पृ॰ १४६।

९०. एस॰ एन॰ प्रधान, *क्रोनोलॉजी आव एन्शियण्ट इण्डिया,* अध्याय १०।

९१. वि॰ पाठक, पूर्वोक्त, पृ॰ ६६ तथा आगे।

९२. वि॰ पाठक, पूर्वोक्त, पृ॰ १०८।

९३. अयोध्यापि पुरी रम्यां शून्यां वर्षगणान् बहून्।
ऋषभं प्राप्य राजानं निवासमपयास्यति ।। *वा॰ रा॰* ७।१११।१०।

३

बुद्ध के काल में अयोध्या

महाभारत युद्ध के बाद अयोध्या और श्रावस्ती में इक्ष्वाकु वंश की दो शाखाएं राज्य कर रही थीं। डॉ॰ विशुद्धानन्द पाठक[1] का यह मत है कि अयोध्या शाखा का अंतिम महत्त्वपूर्ण राजा हिरण्यनाभ था। इसका पुत्र अटणार हुआ। उसके बाद उसका पुत्र भी शासक हुआ। इनके उल्लेख वैदिक साहित्य[2] में तो मिलते हैं किन्तु पुराणों में इनके नाम कहीं नहीं मिलते। इन लोगों ने अनेक यज्ञ किए थे जिनके कारण इन्हें वैदिक साहित्य में सूचित किया गया है। दिवाकर नामक राजा संभवतः अधिक शक्तिशाली व्यक्ति था जिसके विषय में पुराण यह सूचित करते हैं कि वह मध्य देश में अयोध्या नगरी का शासक था।[3] इससे पाठक ने यह अनुमान लगाया है कि हिरण्यनाभ और उसके उत्तराधिकारी धार्मिक यज्ञ आदि कार्यों में अधिक लगे रहने के कारण प्रशासनिक कार्यों में ध्यान नहीं दे पाए और दिवाकर ने, जो श्रावस्ती शाखा का था, अयोध्या को भी आत्मसात कर लिया। इस प्रकार दोनों शाखाएं एकी कृत हो गईं तथा दिवाकर ने श्रावस्ती से अपना प्रशासन चलाना शुरू किया और संभवतः बाद के कोशल के राजाओं की महानता की नींव उसी ने डाली।

काशी-कोशल संघर्ष

ऐसा लगता है कि काशी और कोशल के बीच में पारम्परिक शत्रुता चली आ रही थी। काशी के ब्रह्मदत्तों ने[4] अनेक बार अपने पडोसी कोशल पर आक्रमण करके उसे परास्त किया और कभी कोशल के पराजित राजा को मार डाला और कभी उन्हें अपमानित किया। अयोध्या शाखा के शक्तिहीन होने का एक यह भी कारण माना जा सकता है। यह कहा जा सकता है कि अयोध्या काशी के राजाओं के लिए अधिक सुगमतापूर्वक जीती जा सकने की स्थिति में थी क्योंकि वह घाघरा के दक्षिण में पड़ती है। श्रावस्ती घाघरा के उत्तर में राप्ती नदी के किनारे बसी होने के कारण अधिक सुरक्षित थी और संभवतः काशी की ओर से बार-बार आने वाली इस विपत्ति से रक्षा के लिए कोशल के राजाओं को श्रावस्ती में एक सुरक्षित राजधानी दिखाई पड़ती थी। अनेक जातक कथाओं में काशी के राजा के द्वारा कोशल के राजाओं को परास्त करने के उल्लेख मिलते हैं। *महवग्ग*[5] और *दीघीति*[6] और *कोसांबी जातक*[7] में यह उल्लिखित है कि काशी के राजा ब्रह्मदत्त ने कोशल के राजा दीघीति को लूटकर मार डाला था तथा उसके राज्य को अधिगृहीत् कर लिया था। *दीघीति जातक* में यह भी बताया गया है कि दीघीति के पुत्र कुमार दीघाउ ने काशी के राजा को पराजित करके अपने पिता का राज्य पुनः प्राप्त कर लिया था और उसकी पुत्री से विवाह किया था। यह कथा *विनय पिटक*[8] में भी मिलती है। *बृहत्छत जातक*[9] में यह उल्लेख है कि काशी के राजा ने कोशल पर चढ़ाई करके श्रावस्ती को जीत लिया और उसे बंदी बना लिया। उसका पुत्र छत्त वहां से निकल भागा तथा तक्षशिला जाकर संन्यासी हो गया। इस बीच में काशी का राजा कोशल राज्य पर अधिकार करके अपने विश्वस्तों को वहां नियुक्त कर सारा कोषागार लेकर वाराणसी आ गया। लेकिन छत्त अपने पांच सौ साथियों के साथ वापस आया और काशी के राजा से न केवल उसके द्वारा छीनी गई सारी संपत्ति वापस ली वरन् काशी में अपने कर्मचारियों को नियुक्त करके वहां पर ऐसी व्यवस्था की जिससे भविष्य में किसी के द्वारा आक्रमण न किया जा सके। इसी प्रकार *कुणाल जातक*[10] में भी यह कथा आती है कि काशी के राजा ब्रह्मदत ने कोशल के राजा को मारकर उसकी पत्नी को अपनी राजमहिषी बनाया। काशी के एक अन्य शक्तिशाली राजा मनोज का भी उल्लेख *सोणनन्द जातक*[11] में मिलता है। यह एक बहुत शक्तिशाली राजा था। उसने न केवल कोशल के राज्य को अपने अधीन कर लिया था वरन् उसने अंग और मगध के शासकों को भी अपने नियंत्रण में कर लिया था। उसे इस जातक में अग्गराज भी कहा गया है जिसका अर्थ होता है सभी राजाओं में अग्रणी। काशी के राजाओं की इस प्रकार की आक्रमणकारी नीतियों के कारण अनेक पड़ोसी राजा उनके दुश्मन बन चुके थे। *भोजाजानिय*

जातक[१२] में यह उल्लेख आता है कि एक बार सात राजाओं ने काशी के राज्य को घेर लिया था। इस घटना का उल्लेख एक अन्य जातक[१३] में भी मिलता है।

काशी और कोशल के बीच होने वाले इन संघर्षों में ऐसा नहीं है कि सदैव काशी के राजा ही विजयी होते रहे, अथवा आक्रमण हमेशा काशी की ओर से ही होता रहा। दोनों पक्ष अवसर देखकर एक-दूसरे पर आक्रमण करते थे; कभी एक जीतता तो कभी दूसरा। लेकिन इन आक्रमणों और जय-पराजय के संबधों में किसी भी प्रकार का कालक्रम अथवा पूर्वापर संबंध नहीं बैठाया जा सकता। केवल यही कहा जा सकता है कि किस देश के राजा ने किस पर आक्रमण किया था क्योंकि यह जातक कथाएं अथवा बौद्ध साहित्य इतिहास ग्रंथ नहीं हैं वरन् विभिन्न उपदेशात्मक कथाओं के संग्रह मात्र हैं। कोशल के राजाओं ने भी काशी पर आक्रमण किया था और कई बार उन्हें परास्त होकर आना पड़ा, तथा कई बार वे विजयी भी हुए। *अलीनचित्त जातक*[१४] में यह उल्लेख आता है कि काशी के राजा की मृत्यु हो जाने पर कोशल के राजा ने उस पर आक्रमण कर दिया क्योंकि काशी के राजा का कोई उत्तराधिकारी नहीं था। इसी बीच काशी के राजा की रानी ने एक बच्चे को जन्म दिया। काशी के नागरिकों ने जब यह सुना कि सिंहासन का उत्तराधिकारी पैदा हो चुका है तो उन्होंने आक्रमणकारी राजा का सामना करके उसे बन्दी बना लिया। इस युद्ध में काशी के राजा की गज सेना का विशेष हाथ था। अन्ततः कोशल के राजा को मुक्त कर दिया गया। इसी प्रकार *असातरूप जातक*[१५] में भी कोशल के राजा के काशी पर आक्रमण का उल्लेख मिलता है जिसमें काशी का राजा मारा गया और कोशल के राजा ने उसकी रानी को अपनी रानी बना लिया। काशी के राजकुमार ने किसी प्रकार अपनी जान बचाई, लेकिन उसने लौटकर काशी को घेर लिया और कोशल के राजा का सिर काटकर अपने राज्य को पुनः प्राप्त कर लिया।

काशी-कोशल संघर्षों के संबंध में कई जातक कथाएं काशी के अमात्यों अथवा मंत्रियों के द्वारा विश्वासघात की भी सूचनाएं देती हैं। प्रायः काशी के राजा अपने अमात्यों के साथ या तो दुर्व्यवहार करते थे अथवा उनको दण्डित करते थे जिसके कारण वे कोशल के राजा से मिलकर उनको काशी पर आक्रमण के लिए प्रेरित किया करते थे। *महाशीलव जातक*,[१६] *एकराज जातक*,[१७] *घट जातक*[१८] तथा *मणिकुण्डल जातक*[१९] में इसी प्रकार की कथाएं उल्लिखित हैं। *घट जातक* में श्रावस्ती के राजा का नाम धङ्क बताया गया है। *मणिकुण्डल जातक* में कोशल के राजा का नाम आनन्द बताया गया है। *एकारज जातक* में कोशल के राजा का नाम दब्बसेन बताया गया है। इन युद्धों में प्रायः सदैव कोशल के राजाओं ने काशी पर आक्रमण कर दिया तथा उन्हें या तो अपदस्थ कर दिया अथवा उन्हें बंदी बना लिया और बाद में छोड़ दिया। इस प्रकार काशी और कोशल के बीच में संघर्ष चलता रहा। ऐसा लगता है कि अंतिम रूप से कोशल के राजा कंस ने काशी को जीतकर अपने राज्य में मिला लिया। रायचौधरी[२०] ने यह मत व्यक्त किया है कि चूंकि *सेय्य जातक*[२१] में कंस को 'वाराणसिग्गहो' कहा गया है इसलिए संभवतः उसी ने अंतिम रूप से काशी को जीता था, और उसके बाद काशी कोशल राज्य का एक अंग बन गई। यह कंस बुद्ध के कुछ ही पहले हुआ होगा क्योंकि बुद्ध के समय में हम काशी को कोशल के एक अधीनस्थ राज्य के रूप में पाते हैं और *अंगुत्तर निकाय* आदि ग्रंथों से यह स्पष्ट भासित होता है कि लोगों की स्मृति में स्वतंत्र काशी की छाप अभी भी बनी हुई थी।

काशी-मगध संबन्ध

यद्यपि यह निश्चयपूर्वक नहीं कहा जा सकता कि कंस ने ही काशी को अंतिम रूप से विजित करके कोशल के राज्य में मिला लिया था किन्तु बुद्ध से एक पीढ़ी पहले कोशल के राजा महाकोशल के समय हम काशी को कोशल के अधीनस्थ प्रदेश के रूप में पाते हैं। छठी शताब्दी ई॰ पू॰ में बुद्ध के काल में कोशल का इतिहास बहुत कुछ स्पष्ट रूप से लिपिबद्ध किया गया है। *हरितमात जातक*[२२] *वड्ढकिसूकर जातक*[२३] तथा *तच्छसूकर जातक*[२४] में कोशल के राजा महाकोशल के द्वारा अपनी पुत्री का विवाह मगध के राजा बिम्बिसार से करने का उल्लेख मिलता है। इन तीनों ही जातकों में यह उल्लेख है कि विवाह करते समय स्नान-चूर्ण के मूल्य के रूप में बिम्बिसार को काशी (गांव) दे दिया गया था जिससे एक लाख की आय होती थी। *बड्ढकिसूकर जातक* में महाकोशल की पुत्री का नाम कोशलदेवी बताया गया है। इस समय कोशल और मगध दोनों ही राज्य अपनी शक्ति के चरम शिखर पर थे तथा दोनों एक-दूसरे का सम्मान करने के साथ–साथ परस्पर डरते भी थे। मगध का राजा बिम्बिसार सैनिक शक्ति में संभवतः आगे था किन्तु इसके साथ ही साथ वह कूटनीतिक रूप से अधिक बुद्धिमान भी था। उसने अंग जनपद को तो जीत ही लिया था इसके साथ ही साथ कुछ शक्तिशाली राजवंशों के साथ वैवाहिक संबंध भी स्थापित कर लिए था। उसकी अग्रमहिषी क्षेमा मद्र राज्य की राजकुमारी थी। इसी प्रकार उसकी एक अन्य रानी चेल्लना वैशाली के चेटक की पुत्री थी। लेकिन आगे चलकर उसकी हत्या उसके पुत्र अजातशत्रु ने

कर दी और स्वयं को राजा घोषित कर दिया। यह संभावना व्यक्त की गई है कि कोशलदेवी की भी मृत्यु बिम्बिसार के बाद हो गई। अजातशत्रु का यह आचरण कोशल के राजा प्रसेनजित को बुरा लगा जो इस समय तक अपने पिता की मृत्यु के उपरान्त कोसल की गद्दी पर बैठ चुका था। प्रसेनजित को अपनी बहन की मृत्यु का दुःख हुआ और उसने अपने भांजे मगध नरेश को दी जाने वाली काशी की एक लाख की आमदनी भेजना बंद कर दिया। डॉ॰ विशुद्धानन्द पाठक[२५] ने यह मत व्यक्त किया है कि संभवतः काशी प्रशासनिक रूप से मगध को हस्तान्तरित नहीं की गई थी वरन् केवल उसकी आमदनी ही उन्हें दी जाती थी। लेकिन उपरोक्त संदर्भित जातकों में यह स्पष्ट रूप से लिखा गया है कि काशी कोशलदेवी के स्नान-चूर्ण मूल्य के रूप में दी गई थी, जिसकी आमदनी एक लाख रुपये थी। इस प्रकार काशी के प्रशासनिक रूप से हस्तान्तरित न करने वाली बात अधिक तर्कसंगत नहीं लगती। जो भी हो, प्रसेनजित के इस निर्णय से कोशल और मगध के बीच में काशी को लेकर एक संघर्ष छिड़ गया। कुछ विद्वानों ने यह प्रतिपादित किया है कि पूर्वकाल में प्रसेनजित और अजातशत्रु, इन दोनों मामा-भांजे में अच्छे संबंध थे। मललसेकर[२६] ने यह लिखा है कि अजातशत्रु ने अपने मामा प्रसेनजित को विदेश से प्राप्त किया गया एक अद्‌भुत शामियाना, जो सोलह हाथ लंबा और आठ हाथ चौड़ा था, भेंट किया था। बाद में इसे प्रसेनजित ने आनन्द को दे दिया। यह भी कहा जाता है कि प्रसेनजित के लिच्छवियों से भी मैत्री संबंध थे जिसका उल्लेख *मज्झिम निकाय*[२७] में हुआ है। एच॰ सी॰ रायचौधरी[२८] का यह कहना है कि जिस समय अजातशत्रु ने वैशाली गणराज्य पर आक्रमण किया था उस समय काशी–कोशल के राजाओं ने भी वैशाली की सहायता की थी क्योंकि वैशाली के गणराज्य ने काशी-कोशल के गणराज्यों से सहायता मांगी थी। अजातशत्रु-प्रसेनजित के पारस्परिक संबंधों को देखते हुए इस बात की संभावना कम लगती है कि प्रसेनजित ने अपने भांजे अजातशत्रु के विरुद्ध लिच्छवियों का साथ दिया होगा। यदि ऐसा होता तो जैसा कि हम आगे देखेंगे कि अपनी वृद्धावस्था में प्रसेनजित अपने पुत्र के द्वारा सिंहासन छीन लिए जाने के बाद, सहायता के लिए अजातशत्रु के पास भागकर नहीं गया होता। लेकिन राजनीति में स्थायी मित्र और स्थायी शत्रु नहीं होते। काशी को लेकर अजातशत्रु और प्रसेनजित में कई संघर्ष हुए जिसका उल्लेख *संयुक्त निकाय* के *कोसल संयुक्त*[२९] में हुआ है। *पठम संङ्गम सुत्त* में यह कहा गया है कि 'मगधराज अजातशत्रु वैदेहीपुत्र ने चतुरंङ्गिणी सेना को साथ लेकर कोशलराज प्रसेनजित के विरुद्ध काशी पर धावा बोल दिया। तब दोनों में भारी लड़ाई छिड़ गई। उस लड़ाई में मगधराज ने . . . कोशलराज को हरा दिया। हारकर, कोशलराज प्रसेनजित अपनी राजधानी श्रावस्ती को लौट गया।

पठम् संङ्गम सुत्त के इस उल्लेख से दो बातें ज्ञात होती हैं। एक तो यह कि अजातशत्रु ने काशी पर धावा बोला था न कि कोशलराज की राजधानी श्रावस्ती पर। दूसरी बात यह है किं कोशलराज प्रसेनजित और मगधराज अजातशत्रु के बीच युद्ध काशी में हुआ था और वहां से हार खाकर प्रसेनजित श्रावस्ती लौट आया था। इस प्रकार यदि केवल स्नान-चूर्ण का धन ही मगध भेजे जाने की बात होती तो काशी पर धावा बोलने के स्थान पर अजातशत्रु श्रावस्ती पर धावा बोलता। अतः यही परिणाम निकाला जा सकता है कि मगध का काशी पर शासन भी स्थानान्तरित किया गया था न कि केवल उसका राजस्व मात्र। आगे चलकर मौर्य युग में हम यह भी देखते हैं कि मगध के राजाओं का शासन काशी और कोशल पर समान रूप से चला आ रहा था जिसकी नींव अजातशत्रु द्वारा काशी-कोशल को मगध में मिला देने के बाद ही पड़ चुकी थी।

पठम संङ्गम सुत्त के अनुसार, पराजित होने के बाद प्रसेनजित काफी दुखी हुआ। *तच्छूकर जातक* के अनुसार पराजित नरेश ने जाकर अपने अमात्यों से मंत्रणा की। तब उन्होंनें दो बौद्ध भिक्षुओं से परामर्श करने की सलाह दी। किन्तु यह सोचकर कि भिक्षु लोग राजा के सामने संभवतः अपने विचार निर्भय होकर व्यक्त न करें, गुप्तचरों द्वारा उनकी वार्ता सुनने का प्रबन्ध किया गया। इनमें एक का नाम धनुग्गाह तिस्स स्थविर था और दूसरे का मन्तिदत्त स्थविर था। उन दोनों की बातें सुनकर गुप्तचरों ने जो मार्ग बताया उसका अनुसरण करके किसी पर्वत खण्ड के समीप शकटव्यूह की रचना करके प्रसेनजित ने अजातशत्रु को पकड़ लिया, जो दूसरी बार काशी पर आक्रमण करने आ रहा था। *वड्ढकिसूकर जातक* में भी यही बात कही गई है और उसमें यह भी बताया गया है कि उस समय प्रसेनजित वृद्ध था और अजातशत्रु ने उसके साथ अच्छा व्यवहार किया और अपनी पुत्री वाजिरा कुमारी का विवाह अजातशत्रु से करके उसे कासी ग्राम स्नान-चूर्ण के निमित्त दिया। इस प्रकार मगध कोशल के बीच चलने वाला संघर्ष शान्त हुआ। विशुद्धानन्द पाठक एक बार फिर इस बात पर जोर देते हैं कि केवल राजस्व मात्र ही मगध को प्रदान किया गया था और हेमचन्द्र रायचौधरी के मत का विरोध करते हुए कहते हैं कि यह बात विश्वास योग्य नहीं है कि अजातशत्रु आंशिक रूप से अथवा पूर्ण रूप से काशी पर अधिकार करने में सफल हो गया था। लेकिन पाठक के इस

मत का खण्डन हम पहले कर आए हैं।

जो कुछ भी हो, कोशल और मगध के बीच में इस दूसरे वैवाहित गठबंधन ने दोनों राज्यों को पुनः मैत्रीसूत्र में बांध दिया और काशी को लेकर होने वाले युद्ध थम गए।

इस समय तक कोशल का राजा प्रसेनजित काफी वृद्ध हो चुका था और उसका महत्त्वाकांक्षी पुत्र विडूडभ राज्य प्राप्त करने के लिए लालायित था। उसने अपने पिता के मन्त्री और सेनानायक दीर्घकारायण की सहायता से राज्य पर अधिकार कर लिया और वृद्ध प्रसेनजित को सहायता के लिए मगध की ओर भागना पड़ा जहां वह पहुँचने से पहले ही मृत्यु को प्राप्त हो गया। इसकी कथा *भद्दसाल जातक* में काफी विस्तार से दी गई है।

कोशल एवं शाक्य

भद्दसाल जातक[३०] की कथा के अनुसार भिक्षु लोग श्रावस्ती के राजा प्रसेनजित के यहां भोजन करने के लिए उतने इच्छुक नहीं दिखाई पड़ते थे जितने कि श्रावस्ती के अनाथपिण्डक अथवा विशाखा के घर। राजा ने इस पर विचार किया और यह सोचकर कि यदि बुद्ध के कुल में उसकी रिश्तेदारी हो जाए तो भिक्षु लोग उस पर विश्वास करने लगेंगे, उसने कपिलवस्तु अपने दूत भेजकर उनकी किसी लड़की से विवाह करने की इच्छा व्यक्त की। शाक्यों ने यह सोचकर कि वे कोशल नरेश की राज्य सीमा में रहते हैं यदि लड़की नहीं देते हैं तो शत्रुता उत्पन्न होगी, यदि दे देते हैं तो कुल परम्परा नष्ट होती है। इस पर महानाम नाम के एक व्यक्ति ने कहा कि उसकी एक पुत्री नागमुण्डा नाम की दासी की कोख से पैदा हुई है जिसका नाम वासवखत्तिया है। वह उसका विवाह प्रसेनजित से करने को तैयार है। प्रसेनजित के लोगों को आश्वस्त करने के लिए एक षड्यंत्र रचा गया। महानाम और वासवखत्तिया को एक साथ भोजन करने के लिए बैठाया गया किन्तु इसी बीच कोई बहाना बनाकर महानाम उठ गया। यद्यपि वह वासवखत्तिया के आने से पूर्व कुछ भोजन कर चुका था और इस प्रकार दूतों को यह विश्वास दिलाकर कि वासवखत्तिया उन्हीं की जाति की है उसका विवाह प्रसेनजित से करवा दिया। कुछ दिनों बाद इससे एक पुत्र पैदा हुआ जिसका नाम विडूडभ रखा गया। विडूडभ ने कुछ बड़ा होने के बाद अपने ननिहाल जाने की इच्छा प्रकट की । संदेश पाकर शाक्यों ने विडूडभ से छोटे कुमारों को वहां से हटा दिया जिससे विडूडभ को प्रणाम करने वाला कोई छोटा कुमार वहां न रह जाए। विडूडभ के पहुंचने पर उसका भव्य स्वागत किया गया और उसने सबको प्रणाम किया लेकिन उसके यह पूछने पर कि क्या यहां हमसे छोटा कोई नहीं है जो हमें प्रणाम करे उसे यह बताया गया कि सभी छोटे कुमार शिकार पर गए हुए हैं। विडूडभ का भोज समाप्त होने के बाद उसके बाहर जाते ही भोजन की चौकी को धोया जाने लगा। सेवकगण विडूडभ को दासीपुत्र कहकर गाली देते हुए सफाई कर रहे थे कि इसी बीच उसके एक सैनिक ने सारी वार्ता सुनकर कुमार विडूडभ को जाकर सूचना दी। विडूडभ ने वहां पर यह प्रतिज्ञा की कि जिस चौकी को उसके भोजन करने के कारण धोया जा रहा है राजा बनने के बाद वह उसको शाक्यों के रक्त से धोएगा। वह अवसर भी आगे चलकर प्राप्त हुआ। वृद्ध राजा प्रसेनजित बुद्ध के दर्शन के लिए शाक्य जनपद में उलूम्प नामक नगर में कुछ अनुयायियों के साथ गया। गंधकुटी में प्रवेश करते समय उसने अपने पाँचों राजचिह्न अपने मन्त्री तथा सेनापति दीर्घकारायण को सौंप दिए और स्वयं अकेले ही गंधकुटी में प्रवेश किया। दीर्घकारायण उन सब वस्तुओं को लेकर उन सैनिकों के साथ श्रावस्ती चला आया तथा विडूडभ को राजपद पर अभिषिक्त कर दिया। बाहर निकलने पर प्रसेनजित को जब इस बात की जानकारी हुई तो वह यह सोचकर राजगृह की ओर प्रस्थान कर गया कि अपने भांजे अजातशत्रु की सहायता लेकर विडूडभ को पकड़ूँगा। लेकिन वहां पहुँचने पर रात्रि में नगर द्वार बन्द हो जाने के कारण उसे बाहर ही एक शाला में रुकना पड़ गया और अतिसार का रोगी प्रसेनजित रात में ही स्वर्ग सिधार गया। बाद में सूचना पाकर अजातशत्रु ने प्रसेनजित की अन्त्येष्टि करवाई।

दूसरी ओर, विडूडभ शाक्यों का विनाश करने के लिए निकला किन्तु तीन बार बुद्ध के हस्तक्षेप करने के कारण वह वापस आ गया। चौथी बार विडूडभ ने शाक्यों पर आक्रमण करके दूध पीने वाले बच्चे से लेकर बूढ़े तक सभी शाक्यों को मार डाला और उनके गले के रक्त से चौकी को धोकर वापस लौटा। विडूडभ और शाक्यों की यह कथा कुछ विस्तार के साथ यहां इसलिए बताई गई है कि यह तत्कालीन भारतीय समाज तथा उसमें प्रचलित ऊँच-नीच और जातीय भेद-भाव की भावनाओं को उजागर करती है जिससे भारतीय समाज आज भी मुक्त नहीं हो पाया है। बौद्ध[३१] और जैन साहित्य[३२] इस बात से सहमत हैं कि वापसी में विडूडभ अपनी सेना सहित अचिरावती (राप्ती) नदी में अचानक बाढ़ आ जाने के कारण बह गया और उसकी मृत्यु हो गई। किन्तु जैन स्रोत कोशलराज के इस प्रकार मृत्यु को प्राप्त होने के कारण दो जैन मुनियों के शाप को बताते हैं। लेकिन विशुद्धानन्द पाठक[३३] कहते हैं कि प्रमाणों के अभाव में इस कथा पर विश्वास करना ठीक नहीं है। उनके अनुसार, यह

बाढ़ मगध साम्राज्य की बाढ़ रही होगी जिसमें विडूडभ अपनी सेना सहित बह गया। लेकिन बौद्ध और जैन दोनों ही स्रोतों में विडूडभ के बाढ़ में बह जाने की कथा का उल्लेख होने से इसमें कुछ सच्चाई तो अवश्य होनी चाहिए। दूसरी ओर, ह्वेनसांग[३४] यह कहता है कि विडूडभ जलकर मरा था।

विशुद्धानन्द पाठक के उपरोक्त कथन से ऐसा लगता है कि कोशल का राज्य अजातशत्रु द्वारा विडूडभ की मृत्यु के बाद ही मगध में मिला लिया गया था। किन्तु वे एक स्थान पर यह भी कहते हैं कि इक्ष्वाकु वंश के क्षुद्रक अथवा शूद्रक की पहचान निश्चित रूप से बौद्ध ग्रन्थों से की जा सकती है।[३५] यदि यह पहचान सही है तो अजातशत्रु के द्वारा कोशल के राज्य को मगध साम्राज्य में मिलाए जाने की बात स्वीकार नहीं की जा सकती क्योंकि पुराण एक मत से इस बात पर सहमत हैं कि सुमित्र इस वंश का अन्तिम राजा था और उसके बाद नन्द राजाओं के काल में कोशल को मगध साम्राज्य में मिलाया गया। विडूडभ के बाद, यदि उसकी पहचान क्षुद्रक अथवा शूद्रक से करते हैं तो, सुमित्र तक तीन और पीढ़ियों ने श्रावस्ती से कोशल पर राज्य किया था। क्षुद्रक के बाद रणक अथवा कुण्डक अथवा कुलक तथा उसके बाद सुरथ और तत्पश्चात् सुमित्र का नाम पुराणों में आता है। इन सबको बार्हद्वल अथवा बृहद्वलान्वयाः कहा गया है।[३६] इस प्रकार सुमित्र के साथ इक्ष्वाकुओं के वंश का अंत हो जाता है।[३७]

श्रावस्ती और साकेत (अयोध्या)

यद्यपि पालि बौद्ध साहित्य में श्रावस्ती और साकेत के नाम मिलते हैं तथा अयोध्या का नाम बहुत कम मिलता है किन्तु हम विगत अध्यायों में साकेत और अयोध्या की अभिन्नता को दर्शा चुके हैं अतः इस बात में कोई संदेह नहीं है कि श्रावस्ती तथा अयोध्या, दोनों में राज्य करने वाली इक्ष्वाकु वंश की दोनों शाखाओं को किसी समय एक में मिला लिया गया था और श्रावस्ती को प्रथम राजधानी बनाया गया। इसका कारण संभवतः दक्षिण से बार-बार काशी द्वारा होने वाले आक्रमणों से सुरक्षा को माना जा सकता है। अयोध्या सरयू के दक्षिण में होने के कारण काशी के राजाओं का प्रथम लक्ष्य बनती थी लेकिन श्रावस्ती पहुँचने के लिए काशी की सेनाओं को सरयू को पार करना आवश्यक हो जाता रहा होगा। परन्तु इसका अर्थ यह नहीं है कि अयोध्या अथवा साकेत को कोशल के राजाओं ने छोड़ दिया था। अयोध्या उनकी द्वितीय राजधानी बनी रही। इसके बावजूद अयोध्या का महत्त्व कम नहीं हुआ था क्योंकि पूर्व, पश्चिम और दक्षिण से आने और जाने वाले मार्ग साकेत होकर गुजरते थे। इसी कारण साकेत एक अच्छा व्यापारिक केन्द्र बना रहा। *संयुक्त निकाय*[३८] में कहा गया है कि साकेत कोशल के राजा प्रसेनजित के शासन के अन्तर्गत था। श्रावस्ती और साकेत एक राजमार्ग से परस्पर जुड़े हुए थे। श्रावस्ती से साकेत की दूरी छः योजन थी और इस मार्ग पर प्रायः आवागमन होता रहता था जिसमें कभी-कभी डाकू लोग उपद्रव करके यात्रियों को लूट लेते थे। साकेत और श्रावस्ती के बीच में एक बड़ी नदी होने का भी उल्लेख मिलता है।[३९] *दीघ निकाय*[४०] के महापरिनिर्वाण तथा महासुदर्शन सुत्त में साकेत का उल्लेख उन सात महानगरों के साथ किया गया है जो भगवान बुद्ध के द्वारा परिनिर्वाण के योग्य थे। यहां यह कहा गया है कि केवल कुसीनारा ही नहीं बल्कि छः और अन्य नगर ऐसे हैं जिनमें भगवान बुद्ध परिनिर्वाण प्राप्त कर सकते थे। कुशीनगर के अतिरिक्त ये नगर इस प्रकार हैं – चम्पा, राजगृह, साकेत, कौशाम्बी, वाराणसी और श्रावस्ती।[४०] साकेत-अयोध्या श्रावस्ती के राजा प्रसेनजित के अधिकार में थी, इस बात का संकेत *धम्मपत्थकथा* में मिलता है जिसकी टीका में यह उल्लेख आता है कि राजा प्रसेनजित के सुझाव पर राजगृह के सुप्रसिद्ध व्यापारी धनञ्जय ने इसकी स्थापना की थी।[४१] यह धनञ्जय विशाखा का पिता था जिसका विवाह श्रावस्ती के धनी श्रेष्ठि मृगार के पुत्र पूर्णवर्धन से हुआ था, जहां वह बौद्ध धर्म की प्रमुख अनुयायी बन गई थी। पालि ग्रंथों में उसे विशाखा मृगारमाता कहा गया है। राजगृह के व्यवसायी धनञ्जय द्वारा साकेत को बसाने की बात समुचित नहीं लगती। *धम्मपद* टीका में साकेत का नाम पड़ने का कारण यह कहा गया कि 'सायं' काल में बसाने के कारण इसका नाम साकेत पड़ा था। विशुद्धानन्द पाठक इस बात से इन्कार करते हुए कहते हैं कि 'यदि यह नगर बुद्ध के समय में बसाया गया होता तो पांचवीं छठी शताब्दी ई॰ पू॰ में इस नगर ने जो महत्त्व और स्थान भारत के अन्य महानगरों की समता में प्राप्त कर लिया था, उसे प्राप्त करना असंभव होता। साकेत को जातकों में एक महत्त्वपूर्ण नगर और कभी-कभी कोशल की पुरानी राजधानी बताया गया है।[४२]

बुद्ध के समय में साकेत या अयोध्या एक विशाल और महत्त्वपूर्ण नगर बन चुका था। इसका एक प्रमाण यह भी है कि बुद्ध ने इस नगर की अनेक बार यात्रा की थी और यहां पर ठहरे थे। साकेत में जिन स्थानों पर बुद्ध ने निवास किया था उनमें अञ्जनयन[४३] तथा तिकण्डकिवन[४४] के नाम आते हैं। साकेत में ही कालकाराम के स्थित होने का भी उल्लेख मिलता है[४५] जो बुद्ध के शिष्यों का आवास स्थल था। कालकाराम में बुद्ध के भी ठहरने का उल्लेख मिलता है।[४६] कालक चुलसभद्ध नामक महिला से विवाहित था और बुद्ध ने उसे जब दीक्षित किया तब कालक

ने कालकाराम को बुद्ध को दान कर दिया था।[४७]

कनिंघम ने[४८] विशाखा और साकेत दोनों की अभिन्नता सिद्ध करते समय यह दिखाने का प्रयास किया है कि बुद्ध ने अपने अनेक वर्ष साकेत में बिताए थे। उनके अनुसार, ह्वेनसांग ने यह लिखा है कि बुद्ध ने अपने छः वर्षावास विशाखा में व्यतीत किये जबकि टर्नर के ग्रंथों में यह अवधि सोलह साल दी गई है। इस सिंहली ग्रन्थ में विशाखा की कथा विस्तार से दी गई है। उन्होंने हार्डी (*मैनुअल आव बुद्धिज्म*, पृ॰ २३०) का हवाला देते हुए यह बताया है कि विशाखा ने श्रावस्ती की स्थापना की थी और साकेत में भी एक पूर्वाराम के होने का उल्लेख मिलता है। इस प्रकार इस बात की पूरी संभावना है कि साकेत का पूर्वाराम भी विशाखा द्वारा ही स्थापित किया गया होगा। कनिंघम के अनुसार, सिंहली ग्रंथ यह मानते हैं कि बुद्ध ने पैंतीस वर्ष की आयु में बुद्धत्व प्राप्त किया था। इसके बाद के बीस वर्ष उन्होंने एक श्रमण के रूप में उत्तर भारत के विभिन्न स्थानों पर भ्रमण करके शिक्षा दी। शेष पच्चीस वर्षों में उन्होंने नौ वर्ष विहार में व्यतीत किए। वे यह भी मानते हैं कि ह्वेनसांग द्वारा बताया गया छः वर्ष का काल सोलह वर्ष होना चाहिए। कनिंघम यह भी बताते हैं कि बर्मा के ग्रन्थों में यह संख्या क्रमशः उन्नीस और छः वर्ष दी गई है जिसको ह्वेनसांग ने भी सूचित किया है। इस प्रकार कनिंघम के अनुसार श्रावस्ती और साकेत, दो ही ऐसे स्थल थे जहां पर बुद्ध ने अपने जीवन के अधिकतम वर्षावास व्यतीत किए। यह साकेत अथवा अयोध्या के उस महत्त्व को बताता है जो उसे बुद्ध के काल में प्राप्त था।

साकेत अथवा अयोध्या कोशल के राजाओं की द्वितीय राजधानी थी इस बात का उल्लेख हम पीछे कर आए हैं। *नन्दियामिग जातक*[४९] में साकेत को कोशल के राजाओं की राजधानी बताया है। इसी प्रकार *महावस्तु*[५०] में भी साकेत को इक्ष्वाकु राजा का केन्द्र कहा गया है। साथ ही यह भी बताया गया है कि सुजात के उत्तराधिकारियों ने शाक्य राजधानी की स्थापना की थी।

बुद्ध के समकालीन महावीर ने भी साकेत में कुछ समय बिताया था।[५१] महावीर ने यहां पर मित्रणंदि नामक राजा के पुत्र को दीक्षित किया था।

इस प्रकार हम देखते हैं कि बुद्ध और महावीर के काल में भी, जिसे आधुनिक इतिहासकार छठी शताब्दी ई॰ पू॰ मानते हैं, साकेत अथवा अयोध्या एक समृद्धशाली और महत्त्वपूर्ण नगरी थी जो धार्मिक और व्यापारिक दृष्टि से महत्त्वपूर्ण तो थी ही, राजनैतिक दृष्टि से भी उसका महत्त्व कम नहीं हुआ था।

सन्दर्भ

१. विशुद्धानन्द पाठक, *हिस्ट्री आव कोसल अप टू दि राइज आव मौर्याज*, १९८३, पृ॰ २०५।

२. *शतपथ ब्रा॰* २२।३; *सांख्यायन श्रौतसूत्र* १६।६।१३; *तैत्तिरीय संहिता* ६।५।३; *काठक संहिता* २२।३; *पञ्चविंश ब्रा॰* २५।१६।३।

३. वत्सद्रोहात्प्रतिव्योपस्तस्य पुत्रो दिवाकरः।
तस्यैव मध्यदेशे तु अयोध्यानगरी शुभा।। *मत्स्य पु॰* २७०।५; *वायु पु॰* ६६।२८२

४. ऐसा लगता है कि ब्रह्मदत्त काशी के राजाओं की अनुवांशिक उपाधि थी। जातकों में प्रायः काशी के राजा ब्रह्मदत्त का उल्लेख मिलता है लेकिन यह नाम अनेक पीढ़ियों तक फैला हुआ है जिसके कारण यह कहा जा सकता है कि ब्रह्मदत्त काशी के राजाओं का राजवंशीय नाम था। इसी प्रकार का दूसरा उदाहरण हमें जनक नाम में मिलता है। जनक शब्द भी अनेक पीढ़ियों तक प्रचलित रहा। इन जनकों के साथ प्रायः उनके व्यक्तिगत नाम भी प्राप्त हो जाते हैं लेकिन पुराणों में ब्रह्मदत्तों के व्यक्तिगत नाम अथवा ब्रह्मदत्त शब्द, काशी के राजाओं के नाम के साथ प्राप्त नहीं होते। यहां पर यह उल्लेखनीय है कि काशी के राजा भी उपनिषदों के ब्रह्मज्ञान के लिए उतने ही प्रसिद्ध थे जितने कि विदेह के जनक। और संभवतः इसी कारण काशी के राजाओं को ब्रह्मदत्त नाम प्राप्त हुआ होगा। रावण भी इसी प्रकार का एक राजवंशीय नाम था जिसके विषय में हम पिछले अध्याय में विचार कर आए हैं। दे॰ बी॰ सी॰ ला, *ट्राइब्स इन एशियन इण्डिया*, पृ॰ १०७ तथा आर॰ एल॰ मेहता, *प्री बुद्धिस्ट इण्डिया*, पृ॰ ६१।

५. दीघीति नामा कोसलराजा . . . अपधानो अपभोगो अपबलो अपविजितो, अपरिपुण्णकोट्ठागारो। *सेक्रेड बुकक्स आफ दि ईस्ट*, खण्ड १६, पृ॰ २६४-६६।

६. जातक, खण्ड तीन, (संपा॰) *भदन्त आनन्द कौसल्यान*, हिन्दी साहित्य सम्मेलन, प्रयाग, पृ॰ ३७२-७३।

७. *कोसावी जातक*।

८. *विनय पिटक*, पा॰टे॰सो॰ खण्ड एक, पृ॰ ३४२ एवं आगे।

९. *वृहत्छत्त जातक*।

१०. *कुणाल जातक*।

११. *सोणनन्द जातक*।

१२. जातक, प्रथम खण्ड *भोजजानीय जातक* (सं॰) पृ॰ २७६-८०।

१३. जातक, प्रथम खण्ड *भोजजानीय जातक* (सं॰) १८१।

१४. *अलोन चित्त*।

१५. *असातरुप जातक*।

१६. *महाशीलव जातक*।

१७. जातक, खण्ड तृतीय, *एकराज जातक* (सं॰ ३०३), पृ॰ १८३।

१८. जातक, खण्ड तृतीय, *घत जातक* (सं॰ ३५५), पृ॰ ३०३।

१९. जातक, खण्ड तृतीय, *मणिकुण्डल जातक* (सं॰ ३५२), पृ॰ ३१६-१७।

२०. एच॰ सी॰ रायचौधरी, *पॉलिटिकल हिस्ट्री आव एन्शियन्ट इण्डिया,* पंचम संस्करण, १९५० पृ॰ १५४।

२१. जातक, खण्ड तृतीय, *सेय्य जातक* (सं॰ २८२), पृ॰ १२२-२३।

२२. जातक, खण्ड द्वितीय, *हरितमात जातक* (सं॰ २३९) पृ॰ ४४६।

२३. जातक खण्ड तृतीय, *वड्डकिसूकर जातक* (सं॰ २८३) पृ॰ १९२।

२४. जातक, खण्ड चतुर्थ, *तच्छसूकर जातक* (सं॰ ४९२), पृ॰ ५४६।

२५. वि॰ पाठक, पूर्वोक्त, पृ॰ २१५।

२६. मललसेकर, *डिक्शनरी आव पॉलि प्रॉपर नेम्स,* खण्ड एक, पृ॰ ३१ तथा आगे।

२७. पा॰टे॰सो॰ खण्ड दो, पृ॰ १०१।

२८. एच॰ सी॰ रायचौधरी, पूर्वोक्त, पृ॰ २१२–१३।

२९. *संयुक्त निकाय,* पहला भाग, (संपा॰) भिक्षु जगदीश काश्यप, भिक्षु धर्मरक्षित, महाबोधि सभा, सारनाथ, बनारस, ईसवी संवत् १९५४, कोसल-संयुक्त, *पठम संङ्गम सुत्त,* पृ॰ ७६-७८।

३०. जातक, खण्ड चतुर्थ, *भद्दसाल जातक* (सं ४६५), पृ॰ ३४५ और आगे।

३१. मलसेकर, पूर्वोक्त, खण्ड दो, पृ॰ ८७७।

३२. जे॰ सी॰ जैन, *लाइफ इन एन्शियण्ट इण्डिया,* पृ॰ २५६ और ३०३।

३३. वि॰ पाठक, पूर्वोक्त, पृ॰ २३५।

३४. टी॰ वाटर्स, *ऑन युवान च्वांगस ट्रेवेल्स,* खण्ड दो, पृ॰ ३६५ और आगे।

३५. वि॰ पाठक, पूर्वोक्त, पृ॰ ११३।

३६. सुमित्रस्तत्सुतो भावि वंशनिष्ठान्त एवहि, *शिव पु॰,* खण्ड दो, ५।३६।४१।

सुमित्रो नामनिष्ठान्त एते बार्हद्वलान्वयाः, *भागवत पु॰* ६।१३।१५ तत्पुत्र सुमित्रः। इत्येते चेतेक्ष्वाको ब्रहद्वलान्वया, *विष्णु पु॰* ४।२२।१०–११।

ऐतै चैक्ष्वाकवः प्रोक्ता भविष्या ये कलौ युगे।
बृहद्बलान्वये तु भविष्याः कुलवर्धनाः।। *मत्स्य पु॰* २७०।१४-१५।

३७. इक्ष्वाकुणाममं वंशः सुमित्रान्तो भविष्यति। *भागवत पु॰* ६।१२।१६; *मत्स्य पु॰* २७०।१६; *विष्णु पु॰* ४।२२।१३; *शिव पु॰* खण्ड दो ५।३६।४२; दे॰ एफ॰ पार्जिटर, *डायनेस्टीज आव दि कलि एज,* पृ॰ ६७।

३८. *संयुक्त निकाय,* ४।३७४ आदि।

३९. *विनय पिटक,* ६।६५।

४०. मा भन्ते हमरिसं कुड्डनगर के उज्जंगलनगरके परिनिब्बायि। सन्ति भन्ते अम्आइन महानगयनि, सेय्यथीदं चम्पा, राजगहं, सावत्थि, साकेतं, कोसम्बि, वाराणसी, एत्थ भगता पिरनिब्बायतु। *दीघनिकाय,* खण्ड, दो, पृ॰ १४६।

४१. *धम्मपद टीका,* खण्ड एक, भाग दो, पृ॰ ३८३-८७।

४२. वि॰ पाठक, पूर्वोक्त, पृ॰ ५६।

४३. *संयुक्त निकाय,* १।५४; ५।७३; ५।२१६, आदि।

४४. *अंगुत्तर निकाय,* ३।१६६।

४५. *संयुक्त निकाय,* ५।१७४; २६८; *विनयपिटक* १।२८६ आदि।

४६. *अंगुत्तर निकाय,* २।२४।

४७. दे॰ *बुद्धघोष और अंगुत्तर निकाय,* २।२४ तथा *मनोरथपूर्णी,* ३।३४-३८।

४८. ए॰ कनिंघम, *दि एन्शियण्ट ज्योग्राफी आव इण्डिया,* १९६३, पृ॰ ३३९-४०।

४९. *नन्दियमिग जातक* (सं॰)।

५०. *महावस्तु,* १।३४८।

५१. दे॰ *अन्तगह दसाओ,* १०।३३; *अनुत्तरोववाइयदसाओ,* ६।८ *विवागसूय,* ३।६५।

४

मगध साम्राज्यों का युग

बुद्ध के बाद से उत्तर भारत में नवीन प्रकार के साम्राज्यों का युग प्रारम्भ होता है जिसमें बड़े-बड़े साम्राज्य बनने लग गए थे। वे अपने विजित क्षेत्र पर अपना प्रशासन स्थिर रखने का उपाय करते थे। इसके पूर्व भी राजा लोग अपनी शक्ति के अनुसार भू-खण्डों को जीतते थे और इस विजय के उपलक्ष्य में विभिन्न प्रकार के यज्ञों का अनुष्ठान करते थे। किन्तु विजित क्षेत्रों पर अपने स्थायी प्रशासन के उपाय नहीं करते थे बल्कि वहां पर पुराने राजवंश को ही प्रतिष्ठापित कर देते थे, अथवा उसी राजवंश के किसी नए व्यक्ति को स्थापित कर देते थे। कभी-कभी ऐसा भी होता था कि अपने वंश के किसी व्यक्ति को वहां राज्य की स्थापना के लिए भेज देते थे किन्तु उनका, विजयी राजा अथवा केन्द्रीय सत्ता के साथ, कोई घनिष्ठ प्रशासनिक सम्बन्ध नहीं रह जाता था। संभवतः इसका कारण उस सुदूर प्राचीन काल में आवागमन की असुविधा तथा सम्पर्कों को बनाए रखने की असमर्थता में खोजा जा सकता है। लेकिन बुद्ध के बाद मगध ने जिस शैली के साम्राज्य स्थापित करने की परम्परा का प्रारम्भ किया वह उत्तर भारत की विकासशील आर्थिक, सामाजिक और धार्मिक व्यवस्थाओं में नवीन परिवर्तनों की देन थी। उत्तर भारत में, और मोटे तौर पर प्रायः समस्त उपमहाद्वीप में आर्थिक गतिविधियां बहुत तेज हो गई थीं। सार्थवाह समुद्र के एक तट से दूसरे तट तक सारे क्षेत्र में व्यापारिक यात्राएं करते थे और एक स्थान से दूसरे स्थान तक जाने के लिए स्थल मार्ग अपेक्षाकृत अधिक सुरक्षित हो गए थे। इसके अतिरिक्त देश में जनसंख्या का भी काफी विस्तार हो गया था और अनेक प्रकार के सामाजिक परिवर्तन होने प्रारम्भ हो गए थे। वैदिक धर्म के साथ-साथ अनेक प्रकार की इतर धार्मिक और शैक्षणिक संस्थाओं का भी उदय होने लग गया था। इस प्रकार की सामाजिक चेतना के युग में बड़े-बड़े साम्राज्यों का उदय होना समय की आवश्यकता बन चुका था।

बुद्ध और महावीर की तिथि

बुद्ध और महावीर की तिथियों के सम्बन्ध में विवाद है। परम्पराएं कुछ और कहती हैं तथा योरोपीयों द्वारा प्रचलित और विभिन्न प्रकार के तर्कों से समर्थित, बुद्ध की तिथि जो इस समय मान्य है वह छठी शताब्दी ई॰ पू॰ में पड़ती है। सबसे अधिक समर्थित तिथि के अनुसार बुद्ध का जन्म ५६३ ई॰ पू॰ में और निर्वाण ४८३ ई॰पू॰ में माना जाता है। इसी के साथ उनके समकालीन जैन धर्म के २४वें तीर्थंकर महावीर की मृत्यु तिथि ४८६ ई॰ पू॰ (अथवा ४६० ई॰ पू॰) मानी जाती है। यद्यपि जैन परम्परा इसे नहीं मानती, तथा भारतीय पौराणिक परम्परा भी बुद्ध और जैन की निर्वाण तिथियों को इससे भी अनेक शताब्दियां पूर्व मानती है, किन्तु भारतीय इतिहास लेखन की आधुनिक परम्परा में, जिसकी स्थापना योरोपीय विद्वानों ने की है, बुद्ध और महावीर की इन्हीं तिथियों के अनुसार राजवंशों की स्थापना की तिथियों की गणना की गई है। इसलिए हम भी तिथि स्थापन की सूक्ष्मताओं में न जाकर इन्हीं के आधार पर आगे के इतिहास की तिथियों की गणना को स्वीकार करके चलेंगे क्योंकि इसी आधारशिला पर पुराणों में वर्णित राजवंशों की तिथियों का निर्धारण किया गया है।

मगध साम्राज्य और अयोध्या

पिछले अध्याय में हम देख चुके हैं कि गौतम बुद्ध के काल में काशी और कोशल का एक-दूसरे में विलय हो चुका था और कोशल जिसकी राजधानी श्रावस्ती थी, काशी को आत्मसात कर चुका था। लेकिन काशी को मगध के उदीयमान राजाओं को उपहार में दे दिया गया था। बाद में जब कोशल के राजाओं ने काशी को वापस लेना चाहा तो मगध और कोशल में युद्ध छिड़ गया और अन्ततः कोशल के राजाओं को काशी को पुनः मगध को अर्पित करनी पड़ी। बिम्बिसार को मारकर उसके पुत्र अजातशत्रु ने मगध के शासन पर अपना अधिकार कर लिया था

और उसने वैशाली तथा आसपास के अन्य गणराज्यों को भी अपने साम्राज्य में विलीन करना प्रारम्भ कर दिया था। गणराज्यों की शासन-पद्धति कुछ इस प्रकार की थी कि उनके यहां संभवतः उत्तराधिकार की परम्परा उतनी सशक्त नहीं थी जितनी राजवंशों द्वारा शासित राजाओं की होती है। इस कारण गणराज्यों का विनाश करने के बाद उनको अपने साम्राज्य में विलीन कर लेना उदीयमान मगध के शासकों के लिए सरल हो गया था। बौद्ध परम्पराएं बताती हैं कि पूर्वी उत्तर प्रदेश और बिहार, अथवा दूसरे शब्दों में यदि कहें तो काशी, कोशल और मगध के अनेक गणराज्यों ने मिलकर सम्मिलित रूप से अजातशत्रु की सेनाओं का प्रतिरोध किया था और उनके परास्त हो जाने के बाद अधिकांश गणराज्य मगध के अंग बनाए जा चुके थे। विडूडभ की दुर्घटनावश मृत्यु के बाद ही तीन चार पीढ़ियों के अनन्तर कोशल का राज्य भी मगध की सर्वग्रासी साम्राज्यवादी शक्ति का शिकार हो गया।

इस प्रकार कोशल यद्यपि मगध साम्राज्य का एक अंग बन गया तथापि उसका केन्द्र श्रावस्ती ही बना रहा, जहां से मगध द्वारा नियुक्त प्रशासक शासन कार्य चलाते रहे। अयोध्या अथवा साकेत प्रशासनिक रूप से उपेक्षित हो गया। यही कारण है कि आगे के युगों में हम अयोध्या और साकेत के उतने अधिक विवरण नहीं पाते जितने की हम अपेक्षा करते हैं। किन्तु इसका यह अर्थ नहीं लगाया जाना चाहिए कि अयोध्या अथवा साकेत का महत्त्व अन्य दृष्टियों से भी समाप्त हो गया था क्योंकि श्रावस्ती की भांति ही साकेत में भी आर्थिक और धार्मिक गतिविधियां चलती रहीं। सार्थवाह पहले की भांति ही अयोध्या को भी उसी प्रकार अपनी यात्राओं का एक केन्द्र बनाए हुए थे।

इसके अतिरिक्त यहां पर प्राचीन भारतीय सामन्त-पद्धति अथवा अधीनस्थ राजवंश व्यवस्था पद्धति का भी प्रभाव समाप्त नहीं हुआ था। प्राचीन भारतीय अधीनस्थ-राजवंश व्यवस्था नष्ट नहीं की जा सकी थी और मगध साम्राज्य की स्थापना के बाद भी सहस्राब्दियों तक बहुत सामान्य परिवर्तन के साथ प्रचलित रही। इस बात को समझे बिना हम आगे नहीं बढ़ सकते क्योंकि इसी पर भारतीय इतिहास की सारी समझ और सोच निर्भर करती है। भारतवर्ष में अति प्राचीन काल से छोटे-छोटे राज्य विभिन्न स्थानों पर स्थापित होते रहे और समय के अनुकूल विकास पाकर उनका अंत होता रहा, किन्तु परम्परा का नाश नहीं हुआ। एक राजवंश शक्ति प्राप्त करता, अपने आस-पास के छोटे-छोटे राज्यों को अधीनस्थ करता तथा मिलाता हुआ अपनी शक्ति का विस्तार करते हुए क्रमशः बड़े राज्य की स्थापना का प्रयास करता, और इस प्रकार सम्पूर्ण भारत पर अपने चक्रवर्तित्व की स्थापना का आदेश लेकर आगे बढ़ता। किन्तु यदि वह किसी शक्तिशाली राजवंश से टकराकर शक्तिहीन हो जाता तो आगामी कुछ पीढ़ियों के लिए प्रतीक्षा करता। इस प्रकार सभी राजवंश एक-दूसरे के साथ सम्यक् व्यवहार करते थे क्योंकि यद्यपि इनके राज्य शासन तन्त्र पृथक्-पृथक् होते थे लेकिन इन संबके संविधान एक ही होते थे। वे सभी धर्मशास्त्रों की व्यवस्था के अनुरूप शासन कार्य चलाते थे जिनका उल्लंघन कोई नहीं करता था और यदि कोई करता तो वह प्रजा तथा अन्य समसामयिक राज्यों तथा सामाजिक व्यवस्था का कोपभाजन बनता था। यही कारण है कि बड़े साम्राज्य की स्थापना के समय अनेक छोटे-छोटे राज्य अपने-अपने क्षेत्रों में लगभग स्वतंत्र रूप से अपनी शासन-व्यवस्था चलाते थे। वे अनेक मामलों में प्रायः स्वतन्त्र होते थे तथा बड़े साम्राज्य इन्हीं राज्यों के स्वामियों को अपनी सुविधा और विश्वास के अनुसार अपने यहां विभिन्न प्रशासनिक पदों पर नियुक्त करते थे। वे प्रायः सेनापति, अमात्य और मंत्री नियुक्त किए जाते थे तथा कभी-कभी साधारण राजवंश के मंत्री और अमात्य वैभव और भूमि अर्जित करके बड़े साम्राज्य के अन्तर्गत छोटे-मोटे अधीनस्थ राज्य की भी स्थापना कर लेते थे। इस प्रकार एक ऐसी सामन्त अथवा अधीनस्थ राजवंश व्यवस्था निरन्तरता के साथ चलती रहती थी जो भारत के इतिहास की एक अपनी अनोखी देन है। इस व्यवस्था की तुलना यूरोप में प्रचलित सामन्तवादी व्यवस्था से नहीं कर सकते। यहां अधीनस्थ राजा अपने से बड़े राजा के राजदरबार में उपस्थित होते, उन्हें कर देते तथा आवश्यकता पड़ने पर उनके साथ अन्य युद्धों में भाग लेते। किन्तु इसके बावजूद वे अपने आन्तरिक राज्य में अपनी प्रशासनिक व्यवस्था चलाने के लिए पूर्णतः स्वतंत्र होते थे। प्राचीन भारतीय अधीनस्थ-राजवंश व्यवस्था अथवा सामन्तीय व्यवस्था का यह संक्षिप्त विवेचन इसलिए आवश्यक है कि बाद के युगों के इतिहास को इसके बिना नहीं समझा जा सकता क्योंकि मौर्य साम्राज्य के पतन के बाद जब हम देखते हैं कि सैकड़ों-हजारों की संख्या में छोटे-मोटे राजवंश और गणतन्त्र दिखाई पड़ने लगते हैं तब हमें आश्चर्य होता है कि ये अचानक कहां से निकलकर आ गए। प्रायः हम इस बात पर भी आश्चर्य करने लगते हैं कि अमुक व्यक्ति तो सेनापति था उसने कैसे अपना राजवंश चला लिया अथवा उसका पूर्व राज्य किस स्थान पर था, इस पर भी बिना तथ्यों पर ध्यान दिए तर्क-वितर्क करते हैं।

इस प्रतिस्थापना के बाद हम अयोध्या के इतिहास की दृष्टि से विचार करें तो यह कहना पड़ेगा कि यद्यपि राजनैतिक दृष्टि

से इस काल में अयोध्या का कोई विशेष महत्त्व नहीं रह गया था किन्तु अन्य दृष्टियों से उसका महत्त्व कम भी नहीं हुआ था क्योंकि अयोध्या एक अति प्राचीन नगरी है और बार-बार बसती और उजडती रही है। कभी उसी जगह कभी थोड़ा इधर-उधर हटकर। परम्परावादी भारतीय मानस अपने प्राचीन स्थलों को आसानी से नहीं भूलता और अयोध्या के साथ भी यह कथन सत्य सिद्ध होता है।

छठी शताब्दी ई॰ पू॰ में जब बिम्बिसार ने मगध की साम्राज्यवादी गतिविधियों का सूत्रपात किया तब उसे संभवतः यह नहीं ज्ञात रहा होगा कि वह भारतीय इतिहास में कितनी बड़ी क्रांतिकारी परम्परा की स्थापना करने जा रहा है। पुराणों के अनुसार बिम्बिसार का शासनकाल २८ वर्ष (अथवा ३८ वर्ष) बताया गया है और अजातशत्रु को २५ (अथवा २७) वर्ष शासन के लिए दिया गया है। सिंहली ग्रंथों में मिलने वाली परम्परा के अनुसार बिम्बिसार को ५२ वर्ष तथा अजातशत्रु को ३२ वर्ष शासन करता हुआ बताया गया है। यह अवधि भी सही हो सकती है क्योंकि परम्परानुसार बिम्बिसार ने १५ वर्ष की आयु में ही राज्य करना प्रारम्भ कर दिया था। *महावंश* यह बताता है कि अजातशत्रु के शासन के आठवें वर्ष के अन्त में बुद्ध का परिनिर्वाण हुआ था (अजातशत्तुनो वसे अट्ठमे मुनि विब्बुत)। अब यदि बुद्ध की निर्वाण तिथि ४८३ ई॰ पू॰ मानें तो बिम्बिसार की मृत्यु ४८३ + ८ = ४६१ ई॰ पू॰ में तथा राज्यारोहण ४६१ + ५२ = ४४५ ई॰ पू॰ में रखना होगा। दूसरी ओर अजातशत्रु की मृत्यु की तिथि ४६१ – ३२ = ४५६ ई॰ पू॰ में मानना होगा। बिम्बिसार और अजातशत्रु की तिथियां निर्धारित हो जाने के बाद मगध के अन्य राजाओं का तिथिक्रम भी निर्धारित करना सरल हो जाता है। *महावंश* के अनुसार नन्द वंश के पतन तक मगध के राजाओं का तिथिक्रम और उनकी तिथियां इस प्रकार हैं[1] –

राजा का नाम	शासन के वर्ष	ई॰पू॰ सन् में तिथियां
१. बिम्बिसार	५२	५४३-४९१ ई॰पू॰
२. अजातशत्रु	३२	४९१-४५९ ई॰पू॰
३. उदायी	१६	४५९-४४३ ई॰पू॰
४-५. अनरुद्ध	८	४४३-४३५ ई॰पू॰
६. नागदासक	२४	४३५-४११ ई॰पू॰
७. शिशुनाग	१८	४११-३९३ ई॰पू॰
८. कालाशोक	२८	३९३-३६५ ई॰ पू॰
९. कालाशोक के दस पुत्र	२२	३६५-३२१ ई॰पू॰
१०. नवनन्द	२२	३४३-३२१ ई॰पू॰

इसकी तुलना में पुराणों में तिथिक्रम इस प्रकार है –

बिम्बिसार	२८ वर्ष (*वायु॰, मत्स्य*)
दर्शक	२४ वर्ष (*मत्स्य॰*)
अजातशत्रु	२५ वर्ष (*वायु॰ ब्रह्माण्ड*)
उदायी	३३ वर्ष (*वायु॰, मत्स्य॰*)
नन्दिवर्धन	४० वर्ष (*मत्स्य॰, ब्रह्माण्ड*)
महानन्दी	४३ वर्ष (*वायु॰, मत्स्य॰, ब्रह्माण्ड*)
महापद्म	२८ वर्ष (*वायु॰*); ८८ वर्ष (*मत्स्य॰*)
सुमाल्य आदि	१६ वर्ष (*वायु॰*); १२ वर्ष (*मत्स्य॰*)

मौर्य युग में अयोध्या

इस प्रकार नन्दों के पराभव की तिथि ३२१ ई॰ पू॰ निकलती है जिसके बाद चन्द्रगुप्त मौर्य का शासनकाल प्रारभ होता है। सिकन्दर का आक्रमण भारत पर ३२४ ई॰ पू॰ में माना जाता है। उसकी मृत्यु ३२३ ई॰ पू॰ में हुई थी। पाश्चात्य इतिहासकारों ने भारतीय इतिहास की रूपरेखा का जो तिथिक्रम निश्चित किया था उसके पीछे यह एक महत्त्वपूर्ण कारण था क्योंकि जेम्स प्रिंसेप ने सबसे पहले ग्रीक लेखकों के सैन्ड्रोकोटस की पहचान चन्द्रगुप्त से करके और उसे चन्द्रगुप्त मौर्य मानकर भारतीय इतिहास में तिथिक्रम निर्धारित करने का एक बिन्दु सुनिश्चित कर दिया था और उसी के आधार पर सिंहली और भारतीय परम्पराओं से प्रमाण और तथ्य खोजकर भारतीय इतिहास के सभी राजाओं की तिथियों को भी निर्धारित करने का प्रयास किया गया। इस प्रकार चन्द्रगुप्त मौर्य का शासनकाल ३२१ ई॰ पू॰ में सुनिश्चित करने का यह एक सबसे बड़ा कारण था। कुछ विद्वानों ने इस पर आपत्तियां प्रकट करने का प्रयास किया किन्तु योरोपीय इतिहासकारों तथा उनका अनुकरण करने वाले भारतीय इतिहासकारों ने इस विषय को इतने विस्तार से स्थापित किया कि वर्तमान में इस पर उंगली उठाना संभव नहीं। भले ही अन्य परम्पराएं; बौद्ध, जैन और संस्कृत, कुछ भी कहती रहें, लेकिन, अभी भी इस विषय में शंका करने वाले उसे पूरी तरह अस्वीकार नहीं कर पाए हैं। भारतीय इतिहास की अन्य तिथि जिसे कि आर्यों के भारत में आक्रमण से संबन्धित किया गया है, १५०० ई॰ पू॰ माना गया था। लेकिन इस समय १५०० ई॰ पू॰ में भारत में

आर्यों के आगमन के सिद्धांत को सफलतापूर्वक चुनौती और उसका निराकरण करना संभव हो गया है। परन्तु यह चुनौती केवल सैद्धान्तिक स्तर पर ही दी जा पा रही है। जहां तक प्राचीन महाजनपदों, यथा काशी, कोशल, मगध, अंग, अवन्ति, वत्स तथा कुरु, पांचाल, गान्धार, इत्यादि का प्रश्न है इनको पुरातात्त्विक खुदाइयों के स्तर पर चुनौती देना और कुछ भी सिद्ध कर पाना संभव नहीं दिखाई पड़ता। इस प्रकार यद्यपि हमें पुराणों और बौद्ध एवं जैन साक्ष्यों के आधार पर राजाओं की लम्बी सूची प्राप्त होती है जिन्होंने अयोध्या और मगध पर शासन किया था, किन्तु उन राजाओं के सुनिश्चित काल की ओर संकेत कर पाना भी संभव नहीं रह गया है। पुरातात्त्विक उत्खनन जो बिहार एवं उत्तर प्रदेश में किए गए हैं वे मौर्य युग तक तो स्तरों की पहचान करते हैं किन्तु उसके पहले के स्तरों की पहचान राजवंशों के आधार पर नहीं कर पाते। अतः मौर्य युग के पूर्व के स्तरों की पहचान विभिन्न प्रकार के मृद्भाण्डों की संस्कृतियों के नाम से करते हैं।

जहां तक अयोध्या के पुरातत्त्व का प्रश्न है उसकी जो खुदाई प्रो॰ नारायण और प्रो॰ बी॰ बी॰ लाल ने अलग-अलग की है, प्राचीनता की दृष्टि से, सातवीं शताब्दी ई॰ पू॰ तक जाकर सारी पुरातात्त्विक सामग्री का अन्त हो जाता है। इस विषय पर हम पहले भी विचार कर आए हैं तथा आगे भी जहां आवश्यकता होगी, इस बात का संकेत करेंगे। किन्तु एक बात सुनिश्चित माननी चाहिए कि जो कुछ भी भूमि के अन्दर दबा पड़ा है उसमें किसी भी प्रकार का परिवर्तन न तो अब तक किया जा सका है न आगे किया जा सकेगा। यह हमारा या पुरातत्त्वज्ञों का अपना दृष्टिकोण होगा कि वे किस स्तर की पहचान किस युग से करते हैं। इस प्रकार की पहचान के लिए अब तक जिन मानदण्डों का प्रयोग इन पुरातत्त्वज्ञों ने किया है इनमें परिवर्तन और संशोधन की आवश्यकता का अनुभव तो किया जा रहा है लेकिन यह कार्य किस प्रकार किया जाए, इसके लिए गहन अध्ययन और आगे शोध की आवश्यकता है। पुरातत्त्वज्ञों और पुरातत्त्व वैज्ञानिकों के द्वारा जो कार्बन-१४ तिथियां निकाली गई हैं उन पर भी गंभीर शंका की उंगलियां उठाई जा रही हैं। कार्बन-१४ की तिथियों में संशोधन अथवा कैलीब्रेशन का जो कार्य किया गया है वह भी किसी प्रकार संतोषप्रद नहीं दिखता। इस पर भी नए सिरे से पुनः दृष्टिपात की आवश्यकता अनुभव की जा रही है।

इन पुरातत्त्वीय उत्खननों में प्राप्तः मृद्भाण्डों तथा सामग्रियों की पहचान तथा उनका तिथि निर्धारण मनमाना है। पुरातत्त्वज्ञों में यह बात विशेष रूप से स्वीकृत मानी जाती है कि उत्खननकर्त्ता जो भी तिथि निर्धारित करता है अथवा पुरावस्तुओं की जो पहचान सुनिश्चित करता है उसको ज्यों-का-त्यों स्वीकार कर लिया जाए और उस पर किसी भी प्रकार की शंका न की जाए। यह अपने आप में एक सराहनीय अनुशासन है किन्तु इसके अनेक दुष्परिणाम भी हैं। सिक्के और अभिलेख पुरातात्त्विक उत्खननों में नगण्य मात्रा में मिलते हैं। मृद्भाण्ड तथा मिट्टी के बने खिलौने और गुरियां मनके आदि अन्य सामग्रियों के साथ-साथ अस्थियों आदि के अन्य अवशेष जो मिलते हैं उनकी पहचान और तिथि निर्धारण के जो मानदण्ड निर्धारित किए गए हैं उनसे राजवंशों के शासनकाल का निर्धारण संभव नहीं होता, न उसका कालक्रम सुनिश्चित किया जा सकता है। उदाहरण के लिए, एक पुरातत्त्वज्ञ अपने अनुभवों के आधार पर यह बताता है कि अमुक प्रकार का मृद्भाण्ड गुप्तकाल का है अथवा शुंगकाल का है अथवा उसके पूर्व का है। जैसा कि हम आगे के पृष्ठों में देखेंगे अयोध्या गुप्तों की राजधानी थी तथा काशी में भी उनका आधिपत्य रहा होगा किन्तु उनके अवशेष हमको देखने को नहीं मिलते। इसी प्रकार काशी में भी गहड़वालों की एक राजधानी थी किन्तु उनके भी विषय में सुनिश्चित अवशेषों की पहचान स्वतन्त्र रूप से संभव नहीं हो सकती है।

जहां तक अयोध्या का प्रश्न है मौर्यकाल के अवशेष वहां पर बहुत नगण्य संख्या में मिले हैं। पुरातत्त्व की दृष्टि से उत्खननकर्त्ताओं ने कुछ स्तरों को मौर्यकाल का माना है। लेकिन कोई सुनिश्चित अवशेष नहीं प्राप्त हो सके हैं। अयोध्या के स्वर्गद्वार के निकट नागेश्वर नाथ मंदिर में एक शिवलिंग स्थापित है। वह जिस अधिष्ठान पर स्थापित किया गया है वह अशोक-कालीन मौर्य स्तम्भ शीर्ष जैसा लगता है। कुछ वर्ष पूर्व लेखक ने इस स्थल का देश के अनेक पुरातत्त्वज्ञों के साथ निरीक्षण किया था और सबने इसको देखा था और इस तथ्य से सहमत थे कि इसे अशोककालीन होना चाहिए।

कनिंघम को छोड़कर किसी अन्य पुरातत्त्ववेत्ता ने मौर्य काल के अवशेषों की ओर ध्यान नहीं दिया है। उनके द्वारा वर्णित पुरास्थलों का विवरण देने के पूर्व यह बात बताना आवश्यक है कि मौर्य काल में भी अयोध्या मौर्य साम्राज्य का एक महत्त्वपूर्ण नगर था लेकिन अयोध्या को नगण्य सिद्ध करने के लिए हन्स बेकर ने एक भी अवसर नहीं गंवाया है, भले ही संदर्भ से च्युत प्रमाण प्रस्तुत कर दिए हैं। वे कहते हैं कि साकेत को मौर्य साम्राज्य के कोशल प्रदेश की राजधानी होना चाहिए। इसके लिए वे मोतीचन्द्र को उद्धृत करते हैं जिसमें उन्होंने जैन ग्रंथों में उल्लिखित राज्यों और उनकी राजधानियों के नाम

गिनाए हैं जिनमें मौर्य साम्राज्य के अन्तर्गत आने वाली गुप्तियों (प्रान्तों) और उनकी राजधानियों के नाम हैं। इनमें साकेत का नाम न होना हन्स बेकर को अपने मत का समर्थन करता दिखाई पड़ता है।[२] लेकिन हम पहले ही इस बात की ओर संकेत कर चुके हैं कि जिस समय कोशल जनपद को अजातशत्रु ने मगध साम्राज्य में मिलाया था उस समय उसकी राजधानी श्रावस्ती थी और प्रशासनिक व्यवस्था की दृष्टि से मौर्यो ने भी उसे कोशल की राजधानी के रूप में बनाए रखा था। मौर्य साम्राज्य के अनेक महामात्य श्रावस्ती में रहते थे और वहां से राजाज्ञाएं प्रसारित करते थे, तथा शासन की देख-रेख करते थे। इस बात का प्रमाण हमें सोहगौरा के कांस्य फलक आभिलेख से मिलता है। वर्तमान लेखक ने सोहगौरा कांस्य फलक लेख में उल्लिखित स्थलों की पहचान की है।[३] इस प्रकार कोशल की राजधानी के रूप में अयोध्या अथवा साकेत का नाम न आना किसी भी दृष्टि से आश्चर्यजनक नहीं माना जाना चाहिए और न ही इस प्रकार की नकारात्मक बातों को अपने मत के समर्थन में प्रमाण के रूप में उपयोग किया जाना चाहिए।

कनिंघम ने अयोध्या के कृत्रिम ढूहों का उल्लेख किया है जो उन्हें अयोध्या के दक्षिणी भाग में प्राप्त हुए थे। इन्हें मणि पर्वत, कुबेर पर्वत और सुग्रीव पर्वत कहा जाता है। मणि पर्वत की ऊँचाई कनिंघम ने ६५ फीट दी है जिसके ऊपर ईंटों के टूटे हुए टुकड़े तथा कंकड़ बिखरे पड़े थे। ये ईंटें ११ इंच वर्ग लंबी तथा ३ इंच मोटी थीं। पश्चिम दिशा में भूमि से ४६ फीट ऊपर उन्हें एक कंकड़ के खण्डों से बनाई गई टेढ़ी दीवाल मिली थी। यहां पर टीला लगभग ४० फीट मोटा था और संभवतः इसके ऊपर एक विशाल भवन भी था।[४]

मणिपर्वत के विषय में वर्णन करते हुए कनिंघम लिखते हैं कि इसका निचला भाग बौद्ध काल के प्रारम्भिक युग का रहा होगा और ऊपर का हिस्सा अशोक द्वारा बनवाया गया होगा। इस टीले के निचले भाग से कनिंघम ने एक ईंट के टुकड़े पर 'ष' अक्षर लिखा हुआ प्राप्त किया था जो प्राचीनतम ब्राह्मी में था किन्तु अशोक के बाद का होने के कारण मणिपर्वत पर बनाया गया भवन उस समय का नहीं होगा।

कुबेर पर्वत की ऊँचाई कनिंघम के समय में केवल २८ फीट थी और इसके ऊपर ईंटों के टुकड़े बिखरे पड़े थे तथा लोगों द्वारा ईंटों की खोज में खोदे गए गड्ढों से यह ऊपरी भाग भरा पड़ा था। यहां पर ईंटों की लम्बाई ११ ईंच, चौड़ाई ७-१/४ इंच तथा मोटाई २ इंच थी।

कुबेर पर्वत के दक्षिण-पूर्व में एक बड़ा आयताकार टीला कनिंघम को मिला था जो सुग्रीव पर्वत कहलाता था। इसकी ऊँचाई ८-१० फीट से ज्यादा नहीं थी। इसका ऊपरी भाग दो खण्डों में विभक्त था जिसमें उत्तरी हिस्सा ५०० वर्ग फीट का, तथा दक्षिणी हिस्सा २०० वर्ग फीट का था। इन दोनों के बीच में एक खंडहर से ८-१/२ वर्ग इंच की ईंटें मिली थीं।

कनिंघम ने इन टीलों के पश्चिम की ओर जाने वाली सड़क की पहचान प्राचीन राजमार्ग से की है और यहां पर तिलाही नाला के ऊपर बने हुए एक पुल का भी उल्लेख किया है जिसमें उन्होंने तीन चाप होने की बात कही है।

मणिपर्वत के ऊपर वर्तमान में एक मंदिर है। इस मंदिर के चबूतरे पर एक स्तम्भ है जिसके निचले भाग का व्यास लगभग एक मीटर और परिधि ३.५५ मीटर है तथा ऊपरी हिस्से की परिधि ३.२० मीटर है। यह स्तम्भ वर्तमान में चबूतरे से १.४० मीटर ऊँचा है। वर्तमान चबूतरा बनने से पूर्व इस स्तम्भ की ऊँचाई इसकी दूनी थी।[५] हन्स बेकर लिखते हैं कि कारनेगी द्वारा दिए गए फोटोग्राफ में यह स्तम्भ स्पष्ट रूप से दिखाई पड़ता है जो १८७० में लिया गया था। लेकिन चूँकि कनिंघम इस स्तम्भ का उल्लेख नहीं करते अतः हन्स बेकर ने यह निष्कर्ष निकाला है कि स्तम्भ को वहां पर १८६२–६३ (जब कनिंघम अपना सर्वेक्षण कर रहे थे) के बाद तथा कारनेगी के १८७० में फोटोग्राफ लेने के बीच में खड़ा किया गया होगा। लेकिन, एक संभावना यह भी हो सकती है कि कनिंघम संभवतः इसका उल्लेख करना भूल गए हों क्योंकि कनिंघम द्वारा उल्लिखित सभी बातों को ज्यों-का-त्यों मान लेना उचित नहीं होगा। उन्होंने भी कुछ भूलें कर दी हैं। उदाहरण के लिए, तिलोई नाले के ऊपर जिस पुल को वे तीन चापों वाला कहते हैं उसमें हन्स बेकर ने स्वयं पांच चाप देखे हैं[६]। इस प्रकार कनिंघम के निरीक्षण को अंतिम सत्य मान लेना उचित नहीं होगा और यह स्वीकार करना अधिक समीचीन होगा कि मणिपर्वत पर अशोक द्वारा कोई स्तूप अथवा भवन बनवाया गया होगा जिसकी स्वीकारोक्ति कनिंघम ने की है और उस पर एक स्तम्भ भी खड़ा कराया होगा। अभी यह सुनिश्चित नहीं किया जा सका है कि नागेश्वर नाथ मंदिर में जिस स्तम्भ का ऊपरी भाग शिवलिंग के अधिष्ठान के रूप में प्रयुक्त हो रहा है वह इसी स्तम्भ का हिस्सा था अथवा नहीं।

मणिपर्वत पर कारनेगी ने १८७० में अपनी जो रिपोर्ट लिखी है उसमें अयोध्या के महाराज मानसिंह के हवाले से बताया गया है कि मणिपर्वत पर कुछ ही समय पूर्व एक अभिलेख प्राप्त हुआ

था जिसके अनुसार इस टीले का निर्माण मगध देश के राजा नन्दिवर्धन ने करवाया था और महाराजा ने यह भी बताया था कि नासिरुद्दीन के समय में (१८२७-३७) यह अभिलेख लखनऊ संग्रहालय में ले जाया गया था। इसकी एक प्रतिलिपि शाहगंज में भी रखी गई थी। लेकिन कारनेगी लिखते हैं कि उन्हें बहुत प्रयास करने के बाद भी मूल अभिलेख और उसकी प्रतिलिपि प्राप्त करने में सफलता नहीं मिल पाई। अयोध्या के विद्वान् पण्डित उमादत्त ने भी कारनेगी को बताया था कि उन्होंने इस अभिलेख का अनुवाद ३०-४० वर्ष पूर्व किया था लेकिन, वह प्रति भी खो गई। इस प्रकार एक महत्त्वपूर्ण प्रमाण के सारे सूत्र नष्ट हो गए।

जहां तक मणिपर्वत के आधुनिक मंदिर के सामने चबूतरे में जड़े स्तम्भ का प्रश्न है अवधवासी लाला सीताराम ने अपनी पुस्तक *अवध की झांकी* में यह उल्लेख किया है कि "भगवान बुद्ध का स्मारक स्तम्भ जिसमें अशोक राजा का उपदेश अंकित था, उखाड़कर ७० फीट नीचे खोदकर गाड़ दिया गया और उस पर एक कब्र-सिनाई की लंबी-चौड़ी बनवा दी गई।"[७] हन्स बेकर ने 'सिनाई' शब्द पर टिप्पणी करते हुए यह लिखा है कि यह शब्द 'षीष' (अथवा शेष) का गलत मुद्रण हो सकता है जो टीले के नीचे स्थित शेष पैगम्बर के नीचे कब्र के लिए प्रयुक्त हुआ होगा। लेकिन वास्तव में यहां पर 'सिनाई' शब्द को 'चिनाई' मानना चाहिए जिसका अर्थ होता है ईंटों से चिनाई करना अथवा निर्माण करना।' लेकिन चूंकि एक स्तम्भ अभी भी इस मंदिर के सामने चबूतरे पर गड़ा हुआ है, जो अशोक स्तम्भ के जैसा ही है, इसलिए लाला सीताराम द्वारा संदर्भित स्तम्भ किसी दूसरे स्तम्भ को मानना चाहिए। यदि लाला सीताराम के स्तम्भ की कथा सही मानी जाए तो यह मानना पड़ेगा कि अशोक के दो स्तम्भ इस स्थल पर रहे होंगे। हम यह बात पहले भी कह आए हैं कि नागेश्वर नाथ मंदिर में शिवलिंग का अधिष्ठान बने स्तम्भ शीर्ष के भाग को किस स्तम्भ से सम्बन्धित किया जाए, यह सुनिश्चित नहीं किया जा सका है।

चीनी यात्रियों, जिनमें फाह्यान और ह्वेनसांग दोनों सम्मिलित हैं, के विवरणों से यह स्पष्ट होता है कि अयोध्या में अनेक बौद्ध विहार मौजूद थे जिनमें कई निश्चित रूप से अशोक के समय में बनवाए गए होंगे, संदेह करने का प्रश्न नहीं उठना चाहिए। अयोध्या मौर्य काल में भी एक महत्त्वपूर्ण नगरी बनी रही, जैसा कि बुद्ध के समय में तथा उसके भी पूर्व *महाभारत* और *रामायण* के काल में थी। अयोध्या अथवा साकेत का महत्त्व मौर्य साम्राज्य के पतन के बाद भी कम नहीं हुआ था बल्कि संभवतः बढ़ ही गया था, इसके संकेत हमें मिलते हैं। यह बात स्वीकार नहीं की जा सकती है कि प्रशासनिक दृष्टि से मौर्य शासन-काल में अयोध्या का महत्त्व दूसरे नम्बर पर आ गया होगा। लेकिन शुंग काल में अयोध्या पुनः एक महत्त्वपूर्ण स्थान पा गई थी क्योंकि हमको लगता है कि शुंगों ने अपने क्रिया-कलाप का केन्द्र अयोध्या को बना लिया था।

सन्दर्भ

१. इन समस्त विवरणों के लिए देखिए, श्रीराम गोयल, *मगध-सातवाहन-कुषाण साम्राज्यों का युग*, १९८८, पृ॰ ६० और आगे।

२. हन्स बेकर, *अयोध्या*, खण्ड एक, पृ॰ १४।

३. टी॰ पी॰ वर्मा, *जर्नल आव दि इपीग्रैफिकल सोसाइटी ऑव इण्डिया*, भाग १७, १९९१, पृ॰ १२-१७।

४. *ऑ॰ स॰ रि॰* (ऑर्कलॉजिक सर्वे रिपोर्ट), खण्ड एक, पृ॰ ३२२ और आगे।

५. हन्स बेकर, पूर्वोक्त, पृ॰ १६।

६. उपरोक्त, पृ॰ १७।

७. दे॰ उपरोक्त, पृ॰ १६-१७, पाद टिप्पणी-१, लाला सीताराम, *अवध की झांकी*, प्रयाग, वि॰ सं॰ १९९० (१९३३ ई॰)।

५

अयोध्या के शुंग एवं परवर्ती राजवंश

साहित्यिक एवं पुरातात्त्विक स्रोत

शुंगकाल के अयोध्या के इतिहास के लिए हमें साहित्यिक स्रोतों से बहुत कम जानकारी मिलती है किन्तु इस कमी को कुछ हद तक पुरातात्त्विक, मुद्राशास्त्रीय, अभिलेखीय स्रोतों और मुहरों के माध्यम से पूरा किया जा सकता है। ग्रीक लेखकों ने साकेत को सोगेद के रूप में संदर्भित किया है और इसे एक महत्त्वपूर्ण नगर बताया है। इनमें भूगोलवेत्ता टॉलेमी (दूसरी शताब्दी ईस्वी के मध्य) का नाम लिया जा सकता है जिसके ज्ञान का स्रोत मेगस्थनीज तथा सिकन्दर के भारत पर आक्रमण-सम्बन्धी विवरण रहे होंगे। इस प्रकार चौथी शताब्दी ई॰ पू॰ के अन्तिम चरण के पूर्व से ही अयोध्या की महत्ता को स्वीकार करना समीचीन होगा। इसके अतिरिक्त साहित्यिक स्रोतों में *युग पुराण* तथा पतंजलि के द्वारा उल्लिखित सन्दर्भों को भी ध्यान में रखना होगा जिसके विषय में हम आगे कुछ और विस्तार से चर्चा करेंगे। *युग पुराण* में उल्लिखित शालिशूक नामक राजा मौर्य वंश का माना जाता है जो अधार्मिक कहा गया है। हन्स बेकर ने विजय नामक व्यक्ति को, जो धार्मिक बताया गया है, साकेत का गवर्नर और शालिशूक का भाई माना है। हन्स बेकर के अनुसार, इसी समय से नगर के उत्थान का प्रारम्भ हुआ।[1] यहां पर हन्स बेकर ने दुर्ग-प्राकार का भी प्रश्न उठाया है तथा ए॰ घोष के उस मत को संदर्भित किया है जिसमें उन्होंने यह कहा है कि उत्तर भारत के प्राकार युक्त नगरों को कालक्रम की दृष्टि से दो वर्गों में रखा जा सकता है। पहले वर्ग में वे नगर आएंगे जिनके प्राकार छठी शताब्दी ई॰ पू॰ में बने थे और दूसरे वर्ग में वे नगर आएंगे जिनके प्राकार दूसरी-पहली शताब्दी ई॰ पू॰ में बनाए गए होंगे। हन्स बेकर कहते हैं कि यह वह समय था जब मौर्य साम्राज्य छिन्न-भिन्न हो गया था और स्थानीय राजवंश उठ खडे हुए। प्रत्येक अपने को स्वतंत्र अनुभव करता हुआ अपने राजधानी नगर की किलेबन्दी करके उसे दुर्ग का रूप देने लगा। इस प्रकार प्राकार युक्त नगरों को विशाल नगरों (मैट्रोपॉलिटन) का गौरव प्राप्त हुआ।[2] ए॰ घोष का यह वर्गीकरण उनके उन मौलिक पूर्वाग्रहों से ग्रस्त है जिससे अनेक पुरातत्त्ववेत्ता ग्रस्त हैं और जिसके आधार पर उत्तर भारत में नगरीकरण की प्रक्रिया वाले सिद्धांत का प्रतिपादन करते हैं।

अयोध्या की खुदाई में प्रो॰ बी॰ बी॰ लाल को प्राकार के अवशेष प्राप्त हुए हैं जिन्हें वे तीसरी शताब्दी ई॰ पू॰ में रखते हैं। और हन्स बेकर के अनुसार वह तीसरी शताब्दी ई॰ पू॰ के अंतिम चरण में बना होगा क्योंकि इस समय स्थानीय सामन्तों अथवा राजाओं ने यह अनुभव किया होगा कि केन्द्रीय शक्ति कमजोर पड़ती जा रही है। इसके अतिरिक्त हन्स बेकर ने अयोध्या में टकसाल खोले जाने की बात को भी इसी से संबन्धित किया है। अयोध्या के सिक्कों के पहले वर्ग के प्रारम्भ होने की तिथि एलन ने तीसरी शताब्दी ई॰ पू॰ माना है। लेकिन हम यह भली-भांति जानते हैं कि तीसरी शताब्दी ई॰ पू॰ के अन्तिम चरण में भी पाटलिपुत्र में मौर्य वंश का शासन था और उसकी शक्ति इतनी कमजोर नहीं थी कि अयोध्या जैसे निकट के क्षेत्र के शासक अपने को इतना शक्तिशाली मानने लगें कि पाटलिपुत्र की अवहेलना करके नगर की किलेबन्दी शुरू कर दें तथा अपनी स्वतन्त्र टकसाल प्रारम्भ कर दें। मगध साम्राज्य की सेनाएं अभी भी पश्चिमी सीमाओं की रक्षा कर रही थीं। इस प्रकार साकेत में तीसरी शताब्दी में स्वतंत्र टकसाल स्थापित करने की बात को बहुत अधिक गंभीरता से नहीं लेना चाहिए। पुष्यमित्र शुंग ने दूसरी शताब्दी ई॰ पू॰ के प्रथम चरण में जब मौर्य साम्राज्य के अंतिम राजा बृहद्रथ का वध किया था, तब भी मौर्य सेना पर्याप्त शक्तिशाली थी; क्योंकि उसके बाद भी पुष्यमित्र ने अपने अश्वमेध यज्ञ के घोड़े के रोके जाने पर अपने पौत्र को भेजकर यवनों को पराजित किया था। इस कारण साकेत में नवीन टकसाल अथवा किलेबन्दी के लिए बनाए गये प्राकार को मौर्य साम्राज्य की घटती हुई शक्ति से सम्बन्धित करना उचित नहीं होगा। जहां तक सिक्कों की टकसाल का प्रश्न है प्राचीनतम

आहत (पञ्च-मार्क्ड) मुद्राएं अयोध्या और काशी की ही देन मानी जाती हैं। यहां पर यह भी उल्लेखनीय है कि बाद में मौर्य युग में पांच चिह्नों वाली आहत मुद्राओं पर प्रथम चिह्न अनिवार्य रूप से सूर्य का चिह्न निश्चित किया गया है। यह निरन्तर सभी सिक्कों पर बिना किसी अपवाद के प्राप्त होता है चाहे वे देश के किसी भी भाग से मिले हों। इन सूर्य चिह्न वाले सिक्कों का संबंध हम अयोध्या के सूर्य वंश से जोड़ना चाहेंगे और इस बात को रेखांकित करना चाहेंगे कि मगध अथवा काशी अथवा कोसल के राजा भी अपने को उसी परम्परा से संबन्धित मानकर अथवा सूर्य वंश की परम्परा के अनुयायी मानकर यह सिक्के चलाते थे। इस प्रकार यदि अयोध्या में टकसाल खोले जाने की बात को राजनीतिक इतिहास के साथ जोड़ना है तो उसकी प्राचीनता को मौर्य वंश से अनेक शताब्दियां पहले ले जाना पड़ेगा। एलन के प्रथम वर्ग के सिक्के जिन्हें उन्होंने तीसरी शताब्दी ई॰ पू॰ में रखा है, स्थापित ऐतिहासिक काल-क्रम से संबद्ध नहीं किया जा सकता।

इस प्रकार अयोध्या मौर्य और उसके बाद के काल में भी एक महत्त्वपूर्ण नगर बना रहा लेकिन उसकी राजनीतिक अथवा प्रशासनिक दृष्टि से क्या स्थिति थी इस संबंध में निश्चित रूप से अभी कुछ कहना संभव नहीं है।

शुंग युग में अयोध्या

मौर्य साम्राज्य का अंतिम राजा बृहद्रथ था जिसको मारकर पुष्यमित्र शुंग ने एक नए राजवंश की स्थापना की; यद्यपि वह आजीवन अपने को सेनापति ही कहता रहा और सभी साहित्यिक तथा आभिलेखिक स्रोत भी उसे सेनापति ही कहते हैं। वर्तमान युग में सर्वसम्मत गणना के अनुसार पुष्यमित्र शुंग ने १८७ ई॰ पू॰ में शासन आरम्भ किया था। इस प्रकार मौर्य साम्राज्य का अन्त इसी वर्ष माना जाता है। *मत्स्य पुराण*[३] में यह कहा गया है कि सेनानी पुष्यमित्र बृहद्रथ को नष्ट करके ३६ वर्ष तक राज्य करेगा। इसी प्रकार *भागवत पुराण*[४] में भी यह बताया गया है कि मौर्य बृहद्रथ को मारकर उसका सेनापति कलियुग में पुष्यमित्र शुंग के नाम से राज्य करेगा। इसी घटना का उल्लेख *हर्षचरित*[५] में भी किया गया है जिसमें यह कहा गया है कि प्रतिज्ञा-दुर्बल मौर्य बृहद्रथ को सेना दिखाने के बहाने सेनानी अनार्य पुष्यमित्र ने अपने स्वामी को मार डाला। इस प्रकार यह बात स्पष्ट हो जाती है कि बृहद्रथ किन परिस्थितियों में मारा गया। पुष्यमित्र ने मौर्य सेना की शक्ति से अपने स्वामी बृहद्रथ को आश्वस्त कराने के लिए सैन्य संचालन की व्यवस्था की थी और इसी अवसर पर बृहद्रथ की हत्या कर दी गई जिसके लिए सभी साहित्यिक स्रोत एक मत से पुष्यमित्र को जिम्मेदार मानते हैं।

यहां पर अनेक विद्वानों ने प्रतिज्ञा-दुर्बल शब्द का अनेक प्रकार से अर्थ किया है लेकिन उसके विस्तार में जाने की कोई आवश्यकता नहीं है। किन्तु बूलर ने 'बल' शब्द का अर्थ 'शक्ति' (strength) किया है न कि 'सेना'। बूलर द्वारा किया गया अर्थ स्वीकार्य नहीं है क्योंकि एक सेनापति सेना का ही प्रदर्शन कर सकता है और शायद इसकी आवश्यकता इसलिए पड़ी कि मौर्य सम्राट को संभवतः अपने सैन्य बल पर भरोसा नहीं हो पा रहा था और वह युद्ध क्षेत्र में उसका समुचित उपयोग किए जाने के विरुद्ध था।

युग पुराण[६] इस संबंध में हमको कुछ सूचनाएं देता है जिसके अनुसार, "दुष्ट विक्रान्त यवन साकेत, पांचाल और मथुरा को जीतकर पाटलिपुत्र तक पहुंच जाएंगे। उनके पाटलिपुत्र के मिट्टी के प्राकार के समीप पहुंचने से समस्त विषय व्याकुल हो जाएंगे इसमें कोई संदेह नहीं है। इसके बाद पश्चिम में एक महान् युद्ध होगा। धममीत के अधीन निर्भय होकर यवन लोग नगर में पांच राजाओं को मार देंगे। युद्ध में दुर्मद यवन मध्य देश में स्थायी नहीं रुकेंगे और अपने स्वयं के लोगों के बीच युद्ध शुरू हो जाने के कारण वापस चले जाएंगे।"

प्रायः सभी विद्वानों ने 'धममीत' को 'डिमेट्रियस' माना है जो बैक्ट्रिया का यवन राजा था और मौर्य साम्राज्य की राजधानी पाटलिपुत्र तक उसके आक्रमण का विवरण स्वीकार किया है। इस विवरण के अनुसार, वह पाटलिपुत्र तक पहुँच गया था और उसके नगर की चहारदीवारी तक पहुँचने के कारण सभी विषय (प्रदेश) व्याकुल हो गए। इस युद्ध में नगर में पांच राजा मारे गए। यह विवरण कुछ अस्पष्ट सा है। कुछ लोगों ने यह माना है कि नगर (पाटलिपुत्र) के पांचों राजा जिन्दा जला दिए गए। इससे यह स्पष्ट नहीं होता कि ये पांचों राजा पाटलिपुत्र के शासक थे जो अलग-अलग समय में उत्तराधिकारी के रूप में वहां शासन करने आए और क्रमशः जला दिए गए, अथवा एक ही युद्ध में ये पांचों जलाए गए। यहां पर 'नगरे पञ्च पार्थिवान्' शब्द लिखा है। डी॰ सी॰ सरकार ने नगर को पाटलिपुत्र माना है लेकिन इन पांच राजाओं के विषय में कुछ नहीं कहा है। संभवतः ये पांच राजा मौर्य सेना के उच्च पदस्थ सेनानी रहे होंगे अथवा मौर्य साम्राज्य के सामन्त राजा रहे होंगे जो किसी शिविर में किसी प्रकार जला दिए गए होंगे। इसी प्रकार यवनों द्वारा कुसुमध्वज पहुंचने (प्राप्स्यन्ति कुसुमध्वजं) की बात को भी कुछ लोगों ने पाटलिपुत्र पर अधिकार कर लेना माना है। लेकिन इसके आगे की पंक्ति में यह कहा गया है कि पुष्पपुर के मिट्टी

के परकोटे के पास पहुंचने से सभी विषय (व्याकुल) हो गए (पुष्पपुरे प्राप्ते कर्दमे)। इससे यही अर्थ निकलता है कि यवन राजा पुष्पपुर के प्राकार तक ही पहुँचा था, नगर पर अधिकार नहीं कर पाया था और जिन पांच राजाओं को जिन्दा जलाए जाने की बात कही गई है वे संभवतः नगर परकोटे के बाहर मौर्य सेना की छावनी में पड़े हुए सामन्त राजा रहे होंगे जो किसी कारणवश (संभवतः युद्ध-संबंधी मंत्रणा करते हुए) मारे गए। किन्तु पश्चिम में कहीं महायुद्ध होने की बात भी कही गई है (महायुद्ध तद्भविष्यन्ति पश्चिमं)। संभवतः यह इस बात का संकेत है कि इसी समय पश्चिम में यवनों के बीच परस्पर महायुद्ध छिड़ गया; अथवा दूसरी संभावना यह भी है कि पश्चिम में मौर्य सेना यवनों के विरुद्ध महान् युद्ध कर रही थी। जो भी हो, यवनों को शीघ्र ही वापस लौट जाना पड़ा। लेकिन, इससे यह भी सिद्ध हो गया कि राजा की दुर्बलता अथवा निर्णय न ले सकने की स्थिति में क्या कुछ हो सकता है? संभवतः मौर्य राजा अपनी सेना की शक्ति के प्रति आश्वस्त नहीं था। किन्तु सेना का मनोबल इतना नहीं गिर गया था कि वह इन आक्रमणों का सामना न कर सकती हो। ऐसा लगता है कि इसी बात को दर्शाने के लिए पुष्यमित्र ने सेना के भव्य संचलन (परेड) का आयोजन किया था और इस पर भी राजा के आश्वस्त न होने के कारण वह मार डाला गया। हरप्रसाद शास्त्री[७] का यह कहना है कि परेड के समय कहीं से एक तीर लगने से बृहद्रथ मारा गया था किन्तु इसके लिए कोई प्रमाण उपस्थित नहीं किया है।

बृहद्रथ की हत्या के बाद पुष्यमित्र मौर्य साम्राज्य का कार्य देखने लगा। ऐसा लगता है कि बृहद्रथ का कोई उत्तराधिकारी नहीं था और था भी तो वह राज्य का स्वामी नहीं बन पाया। शासन का समस्त कार्य पुष्यमित्र ने अपने हाथों में ले लिया और बिहार से लेकर साकल अथवा स्यालकोट तक का क्षेत्र उसके अधीन हो गया। इसके बाद के इतिहास के लिए हमको कालिदास के *मालविकाग्निमित्रम* नाटक से कुछ सूचनाएं मिलती हैं। इसके अनुसार पुष्यमित्र का पुत्र अग्निमित्र विदिशा में राज्यपाल के रूप में शासन करता हुआ दिखाई पड़ता है और नर्मदा तक के भू-भाग पर शुंग शासन की स्थापना करता है। *मालविकाग्निमित्रम्* में अग्निमित्र को 'राजन्' कहा गया है। इससे भी कुछ लोगों ने यह अर्थ लगाया है कि पुष्यमित्र ने यद्यपि स्वयं को 'सेनानी' या 'सेनापति' ही माना किन्तु अपने पुत्र को उसने राजा बना दिया था। लेकिन, यहां 'राजन्' शब्द को औपचारिक रूप से 'राजा' मानना उचित नहीं है[८]। *मालविकाग्निमित्रम्* से जो दूसरे राजनीतिक इतिहास के महत्त्व की सूचना मिलती है वह पुष्यमित्र के द्वारा अश्वमेध यज्ञ की है। पुष्यमित्र ने अग्निमित्र को एक पत्र लिखकर सूचित किया कि वह यज्ञ की वेदी से अपने पुत्र आयुष्मान अग्निमित्र को संबोधित कर रहा है तथा यह लिखा कि अश्वमेध यज्ञ की दीक्षा लेकर एक वर्ष' की अवधि बांधकर मैंने जो घोड़ा छोड़ा था और जिसकी रक्षा के लिए सैकड़ों राजकुमारों के साथ वसुमित्र को भेजा था वह घोड़ा जब सिन्धु नदी के दक्षिण में चर रहा था तो घुड़सवार सेना के एक यवन ने उसे पकड़ लिया, इस पर दोनों सेनाओं में घनघोर लड़ाई हुई। इसलिए जैसे अंशुमान द्वारा घोड़ा छुड़ा लाने पर सगर ने यज्ञ किया था वैसे ही मैं भी यज्ञ कर रहा हूँ। इसलिए अब तुम तत्काल शांतचित्त होकर बहुओं को साथ लेकर यज्ञ देखने चले आओ।[९]

अब यहां प्रश्न यह उठता है कि पुष्यमित्र ने अश्वमेध यज्ञ कहां पर किया था? वैसे धन(देव) के अयोध्या अभिलेख के आधार पर यह माना जाता है कि पुष्यमित्र ने दो अश्वमेध यज्ञ किए थे। *हरिवंश पुराण*[१०] से भी यह सूचित होता है कि जनमेजय के बाद कलियुग में एक द्विज सेनानी अश्वमेध यज्ञ पुनः प्रारम्भ करेगा। यह पुष्यमित्र के आदि स्थान से संबन्धित प्रश्न है। यद्यपि अनेक विद्वानों ने इस बात को मान लिया है कि चूंकि मौर्य साम्राज्य की राजधानी पाटलिपुत्र में थी इसलिए पुष्यमित्र ने भी अपने प्रशासन का केन्द्र पाटलिपुत्र को ही बनाए रखा होगा। इस विषय पर विचार करते समय बेला लाहिड़ी *दिव्यावदान* का हवाला देते हुए यह कहती हैं कि पुष्यमित्र ने अपने बौद्ध विरोधी अभियान का प्रारम्भ पाटलिपुत्र से ही किया होगा तथा वह साकल से पाटलिपुत्र स्थित कुक्कुटाराम विहार को नष्ट करने के लिए वापस आया होगा। "इस प्रकार यह स्वाभाविक भी लगता है कि पुष्यमित्र, जिसने मौर्य सिंहासन को हस्तगत कर लिया था, स्वयं मौर्य राजधानी से ही शासन करता रहा"[११] लेकिन अधिकांश विद्वान् जिनमें टार्न,[१२] कनिंघम,[१३] रैप्सन,[१४] आर॰ पी॰ चन्दा[१५] आदि शामिल हैं, पुष्यमित्र को विदिशा का निवासी बताते हैं। टार्न ने तो यहां तक कह दिया कि पुष्यमित्र मूलरूप से विदिशा का वंशानुगत राजा था। इन विद्वानों के मत का आधार *मालविकाग्निमित्रम्* ही है जिसमें उसका पुत्र अग्निमित्र विदिशा में स्थित बताया गया है और पुष्यमित्र ने पत्र लिखकर उसे यज्ञ में भाग लेने के लिए वापस आने के लिए लिखा था। इसमें 'वैदिशरथं' पुत्रं आयुष्मन्तं अग्निमित्रं' कहा गया है अर्थात 'विदिशा में स्थित अग्निमित्र'। *मालविकाग्निमित्रम्* की जितनी भी प्रतियां मिली हैं उन सबमें यही पाठ मिलता है। किन्तु एक त्रुटिपूर्ण पाण्डुलिपि में 'वैदिशस्थं पुत्रं' के स्थान पर 'वैदिशकस्तयम्' पाठ आया है और इन विद्वानों ने इसी को आधार मानकर पुष्यमित्र और अग्निमित्र दोनों को विदिशा का निवासी स्वीकार किया है। लेकिन इस एक संदिग्ध पाण्डुलिपि के आधार पर यह निष्कर्ष निकालना

उचित नहीं होगा कि विदिशा पुष्यमित्र का आदि स्थान था और टार्न द्वारा 'परम्परागत राजवंश' का सिद्धांत तो दूर की कौड़ी लाने के समान ही है।

हम समझते हैं कि पुष्यमित्र का आदि स्थान कोशल जनपद में ही कहीं रहा होगा और संभवतः वह साकेत अथवा उसके समीप के किसी ब्राह्मण वंश का व्यक्ति था। पुष्यमित्र स्वयं राजा नहीं था, इस बात की पुष्टि *हरिवंश पुराण* से हो जाती है क्योंकि इसमें उसे 'औद्भिज' कहा गया है जिसका अर्थ होता है 'मिट्टी से उत्पन्न'। लगभग सभी स्रोत पुष्यमित्र को 'सेनानी' अथवा 'सेनापति' ही कहते हैं। यहां तक कि धन(देव) का अयोध्या अभिलेख भी उसे 'सेनापतेः' ही कहता है। किन्तु कुछ स्रोतों में उसे राजा भी कहा गया है। *दिव्यावदान*[१६] में उसे अन्तिम मौर्य राजा बताया गया है। लामा तारनाथ[१७] ने भी उसे 'ब्राह्मण राजा' कहा है। इसके अतिरिक्त पतंजलि ने[१८] चन्द्रगुप्त सभा तथा पुष्यमित्र सभा का उल्लेख किया है जिससे कुछ विद्वानों ने यह निष्कर्ष निकाला है कि चन्द्रगुप्त के समान ही पुष्यमित्र भी राजा था। इसके अतिरिक्त यह भी तर्क दिया गया है कि बिना राजा हुए कोई अश्वमेध यज्ञ नही कर सकता। अतः पुष्यमित्र को भी राजा होना चाहिए।[१९] इसमें कोई संदेह नहीं कि पुष्यमित्र राजा नहीं था और न उसने राजा की उपाधि ही धारण की थी फिर भी वह राजा के समस्त कार्य संपादित कर रहा था और मौर्य साम्राज्य के बचे हुए भाग की शासन व्यवस्था करता रहा; लेकिन इसका केन्द्र उसने संभवतः साकेत को ही बनाया था। जिस व्यक्ति ने मौर्य साम्राज्य के अंतिम सम्राट् को मारने के बाद सिंहासन पर अपने को आसीन नहीं किया और आजीवन सेनापति के रूप में शासन करता रहा वह यदि पाटलिपुत्र से थोड़ा हटकर साकेत को अपना केन्द्र बनाता है तो इसमें आश्चर्य नहीं होना चाहिए। हम पीछे संकेत कर आए हैं कि साकेत मौर्य काल में भी एक महत्त्वपूर्ण केन्द्र था और पुष्यमित्र के यहां पर अपना केन्द्र बनाने के बाद इस स्थान का महत्त्व और बढ़ गया था। *युग पुराण*, जिसका संदर्भ हम पहले दे आए हैं, यवनों के आक्रमण का उल्लेख करते हुए सबसे पहले साकेत का ही नाम लेता है। इसके अतिरिक्त पतंजलि ने अपने *महाभाष्य* में भी निकट भूतकाल (लं लकार) 'अरुणद् यवनं साकेतं अरुणद् यवनो मध्यमिकां'[२०] कहा है अर्थात् यवनों के निकट भूतकाल में साकेत पर घेरा डाला था जो उनके अपने ही समय की घटना थी जिसको यद्यपि उन्होंने नहीं देखा था किन्तु यदि वे चाहते तो देख सकते थे। लेकिन एक अन्य स्थान पर[२१] उन्होंने लिखा है 'इह पुष्यमित्रं याजयामः' (मैं यहां पुष्यमित्र के लिए यज्ञ कर रहा हूं)। यहां पर यह कार्य अभी चल रहा है और समाप्त नहीं हुआ है। यहां पर 'इह' शब्द उल्लेखनीय है जो संभवतः साकेत की ओर ही संकेत करता है। उल्लेखनीय है कि पतंजलि गौड़देश के वासी कहे गये हैं जिसे गोन्डा से समीकृत किया गया है। अतः वे कोशल प्रदेश के ही निवासी थे। इस बात को यदि हम अयोध्या के धन (देव) के अभिलेख के साथ मिलाकर देखें तो हमारी उपरोक्त अवधारणा की पुष्टि होती है क्योंकि, जैसा कि हम आगे के पृष्ठों में विचार करेंगे, पुष्यमित्र का पौत्र वसुमित्र अथवा सुमित्र उसके बाद राज्य का उत्तराधिकारी हुआ क्योंकि संभवतः अग्निमित्र को राज्य करने का अवसर नहीं मिला था; यद्यपि कुछ पुराण उसे आठ वर्ष शासन करने की अवधि प्रदान करते हैं। पुष्यमित्र के इस निर्णय से उसके एक पुत्र मित्रदेव (सिक्कों का मूलदेव?) ने अपने अधिकार पर कुठाराघात समझकर वसुमित्र की हत्या कर दी और अयोध्या में अपने वंश की स्थापना की। मूलदेव और उसके वंशजों के विषय में हम आगे के पृष्ठों में विचार करेंगे। किन्तु यहां पर यही कहना समीचीन होगा कि पुष्यमित्र ने पाटलिपुत्र से हटकर साकेत में ही अपना केन्द्र बनाकर शासन किया था। वसुमित्र की हत्या के बाद वसुमित्र के उत्तराधिकारियों ने कहीं अन्यत्र अपना केन्द्र बनाया और पुराणों ने उसी वंश के लोगों की सूची दी है तथा साकेत में पुष्यमित्र के जिन वंशजों ने आगामी सात पीढ़ियों तक शासन किया उनका कोई उल्लेख पुराणों में नहीं मिलता। केवल *युग पुराण* ही इस बात का उल्लेख करता है।

यहां पर हम पुराणों में उल्लिखित पुष्यमित्र के उन दस वंशजों के नाम तथा उनके शासन की अवधि के विषय में विचार-विमर्श नहीं करेंगे क्योंकि पुराणों ने इस विषय में जो सूचना दी है उनका उल्लेख शुंगकाल के इतिहास पर लिखने वाले प्रायः सभी विद्वानों ने किया है।[२२]

अयोध्या के देव नामांत शासक

यहां पर हम उस क्षेत्र में प्रवेश कर सकते हैं जिसके लिए साहित्यिक संदर्भ बहुत ही कम हैं और अयोध्या के शुंग वंश की इस शाखा के इतिहास के निर्माण के लिए हमें मूल रूप से मुद्राशास्त्रीय साक्ष्य ही उपलब्ध हैं। मुद्राशास्त्रियों[२३] ने देव नामांत वाले अयोध्या क्षेत्र से प्राप्त सिक्कों के आधार पर अयोध्या के इतिहास का जो पुनर्निर्माण किया है वह धीरे-धीरे मुद्रा साक्ष्यों की प्राप्ति से ही संभव हो सका है। अयोध्या के देव नामांत वाले राजाओं के सिक्के अयोध्या,[२४] श्रावस्ती,[२५] जौनपुर जिला,[२६] आजमगढ,[२७] इलाहाबाद,[२८] बक्सर (बिहार),[२९] पटना (बिहार)[३०] से प्राप्त हुए हैं। इन स्थलों से मूलदेव, वायुदेव, विशाखदेव, धनदेव, शिवदेव तथा पथदेव के सिक्के मिले हैं। इनमें से अंतिम पथदेव

के सिक्के पर केवल तीन अक्षर प थ द ही प्राप्त हुए हैं और एलन का यह कहना है कि यह सिक्का संभवतः पथदेव का होगा।[३१]

देव नामांत इन राजाओं के सिक्कों का विवरण देने के पूर्व उन परिस्थितियों और सामाजिक साक्ष्यों की ओर ध्यान देना उचित होगा जिनके अन्तर्गत साकेत के इस राजवंश के अस्तित्व में आने की सूचनाएं प्राप्त होती हैं। *युग पुराण* के यवनों के आक्रमण से संबन्धित उद्धरण की समीक्षा हम पिछले पृष्ठों में कर आए हैं जिसमें 'धममीत' के अधीन यवन सेना के द्वारा पांचाल और मथुरा को आक्रान्त करते हुए साकेत पर आक्रमण करने का उल्लेख है और यह भी कहा गया है कि इस अभियान में यवन सेना पाटलिपुत्र के कर्दम प्राकार के समीप तक पहुंच गई थी जिससे सभी व्याकुल हो गए थे। किन्तु यवनों में परस्पर युद्ध छिड़ जाने से यवन सेना को वापस जाना पड़ा। इस युद्ध में नगर के बाहर शिविर में पांच सामन्त राजाओं के मारे जाने का उल्लेख भी हुआ है। उसके बाद की पंक्तियों में यह कहा गया है कि यवनों की शक्ति क्षीण हो जाने के बाद सात महाबली राजागण होंगे।[३२] यहां पर यह वाक्यांश उल्लेखनीय है 'ततो युग वशात् तेषां यवनान परिक्षये' जिसका अर्थ यह किया जाना चाहिए कि 'कुछ समय के बाद यवनों की शक्ति क्षीण होने पर' साकेत में सात महाबली राजा होंगे।' यवनों की इस शक्ति को नष्ट करने का काम पुष्यमित्र ने किया था इसकी सूचना हमें *मालविकाग्निमित्रम्* से मिलती है। उसके बाद पुष्यमित्र ने अपने राजवंश की स्थापना की। यद्यपि वह स्वयं राजा नहीं बना किन्तु पुराणों से यह ज्ञात होता है कि उसके बाद अग्निमित्र, सुजेष्ठ और वसुमित्र राजा हुए। वसुमित्र की पहचान कुछ लोगों ने सुमित्र से की है जिसको मित्रदेव ने मार डाला था; इसकी सूचना *हर्षचरित* से प्राप्त होती है। *मत्स्य पुराण* में अग्निमित्र का उल्लेख नहीं है। उसमें केवल पुष्यमित्र व सुजेष्ठ और वसुमित्र अथवा सुमित्र नाम दिया गया है और इन राजाओं के क्रमशः ३६, ७ और १० वर्ष राज्य करने की अवधि अंकित है। कुल मिलाकर ५३ वर्ष होते हैं लेकिन *वायु* और *ब्रह्माण्ड* पुराणों में पुष्यमित्र को ६० वर्ष, अग्निमित्र को ८ वर्ष, सुजेष्ठ को ७ वर्ष और वसुमित्र को १० वर्ष शासन करते हुए बताया गया है। ये कुल मिलाकर ८५ वर्ष होते हैं। *हर्षचरित* में अग्निमित्र के पुत्र सुमित्र नामक एक राजा का मूलदेव के द्वारा वध किए जाने का उल्लेख मिलता है जो नृत्य नाटक का बहुत शौकीन था।[३३] कुछ पाण्डुलिपियों में मूलदेव के स्थान पर मित्रदेव नाम भी मिलता है। जगन्नाथ[३४] ने इस मूलदेव की पहचान अयोध्या से प्राप्त सिक्कों वाले मूलदेव से की है।[३५] यहां पर शुंग वंश दो धाराओं में बंट गया लगता है। संभवतः सुमित्र के उत्तराधिकारी कोशल से हटकर दक्षिण की ओर संक्रमण कर गए; जबकि मूलदेव के उत्तराधिकारी कोशल पर ही शासन करते रहे। भरहुत के एक तोरण पर 'सुगनं रजे' उल्लेख मिलता है। यहां पर यह प्रश्न विचारणीय है कि क्या भरहुत भी कोशल के शुंगों के अधीन रहा होगा अथवा सुमित्र के उत्तराधिकारियों के इस क्षेत्र में चले जाने का उल्लेख है? जो भी हो पुष्यमित्र के बाद की तीसरी पीढ़ी के बाद ही यह राजवंश दो शाखाओं में विभक्त हो गया था जिनमें कोशल का राजवंश भी कम शक्तिशाली नहीं था क्योंकि *युग पुराण* में इन राजाओं को 'महाबलाः' कहा गया है। बेला लाहिड़ी ने मित्रदेव को मूलदेव मानने से इस आधार पर इन्कार कर दिया है कि अयोध्या के मूलदेव का पाटलिपुत्र से कभी कोई संबंध नहीं रहा है।[३५] लेकिन जैसा कि हमने साकेत को पुष्यमित्र द्वारा अपना प्रशासनिक केन्द्र बनाए जाने की चर्चा पिछले पृष्ठों में की है, अयोध्या में मूलदेव के होने की बात स्वीकार की जा सकती है। सुमित्र, जो अग्निमित्र का पुत्र कहा गया है, तथा *मालविकाग्निमित्रम* में वसुमित्र भी कहा गया है, और यद्यपि उसके और पुष्यमित्र के बीच में अग्निमित्र और सुजेष्ठ नामक दो राजाओं का उल्लेख पुराणों में आता है, किन्तु ऐसा लगता है कि पुष्यमित्र का यह पौत्र विवादित परिस्थितयों में राज्य का शासक बना था तथा अग्निमित्र एवं सुजेष्ठ दोनों ही पुष्यमित्र के पुत्र रहे होंगे। पुष्यमित्र के लम्बे समय तक शासन करने के कारण शायद उसके दोनों पुत्र प्रौढ़ वय का होने के कारण बहुत कम समय तक शासन कर सके थे। लेकिन, एक संभावना यह भी लगती है कि पुष्यमित्र का एक तीसरा पुत्र मूलदेव अथवा मित्रदेव भी रहा होगा और वह भी स्वयं को राज्य का उत्तराधिकारी मानता रहा होगा; तथा इसी ने नृत्य कला के शौकीन वसुमित्र की हत्या करके साकेत से उसके वंशजों को भगाकर वहां पर अपना शासन स्थापित किया। यदि हम इस संभावना को स्वीकार करें तो सिक्कों से प्राप्त साक्ष्य तथा धन(देव) के अयोध्या अभिलेख के साक्ष्य में तालमेल बिठा सकते हैं जिसमें यह कहा गया है कि धनदेव पुष्यमित्र के वंशजों में छठी पीढ़ी में आता है। अयोध्या के 'देव' नामांत वाले राजाओं का वंश-वृक्ष इस प्रकार पुनर्निर्मित किया जा सकता है —

१. सेनापति पुष्यमित्र (३६)

२. अग्निमित्र (८) ३. सुजेष्ठ (७) १. मूलदेव (अयोध्या शाखा)

४. वसुमित्र(१०) या (सुमित्र)

२. वायुदेव

३. विशाखदेव

४. फल्गुदेव
(अयोध्या अभिलेख से प्राप्त)

५. धन(देव)
(अयोध्या अभिलेख से प्राप्त)

६. शिवदेव

७. पथदेव

अयोध्या के शुंग राजाओं की शाखा के कालक्रम पर चर्चा करने से पूर्व यह उचित होगा कि हम इस बात पर भी विचार कर लें कि अयोध्या का यह राजवंश निश्चित रूप से शुंग वंश की एक शाखा थी। अयोध्या से प्राप्त धन(देव) का अभिलेख इस संबंध में हमारी सहायता करता है। इस अभिलेख की प्रतिलिपि इस प्रकार है[३६] –

१. कोसलाधिपेन द्विरश्वमेध याजिनः सेनापतेः पुष्यमित्रस्य षष्ठेन कौशिकीपुत्रेण धन(देवेन)

२. धर्मराज्ञा पितुः फल्गुदेवस्य केतनं कारितं (तम्) (।।)

यहां पर धनदेव अपने को कोसलाधिप कहता है और अपने को दो अश्वमेध करने वाले सेनापति पुष्यमित्र की छठी पीढ़ी में बताता है।

"पुष्यमित्रस्य षष्ठेन" के अर्थ के विषय में काफी वाद-विवाद चला है तथा अनेक लोगों ने अपने विचार इस पर व्यक्त किए हैं। दिनेशचन्द्र सरकार इस अभिलेख को प्रथम शताब्दी का मानते हैं और अपने मत के समर्थन में वे यह कहते हैं कि 'पुष्यमित्र की छठी पीढ़ी का मतलब संभवतः मां के वंश की ओर से था। यह बात अभिलेख की लिपि से भी समर्थित होती है। इसका संस्कृत रूप 'पुष्यामित्रात्' होना चाहिए; लेकिन इसकी भाषा प्राकृत से प्रभावित है।' लेकिन चाहे पिता की ओर से हो अथवा माता की ओर से काल क्रम पर कोई विशेष प्रभाव इससे नहीं पड़ता। प्राकृत और संस्कृत के कारण भी कोई प्रभाव नहीं पड़ना चाहिए। 'पुष्यमित्रात्' और 'पुष्यमित्रस्य' से अर्थ एक ही लिया जाना चाहिए। यह अभिलेख यह सिद्ध करता है कि धनदेव पुष्यमित्र शुंग के वंश से ही संबन्धित था। यदि वह समुद्रगुप्त की भांति 'द्वामुष्यायन' होता तो भी वह अपने को अपने पिता के वंश से ही संबद्ध बताता क्योंकि गुप्तों और वाकाटकों ने यद्यपि अपने मातृवंश की प्रसिद्धि का उपयोग करते हुए उनका उल्लेख गौरवशाली ढंग से किया है फिर भी, अपने पितृवंश की मूल शाखा से ही अपने को विज्ञापित किया है। इस कारण धनदेव को बिना किसी कारण मातृवंश से संबन्धित बताना उचित नहीं कहा जा सकता और यह मानना ही समीचीन होगा कि पुष्यमित्र के वंश की एक शाखा ही अयोध्या पर शासन कर रही थी जिसके इतिहास के संबंध में हम विचार कर रहे हैं।

इन सभी राजाओं को 'देव' नामान्त वाले अयोध्या और उसके आस-पास से प्राप्त सिक्कों का अध्ययन करने के बाद धीरे-धीरे करके प्रकाश में लाया गया है। अब तक सिक्कों द्वारा कुल ऐसे सात राजाओं के संबंध में सूचना मिल सकी है। सिक्कों के प्रकार, उन पर बने चिह्नों, उनकी घिसावट और अभिलेखों के आधार पर उनका जो क्रम तैयार किया गया है वह ऊपर के वंश-वृक्ष में दिया गया है। प्रकार, बनावट, धातु और आकार आदि की दृष्टि से सभी सिक्के एक निश्चित वर्ग का निर्माण करते हैं।

इन सिक्कों के कालक्रम के विषय में अनेक विद्वानों ने विचार किया है। निसार अहमद ने अपने लेख 'कोशल के शुंगों का इतिहास' में इसकी विस्तार से चर्चा की है।[३७] यहां हम उसको आधार मानकर विचार कर रहे हैं। दासगुप्ता ने इन 'देव' नामांत वाले सिक्कों के कालक्रम पर विचार करते हुए यह लिखा है कि 'सिक्कों पर धनदेव और विशाखदेव 'अशोकन ब्राह्मी' में लिखे गए हैं अर्थात् वे तीसरी शताब्दी ई॰ पू॰ के हैं। अल्तेकर ने भी लिपिशास्त्रीय आधार पर इन सिक्कों को दूसरी शताब्दी ई॰ पू॰ में रखा है। जायसवाल ने भी धनदेव को दूसरी शताब्दी ई॰ पू॰ में माना है। कनिंघम ने भी लिखा है कि ये सिक्के निश्चित रूप से दूसरी शताब्दी ई॰ पू॰ से पुराने नहीं हो सकते। स्मिथ और एलन भी इसे स्वीकार करते हैं। मजूमदार ने भी यह माना है कि ये सिक्के ईसा पूर्व की दूसरी शताब्दी के उतरार्द्ध के होने चाहिए। दिनेशचन्द्र सरकार ने इन सिक्कों को प्रथम शताब्दी ई॰ पू॰ के मध्य से लेकर आगे की दो शताब्दियों तक का समय दिया है। दानी ने अयोध्या के प्राचीनतम सिक्कों को प्रथम शताब्दी ई॰ में रखा है।

जहां तक अयोध्या अभिलेख का प्रश्न है एन॰ जी॰ मजूमदार, ए॰ के॰ नारायण, ए॰ एच॰ दानी तथा वर्तमान लेखक ने इसे प्रथम शताब्दी ईसवी का माना है। लेकिन दानी और हमारा मत लिपिशास्त्रीय विकासक्रम को ध्यान में रखकर निर्धारित किया गया है; तथा लिपिशास्त्र कालक्रम को निर्धारित करने के लिए कोई बहुत सुनिश्चित साधन नहीं माना जा सकता। अतः धनदेव का कालक्रम निर्धारित करने के लिए मुख्य आधार पुष्यमित्र की छठी पीढ़ी में होना ही मानकर चलना पड़ेगा। अधिकांश विद्वानों

द्वारा पुष्यमित्र के शासन के प्रारम्भ की तिथि १८५ ई॰ पू॰ मानी जाती है और *मत्स्य पुराण* उसे ३६ वर्ष शासन की अवधि प्रदान करता है। *वायु* और *ब्रह्माण्ड* उसे ६० वर्ष शासन की अवधि देते हैं। किन्तु मौर्य साम्राज्य में सेनापति का कार्य करने और एक अश्वमेध करते समय उसके पौत्र द्वारा युद्ध में जाकर शत्रु को हराने की बात को ध्यान में रखने पर पुष्यमित्र को ६० वर्ष तक शासनकाल की अवधि देना समुचित नहीं लगता। इस प्रकार ऐसा लगता है कि *मत्स्य पुराण* की बात अधिक उचित है। *मत्स्य पुराण* में अग्निमित्र का नाम छोड़ दिया है लेकिन इसके बावजूद सभी पुराण इस बात पर सहमत हैं कि दस शुंग राजाओं ने ११२ वर्ष शासन किया था। ऐसा लगता है कि पुष्यमित्र के ३६ वर्ष के शासनकाल में ही अग्निमित्र का आठ वर्ष का शासनकाल भी सम्मिलित है। इस दृष्टि से विचार करने पर पुष्यमित्र का शासन १८५ ई॰ पू॰ से १४६ ई॰ पू॰ तक तथा अग्निमित्र का शासनकाल १५७ ई॰ पू॰ से १४६ ई॰पू॰ तक मानना पड़ेगा। इसके बाद वसुज्येष्ठ का ७ वर्ष का शासनकाल १४६ ई॰ पू॰ से १४२ ई॰ पू॰ तक स्वीकार करना पड़ेगा तथा वसुमित्र अथवा सुमित्र का दस वर्ष का शासन काल १४२ ई॰ पू॰ से १३२ ई॰ पू॰ तक मानना पड़ेगा। इनमें पुष्यमित्र के अतिरिक्त वसुज्येष्ठ और वसुमित्र ने स्वतंत्र रूप से शासन किया था और हम जैसी संभावना व्यक्त कर आए हैं वसुज्येष्ठ और अग्निमित्र पुष्यमित्र के पुत्र रहे होंगे। अतः सिंहासनारूढ़ होने के समय वे पर्याप्त प्रौढ़ावस्था के रहे होंगे। वसुमित्र अथवा सुमित्र, जिसने अपने पितामह के शासन काल में सिन्धु नदी के दक्षिणी तट पर अपने पराक्रम से यवनों को परास्त किया था, अपेक्षा कृत कम आयु में ही सिंहासनासीन हुआ होगा। लेकिन ऐसा लगता है कि वह अपने को शासन का वास्तविक अधिकारी मानकर पराक्रम की बात छोड़कर लास-विलास में अधिक रुचि लेने लगा और उसके चाचा (?) मूलदेव ने उसकी हत्या कर दी तथा अयोध्या पर अपना अधिकार कर लिया। इस प्रकार कोशल प्रदेश मूलदेव के अधिकार क्षेत्र में आ गया। इसका उल्लेख *हर्षचरित* में हुआ है जिसकी चर्चा हम पीछे की पंक्तियों में कर आए हैं। मूलदेव का नाम *हर्षचरित* की अनेक पाण्डुलिपियों में मिलता है। फ्युहरर द्वारा संकलित चार में से तीन पाण्डुलिपियों में मूलदेव का नाम मिलता गया है। एक कश्मीरी पाण्डुलिपि में सुमित्र की हत्या करने वाले का नाम मित्रदेव दिया गया है। जगन्नाथ के अनुसार, मित्रदेव व्यक्तिगत नाम नहीं है।[३८] इस प्रकार सुमित्र की हत्या और मूलदेव के शासन प्रारम्भ की तिथि को १३२ ई॰ पू॰ में रखा जा सकता है।

कुछ विद्वानों ने, जो पुष्यमित्र की राजधानी पाटलिपुत्र में होने का विश्वास करते हैं, यह मत व्यक्त किया है कि सुमित्र की हत्या का कोशल से कोई सीधा संबंध नहीं होना चाहिए और चूंकि मूलदेव और उसके उत्तराधिकारी राजाओं के सिक्के अयोध्या से ही प्राप्त हुए हैं इसलिए उनका शुंगों से कुछ भी लेना-देना नहीं था। लेकिन धनदेव का अयोध्या अभिलेख मूलदेव और उसके वंशजों को शुंग वंश से संबन्धित करता है; और पतंजलि ने भी पुष्यमित्र के लिए जिस यज्ञ का पौरोहित्य किया था उसका आयोजन भी संभवतः साकेत में ही किया गया था। पुष्यमित्र, जो आजीवन अपने को सेनापति ही कहता रहा और मराठों के पेशवाओं की तरह शासन करता रहा, पाटलिपुत्र से अपने शासन के संचालन का कार्य निश्चय ही नहीं चला रहा था। अधिक संभावना इसी की लगती है कि उसने अपने क्रियाकलाप का केन्द्र साकेत को ही बनाया था और सुमित्र का मूलदेव द्वारा वध किए जाने के बाद उसके वंशज कहीं अन्यत्र केन्द्र बनाकर शासन करने लगे थे।

युग पुराण में कुछ समय के बाद साकेत के जिन सात 'महाबली' राजाओं का उल्लेख हुआ है वे संभवतः यही सात 'देव' नामांत वाले राजा थे इस बात की प्रबल संभावना है। अभी तक तो 'देव' नामांत वाले और चौकोर आकार के सिक्के केवल सात राजाओं के ही प्राप्त हुए हैं। अयोध्या से 'दत्त' नामान्त वाले राजाओं के सिक्के भी प्राप्त हुए हैं। निसार अहमद ने एलन के वर्गीकरण को स्वीकार करते हुए यह बात भी स्वीकार की है कि 'देव' नामान्त वाले राजाओं के समूह के सिक्के 'दत्त' नामान्त वाले राजाओं के सिक्कों के पहले निर्मित किए गए थे। इस मत के समर्थन में उन्होंने चार तर्क दिए हैं — १. देवों ने अपने सभी सिक्के चौकोर आकार के ढलवाए थे जबकि दत्तों ने भी अपने सभी सिक्के चौकोर आकार के ढलवाए। केवल एक दत्त राजा का सिक्का गोल आकार का है। २. देवों के कुछ सिक्के दत्तों से अधिक घिसे हुए हैं। ३. हाथी और वृक्ष प्रकार के सिक्के केवल दो राजाओं, शिवदेव और पथदेव के ही मिलते हैं। ४. शिवदेव के सिक्कों का आकार छोटा हो गया है जिसका अनुकरण 'प थ द (व)' तथा सभी दत्त राजाओं ने किया। निसार अहमद के अनुसार, देव राजाओं में मूलदेव, वायुदेव और विशाखदेव ने अन्य देव राजाओं की अपेक्षा पहले शासन किया क्योंकि इनके सिक्के शिवदेव और पथदेव की अपेक्षा अधिक घिसे हुए हैं। धनदेव के सिक्के अधिक और कम घिसे हुए, दोनों अवस्थाओं में मिले हैं और इस कारण धनदेव को इन दोनों समूहों के बीच में रखा गया है। इसके अतिरिक्त मूलदेव के सिक्कों के पुरोभाग पर पशु के सामने जो दण्ड खड़ा दिखाया गया है वह वायुदेव के सिक्कों पर भी मिलता है। मूलदेव के सिक्कों के पृष्ठभाग पर

बीच में चक्र, दाहिनी ओर वेदिका में वृक्ष तथा बाईं ओर का चिह्न मछली के कांटे से मिलता-जुलता हुआ, नीचे एक धन चिह्न तथा एक लहराती हुई रेखा और ऊपर तीन चिह्न मिलते हैं जिन्हें स्वस्तिक, उज्जैन चिह्न तथा एक अनिश्चित चिन्ह कहा गया है। वायुदेव के सिक्कों पर चक्र के स्थान पर एक वृत्त की चारों दिशाओं में चार त्रिरत्न तथा अन्य चिह्न मिलते हैं। इस प्रकार ये दोनों देव परिवार के प्रारम्भिक शासक रहे होंगे।

वायुदेव के सिक्कों पर मिलने वाली वेदिका में वृक्ष चिह्न विशाखदेव के सिक्कों से अधिक मिलता-जुलता है और मूलदेव से कम। इस प्रकार मुद्राशास्त्रीय दृष्टि से भी मूलदेव प्रथम राजा माना जा सकता है।

जगन्नाथ का अनुसरण करते हुए निसार अहमद ने भी सुमित्र की हत्या करने वाले का नाम मूलदेव ही माना है। जगन्नाथ ने सुमित्र के राज्यारोहण की तिथि १३३ ई॰ पू॰ मानी है। यह तिथि उन्होंने किस गणना के आधार पर प्राप्त की इसका उल्लेख नहीं किया है। संभवतः उन्होंने अग्निमित्र को भी ८ वर्ष शासन करने का एक अलग काल खण्ड प्रदान किया है। इस प्रकार *मत्स्य पुराण* में दिए गए कुल ११२ वर्षों के स्थान पर १२० वर्ष शुंगों के लिए हो जाएंगे क्योंकि शुंग राजाओं की *मत्स्य पुराण* में जो शासन तिथियां बताई हैं वे इस प्रकार हैं –

१. पुष्यमित्र	३६ वर्ष	१८५-१४६ ई॰ पू॰
२. (अग्निमित्र)	(८ वर्ष)	१५७-१४६ ई॰ पू॰
३. वसुज्येष्ठ	७ वर्ष	१४६-१४२ ई॰ पू॰
४. वसुमित्र (या सुमित्र)	१० वर्ष	१४२-१३२ ई॰ पू॰
५. अन्तक	२ वर्ष	१३२-१३० ई॰ पू॰
६. पुलिन्दक	३ वर्ष	१३०-१२७ ई॰ पू॰
७. (योमेध)	३ वर्ष	१२७-१२४ ई॰ पू॰
८. वज्रमित्र	६ वर्ष	१२४-११५ ई॰ पू॰
९. समाभाग	३२ वर्ष	११५-८३ ई॰ पू॰
१०. देवभूमि	१० वर्ष	८३-७३ ई॰ पू॰
योग	११२ वर्ष	

इस प्रकार से गणना करने पर वसुमित्र के शासन की तिथि १४२ ई॰ पू॰ से लेकर १३२ ई॰ पू॰ में पड़नी चाहिए। यदि इसमें अग्निमित्र के ८ वर्ष की शासनावधि को भी जोड़ देते हैं तो वसुमित्र के शासन की प्रारम्भिक तिथि १३४ वर्ष ई॰ पू॰ पड़नी चाहिए। ऐसी अवस्था में शुंगों को ११२ की जगह पर १२० वर्ष तक की शासनावधि प्रदान करने के लिए और वसुमित्र को १३४-१२४ ई॰ पू॰ तक शासन करने का समय देना होगा। जगन्नाथ का अनुसरण करते हुए निसार अहमद ने सुमित्र को १३३-१२३ ई॰ पू॰ का शासनकाल दिया है और मूलदेव के शासन की प्रारम्भिक तिथि भी १२३ ई॰ पू॰ माना है। किन्तु हमारी गणना के अनुसार मूलदेव के शासन के प्रारम्भ की तिथि १३२ ई॰ पू॰ आती है। अयोध्या के इन देव राजाओं के शासन की तिथि के निर्धारण का कार्य हम आगे करेंगे।

मूलदेव के बाद वायुदेव और वायुदेव के बाद विशाखदेव को रखा गया है। विशाखदेव के सिक्कों का एक प्रकार वृषभ और सूर्य चिह्न है जो मूलदेव के सिक्कों के समान ही है। वृषभ के सामने जो दण्ड है वह मूलदेव और वायुदेव के सिक्कों में समान है। विशाखदेव ने अपने सिक्कों के पृष्ठभाग पर ७, ६ और ५ चिह्नों के समूह का प्रवर्तन किया है। सामान्यतया सांपों का जोड़ा अथवा सूर्य चिह्न उसके सिक्कों पर मिलता है। कुछ स्थानों पर उज्जैन चिन्ह भी प्राप्त होते हैं। यहां पर उल्लेखनीय है कि ट्रेगियर ने अयोध्या के राजाओं में केवल विशाखदेव और धनदेव के सिक्के जौनपुर से प्राप्त किए थे। विशाखदेव के सिक्कों पर प्राप्त वेदिका में वृक्ष चिह्न, जो वायुदेव के सिक्कों पर भी मिलता है, काफी घिसा हुआ है जबकि धनदेव के सिक्कों पर घिसे हुए और ताजे चिह्न प्राप्त होते हैं। इस प्रकार विशाखदेव को धनदेव के पहले और वायुदेव के बाद माना जा सकता है। उसके सिक्के का जौनपुर से मिलना इस बात की ओर भी संकेत करता है कि उसका शासन क्षेत्र कुछ अधिक विस्तृत था। इसके अतिरिक्त विशाखदेव का एक सिक्का इलाहाबाद के संग्रहालय में भी है। लेकिन संभवतः यह किसी अन्य प्रकार से वहां पहुंचा होगा।

विशाखदेव के बाद धनदेव का सिक्का ही हमको मिलता है किन्तु अयोध्या अभिलेख के अनुसार धनदेव का पिता फल्गुदेव था और इस सूची में हमें विशाखदेव और धनदेव के बीच में फल्गुदेव को रखना पड़ेगा। इस कारण फल्गुदेव इस वंश का चौथा राजा माना जा सकता है।

धनदेव के सिक्कों पर भी ७, ६ और ५ चिह्न पृष्ठभाग पर मिलते हैं। इसके साथ ही उसने स्वस्तिक, उज्जैन चिह्न, त्रिरत्न, वेदिका में वृक्ष आदि का उपयोग किया है। धनदेव अपने अयोध्या अभिलेख में स्वयं को कौशिकीपुत्र कहता है। बोधगया से प्राप्त इन्द्राग्निमित्र का भी नाम एक अभिलेख में कौशिकीपुत्र के रूप में लिखा गया है। जगन्नाथ ने इसी आधार पर दोनों को

कौशिकीपुत्र मानकर परस्पर भाई स्वीकार किया है। किन्तु इसका कोई औचित्य नहीं है। प्राचीन काल में राजा तथा अन्य सामान्य व्यक्ति भी एक से अधिक विवाह करते थे और इस कारण पुत्रों की पहचान उनकी माताओं के गोत्र नाम के आधार पर की जाती थी। अनेक सातवाहन नरेश और मघ राजा अपने नाम के साथ कौशिकीपुत्र अथवा गौतमीपुत्र आदि का प्रयोग करते थे और इन सबको इस आधार पर एक-दूसरे का भाई मान लेना उचित नहीं होगा। इसके अतिरिक्त कौशाम्बी से भी धनदेव का सिक्का मिला है लेकिन वह भी अयोध्या के धनदेव के सिक्के के साथ अपनी बनावट और चिह्नों के आधार पर संलग्न नहीं किया गया है। एलन ने इसको कौशाम्बी के किसी स्थानीय राजा का ही सिक्का माना है। निसार अहमद ने मिट्टी की मुहरों से प्राप्त धनदेव को अयोध्या के धनदेव से अलग माना है जो ठीक नहीं है। अयोध्या के अतिरिक्त धनदेव के सिक्के जौनपुर और श्रावस्ती से प्राप्त हुए हैं और इस प्रकार धनदेव का शासन इन क्षेत्रों पर माना जा सकता है। वाराणसी से भी धनदेव की अनेक मिट्टी की मुहरें मिली हैं जो काशी हिन्दू विश्वविद्यालय के भारत कला भवन में संग्रहीत हैं। इस प्रकार धनदेव का शासन बहुत विस्तृत था। कहा जा सकता है कि भरहुत की एक वेदिका पर 'सुगनं रजे' का जो उल्लेख है वह भी संभवतः कोशल के शुंग राजाओं के शासन का ही उल्लेख करता है।

धनदेव के बाद शिवदेव और पथदेव के सिक्के प्राप्त होते हैं। इन सिक्कों पर हाथी और वृक्ष चिह्न मिलते हैं। इनके पृष्ठ भाग में बीच में एक चिह्न है तथा बाईं ओर मछली का कंटिया तथा गुणन चिह्न और दाहिनी ओर स्वस्तिक तथा कुछ अन्य चिह्न मिलते हैं। इन दोनों राजाओं के सिक्कों के आकार कुछ छोटे कर दिए गए हैं जिनको दत्त राजाओं ने अपना लिया था। अतः शिवदेव और पथदेव दोनों धनदेव के बाद रखे जा सकते हैं।

मूलदेव ने १३२ ई॰ पू॰ के लगभग अपना शासन प्रारम्भ किया था। किसी अन्य स्रोत के अभाव में यदि हम इन सातों राजाओं को औसतन १५ वर्ष का शासन प्रदान करें तो इनमें प्रत्येक की शासनावधि इस प्रकार होगी —

१. मूलदेव	१३२-११७ ई॰ पू॰
२. वायुदेव	११७-१०२ ई॰ पू॰
३. विशाखदेव	१०२-८७ ई॰ पू॰
४. फल्गुदेव	८७-७२ ई॰ पू॰
५. धनदेव	७२-५७ ई॰ पू॰
६. शिवदेव	५७-४२ ई॰ पू॰
७. पथदेव	४२-२७ ई॰ पू॰

यहां पर यह भी उल्लेख कर देना उचित होगा कि अयोध्या के इन शुंगवंशीय राजाओं का क्रम सुनिश्चित नहीं है तथा इनको दिया गया उपरोक्त क्रम एवं तिथियां अनुमानित ही हैं। सिक्कों और अभिलेखों के आधार पर अयोध्या के इन सात राजाओं के क्रम में केवल फल्गुदेव और उसके पुत्र धनदेव के विषय में ही निश्चित रूप से पिता-पुत्र संबंध की जानकारी प्राप्त होती है। शेष राजाओं के कालक्रम के विषय में अनिश्चय की स्थिति है। बेला लाहिड़ी[३६] ने इन राजाओं का क्रम इस प्रकार निर्धारित किया है —

१. प्रउष्ठदेव (पोठदेव अथवा पथदेव)	५. विशाखदेव
२. मूलदेव	६. शिवदत्त
३. वायुदेव	७. नरदत्त
४. धनदेव	८. ज्येष्ठदत्त

बेला लाहिड़ी का यह वर्गीकरण शुद्ध रूप से मुद्राशास्त्रीय विश्लेषण पर आधारित है। इसमें उन्होंने फल्गुदेव को सम्मिलित नहीं किया है क्योंकि उसका कोई भी सिक्का प्राप्त नहीं हुआ है। इस सूची में छठे, सातवें एवं आठवें स्थान पर दत्त नामांत वाले राजाओं को भी सम्मिलित कर लिया गया है। जबकि निसार अहमद ने देव नामांत और दत्त नामांत राजाओं को अलग-अलग राजवंशों का माना है। निसार अहमद की इस अवधारणा की आलोचना करते हुए यह कहा जा सकता है कि समान नामांत वाले राजाओं को एक ही वंश में रखना पूरी तरह उचित नहीं ठहराया जा सकता क्योंकि इस समय तक सम्भवतः समान नामांत वाले नाम रखने की प्रथा प्रारम्भ नहीं हो सकी थी। पुराणों में जो भी सूचियां मिलती हैं उनमें इस प्रकार के समान नामांत वाले वंशों का अभाव दिखता है। दूसरी बात यह है कि मिट्टी की मुहरों पर जिन राजाओं अथवा व्यक्तियों के नाम के साथ उनके पिता के भी नाम मिलते हैं, उनके साथ कभी-कभी भिन्न नामांत वाले नाम भी प्राप्त हो जाते हैं। इसका उदाहरण हम आगे चलकर देखेंगे जिसमें भवसेन के पुत्र विष्णुमित्र का उल्लेख मिलता है जिसको किरन कुमार थपलियाल ने अयोध्या का राजा बताया है। अयोध्या से ही कुमुदसेन का एक सिक्का प्राप्त हुआ है और संभवतः अयोध्या से 'सेन' नामांत वाले राजा का यह एकमात्र सिक्का है। अतः ऊपर हमने जो सूची 'देव' नामांत वाले राजाओं की दी है उसे केवल कामचलाऊ ही

मानना चाहिए। फिर भी इसको आधार मानकर हम अयोध्या के इतिहास को आगे बढ़ा सकते हैं।

अयोध्या के दत्त नामान्त वाले राजा

निसार अहमद ने कोशल के राजवंशों की जो परिकल्पना की है उसमें 'देव' नामांत वाले राजवंश के पश्चात् दत्त नामांत वाले राजाओं को स्थान दिया है।[४०]

निसार अहमद के अनुसार देव वंश के तत्त्वावधान में १२३ ई॰ पू॰ के लगभग कोशल एक स्वतंत्र राज्य बन गया था और ईसाई संवत् के प्रारम्भ होने के पूर्व उस राजवंश का अन्त हो गया। उसके बाद दत्त वंश अयोध्या में अस्तित्व में आया। एलन ने 'देव' और 'दत्त' नामांत वाले सिक्कों को वर्ग संख्या दो में रखा है जो सभी ढलुआं विधि से बनाए गए थे और ये सभी सिक्के चौकोर आकार के हैं। केवल एक सिक्का गोल आकार का है। इन दोनों ही प्रकार के नामांत वाले सिक्कों पर हाथी तथा वृक्ष मिलते हैं। इसके अतिरिक्त जो एकमात्र गोल सिक्का मिला है उसको टंकित सिक्कों के चरित्र वाला मानकर एलन ने इन दोनों प्रकार के नामांत वाले सिक्कों को एक ही राजवंश का स्वीकार किया था[४१] जिससे निसार अहमद सहमत नहीं हैं।[४२] लेकिन बेला लाहिड़ी ने एलन को ही अपना आधार बनाया है।[४३]

निसार अहमद के अनुसार इस वंश के चार राजाओं के नाम सिक्कों से प्राप्त होते हैं – नरदत्त, ज्येष्ठदत्त, दृढ़दत्त और शिवदत्त। इनमें नरदत्त और ज्येष्ठदत्त के सिक्कों के पुरोभाग पर एक दण्ड देखने को मिलता है तथा एक वेदिका के अंदर धन चिह्न आकार भी मिलता है। यही दृढ़दत्त के सिक्कों पर भी प्राप्त होता है। नरदत्त के सिक्कों तथा संभवतः ज्येष्ठदत्त के सिक्कों पर भी, पृष्ठभाग में मध्य में वृक्ष तथा कंटिया के आकार के नीचे गुणन चिह्न वाला आकार भी मिलता है जिसके साथ एक स्वस्तिक बाईं ओर तथा दाहिनी ओर अनिश्चित चिह्न और नीचे लहराती हुई रेखा मिलती है। ये चिह्न शिवदेव और पथदेव के सिक्कों पर मिलते हैं जिन्हें निसार अहमद देव राजवंश में रखते हैं। दृढ़दत्त के सिक्कों पर पृष्ठभाग में दुहरे वर्ग के अन्दर एक वृक्ष वाला चिह्न ही मिलता है। इन आधारों पर उन्होंने नरदत्त अथवा ज्येष्ठदत्त को इस राजवंश का प्रारम्भकर्त्ता माना है। तीसरे नम्बर पर वे दृढ़दत्त को मानते हैं। उनके अनुसार, दत्त वंश का अन्तिम राजा शिवदत्त था जिसने पाँच प्रकार के सिक्के प्रचलित करवाए – १. हाथी और गज-लक्ष्मी प्रकार, २. हाथी और ब्राह्मी य्य के समान चिह्न, ३. हाथी और उज्जैन चिह्न, ४. बैल और ब्राह्मी य्य बाले चिह्न, ५. हाथी और एक विचित्र चिह्न जिसकी पहचान नहीं की जा सकी है। यहां यह उल्लेखनीय है कि जहां निसार अहमद शिवदत्त को दत्तवंश का अंतिम राजा मानते हैं वहीं बेला लाहिड़ी इसे दत्त राजाओं में सबसे पहला स्थान देती हैं और गज-लक्ष्मी प्रकार के सिक्कों के कारण उसे विशाखदेव से सम्बन्धित मानती हैं।[४४] इसके अतिरिक्त चारुचन्द दासगुप्ता भी शिवदत्त को इसी प्रकार के तर्कों के आधार पर कुछ देव राजाओं के पहले मानते हैं।[४५] इसके अतिरिक्त जगन्नाथ का भी मत यहां पर उल्लेखनीय है जो इन दत्त राजाओं को अयोध्या से सम्बन्धित मानते ही नहीं। उनके अनुसार, इनको मथुरा का राजा होना चाहिए।[४६] लेकिन उनका यह मत इसलिए स्वीकार नहीं किया जा सकता क्योंकि मुद्राशास्त्रीय दृष्टि से मथुरा के दत्त राजाओं के सिक्के अयोध्या के दत्त राजाओं के सिक्कों से नितान्त भिन्न हैं।

इस प्रकार कुल मिलाकर चार दत्त राजाओं के नाम सिक्कों के आधार पर मिले हैं जिनके नाम इस प्रकार हैं –

१. नरदत्त
२. ज्येष्ठदत्त
३. दृढ़दत्त
४. शिवदत्त

इन चार दत्त राजाओं के अतिरिक्त गोरखपुर परिक्षेत्र के रजिस्ट्रेशन अधिकारी ओम प्रकाश लाल श्रीवास्तव को बस्ती जिले के खलीलाबाद तहसील के दसिया नामक पुरास्थल से रामदत्त का एक सिक्का मिला है। इस सिक्के को अयोध्या के दत्त राजाओं की श्रेणी में सम्मिलित कर लेने से कुल पांच दत्त राजा प्रकाश में आते हैं। प्रत्येक दत्त राजा को देव राजाओं की भांति १५ वर्ष का औसत कालखण्ड आवंटित किया जाए तो इनका शासनकाल पचहत्तर वर्ष होता है।

हमारी गणना के अनुसार अन्तिम देव नामान्त शासक का शासनकाल २७ ई॰ पू॰ में समाप्त होता है। इस प्रकार इन पांचों दत्त राजाओं का शासनकाल लगभग ४८ अथवा ५० ई॰ तक चला हुआ मान सकते हैं। इसके बाद कुषाण राजाओं ने शासन किया। निसार अहमद और बेला लाहिड़ी दोनों ही इस बात पर सहमत हैं कि इन दत्त राजाओं का राजवंश ईसा की प्रथम शताब्दी के मध्य के उपरान्त किसी समय समाप्त हो गया जिसके बाद कुछ समय के लिए कुषाण राजाओं के शासन का अन्तराल प्रारम्भ होता है।

कुषाण शासन का अन्तराल

भारतीय इतिहास के अध्येताओं ने भारत के इतिहास में कुषाण युग के नाम पर कई शताब्दियों का कालखण्ड आवंटित कर

दिया है। अधिकांश लोग शक संवत् को कनिष्क द्वारा प्रवर्तित संवत् मानकर पहली शताब्दी ई॰ के अंतिम चरण से चौथी शताब्दी ईसवी के प्रथम चरण के अंतिम भाग तक के काल को कुषाण युग कहते हैं। किन्तु भारतीय इतिहास की दृष्टि से यह एक अनावश्यक और अतिरंजित बात है। कुषाण आक्रमणकारी पूर्वी उत्तर प्रदेश पर मुश्किल से एक अथवा दो दशक से भी कम समय तक शासन कर सके थे। उसके बाद उनको पश्चिमोत्तर भारत तक ही सीमित रहना पड़ा था। कनिष्क के राज्यारोहण की तिथि में अंकित एक अभिलेख सारनाथ से प्राप्त हुआ है जिस पर उसके राज्यारोहण का तीसरा वर्ष अंकित है। इसमें भिक्षु बल नामक एक त्रिपिटकाचार्य द्वारा सारनाथ में बोधिसत्व की प्रतिमा स्थापित किए जाने का उल्लेख मिलता है। इसमें उसकी सहायता क्षत्रप वनष्पर और महाक्षत्रप खरपल्लान ने की थी।[४७] इसके अतिरिक्त प्राचीन श्रावस्ती से भी, जो बुद्ध के समय में कोसल की राजधानी थी, दो अभिलेख कनिष्क के मिले हैं। इन दोनों को भी त्रिपिटिकाचार्य भिक्षु बल ने ही स्थापित करवाया था।[४८] इस प्रकार यह स्वीकार किया जाता है कि कनिष्क का साम्राज्य कम-से-कम श्रावस्ती तक और वाराणसी तक निश्चय ही विस्तृत रहा होगा। किन्तु यदि सिक्कों के निधानों की बात की जाए तो पटना सहित बिहार के अनेक स्थलों से भी कुषाणों के अनेक सिक्कों के निधान प्राप्त हुए हैं लेकिन वहां तक कुषाणों के राज्य करने की बात स्वीकार नहीं की जाती। किन्तु अभी हाल ही में प्राप्त कनिष्क के रबतक अभिलेख के अनुसार उसने चम्पा (भागलपुर) तक के स्थान को जीतकर एक नवीन संवत्सर का प्रारम्भ किया था। इसके अतिरिक्त पिपरहवा की खुदाई में के॰ एम॰ श्रीवास्तव ने[४९] 'देवपुत्र विहारे कपिलवस्तु भिखुसंघस' लेख से युक्त कुछ मिट्टी की मुहरें प्राप्त की थीं जिसके आधार पर यह कहा जा सकता है कि कुषाण राजाओं ने कपिलवस्तु में भी एक विहार बनवाया था और इस प्रकार कुछ समय तक के लिए यह क्षेत्र (कोशल) उनके अधीन रहा होगा।

उत्तर भारत को जीतने का श्रेय प्रायः कनिष्क को ही दिया जाता है। सिक्कों के आधार पर कुषाण राजाओं के दो समूह माने जाते हैं। एक समूह में कुजुल कदफिसेस और विम कदफिसेस के नाम मिलते हैं और दूसरे समूह में कनिष्क और उसके उत्तराधिकारियों के नाम प्राप्त होते हैं। कनिष्क और उसके उत्तराधिकारियों के जो सिक्के प्राप्त होते हैं वे विम कदफिसेस के द्वारा सिक्कों के क्षेत्र में किए गए नवीन परिवर्तनों से प्रभावित हैं, और अब यह माना जाने लगा है कि दोनों समूहों के राजा कुषाण वंश से ही सम्बन्धित थे। कुजुल कदफिसेस ने यू-ची जाति के पांच समूहों को एक में मिलाकर शासन प्रारम्भ किया था। इन पांचों में से एक समूह अपने को कुषाण कहता था और अन्ततः पांचों समूहों में कुषाण ही सबसे शक्तिशाली हुए। कदफिसेस समूह और कनिष्क समूह के राजाओं के बीच में क्या संबन्ध थे इस विषय में रबतक अभिलेख ने अनिश्चित्तता समाप्त कर दी है। दोनों ही कनिष्क के पितामह एवं पिता थे। अतः इसमें कोई संदेह नहीं कि कनिष्क समूह के राजाओं ने कदफिसेस समूह के राजाओं के राज्य को उत्तराधिकार के रूप में प्राप्त किया था। चीनी स्रोत यह बताते हैं कि कुजुल कदफिसेस लगभग अस्सी वर्ष तक जीवित रहा और विम कदफिसेस को काफी समय तक उसके युवराज के रूप में शासन करना पड़ा होगा, इसकी सहज ही कल्पना की जा सकती है। चीनी स्रोत विम कदफिसेस को सारे भारत की विजय का श्रेय देते हैं।

पुराणों ने भी विम कदफिसेस को 'बिम्बस्फाटि'[५०] अथवा 'विश्वस्फाटि' अथवा 'विश्वस्फाणि' नाम से संबोधित किया है। यद्यपि काशी प्रसाद जायसवाल[५१] ने इस विषय पर विचार करते हुए लिखा है कि 'यह बिम्बस्फाटि और वि (श) वस्फाणि भी वही है जो सारनाथ वाले शिलालेखों के वनस्पर है।' लेकिन बिम्बस्फाटि को ध्वनि साम्य के आधार पर वनस्पर की अपेक्षा विम कदफिसेस से सम्बन्धित करना अधिक उचित लगता है। "पुराणों में उसकी वीरता की बहुत प्रशंसा की गई है और कहा गया है कि उसने पद्मावती से बिहार तक का सारा प्रदेश और कई बड़े-बड़े नगर जीते थे। पुराणों में यह भी कहा गया है कि वह युद्ध में विष्णु के समान था और देखने में हिजड़ा सा जान पड़ता था"। डॉ॰ जायसवाल ने इसी में और भी बातें कही हैं। उन्होंने प्रसिद्ध इतिहास लेखक का उल्लेख करते हुए कहा है कि उसने हूणों के सम्बन्ध में जो बात कही है वही बात पुराणों ने बहुत पहले इनके सम्बन्ध में कही है "अर्थात् इनके चेहरों पर दाढ़ियां प्रायः नहीं होती थीं इसलिए इन लोगों को न तो कभी युवावस्था की पुरुषोचित शोभा ही प्राप्त होती थी और न वृद्धावस्था का पूज्य और आदरणीय रूप ही। अतः ऐसा जान पड़ता है कि वनस्पर की आकृति हूणों की सी थी और वह देखने में मंगोल सा जान पड़ता था।"[५२] लेकिन यहां पर यदि हम इस वनस्पर को विम्बस्फाटि स्वीकार भी कर लेते हैं तो यह समस्या उत्पन्न होगी कि कुषाण काल में कनिष्क के समय में जो व्यक्ति एक क्षेत्र का क्षत्रप कहा गया है और उसके ऊपर भी खरपल्लान नामक एक महाक्षत्रप भी उसी क्षेत्र में नियुक्त दिखाई पड़ता है, किन परिस्थितियों में पद्मावती से लेकर बिहार तक के सारे प्रदेश का विजेता और शासक बन गया। इसका खुलासा जायसवाल ने नहीं किया है। दूसरी ओर यदि हम इस बिम्बस्फाटि को विम कदफिसेस मानें

तो उसके द्वारा उन क्षेत्रों में की गई विजय का कुछ तर्क सम्मत विवरण प्रस्तुत कर सकते हैं। श्रीराम गोयल ने भी विम-कदफिसेस के सम्बन्ध में लिखा है "स्मिथ के अनुसार द्वितीय कदफिसेस के भारतीय प्रदेश गंगा तक और संभवतः दक्षिण में बनारस तक फैले थे। उसका साम्राज्य पश्चिम में पार्थिया की सीमा तक विस्तृत था और उसमें वर्तमान समय के अफगानिस्तान, अफगानी तुर्किस्तान, बुखारा के समूचे प्रदेश और तुर्किस्तान के कुछ अंश सम्मिलित थे। विम का अधिकार पूर्व में कम-से-कम पूर्वी उत्तरी प्रदेश तक होने का परोक्ष प्रमाण यह तथ्य भी है कि कनिष्क के शासन के प्रारम्भिक वर्षों के लेख कौशाम्बी व सारनाथ से मिले हैं। अगर कनिष्क ने विम के तत्काल बाद शासन किया तो यह प्रदेश विम ने ही जीते होंगे"।[५३]

इसी संदर्भ में हम उन पुरातात्त्विक साक्ष्यों को भी स्मरण में लाना चाहेंगे जिनमें दिल्ली-हस्तिनापुर से लेकर पटना तक उत्तर भारत के अनेक नगरों में खुदाइयों के दौरान जली हुई मिट्टी और राख के स्तर प्राप्त हुए हैं। इन सबकी तिथियां विभिन्न उत्खनकों ने द्वितीय शताब्दी ई॰ पू॰ से लेकर प्रथम शताब्दी ईसवी के बीच में रखा है। गोवर्धन राय शर्मा ने इन पुरातात्त्विक साक्ष्यों को बड़े ही विस्तार से वर्णित किया है।[५४] यद्यपि शर्मा जी इस प्रकार के अग्निकाण्ड के लिए इण्डोग्रीक राजा मिनाण्डर को उत्तरदायी मानते हैं किन्तु हमने रेह से प्राप्त अभिलेख पर विचार करते हुए इसके लिए विम कदफिसेस को उत्तरदायी माना है। इसी सन्दर्भ में फतेहपुर जनपद में यमुना के किनारे स्थित रेह नामक प्राचीन स्थल से प्राप्त एक खण्डित शिवलिंग पर प्रथम शताब्दी ईसवी के ब्राह्मी अक्षरों में उत्कीर्ण अभिलेख को विम कदफिसेस का माना है।[५५] इस प्रकार कुषाण राजाओं में यदि किसी को साकेत सहित उत्तर भारत की विजय का श्रेय देना हो तो विम कदफिसेस को ही देना चाहिए। विम कदफिसेस अपने सिक्कों पर स्वयं को 'महेश्वर' कहता है और उसके तांबे और सोने के सिक्कों पर शिव की आकृति नन्दी के साथ प्राप्त होती है। रेह का यह शिवलिंग अभिलेख भी विम कदफिसेस के द्वारा ही लिखित माना जाना चाहिए। इस अभिलेख में राजा का नाम नष्ट हो गया है किन्तु उसकी उपाधियां मिलती हैं जो इस प्रकार है "महाराज, राजराजस, त्रातारस, धमीकस, जयंतस......"। शर्माजी ने इन उपाधियों को ग्रीक राजा मिनाण्डर से सम्बन्धित माना है। लेकिन सिक्कों अथवा अभिलेखों के आधार पर इस बात की पुष्टि नहीं हो पाती।

इण्डो-ग्रीक राजाओं से कुषाण काल तक हमें उपाधियों में एक सुनिश्चित विकास की गति देखने को मिलती है। उदाहरण के लिए सिकन्दर के प्रारम्भिक सिक्कों पर केवल 'अलेक्जेण्ड्राय' लेख मिलता है, लेकिन बाद के सिक्कों पर 'बेसिलिऑस' शब्द भी मिलता है। इसी प्रकार प्रारम्भिक इण्डो-ग्रीक राजाओं के नामों के साथ भी हमें 'बेसिलिऑस' उपाधि ग्रीक लिपि में प्राप्त होती है। केवल पेण्टालिऑन और एगाथाक्लीज के ताम्र सिक्कों पर पहली बार पृष्ठभाग पर प्राकृत में अनुवाद 'रजने' शब्द मिलता है। लेकिन शीघ्र ही यह 'महाराजस' शब्द में बदल गया। किन्तु किसी भी इण्डो-ग्रीक राजा ने अपने सिक्कों पर ग्रीक लिपि में 'बेसिलिऑस बेसिलिआन' उपाधि का प्रयोग नहीं किया है। यह उपाधि केवल शक-पहलव सिक्कों पर ही प्राप्त होती है जिसका प्राकृत अनुवाद पृष्ठभाग पर 'महाराजस राजराजस' अथवा 'महाराजस राजातिराजस' प्राप्त होता है। जहां तक मिनाण्डर का प्रश्न है उसके सिक्कों पर केवल 'बेसिलिऑस सोटेरॉस' तथा 'बेसिलिऑस डिकेआय' उपाधियां ही प्राप्त होती हैं। इनके पृष्ठभाग पर क्रमशः 'महाराजस तात्रारस' तथा 'महाराजस ध्रमिकस' ही प्राप्त होते हैं। मिनाण्डर के बाजौर धातु मंजुषा अभिलेख में भी उसे केवल 'मिनेन्द्रस महाराजस' कहा गया है। दूसरी ओर जहां तक विम कदफिसेस का प्रश्न है उसके द्वारा इस उपाधि का धारण करना संभावना की परिधि में आता है क्योंकि प्रारम्भिक कुषाण राजाओं ने भी ठीक यही उपाधियां धारण की थीं। उदाहरण के लिए कनिष्क संवत् के २०वें वर्ष में खरोष्ठी लिपि में उत्कीर्ण कामरा अभिलेख में कुषाण राजा की जो उपाधियां लिखी गई हैं वे इस प्रकार हैं — 'महाराज, राजातिराज, महत, त्रातार, जयत', आदि।[५६] ठीक यही उपाधियां रेह के शिवलिंग पर उत्कीर्ण अभिलेख में भी प्राप्त होती हैं।

हमारे रेह से प्राप्त शिवलिंग अभिलेख वाले लेख के ऊपर टिप्पणी करते हुए संपादक श्रीकृष्ण कुमार ने लिखा है कि प्रो॰ वी॰ एस॰ पाठक ने भी प्रो॰ जी॰ आर॰ शर्मा के मत को स्वीकार किया है तथा उसे मिनाण्डर का माना है।[५७] किन्तु यहां पर यह उल्लेखनीय है कि इस लेखक की प्रो॰ पाठक से इस विषय पर विस्तृत चर्चा हुई थी और वे इस अभिलेख पर तथा प्रो॰ शर्मा की पुस्तक पर एक 'रिव्यू' लिखना चाहते थे। काफी विचार-विमर्श के बाद जब इस लेखक ने प्रो॰ पाठक के सामने कामरा अभिलेख का प्रमाण प्रस्तुत किया तो अत्यंत उदारतापूर्वक उन्होंने इस बात को स्वीकार किया कि प्रस्तुत लेखक के तर्क सही हैं और वे अब इस पर अपना 'रिव्यू' नहीं लिखेंगे। तब से प्रस्तुत लेखक के सामने प्रो॰ पाठक का कोई भी लिखित अथवा प्रकाशित लेख इस संबंध में नहीं आया। श्रीकृष्णकुमार ने किस आधार पर डॉ॰ पाठक का मत उद्धृत किया है, यह स्पष्ट नहीं है।

जहां तक कोशल प्रदेश का प्रश्न है, विम कदफिसेस ने यदि उत्तर भारत को विजित किया होगा तो मथुरा पांचाल होते हुए वह साकेत अवश्य आया होगा क्योंकि इस काल में मथुरा, पांचाल, साकेत और मगध महत्त्वपूर्ण प्रदेश माने जाते थे। बुद्ध का जन्मस्थान लुम्बिनी तथा उनकी प्रारम्भिक क्रीड़ास्थली कपिलवस्तु उस समय तक अत्यन्त महत्त्व प्राप्त कर चुके थे। कपिलवस्तु (पिपरहवा) से विम कदफिसेस की एक मिट्टी की मुहर प्राप्त हुई है जिसके विषय में लिखते हुए श्री के॰ एम॰ श्रीवास्तव ने अपना मत इस प्रकार दिया है 'अब तक विद्वानों का यह मत था कि कनिष्क ही वह पहला कुषाण शासक था जो पूर्वी भारत में पाटलिपुत्र तक पहुँचा था। अब यह मिट्टी की मुहर इस बात को स्पष्ट करती है कि विम कदफिसेस पहला कुषाण सेनापति था जिसने न केवल पाटलिपुत्र को जीता वरन् कपिलवस्तु के भी दर्शन किए। जैसा कि पहले कहा जा चुका है कपिलवस्तु बौद्धों के लिए एक तीर्थ केन्द्र था। विम कदफिसेस का पिता कुजुल कदफिसेस भी बौद्ध धर्म का भक्त था जैसा कि उसके द्वारा अपनाई गई 'देवपुत्र' उपाधि से ज्ञात होता है। विम कदफिसेस की ब्राह्मी अक्षरों और संस्कृत भाषा में बनाई गई मिट्टी की मुहर यह सुझाती है कि मथुरा के पूर्व के क्षेत्रों पर भी जहां ब्राह्मी और संस्कृत दोनों ही लोकप्रिय थे, उसका नियंत्रण था। सिक्कों के विपरीत, जो दूर देशों की यात्रा करते हैं, इस शासक की मिट्टी की एक मुहर का कपिलवस्तु से प्राप्त होना इस बात का निश्चित संकेत है कि इस क्षेत्र पर कनिष्क-पूर्व के काल से ही प्रारम्भिक कुषाण राजा विम कदफिसेस का प्रभाव और नियन्त्रण था।'[५८] खरोष्ठी लिपि में उत्कीर्ण एक स्वर्णपत्राभिलेख में महाराज कुजुल कदफिसेस के पुत्र सदक्षण (विम) को भी देवपुत्र कहा गया है।[५९] इसके अतिरिक्त कपिलवस्तु के क्षेत्र से जो ४३ कुषाण सिक्के प्राप्त हुए हैं उनमें चार विम कदफिसेस के, २४ कनिष्क तथा १५ हुविष्क के हैं।

इस प्रकार इसमें कोई संदेह नहीं होना चाहिए कि कुषाण राजाओं ने एक या दो दशकों तक के लिए ही उत्तर भारत पर, विशेष रूप से कोशल के क्षेत्र पर, अपना आधिपत्य स्थापित किया था। उस काल में यहां के स्थानीय राजाओं की क्या स्थिति थी इस विषय पर निश्चयपूर्वक कुछ नहीं कहा जा सकता। किन्तु यह अनुमान लगाया जा सकता है कि कुषाण राजाओं ने कोशल के दत्त नामान्त वाले राजाओं को परास्त करके उनके राजवंश का अन्त कर दिया था। 'देव' नामान्त तथा 'दत्त' नामांत वाले राजाओं के सिक्कों को एलन से लेकर बाद के सभी मुद्राशास्त्रियों ने एक ही श्रेणी का माना है। इसके बाद सिक्कों का दूसरा समूह प्रारम्भ होता है। इस कारण यह स्वीकार कर लेने में कठिनाई नहीं होनी चाहिए कि 'दत्त' नामांत वाले राजवंश के बाद कुषाण राजाओं के काल का एक अन्तराल आता है जो ईसा की प्रथम शताब्दी के उत्तरार्द्ध से लेकर अधिक-से-अधिक ईसा की दूसरी शताब्दी के प्रथम चरण तक चला होगा।

कनिष्क के शासन के प्रारम्भिक वर्ष के विषय में विवाद है। अधिकांश विद्वान् यह मानकर चलते हैं कि कनिष्क का शासन ईसा के ७८वें वर्ष से प्रारम्भ होता है जो कि शक संवत् के प्रवर्तन का प्रारम्भिक वर्ष है। लेकिन गुजरात में अन्धौ से कुछ अभिलेख प्राप्त हुए हैं। उनसे यह निश्चयपूर्वक सिद्ध हो जाता है कि शक-संवत् का प्रवर्तन कनिष्क द्वारा नहीं वरन् कार्दमक वंश के शक-क्षत्रपों द्वारा किया गया था।[६०] इसके अतिरिक्त अनेक विद्वानों ने कनिष्क शासनकाल की लिपि को ईसा की दूसरी शताब्दी में माना है। प्रो॰ ए॰ के॰ नारायण १०३ ईसवी के लगभग कनिष्क की तिथि मानने के पक्ष में हैं।[६१] इस प्रकार कोशल क्षेत्र या पूर्वी उत्तर प्रदेश पर कनिष्क के अन्तिम दिनों तक कुषाणों के शासन की तिथि स्वीकार करनी पड़ेगी जो लगभग १२५ ईसवी तक चला होगा। अतः कुषाण शासन के अन्तराल का काल ईसा की प्रथम शताब्दी के मध्य से लेकर ईसा की दूसरी शताब्दी के प्रथम चरण तक की पौन शताब्दी से भी कम का काल मान सकते हैं।

अयोध्या का कुषाणोत्तर राजवंश

अयोध्या से इस काल के जो सिक्के प्राप्त हुए हैं वे प्रायः गोल हैं तथा टंकण विधि से निर्मित किए गए हैं। एलन ने इन सिक्कों को तीसरे वर्ग में रखा है। ये सिक्के पूर्व के राजाओं के सिक्कों से इस अर्थ में भिन्न हैं कि पूर्व के राजाओं के सिक्के लगभग चौकोर हैं और ढालकर बनाए गए हैं जबकि ये सिक्के गोलाकार हैं तथा टंकण विधि से निर्मित हैं। इन पर प्रायः पुरोभाग पर नन्दी तथा पृष्ठभाग पर मुर्ग अथवा नन्दी-पद बना हुआ है। इस प्रकार के कुल आठ राजाओं के सिक्के प्रकाश में आए हैं। जिनके नाम निम्नलिखित हैं —

१. अजवर्मन	५. माधववर्मन
२. आयुमित्र	६. संघमित्र
३. ध्रुवमित्र	७. सत्यमित्र
४. कुमुदसेन	८. विजयमित्र

इनमें कुमुदसेन, अजवर्मन तथा माधववर्मन के सिक्के सबसे प्राचीन मालूम होते हैं क्योंकि इन सिक्कों पर जो ठप्पे लगे हैं वे

चौकोर आकार के धँसे हुए ठप्पे हैं। अयोध्या के इन सभी शासकों में केवल कुमुदसेन के सिक्के पर ही 'राजन्' की उपाधि मिलती है इसलिए उसे पहला राजा माना जाता है। शायद इसे कुषाण राजाओं को इस क्षेत्र से भगाने का श्रेय प्राप्त हो जिसके कारण वह सिक्कों पर स्वयं को राजा घोषित करता है। लेकिन इस विषय में निश्चयपूर्वक कुछ नहीं कहा जा सकता। इन राजाओं के पूर्वापर संबंध के विषय में भी कोई बात निश्चयपूर्वक नहीं कही जा सकती। निसार अहमद[६२] इन राजाओं के दो समूह करते हैं; प्रथम समूह में वे कुमुदसेन को प्रथम राजा मानते हैं। उनके अनुसार कुमुदसेन के पश्चात् अजवर्मन तथा माधववर्मन ने शासन किया था। इसी श्रेणी में वे संघमित्र, विजयमित्र तथा एक अन्य राजा पुष्यमित्र को भी मानते हैं। इस अन्तिम राजा पुष्यमित्र की केवल एक मुहर प्राप्त हुई है जिसके विषय में हम आगे चर्चा करेंगे। उनके अनुसार दो विजयमित्र हुए हैं। प्रथम समूह में पड़ने वाले विजयमित्र को उन्होंने विजयमित्र प्रथम माना है। निसार अहमद के वर्गीकरण का आधार राजाओं का नामान्त ही है। वे सेन (कुमुदसेन) के अतिरिक्त दो वर्मन (अजवर्मन और माधववर्मन) तथा तीन मित्र (संघमित्र, विजयमित्र तथा पुष्यमित्र) को कुषाणों के पूर्व का मानते हैं। इसके बाद कुषाण अन्तराल को प्रारम्भ मानते हैं। तत्पश्चात् द्वितीय मित्र राजवंश का प्रारम्भ होता है।[६३] निसार अहमद के अनुसार, इस राजवंश में कुल चार मित्र राजाओं ने शासन किया था जिनके नाम १. सत्यमित्र, २. आर्यमित्र, ३. विजयमित्र द्वितीय और ४. देवमित्र हैं। उनके अनुसार, इन मित्र राजाओं ने तीसरी शताब्दी ईसवी के पूर्वार्द्ध में शासन किया था।

बेला लाहिड़ी[६४] ने इन राजाओं के सिक्कों का मुद्राशास्त्रीय अध्ययन करने के पश्चात् इनकी कालक्रमानुसार सूची इस प्रकार दी है –

१. कुमुदसेन	५. विजयमित्र
२. अजवर्मन	६. देवमित्र
३. माधववर्मन	७. सत्यमित्र
४. संघमित्र	८. आयुमित्र

बेला लाहिड़ी ने इन आठ राजाओं में प्रत्येक को २० वर्ष के औसत शासन की अवधि देकर यह लिखा है कि कुमुदसेन के शासन का प्रारम्भ १५० ई॰ के लगभग हुआ था तथा आयुमित्र का शासन तीसरी शताब्दी ई॰ के अंतिम वर्षों में अथवा चौथी शताब्दी के प्रारम्भ में हुआ होगा जिस समय गुप्तों का उत्थान शुरू हो चुका था। उनके अनुसार यह अधिक संभाव्य है कि किसी प्रारम्भिक गुप्त शासक ने इनको उखाड़ फेंका जैसा कि पुराणों द्वारा साकेत पर गुप्त शासकों के शासन करने का उल्लेख मिलता है।

राजघाट वाराणसी से प्राप्त कुछ मिट्टी की मुहरें

डॉ॰ किरन कुमार थपलियाल ने राजघाट, वाराणसी से प्राप्त कुछ मृण्मुद्राओं का अध्ययन करके उन्हें प्रकाशित किया है[६५] तथा यह संभावना व्यक्त की है कि इन मृण्मुद्राओं पर प्राप्त होने वाले व्यक्तियों के नाम अयोध्या के सिक्कों से प्राप्त होने वाले राजाओं के हो सकते हैं और इनमें से कम-से-कम दो के तो सिक्के भी मिलते हैं। शेष नामों को इन राजाओं की सूची में सम्मिलित किया जा सकता है। इसके अतिरिक्त चूंकि इन मुद्राओं पर राजाओं के नाम उनके पिता के नामों के साथ मिलते हैं इसलिए उनसे कुछ राजाओं के पूर्वापर सम्बन्ध सुनिश्चित करने में भी सहायता मिल सकती है। इनमें से पांच मृण्मुद्राओं से प्राप्त लेख इस प्रकार हैं :–

१. भवसेन पुत्रस्य विष्णुमित्रस्य

२. विष्णुमित्र पुत्रस्य संघमित्रस

३. विजयमित्रस्य

४. विजयमित्र पुत्रस्य शिवमित्रस्य

५. फल्गुनि मित्रस्य

इस आधार पर इन राजाओं का जो वंश-वृक्ष बनता है वह इस प्रकार बन सकता है –

(क) १. भवसेन
    २. विष्णुमित्र
    ३. संघमित्र
(ख) ४. विजयमित्र
    ५. शिवमित्र
(ग) ६. फल्गुनीमित्र

इनके अतिरिक्त चौथे समूह के राजा की भी एक मृण्मुद्रा मिली है जिसमें नन्दिपद तथा दोनों ओर ध्वज चिह्न प्राप्त हुए हैं। इस प्रकार के चिह्न कुमुदसेन, अजवर्मन और संघमित्र के सिक्कों पर भी प्राप्त होते हैं।

इन सभी मुद्राओं में से कम-से-कम पाँच राजा ऐसे हैं

जिनके सिक्के नहीं मिलते हैं। उनके नाम इस प्रकार हैं —

१. भवसेन	४. फल्गुनीमित्र
२. विष्णुमित्र	५. पुष्यमित्र
३. शिवमित्र	

लेकिन इसके अतिरिक्त इनके पितृ नामों पर ध्यान देते हुए इनका पूर्वापर सम्बन्ध निश्चित करके इन्हें इस प्रकार नियोजित किया जा सकता है —

१. राजा कुमुदसेन	८. शिवमित्र*
२. अजवर्मन	९. देवमित्र
३. माधववर्मन	१०. सत्यमित्र
४. भवसेन*	११. आयुमित्र
५. विष्णुमित्र*	१२. फल्गुनीमित्र*
६. संघमित्र	१३. पुष्यमित्र*
७. विजयमित्र	

इनमें केवल पाँच राजा ऐसे हैं जिनके बारे में हमें मुहरों से ही सूचना प्राप्त होती है। शेष आठ राजाओं के विषय में सिक्कों से सूचना प्राप्त होती है। इनमें कुमुदसेन को प्रथम राजा मानने में कोई आपत्ति नहीं होनी चाहिए और प्रायः सभी विद्वानों ने इसे प्रथम राजा माना भी है। इन राजाओं के नामन्तों के विषय में भी हमें बहुत कठोर मत बनाने की आवश्यकता नहीं है क्योंकि इस समय तक सेन, वर्मन और मित्र आदि नामान्त बहुत कड़ाईपूर्वक लागू नहीं किए जाते थे। उदाहरण के लिए इस काल और इसके पूर्व के पौराणिक राजाओं की सूचियों को प्रस्तुत किया जा सकता है जिनमें मिश्रित नामों की अनेक वंशावलियां उपलब्ध होती हैं और वास्तव में यदि देखा जाए तो गुप्त काल से ही इसकी परम्परा स्पष्ट रूप से प्रारम्भ होती दिखाई पड़ती है। राजघाट से प्राप्त ऊपर उल्लिखित मृण्मुद्रा में भवसेन के पुत्र विष्णुमित्र का नाम आया है जो यह सिद्ध करता है कि सेन और मित्र नामान्त वाले राजाओं को एक ही राजवंश में रखने में कोई कठिनाई नहीं होनी चाहिए। लिपिशास्त्रीय दृष्टि से भी इन मिट्टी की मुहरों की तिथि प्रथम-द्वितीय शताब्दी ई० अथवा उसके बाद की ही मानी जा सकती है। इस आधार पर थपलियाल द्वारा प्रकाशित मुहरों के राजाओं को भी अयोध्या के दूसरी और तीसरी शताब्दी के राजाओं की सूची में सम्मिलित कर लेना अनुचित नहीं कहा जा सकता।

जहां तक इन तेरह राजाओं के कालक्रम का प्रश्न है इन्हें प्रत्येक को १५ वर्ष औसत शासन की अवधि यदि प्रदान की जाए तो इनका कुल राज्यकाल १६५ वर्ष का होता है। यदि हम कनिष्क के शासन की अन्तिम तिथि १२५ ई० मानें जैसा कि प्रो० नारायण के द्वारा कनिष्क के राज्यारोहण की तिथि १०३ ई० से निश्चित होती है तो अयोध्या के इस राजवंश का अन्तिम वर्ष १२५ + १६५ = ३२० ईसवी के लगभग पड़ना चाहिए और यह तिथि गुप्त संवत् के प्रारम्भ होने की तिथि भी है। इसमें कुछ वर्ष कम अथवा अधिक भी हो सकते हैं किन्तु इसमें कोई संदेह नहीं कि कुमुदसेन के राजवंश के अन्तिम राजा को अपदस्थ करके गुप्त शासकों ने अयोध्या का राज्य हस्तगत कर लिया था और आगे चलकर उन्हें अन्यत्र स्थापित कर दिया, जैसा कि हम अगले अध्याय में देखेंगे। यहां यह भी ध्यान देने की बात है कि इनमें अधिकांश राजाओं के नाम मित्रांत हैं जिसके आधार पर भी इस वंश के लोगों ने अपने को मैत्रकवंश माना।

अयोध्या अथवा कोशल के साथ-साथ काशी का राज्य भी बुद्ध के समय से ही संलग्न था। काशी-कोशल महाजनपदों के नाम एक साथ बौद्ध ग्रन्थों में आते हैं लेकिन मगध साम्राज्य के उदय के साथ काशी को मगध के अन्तर्गत समाहित कर लिया गया था जो मौर्य साम्राज्य के अन्त तक चला। पुष्यमित्र शुंग द्वारा मौर्य साम्राज्य के अंतिम राजा बृहद्रथ की हत्या करने के उपरान्त और उसके द्वारा साकेत को अपनी राजधानी बना लेने के बाद से शासन सत्ता का केन्द्र साकेत बन गया तथा साकेत का जो भी राजा होता वह कम-से-कम साकेत और काशी पर अपना अधिकार अवश्य स्थापित करने का प्रयास करता। उसका प्रमाण राजघाट से प्राप्त इन मिट्टी की मुहरों से प्राप्त होता है। इसके साथ ही ऐसा भी लगता है कि दक्षिण में रीवा का क्षेत्र भी साकेत के इन्हीं राजाओं के अन्तर्गत आता था। भरहुत की वेदिका पर 'सुगनं रजे' नामक लेख इसी बात की पुष्टि करता है कि साकेत शुंग राजाओं का क्षेत्र वहां तक विस्तृत था।

सन्दर्भ

१. हन्स बेकर, *अयोध्या*, खण्ड १, पृ० १६।

२. ए० घोष, *दि सिटी इन अर्ली हिस्टॉरिकल इण्डिया*, १६७१, पृ० ६६ और आगे (हन्स बेकर द्वारा संदर्भित)।

३. पुष्यमित्रस्तु सेनानीरुद्धृत्य स बृहद्रथम्।
करिष्यति स वैराज्यं शटत्रिंशति समा नृपः।।
— *डायनेस्टीज ऑव दि कलि एज*, पृ० ३१

४. हत्वा बृहद्रथं मौर्यं तस्य सेनापतिः कलौ।
पुष्यमित्रस्तु शुंगाहवः स्वयं राज्यं करिष्यति।।

— *डायनेस्टीज ऑव दि कलि एज,* पृ॰ ३१

५. प्रतिज्ञा दुर्बलं च वलदर्शनव्यपदेशदर्शिताशेष सैन्यः सेनानी अनार्यो मौर्य बृहद्रथं पियेश पुष्यमित्रः स्वामीनम्।

६. १. ततः साकेतम् आक्रम्य पाञ्चालान् मथुरां तथा।

२. यवना दुष्ट विक्रान्ताः प्राप्यस्यन्ति कुसुमध्वजं।।

३. ततः पुष्पपुरे प्राप्ते कर्दमे प्रथिते हिते।

४. आकुला विषयाः सर्वे भविष्यन्ति न संशयः।।

५. शस्त्र द्रु (भू) म महायुद्धं तदभविष्यति पश्चिमम्।।

६. धममीत तया वृद्धा जनं भोक्ष (क्ष्य)न्ति निर्भयाः।

७. यवना (:) क्षापयिष्यन्ति नगरे पञ्च पार्थिवा (न्)।।

८. मध्यदेशे न स्थास्यन्ति यवना युद्ध-दुर्मदाः।

९. तेषामनोन्य संभावाद् भविष्यति न संशयः।

१०. आत्म चक्रोत्थितं घोरं युद्धं परम् दारुणम्।।

— डी॰ सी॰ सरकार, *जे॰ आर॰ बी॰,* १९६३, पृ॰ ७–२०

७. हरप्रसाद शास्त्री, *जे॰ ए॰ एस॰ बी॰,* १९१०, पृ॰ २६०।

८. भारत में ब्राह्मणों और संन्यासियों को भी 'महाराज' नाम से संबोधित किया जाता है। यहां तक कि आजकल भोजन बनाने वाले रसोइयों को भी 'महाराज' कहते हैं। इसके अतिरिक्त छोटा सामन्त अपने से बड़े सामन्त राजा को 'राजा' अथवा 'महराजा' ही कहता था। वैशाली के गणराज्यों में सभी प्रतिनिधियों को राजा ही कहा जाता था। कौटिल्य ने दो प्रकार के गणराज्य बताए हैं, एक तो वे गणराज्य थे जिनके लोग स्वयं को 'राजा' कहते थे (राजाशब्दोपजीविनः) तथा दूसरे वे गणराज्य जो व्यापार अथवा युद्ध करने वाले लोग थे (वार्ताशस्त्रोपजीविनः)। इस प्रकार राजा शब्द को पश्चिम की अवधारणा के अनुसार अधिक औपचारिक ढंग से स्वीकार करना उचित नहीं होगा और *मालविकाग्निमित्रम्* में अग्निमित्र को राजा कहना एक औपचारिक संबोधन ही माना जाना चाहिए।

९. स्वस्ति यज्ञशरणात्सेनापतिः पुष्यमित्रो वैदिशस्थं पुत्रमायुष्मन्तमग्निमित्रं स्नेहात्परिष्वज्येदमनुदर्शयति। विदितमस्तु। योऽसौ राजयज्ञदीक्षितेन मया राजपुत्र शतपरिवृतं वसुमित्रं गोप्तारमादिश्य वत्सरोपात्तनियमो निरगलस्तुरङ्गो विसृष्टः स सिन्धोर्दक्षिणरोधसि चरन्तश्चानीकेन यवनेन प्रार्थितः। ततः उभयोः सेनयोर्महानासीत्संमर्दः। ....सोऽहमिदानीमंशुमता सगरपुत्रेणेव प्रत्याहृताश्वो यक्ष्ये। तदिदानीम कालहीनं विगतरोषचेतसा भवता वधूजनेन यज्ञसेवनाया गन्तव्यामिति।

— *मालविकाग्निमित्रम्* अङ्क ५, *कालिदास ग्रन्थावली* (संपा॰ सीताराम चतुर्वेदी वि॰ सं॰ २०२०) पृ॰ ३५२–५३

१०. तण्या वत्तं क्रतुं चैव वाजिमेधं परंतप।
क्षत्रिया नाहरिष्यन्ति यावद् भूर्मिधरिष्यति।। ३५ ।।
उपात्त यज्ञा देवेषु ब्राह्मणेषूपपत्स्यते।
तेजसा व्याहतं तेजस तेजस्यैव आवतिष्ठते।। ३९।।
औद्भिज्जो भविता कश्चित सेनानीः काश्यपो द्विजः।।
अश्वमेधं कलियुगे पुनः प्रत्याहरिष्यति।। ४०।।
— *हरिवंश पुराण,* भविष्यपर्व, अध्याय दो।

११. बेला लाहिड़ी, *इण्डिजनस स्टेट ऑव नार्दर्न इण्डिया,* १९७४, पृ॰ ३७।

१२. डब्ल्यू॰ डब्ल्यू॰ टार्न, *ग्रीक्स इन बैक्ट्रिया एण्ड इन्द्रिया* पृ॰ १७६, और टिप्पणी-१।

१३. ए॰ कनिंघम, *न्यूमिस्मेटिक क्रॉनिकल,* १८७०, पृ॰ २२६।

१४. आर॰ जी॰ रैप्सन, *कैम्ब्रिज हिस्ट्री ऑव इण्डिया,* खण्ड एक, पृ॰ ५२२-२३।

१५. आर॰ पी॰ चन्दा, *इण्डियन हिस्टॉरिकल क्वार्टरली,* खण्ड पांच, ३९९।

१६. *दिव्यावदान, ए कलेक्शन ऑव अर्ली बुद्धिस्ट लीजेण्ड,* संपा॰ ई॰ बी॰ कॉवेल तथा आर॰ ए॰ नील, १८९६, पृ॰ ४३४।

१७. दे॰ के॰ पी॰ जायसवाल, *जे॰ बी॰ ओ॰ आर॰,* खण्ड चार, पृ॰ २५८।

१८. *व्याकरण महाभाष्य ऑव पतंजलि,* संपा॰ एफ॰ कीलहार्न, खण्ड एक, पृ॰ १७७।

१९. दे॰ बेला लाहिड़ी, पूर्वोक्त, पृ॰ २७।

२०. *महाभाष्य,* पूर्वोक्त, खण्ड दो, पृ॰ ११९।

२१. उपरोक्त, खण्ड दो, पृ॰ १२३।

२२. इस विषय पर विशेष रूप से देखिए, बेला लाहिड़ी, पूर्वोक्त, पृ॰ ४६ तथा आगे।

२३. दे॰ निसार अहमद, "हिस्ट्री ऑव दि शुंगज ऑव कोशल', *डी॰ डी॰ कोशाम्बी कमेमोरेशन वाल्यूम,* संपा॰ लल्लनजी गोपाल, प्र॰ संपा॰ जय प्रकाश सिंह, निसार अहमद आदि, वाराणसी १९८७, पृ॰ १०४-१५।

२४. जे॰ ए॰ एस॰ बी॰, ४९, पृ॰ २३२ कनिंघम, *क्वायंस ऑव एन्शियण्ट इण्डिया,* पृ॰ ६० एवं आगे; एलन, *ब्रिटिश म्यूजियम कैटलाग,* खण्ड एक, पृ॰ १४८ और आगे।

२५. *आर्कलॉजिकल सर्वे ऑव इण्डिया, एनुअल रिपोर्ट* १९०८-९, पृ॰ ३५; जे॰ एन॰ एस॰ आई॰ १३, खण्ड, दो, पृ॰ १४०।

२६. जे॰ ए॰ एस॰ बी॰, खण्ड सात, पृ॰ १५२-५३।

२७. *इण्डियन हिस्टॉरिकल क्वार्टरली,* खण्ड २६, पृ॰ २१६।

२८. जे॰ एन॰ एस॰ आई॰, खण्ड ८, भाग एक, पृ॰ १४; १३, भाग दो, पृ॰ १६७; खण्ड २३, पृ॰ ४१६।

२९. जे॰ एन॰ एस॰ आई॰, खण्ड , भाग दो, पृ॰ १२१।

३०. *रिपोर्ट ऑन कुम्रहार एक्सकावेशन्स,* १९५१-५५, पृ॰ ६६।

३१. एलन, *बी॰ एम॰ सी॰ ए॰ आई॰,* पृ॰ ८९।

३२. ११. ततो युग वशात् तेषां यवनानां परिक्षये।
१२. स (सा) केते सप्त राजानो भविष्यन्ति महाबलाः।।
— डी॰ सी॰ सरकार, जे॰ *आर॰ ए॰ एस॰* १६६३, पृ॰ ७-२०।

३३. "....अतिदयित लास्यस्य च शैलुष मध्यम् अध्यास्य मूर्धानम् असि लतया मृणालं इव आलुनाद् अग्निमित्रात् पुत्रस्य सुमित्रस्य मूलदेव....।"
— *हर्षचरित*, संपा॰ ए॰ ए॰ फूरर, पृ॰ २६६, पाद टिप्पणी-३।

३४. जगन्नाथ, *काम्प्रीहेन्सिव हिस्ट्री ऑव इण्डिया*, खण्ड दो, द्वितीय पुनर्मुद्रण १६८७, पृ॰ १००, पाद टिप्पणी-५।

३५. बेला लाहिड़ी, पूर्वोक्त, पृ॰ ५२, पाद टिप्पणी-२१।

३६. दे॰ डी॰ सी॰ सरकार, *सेलेक्ट इन्सक्रिप्शंस*, खण्ड एक, द्वितीय संस्करण, १६६५, पृ॰ ६५।

३७. निसार अहमद, पूर्वोक्त, पृ॰ १०४-५१।

३८. *ए कम्प्रीहेन्सिव हिस्ट्री ऑव इण्डिया*, खण्ड दो, पृ॰ १००-१०१, १६६५, पृ॰ ६५।

३६. बेला लाहिड़ी, पूर्वोक्त पृ॰ १४१-४२।

४०. निसार अहमद, 'दि दत्ताज ऑव कोशल,' *जर्नल आव एन्शियण्ट इण्डियन हिस्ट्री*, खण्ड पांच, भाग एक-दो (१६७१-७२) पृ॰ २३६-३६, (संपा॰ डी॰ सी॰ सरकार)।

४१. जेम्स एलन, पूर्वोक्त, पृ॰ ८८-८६, इन्होंने निम्नलिखित छः राजाओं को एक ही राजवंश का माना है — मूलदेव, वायुदेव, विशाखदेव, धनदेव, शिवदत्त एवं नरदत्त।

४२. निसार अहमद, पूर्वोक्त (१६७१-७२) पृ॰ २३६।

४३. बेला लाहिड़ी, पूर्वोक्त, पृ॰ १४१-४२।

४४. उपरोक्त, पृ॰ १४१।

४५. चारुचन्द दासगुप्ता, *इण्डियन हिस्टॉरिकल क्वार्टरली*, खण्ड आठ, पृ॰ १५१ ५२।

४६. *ए काम्प्रीहेन्सिव हिस्ट्री ऑव इण्डिया*, खण्ड दो, पृ॰ १०५।

४७. डी॰ सी॰ सरकार, *सेलेक्ट इन्सक्रिप्शंस*, भाग एक, द्वितीय संस्करण, पृ॰ १३६–३७।

४८. उपरोक्त, पृ॰ १४४–४५।

४६. के॰ एम॰ श्रीवास्तव, *ए डिस्कवरी ऑव कपिलवस्तु*, १६८६, पृ॰ ८३ और आगे।

५०. एफ॰ ई॰ पार्जिटर, *डायनेस्टीज ऑव कलि एज*, पृ॰ ५२।

५१. के॰ पी॰ जायसवाल, *अंधकार युगीन भारत*, पृ॰ ७६ तथा 'हिस्ट्री ऑव इण्डिया, १५० ए॰ डी॰ टू ३५० ए॰ डी॰'; जे॰ *बी॰ ओ॰ आर॰ एस॰*, खण्ड, १६, भाग एक-दो, पृ॰ ४१-४२।

५२. *अंधकार युगीन भारत*, पृ॰ ७७।

५३. श्रीराम गोयल, *मागध-सातवाहन-कुषाण साम्राज्यों का युग*, १६८८, पृ॰ ६७३-७४।

५४. गोवर्द्धन राय शर्मा, *रेह इन्सक्रिप्शंस ऑव मिनेण्डर एण्ड दि इण्डो-ग्रीक इनवेजन ऑव गंगा वैली*, १६८०, पृ॰ १० और आगे।

५५. टी॰ पी॰ वर्मा, 'ए नोट आन दि रेह इन्सक्रिप्शंस', रंगवल्ली, रिसेन्ट रिर्सचेज इन इण्डोलॉजी', *श्री एस॰ आर॰ राव फेलीसिटेशन वाल्यूम*, १६८३, पृ॰ ७७-८०।

५६. दे॰ बी॰ एन॰ मुखर्जी॰, 'कामरा इन्सक्रिप्शंस', *इण्डियन म्यूजियम बुलेटिन*, १६७३, पृ॰ ११४।

५७. अनुवाक, (तिथि विहीन), *ठाकुर दुलारे सिंह 'वीर' कमेमोरशन वाल्यूम*, पृ॰ ६१-६२।

५८. के॰ एम॰ श्रीवास्तव, पूर्वोक्त, १६८६, पृ॰ ६१।

५६. *जर्नल आव रायल एसियाटिक सोसायटी*, १६८०, पृ॰ २१ और आगे।

६०. अन्धौ से वर्ष ११ एवं वर्ष ६ के दो अभिलेख इस वंश के प्राप्त हुए हैं जो इस बात की पुष्टि करते हैं कि यह शक सम्वत् कर्दमक वंश द्वारा ही प्रवर्तित किया गया था। जिसको लगभग तीन शताब्दियों तक इस वंश ने प्रयुक्त किया तथा अब तक इसका प्रयोग चला आ रहा है। लेख के लिए देखें॰ *जर्नल ऑव एन्शियण्ट इण्डियन हिस्ट्री*, वाल्यू॰ २, पृ॰ १११।

६१. *फ्राम एलेक्जेण्डर टू कनिष्क* तथा श्रीराम गोयल, *मगध-सातवान-कुषाण साम्राज्यों का युग*, (१६८८) पृ॰ ६८६।

६२. निसार अहमद 'दि सक्सेसर्स ऑन दि दत्ताज आन कोशल' *जर्नल ऑव इण्डियन हिस्ट्री*, खण्ड ५४, भाग तीन, दिसम्बर १६७६, पृ॰ ५२५ और आगे।

६३. निसार अहमद, 'लेटर मित्राज ऑव कोशल', *जर्नल ऑव दि एशियाटिक सोसाइटी*, खण्ड १६, संख्या ३-४, १६७७, पृ॰ २७ तथा आगे।

६४. बेला लाहिड़ी, पूर्वोक्त, पृ॰ १४४।

६५. *जर्नल आव न्यूमिस्मेटिक सोसाइटी आव इण्डिया*, खण्ड तीस, १६६८, पृ॰ ६८-७३।

६

गुप्त युग

गुप्तों का आदिराज्य

अयोध्या के इतिहास में गुप्त युग का विशेष महत्त्व है क्योंकि अयोध्या को गुप्तों की राजधानी होने का श्रेय प्राप्त है। गुप्तों का इतिहास लिखने वाले विद्वानों ने अयोध्या की उपेक्षा की है, क्योंकि इन विद्वानों ने प्रायः बिना किसी प्रकार की विवेचना किए स्वयं-सिद्ध रूप से यह मान लिया कि गुप्तों का आदिराज्य मगध रहा होगा तथा उनकी राजधानी पाटलिपुत्र रही होगी। लेकिन श्रीराम गोयल[1] तथा अरविन्द कुमार सिंह[2] ने इस विषय पर विस्तृत विचार किया है तथा दोनों ने ही यह निष्कर्ष निकाला है कि गुप्तों का प्रारम्भिक राज्य-क्षेत्र पूर्वी उत्तर प्रदेश में कहीं होना चाहिए; तथा इन दोनों ही लेखकों ने अयोध्या की ओर भी विशेष संकेत किया है।

गुप्तों के आदिराज्य के सम्बन्ध में मुख्य रूप से तीन मत प्रचलित हैं — १. गुप्तों का आदिराज्य बंगाल में था; २. गुप्तों का आदिराज्य मगध में था; तथा ३. गुप्तों का आदिराज्य पूर्वी उत्तर प्रदेश में था। इस सम्बन्ध में साहित्यिक तथा पुरातात्विक दोनों ही प्रकार के साक्ष्यों का आकलन करना आवश्यक है। साहित्यिक साक्ष्यों में चीनी यात्री इत्सिंग (ईचिंग) का उल्लेख प्रायः सभी विद्वानों ने किया है जो गुप्तों के प्रारम्भिक शासन क्षेत्र के विषय में विचार करते हैं। इसके अतिरिक्त कुछ पुराणों के उल्लेख तथा *रघुवंश* आदि काव्य महत्त्वपूर्ण हैं। पुरातात्त्विक साक्ष्यों में अभिलेखों और मुद्राओं के प्राप्ति स्थलों का सहारा लिया गया है।

गुप्तों के प्रारम्भिक शासनकाल के सन्दर्भ में विचार करते समय चीनी यात्री इत्सिंग के विवरण को विशेष महत्त्व दिया गया है। यह चीनी यात्री ६७१-७२ ई॰ में भारत आया था तथा उसने ७०० और ७१२ ई॰ के मध्य किसी समय *क्यु-फाको-सांग-चुआन* नाम का एक ग्रन्थ लिखा जो २५० अध्यायों तथा २५६ ग्रन्थों में विभक्त है। इसमें उन ५६ बौद्ध यात्रियों के विवरण हैं जो ६२७ और ६७२ ई॰ के बीच भारत आए थे। इत्सिंग के ग्रन्थ के विवरण के अनुसार लगभग ५०० वर्ष पूर्व शी-ली-कि-तो नामक एक सदाशय एवं धर्मात्मा सम्राट् उस चीनी यात्री से बोधिगया में मिला था तथा उस ने चीनी यात्रियों की सुविधा के लिए एक बौद्ध मंदिर का निर्माण करवाया जो चीनी मंदिर के रूप में माना जाता था और मी-ली-क्या-शी-क्या-पो-नो नामक बौद्ध विहार के समीप स्थित था। इसकी दूरी नालन्दा से पूर्व अथवा पश्चिम की दिशा में गंगा के किनारे होते हुए ४० योजन के लगभग थी। शी-ली-कि-तो ने मंदिर की आवश्यकताओं की पूर्ति के लिए २४ गांवों का स्थायी दान किया था। इत्सिंग के इस विवरण में शी-ली-कि-तो की पहचान तथा उस तथाकथित चीनी मंदिर के स्थल निर्धारण पर कुछ विवाद चला आ रहा है। इत्सिंग के इस ग्रन्थ का अनुवाद बील ने १८८१ में किया। इसके बाद शावानीज (सेवाने) ने भी किया। बील को स्वयं अपने इस अनुवाद पर संदेह था और १८८१ के अंतिम महीनों में *जर्नल ऑव दि रॉयल एशियाटिक सोसायटी* में प्रकाशित एक लेख में तथा बाद में 'लाइफ ऑफ श्वान-च्वांग' की भूमिका में उसने पुराने अनुवाद का सन्दर्भ देते हुए महत्त्वपूर्ण संशोधन किया था। इस विषय पर अनुवाद करने वाले विद्वानों ने अपनी सुविधानुसार शावानीज़ और बील के अनुवादों का उपयोग किया है। शावानीज़ ने अपने अनुवाद में यह लिखा है कि "नालन्दा मंदिर से लगभग ४० स्टेज पूर्व की ओर गंगा के किनारे चलकर मी-ली-क्या-शी-क्या-पो-नो मन्दिर पहुँचते हैं।" गांगुली ने इस अनुवाद को प्रामाणिक मानकर यह निष्कर्ष निकाला है मी-ली-क्या-शी-क्या-पो-नो नालन्दा से ४० स्टेज पूर्व की ओर था। कनिंघम के मानचित्र के अनुसार इत्सिंग के एक स्टेज की दूरी ५-५/७ मील निर्धारित की गई है और इस गणना के अनुसार मी-ली-क्या-शी-क्या-पो-नो से २२४ मील पूर्व में अर्थात् बंगाल के मुर्शिदाबाद जिले में निर्धारित की गई। मजूमदार ने इस सुझाव की पुष्टि करते हुए १०१४ ई॰ की एक कैम्ब्रिज पाण्डुलिपि का हवाला दिया है जिसमें वारेन्द्र के

'मृगस्थापन स्तूप' का चित्र दिया हुआ है। फुशे ने सबसे पहले यह संभावना व्यक्त की थी कि इत्सिंग मी-ली-क्या-शी-क्या-पो-नो का भारतीय रूप मृगस्थापन हो सकता है। इससे मजूमदार ने यह निष्कर्ष निकाला कि मी-ली-क्या-शी-क्या-पो-नो वारेन्द्र के आसपास पड़ना चाहिए। सुधाकर चट्टोपाध्याय ने भी इसी आधार पर गुप्तों के मूल निवास स्थान को बंगाल में माना है। किन्तु वे मी-ली-क्या-शी-क्या-पो-नो की स्थिति मुर्शिदाबाद में न मानकर मालदा में मानते हैं। वारेन्द्र के अन्तर्गत दीनाजपुर, मालदा, बोगरा, राजशाही और रंगपुर जिलों के क्षेत्रों को माना जाता है।

इस समस्या को सुलझाने के लिए बी॰ पी॰ सिन्हा ने चीनी भाषाविद् साइमन से इस अनुवाद की जाँच करवाई जिससे यह निष्कर्ष निकलता है कि बील का प्रारम्भिक अनुवाद ही सही था और उस विवरण के अनुसार चीनी यात्री, जो पश्चिमोत्तर भारत से पूर्व की ओर जा रहा था, इन स्थानों का उल्लेख उनकी भौगोलिक स्थिति के अनुसार करता है। पहले उसने गंधार सन्द मंदिर का उल्लेख किया है। उसके पश्चिम में कपिशा का मंदिर था जिसे गुण चरित तथा महाबोधि कहते थे। फिर उसके उत्तर-पूर्व में लगभग दो स्टेज की दूरी पर 'क्यु-लु-किया' या कलुक्य का मंदिर था जिसे कुछ लोगों ने चालुक्य मंदिर कहा है। क्यु-लु-किया मंदिर की भौगोलिक स्थिति जानने का कोई साधन हमारे पास नहीं है। उसके बाद उसने लिखा है कि इस मंदिर से नालन्दा की दूरी ४० स्टेज है। तदन्तर चालुक्य से नालन्दा की ओर जाने वाले मार्ग का विवरण देते हुए बीच में पड़ने वाले मी-ली-क्या-शी-क्या-पो-नो, चीनी मंदिर और महाबोधि मंदिर का उल्लेख करता है। इस प्रकार इत्सिंग के इस विवरण का सूक्ष्म विवेचन करने पर यह स्पष्ट होता है कि मी-ली-क्या-शी-क्या-पो-नो तथा चीनी मंदिर और महाबोधि मंदिर नालन्दा और क्यु-लु-किया मंदिर के बीच में स्थित थे। श्रीराम गोयल ने लिखा है कि इस प्रकार मी-ली-क्या-शी-क्या-पो-नो की स्थिति को निर्धारित करने के लिए कुछ संकेत मिल जाते हैं —

१. यह स्थान गंगा के तट के समीप ही स्थित रहा होगा क्योंकि चालुक्य मंदिर से मी-ली-क्या-शी-क्या-पो-नो के मार्ग का विवरण देते समय इत्सिंग गंगा के किनारे-किनारे चलने की बात करता है, किसी अन्य मार्ग को पकड़ने का संकेत नहीं देता।

२. मी-ली-क्या-शी-क्या-पो-नो वज्रासन महाबोधि अथवा बोधिगया से बहुत दूर नहीं होगा, क्योंकि शी-ली-कि-तो (श्रीगुप्त) ने इन चीनी भिक्षुओं से महाबोधि में भेंट करने के पश्चात् मी-ली-क्या-शी-क्या-पो-नो में उनके लिए मंदिर बनवाया था।

३. यह अनुमान करना असंगत नहीं है कि यह स्थान प्राचीन काल में बौद्ध धर्म के एक प्रमुख केन्द्र के रूप मे प्रसिद्ध रहा होगा, क्योंकि श्रीगुप्त ने इसे बौद्ध भिक्षुओं के रहने के लिए उपयुक्त माना था और सातवीं शताब्दी ई॰ में भी चीनी यात्री उसकी यात्रा कर पुण्य लाभ करते थे।

४. उस स्थान का नाम मी-ली-क्या-शी-क्या-पो-नो से मिलता-जुलता होना चहिए। शावानीज़ के अनुसार, इसका संस्कृत रूप मी-ली- (मृग) क्या-शी-क्या (शिखा) पो-नो (वन) मृगशिखावन' होगा।

इन सभी शर्तों को पूरा करने वाला स्थान मृगदाव अथवा आधुनिक सारनाथ है, जो वाराणसी से केवल सात मील की दूरी पर स्थित है। यह गंगा के तट के समीप भी है, बौद्धों का तीर्थस्थान भी है तथा यहीं पर गौतम बुद्ध ने धर्मचक्र का प्रवर्तन किया था। इस प्रकार यही निष्कर्ष निकाला जा सकता है कि शी-ली-कि-तो (श्रीगुप्त) द्वारा बनवाया गया चीनी मंदिर मी-ली-क्या-शी-क्या-पो-नो अथवा मृगशिखावन अथवा मृगदाव के समीप स्थित था तथा शी-ली-कि-तो का राज्य निश्चय ही इसके समीप रहा होगा।

उसी के साथ ही जुड़ा हुआ प्रश्न शी-ली-कि-तो की पहचान से सम्बन्धित है। अनेक विद्वानों ने शी-ली-कि-तो को श्रीगुप्त कहकर उसको गुप्त अभिलेखों में वर्णित प्रथम नरेश माना है। स्मिथ, एलन, जगन्नाथ तथा मुखर्जी आदि ने शी-ली-कि-तो की पहचान श्रीगुप्त से की है। लेकिन फ्लीट ने इस सम्बन्ध में दो आपत्तियां प्रस्तुत की हैं —

१. गुप्तवंश के प्रथम नरेश का नाम केवल गुप्त था क्योंकि 'श्री' उपाधि का प्रयोग सभी राजाओं के नाम के साथ समान रूप से किया गया है। इस कारण प्रथम गुप्त नरेश का वास्तविक नाम केवल 'गुप्त' ही होना चाहिए न कि 'श्रीगुप्त'। २. इत्सिंग ने जिस 'श्रीगुप्त' नामक राजा का उल्लेख किया है उसके विषय में चीनी यात्री ने अपने समय से ५०० वर्ष पूर्व शासन करने का उल्लेख किया है जो लगभग १७५ ई॰ के आस-पास पड़ना चाहिए, जबकि गुप्त वंश के आदि नरेश का समय ईसा की तीसरी शताब्दी के उत्तरार्द्ध में पड़ता है। इस दृष्टि से इत्सिंग द्वारा उल्लिखित 'महाराज श्रीगुप्त' या 'शी-ली-कि-तो' का शासन लगभग ४०० वर्ष पूर्व होना चाहिए था। इन आपत्तियों का उत्तर

देते हुए जॉन एलन आदि विद्वानों ने यह तर्क प्रस्तुत किया है कि यह आवश्यक नहीं है कि-शी-ली-कि-तो या चि-लि-कितो में 'शी' अर्थात् 'श्री' को उस राजा के नाम का अभिन्न अंग माना जाए। प्राचीन चीनी लेखक अक्सर भारतीय राजाओं के नाम के पूर्व आदरसूचक का प्रयोग करते थे। जिन कारणों से अभिलेखों में 'गुप्त' के साथ 'श्रीगुप्त' लिखा होने पर भी हम उसका नाम 'गुप्त' ही मानते हैं। इन्हीं कारणों से चीनी यात्री द्वारा उल्लिखित श्रीगुप्त का नाम भी 'गुप्त' माना जा सकता है। जहां तक ५०० वर्षों के अन्तराल का प्रश्न है यह ध्यान में रखकर चलना चाहिए कि इत्सिंग ने अपने समय से कई शताब्दियों पूर्व किसी एक घटना का उल्लेख मात्र किया है जिसकी सूचना एक वृद्ध व्यक्ति से प्राप्त हुई थी। ऐसी सूचनाओं में शताब्दियों का अन्तर होना कोई बड़ी बात नहीं है। अतः ५०० वर्षों को पूरे ५०० वर्ष ही मानकर निश्चित गणना करना अनुचित होगा। इस प्रकार यह स्वीकार करने में कठिनाई नहीं होनी चाहिए कि इत्सिंग द्वारा उल्लिखित शी-ली-कि-तो नामक राजा का उस प्रदेश पर शासन था जहां मी-ली-क्या-शी-क्या-पो-नो अर्थात् मृगशिखावन अर्थात् सारनाथ स्थित था। एलन आदि ने शी-ली-कि-तो को श्रीगुप्त मानते हुए भी उसका राज्य अन्य क्षेत्रों में स्वीकार किया है।

यदि हम मी-ली-क्या-शी-क्या-पो-नो मंदिर की पहचान मृगशिखावन अथवा सारनाथ स्वीकार करते हैं तथा श्रीगुप्त को प्रथम गुप्त नरेश मानकर चलते हैं तो यह स्वीकार करने में कठिनाई नहीं होनी चाहिए कि गुप्तों का आदिराज्य सारनाथ अथवा काशी के समीप ही रहा होगा। इसके पूर्व कि हम गुप्तों के आदिराज्य के सम्बन्ध में पुरातात्त्विक साक्ष्यों पर विचार करना प्रारम्भ करें यह आवश्यक है कि यहीं पर इत्सिंग के उस साक्ष्य की विवेचना कर ली जाए जिसमें यह कहा गया है कि श्रीगुप्त ने चीनी बौद्ध भिक्षुओं से महाबोधि में भेंट की थी और तत्पश्चात् उसने मी-ली-क्या-शी-क्या-पो-नो में उनके लिए मन्दिर बनवाकर २४ गाँव दान स्वरूप दिए थे। कुछ विद्वानों ने यह प्रश्न भी उठाया है कि श्रीगुप्त और उसके वंशज भागवत सम्प्रदाय या वैष्णव धर्म को मानने वाले थे फिर श्रीगुप्त महाबोधि किसलिए गया था तथा उसने बौद्ध भिक्षुओं को क्यों इस प्रकार का दान दिया।

यहां पर यह बात ध्यान देने की है कि प्राचीन भारत में सामान्य जनता तथा विशेष रूप से राजा लोग धर्म विशेष के नाम पर उस प्रकार विभक्त और एक-दूसरे के रक्त-पिपासु नहीं होते थे जैसाकि मध्य-युगीन योरोप में ईसाई सम्प्रदाय के लोग एक-दूसरे के प्रति होते थे। इसी प्रकार नवोदित मुस्लिम सम्प्रदाय के लोग भी जिस प्रकार अन्य धर्मों के लोगों के विनाश का सिद्धान्त लेकर विजय के लिए निकलते थे उस प्रकार का वातावरण भारतवर्ष में कभी नहीं रहा। इसी कारण योरोपीय विद्वान् जब यह देखते हैं कि अशोक साम्प्रदायिक सहिष्णुता की शिक्षा देता है तथा बौद्धों के साथ-साथ आजीविकों को भी बिहार में गया के निकट बराबर की पहाड़ियों पर गुफाएं खुदवाकर दान देता है तो उन्हें आश्चर्य होता है। जहां कहीं पर इस प्रकार की धार्मिक सहिष्णुता की बात प्राचीन राजाओं में देखने को मिलती है, ये योरोपीय विद्वान् तथा उनकी देखा-देखी भारतीय विद्वान् भी, इसका उल्लेख करने में नहीं चूकते, क्योंकि वे यह मानकर चल रहे होते हैं कि एक धर्म का व्यक्ति दूसरे धर्म के प्रति असहिष्णु होना ही चाहिए, जबकि भारतीय समाज में इस प्रकार की बात कभी नहीं थी। आन्ध्र के इक्ष्वाकु वंशीय राजा स्वयं शैव होने के बावजूद इनकी रानियां बौद्ध स्तूपों की पूजा करते हुए उन्हें दान देती थीं। हर्षवर्धन अपने अभिलेखों में स्वयं को शिव का पूजक घोषित करता है। लेकिन उसके युग में भारत की यात्रा करने वाले चीनी यात्री ह्वेनसांग को, जब तक वह हर्ष के साथ रहा, यह आभास भी नहीं होने पाया कि हर्ष बौद्ध धर्म का अनुयायी नहीं है। भारतीय समाज और उसके शासकों का यह चरित्र मध्यकाल तक बना रहा। गहड़वाल राजा गोविन्दचन्द्र की पत्नी कुमारदेवी सारनाथ में बौद्धों को दान देती हैं लेकिन अपने इस अभिलेख में गोविन्दचन्द्र को विष्णु का अवतार भी बताती हैं जो शिव के कहने पर वाराणसी की रक्षा करने के लिए अवतार ग्रहण करते हैं। इसी प्रकार की साम्प्रदायिक सहिष्णुता की अनेक बातें कही जा सकती हैं तथा यह केवल यूरोपीय विचारधारा के लोगों के लिए आश्चर्य की बात हो सकती है, भारतीयों के लिए नहीं। इसी प्रकार गुप्तों का आदि नरेश, वाराणसी के समीप के क्षेत्रों का शासक होते हुए भी, यदि महाबोधि जाता है तो किसी भी प्रकार आश्चर्य की बात नहीं मानना चाहिए। इसके अतिरिक्त बोधिगया हिन्दू धर्म से सम्बन्ध रखने वाले पितृ-तर्पण का भी स्थल माना जाता है। वहां पितरों के तर्पण के लिए गए किसी नरेश का चीन से आए बौद्ध भिक्षुओं से भेंट हो जाना और इनके लिए मृगशिखावन अथवा सारनाथ में, जो भगवान गौतम बुद्ध के धर्म-चक्र प्रवर्तन का स्थल भी था, एक मन्दिर बनवाने का और उसके लिए कुछ ग्रामों को दान देने का वादा करना कोई आश्चर्य की बात नहीं मानना चाहिए। इसके अतिरिक्त एक संभावना यह भी हो सकती है कि वाराणसी के क्षेत्र में शासन वाले इस राजा के राज्य क्षेत्र के अन्तर्गत ही महाबोधि का क्षेत्र भी आता रहा हो क्योंकि पुराण गुप्तों को मगध से लेकर प्रयाग तक का शासक बताते हैं।

पुरातात्त्विक प्रमाण

गुप्तों का आदि राज्य पूर्वी उत्तर प्रदेश में ही रहा होगा इसकी ओर सबसे पहले ध्यान श्रीराम गोयल ने आकृष्ट किया।[३] यद्यपि वे गुप्तों की प्रारम्भिक राजधानी को प्रयाग में मानते हैं और हम उनकी इस बात से असहमत हैं, किन्तु फिर भी उन्होंने जो तर्क प्रस्तुत किए हैं वे अत्यंत प्रभावशाली और सत्य का उद्घाटन करने वाले हैं। उनके इन तर्कों का सार संक्षेप इस प्रकार है –

१. चन्द्रगुप्त-कुमारदेवी प्रकार की मुद्राएं

गुप्त सम्राटों की प्राचीनतम मुद्राओं में चन्द्रगुप्त-कुमारदेवी प्रकार की मुद्राएं आती हैं जिनके प्राप्ति-स्थल पूर्वी उत्तर प्रदेश के अयोध्या, लखनऊ, सीतापुर, टांडा, गाजीपुर और बनारस हैं। पूर्वी उत्तर प्रदेश के क्षेत्र से बाहर ये मुद्राएं केवल बयाना और संभवतः मथुरा से ही प्राप्त हुई हैं। बिहार से केवल एक मुद्रा प्राप्त हुई है जो मगध को गुप्तों का मूल निवास स्थान मानने वाले डॉ॰ अल्तेकर ने इस तथ्य को आश्चर्यजनक माना है।[४]

२. स्वर्ण मुद्रा निधियां

गुप्त राजाओं की स्वर्ण मुद्राओं की अधिकांशतः निधियां पूर्वी उत्तर प्रदेश से मिलती हैं। गोयल ने इसकी तालिका इस प्रकार दी है –

गुप्त सुवर्ण मुद्राओं की निधियों का प्रादेशिक विश्लेषण

प्रदेश का नाम	निधियों की संख्या	निधियों के नाम
पूर्वी उ॰प्र॰	१४	भरसाड़ (बनारस), टांडा (फैजाबाद), कोटवा (गोरखपुर), बस्ती, कसरवा, (बलिया), टेकरी, डेब्रा (मिर्जापुर), जौनपुर, गोपालपुर, झांसी (प्रयाग), राप्ती, देवट्ठ (बलिया) और कुसुम्भी (उन्नाव), मदनकोला, तथा इलाहाबाद
बिहार	२	हाजीपुर और बंका (भागलपुर)
बंगाल	२	कालिघाट और हुगली
हरियाणा	१	मिठाथल (हिसार)
राजस्थान	१	बयाना
मध्य प्रदेश	३	पट्टन (बेतुल), बमनाला (निमार) और सकोरी (दमोह)
गुजरात	१	कुमरखान

३. अभिलेख

गुप्त सम्राटों के प्रारम्भिक अभिलेख भी अधिकांशतः पूर्वी उत्तर प्रदेश अथवा निकटवर्ती क्षेत्रों से उपलब्ध हुए हैं, मगध से नहीं। गुप्त साम्राज्य की स्थापना के प्रारम्भ से लेकर स्कन्दगुप्त के समय तक लगभग डेढ़ शताब्दियों में कुल २५ अभिलेख उत्तर प्रदेश, बंगाल और बिहार से मिले हैं। इनमें से १३ अभिलेख उत्तर प्रदेश से हैं जिनमें आठ पूर्वी उत्तर प्रदेश से और ५ पश्चिमी उत्तर प्रदेश से हैं। बिहार से ४ और बंगाल से ६ अभिलेख हैं। बंगाल से प्राप्त होने वाले सभी लेख ताम्रपत्रों पर हैं जो कुमारगुप्त के शासनकाल के हैं। प्रारम्भिक गुप्त राजाओं के, जो कुमारगुप्त के पहले हुए हैं, बंगाल से कोई अभिलेख नही मिलते। बिहार से जो चार अभिलेख मिले हैं उनमें दो-एक ही पाषाण खण्ड पर उत्कीर्ण हैं जिनमें एक कुमारगुप्त के शासन काल का है दूसरा भाग पुरुगुप्त के शासनकाल का। इसके अतिरिक्त समुद्रगुप्त के दो ताम्रपत्राभिलेख नालन्दा और गया से मिले हैं; यद्यपि विद्वानों ने कुछ भाषाशास्त्रीय तथा कुछ लिपिशास्त्रीय दृष्टिकोणों से इन अभिलेखों को जाली ठहराया है।[५] इनमें नालन्दा का ताम्रपत्राभिलेख समुद्रगुप्त के पांचवें राज्यवर्ष में तथा गया का ताम्रपत्र समुद्रगुप्त के नौवें राज्यवर्ष में उत्कीर्ण किया गया था। इसमें गया तामपत्र लेख १८८३ ई॰ में स्मिथ को मिला था तथा नालन्दा का तामपत्र लेख इसके ४४ वर्ष बाद १९२७–२८ ई॰ में प्रकाश में आया। लिपिशास्त्रीय दृष्टि से नालन्दा का ताम्रपत्र अधिक पुराना लगता है तथा गया का ताम्रपत्र लिपिशास्त्रीय आधार पर उसके कुछ शताब्दी बाद का बताया गया है। लेकिन इन दोनों ताम्रपत्रों की शब्दावली एक-दूसरे से मिलती-जुलती है। इसके अतिरिक्त दान प्राप्त करने वाले व्यक्ति का नाम भी दोनों में समान ही है। अतः यह स्वीकार करना तर्क की किसी कसौटी पर खरा नहीं उतरता कि शताब्दियों के अन्तर से जाली ताम्रपत्र बनाने वाले लोगों ने एक ही प्रकार की शब्दावली और एक ही प्रकार की व्याकरण की त्रुटियों से युक्त जाली दानपत्र किस प्रकार तैयार किया होगा। इसके अतिरिक्त 'महानौहस्त्यश्व-जयस्कन्धावार' वाक्यांश का भी इन अभिलेखों में मिलना इनको बाद का सिद्ध करने का एक तर्क

बताया गया है। किन्तु हमने आलोचना करते हुए यह बताया है कि इस प्रकार के वाक्यांश स्वयं गुप्तकाल के ताम्रपत्राभिलेखों में भी मिले हैं। उदाहरण के लिए गुप्त संवत् १८८ (५०७ ई०) में तिथ्यांकित वैन्यगुप्त के गुणैधर ताम्रपत्राभिलेख में[६] भी यह पदावली प्राप्त होती है। इस कारण इसे किसी तर्क के रूप में स्वीकार नहीं किया जाना चाहिए। हमारे विचार से यह दोनों ताम्रपत्राभिलेख समुद्रगुप्त के वास्तविक ताम्रपत्राभिलेख हैं। इनमें गया ताम्रपत्राभिलेख के अयोध्या से जारी किए जाने का उल्लेख है जिसकी पहचान उत्तर प्रदेश के अयोध्या से की गई है तथा नालन्दा का ताम्रपत्राभिलेख आनन्दपुर से जारी किया गया था जिसकी पहचान नहीं की जा सकी है। इस प्रकार बिहार से मिलने वाला गया ताम्रपत्र लेख भी पूर्वी उत्तर प्रदेश के अभिलेखों में ही गिना जाना चाहिए।

४. पूर्वी उत्तर प्रदेश के अभिलेख

पूर्वी उत्तर प्रदेश से जो आठ अभिलेख प्राप्त हुए हैं उनमें तीन पाषाण स्तम्भ लेख हैं, तीन शिलालेख हैं और दो पाषाण मूर्तियों पर उत्कीर्ण हैं। ताम्रपत्रों पर उत्कीर्ण अभिलेखों की अपेक्षा, जो बंगाल से प्राप्त होते हैं, पाषाण खण्डों पर उत्कीर्ण अभिलेख गुप्तों के प्राचीनतम शासकों के हैं तथा वे इन शासकों के आदि गृहस्थल की ओर विशेष रूप से संकेत करते हैं। उदाहरण के लिए, स्कन्दगुप्त का भितरी स्तम्भ लेख प्रस्तुत किया जा सकता है जिसके विषय में दिनेशचन्द्र सरकार ने कहा है कि यह अभिलेख स्कन्दगुप्त द्वारा उसके पिता कुमारगुप्त के वार्षिक श्राद्ध के अवसर पर दान के उल्लेख के लिए उत्कीर्ण करवाया गया होगा।[७] यदि दिनेशचन्द्र सरकार का यह अभिमत स्वीकार किया जाए तो यह भी मानना पड़ेगा कि भितरी गुप्त राजाओ का आदि निवास स्थल रहा होगा; क्योंकि पिता के श्राद्ध करने के लिए व्यक्ति या तो अपने ग्राम में जाता है अथवा गया या काशी जैसा तीर्थस्थल चुनता है। भितरी को किसी प्रकार तीर्थस्थल के रूप में स्वीकार नहीं किया जा सकता। इस कारण केवल एक विकल्प यही बचता है कि भितरी को गुप्तों का आदिग्राम स्वीकार किया जाए। भितरी वाराणसी से पूर्व लगभग ४० किलोमीटर की दूरी पर है तथा वहां से अपने शासन का प्रारम्भ करने वाले राजाओं के लिए काशी अथवा सारनाथ में कुछ ग्रामों का दान करना असंभव कार्य नहीं माना जाना चाहिए।

५. प्रयाग-प्रशस्ति

गोयल ने इलाहाबाद के दुर्ग में स्थित अशोक के स्तम्भ पर उत्कीर्ण समुद्रगुप्त की प्रयाग-प्रशस्ति को बहुत महत्त्व दिया है क्योंकि उनके अनुसार "दानपत्र और प्रतिष्ठा शासन के किसी स्थल विशेष से जारी किए जाने का कारण वहां पर किए गए दान अथवा वहां किए गए प्रतिष्ठा-समारोह को माना जा सकता है, परन्तु एक विशुद्ध प्रशस्ति के किसी स्थल विशेष पर उत्कीर्ण किए जाने का कारण उसमें वर्णित नरेश का उस स्थल के साथ घनिष्ठ सम्बन्ध ही हो सकता है।" इस आधार पर गोयल ने यह माना है कि प्रारम्भिक गुप्तशक्ति का केन्द्र पूर्वी उत्तर प्रदेश में प्रयाग ही रहा होगा। गोयल यह संभावना व्यक्त करते हैं कि "समुद्रगुप्त का वंश मूलतः पूर्वी उत्तर प्रदेश का निवासी था और उसने अपनी प्रशस्ति अपनी राजधानी प्रयाग में लिखवाई थी।"[८] गोयल ने उदय नारायण राय की इस आलोचना का भी उल्लेख किया है कि प्रयाग का साहित्य में उल्लेख प्रायः तीर्थ के रूप में ही हुआ है। इसका उत्तर देते हुए गोयल लिखते हैं कि "कोई नगर तीर्थ होने के साथ राजनीतिक शक्ति का केन्द्र भी हो सकता था। काञ्ची नगर तीर्थ भी था और पल्लवों की राजधानी भी।" गोयल के इस तर्क को आगे बढ़ाते हुए हम अयोध्या के लिए भी इसका प्रयोग कर सकते हैं। लेकिन इसके साथ ही यह भी कहा जा सकता है कि गुप्त काल में प्रयाग कोई महत्त्वपूर्ण नगर नहीं था कि उसे कोई इतना शक्तिशाली राजा अपनी राजधानी बनाता। प्रयाग क्षेत्र में कौशाम्बी उससे अधिक महत्त्वपूर्ण नगर था जिसके विषय में *चन्द्रगर्भपरिपृच्छा* नामक बौद्ध ग्रन्थ में यह उल्लिखित है कि महेन्द्रसेन (जिसे कुमारगुप्त प्रथम माना जाता है) का जन्म कौशाम्बी में हुआ था। इस प्रकार यदि प्रयाग क्षेत्र में किसी स्थान को गुप्तों की राजधानी होने का श्रेय देना है तो कौशाम्बी को ही देना चाहिए और यह मानना चाहिए कि चन्द्रगुप्त द्वितीय कौशाम्बी में भी रहा करता था जिसका पुत्र कुमारगुप्त प्रथम वहां पैदा हुआ था।

अन्य साक्ष्य

१. कौशाम्बी शैली

गोयल ने ब्राह्मी लिपि की कौशाम्बी शैली नाम का उपयोग अपने तर्क के समर्थन में किया है। लेकिन यहां यह नहीं भूलना चाहिए कि अहमद हसन दानी ने १९६३ में सबसे पहले पूर्वी उत्तर प्रदेश में गुप्त काल की पूर्व प्रचलित ब्राह्मी लिपि को कौशाम्बी शैली नाम दिया था। इस प्रकार कौशाम्बी शैली पदावली का प्रयोग गुप्त साम्राज्य की राजधानी को प्रयाग अथवा कौशाम्बी में सिद्ध करने के लिए प्रयुक्त नहीं किया जाना चाहिए। जिसे दानी ने कौशाम्बी शैली नाम दिया है वह सुविधा के अनुसार दिया गया एक नाम मात्र है तथा इसे अयोध्या शैली अथवा कोशल शैली भी कहा जा सकता था, यदि इस क्षेत्र से भी कुछ अधिक संख्या

में प्रारम्भिक लेख मिलते। इस प्रकार के नामकरण को तर्क का मुद्दा नहीं बना सकते।

२. पौराणिक साक्ष्य

पौराणिक साक्ष्य भी मुद्रा साक्ष्य एवं अभिलेखीय प्रमाणों से प्राप्त सूचनाओं की पुष्टि करते हैं। *वायु पुराण* में कहा गया है कि 'गुप्तवंशीय नरेश अनुगंगा प्रयाग, साकेत और मगध, इन सब जनपदों का उपभोग करेंगे।[९]

अनुगंगा प्रयागं च साकेतं मगधांस्तथा।
एतान् जनपदान् सर्वान् भोक्ष्यन्ते गुप्त वंशजाः।।

विष्णु पुराण में एक भिन्न पाठ पार्जिटर ने दिया है –

अनुगंगा प्रयागं मागधागुप्ताश्च भोक्ष्यन्ति।[१०] जिसका अनुवाद रमेश चन्द्र मजूमदार ने इस प्रकार किया है – "प्रयाग तक विस्तृत गंगा के तटवर्ती प्रदेश को मागध और गुप्त भोगेंगे"। गोयल ने *विष्णु पुराण* के इस उल्लेख को दूसरे रूप में लिया है। इनका कहना है कि इस उल्लेख से यह स्पष्ट है कि गुप्त लोग मागधों से भिन्न थे और दोनों ने सम्मिलित रूप से प्रयाग तक विस्तृत प्रदेशों पर शासन किया था। वे आगे लिखते हैं कि 'गुप्त साम्राज्य की स्थापना प्रथम चन्द्रगुप्त और लिच्छवि कुमारी कुमारदेवी के विवाहोपरान्त गुप्त और लिच्छवि राज्यों के संयुक्त होने पर हुई थी। इस तथ्य के प्रकाश में हमें *विष्णु पुराण* के इस कथन की एक ही व्याख्या समीचीन लगती है – इसमें गुप्तों और लिच्छवियों के संयुक्त राज्य का वर्णन है और लिच्छवियों को मागध कहा गया। इस प्रकार गोयल ने एक नवीन व्याख्या को जन्म दिया है। वे समुद्रगुप्त तथा उसके उत्तराधिकारियों के अभिलेखों में समुद्रगुप्त के लिए 'लिच्छविदौहित्र' शब्द प्राप्त होने तथा चन्द्रगुप्त-कुमारदेवी के सिक्कों के पृष्ठभाग में 'लिच्छवयः' लेख मिलने को आधार मानकर तत्कालीन राजनीति में 'दौहित्र-राजनीति' का मुद्दा उठाते हैं। इसके आधार पर वाकाटकों, भारशिवों और गुप्तों के इतिहास की व्याख्या करते हैं। लेकिन, भारतीय राजनीति में अब तक इस प्रकार का एक भी उदाहरण नहीं मिलता है जिससे उत्तराधिकार के कारण दो स्वतंत्र राज्य एक-दूसरे में मिलकर संयुक्त राज्य का निर्माण करते हों। भारतीय धर्मशास्त्रों ने भी 'द्वामुष्यायन' के लिए नाना की सम्पत्ति का उत्तराधिकारी दौहित्र को ही माना है। लेकिन स्वतंत्र राज्यों के इस प्रकार परस्पर विलय का कोई भी उदाहरण इतिहास में नहीं मिलता। इस कारण लिच्छवियों और गुप्तों के दो साम्राज्यों को परस्पर मिलाकर संयुक्त राज्य निर्माण करने के जिस सिद्धांत का प्रतिपादन गोयल तथा उनके पहले के कुछ विद्वानों ने किया है, उसका समर्थन नहीं किया जा सकता। अधिक-से-अधिक यही कहा जा सकता है कि समुद्रगुप्त और उसके उत्तराधिकारी लिच्छवियों के साथ अपने पारिवारिक सम्बन्धों को अधिक महत्त्व देते थे। इस प्रकार *विष्णु पुराण* का यह उल्लेख केवल एक लेखकीय त्रुटि के रूप में स्वीकार किया जाना चाहिए तथा *वायु पुराण* के उस उल्लेख को ही सर्वमान्य स्वीकार करना चाहिए जिसमें यह कहा गया है कि 'गुप्तवंशीय नरेशअनुगंगा-प्रयाग, साकेत और मगध इन सब जनपदों को भोगेंगे।' अधिकांश विद्वानों ने इसको प्रथम चन्द्रगुप्त के साम्राज्य का वर्णन माना है। इसमें केवल साकेत ही एक ऐसा नाम है जो किसी नगर का नाम कहा जा सकता है। अनुगंगा-प्रयाग का अर्थ गंगा किनारे बसे हुए प्रयाग के रूप में लिया जा सकता है। संभवतः प्रयाग उस समय तक नगर के रूप में प्रतिष्ठित नहीं हुआ था। उसकी प्रसिद्धि एक तीर्थ के रूप में अवश्य थी और वहाँ पर अनेक प्रकार के 'प्र कृष्ठ' यज्ञ किए जाने के कारण ही इसे यह नाम प्रदान किया गया था। अनुगंगा-प्रयाग कहकर गंगा-यमुना के संगम पर बसे प्रयाग को ही संकेतित किया गया था क्योंकि प्रयाग नाम के अनेक स्थल हमें मिलते हैं। यहां तक कि वाराणसी में भी गंगा और वरणा के तटों पर प्रयाग-तीर्थ मिलते हैं। इसके अतिरिक्त पश्चिमी उत्तर प्रदेश के पहाड़ी क्षेत्रों में तो कर्ण प्रयाग, देव प्रयाग आदि नाम से अनेक तीर्थ मिलते हैं। केवल साकेत ही एक ऐसा नाम उपलब्ध होता है जो अत्यंत प्राचीन काल से एक जनपद की राजधानी के रूप में सुप्रतिष्ठित था। इस जनपद को कोशल कहा जाता था। किसी समय काशी-कोशल जनपद की युति थी। इसके अतिरिक्त अंग-मगध की युति भी मानी जाती थी। किन्तु मगध साम्राज्य के उदय होने के साथ अंग का मगध के अन्तर्गत विलय हो गया और मौर्य साम्राज्य के पतन के बाद से तो पाटलिपुत्र का पराभव प्रारम्भ हो गया था। शुंगों ने पाटलिपुत्र को छोड़कर साकेत को अपनी राजधानी बनाया था। तबसे साकेत अथवा अयोध्या ही इस काशी-कोशल क्षेत्र में एक महत्त्वपूर्ण नगर के रूप में प्रसिद्ध रहा। इस प्रकार *वायु पुराण* में अनुगंगा-प्रयाग और मगध के जिन जनपदों को साकेत के गुप्त वंशजों द्वारा उपभोग करने का उल्लेख है वह स्पष्ट रूप से इसी बात की ओर संकेत करता है कि गुप्तों का आदिराज्य पूर्वी उत्तर-प्रदेश में रहा होगा और साकेत उनकी प्रारम्भिक राजधानी रही होगी। गोयल ने प्रयाग-प्रशस्ति, गुप्त लिपि के साक्ष्य (कौशाम्बी शैली) तथा पुराणों के उल्लेख से इस बात को लगभग प्रमाणित मान लिया कि गुप्तों की शक्ति का मूल केन्द्र प्रयाग नगर था। वे लिखते हैं कि "इसका समर्थन इस तथ्य से ही होता है कि गुप्त मुद्राओं की दो

निधियां और कम-से-कम पाँच प्रारम्भिक लेख अकेले प्रयाग जिले से मिले हैं। इस निष्कर्ष से अन्य कई तथ्यों की व्याख्या भी बहुत सुन्दर ढंग से हो जाती है। उदाहरणार्थ, अब यह तो समझ में आ जाता है कि गुप्त काल में गंगा-यमुना प्रतीक इतना लोकप्रिय क्यों हुआ। प्रयाग के समीप कौशाम्बी, गढ़वा, झूँसी आदि से प्रचुर मात्रा में गुप्तकालीन कलाकृतियां भी अब व्याख्येय हो जाती हैं। बहुत सी साहित्यिक अनुश्रुतियां, जो पहले महत्त्वहीन लगती थीं, अब सारगर्भित हो जाती हैं — जैसे *चन्द्रगर्भपरिपृच्छा* नामक बौद्ध ग्रन्थ का यह कथन कि महेन्द्रसेन का, जिसे प्रथम कुमारगुप्त से अभिन्न माना जाता है, जन्म कौशाम्बी में हुआ था। यह तथ्य हमारी इस स्थापना से भी संगत है कि गुप्त सम्राट् संभवतः धर्मारण्य (मिर्जापुर) के आसपास रहने वाले धारण गोत्रीय ब्राह्मण थे। मिर्जापुर प्रयाग से बहुत दूर नहीं है। यह सर्वथा संभव है कि मिर्जापुर के इन ब्राह्मणों ने कौशाम्बी के मघ राजाओं के यहां नौकरी करके अपनी शक्ति बढ़ाई हो और बाद में महाराज गुप्त के नेतृत्व में स्वतंत्र राज्य की स्थापना की हो।"[11]

गुप्तों की राजधानी अयोध्या

अयोध्या के गुप्तों की राजधानी होने के सम्बन्ध में कुछ साहित्यिक साक्ष्य भी हैं। गुप्तकाल में परमार्थ नामक एक बौद्ध विद्वान् हुए हैं जिनकी तिथि लगभग ५०० से ५६६ ई० मानी जाती है। परमार्थ ने बसुबन्धु नामक बौध विद्वान् के संरक्षक विक्रमादित्य की राजधानी अयोध्या को बताया है। कुछ अन्य बौद्ध ग्रंथों से भी इस बात की सूचना मिलती है। इस विक्रमादित्य की पहचान के सम्बन्ध में विद्वानों में मतभेद हैं। लेकिन इसके बावजूद इस बात में कोई सन्देह नहीं रह जाता कि कम-से-कम पाचवीं शताब्दी ई० में अयोध्या गुप्त साम्राज्य की राजधानी थी। विन्सेण्ट स्मिथ[12] ने भी, जो पाटलिपुत्र को गुप्तों की राजधानी मानते थे, यह लिखा है कि 'समुद्रगुप्त और विक्रमादित्य जैसे युद्धप्रिय नरेशों ने पाटलिपुत्र की बहुत कुछ उपेक्षा कर दी और शायद समुद्रगुप्त की दिग्विजय के उपरान्त उन्होंने, इसे आधिकारिक रूप से राजधानी मानते रहने पर भी, वहां रहना छोड़ दिया क्योंकि सुदूर पूर्व में स्थित होने के कारण यह नगर सुविधाजनक नहीं था।' इसके बाद उन्होंने यह भी लिखा कि गुप्तों ने पांचवीं शताब्दी में अयोध्या को अपनी दूसरी राजधानी बना लिया था। जैसा कि हम आगे यह देखेंगे कि गुप्तों की मूल राजधानी को पाटलिपुत्र में मानने का कोई भी प्रमाण उपलब्ध नहीं है इस कारण परमार्थ के ही उल्लेख के अनुसार अयोध्या को गुप्तों की राजधानी मानने में कोई कठिनाई नहीं होनी चाहिए। स्मिथ ने अयोध्या को पांचवीं शताब्दी ईसवी में गुप्तों द्वारा अपनी राजधानी बनाने का उल्लेख किया है। लेकिन उनके अनुसार, समुद्रगुप्त और वसुबन्धु के संरक्षक विक्रमादित्य को वे एक ही व्यक्ति मानते हैं। इस कारण अयोध्या को गुप्तों की राजधानी समुद्रगुप्त के समय से ही स्वीकार करना चाहिए। समुद्रगुप्त ने अपना गया का ताम्रपत्राभिलेख अयोध्या के जयस्कन्धावार से ही निर्गत किया था।

श्रीराम गोयल[13] ने अयोध्या को गुप्तों की राजधानी मानने के पक्ष में कुछ अन्य संकेत भी उपलब्ध किए हैं। उनके अनुसार, वे संकेत इस प्रकार हैं — "(अ) काठियावाड़ी अनुश्रुति में गुप्तों की राजधानी अयोध्या बताई गई है। (आ) अवध गजेटियर में प्रदत्त एक अनुश्रुति के अनुसार विक्रमादित्य ने अयोध्या पर अस्सी वर्ष तक शासन किया था। (इ) गुप्तों की एक राजधानी अयोध्या होना कालिदास के साक्ष्य से भी संगत है। कालिदास को गुप्त युग में रखने का विरोध करने वाले विद्वानों का कहना है कि कालिदास ने रघु की, जिसकी दिग्विजय का वर्णन समुद्रगुप्त की दिग्विजय पर आधृत बताया जाता है, राजधानी अयोध्या बताई है और इन्दुमती के स्वयंवर में मगधेश्वर को सफलता न दिलाकर अज को दिलाई है। इन विद्वानों के अनुसार, इससे कालिदास का गुप्त युग में आविर्भूत न होना सिद्ध होता है क्योंकि कालिदास अगर पाटलिपुत्राधीश्वर गुप्तों के समकालीन होते तो ऐसा कभी न करते। परन्तु गुप्तों की एक राजधानी अयोध्या मानने से न केवल यह शंका निराधार हो जाती है वरन् इस तर्क में श्रद्धा रखने वालों के लिए कालिदास को गुप्त युग में रखना भी आवश्यक हो जाता है। (ई) पुराणों द्वारा उल्लिखित गुप्त राज्य में साकेत का विशिष्टतः उल्लेख एवं (उ) अयोध्या और उसके निकटवर्ती प्रदेश से गुप्त सुवर्ण मुद्राओं और अभिलेखों का अपेक्षतया पर्याप्त संख्या में मिलना और (ऊ) एक दानपत्र का स्वयं अयोध्या से जारी किया जाना इस सुझाव को अतिरिक्त आधार प्रदान करते हैं। (ए) यह सुझाव मौद्रिक, आभिलेखिक और साहित्यिक साक्ष्य द्वारा प्रदत्त इस संकेत से संगत है कि गुप्तों की गतिविधि का क्षेत्र पूर्वी उत्तर प्रदेश था।"

ऊपर गोयल ने जिस काठियावाड़ी अनुश्रुति के अनुसार, गुप्तों की राजधानी अयोध्या बताया है उसमें कुछ सुधार अपेक्षित हैं। इस काठियावाड़ी अनुश्रुति में अयोध्या नगरी को वास्तव में गुप्तों की राजधानी नहीं, वरन् भट्टारक नाम के स्कन्दगुप्त के एक सेनापति के पूर्वजों की राजधानी बताया गया है और इसमें यह कहा गया है कि गुप्तों ने भट्टारक के पूर्वजों को, जिनकी राजधानी अयोध्या नगरी थी, परास्त किया था।[14] यहां इस बात की संभावना की जा सकती है कि गुप्तों ने सेनापति भट्टारक के पूर्वजों से अयोध्या का राज्य हस्तगत किया था। इस भट्टारक

को बलभी के मैत्रक वंश का प्रारम्भकर्ता माना जाता है। क्या हम इस मैत्रक वंश के प्रारम्भकर्त्ता भट्टारक का सम्बन्ध अयोध्या के उन मित्र नामान्त वाले राजाओं के साथ स्थापित कर सकते हैं जिनके विषय में पिछले अध्याय में हम यह लिख आए हैं कि संभवतः इस वंश का अन्त गुप्तों ने किया होगा ? मित्र नामान्त राजाओं के नाम से मैत्रक वंश की स्थापना तक की कड़ी को वर्तमान परिस्थितयों में पूरी करना संभव नहीं है किन्तु संभावनाओं की एक स्पष्ट रेखा तो दिखाई पड़ती ही है।

पाटलिपुत्र के सम्बन्ध में विचार

यद्यपि गुप्तों की राजधानी के पाटलिपुत्र में होने के संबंध में कोई स्पष्ट साक्ष्य नहीं हैं फिर भी, पिछली शताब्दी के अन्त और वर्तमान शताब्दी के प्रारम्भ के इतिहासकारों के मन में एक अस्पष्ट सी धारणा निश्चित रूप से विद्यमान थी कि पाटलिपुत्र प्रारम्भ से ही गुप्तों की राजधानी रही होगी। उदायी के समय में पाटलिपुत्र का निर्माण होने के बाद से कई शताब्दियों तक पाटलिपुत्र का वर्चस्व समस्त भारत के इतिहास में एक राजधानी के रूप में बना रहा। मौर्यवंश के अन्तिम राजा बृहद्रथ की पुष्यमित्र द्वारा हत्या के समय तक पाटलिपुत्र उत्तर भारत में राजनीतिक शक्ति का केन्द्र बना रहा। किन्तु, पुष्यमित्र शुंग ने साम्राज्य के प्रति जो नीति अपनाई उसके अनुसार न तो उसने औपचारिक रूप से अपना राज्याभिषेक कराया, न राज्यपद ग्रहण किया, और संभवतः, न राजधानी पाटलिपुत्र को ही अपना केन्द्र बनाया। इसका परिणाम यह हुआ कि राजनीतिक शक्ति का केन्द्र पाटलिपुत्र से खिसककर साकेत में आ गया और पुष्यमित्र स्वयं भी आजीवन सेनापति ही बना रह गया। चीनी यात्री फा-शियेन, जो चन्द्रगुप्त द्वितीय के शासनकाल में भारत आया था, पाटलिपुत्र के विषय में विशेष उल्लेख नहीं करता है। राधाकुमुद मुकर्जी[१५] का यह कहना है कि फा-शियेन के वर्णन से ऐसा लगता है कि गुप्तयुग में पाटलिपुत्र का वह महत्त्व नहीं रह गया था जो मौर्य युग में था, फा-शि-येन पाटलिपुत्र के विषय में बौद्ध स्थलों के अतिरिक्त कुछ भी वर्णन नहीं करता। लेकिन उसके वर्णन से एक बात अवश्य प्रकाश में आती है कि गुप्तयुग में गंगा पाटलिपुत्र से कुछ उत्तर की ओर खिसक गई थी क्योंकि उसे गंगा पार करने के उपरांत पाटलिपुत्र नगर पहुंचने के लिए एक योजन पैदल चलना पड़ा था। सातवीं शताब्दी ईसवी के पूर्वार्द्ध में पाटलिपुत्र की यात्रा करने वाले ह्वेनसांग ने इस नगर को सैकड़ों खंडहरों से ढका पाया था। उसके अनुसार गंगा के समीप लगभग एक हजार जनसंख्या वाले कस्बे को छोड़कर सारा नगर बहुत दिनों से वीरान पड़ा था। इस प्रकार मौर्य साम्राज्य के पतन के बाद से पाटलिपुत्र किसी बड़े साम्राज्य की राजधानी के रूप में स्वीकृत नहीं हो सका था। विन्सेण्ट स्मिथ भी, जो पाटलिपुत्र को गुप्तों की राजधानी होने का श्रेय देते हैं, यह कहने को मजबूर हुए कि पाटलिपुत्र असुविधाजनक होने के कारण गुप्तों द्वारा उपेक्षित कर दी गई और समुद्रगुप्त की दिग्विजय के उपरान्त गुप्तों ने यहां रहना छोड़ दिया था।

चन्द्रगुप्त द्वितीय के मन्त्री वीरसेन उदयगिरि अभिलेख में अपने को 'पाटलिपुत्रक' कहता है और इसके आधार पर कुछ विद्वानों ने पाटलिपुत्र को गुप्तों की राजधानी माना है। लेकिन, किसी राजा के एक मंत्री द्वारा अपने को किसी स्थान विशेष का निवासी मानने के आधार पर उस नगर को किसी साम्राज्य की राजधानी होना स्वीकार नहीं किया जा सकता। इसके अतिरिक्त ग्यारहवीं शताब्दी की एक कथापुस्तक (*कथासरित्सागर*) में उसके रचयिता सोमदेव ने एक कहानी का प्रारम्भ करने के पूर्व यह वाक्य लिखा है — 'विक्रमादित्य इत्यासीद्राजा पाटलिपुत्रकः'। लेकिन गुप्तकाल और सोमदेव के काल में लगभग छः शताब्दियों का अन्तराल है। इसके अतिरिक्त सोमदेव ने 'विक्रमादित्य' शब्द का प्रयोग किस विशेष राजा के लिए किया है यह स्पष्ट नहीं है। कहानियां लिखते समय इस प्रकार के अस्पष्ट उल्लेख को ऐतिहासिक तथ्य के रूप में स्वीकार नहीं किया जा सकता। इसके अतिरिक्त जहां तक पुरातात्त्विक साक्ष्यों का प्रश्न है, पाटलिपुत्र अथवा पटना से न तो कोई विशेष महत्त्वपूर्ण अभिलेख ही प्राप्त हुए हैं और न मुद्राएं अथवा मुद्रा-निधियां, जिन्हें गुप्त काल से जोड़ा जा सके।

इस प्रकार पुरातात्त्विक, साहित्यिक तथा ऐतिहासिक साक्ष्यों के आधार पर यह कहा जा सकता है कि अयोध्या गुप्त राजाओं की राजधानी थी और यह राजधानी संभवतः चन्द्रगुप्त प्रथम के काल में ही बनाई गई थी क्योंकि पुराणों का वह प्रसिद्ध श्लोक जिसमें गंगा के किनारे प्रयाग से लेकर साकेत और मगध तक के जनपदों को गुप्त राजाओं के द्वारा भोग करने की बात कही गई है, चन्दगुप्त प्रथम के शासनकाल से ही सम्बन्धित मानी जाती है। समुद्रगुप्त की प्रयाग-प्रशस्ति में उसकी दिग्विजय का जो वर्णन है उससे भी यही लगता है कि अनुगंगा-प्रयाग, साकेत और मगध के जनपद समुद्रगुप्त को उत्तराधिकार के रूप में प्राप्त हुए थे। यहां पर इस बात को बहुत अधिक महत्त्व देने की आवश्यकता नहीं है कि चन्द्रगुप्त प्रथम को मगध का राज्य कुमारदेवी से विवाह करने के उपरांत प्राप्त हुआ था। एलन ने यह सुझाव दिया है कि कुमारदेवी को दी गई 'महादेवी' की उपाधि 'महाराजाधिराज' उपाधि से समानता रखती है और

जिसको सर्वोच्च सत्ता वाले महाराजाओं की रानियों का ही विशेषाधिकार माना जा सकता है।[१६] इस बात को लेकर बाद के अनेक विद्वानों ने यह सिद्ध करने का प्रयास किया है कि महादेवी अपने स्वयं के अधिकार से एक महारानी थी। इस प्रकार कुमारदेवी को एक मूर्धाभिषिक्त महारानी मानकर यह कहा जाने लगा कि उससे विवाह करने के कारण चन्द्रगुप्त प्रथम साम्राज्य की स्थापना करने में सफल हो सका था।[१७] डॉ॰ अल्तेकर ने यह भी स्वीकार किया है कि श्रीगुप्त ने २६० ई॰ के लगभग दक्षिण-पूर्वी बिहार में एक छोटे से राज्य की स्थापना की थी[१८] लेकिन उन्होंने इसकी पुष्टि के लिए किसी प्रकार का तर्क नहीं दिया है; यद्यपि एक पाद-टिप्पणी में यह उल्लेख किया है कि हाल में डॉ॰ बी॰ पी॰ सिन्हा ने यह दिखाने का प्रयास किया है कि गुप्तों का राज्य अयोध्या के समीप था।[१९] हन्स बेकर ने भी यह लिखा है कि समुद्रगुप्त के शासनकाल में साकेत एक बार पुनः पाटलिपुत्र के सीधे शासन के अन्तर्गत आ गया।[२०] इसके लिए उन्होंने पाद-टिप्पणी में मजूमदार का सन्दर्भ दिया है जबकि मजूमदार की उक्त पुस्तक में उस पृष्ठ पर पाटलिपुत्र का कहीं नाम भी नहीं है। हन्स बेकर ने यहां पर अपने उस चिर-परिचित सिद्धान्त को सम्पुष्ट करने का प्रयास किया है जिसमें वह ये कहते हैं कि साकेत को अयोध्या के रूप में मान्यता देने का प्रयास किया गया। इसमें मजूमदार के हवाले से वे यह बताते हैं कि गुप्तकाल में ब्राह्मण धर्म के प्राचीन गौरव और उसके प्रभाव को पुनः स्थापित करने का प्रयास किया गया क्योंकि अशोक द्वारा बौद्ध धर्म को भारत का मुख्य धर्म बनाने के बाद से ब्राह्मण धर्म को अवनति का मुख देखना पड़ा था। उनके अनुसार, नव-ब्राह्मण सिद्धान्त के आधार पर राजा को मानवाकार में देवता कहा गया है। समुद्रगुप्त के प्रयाग-प्रशस्ति में उसे इस संसार में देवता माना गया है (लोकधाम्ना-देवस्य) जो सांसारिक क्रियाकर्म मात्र के लिए मनुष्य होता है। (लोकसमय-क्रियानुविधान-मात्र-मानुषस्य)।[२१] हन्स बेकर प्रयाग-प्रशस्ति के इस उल्लेख का उपयोग करते हुए यह कहते हैं कि 'इस प्रारम्भिक गुप्तकाल में ब्राह्मण धर्म ने हिन्दू धर्म के रूप में उद्भव प्राप्त कर लिया गया। राजा के दैवीकरण के सिद्धांत के साथ-साथ अवतारवाद के सिद्धांत को भी बल मिला चाहे वह मूर्ति के रूप में हो अथवा ऐतिहासिक मानव के रूप में। इस विकास के साथ-साथ, जैसा कि हमने देखा, प्राचीन काल के वैभवशाली नगर अयोध्या को साकेत नगर के रूप में मान्यता के लिए मार्ग प्रशस्त हुआ।[२२] इस प्रकार हन्स बेकर समुद्रगुप्त के प्रयाग-प्रशस्ति के उपरोक्त उल्लेख का उपयोग साकेत को (काल्पनिक) प्राचीन अयोध्या सिद्ध करने के लिए करते हैं। वे आगे यह भी कहते हैं कि पांचवी शताब्दी ईसवीं में अयोध्या की समृद्धि लौट आई थी और उसे इक्ष्वाकुओं की प्राचीन राजधानी का गौरव प्रदान किया गया। लेकिन इसके साथ ही वे यह भी मानते हैं कि साम्राज्य के विघटन के कारण आने वाली शताब्दियों में अनेक गुप्तकालीन नगरों का जिस प्रकार पराभव हुआ, जिनमें वे मथुरा और वाराणसी का भी नाम लेते हैं, वैसा अयोध्या का नहीं हुआ। वे यह भी कहते हैं कि इस नगर को इक्ष्वाकुओं का पौराणिक नगर तथा राम के अवतार के रूप में स्वयं भगवान विष्णु की राजधानी होने के कारण यह कभी भी हिन्दुओं के दृष्टिपथ से ओझल नहीं हुई। लेकिन हन्स बेकर के उपरोक्त विचार उनकी कामनापूर्ण चिन्तन के प्रतिफल ही माने जा सकते हैं। इनमें वास्तविक तथा ऐतिहासिक चिन्तन का अभाव है। चौथी शताब्दी के प्रथम चरण में गुप्त सम्राटों के अचानक उद्भव से इतनी बड़ी सांस्कृतिक क्रांति की संभावना नहीं की जा सकती जिससे राजा को पृथ्वी पर देवता अथवा विष्णु का अवतार मान लेने की स्थिति एकाएक प्रगट हो गई थी। अशोक स्वयं को 'देवानांप्रिय' कहकर जिस बात की ओर संकेत करना चाहता है उसी को समुद्रगुप्त की प्रयाग-प्रशस्ति में कुछ अधिक मुखरता के साथ प्रस्तुत किया गया है।

हन्स बेकर ने केवल साकेत को अयोध्या के रूप में मान्यता प्रदान किए जाने को ही इस नगर को बहुत दिनों तक जीवित रहने का कारण नहीं माना है। वे उत्तर भारत में इसकी भौगोलिक स्थिति को भी इसके लिए कारण मानते हैं और यह कहते हैं कि गंगा की घाटी में इस नगर का युद्ध कौशल सम्बन्धी मूल्य के कारण भी महत्त्व था। यही कारण है कि तेरहवीं शताब्दी में सुल्तानों के अधीन इसे एक प्रांतीय राजधानी के रूप में मान्यता मिली। लेकिन वे यह भी कहते हैं कि जब पन्द्रहवीं शताब्दी में जौनपुर को, पन्द्रहवीं में फैजाबाद को और पन्द्रहवीं शताब्दी के अन्त और उन्नीसवीं शताब्दी के पूर्वार्द्ध में लखनऊ को भी वाणिज्यिक और युद्ध सम्बन्धी मान्यता मिली तब भी साकेत/अयोध्या का पतन नहीं हुआ बल्कि, उन शताब्दियों में विशेष रूप से इस नगर में धार्मिक जीवन में वृद्धि ही हुई।

यहां पर भी हन्स बेकर के मत से हम असहमति व्यक्त करते हैं क्योंकि गंगा की घाटी में अथवा उत्तर भारत में जो अयोध्या की भौगोलिक स्थिति थी वह मौर्यकाल में भी और उसके बाद की शताब्दियों में भी बनी रही; बल्कि उसके भी पहले के हजारों वर्ष पूर्व पुराणों में वर्णित अयोध्या के राजाओं के समय में भी यही भौगोलिक स्थिति बनी रही। ऐसी स्थिति में युद्ध-सम्बन्धी स्थिति और धार्मिक मान्यताओं की पृष्ठभूमि को बता करके किसी स्थल के विकास अथवा ह्रास की कहानी को कहना

वास्तविकता से आंखें मूंदना है। हम देख आए हैं कि मौर्य साम्राज्य के पतन के बाद से ही साकेत अथवा अयोध्या को शुंग राजाओं ने विशेष महत्त्व देकर अपनी राजनीतिक गतिविधियों का केन्द्र बना लिया था। उसके बाद से पाटलिपुत्र का गौरव धीरे-धीरे ह्रास की ओर बढ़ता चला गया तथा अयोध्या अपनी राजनीतिक और वाणिज्यिक गतिविधियों के कारण उत्तर भारत के एक प्रमुख केन्द्र के रूप में प्रतिष्ठित रही। हन्स बेकर ने यह भी बताने का प्रयास किया है कि स्कन्दगुप्त के समय, जिस समय हूणों के आक्रमण का खतरा पश्चिम में बढ़ रहा था, गुप्तों की राजधानी पाटलिपुत्र से अयोध्या ले आई गई और यह कार्य कुमारगुप्त के शासन-काल में हुआ। वे लिखते हैं कि 'इस बात की संभावना खुली है कि राजदरबार कुमारगुप्त के शासन में पाटलिपुत्र से साकेत/अयोध्या में आ चुका था। हम यह देख चुके हैं कि इसी राजा के काल में वह पहला अभिलेख मिला है जिसमें अयोध्या शब्द प्राप्त होता है। अभिलेखों में पाटलिपुत्र का उल्लेख जिस अन्तिम राजा के काल में हुआ वह कुमारगुप्त का पिता चन्द्रगुप्त द्वितीय था।'[२३] यह कथन आभिलेखिक प्रमाणों का दुरुपयोग ही कहा जाएगा। वास्तव में यदि देखा जाए तो समुद्रगुप्त के गया ताम्रपत्राभिलेख में सबसे पहले अयोध्या का उल्लेख आता है और यदि कोई उसे जाली मानने के लिए कृत्-संकल्प है तो कुमारगुप्त के शासन काल के करमदण्डा अभिलेख, जिसके बारे में हम आगे विचार करेंगे, में अयोध्या शब्द आ जाने मात्र से उसे गुप्तों की राजधानी के रूप में प्रमाण के लिए प्रस्तुत करना अनुचित है। इसी प्रकार चन्द्रगुप्त द्वितीय के उदयगिरि गुहालेख में उसके एक सचिव और सान्धिविग्रहिक वीरसेन के द्वारा अपने को 'पाटलिपुत्रक' कह देने मात्र से यह कैसे सिद्ध माना जा सकता है कि चन्द्रगुप्त द्वितीय की राजधानी पाटलिपुत्र थी।[२४] इस प्रकार कम-से-कम शुंगकाल से गुप्तयुग तक अविच्छिन्न रूप से अयोध्या एक राजधानी के रूप में सुप्रतिष्ठित रही।

प्रारम्भिक गुप्त राजाओं के लेखों में श्रीगुप्त और घटोत्कच को केवल महाराज की उपाधि दी गई है। इस कारण यह कहना संभव नहीं है कि श्रीगुप्त अथवा घटोत्कच, जिसका प्रारम्भिक शक्ति केन्द्र काशी के निकट भितरी में था, अयोध्या पर शासन कर रहे थे अथवा नहीं। एलन ने स्मिथ द्वारा सुझाए गए महाराज गुप्त के शासनकाल को २७५ से ३०० ई॰ माना है और इसी प्रकार महाराज घटोत्कच को ३०० ई॰ से ३२० ई॰ के बीच में शासन करने का समय दिया है।[२५] बहुत संभव है कि महाराज घटोत्कच के समय में ही गुप्तों ने अपने को अधिक शक्तिशाली बनाना प्रारम्भ कर दिया हो और लिच्छवियों के साथ अपने पुत्र चन्द्रगुप्त प्रथम के माध्यम से वैवाहिक सम्बन्ध स्थापित कर लेने के बाद गुप्तों द्वारा अपनी राजधानी भितरी से उठाकर काशी अथवा साकेत में ले जाया गया हो। भितरी काशी के अधिक समीप होने के कारण यह संभावना व्यक्त की जा सकती है कि काशी को पहले ही इन गुप्त शासकों ने अपने अधीन कर लिया होगा। पिछले अध्याय में हम देख आए हैं कि अयोध्या अथवा साकेत पर मित्र नामान्त राजाओं का शासन था जिनके सिक्के हमको अयोध्या तथा कोशल के अन्य अनेक स्थलों से प्राप्त हुए हैं। यद्यपि यह निश्चयपूर्वक कह सकना संभव नहीं है कि कोशल का अन्तिम मित्र नामान्त शासक कौन था फिर भी इस बात की पूरी संभावना खुली हुई है कि गुप्त राजाओं ने जब अपनी शक्ति को बढ़ाना प्रारम्भ कर दिया तो उनकी दृष्टि सबसे पहले साकेत पर पड़ी होगी क्योंकि एक प्राचीन राजधानी के रूप में अयोध्या का विशेष महत्त्व था। यहां पर हम काठियावाड़ी दन्त कथा का उल्लेख करना चाहेंगे जिसके विषय में हम पहले संकेत कर आए हैं तथा फ्लीट ने उसका विस्तार से उल्लेख किया है।[२६]

इसमें यह बताया गया है कि सेनापति भट्टारक के पूर्वज अयोध्या नगरी पर शासन कर रहे थे तथा गुप्तों ने उन्हें वहां से अपदस्थ कर दिया था। यदि इस कथा में कोई सत्यता है तो यह कहा जा सकता है कि सेनापति भट्टारक के पूर्वज वे मित्र नामान्त शासक रहे होंगे जिनके सिक्के हमें अयोध्या क्षेत्र से प्राप्त होते हैं। भट्टारक एक ऐतिहासिक व्यक्ति था और संभवतः गुप्त सम्राटों का सेनापति था। भट्टारक का समय स्कन्दगुप्त के शासनकाल में रखा जाना चाहिए। स्कन्दगुप्त ने पश्चिमी भारत पर विजय प्राप्त करने के उपरांत अपने प्रदेशों में गोप्ता या शासक नियुक्त किए। इसी सिलसिले में उसने सौराष्ट्र में पर्णदत्त को गोप्ता नियुक्त किया था जिसके पुत्र चक्रपालित के समय में गिरनार की पहाड़ियों में बनाया गया सुदर्शन झील का तटबन्ध टूट गया था। ऐसा लगता है कि इसी समय के लगभग स्कन्दगुप्त ने काठियावाड़ क्षेत्र में सेनापति भट्टारक को गोप्ता अथवा शासक नियुक्त किया था जो आगे चलकर गुप्त साम्राज्य के पतन के बाद स्वतंत्र राज्य बन गया। सेनापति भट्टारक द्वारा बलभी में केन्द्र बनाकर जिस राजवंश की नींव डाली गई थी उसे 'मैत्रक' कहा गया है। हमारा यह सुझाव है कि यह मैत्रक शब्द सेनापति भट्टारक के उन पूर्वज मित्र नामान्त राजाओं की स्मृति में रखा गया होगा जो अयोध्या पर चौथी शताब्दी ई॰ में शासन कर रहे थे। गुप्त साम्राज्य के उत्कर्ष काल में अयोध्या के मैत्रक गुप्त सम्राटों के सेनापतियों के रूप में सेवा करते रहे और उसी बात को ध्यान में रखते हुए स्कन्दगुप्त ने अयोध्या के मित्र

राजाओं के इस वंशज को बलभी क्षेत्र का शासक नियुक्त किया होगा। फ्लीट ने एक स्थान पर[२७] यह लिखा है कि सेनापति भट्टारक ने मैत्रक नामक एक जाति का नाश करके अपने राजवंश की नींव रखी थी। कुछ प्रारम्भिक लेखकों ने भी भट्टारक के राजवंश को विदेशी माना है। फ्लीट का यह सुझाव था कि मैत्रक शब्द 'मेहर' (सूर्य) का संस्कृत रूप है। उन्होंने यह बताया कि मूल शब्द 'मिहिर' था जो पारसी 'मिह' का संस्कृत रूप था। उनके अनुसार, मैत्रक यदि हूणों की एक शाखा नहीं तो उनसे सम्बद्ध एक जाति अवश्य रहे होंगे क्योंकि हूण और मैत्रक दोनों ही सूर्य के उपासक थे और पांचवीं शताब्दी ईसवी के मध्य में भारत में संक्रमण करके आए थे।[२८] यह मत बलभी के मैत्रकों के अभिलेखों के त्रुटिपूर्ण पाठ एवं अनुवाद के कारण अस्तित्व में आया था। अब सभी यह मानते हैं कि भट्टारक स्वयं मैत्रक वंश का था।

जैक्सन ने यह सुझाव दिया था कि मैत्रक राजवंश का संस्थापक भट्टारक गुर्जर वंश का था क्योंकि आधुनिक गुजरात को यह नाम मैत्रकों के गुजरात में शासन करने के बाद से ही प्राप्त हुआ था।[२९] लेकिन डी॰ सी॰ गांगुली[३०] यह लिखते हैं कि 'इस प्रकार के मत सैद्धान्तिक ही अधिक हैं'। ऊपर उल्लिखित काठियावाड़ी दन्तकथा में यह बताया गया है कि स्कन्दगुप्त के शासनकाल में गुप्तों का राज्य निर्बल पड़ जाने के कारण सेनापति भट्टारक ने इस राजवंश की नींव डाली थी और यह राजवंश स्वतंत्र रूप से शासन करने लग गया था। डी॰ सी॰ गांगुली इस मत से सहमत नहीं हैं। उनके अनुसार, यह अधिक संभावित लगता है कि भट्टारक, जो मूलरूप से गुप्त सम्राट् का एक सेनापति था, गुजरात का गोप्ता (गवर्नर) नियुक्त कर दिया गया। आगे चलकर उसे वंशानुक्रम के रूप में स्वीकृति दे दी गई। उसके उत्तराधिकारी गुप्त साम्राज्य के पतन का लाभ उठाकर स्वतंत्र राज्य स्थापित करने में सफल हुए। यद्यपि ५२५ ई॰ में जारी किया गया ध्रुवसेन का पलिताना ताम्रपत्राभिलेख यह कहता है कि सेनापति भट्टारक ने अपने मित्रों और वंशानुगत सेवकों की शक्ति के बल पर राज्यलक्ष्मी प्राप्त की थी। यह एक महत्त्वपूर्ण बात है कि न तो भट्टारक ने और न ही उसके उत्तराधिकारी ने राजा की उपाधि धारण की थी। भट्टारक के चार पुत्र थे और चारों ने ही क्रमशः शासन किया। प्रथम पुत्र धरसेन प्रथम को अपने उत्तराधिकारियों के अभिलेखों में सेनापति ही कहा गया है। धरसेन के उत्तराधिकारी उसके छोटे भाई द्रोणसिंह को महाराज कहा गया है। ५०२ ई॰ के उसके एक अभिलेख में कहा गया है कि महाराज (द्रोणसिंह) 'परमभट्टारक' के चरणों के सेवक थे। इसके अतिरिक्त ५२५ ई॰ के अन्य अभिलेख में यह कहा गया है कि द्रोणसिंह का राज्याभिषेक एक 'परमस्वामी' के द्वारा स्वयं किया गया था। यह 'परमभट्टारक' और 'परमस्वामी' और कोई नहीं निश्चय ही गुप्त वंश के कोई सम्राट् रहे होंगे। इस प्रकार यह स्पष्ट है कि बलभी के मैत्रक गुप्त सम्राटों की सत्ता को स्वीकार करते थे।[३१]

सबसे बड़ी बात यह है कि बलभी के मैत्रक राजाओं ने गुप्त संवत् को ही अपने राजवंश के संवत् के रूप में प्रचलित कराया था। इनके अभिलेख ५०२ ई॰ से लेकर ७६६ ई॰ तक मिले हैं और ये सभी अभिलेख, जो काठियावाड़ और गुजरात क्षेत्र से प्राप्त हुए हैं, सिद्ध करते हैं कि बलभी के मैत्रकों ने भी गुप्त संवत् का प्रचलन अपने अभिलेखों में जारी रखा। इसके दो ही कारण हो सकते हैं, एक तो यह कि भट्टारक के उत्तराधिकारी, बलभी के मैत्रक, गुप्त साम्राज्य के साथ अपने सम्बन्धों को बहुत अधिक महत्त्व देते थे तथा वे गुप्त साम्राज्य के पतन के कई शताब्दियों के बाद तक इस संबंध को निभाते रहे। लेकिन ७७६ ई॰ तक, जबकि गुप्त साम्राज्य का नाम भी निःशेष हो चुका था, गुप्तों के संवत् को जारी रखने का कोई कारण नहीं दिखाई देता। बलभी के मैत्रकों द्वारा गुप्त संवत् जारी रखे जाने का एक और कारण हो सकता है। गुप्त संवत् का प्रारम्भ ३१९-२० ई॰ में हुआ था।[३२] शायद बलभी के शासक भी इस संवत् को अपने पुराने इतिहास से जोड़कर देखते थे और इस संवत् को उन्होंने संभवतः इसीलिए अपनाया कि उसी समय से अयोध्या में उनके शासन का अन्त हुआ था और गुप्त साम्राज्य के शासन का प्रारम्भ हुआ था। ऐसा लगता है कि इसी की स्मृति में बलभी के शासकों ने गुप्त संवत् को ही अपने नाम से प्रचलित रखा।

प्रथम चन्द्रगुप्त के बाद समुद्रगुप्त के गया ताम्रपत्राभिलेख में ही अयोध्या का उल्लेख मिलता है। उसके बाद समुद्रगुप्त और चन्द्रगुप्त द्वितीय के शासनकाल के कोई भी उल्लेख हमें पुरातात्त्विक सामग्रियों (सिक्कों और अभिलेखों) से नहीं प्राप्त होते। इस कारण इन दोनों राजाओं के समय में अयोध्या की क्या स्थिति रही होगी इस संबंध में कुछ भी कहना संभव नहीं है। चन्द्रगुप्त द्वितीय के शासनकाल में फा-शि-येन नामक एक चीनी यात्री भारत आया था। वह मध्य चीन से चलकर गोबी मरुस्थल और हिन्दुकुश पर्वत को पारकर समस्त उत्तर भारत की यात्रा प्रायः पैदल ही करते हुए हुगली नदी के मुहाने तक पहुँचा था। ताम्रलिप्ति से वह समुद्री मार्ग द्वारा स्वदेश लौट गया। उसने ३६६ ई॰ से लेकर ४१४ ई॰ तक के बीच भारत के विभिन्न सांस्कृतिक केन्द्रों की यात्रा की थी। इस समय भारत में अत्यन्त प्रतापी गुप्त सम्राट् चन्द्रगुप्त विक्रमादित्य शासन कर

रहा था। फा-शि-येन ने यद्यपि अनेक सांस्कृतिक केन्द्रों के विषय में कुछ भी नहीं लिखा है लेकिन तत्कालीन राजाओं तथा राजनीतिक परिस्थितियों के विषय में बहुत कुछ लिखा। ऐसा लगता है कि अफगानिस्तान से लेकर बंगाल की खाड़ी तक एक ही सम्राट् का सुशासन होने के कारण फा-शि-येन की यह यात्रा अत्यन्त शान्तिपूर्ण और निर्विघ्न रही। इसी कारण उसे राजनीतिक गतिविधियों अथवा राजाओं की पारस्परिक गतिविधियों के बारे में लिखने का अवसर नहीं मिला, जैसा कि ह्वेनसांग ने लिखा है। फा-शि-येन ने मध्यदेश की यात्रा करते समय विशाख अथवा अयोध्या का जो वर्णन किया है वह भगवान बुद्ध के दातौन के वृक्ष का ही वर्णन मात्र है। इसके अतिरिक्त उसने अयोध्या के विषय में कोई भी विशेष उल्लेख नहीं किया है।[३३]

अयोध्या के सम्बन्ध में विक्रमादित्य की एक किंवदन्ती का उल्लेख प्रायः मिलता है, जिसके अनुसार यह कहा जाता है कि राजा बृहद्‌बल की मृत्योपरान्त अयोध्या खण्डहर हो गई थी और उज्जैन के राजा विक्रम इसकी खोज करते हुए आए तो उन्होंने यहां पर रामगढ़ का किला बनवाया और जंगलों को साफ करके राम, सीता, लक्ष्मण और हनुमान की स्मृतियों से सम्बन्धित स्थलों पर ३६० मंदिरों का निर्माण करवाया। इस परम्परा का उल्लेख किसी संस्कृत ग्रन्थ में नहीं मिलता है लेकिन यह मौखिक परम्परा बहुत पुरानी रही होगी इसमें कोई सन्देह नहीं। १७६७ ई॰ में भारत की यात्रा करने वाले आस्ट्रिया के जेसुइट पादरी टाइफेनथेलर ने अपने यात्रा वृत्तांत में इस किंवदन्ती का उल्लेख किया है।[३४] टाइफेनथेलर के अतिरिक्त मार्टिन ने भी १८३८ में इसका उल्लेख किया है। माण्टगोमरी मार्टिन एक ब्रिटिश सर्वेक्षक था और उसकी रिपोर्ट १८३८ में प्रकाशित हुई।[३५] मार्टिन के अतिरिक्त कनिंघम[३६] और कारनेगी[३७] ने भी इस दन्तकथा का उल्लेख किया है। इस दन्तकथा के संबंध में हिन्दी ग्रंथों में अधिक विस्तार से लिखा मिलता है। यह विक्रमादित्य कौन था? इसके संबंध में निश्चयपूर्वक कुछ कहना संभव नहीं है। भारतीय परम्परा के अनुसार, उज्जैन का राजा विक्रमादित्य उसे कहा जाता है जो गर्दभिल्ल वंश में उत्पन्न हुआ था और ५७ ई॰ पूर्व से जिसके नाम पर विक्रमी संवत् का प्रचलन हुआ था। वह किसी समय अयोध्या आया था, इस संबंध में कोई विशेष सूचना किसी अन्य स्रोत से नहीं प्राप्त होती। गुप्त सम्राटों में चन्द्रगुप्त द्वितीय भी विक्रमादित्य के नाम से इतिहास में प्रसिद्ध हैं और इस चन्द्रगुप्त द्वितीय विक्रमादित्य ने उज्जैन के शकों का विनाश करके वहां पर शासन किया था। कुछ आधुनिक विद्वान इसे ही दन्त कथाओं का विक्रमादित्य मानने का सुझाव देते हैं। यदि इस बात को स्वीकार करें तो उसका अयोध्या के साथ संबंध निश्चित रूप से दिखाई पड़ता है लेकिन, अयोध्या के खंडहर होने तथा वहां के जंगलों को साफ करके *रामायण* के पात्रों की स्मृति में मन्दिरों का निर्माण कराने की बात तर्क की कसौटी पर खरी नहीं उतरती। लेकिन, यह कहा जा सकता है कि चन्द्रगुप्त प्रथम अथवा समुद्रगुप्त ने अयोध्या पर विजय करके शासन प्रारम्भ किया था और हम यह देख आए हैं कि गुप्तों के पूर्व अयोध्या में मित्र नामान्त शासक राज्य कर रहे थे। यदि किंवदन्ती में किसी प्रकार के सत्य के तत्त्व निहित होने की बात स्वीकार करें तो यह कह सकते हैं कि मित्र नामान्त शासकों के समय तक अयोध्या का रामकोट नामक क्षेत्र संभवतः खंडहर बन चुका था और गुप्त राजाओं ने अयोध्या की प्राचीन गरिमा को पुनः स्थापित करने के दृष्टिकोण से अयोध्या के रामकोट क्षेत्र के खंडहरों और जंगलों को साफ कराया था, और वहां पर मंदिरों का निर्माण करवाया। किन्तु, इस बात के पुरातात्त्विक प्रमाण नहीं मिलते। बी॰ बी॰ लाल तथा ए॰ के॰ नारायण ने अयोध्या के रामकोट क्षेत्र में जो उत्खनन करवाए उनमें गुप्तकालीन स्तर नहीं मिले हैं। इस बात की संभावना की जा सकती है कि संभवतः और अधिक क्षेत्र में कुछ विस्तार के साथ खुदाई करने पर गुप्तकालीन स्तरों का पता चल सके। वैसे, वर्तमान लेखक का यह विचार है कि गुप्त शासकों के समय के पुरातात्त्विक अवशेष फैज़ाबाद नगर के निकट सरयू नदी के किनारे स्थित गोप्रतार घाट के समीप मिल सकते हैं। संभवतः यहां पर गुप्तकालीन आवासीय स्थल भी प्राप्त हों।

जहां तक विक्रमादित्य से सम्बन्धित दन्तकथा का प्रश्न है इसकी न तो पुष्टि की जा सकती है और न खण्डन ही किया जा सकता है। गुप्त राजाओं में कम-से-कम दो लोगों ने विक्रमादित्य की उपाधि धारण की थी। पहला, चन्द्रगुप्त द्वितीय और दूसरा, स्कन्दगुप्त। इनके अतिरिक्त अन्य गुप्त राजाओं ने भी आदित्यान्त उपाधियां धारण की थीं जो उनके सिक्कों पर मिल जाती हैं। उदाहरण के लिए, कुमारगुप्त ने 'महेन्द्रादित्य'[३८] की उपाधि धारण की थी और उसके उत्तराधिकारियों में बालादित्य,[३९] प्रकाशादित्य,[४०] द्वादशादित्य[४१] आदि उपाधियां भी मिलती हैं। इसके अतिरिक्त समुद्रगुप्त ने पराक्रम,[४२] अश्वमेध पराक्रम,[४३] व्याघ्रपराक्रम,[४४] श्रीविक्रम,[४५] आदि उपाधियां भी धारण की थीं जो आशय की दृष्टि से विक्रमादित्य के अधिक समीप दिखाई पड़ती हैं। चन्द्रगुप्त द्वितीय विक्रमादित्य ने भी अपने कुछ सिक्कों पर अपने पिता की भांति 'श्री विक्रमः' की उपाधि धारण की थी।[४६] इसके अतिरिक्त उसने 'सिंह विक्रम',[४७] 'अजित विक्रम'[४८] तथा 'विक्रमादित्य'[४९] की उपाधियां भी धारण की थीं। स्कन्दगुप्त के सिक्कों पर हमें 'क्रमादित्य'[५०] की उपाधि देखने को मिलती है। डॉ॰ अल्तेकर का

यह कहना है कि 'क्रमादित्य' की उपाधि निरन्तर तथा बहुत बड़ी संख्या में सिक्कों पर देखने को मिलती है और इसी कारण हम इसे विक्रमादित्य का संक्षिप्त रूप कहकर स्वीकार नहीं कर सकते कि स्थान की कमी अथवा साँचा बनाने वाले कलाकार के प्रमादवश यह हुआ होगा। यह स्कन्दगुप्त के सोने के सिक्कों पर भी मिलता है। इस कारण हम यह मान सकते हैं कि इस शासक ने क्रमादित्य और विक्रमादित्य दोनों विरुद्ध धारण किए थे।'[५६] इस प्रकार ऐसा लगता है कि अपनी उपाधियों अथवा विरुदों के कारण प्रायः सभी गुप्त सम्राट् विक्रमादित्य माने जाते रहे होंगे। कम-से-कम जन-मानस में तो उनकी विक्रमादित्य की ही छवि रही होगी और समय के साथ-साथ विक्रमादित्य से संबंधित अनेक प्रकार की दन्तकथाएं इनसे जुड़ती चली गईं और अयोध्या से सम्बन्धित इस दन्तकथा को भी हम उस श्रेणी में रख सकते हैं।

गुप्तकाल का इतिहास लिखने वालों ने परमार्थ लिखित वसुबन्धु की जीवनी तथा ह्वेनसांग के सि-यु-कि के नाम के आधार पर पांचवीं शताब्दी के उतरार्द्ध में होने वाली घटनाओं को गुप्तकाल के इतिहास का अंग मानकर विचार किया है। परमार्थ के *वसुबन्धुचरित* के अनुसार, विक्रमादित्य की राजधानी अयोध्या में थी और वह सभी धर्मों के आचार्यों तथा कलाकारों का आदर करता था। वह अपनी प्रजा के हित में काफी धनराशि व्यय किया करता था तथा विभिन्न प्रकार के मन्दिरों, विहारों आदि के निर्माण में सहायता देता था। उसके शासनकाल में सांख्य के एक आचार्य विन्ध्यवासिन तथा एक बौद्ध भिक्षु बुद्धमित्र के बीच एक दार्शनिक शास्त्रार्थ का आयोजन किया गया था। इस अवसर पर जीतने वाले को तीन लाख स्वर्ण मुद्राएं देने की घोषणा की गई थी। इस शास्त्रार्थ में सांख्याचार्य विन्ध्यवासिन विजयी हुए थे तथा उन्होंने प्राप्त धन को अपने सहधर्मी ब्राह्मण विद्वानों में वितरित किया। इससे बौद्ध भिक्षुओं को काफी क्षोभ हुआ। बुद्धमित्र वसुबन्धु द्वितीय के गुरु थे। जब वे अयोध्या लौटे तो उन्होंने *परमार्थसप्ततिका* नामक ग्रंथ की रचना की जिससे वे अपने गुरु की पराजय का प्रतिशोध ले सकें। इस समय तक आचार्य विन्ध्यवासिन का देहान्त हो चुका था। विक्रमादित्य ने वसुबन्धु द्वितीय को भी तीन लाख स्वर्ण मुद्राएं दान में दीं। उन्होंने इस धन का उपयोग अयोध्या क्षेत्र में तीन विहारों को बनवाने में किया — (१) भिक्षुणियों के लिए एक विहार; (२) सर्वास्तिवादी सम्प्रदाय के लोगों के लिए एक विहार; (३) महायान सम्प्रदायी लोगों के लिए एक विहार। परमार्थ के अनुसार, इस विक्रमादित्य का उत्तराधिकारी बालादित्य हुआ। ह्वेनसांग ने भी इसका उल्लेख किया है। उसके अनुसार, वसुबन्धु द्वितीय के गुरु का नाम मनोरथ था तथा उसने भी विक्रमादित्य के उत्तराधिकारी का नाम बालादित्य बताया है। इसके अतिरिक्त उसने यह भी सूचना दी है कि बालादित्य हूण राजा मिहिरकुल का समकालीन था तथा उसका विजेता था। ह्वेनसांग की कथा के अनुसार मिहिरकुल ने सम्पूर्ण उत्तर भारत को जीत लिया था तथा बालादित्य उसको कर दिया करता था। लेकिन अन्त में बालादित्य ने मिहिरकुल को परास्त करके उसको बन्दी बना लिया और बाद में अपनी माता के कहने पर उसे छोड़ दिया।

परमार्थ और ह्वेनसांग के इन उल्लेखों से निम्नलिखित बातें स्पष्ट होती हैं — (१) विक्रमादित्य अयोध्या का शासक था, (२) उसका उत्तराधिकारी बालादित्य हुआ, तथा (३) यह बालादित्य हूण राजा मिहिरकुल का समकालीन था।

गुप्त साम्राज्य के इतिहासकारों ने परमार्थ और ह्वेनसांग के इन उल्लेखों को एकदम ऐतिहासिक सत्य मान लिया और इसके आधार पर यह निष्कर्ष निकाला कि विक्रमादित्य निश्चित रूप से स्कन्दगुप्त विक्रमादित्य था। उसका उत्तराधिकारी नरसिंह गुप्त बालादित्य हुआ जो स्कन्दगुप्त के भाई पुरुगुप्त का पुत्र था। गुप्त सम्राटों में समुद्रगुप्त से लेकर स्कन्दगुप्त तक के शासनकाल तक उत्तराधिकार क्रम में कोई समस्या नहीं है यद्यपि बीच-बीच में काच, रामगुप्त, गोविन्दगुप्त आदि की समस्याएं दिखाई पड़ती हैं। किन्तु स्कन्दगुप्त के बाद से, जिसका शासन काल ४५५ ई॰ से लेकर कम-से-कम ४६७ ई॰ के बीच में रखा जाता है, गुप्त सम्राटों के उत्तराधिकार तथा उनके कालक्रम की समस्या अत्यन्त उलझी हुई है। इस विषय में हम आगे चलकर विचार करेंगे। किन्तु यहां पर उल्लेखनीय बात यह है कि ह्वेनसांग के बालादित्य को यदि मिहिरकुल का समकालीन माना जाए तो उसे स्कन्दगुप्त का उत्तराधिकारी नहीं माना जा सकता क्योंकि दोनों के काल में कम-से-कम आधी शताब्दी का अन्तर पड़ता है। अतः परमार्थ के विक्रमादित्य की पहचान निश्चित रूप से स्कन्दगुप्त से नहीं की जा सकती है। दूसरी ओर, मिहिरकुल के समकालीन नरसिंहगुप्त बालादित्य को भी हम पांचवीं शताब्दी के उत्तरार्द्ध में नहीं रख सकते और उसे स्कन्दगुप्त का उत्तराधिकारी भी नहीं मान सकते जैसा कि हन्स बेकर ने माना है।[५२] उन्होंने वसुबन्धु द्वितीय के द्वारा तथाकथित रूप से बनवाए गए विहारों की पुरातात्त्विक स्थलों से जो पहचान करने का प्रयास किया है, उसे भी हम स्वीकार नहीं कर सकते।

जहां तक आभिलेखिक साक्ष्यों का प्रश्न है यह निश्चयपूर्वक कहा जा सकता है कि अयोध्या का संबंध राम और उनकी कथा

के साथ स्वीकार करने में गुप्तकालीन लोगों को किसी भी प्रकार की कठिनाई अथवा हिचकिचाहट नहीं थी। गुप्तकालीन अभिलेखों में अयोध्या और उसके इतिहास के मुख्य पुरुष राम की कथा का इस प्रकार उल्लेख हुआ है मानो वह सर्वस्वीकृत तथ्य हो। सुपिया के पाषाण स्तम्भ लेख में (गुप्त संवत् १४१ = ४६० ई॰) स्कन्दगुप्त को चक्रवर्ती के समान महाबली तथा बल विक्रम में राम के समान (चक्रवर्ती तुल्यो महाबल-विक्क्रमेण राम तुल्यो) कहा गया है।[५३] स्कन्दगुप्त ने अपने पूर्वजों के ग्राम भितरी में पिता का श्राद्ध करने के उपरांत वहां पर शर्ङ्गिण की प्रतिमा की स्थापना करके एक मन्दिर का निर्माण कराया था। मंदिर के सामने एक स्तम्भ की भी स्थापना करवाई थी। यहां पर शर्ङ्गिण का तात्पर्य भगवान विष्णु की उस प्रतिमा से है जो धनुष धारण करता है। विष्णु के अवतारों में केवल भगवान राम को ही शांर्ङ्गधनुष धारण करने वाला माना गया है। इस प्रकार भितरी में स्कन्दगुप्त ने जिस मंदिर की स्थापना करवाई थी वह भगवान राम का ही मंदिर था। इसके अतिरिक्त स्कन्दगुप्त की बुआ प्रभावती गुप्ता जो वाकाटक नरेश रुद्रसेन द्वितीय को ब्याही गई थी, भगवान राम की परम भक्त थीं। अपने पूना ताम्रपत्र लेख में प्रभावती गुप्ता स्वयं को 'अत्यन्त भगवद्भक्ता' कहती हैं। वे प्रायः कार्तिक मास की शुक्ल पक्ष की एकादशी तिथि को उपवास करती थीं और द्वादशी को पारणा के अवसर पर रामगिरि पर स्थित भगवान राम की चरण-पादुकाओं के ऊपर बनाए गए मन्दिर में दान देती थीं। इनके पूना ताम्रपत्राभिलेख[५४] तथा ऋद्धपुर ताम्रपत्राभिलेख,[५५] दोनों में ही, दो विभिन्न वर्षों में इसी तिथि पर दान देने का उल्लेख है। पूना ताम्रपत्राभिलेख में भगवान के पादमूल (भगवत्पादमूले निवेद्यत) तथा ऋद्धपुर ताम्रपत्राभिलेख में 'रामगिरि स्वामिन पादमूलाद्' शब्दों का उल्लेख करके यह बताया गया है कि यह ताम्रपत्र रामगिरि मंदिर से ही जारी किया गया था। इस प्रकार वाकाटकों की राजधानी नन्दिवर्धन से केवल तीन मील की दूरी पर ही 'भगवान रामगिरि स्वामिन' का मन्दिर था और इस बात की संभावना की जा सकती है कि वह मन्दिर संभवतः वाकाटकों के काफी पहले से ही वहां स्थापित रहा होगा। गढ़वा से प्राप्त स्कन्दगुप्त के ही शासनकाल में गुप्त संवत् १४८ (४६७-६८ ई॰) में उत्कीर्ण एक अभिलेख में 'भगवच्चित्रकूटस्वामि-पादीय-कोष्ठे' का उल्लेख मिलता है[५६] जो स्पष्ट रूप से भगवान श्रीराम के मंदिर का ही उल्लेख है। इस प्रकार भगवान श्रीराम के मंदिरों का अस्तित्व गुप्तकाल में निश्चय ही अनेक स्थलों पर रहा होगा। कुमारगुप्त के शासनकाल में उत्कीर्ण एक शिवलिंग अभिलेख अयोध्या के समीप करमडांडा नामक स्थान से प्राप्त हुआ है। इस अभिलेख पर गुप्त संवत् ११७ (= ४३६ ई॰) की तिथि दी हुई है। इसमें अयोध्या में भगवान शैलेश्वर स्वामी महादेव के पादमूल के निवासी अयोध्या में रहने वाले विभिन्न गोत्रों और चरणों वाले स्वाध्याय, मन्त्र, सूक्त, एवं भाष्य के निरूपण में पारंगत (ब्राह्मणों) का उल्लेख हुआ है।[५७] अयोध्या में इस समय भगवान शैलेश्वर स्वामी के किसी मन्दिर का पता नहीं है लेकिन हन्स बेकर इस बात की सूचना देते हैं कि अभिलेख में आए हुए भारडि नामक ग्राम का उल्लेख अयोध्या माहात्मय में पुण्य क्षेत्र के अन्तर्गत मिलता है।[५८]

गुप्तकाल से ही सम्बन्धित कुछ अन्य अभिलेखो में भी अयोध्या का नाम आया है। यद्यपि इन उल्लेखों से अयोध्या के इतिहास पर कोई विशेष प्रकाश नहीं पड़ता फिर भी इनसे यह ज्ञात होता है कि अयोध्या के नागरिक अन्य स्थलों पर गए और वहां उन्होंने महत्त्व के स्थान प्राप्त किए। उदाहरण के लिए गुप्त संवत् २२४ (= ५४३-४४ ई॰) में दामोदरपुर से प्राप्त ताम्रपत्राभिलेख में अयोध्या के कुलपुत्रक अमृतदेव (आयोध्यक-कुलपुत्रक-अमृतदेवे) का उल्लेख आता है जिनके निवेदन पर यह दानपत्र लिखा था। दामोदरपुर वर्तमान बांग्लादेश के दीनाजपुर जिले में फुलवाड़ी नामक स्थान से लगभग आठ मील पश्चिम की ओर स्थित एक ग्राम है जहां से १६१५ ईसवी में एक साथ पांच ताम्रपत्रलेख मिले थे। कालक्रम की दृष्टि से यह अंतिम अभिलेख है जिस पर गुप्त संवत् २२४ वर्ष की तिथि दी हुई है। इसका सर्वप्रथम प्रकाशन श्रीराधागोविन्द बसाक ने किया।[५९] उन्होंने इस अभिलेख की तिथि २१४ पढ़ी थी तथा इसमें उल्लिखित गुप्त सम्राट् का नाम भानुगुप्त होने का अनुमान किया था। बाद में श्री के॰एन॰ दीक्षित ने इसकी तिथि को ठीक ढंग से २२४ पढा। इस आधार पर कृष्णशास्त्री ने यह संभावना व्यक्त की है कि प्रथम पंक्ति के अन्त में, जहां राजा में नाम के पूर्वार्द्ध होने की संभावना है, 'कुमार' पढ़ा जा सकता है। एन॰ के॰ भट्टसाली और आर॰ के॰ मुकर्जी ने कृष्णशास्त्री के इस मत से सहमति व्यक्ति की तथा यह माना कि यह कुमारगुप्त नरसिंहगुप्त का पुत्र हो सकता है। किन्तु मूल अभिलेख को देखने पर ऐसा लगता है कि छूटे हुए स्थल में केवल दो ही अक्षरों की गुंजाइश हो सकती है। इस कारण से यह नाम बुधगुप्त, उपगुप्त या विष्णुगुप्त में से कोई भी हो सकता है। बुधगुप्त का शासनकाल पांचवीं शताब्दी के समाप्त होने के पहले ही पूरा हो चुका माना जा सकता है। भानुगुप्त की भी जो ज्ञात तिथि है वह गुप्त संवत् १६१, एरण स्तम्भ लेख से ज्ञात होती है और ईसवी सन् में यह तिथि ५१० पड़ती। यह अभिलेख चूंकि एरण अभिलेख से लगभग ढाई दशकों के बाद पडता है इस कारण अधिक संभावना यह है कि यह विष्णुगुप्त के शासनकाल

में लिखा गया अभिलेख होगा। हन्स बेकर ने इस अभिलेख का जो उल्लेख किया है उसमें इस अभिलेख के बाद में पढ़ी गई सही तिथि के सन्दर्भों को नहीं देखा और न तो शासक के नाम के सम्बन्ध में उन्होंने बाद के साहित्य का अध्ययन किया।

एक अन्य अभिलेख भी अयोध्या के तीन भाइयों का उल्लेख करता है जो हजारीबाग जिले से प्राप्त हुआ था।[६०] ऐसा कहा जाता है कि उदयमान, धौतमान तथा अजितमान नाम के तीन व्यापारी बन्धु अयोध्या से ताम्रलिप्ति व्यापार के सिलसिले में गए। वहां से काफी धन कमाने के बाद जब वे घर लौट रहे थे तो कुछ समय के लिए एक गाँव में ठहरे। मगध के राजा आदिसिंह की कृपा से उदयमान को इस स्थान का शासक बना दिया गया और इसके बाद उसने अपने दो भाइयों को पास के अन्य ग्रामों का शासक नियुक्त किया। इस प्रकार गया और मिदनापुर जिलों के भू-भाग में अयोध्या से आए एक नवीन राजवंश का उदय हुआ। इस राजवंश की स्थापना की तिथि तो ज्ञात नहीं है किन्तु सातवीं-आठवीं शताब्दियों में इसके सम्बन्ध में परम्परागत उल्लेख मिलते हैं। छठी शताब्दी के अंतिम चरण में उड़ीसा के एक बहुत बड़े भू-भाग पर एक मान वंशीय राजकुल का शासन था। इस वंश के शासक शम्भुयश के दो अभिलेख २६० और २८३ वर्षों में उत्कीर्ण मिले हैं तथा यह वंश उत्तरी और दक्षिणी तोसली पर शासन कर रहा था जो उड़ीसा में बालासोर से लेकर पुरी जिले तक का भू-भाग था। सबसे महत्त्वपूर्ण बात तो यह है कि २६० और २८३ तिथियां गुप्त संवत् की मानी जाती हैं और इसके अनुसार शम्भुयश की तिथि ५८० और ६०३ ईसवी में पड़ेगी। अतः इस बात को स्वीकार करने में कोई कठिनाई नहीं होनी चाहिए कि उड़ीसा में भी अयोध्या से गए शासकों का शासन था जो गुप्त संवत् का प्रयोग करते थे।

अभिलेखों के अतिरिक्त सिक्के भी इस बात की पुष्टि करते हैं कि गुप्त शासकों का शासन अयोध्या क्षेत्र से ही प्रारम्भ हुआ। अयोध्या को गुप्त शासकों के सिक्कों के मुख्य प्राप्ति स्थल के रूप में जाना जाता है। विन्सेण्ट स्मिथ ने लिखा है कि 'मिस्टर ए॰ ग्राण्ट के संग्रह में सभी गुप्त स्वर्ण सिक्के अवध अथवा फैज़ाबाद (अयोध्या) से प्राप्त हुए थे। स्मिथ के अनुसार, समुद्रगुप्त के दस सिक्के, चन्द्रगुप्त द्वितीय के चार सिक्के, कुमारगुप्त के तीन सिक्के तथा स्कन्दगुप्त का एक सिक्का अवध से प्राप्त हुआ था। स्मिथ आगे लिखते हैं कि 'पंख फैलाए मयूर के सिक्के, जो कुमारगुप्त और स्कन्दगुप्त के हैं, स्पष्ट रूप से अन्य सोने और ताँबे के सिक्कों के समान ही उत्तर भारत में टंकित किए गए थे। वे पश्चिमोत्तर प्रान्तों में काफी प्रचलित थे किन्तु अन्यत्र कम मिलते हैं। सर अलेक्जेण्डर कनिंघम ने हमें यह सूचित किया कि ये सिक्के बनारस, अयोध्या, मथुरा आदि स्थानों और उसके आस-पास से प्राप्त होते हैं। स्मिथ गुप्तों के तांबे के सिक्कों के बारे में यह कहते हैं कि 'मुख्य स्थल' जहां से ये तांबे के सिक्के प्राप्त होते हैं वह हिन्दुओं का प्राचीन नगर अयोध्या है। ....सर कनिंघम के संग्रह में १५ सिक्कों में से १० इसी स्थान से मिले हैं और इसी में से ट्रेगियर का कुमारगुप्त का राजा के खड़े चित्र वाला सिक्का भी है। मि॰ हूपर के संग्रह में प्राप्त सभी पांच तांबे के सिक्के अयोध्या से संग्रहीत हैं। ..... मेरा विचार है कि प्राचीन अयोध्या नगर से प्राप्त तांबे के १६ सिक्के पूरी तरह यह निष्कर्ष प्रदान करते हैं कि निश्चित रूप से चन्द्रगुप्त द्वितीय तथा संभवतः कुमारगुप्त की भी इस स्थान पर तांबे के सिक्के को ढालने की एक टकसाल थी। ....गुप्तों के तांबे के सिक्के कभी-कभी मित्र (शुंग) राजवंश के सिक्कों के साथ भी मिल जाते हैं जो अयोध्या और उसके आस-पास के क्षेत्रों में बड़ी संख्या में मिलते हैं।'[६१] इन फुटकर संग्रहों के अतिरिक्त कोशल क्षेत्र से निम्नलिखित स्थानों से गुप्त सिक्कों की निधियां प्राप्त हुई हैं — (१) टांडा (फैज़ाबाद), (२) कोटवा (गोरखपुर), (३) बस्ती, (४) कसरवा (बलिया), (५) देवट्ठ (बलिया), (६) जौनपुर, (७) राप्ती, (८) कुसुम्भी (उन्नाव)।[६२]

स्कन्दगुप्त के बाद गुप्त साम्राज्य

स्कन्दगुप्त की अंतिम ज्ञात तिथि ४६७ ई॰ है[६३] और इसके बाद कुमारगुप्त द्वितीय का सारनाथ पाषाण बुद्ध मूर्ति लेख गुप्त संवत् १५४ (४७३ ई॰) का मिलता है।[६४] तदुपरान्त बुधगुप्त के शासन की प्रथम ज्ञात तिथि ४७६ ई॰ है।[६५] इस प्रकार स्कन्दगुप्त और कुमारगुप्त द्वितीय के बीच में कम-से-कम पुरुगुप्त और नरसिंहगुप्त का शासन स्वीकार करना पड़ेगा। नरसिंहगुप्त के नालन्दा से प्राप्त मिट्टी की मुहर में[६६] उसे पुरुगुप्त का पुत्र बताया गया है। इस मुहर में दी गई वंशावली के अनुसार, पुरुगुप्त को कुमारगुप्त का पुत्र कहा गया है। यहां पर यह उल्लेखनीय है कि नरसिंहगुप्त ने अपने को पुरुगुप्त का पुत्र बताया है जबकि अनेक आभिलेखिक तथा मौद्रिक साक्ष्यों से यह स्पष्ट है कि कुमारगुप्त प्रथम के बाद स्कन्दगुप्त ने शासन किया था। यहां यह निश्चयपूर्वक नहीं कहा जा सकता कि पुरुगुप्त ने किस समय शासन किया, स्कन्दगुप्त की मृत्यु के उपरांत अथवा अपने पिता कुमारगुप्त प्रथम के शासन के तुरंत बाद। इसके अतिरिक्त नालन्दा से प्राप्त मिट्टी की मुहर में[६७] कुमारगुप्त द्वितीय की भी वंशावली दी गई है जिससे यह ज्ञात होता है कि वह कुमारगुप्त प्रथम के पुत्र पुरुगुप्त का पौत्र तथा नरसिंहगुप्त का पुत्र था। इस प्रकार

स्कन्दगुप्त के बाद नरसिंहगुप्त शासनारूढ़ हुआ तथा उसके बाद उसका पुत्र कुमारगुप्त द्वितीय शासक बना होगा। इसकी पुष्टि भितरी से प्राप्त चांदी की मुहर से भी हो जाती है।[६८] नालन्दा से ही प्राप्त एक अन्य मिट्टी की मुहर में विष्णुगुप्त के पूर्वजों का भी नाम आता है जिसके अनुसार विष्णुगुप्त पुरुगुप्त का प्रपौत्र, नरसिंहगुप्त का पौत्र तथा कुमारगुप्त द्वितीय का पुत्र था। इस प्रकार जो वंशावली बनती है वह इस प्रकार है –

कुमारगुप्त प्रथम

पुरुगुप्त

नरसिंहगुप्त

कुमारगुप्त द्वितीय

विष्णुगुप्त

नालन्दा से ही बुधगुप्त की एक मिट्टी की मुहर मिली है जिसके अनुसार बुधगुप्त की वंशावली इस प्रकार बनती है –

कुमारगुप्त

पुरुगुप्त

बुधगुप्त

इस प्रकार बुधगुप्त और नरसिंहगुप्त दोनों एक ही पिता की संतान सिद्ध होते हैं। जहां तक उत्तराधिकार का प्रश्न है, स्कन्दगुप्त के बाद नरसिंहगुप्त सिंहासनारूढ़ हुआ होगा, इसमें कोई संदेह नहीं है। नरसिंहगुप्त की उपाधि बालादित्य थी। ४७३ ई॰ के सारनाथ पाषाण बुद्ध मूर्ति अभिलेख से ज्ञात होता है कि गुप्त संवत् १५४ में कुमारगुप्त शासन कर रहा था। इसी राजा की भितरी से प्राप्त चांदी की मुहर पर तथा नालन्दा से प्राप्त मिट्टी की मुहर पर इसे नरसिंहगुप्त का पुत्र तथा पुरुगुप्त का पौत्र बताया गया है। इससे यह स्पष्ट होता है कि नरसिंहगुप्त के उपरांत उसके पुत्र कुमारगुप्त द्वितीय ने शासन किया था। *आर्यमंजुश्रीमूलकल्प* ग्रंथ से यह ज्ञात होता है कि बालादित्य नामक शासक ने ३६ वर्ष और एक मास की आयु में आत्महत्या कर ली थी। इस आधार पर यह निष्कर्ष निकाला गया है कि नरसिंहगुप्त बालादित्य का पुत्र कुमारगुप्त द्वितीय ४७३ ई॰ के लगभग अधिक-से-अधिक १३-१४ वर्ष का किशोर रहा होगा। ऐसा लगता है कि कुमारगुप्त द्वितीय भी अधिक समय तक शासन नहीं कर सका और उसके चाचा बुद्धगुप्त ने उसके हाथ से शासन छीन लिया। बुद्धगुप्त की प्रथम ज्ञात तिथि गुप्त संवत् १५७ (४७६ ई॰) है।[६९] इस प्रकार कुमारगुप्त द्वितीय तीन वर्षों के अन्दर ही शासन से च्युत कर दिया गया लगता है। बुधगुप्त का शासन काफी दिनों तक चला और संभवतः पांचवीं शताब्दी के अन्त तक अथवा छठी शताब्दी के प्रारम्भिक वर्षों तक वह शासन करता रहा। बुधगुप्त की अंतिम ज्ञात तिथि गुप्त संवत् २७६ (४९५ ई॰) है जो उसकी एक रजत मुद्रा पर मिली है। इसके बाद के शासक वैन्यगुप्त द्वादशादित्य की ज्ञात तिथि ५०७ ई॰ है जिसकी जानकारी उसके गुणैघर ताम्रशासन (गुप्त संवत् १८८=५०७ ई॰) से होती है।[७०] वैन्यगुप्त के बाद जिस गुप्त सम्राट् का नाम हमें मिलता है वह भानुगुप्त था। भानुगुप्त की ज्ञात तिथि ५१० ई॰ है जिसका उल्लेख उसके एक सामन्त गोपराज के एरण पाषाण स्तम्भ पर उत्कीर्ण मिला है।[७१] इस गोपराज़ के एक युद्ध में मारे जाने का उल्लेख है तथा यह स्तम्भ उनकी पत्नी के सती हो जाने के उपलक्ष्य में स्थापित कराया गया था। इस युद्ध में भानुगुप्त भी सम्मिलित था। ऐसा माना जाता है कि ५१० ई॰ का यह युद्ध गुप्त सम्राट् भानुगुप्त और हूण आक्रमणकारी तोरमाण के बीच लड़ा गया था। इस युद्ध का परिणाम क्या हुआ यह स्पष्ट नहीं है। किन्तु संभावना यही है कि इस युद्ध में तोरमाण मालवा के कुछ क्षेत्रों पर अपना आधिपत्य स्थापित करने में सफल हो गया था।

भानुगुप्त के बाद साम्राज्य के इतिहास के सम्बन्ध में काफी भ्रान्तियां हैं। सिन्हा तथा मुखर्जी इत्यादि ने इस काल-खण्ड के गुप्तकालीन इतिहास को पुनर्निर्मित करने का प्रयास किया है। किन्तु श्रीराम गोयल उनके मत से सहमत नहीं दिखाई पड़ते। उन्होंने यह स्थापित क़रने का प्रयास किया है कि एक अन्य नरसिंहगुप्त भी इतिहास में हुआ था जिसे वे नरसिंहगुप्त द्वितीय कहते हैं। सारनाथ से प्राप्त एक खण्डित लेख[७२] से यह ज्ञात होता है कि बालादित्य नाम का एक शासक गुप्त वंश में और हुआ था। इसमें यह स्पष्ट रूप से कहा गया है कि उस वंश में एक अन्य बालादित्य नाम का राजा भी हुआ था "तद्वंश-सम्भवोऽन्यो बालादित्यो नृपः"। इस अभिलेख के विषय में फ्लीट ने यह लिखा है कि 'इस अभिलेख का सबसे महत्त्वपूर्ण आकर्षण यह है कि इसमें कम-से-कम बालादित्य नाम के दो राजाओं का उल्लेख है। इनमें से एक प्रकटादित्य का पिता था। दूसरा इसका कोइ पूर्वज था, तथा उसने स्वयं को 'अन्य बालादित्य' कहा है।[७३] सिन्हा आदि विद्वानों ने सारनाथ के इस अभिलेख के प्रमाण को अनदेखा कर दिया है। संभवतः उसका कारण यह था कि फ्लीट ने आगे के वाक्य में यह संभावना व्यक्त की है कि प्रथम बालादित्य का संबंध मिहिरकुल के साथ था। गोयल ने यहां समुचित ढंग से प्रतिपादित किया है कि यह बालादित्य द्वितीय ही रहा होगा जिसके विषय में ह्वेनसांग ने यह लिखा है

कि उसने मिहिरकुल को पराजित किया था।

ह्वेनसांग के प्रमाण पर प्रायः यह माना जाता है कि हूण राजा ने गुप्त साम्राज्य पर अधिकार कर लिया था और बालादित्य उसको कर दिया करता था। गुप्त साम्राज्य को उसने पादाक्रान्त किया और इस प्रकार लगभग समस्त उत्तरी भारत हूणों के शासन के अन्तर्गत आ गया था। इस प्रकार की धारणा अनेक इतिहासकारों ने ह्वेनसांग के वर्णन के आधार पर व्यक्त की है। किन्तु यहां यह उल्लेखनीय है कि ह्वेनसांग के विवरण सभी स्थानों पर बहुत अधिक विश्वसनीय नहीं हैं और जहां तक बालादित्य की कथा का प्रश्न है वह अनेक विसंगतियों से भरा हुआ है। इस कारण यह मानना कि सम्पूर्ण गंगा की घाटी अस्थायी रूप से थोड़े समय के लिए ही सही हूणों के अधिकार में आ गई थी, उचित नहीं है।[७४] गुप्त साम्राज्य की विशालता को देखते हुए यह स्वीकार करना उचित नहीं लगता कि पंजाब से लेकर बंगाल तक का क्षेत्र हूणों के आधिपत्य के अन्तर्गत आ गया था। अधिक-से-अधिक यही माना जा सकता है कि गुप्त साम्राज्य के पश्चिमी भाग पर हूणों को कुछ समय के लिए सफलता मिल गई होगी। हूणों के आक्रमण अधिकतर 'युद्ध करो और वापस जाओ' की प्रकृति के रहे होंगे। इनमें अधिकांश में हूणों को पराजित किए जाने के ही उल्लेख हमें मिलते हैं। मालवा के प्रकाशधर्मा और यशोधर्मा तथा गुप्त सम्राटों में स्कन्दगुप्त या बालादित्य इत्यादि जिनके भी हूणों से युद्ध करने के संदर्भ प्राप्त होते हैं उनसे यही ज्ञात होता है कि हूण पराजित ही अधिक हुए हैं। इस प्रकार अयोध्या पर हूणों के अधिकार की बात को स्वीकार नहीं किया जा सकता। हन्स बेकर ने स्वयं यह स्वीकार किया है कि इसका अयोध्या के सांस्कृतिक और धार्मिक जीवन पर कोई विपरीत प्रभाव नहीं पड़ा। यह नगरी भी नष्ट नहीं की गई जैसा कि एक शताब्दी बाद ही इस क्षेत्र की यात्रा करने वाले चीनी यात्री ह्वेनसांग ने स्वयं यहां पर अनेक विहारों और स्तूपों को अखंडितावस्था में देखा था।

इस प्रकार अयोध्या गुप्त काल में गुप्त सम्राटों की राजधानी के रूप में विशिष्ट स्थिति को प्राप्त थी। किन्तु आगे आने वाले युगों में अयोध्या का वह महत्त्व नहीं रह गया।

सन्दर्भ

१. श्रीराम गोयल; *ए हिस्ट्री आव दि इम्पीरियल गुप्ताज़*, १९६७, पृ॰ ४४-५० तथा *गुप्त साम्राज्य का इतिहास*, १९८७, अध्याय दो, पृ॰ १२-४५।

२. अरविंद कुमार सिंह, 'गुप्त आदिराज्य' *भारतीय इतिहास संकलन समिति पत्रिका*, अंक दो, १९८४, पृ॰ १७५-८३।

३. श्रीराम गोयल, १९६७, पृ॰ ४१-५०।

४. अ॰ स॰ अल्तेकर, *दि॰ क्वायनेज़ आव दि गुप्त इम्पायर*, १९५७, पृ॰ २६।

५. डी॰ सी॰ सरकार, *सेलेक्ट इन्सक्रिप्शंस*, १९६५, पृ॰ २७०, पाद टि॰ ४।

६. ठा॰ प्र॰ वर्मा; *पुराभिलेख चयनिका*, प्रथम भाग, १९९०, पृ॰ १२१ तथा आगे।

७. डी॰ सी॰ सरकार, पूर्वोक्त, पृ॰ ३२४, पाद टिप्पणी-३।

८. श्रीराम गोयल, पूर्वोक्त, १९८७, पृ॰ ३७ तथा १९६७, पृ॰ ४६।

९. पार्जिटर, *पुराण टेक्सट्स आव दि डायनेस्टीज़ आव दि कलि एज*, पृ॰ ५३।

१०. उपरोक्त, पृ॰ ५४।

११. गोयल, पूर्वोक्त, १९८७, पृ॰ ३६।

१२. विन्सेण्ट स्मिथ; *अर्ली हिस्ट्री ऑव इण्डिया*, पृ॰ ३०६–१०।

१३. गोयल, पूर्वोक्त १९८७, पृ॰ ४४।

१४. डी॰ सी॰ गांगुली, *ए काम्प्रीहेन्सिव हिस्ट्री आव इण्डिया*, खण्ड तीन, भाग एक, पृ॰ २२०।

१५. राधामुकुन्द मुकर्जी, *गुप्ता एज*, पृ॰ ६१।

१६. जॉन एलन, कैटलॉग आव दि क्यायन्स आव दि गुप्ता डायनेस्टीज एण्ड आव शशांक, किंग आव गौड़, इन्ट्रोडक्शन, पृ॰ १८।

१७. दे॰ अनन्त सदाशित अल्तेकर, *दि क्वायनेज आव दि गुप्ता इम्पायर*, १९५७, पृ॰ २।

१८. उपरोक्त, पृ॰ १।

१९. बी॰ पी॰ सिन्हा, *जे बी ओ आर एस*, खण्ड ३७। पृ॰ १३८ और आगे।

२०. हन्स बेकर, *अयोध्या*, पृ॰ २६।

२१. प्रयाग-प्रशस्ति, पंक्ति २८।

२२. हन्स बेकर, पूर्वोक्त, पृ॰ २६।

२३. उपरोक्त, पृ॰ २६।

२४. सिद्धम् [।।]

१. यद [.] तज्जर्योतिरक्कार्भमुर्व्याम् [....] [।] [....] व्यापि चन्द्रगुप्ताख्यमद्भुतम् [।।] [१]

२. विक्रमावक्रयक्रीता दास्य – न्यग्भूत – पार्थि [वा] [।] [....] मान-संरक्ता – धर्म्म [....] [।।] २

३. तस्य राजाधिराजर्षेरचि [न्त्य] ो [ज्जवल-क] [र्म्म] णः (।)
अन्वय-प्राप्त साचिव्यो व्यया [पृत-सन्]-ध-विग्रह [:] [।।] ३।

४. कौत्सश्शाब इति ख्यातो वीरसेनः कुलाख्यया [।]

शब्दार्थ – न्याय – लोकज्ञ कवि पाटलि पुत्रकः [।।] ४

५. कृत्स्न-पृथ्वी-जयार्त्थेन राज्ञैवेह सहागतः [।]
भक्तया भगवतश्शम्भोर्ग्गुहामेतामकारयत् [।।] ५

गुप्ताधिराज लेख मण्डल, *इम्पीरियल गुप्ता इपीग्राफ्स*, संपा॰ पृथ्वीकुमार अग्रवाल, १९८३, पृ॰ १६।

२५. जॉन एलन, पूर्वोक्त, इन्ट्रोडक्शन, पृ॰ १६-१७।

२६. जे॰ एफ॰ फ्लीट, *कार्पस इन्सक्रिप्शनम इण्डीकेरम*, खण्ड तीन, पृ॰ ४६ (भूमिका) तथा आगे, जहां उन्होंने कर्नल जे॰ डब्ल्यू॰ वाटसन द्वारा १८७३ ई॰ में *इण्डियन एण्टीक्वेरी* खण्ड दो, पृ॰ १३ से उद्धरण प्रस्तुत किया है।

२७. फ्लीट, उपरोक्त, पृ॰ १३ (भूमिका)।

२८. जे॰ एफ॰ फ्लीट, *इण्डियन एण्टिक्वेरी*, खण्ड १५ पृ॰ ३६१।

२९. जैक्शन, *बाम्बे गजेटियर*, खण्ड एक, भाग एक, पृ॰ ८५, ८७।

३०. डी॰ सी॰ गांगुली, *काम्प्रीहेन्सिव हिस्ट्री आव इण्डिया*, खण्ड तीन, भाग एक, पृ॰ २१९।

३१. डी॰ सी॰ गांगुली उपरोक्त, पृ॰ ५२०।

३२. दे॰ फ्लीट, *कार्पस इन्सक्रिप्शनम् इण्डीकेरम*, खण्ड तीन, पृ॰ १२७ जिसके अनुसार, गुप्त-बलभी संवत् का शून्य वर्ष ६ मार्च ३१९ ई॰ से लेकर २५ फरवरी ३२० ई॰ तक माना गया है तथा प्रथम वर्ष २६ फरवरी ३२० ईसवी से १५ मार्च ३२१ ईसवी तक कहा गया है।

३३. दे॰ श्रीराम गोयल, *गुप्त साम्राज्य का इतिहास*, १९८७, पृ॰ ३२०-४०।

३४. जोसेफ टाइफेनथेलर, *हिस्ट्री एण्ड ज्योग्राफी आव इण्डिया* (ब्यर्नोली द्वारा १७८५ में फ्रेन्च भाषा में प्रकाशित), खण्ड एक पृ॰ १८०। जोसेफ टाइफेनथेलर अवध में १७६६ से १७७१ ई॰ तक ठहरा था। उसने अयोध्या के विषय में जो कुछ भी लिखा है वह उस समय के इतिहास की स्रोत सामग्री बन गया है।

३५. माण्टगोमरी मार्टिन, *हिस्ट्री, एण्टीक्वीटिज, टोपोग्राफी एण्ड स्टेटिस्टिक्स आव ईस्टर्न इण्डिया*, खण्ड दो, पृ॰ ३३३ तथा आगे।

३६. ए॰ कनिंघम, *आर्कोलॉजिकल सर्वे रिपोर्ट*, खण्ड एक, पृ॰ ३२१।

३७. पी॰ कारनेगी, *हिस्टॉरिकल स्केच आव फैज़ाबाद*, पृ॰ ६।

३८. ए॰ एस॰ अल्तेकर, पूर्वोक्त (१९५७), पृ॰ २०७।

३९. उपरोक्त, पृ॰ २७१।

४०. उपरोक्त, पृ॰ २८५।

४१. उपरोक्त, पृ॰ २८२।

४२. उपरोक्त, पृ॰ ५६।

४३. उपरोक्त, पृ॰ ६७ आगे।

४४. उपरोक्त, पृ॰ ७१-७२।

४५. उपरोक्त, पृ॰ ५२।

४६. उपरोक्त, पृ॰ १००-२।

४७. उपरोक्त, पृ॰ ११०।

४८. उपरोक्त, पृ॰ १२३।

४९. उपरोक्त, पृ॰ १२९।

५०. उपरोक्त, पृ॰ २४९ तथा आगे।

५१. उपरोक्त, पृ॰ २५६।

५२. हन्स बेकर, *अयोध्या*, पृ॰ ३१-३२।

५३. डी॰ सी॰ सरकार, *सेलेक्ट इन्सक्रिप्शंस*, (१९६५) पृ॰ ३१७।

५४. वासुदेव विष्णु मिराशी, *वाकाटक राजवंश का इतिहास तथा अभिलेख*, (१९६४), पृ॰ १३८-१३९।

५५. उपरोक्त, पृ॰ १७३।

५६. जे॰ एफ॰ फ्लीट, *का इं इ*, खण्ड तीन, पृ॰ २६८।

५७. डी॰ सी॰ सरकार, पूर्वोक्त (१९६५) पृ॰ २८९।

५८. हन्स बेकर, पूर्वोक्त, पृ॰ २८।

५९. *इपिग्राफिया इण्डिका*, खण्ड १५, १९१९-२०, पृ॰ १४१-४४।

६०. उपरोक्त, खण्ड दो, पृ॰ ३४३।

६१. दे॰ हन्स बेकर, पूर्वोक्त, पृ॰ २७, पाद टिप्पणी-१।

६२. दे॰ श्रीराम गोयल (१९८७), पृ॰ ३५।

६३. दे॰ स्कन्दगुप्त का गढ़वा पाषाण लेख, गुप्त संवत् १४८ (४६७-६८ ई॰) जे॰ एफ॰ फ्लीट, *का इं इं*, खण्ड तीन, पृ॰ २६७-६८।

६४. डी॰ सी॰ सरकार, पृ॰ ३२८-२९।

६५. उपरोक्त, पृ॰ ३३१।

६६. पी॰ के॰ अग्रवाल, *इम्पीरियल गुप्ता इपीग्राप्स*, पृ॰ ८८।

६७. उपरोक्त, पृ॰ ८९।

६८. उपरोक्त, पृ॰ ९०-९१।

६९. बुधगुप्त का सारनाथ पाषाण बुद्धमूर्ति लेख। दे॰ पी॰ के॰ अग्रवाल, पूर्वोक्त, पृ॰ ९३।

७०. वैन्यगुप्त का गुणैधर ताम्रशासन पत्रलेख। पी॰ के॰ अग्रवाल, पूर्वोक्त, पृ॰ ११३।

७१. भानुगुप्त एवं गोपराज का एरण पाषाण स्तम्भ लेख, उपरोक्त, पृ॰ ११८।

७२. बालादित्य एवं प्रगटादित्य का सारनाथ पाषाण फलक लेख। पूर्वोक्त, पृ॰ १२०।

७३. फ्लीट, पूर्वोक्त, पृ॰ २८५।

७४. दे॰ हन्स बेकर, पूर्वोक्त, पृ॰ ३५। जहां उन्होंने गंगा की घाटी में कोशल सहित हूणों के अधिकार कर लेने की बात कही है।

७

मौखरी, पुष्यभूति, परवर्ती गुप्त, प्रतिहार एवं गहड़वालों का युग

गुप्त साम्राज्य के पतन के बाद से अयोध्या का राजनीतिक महत्त्व उतना अधिक नहीं रह गया था। सत्ता का गुरुत्व केन्द्र अयोध्या से हटकर कन्नौज अथवा कान्यकुब्ज पहुँच गया। गुप्त साम्राज्य के पतन के काल में सामन्तों का महत्त्व उसी अनुपात में बढ़ता गया जिस अनुपात में अयोध्या के गुप्त सम्राटों की केन्द्रीय सत्ता में बिखराव आने लगा था। पांचवीं शताब्दी के अंतिम चरण तक तो गुप्त सम्राट् किसी प्रकार साम्राज्य की एकता बनाए रख सके थे तथा छठी शताब्दी के प्रथम चरण में केन्द्रीय सत्ता के लिए होने वाले संघर्षों के कारण गुप्त साम्राज्य के अन्तर्गत अनेक अधीनस्थ राजवंश अस्तित्व में आ गए। ईसा की छठी-सातवीं शताब्दियों में जिन राजवंशों का उदय हुआ और जिन्होंने उत्तर भारत की राजनीतिक गतिविधियों पर प्रभाव डाला उनमें तीन राजवंश मुख्य रूप से उल्लेखनीय हैं — (१) कन्नौज के मौखरी; (२) थानेश्वर के पुष्यभूति तथा (३) मालवा के परवर्ती गुप्त, जिन्होंने बाद में मगध पर शासन किया। इनके बाद प्रतिहारों एवं गहड़वालों का युग आता है जिसमें गहड़वालों ने अयोध्या में विशेष रुचि ली।

कन्नौज के मौखरी

कन्नौज के मौखरियों में सबसे पहला राजा हरिवर्मा हुआ। ईशानवर्मा के हरहा अभिलेख में मौखरियों की वंशावली हरिवर्मा से प्रारम्भ होती है। उसके पूर्वज संभवतः बिहार से यहां आए होंगे, क्योंकि बिहार के गया जिले के बराबर और नागार्जुनी पहाड़ियों से मौखरी राजाओं के तीन अभिलेख प्राप्त हुए हैं।[१] इन अभिलेखों में तीन राजाओं के नाम मिलते हैं — यज्ञवर्मा, शार्दूलवर्मा तथा अनन्तवर्मा। अनन्तवर्मा को कोई उपाधि नहीं दी गई है किन्तु उसके पिता शार्दूलवर्मा को सामन्त चूणामणि कहा गया है। शार्दूलवर्मा के पिता यज्ञवर्मा को भी नृप मात्र कहा गया है। इस प्रकार छठी शताब्दी के प्रारम्भ में ये सामन्त मौखरी नरेश गया के क्षेत्र में शासन कर रहे थे। इसमें कोई सन्देह नहीं है कि गया के ये तीनों मौखरी राजा गुप्त सम्राटों के अधीनस्थ सामन्त थे, किन्तु इनका कन्नौज के मौखरियों से क्या सम्बन्ध था, इस विषय पर कुछ कहना संभव नहीं है। अधिक-से-अधिक यही संभावना की जा सकती है कि गुप्त सम्राटों के निर्देश पर बिहार के मौखरियों के वंश में उत्पन्न हरिवर्मा को कान्यकुब्ज अथवा कन्नौज में सामन्त के रूप में नियुक्ति मिली हो। हरहा के अभिलेख में हरिवर्मा को मात्र राजा कहा गया है तथा उसे आदि नरेश माना गया है। लेकिन इस अभिलेख से यह स्पष्ट नहीं होता कि मौखरियों ने अपना शासन कहां से शुरू किया था अथवा उनकी राजधानी कहां पर थी। राधा गोविन्द बसाक[२] का यह मत है कि प्रारम्भ में मौखरियों ने अयोध्या से शासन किया था तथा बाद में अवन्तिवर्मा के काल में उन्होंने अपनी राजधानी कन्नौज को बनाया। मौखरियों की राजधानी कन्नौज में थी, इसकी सूचना हमें *हर्षचरित* से प्राप्त होती है जिसमें यह कहा गया है कि मौखरी रानी राज्यश्री, जो हर्षवर्धन की बहन थी, मालवराज के द्वारा कन्नौज में ही बन्दी बना ली गई थी। इसके अतिरिक्त चीनी स्रोतों में भी इस बात के संकेत मिलते हैं कि कन्नौज मौखरियों की राजधानी थी और राज्यश्री को मुक्त कराने के बाद हर्ष से कन्नौज का शासन संभालने का आग्रह किया गया था। मौखरियों के अभिलेख जौनपुर[३] (पूर्वी उत्तर प्रदेश) तथा हरहा[४] (जिला बाराबंकी, पूर्वी उत्तर प्रदेश) से प्राप्त हुए हैं। इसके अतिरिक्त बिहार में नालन्दा,[५] से शर्ववर्मा की एक मिट्टी की मुहर तथा मध्य प्रदेश में असीरगढ़[६] से इसी राजा की एक तांबे की मुहर प्राप्त हुई है। गोरखपुर जिले के सोहनाग[७] नामक स्थान से अवन्तिवर्मा की एक मुहर प्राप्त हुई है तथा इसी राजा की एक मिट्टी की मुहर नालन्दा[८] से भी प्राप्त हुई है। कन्नौज से ही अवन्तिवर्मा की एक मिट्टी की मुहर प्राप्त हुई है।[९] नालन्दा से ही मिट्टी की एक अन्य मुहर प्राप्त हुई है जिस पर अवन्तिवर्मा के पुत्र 'राजाधिराज श्री सु...' नाम उल्लिखित है। खण्डित हो जाने के कारण राजा का पूरा नाम नहीं पढ़ा जा

सका है।[10] इसके अतिरिक्त कई मौखरी राजाओं के सिक्के भी अहिच्छत्रा, अयोध्या और भिटौरा (अयोध्या के निकट, जिला फैजाबाद) से प्राप्त हुए हैं।[11] इन प्रमाणों से यह स्पष्ट ज्ञात होता है कि गुप्त राजवंश के बाद अयोध्या तथा उसके साथ कोशल प्रदेश मौखरी शासनान्तर्गत आ गया था।

मौखरियों ने अपनी राजधानी अयोध्या में क्यों नहीं बनाई होगी, इस संबंध में केवल अनुमान ही प्रस्तुत किए जा सकते हैं। पहली संभावना यह है कि गुप्त सम्राटों ने प्रारंभिक मौखरी सामन्तों को कन्नौज में स्थापित होने का निर्देश दिया हो और परम्परागत रूप में जब मौखरी अधिक शक्तिशाली हो गए और गुप्त साम्राज्य का अन्त हो गया तो भी उन्होंने लगभग उन्हीं कारणों से अपनी राजधानी अयोध्या में बनाने का विचार न किया हो जिनके कारण पुष्यमित्र शुंग ने मौर्य राजवंश का अन्त हो जाने के बाद अपनी राजधानी पाटलिपुत्र में नहीं बनाई।

हरिवर्मा के बाद उसका पुत्र आदित्यवर्मा मौखरी वंश का राजा हुआ। उसका विवाह हर्षगुप्ता से हुआ था। नाम साम्य के आधार पर यह माना जाता है कि हर्षगुप्ता परवर्ती गुप्त राजवंश के दूसरे शासक हर्षगुप्त की बहन थी। हर्षगुप्त का समय ५०५-५१५ ई॰ के बीच माना जाता है। इस प्रकार आदित्यवर्मा का भी यही समय मानना चाहिए। आदित्यवर्मा का पुत्र ईश्वरवर्मा हुआ जिसकी पत्नी का नाम उपगुप्ता बताया गया है। बी॰ पी॰ सिन्हा[12] ने यह मत व्यक्त किया है कि उपगुप्ता अयोध्या के गुप्त सम्राट विष्णुगुप्त की बहन रही होगी। यह विष्णगुप्त गुप्त राजवंश का अन्तिम शासक माना जाता है और इसका समय ५४३-५५० ई॰ तक बताया गया है। लेकिन किरण कुमार थपलियाल का यह मानना है कि ईश्वरवर्मा की पत्नी उपगुप्ता देवी संभवतः परवर्ती गुप्त राजवंश की राजकुमारी थी। ईश्वरवर्मा के जौनपुर अभिलेख से यह ज्ञात होता है कि उसने आन्ध्र के राजाओं को भी पराजित किया था तथा धारा से आने वाले किसी आक्रमण को विफल कर दिया था। संभवतः धारा से आने वाला यह आक्रमण हूणराज मिहिरकुल के द्वारा किया गया आक्रमण था और ईश्वरवर्मा ने गुप्त सम्राट के सामन्त के रूप में इस युद्ध में भाग लिया हो तो कोई आश्चर्य नहीं। लेकिन ऐसा लगता है कि इस समय तक मौखरी गुप्त राजवंश द्वारा शासित प्रदेशों में सबसे शक्तिशाली सामन्त के रूप में स्थापित हो रहे थे।

उत्तर भारत में मौखरियों की शक्ति का पूर्ण उदय श्री ईशानवर्मा के समय में होता है। ईशानवर्मा के हड़हा पाषाण अभिलेख (श्लोक १३) में यह कहा गया है कि उसने आन्ध्रपति को जीतकर, शूलिकों की सेना को परास्त करके तथा गौड़ों का सम्बन्ध पृथ्वी से छुड़ाकर उन्हें समुदाश्रयी होने के लिए बाध्य करके, सिंहासन को अधिकृत किया था। इस प्रकार ऐसा लगता है कि ईशानवर्मा ने ये विजयें अपने युवराज काल में प्राप्त की थीं और इसी कारण उसके पिता के काल में लिखवाए गए जौनपुर अभिलेख में विन्ध्य और आन्ध्र के राजाओं को परास्त करने की जो बात कही गई है उसमें ईशानवर्मा का भी सहयोग था। जहां तक गौड़ों को परास्त करने की बात है उसके सम्बन्ध में विद्वानों[13] की यह राय है कि मौखरियों ने यह अभियान अयोध्या के गुप्त सम्राटों की अधीनता में चलाया होगा। आदित्यसेन के अफसाढ़ अभिलेख में यह उल्लेख आया है कि जीवितगुप्त ने, वह भी गुप्तों का सामन्त रहा होगा, कदली वृक्षों की शाखाओं से आवृत्त समुद्र तटों पर रहने वाले शत्रुओं को परास्त किया था।[14] सिन्हा ने तो यहां तक कहा है कि यह गुप्त शासक विष्णुगुप्त चन्द्रादित्य रहा होगा।

ईशानवर्मा के बाद उसका पुत्र शर्ववर्मा शासक हुआ। लेकिन हड़हा अभिलेख से यह ज्ञात होता है कि ईशानवर्मा का एक और पुत्र सूर्यवर्मा हुआ। किन्तु सूर्यवर्मा ने शासन किया था अथवा नहीं, यह प्रश्न विवादास्पद है क्योंकि ईशानवर्मा के पुत्र शर्ववर्मा और उसके उत्तराधिकारियों ने सूर्यवर्मा का उल्लेख नहीं किया है। लेकिन, मध्य प्रदेश से प्राप्त महाशिवगुप्त बालार्जुन के मल्हार ताम्रपत्राभिलेख से यह ज्ञात होता है कि मौखरी राजवंश का सूर्यवर्मा मगध का राजा था। इस प्रकार यह स्वीकार किया जा सकता है कि ईशानवर्मा ने अपने जीवनकाल में ही मगध को अपने अधीन कर लिया था और संभवतः ईशानवर्मा के बाद उसके पुत्र सूर्यवर्मा ने कुछ समय तक शासन किया। यद्यपि सिरपुर से प्राप्त एक अभिलेख में सूर्यवर्मा को केवल नृप कहा गया है लेकिन इससे इस तथ्य पर कोई अन्तर नहीं पड़ता कि यह सूर्यवर्मा मौखरी नरेश ईशानवर्मा का पुत्र था।

मौखरी अभिलेखों में केवल हड़हा अभिलेख एकमात्र ऐसा लेख है जिस पर तिथि दी हुई है और वह विक्रम संवत् ६११ है जो ईसवी सन् ५५४ में पड़ता है। यह अभिलेख यद्यपि ईशानवर्मा के पुत्र सूर्यवर्मा द्वारा लिखवाया गया था फिर भी उस समय मौखरी सिंहासन पर ईशानवर्मा ही आसीन था। ईशानवर्मा का उत्तराधिकारी उसका एक अन्य पुत्र शर्ववर्मा हुआ जिसको मुहरों पर 'परम माहेश्वर महाराजाधिराज' कहा गया है। शर्ववर्मा का शासन मगध से लेकर मध्य प्रदेश में असीरगढ़ तथा बुन्देलखण्ड तक फैला था। पश्चिम में उसका शासन कांगड़ा तक विस्तृत था। कुछ लोगों ने यह विचार व्यक्त किया है कि चूंकि कन्नौज

और कांगड़ा के बीच पुष्यभूति वंश का भी शासन पड़ता है इसलिए कांगड़ा में मौखरियों का शासन संभव नहीं है।[१५] किन्तु इस बात को मान लेना चाहिए कि संभवतः उस समय तक पुष्यभूति वंश अपनी सामन्त अवस्था में ही था जबकि मौखरी वंश के नरेश 'महाराजाधिराज', 'परमेश्वर' आदि उपाधियों से विभूषित किये जाते थे। भोजदेव के बाराह ताम्रपत्राभिलेख में[१६] इसे 'परमेश्वर शर्ववर्मदेव' कहा गया है और यह बताया गया है कि 'परमेश्वर शर्ववर्मदेव' ने कालंजर मंडल के उदुम्बर विषय में कुछ भूमिदान किया था। परवर्ती गुप्त शासक जीवितगुप्त द्वितीय के देववर्णार्क अभिलेख में 'परमेश्वर श्रीशर्ववर्मा' तथा 'परमेश्वर श्री अवन्तिवर्मा' तथा एक अन्य 'महाराजाधिराज परमेश्वर' का उल्लेख मिलता है।[१७] इस प्रकार यह स्पष्ट है कि मौखरी वंश अपने समय में उत्तर भारत का सबसे शक्तिशाली राजवंश था और उनका प्रभाव क्षेत्र भी लगभग पूरे उत्तर भारत में विस्तृत था।

इस काल-खण्ड के इतिहास को लिखने वाले विद्वानों ने परवर्ती गुप्त राजवंश और पुष्यभूति राजवंश को मौखरियों के समान ही महत्त्व दे रखा है। फ्लीट[१८] ने सबसे पहले आदित्यसेन के अफसाढ़ अभिलेख का संपादन किया था और उन्होंने इस अभिलेख में प्राप्त परवर्ती गुप्त राजवंश के शासकों को मौखरियों का प्रतिद्वंदी राजवंश बताया। उसके बाद जितने भी इतिहासकारों ने परवर्ती गुप्त राजवंश के विषय में लिखा है उन सभी ने इस मत को महत्त्व दिया है। लेकिन, वास्तविकता यह है कि अयोध्या के गुप्त सम्राटों के राजवंश के पतन के बाद कन्नौज के मौखरी राजवंश ने लगभग वही स्थिति प्राप्त कर ली थी जो गुप्त सम्राटों की थी। छठी शताब्दी के प्रारम्भ में परवर्ती गुप्त और पुष्यभूति राजवंशों की स्थिति छोटे-मोटे सामन्तों जैसी ही थी। अयोध्या के इतिहास के सम्बन्ध में विचार करते समय यह बात प्रमुख रूप से कही जा सकती है कि मौखरी राजवंश के गृहवर्मा के राज्यकाल तक कोशल उनके शासनान्तर्गत बना रहा। कुछ विद्वानों ने परवर्ती गुप्त शासकों को मगध से उद्भूत हुआ माना है जिससे यह धारणा बनती है कि संभवतः कोशल भी किसी समय परवर्ती गुप्तों के अन्तर्गत रहा होगा। किन्तु यहां यह बता देना आवश्यक है कि छठी शताब्दी ई. में परवर्ती गुप्त राजवंश राजस्थान के मालव जनपद की स्थानीय और सामान्य शक्ति थी। आदित्यसेन का अफसाढ़ अभिलेख सातवीं शताब्दी में लिखवाया गया था जिस समय वह मगध का एक महत्त्वपूर्ण शासक बन गया था। उसने इस अभिलेख में अपने पूर्वजों का विवरण दिया है जिसमें अपने पूर्व के सात राजाओं का उल्लेख किया है। आदित्यसेन का अफसाढ़ लेख उन महत्त्वपूर्ण लेखों में है जिन्हें प्रारम्भ से ही गलत संदर्भ में समझा गया है। उल्लेखनीय है कि इस अभिलेख में आदित्यसेन अपने पूर्वजों को साधारण 'नृप' अथवा 'श्री' आदि नाम से ही अभिहित करता है जिससे उनके सामान्य स्थानीय शासक होने की बात मानी जानी चाहिए। कुछ स्थानों पर उसके पूर्वजों के मौखरी राजवंश के साथ प्रतिद्वंद्विता और प्रतिस्पर्धा की बात कही गई है। अफसाढ़ अभिलेख के आठवें श्लोक में यह कहा गया है कि आदित्यसेन के चौथे पूर्वज कुमारगुप्त ने राजाओं में चन्द्रमा के समान श्री ईशानवर्मा की सेना को मंदराचल पर्वत की भांति विमथित (मथ) कर दिया था। किन्तु इस युद्ध का क्या परिणाम हुआ यह नहीं बताया गया है। लेकिन अगले ही श्लोक में यह अवश्य सूचित किया गया है कि इस 'शौर्यसत्यव्रतधारी' ने प्रयाग जाकर करीष (कन्डे या उपले) की अग्नि में प्रवेश करके आत्महत्या कर ली थी। यह किस कारण किया गया यह स्पष्ट नहीं बताया गया है। सिनहा ने यह सुझाव दिया है कि कुमारगुप्त ने ईशानवर्मा पर प्राप्त विजय की प्रसन्नता में देवताओं के प्रति कृतज्ञता ज्ञापन के रूप में आत्मदाह किया था।[१९] किन्तु इस प्रकार के विचार हास्यास्पद हैं क्योंकि किसी भी विजय के उपरांत विजयी राजा स्वयं का आत्मदाह नहीं करता। ऐसा लगता है कि कुमारगुप्त इस युद्ध में पराजित हो गया था जिसके कारण उसे आत्महत्या करनी पड़ी। इसके बाद के श्लोकों में कुमारगुप्त के पुत्र दामोदरगुप्त के विषय में कहा गया है कि वह मौखरियों के युद्ध में हूणों की गजसेना को विघटित करते हुए मूर्छित हो गया था (मारा गया था) तथा उसकी नींद स्वर्ग में जाकर सुरवधुओं के कर-स्पर्श से खुली।[२०] इस श्लोक का अर्थ फ्लीट ने इस प्रकार किया है 'युद्ध में (कुचलकर मार डालने के उद्देश्य से) हूणों की सेनाओं को उखाड़ फेंक देने वाले मौखरी के आगे बढ़ते हुए मदमत्त शक्तिशाली हाथियों के व्यूह का विघटन करके वह मूर्च्छित हो गया। (तथा पुनः स्वर्ग में) सुरवधुओं के बीच चयन करते हुए, तथा (अमुक अथवा अमुक) मेरी है यह कहते हुए उनके कर-कमलों के सुखद स्पर्श से चेतन हुआ।'[२१] फ्लीट द्वारा किए गए इस अनुवाद में उनका यह आग्रह झलकता है कि यह युद्ध भी मौखरियों और परवर्ती गुप्तों के बीच हुआ था। लेकिन वास्तव में ऐसा लगता है कि ईशानवर्मा से युद्ध में कुमारगुप्त के पराजित होने के बाद दामोदरगुप्त को मौखरियों की अधीनता स्वीकार करनी पड़ी थी और ईशानवर्मा अथवा उसके उत्तराधिकारी के साथ हूणों के युद्ध में दामोदरगुप्त एक सामन्त के रूप मे लड़ते हुए मारा गया था। इसमें गजसेना का जो उल्लेख आया है वह हूणों की गजसेना का लगता है, और युद्ध हूणों और मौखरियों के बीच लड़ा गया था। इसका संकेत हमें जौनपुर के

ईश्वरवर्मा के पाषाण लेख में मिलता है जिसमें 'धारामार्गविनिर्ग-ताग्निकणिका' का उल्लेख आया है। यह संभवतः हूण आक्रमण का ही उल्लेख है।

मौखरी राजवंश का शासन इस क्षेत्र पर कम-से-कम अवन्तिवर्मा और उसके पुत्र गृहवर्मा के समय तक चला। इतिहासकारों का ऐसा अनुमान है कि हर्षवर्धन ने गृहवर्मा की हत्या के बाद कन्नौज का शासन स्वयं संभाल लिया था और इस प्रकार कन्नौज के मौखरियों का वंश समाप्त हो गया था। ह्वेनसांग ने भी यह उल्लेख किया है कि शत्रुओं का दमन करने के बाद कन्नौज के मंत्रियों ने हर्ष से कन्नौज का शासन संभालने का अनुरोध किया था। इसके अतिरिक्त हर्ष की विजयों और कामरूप के शासक भास्करवर्मा के साथ हर्ष के दौत्य सम्बन्ध की बात को ध्यान में रखते हुए यह स्वीकार करना पड़ेगा कि कुछ समय के लिए अयोध्या तथा कोशल क्षेत्र भी, हर्ष के साम्राज्य का अंग बन गया था। यह भी संभव है कि हर्ष ने कन्नौज को केवल अपनी गतिविधियों का केन्द्र मात्र बनाया हो। लेकिन, मौखरी राजवंश का विनाश हो गया था यह स्वीकार नहीं किया जा सकता। नालन्दा से प्राप्त एक मुहर में अवन्तिवर्मा के पुत्र के नाम का उल्लेख हुआ है जिसके नाम का केवल प्रथम अक्षर 'सु' पढ़ा जा सका है। कुछ विद्वानों ने इस 'सु' को 'सुचन्द्रवर्मा' मानने का सुझाव दिया है। यहां यह उल्लेखनीय है कि इस मुहर में अवन्तिवर्मा के पुत्र गृहवर्मा का कोई उल्लेख नहीं है। बहुत संभव है कि गृहवर्मा के बाद अवन्तिवर्मा के दूसरे पुत्र 'सु' ने राज्य किया हो। *आर्यमंजुश्रीमूलकल्प* में 'गृह' के बाद 'सुव्र' के शासक होने की बात कही गई है। 'सु' के बाद मौखरी राजवंश का इतिहास पुनर्निर्मित करना कठिन कार्य है। कुछ विद्वानों ने पूर्णवर्मा को मौखरी राजा माना है तथा ह्वेनसांग भी उसे अशोकराज का अंतिम उत्तराधिकारी मानता है। पूर्णवर्मा या तो मगध का स्वतंत्र शासक था अथवा मौखरी वंश का कोई उत्तराधिकारी था। ६३० ई॰ में नालन्दा की यात्रा करने वाले ह्वेनसांग ने पूर्णवर्मा को पूर्वकाल का राजा बताया है। कुछ विद्वानों ने यह भी सुझाव दिया है कि पूर्णवर्मा हर्ष द्वारा नियुक्त मगध का शासक था और उसकी मृत्यु के उपरांत ही माधवगुप्त हर्ष द्वारा मगध का शासक नियुक्त किया गया। इसी माधवगुप्त का पुत्र आदित्यसेन था जिसने अफसाढ़ का पाषाणखण्ड अभिलेख लिखवाया था। मौखरी वंश आदित्यसेन के समय में भी नष्ट नहीं हुआ था, इस बात की सूचना हमें नेपाल के जयदेव द्वितीय के पशुपति अभिलेख[२२] से प्राप्त होती है। यह अभिलेख नेपाली संवत् १५७ (७७३ ई॰) में तिथ्यांकित है। इसमें यह कहा गया है कि मगध के शासक आदित्यसेन ने अपनी पुत्री का विवाह मौखरी नरेश भोगवर्मा से किया था और इस भोगवर्मा की पुत्री वत्सदेवी नेपाल के लिच्छवि नरेश जयदेव द्वितीय की माता तथा शिवदेव द्वितीय की पत्नी थी। इस प्रकार यद्यपि हर्ष के पुष्यभूति वंश के विषय में सातवीं शताब्दी में हमें कोई जानकारी उपलब्ध नहीं है किन्तु मौखरी वंश सातवीं शताब्दी के अंतिम चरण में भी अस्तित्व में था, इसकी सूचना नेपाल के इस अभिलेख से ज्ञात होती है। सिन्हा ने[२३] यह सुझाव दिया है कि भोगवर्मा ने कन्नौज पर अधिकार कर लिया था तथा इसी कारण आदित्यसेन ने उससे अपनी पुत्री का विवाह कर दिया। उन्होंने यहां तक कहा है कि भोगवर्मा आदित्यसेन का सामन्त रहा होगा। किन्तु ये दोनों बातें काल्पनिक लगती हैं।

इसी सन्दर्भ में कन्नौज के यशोवर्मा का भी उल्लेख किया जा सकता है जिसका वर्णन वाक्पतिराज के प्राकृत काव्य *गौड़वहो* में किया गया है। यशोवर्मा का एक पाषाण अभिलेख नालन्दा से प्राप्त हुआ है।[२४] यह अभिलेख वास्तव में यशोवर्मा के एक मंत्री, मालाद के द्वारा लिखवाया गया था जिसमें राजा के बारे में कुछ विशेष नहीं कहा गया है, सिवाय इसके कि वह उदार और सदाशय राजा था। तथा अनेक युद्धों का विजेता था। इसके अतिरिक्त यशोवर्मा नाम वाले कुछ सिक्के भी प्राप्त हुए हैं जो इसी राजा के बताए गए हैं। किन्तु इस सम्बन्ध में विद्वानों ने शंका व्यक्त की है, क्योंकि ये सिक्के कश्मीर और पंजाब से प्राप्त हुए हैं और इण्डो-सीथियन प्रकार के हैं जिनको दुर्लभक प्रतापादित्य द्वितीय (७०० ई॰) तथा जयापीड़ विनयादित्य (७७२ ई॰) के बीच रखा गया है। लेकिन इस काल में कश्मीर में इस नाम का कोई अन्य राजा न होने के कारण ये सिक्के कन्नौज के यशोवर्मा के माने जा सकते हैं।

यशोवर्मा को इस काव्य में चन्द्रवंश में उत्पन्न राजा बताया गया है तथा यह भी कहा गया है कि उसकी राजधानी कन्नौज में थी जिसके कारण विद्वानों ने यह स्वीकार किया कि यह यशोवर्मा मौखरी वंश का हो सकता है। लेकिन मौखरी वंश चन्द्रवंशीय नहीं था। इसके अतिरिक्त वर्मन नाम भी केवल मौखरी राजवंश में प्रचलित रहा हो, यह बात भी नहीं है। अयोध्या के इतिहास की दृष्टि से यह बात उल्लेखनीय है कि यशोवर्मा ने हरिश्चन्द्र की नगरी (हरिअंद नअरिऐ)[२५] में एक ही दिन में एक मंदिर का निर्माण करवाया था। यहां हरिश्चन्द्र नगरी से अयोध्या का तात्पर्य है। संभवतः कन्नौज के यशोवर्मा ने अपनी दिग्विजय के दौरान यह कार्य किया था। वाकपतिराज के इस ग्रंथ का समय ७३५ ई॰ माना जाता है।

ईसा की सातवीं शताब्दी में अयोध्या के इतिहास के सम्बन्ध

में कोई अन्य साहित्यिक अथवा आभिलेखिक साक्ष्य उपलब्ध नहीं है। छठी शताब्दी के अन्त में अथवा सातवीं शताब्दी के प्रारम्भिक वर्षों में, एक ऐसी घटना घट गई जिसके कारण मौखरियों के प्रशासन पर कुछ समय के लिए ग्रहण लग गया। मौखरी सम्राट् गृहवर्मा का विवाह पुष्यभूति वंश के राजा प्रभाकरवर्धन की पुत्री राज्यश्री से हुआ था। मालवा के राजा देवगुप्त और गौड़ के राजा शशांक ने मौखरी वंश की राजधानी कन्नौज पर आक्रमण करके गृहवर्मा को मार दिया तथा उसकी रानी राज्यश्री को वहीं के कारागार में डाल दिया। बाण के *हर्षचरित* से यह जानकारी मिलती है कि इसकी सूचना मिलने पर थानेश्वर से राज्यवर्धन एक सेना लेकर मौखरी वंश के शत्रुओं से लड़ने के लिए निकला लेकिन वह स्वयं शत्रुओं के विश्वासघात के कारण मारा गया। इसकी सूचना मिलने पर हर्ष ने शत्रुओं को परास्त करने का निश्चय किया। इसी बीच में राज्यश्री कारागार से निकलकर विन्ध्य के जंगलों में चली गई थी। हर्ष से उसकी भेंट वहीं पर होती है। *हर्षचरित* की कहानी यहीं पर समाप्त हो जाती है। लेकिन चीनी यात्री ह्वेनसांग ने इसके आगे भी विवरण दिया है क्योंकि वह लगभग ६३६ से ६४० ई॰ के बीच हर्ष के साथ उसकी राजधानी कन्नौज में रहा था। इसके साथ वह यह भी सूचना देता है कि कन्नौज के मंत्रियों ने यह निवेदन किया था कि वह कन्नौज का राज्यभार संभाल ले। हर्ष के शासन का प्रारम्भ ६०६ ई॰ में माना जाता है और इसके लगभग तीस वर्षों के बाद ह्वेनसांग उसके दरबार में पहुंचता है। इस प्रकार यह समय हर्ष के शासनकाल का सर्वाधिक महत्त्वपूर्ण और वैभव का युग था। ऐसी स्थिति में यदि ह्वेनसांग हर्ष की विजयों से तथा उसके प्रभाव से प्रभावित होकर उसे कन्नौज का शासक मानता है तो इसे अस्वाभाविक नहीं कहा जा सकता। लेकिन हम यह भी नहीं मान सकते कि मौखरी वंश समाप्त हो गया था और उसके ध्वंशावशेष पर हर्ष ने अपना साम्राज्य निर्माण किया था। हर्ष के बाद पुष्यभूति वंश का क्या हुआ इसके विषय में कोई जानकारी नहीं मिलती। लेकिन विभिन्न स्रोतों से हम यह जानते हैं कि मौखरी राजवंश सातवीं और आठवीं शताब्दियों में भी जीवित रहा। इस आधार पर यह कहा जा सकता है कि सातवीं शताब्दी के पूर्वार्द्ध में हर्ष का उदय एक आकस्मिक घटना थी और उसके बाद पुनः उत्तर भारत की राजनीति अपनी स्वाभाविक स्थिति में आ गई। ऐसा लगता है कि हर्ष ने मालवा के परवर्ती गुप्त राजवंश के माधवगुप्त को मगध में स्थापित किया था और इस प्रकार मौखरियों को मगध पर से अपना अधिकार छोड़ना पड़ा होगा। इसके बावजूद कोशल का क्षेत्र मौखरियों के ही शासनान्तर्गत रहा, इसे मानने में कोई कठिनाई नहीं होनी चाहिए।

हर्ष एवं परवर्ती गुप्तों का काल

सातवीं शताब्दी के पूर्वार्द्ध में कोसल क्षेत्र में भी हर्षवर्धन का शासन था इसकी पुष्टि फैजाबाद के निकट भिटौरा से प्राप्त एक निधि से होती है। इस निधि में २४८ चांदी के सिक्के हर्षवर्धन के माने जाते हैं जिन पर 'श्रीशलदत' (श्रीशीलादित्य) लेख उत्कीर्ण है। आर॰ बर्न[२६] ने इन्हें हर्ष का सिक्का माना है। डॉ॰ देवहूति[२७] भी इसे स्वीकार करती हैं।

चीनी यात्री ह्वेनसांग भी इसी समय भारत आया था और उसने इन क्षेत्रों की विस्तृत यात्रा की थी तथा अपने विवरण एक पुस्तक के रूप में लिखे थे। पाश्चात्य विद्वानों ने तथा उनके अनुकरण पर अनेक भारतीय इतिहासकारों ने भी, ह्वेनसांग के विवरणों को सन्देहातीत ढंग से स्वीकार किया हैं। लेकिन, ह्वेनसांग के सभी विवरण पूर्णरूप से विश्वसनीय नहीं हैं। सबसे बड़ी बात तो यह है कि उसने अपने विवरणों में इधर-उधर से सुनी-सुनाई बातों को अत्यधिक स्थान दिया है जिसमें ऐतिहासिक तथ्यों के साथ-साथ आनुषांगिक कहानियां, विशेष रूप से बौद्ध धर्म से सम्बन्धित, अधिक महत्त्व के साथ उद्धृत की गई हैं। दूसरी बात यह है कि उसका दृष्टिकोण बौद्ध धर्म के एक अनुयायी भक्त की भांति था जिसने प्रमुख रूप से केवल बौद्ध धर्म से सम्बन्धित स्थानों, स्मारकों तथा अवशेषों का विवरण दिया है। अन्य धर्मों से सम्बन्धित विवरण बहुत संक्षेप में और चलताऊ ढंग से दिए गए हैं। तीसरी बात यह है कि उसके द्वारा दिए गए भौगोलिक विवरण बहुत अधिक विश्वसनीय नहीं हैं तथा दूरियों के विवरण भी कभी-कभी अविश्वसनीय लगते हैं। ह्वेनसांग ने कोशल से सम्बन्धित दो स्थानों का विवरण अपने यात्रा वृत्तान्त में दिया है। पहला स्थान ओ-यु-तो का है जिसे, विवरण को संकलित करने वालों ने, अयोध्या माना है तथा सभी इतिहासकारों ने इस विवरण को अयोध्या का ही विवरण स्वीकार किया है। कन्नौज से नवदेवकुल (न-पो-ति-पो-कु-लो) की दूरी एक सौ ली बताते हुए वहां से दक्षिण-पूर्व की दिशा में छः सौ ली चलकर गंगा पार करने के बाद वह ओ-यु-तो पहुँचता है। उसका जो यात्रा मार्ग है उसके अनुसार ओ-यु-तो से तीन सौ ली पूर्व जाने के बाद गंगा के उत्तर में वह हयमुख (ओ-यि-मु-खि) पहुँचता है और वहां से सात सौ ली गंगा के दक्षिण जाकर प्रयाग (पो-लो-ए-किया) पहुँचता है। प्रयाग से पांच सौ ली चलकर वह कौशाम्बी पहुँचता है तथा कौशाम्बी से सात सौ ली उत्तर चलकर वह कसपुर (शि-किया-शि-ओ-लो) पहुँचता है और वहां से १७० अथवा १८० ली उत्तर दिशा में विशाख (पि-सो-किया) की स्थिति बताता है। इस पि-सो-किया को कनिंघम द्वारा अयोध्या से

समतुलित किया गया है क्योंकि अयोध्या का एक नाम विशाख भी था।

अब ह्वेनसांग के अयोध्या (ओ-यु-तो) तथा विशाख (पि-सो-किया) की पहचान के सम्बन्ध में भ्रम उत्पन्न होना स्वाभाविक है क्योंकि अयोध्या (?) से वह विशाख पहुँचने के लिए जिस टेढ़े-मेढ़े मार्ग को अपनाता है उसके अनुसार इन दोनों स्थानों को एक-दूसरे से काफी दूर होना चाहिए। कनिंघम ने दन्तधावन कुण्ड अर्थात् बुद्ध की दातौन से उपजे वृक्ष की कथा के कारण पि-सो-किया को अयोध्या माना है जिसका विवरण हम पीछे दे आए हैं। अब यदि यह अयोध्या था तो ओ-यु-तो कौन-सा स्थान रहा होगा, यह विचारने की बात है। लेकिन हमारे इतिहासकारों ने बिना इस विषय पर विचार किए ओ-यु-तो को अयोध्या स्वीकार कर लिया है तथा उसके विवरण को भी।

ह्वेनसांग के अनुसार ओ-यु-तो ५,००० ली के क्षेत्र में विस्तृत था और इसकी राजधानी २० ली क्षेत्र में फैली थी। यहां पर १०० संघाराम थे तथा ३,००० भिक्षु थे जिनमें हीनयान और महायान दोनों के ही भिक्षु सम्मिलित थे। ओ-यु-तो के क्षेत्र में १० देवमंदिर थे। लेकिन उसमें रहने वाले विभिन्न पंथों को मानने वाले विद्वानों की संख्या बहुत कम थी। इसी अयोध्या के सम्बन्ध में ह्वेनसांग ने वसुबन्धु बोधिसत्व की कथा का विवरण दिया है। अयोध्या का वर्णन करने वाले आधुनिक विद्वान् इसे ही अयोध्या मानते हैं। लेकिन कनिंघम ने भौगोलिक कठिनाइयों को देखते हुए कानपुर से उत्तर-पश्चिम की ओर काकूपुर नामक एक कस्बे से इसकी पहचान की है। सबसे बड़ी बात तो यह है कि इस ओ-यु-तो को गंगा के किनारे स्थित बताया गया है। प्रश्न यह है कि क्या इसकी पहचान अयोध्या से कर सकते हैं? तथा ओ-यु-तो में जिन स्तूपों, संघारामों और विहारों का विवरण ह्वेनसांग ने दिया है क्या उन्हें अयोध्या पर आरोपित कर सकते हैं? यदि इसका उत्तर 'हाँ' में दिया जाए तो पि-सो-किया अर्थात् विशाखा के विषय में क्या कहा जाएगा जो भौगोलिक दृष्टि से ओ-यु-तो से काफी दूर है तथा जहां पर बुद्ध के दातौन से उत्पन्न वृक्ष का विवरण मिलता है। इन दोनों स्थानों के विवरण और पहचान में कठिनाई के कारण पूरा यात्रा विवरण ही सन्देह के घेरे में आ जाता है।

प्रतिहार काल

आठवीं से दसवीं शताब्दियों के अयोध्या के इतिहास के विषय में कोई विशेष सूचना आभिलेखिक एवं साहित्यिक स्रोतों से नहीं मिल पाती। किन्तु उत्तर भारत के राजनीतिक इतिहास में कन्नौज का महत्त्व बना रहा क्योंकि गुर्जर-प्रतिहार राजाओं ने नवीं शताब्दी ई॰ में कन्नौज से शासन किया था। नागभट्ट द्वितीय जो पहले गोविन्द तृतीय से पराजित हो चुका था, कन्नौज पर अधिकार करने के बाद अपने को सम्राट् घोषित करता है तथा 'परम भट्टारक महाराजाधिराज परमेश्वर' की उपाधियां धारण करता है। उसी के वंश में नागपाल के बाद रामभद्र तथा उसका पुत्र मिहिरभोज शासक बनता है। प्रतिहार काल में कन्नौज के प्रतिहारों के संघर्ष दक्षिण में राष्ट्रकूटों के साथ तथा पूर्व में बंगाल के पालों के साथ निरन्तर चलते रहे। मिहिरभोज के बाद उसका पुत्र महेन्द्रपाल शासक हुआ जिसकी शासन तिथि ८८५-९१५ ई॰ तक मानी जाती है। महेन्द्रपाल के बाद भोज द्वितीय, तत्पश्चात् महीपाल और उसके बाद महेन्द्रपाल द्वितीय और देवपाल शासक बनते हैं। देवपाल की अंतिम ज्ञात तिथि ९४८ ई॰ है और उसने संभवतः ९५० ई॰ तक शासन किया। देवपाल संभवतः अन्तिम महत्त्वपूर्ण राजा था क्योंकि गहड़वाल राजा चन्द्रदेव के चन्द्रावती अभिलेख से यह ज्ञात होता है कि उसके पितामह यशोविग्रह ने देवपाल के वंशजों के नष्ट हो जाने के बाद बलपूर्वक कान्यकुब्ज पर अधिकार कर लिया था। यह एक विचार करने की बात है कि देवपाल, जो अपेक्षाकृत एक कमजोर शासक था और बहुत ही अल्प समय के लिए राजगद्दी पर बैठा, किस प्रकार गहड़वाल अभिलेखों में उद्धृत किया गया है। वास्तव में देवपाल के बाद प्रतिहार वंश नष्ट नहीं हुआ था तथा अभिलेखों से ज्ञात होता है कि उसके बाद विजयपाल और तत्पश्चात् उसका पुत्र राज्यपाल शासक हुआ। किन्तु इस अवधि में प्रतिहार वंश के राज्य क्षेत्र को हड़पने वाले कई राजवंश उठ खड़े हुए थे। राज्यपाल के शासनकाल में ही १०१९ ई॰ में कन्नौज पर महमूद गजनवी का आक्रमण हुआ था। मुस्लिम आक्रमणों का विवरण हम अगले अध्याय में देंगे। इसलिए यहां पर महमूद गजनवी के इस आक्रमण की विवेचना नहीं की जा रही है। उल्लेखनीय बात यह है कि इस आक्रमण से भी प्रतिहार वंश का समूल विनाश नहीं हुआ था क्योंकि विक्रम संवत् ११८४ (१०२७ ई॰) के इलाहाबाद जिले में स्थित झूंसी से प्राप्त होने वाले एक अभिलेख में राज्यपाल के पुत्र त्रिलोचनपाल को 'परमभट्टारक महाराजाधिराज परमेश्वर' कहा गया है।[२८] लेकिन त्रिलोचनपाल का कितना राजनीतिक महत्त्व था, यह नहीं कहा जा सकता। १०१९ ई॰ में महमूद के आक्रमण में त्रिलोचनपाल ने भी काफी वीरता दिखाई किन्तु वह पराजित हो गया। त्रिलोचनपाल के बाद यशःपाल नामक एक अन्य प्रतिहार शासक का नाम मिलता है जिसे 'महाराजाधिराज यशःपाल' कहा गया है लेकिन यह नहीं कहा जा सकता कि इस यशपाल का त्रिलोचनपाल से

क्या संबंध था। इस प्रकार कन्नौज के गुर्जर-प्रतिहारों का ईसा की ग्यारहवीं शताब्दी के पूर्वार्द्ध में पतन हो गया और उनका स्थान गहड़वालों ने ले लिया।

प्रतिहार काल में जहां तक अयोध्या और कोशल के इतिहास का प्रश्न है, यह निश्चयपूर्वक नहीं कहा जा सकता कि यह क्षेत्र प्रतिहार राजाओं के सीधे प्रशासन के अन्तर्गत था अथवा उनके किसी सामन्त द्वारा प्रशासित हो रहा था। इसके अतिरिक्त यह भी निश्चय के साथ नहीं कहा जा सकता कि सम्पूर्ण कोशल प्रदेश एक ही सामन्त अथवा अधिकारी द्वारा प्रशासित होता था अथवा इस क्षेत्र में कई छोटे-मोटे सामन्त शासन कर रहे थे। भौगोलिक निकटता की दृष्टि से यह स्वीकार करने में संकोच नहीं होना चाहिए कि कोशल सीधे गुर्जर-प्रतिहार शासकों के अन्तर्गत था।

गहड़वाल काल

अयोध्या के इतिहास की दृष्टि से गहड़वाल युग अत्यधिक महत्त्वपूर्ण है। यद्यपि इस समय भी अयोध्या के सम्बन्ध में अधिक आभिलेखिक अथवा साहित्यिक साक्ष्य उपलब्ध नहीं हैं फिर भी अनेक स्थलों पर ऐसे उल्लेख मिलते हैं जिनसे अयोध्या के इतिहास पर थोड़ा बहुत प्रकाश पड़ता है। गहड़वाल शासक स्वयं को काशी और उत्तर कोसल आदि तीर्थों का पालन करने वाला कहते हैं[२९] और उनका यह कथन इस दृष्टि से और महत्त्वपूर्ण हो जाता है कि इस युग में पश्चिम से मुस्लिम आक्रमण बार-बार हो रहे थे। अभी हाल ही में ६ दिसम्बर १९९२ को अयोध्या में राम-जन्मभूमि स्थल स्थित ढांचे को गिराते समय उसकी दीवालों के अन्दर चिने गए पत्थर के फलक पर उत्कीर्ण बीस पंक्तियों का एक गहड़वाल कालीन अभिलेख प्राप्त हुआ है। इसमें यह कहा गया है कि पश्चिम से आने वाली भीति (आक्रमणों) को प्रत्यावर्तित किया गया तथा अयोध्या में विष्णुहरि का एक विशाल मंदिर बनवाया गया। इस प्रकार अयोध्या गहड़वाल राजवंश के शासनकाल में उनके द्वारा ही आरक्षित रही।

यशोविग्रह

गहड़वाल अभिलेखों के अनुसार, इस वंश के प्रथम पुरुष का नाम यशोविग्रह था जो चन्द्रदेव का पितामह था। उसके विषय में कहा गया है कि उसने पृथ्वी को जीतकर उसे अपनी दण्डप्रणयिनी बनाया।[३०] प्रायः यह माना जाता है कि यशोविग्रह ने ग्यारहवीं शताब्दी ई॰ के मध्य में शासन किया था। किसी अन्य प्रमाण के अभाव में यह भी माना गया है कि उसने लगभग २५ वर्ष शासन किया होगा।

महीचन्द्र

यशोविग्रह का पुत्र महीचन्द्र चन्द्रदेव का पिता था। इसका वर्णन भी गहड़वाल अभिलेखों में साधारण ढंग से एक विजयी राजा के रूप में किया गया है तथा यह कहा गया है कि उसका यश समुद्र के पार तक फैल चुका था।[३१] महाराजपुत्र गोविन्दचन्द्र के राहन ताम्रपत्राभिलेख में उसे 'नृप' कहा गया है तथा यह बताया गया है कि उसने अनेक शत्रुओं पर विजय प्राप्त की थी। इस अभिलेख में उसे महीतल नाम दिया गया है।[३२] इस प्रकार इतिहासकारों का यह मानना है कि यशोविग्रह तथा महीचन्द्र दोनों ही सामन्त शासक थे और किसी बड़े राजा की अधीनता स्वीकार करते थे। संभवतः इनका स्वामी कल्चुरि शासक लक्ष्मीकर्ण (१०४२-१०७० ई॰) था जिसका उत्तराधिकारी यशःकर्ण था। महीचन्द्र ने भी संभवतः ग्यारहवीं शताब्दी ई॰ के तीसरे चरण में शासन किया होगा।

चन्द्रदेव

चन्द्रदेव गहड़वाल राजवंश का प्रथम प्रतापी राजा था। उसका पहला अभिलेख चन्द्रावती से मिला है और उस पर विक्रम संवत् ११४८ (१०९० ई॰) की तिथि पड़ी हुई है। इस अभिलेख में उसे 'परम भट्टारक महाराजाधिराज परमेश्वर परममाहेश्वर निजभुजोपार्जित श्रीकान्यकुब्जाधिपत्य श्रीचन्द्रदेवविजयी' कहा गया है। इससे यह अनुमान लगाया जा सकता है कि १०९० ई॰ के काफी पहले ही उसका शासन प्रारम्भ हो चुका था। प्रायः सभी गहड़वाल अभिलेखों में उसे काशी (वाराणसी), कुशिक (कान्यकुब्ज या कन्नौज), उत्तरकोशल (अयोध्या) तथा इन्द्रस्थानीयक आदि तीर्थों का पालन करने वाला कहा गया है। अधिकांश विद्वान् इन्द्रस्थानीयक को इन्द्रप्रस्थ अथवा दिल्ली ही मानते हैं। इस समय दिल्ली पर तोमरों का राज्य था और उसके बाद चाहमानों का शासन हुआ। तोमरों के किसी भी अभिलेख से इस बात की झलक नहीं मिलती कि दिल्ली पर गहड़वालों ने शासन स्थापित किया हो और तोमरों को अपदस्थ किया हो। फिर भी, चन्द्रावती अभिलेख में उल्लिखित इन्द्रस्थानीयक को यदि दिल्ली माना जाए तो यही स्वीकार करना पड़ेगा कि चन्द्रदेव तुर्कों के आक्रमण के विरुद्ध अभियान करते हुए दिल्ली तक पहुँचा होगा और उसकी रक्षा की होगी।[३३]

चन्द्रदेव ने किन परिस्थितियों में इस विस्तृत भू-भाग पर शासन प्रारम्भ किया, इसके विषय में कुछ संकेत महाराजपुत्र गोविन्दचन्द्र

के बसाही ताम्रपत्राभिलेख से प्राप्त होता है जिसमें यह कहा गया है कि भोज की मृत्यु के पश्चात् तथा कर्ण की कीर्ति के अवशेष के नष्ट होने पर जब पृथ्वी कठिनाई में पड़ गई थी तो चन्द्रदेव ने उसकी रक्षा की।[३४] चन्द्रावती अभिलेख में यह भी कहा गया है कि उसने अपने उदार प्रताप से समस्त प्रजोपद्रवों को शान्त करके गाधिपुर आधिराज्य को अर्जित किया तथा शत्रुओं को विध्वस्त कर दिया।[३५]

बसाही दानपत्र लेख में उल्लिखित भोज की पहचान भोज परमार से की गई है जिसने १००० से १०५० ई॰ तक शासन किया था; तथा कर्ण की पहचान कल्चुरि शासक लक्ष्मीकर्ण से की गई है जिसने युद्ध में कई बार पराजित होने के बाद अपना सिंहासन १०७३ ई॰ के पूर्व अपने पुत्र यशःकर्ण के लिए छोड़ दिया था। लक्ष्मीकर्ण की पराजयों के बाद अन्तर्वेदी में कोई शक्तिशाली प्रतिरोध न रह जाने के कारण तथा पश्चिम से मुसलमानों के निरंतर होने वाले आक्रमणों के कारण प्रजाजनों में भय व्याप्त हो गया था। इसको शान्त करने का श्रेय चन्द्रदेव को प्राप्त हुआ। मुसलमान इतिहासकारों के उल्लेखों से यह ज्ञात होता है कि समकालीन गजनी के सुल्तान इब्राहीम ने (१०५९-९९ ई॰ तक) भारत पर कई बार आक्रमण किए थे। हबीबुस्सियर नामक इतिहास लेखक का यह कहना है कि 'उसने हिन्दुस्तान पर कई बार आक्रमण किया और हर बार विजयी होकर गजनी लौटा।'[३६] ऐसे समय में चन्द्रदेव ने तुरुष्क आक्रमणों से इन देवतीर्थों की सुरक्षा करने के लिए तथा प्रजा में व्याप्त उपद्रवों को शान्त करने के लिए शासन अपने हाथ में ले लिया।

चन्द्रदेव के शासनकाल के चार अभिलेख उपलब्ध हैं जो विक्रमी संवत् १०४८, १०५०, १०५४ में तिथ्यांकित हैं। चन्द्रदेव को वाराणसी से दिल्ली तक के क्षेत्र का स्वामी बनने के लिए कई युद्ध करने पड़े होंगे। गहड़वाल अभिलेखों में शत्रु को नष्ट करने वाला (क्रान्तद्विषन्मण्डलः) तथा उद्धत योद्धाओं के द्वारा फैलाए गए अन्धकार को नष्ट करने वाला (विध्वस्तोद्धतधीरयोधतिमिरः) कहा गया है। चन्द्रावती के विक्रम संवत् ११५० (१०९३ ई॰) वाले लेख में उसे नरपति, गजपति, गिरिपति तथा त्रिशंकुपति को जीतने का श्रेय दिया गया है।[३७] इनके विषय में निश्चयपूर्वक कुछ विशेष नहीं कहा जा सकता। संभवतः यह कल्चुरि राजाओं की उपाधियां थीं अथवा ये सामन्तों के कुछ विशेष वर्ग थे।

चन्द्रदेव की सबसे महत्त्वपूर्ण उपलब्धि कान्यकुब्ज अथवा महोदय पर अधिकार करना रहा है। कन्नौज मौखरी काल से ही अन्तर्वेदी पर शासन करने वाले शक्तिशाली सम्राटों की राजधानी रही है। हर्ष और प्रतिहार सम्राट् भी कन्नौज से शासन कर रहे थे। इसी कारण प्रायः सभी आधिकारिक गहड़वाल अभिलखों में कान्यकुब्ज की विजय को दो बार संदर्भित किया जाता रहा है। ('श्रीमद्गाधिपुराधिराज्य समदोर्विक्रमेण अर्जित' तथा 'निजभुजोपार्जित श्री कन्यकुब्जाधिपत्यं')। चन्द्रदेव के पौत्र गोविन्दचन्द्र द्वारा अपने पिता मदनपाल के शासनकाल में महाराजपुत्र के रूप में लिखवाए गए बसाही अभिलेख में चन्द्रदेव के विषय में यह कहा गया है कि उसने कान्यकुब्ज को अपनी राजधानी बनाया (कान्यकुब्जेद्राजा राजधानीमनिंदिताम्)। प्रायः विद्वानों ने इस विषय पर विचार करने में अधिक समय व्यतीत किया है कि गहड़वालों की राजधानी कन्नौज में थी अथवा वाराणसी में, और इस प्रकार की संभावनाएं व्यक्त की हैं कि पहले कन्नौज को राजधानी बनाया गया और बाद में उसे वाराणसी वापस ले आया गया[३८] क्योंकि विक्रम संवत् ११०१ के बसाही अभिलेख में चन्द्रदेव के द्वारा कान्यकुब्ज को राजधानी बनाने का उल्लेख आता है जबकि विक्रम संवत् ११६२ के कमौली अभिलेख में इसका कोई उल्लेख नहीं मिलता। यहां पर उल्लेखनीय है कि ये दोनों ही अभिलेख चन्द्रदेव की मृत्योपरान्त उसके पुत्र मदनपाल के शासनकाल में महाराजपुत्र गोविन्दचन्द्र द्वारा लिखवाए गए थे। यह एक हास्यास्पद अनुमान मात्र है। वास्तव में गहड़वालों की मुख्य राजधानी वाराणसी ही रही होगी तथा कान्यकुब्ज उनकी द्वितीय राजधानी मानी जा सकती है और उसका कारण कान्यकुब्ज को परम्परागत राजधानी के रूप में प्राप्त प्रतिष्ठा को बताया जा सकता है। ऐसा लगता है कि कान्यकुब्ज में उस समय गाधिपुराधिपति गोपाल का वंशज सामन्त के रूप में शासन कर रहा था और समय-समय पर गहड़वाल नरेश कान्यकुब्ज में भी रहते रहे होंगे।

कुछ विद्वानों ने चन्द्रदेव की पहचान उस चाँदराय से करने की कोशिश की है जिसके विषय में मुस्लिम इतिहासकारों का यह कहना है कि वह गजनी के शासकों का हस्तिपाल था। डी॰ सी॰ गांगुली[३९] ने इस बात का सर्वप्रथम उल्लेख किया है और यह कहने की कोशिश की है कि चन्द्रदेव मुस्लिम आक्रमणकारियों का हस्तिपाल था और उनका करद राजा था। यद्यपि यह सिद्धांत संदेह से परे नहीं है तथा इसका खण्डन भी किया जा चुका है फिर भी, हन्स बेकर[४०] ने अभी हाल में ही इसकी पुनरुक्ति की है। ऐसा लगता है कि उन्होंने रोमा नियोगी द्वारा लिखित गहड़वाल राजवंश के इतिहास को देखा ही नहीं।

गांगुली ने उस घटना को अपने तर्क का आधार बनाया है जिसके अनुसार गाधिपुराधिपति गोपाल के शासनकाल में एक

बार पुनः मुसलमान सेना ने अन्तर्वेदी पर आक्रमण किया था। हबीबुस्सियर के अनुसार इस आक्रमण का नेतृत्व इब्राहीम ने स्वयं किया था। लेकिन सलमान के अनुसार उसका पुत्र महमूद इस सेना का नेतृत्व कर रहा था। जयपाल के वीरतापूर्वक प्रतिरोध के बावजूद पराजय के बाद चारों दिशाओं से राजा लोग अमीर के लिए उपहार लेकर आने लगे। उपहारों में इतने अधिक हाथी मिले कि सुल्तान को कान्यकुब्ज में एक हस्तिशाला स्थापित करनी पड़ी और चाँदराय नामक एक व्यक्ति को उसका हस्तिपाल नियुक्त किया गया। यहां पर इस चाँदराय की पहचान गहड़वाल नरेश चन्द्रदेव से की गई और गांगुली द्वारा यह सुझाव दिया गया कि

> "भाग्य को चमकाने के लिए चन्द्रदेव ने मुसलमानों का साथ स्वीकार किया। प्रारम्भ में उसने महमूद के अधीन कन्नौज में हस्तिपाल के रूप में सेवा करना स्वीकार किया। लेकिन मुस्लिम सेना के प्रस्थान के तुरन्त बाद उसने बलपूर्वक कन्नौज पर अधिकार कर लिया और देश का शासक बन गया . . . .। चन्द्रदेव ने कन्नौज की राज्यसत्ता महमूद के समर्थन से इस शर्त पर प्राप्त की थी कि वह गजनी के सुल्तान को वार्षिक कर देगा। बारहवीं शताब्दी में मुसलमानों ने गहड़वाल प्रदेशों पर बार-बार आक्रमण किए। स्पष्टतः ये हमले चन्द्रदेव के वंशजों को सुल्तान को बराबर कर देने को बाध्य करने के लिए किए जाते थे।"[४१]

रोमा नियोगी[४२] ने डी॰ सी॰ गांगुली द्वारा चन्द्रदेव गहड़वाल की पहचान चाँदराय से किए जाने की आलोचना की है क्योंकि यह कई प्रकार से पूर्वअवधारणाओं पर आधारित है। सबसे पहली बात यह है कि हस्तिपाल चाँदराय के ऊपर किसी प्रकार के कर का निर्धारण किया गया था, इस बात की सूचना *दीवान-ए-सलमान हबीबुस्सियर* अथवा *जमीउत्तवारीख* में नहीं दी गई है। दूसरी बात यह है कि गहड़वाल अभिलेखों में संदर्भित 'तुरुष्क दण्ड' नामक कर की प्रकृति के विषय में कोई स्पष्ट जानकारी नही है लेकिन यहां यह मान लिया गया है कि गहड़वाल राजा अपनी प्रजा से 'तुरुष्क दण्ड' इसलिए वसूल करते थे कि गजनी के शासकों को कर दे सकें। तीसरी बात यह है कि गहड़वालों के राज्य क्षेत्र में तुर्कों के निरंतर आक्रमण उनसे कर वसूलने के लिए होते थे इसका भी कोई मुस्लिम अथवा भारतीय प्रमाण नहीं मिलता। उस काल में मुस्लिम आक्रमण प्रायः सभी हिन्दू राजाओं पर होते थे और उन्हें केवल गहड़वालों पर हुए आक्रमण के संदर्भ में नहीं देखा जाना चाहिए। *दीवान-ए-सलमान* में मुसलमानों के गहड़वाल क्षेत्र पर होने वाले आक्रमण का विस्तार से उल्लेख किया गया है लेकिन उसमें यह कहीं नहीं कहा गया कि यह आक्रमण चाँदराय के वंशजों से कर वसूलने के लिए किया गया था। वास्तविकता तो यह है कि दीवान में चाँदराय को कन्नौज की हस्तिशाला का हस्तिपाल नियुक्त करने के उल्लेख के बाद उसके जीवन के विषय में किसी प्रकार का कोई उल्लेख नहीं किया गया है और न यह कहा गया है कि उसने कन्नौज पर जबरदस्ती कब्जा कर लिया था अथवा कर वसूलने के लिए गजनी की सेनाएं चाँदराय पर आक्रमण करती थीं। इन कारणों से चाँदराय की पहचान चन्द्रदेव से नहीं की जा सकती। यहां यह स्मरणीय है कि चन्द्रदेव के पिता और पितामह दोनों ही 'नृप' कहे गए हैं तथा प्रायः सभी विद्वान् स्वीकार करते हैं कि वाराणसी तथा अयोध्या के क्षेत्र में चन्द्रदेव के पूर्वजों का पहले से राजनीतिक अस्तित्व रहा होगा। इस प्रकार चन्द्रदेव की पहचान चाँदराय से नहीं की जा सकती जिसने मुस्लिम आक्रमणकारियों से हस्तिपाल की नौकरी स्वीकार की थी। यह चाँदराय कोई सामान्य व्यक्ति रहा होगा। दूसरी ओर चन्द्रदेव प्रारम्भ से ही मुस्लिम आक्रमणकारियों के आक्रमणों का उत्तर देने के लिए इतिहास में जाना जाता है।[४३]

विक्रम संवत् ११५० के आश्विन वदी १५, रविवार, तदनुसार २३ अक्टूबर १०६३ की तिथि में अंकित चन्द्रदेव के चन्द्रावती ताम्रपत्राभिलेख में अयोध्या का कुछ उल्लेख मिलता है। चन्द्रदेव ने अयोध्या में विष्णुहरि के मंदिर में अनेक सोने के अलंकरण करवाए तथा काशी में आदिकेशव की प्रतिमा प्रतिष्ठापित कराई।[४४] इसके अतिरिक्त उत्तर कोसल स्थित अयोध्या में उसने संकल्पपूर्वक (कृतनिश्चयै) भूमिदान दिया। यह कार्य आश्विन मास की अमावस्या को किया गया था जो रविवार होने के साथ-साथ सूर्यग्रहण का भी अवसर था। उल्लेखनीय है कि इसके दूसरे दिन से शारदीय नवरात्र का प्रारम्भ होता है। इस अवसर पर चन्द्रदेव ने सरयू-घर्घरा नदी के तट पर स्थित स्वर्गद्वार नामक तीर्थ पर स्नान किया (सरयूघर्घराघमर्षणे स्वर्गद्वारनाम्नि तीर्थे स्नात्वा)। तदोपरान्त सूर्य की उपासना की (उष्णरोचिषमुपस्थाय), फिर उसने भगवान शिव की अर्चना की (ओषधीपतिशकलशेखरं समभ्यर्च्य), फिर तीन लोकों के स्वामी रक्षक वासुदेव की पूजा करके (भगवतस्त्रिभुवनत्रातुर्व्वासुदेवस्य पूजां विधाय) हवन करने के पश्चात् (प्रचुरपायसेन हविषा हविर्भुजं हुत्वा), उसने पितरों का पिण्डदान किया (पितृपिण्डयज्ञन्निर्व्वर्त्त्य)। यहां यह उल्लेखनीय है कि चन्द्रदेव ने दान देने के पूर्व ऊपर उल्लिखित जो धार्मिक विधान किए वैसे ही धार्मिक विधि-विधान उसके वंशजों गोविन्दचन्द्र आदि के अभिलेखों में भी किए जाने का उल्लेख मिलता है। इस

कारण यह समझना उचित नहीं होगा कि अयोध्या में दान देते समय चन्द्रदेव ने कोई विशेष प्रक्रिया अपनाई थी।[४५]

चन्द्रदेव के उपरोक्त ताम्रपत्र से यह ज्ञात होता है कि कम-से-कम स्वर्गद्वार नाम का तीर्थ गहड़वाल युग में भी अस्तित्व में था। इससे यह भी ज्ञात होता है कि सरयू उस समय भी सरयू-घर्घरा नाम से प्रचलित थी। दिनेश चन्द्र सरकार का यह मत समर्थनीय नहीं है कि अयोध्या का स्वर्गद्वार तीर्थ सरयू और घाघरा के संगम पर स्थित था।[४६] वास्तविकता यह है कि सरयू-घाघरा नाम उस नदी का है जिसके किनारे अयोध्या नगर बसा हुआ है। सरयू को सरयू-घर्घरा नाम क्यों मिला इसके विषय में हम पहले अध्याय में विचार कर चुके हैं।

इस अभिलेख से यह ज्ञात नहीं होता कि चन्द्रदेव (चन्द्रादित्यदेव) ने शिव और वासुदेव की पूजा किन मन्दिरों में जाकर की थी। लेकिन इस अभिलेख के आठवें श्लोक में यह उल्लेख किया गया है कि चन्द्रदेव ने मणियों से जड़े हुए सोने के आभूषण अयोध्या में विष्णुहरि के मंदिर में चढ़ाए तथा काशी में आदिकेशव की प्रतिमा को भी स्वर्णरत्नों के आभूषणों से विभूषित किया।[४७] इस प्रकार चन्द्रदेव के समय में अयोध्या में विष्णुहरि के मंदिर के अस्तित्व में होने का निश्चय होता है। बाद में गोविन्दचन्द्र के काल में उसके पुनर्निर्माण का उल्लेख १९९२ में प्राप्त अयोध्या अभिलेख में मिलता है जिससे यह स्पष्ट होता है कि विष्णुहरि का मंदिर जन्मस्थान मन्दिर ही था।

मदनपाल देव

चन्द्रदेव के पश्चात् उसका पुत्र मदनपाल सिंहासनारूढ़ हुआ। चन्द्रदेव के शासनकाल का अन्तिम अभिलेख ११५६ विक्रम संवत् में तिथ्यांकित है (११०० ई०) और मदनपाल के शासनकाल का पहला अभिलेख ११६१ संवत् (११०३ ई०) में तिथ्यांकित है। इस कारण यह माना जाता है कि मदनपाल ११०० और ११०३ ई० के बीच में किसी समय शासनारूढ़ हुआ था। लेकिन सबसे उल्लेखनीय बात यह है कि ११०३ ई० में जारी किया गया बसाही का ताम्रपत्राभिलेख मदनपाल के पुत्र गोविन्दचन्द्र के द्वारा जारी किया गया था। उसी प्रकार संवत् ११५४ (१०९७ ई०) में जारी किया गया बंगाल एशियाटिक सोसाइटी का ताम्रपत्राभिलेख मदनपाल के द्वारा अपने पिता के जीवनकाल में लिखवाया गया था। इस अभिलेख में मदनपाल को समस्त राजकीय उपाधियों से उल्लिखित किया गया है (श्रीचन्द्रदेवपादानुध्यात परम भट्टारक महाराजाधिराजपरमेश्वर परममाहेश्वर श्रीमन्मदनपालदेव)।[४८] इससे यह सिद्ध होता है कि मदनपाल का राज्याभिषेक चन्द्रदेव के जीवनकाल में ही १०९७ ईसवी के पहले ही हो चुका था। यद्यपि यह दान चन्द्रदेव ने ही किया था किन्तु इसका प्रकाशन मदनपाल ने अपनी मुद्रा से करवाया था और निबन्धित करवाया था।[४९] ऐसा लगता है कि चन्द्रदेव काफी वृद्ध हो चुका था और इस कारण अपने जीवनकाल में ही उसने अपने पुत्र को राज्याभिषिक्त करवा दिया था। चन्द्रदेव इस अभिलेख के कम-से-कम दो वर्ष के बाद तक भी जीवित रहा। इसका प्रमाण उसके चन्द्रावती ताम्रपत्राभिलेख से प्राप्त होता है जो विक्रम संवत् ११५६ (११०० ई०) में तिथ्यांकित है।

मदनपालदेव के शासनकाल के कुल छः अभिलेख प्रकाश में आए हैं जिसमें बंगाल एशियाटिक सोसाइटी का ऊपर उल्लिखि ताम्रपत्राभिलेख, उसने अपने पिता के जीवनकाल में प्रचलित करवाया था। इसके अतिरिक्त उसका विक्रम संवत् ११६४ में प्रकाशित बड़ेरा ताम्रपत्राभिलेख मात्र ऐसा अभिलेख है जो उसके द्वारा अकेले नाम पर जारी करवाया गया था।[५०] इसके अतिरिक्त तीन अन्य ताम्रपत्राभिलेख मदनपाल के शासनकाल में प्रचारित किए गए और ये तीनों ही राजपुत्र गोविन्दचन्द्र के द्वारा लिखवाए गए थे। बसाही के ताम्रपत्राभिलेख में उसे राजपुत्र तो कहा ही गया है, साथ ही राजाओं का तिलक भी कहा गया है।[५१] इसके अतिरिक्त विक्रम संवत् १०६६ में तिथ्यांकित राहन ताम्रपत्राभिलेख में भी उसे महाराजपुत्र कहा गया है। मदनपाल के काल का छठा दानपत्र विक्रम संवत् ११६४ का बताया जाता है जिसमें महारानी पृथ्वीश्रीका के दान का उल्लेख है। इसे 'टेरी एण्ड कम्पनी' का अभिलेख कहा गया है लेकिन अब यह उपलब्ध नहीं है। श्री बेंजाल ने *जर्नल आव रॉयल एशियाटिक सोसाइटी* (१८९६) में इसका जिक्र करते हुए यह लिखा है कि इसकी भाषा विक्रम संवत् ११६२ के कमौली दानपत्र से मिलती-जुलती है और संभवतः इसे भी गोविन्दचन्द्र ने प्रचलित करवाया होगा।

प्रारम्भ में केवल वे ही चार ताम्रपत्राभिलेख उपलब्ध थे जिनको महाराजपुत्र गोविन्दचन्द्र ने उत्कीर्ण करवाया था। इसके कारण विद्वानों में यह धारणा बलवती हुई कि संभवतः मदनपाल ने शासन ही नहीं किया था। और इस कारण यह अनुमान लगाया गया कि वह बीमार या अशक्त था। अतः शासन-सूत्र राजपुत्र गोविन्दचन्द्र को संभालना पड़ा तथा बसाही दानपत्र में उल्लिखित पुरोहित जागुक, महत्तक बाल्हन तथा प्रतिहार गौतम के समर्थन से दानपत्र निर्गत किए जाने लगे थे। और संभवतः शासन प्रबन्ध के लिए युवराज, रानी राल्हादेवी तथा पुरोहित प्रतिहार और महत्तक की एक समिति बनवाई गई थी। लेकिन बडेरा का ताम्रपत्राभिलेख १९२६ में प्राप्त हुआ तथा १९४१ में

प्रकाशित हुआ जिससे यह निश्चित माने जाने लगा कि परमभट्टारक, परमेश्वर, परममाहेश्वर श्रीमान् मदनपालदेव ने वास्तव में शासन किया था। लेकिन आश्चर्य की बात यह है कि किसी का ध्यान बंगाल एशियाटिक सोसाइटी के उस ताम्रपत्राभिलेख की ओर नहीं गया जिसमें मदनपाल को उन समस्त राजकीय उपाधियों के साथ प्रस्तुत किया गया है जिसका उल्लेख हम पहले कर आए हैं। इस प्रकार यह निश्चयपूर्वक कहा जा सकता है कि मदनपाल ने भी काफी लम्बे समय तक शासन किया होगा और अपने पिता के जीवनकाल में ही उसका राज्याभिषेक करा दिया गया होगा। उल्लेखनीय है कि चन्द्रदेव के काफी लम्बे समय तक जीवित रहा होने के कारण उसका पुत्र मदनपाल प्रौढावस्था में ही शासक बना होगा।

गहड़वाल वंश में मदनपाल ही वह पहला राजा है जिसने चांदी और तांबे के सिक्के चलवाए थे। उसके सिक्के वृषभ और अश्वारोही प्रकार के हैं जो उस समय उत्तर भारत में प्रचलन में थे। इनके पुरोभाग पर अश्वारोही का भद्दा चित्र है तथा उसके चारों ओर राजा का नाम 'मदनदेव' लिखा मिलता है। लेकिन किसी भी सिक्के पर पूरा नाम नहीं मिलता। कहीं 'मदन' कहीं 'मद' और 'श्रीम' मिलता है। पृष्ठभाग पर बैठे हुए वृषभ की रेखाकृति है जिस पर 'माधव श्री सामन्त' (अथवा 'माधव' 'श्रीसाम' अथवा 'माध') मिलता है। मदनपाल के चांदी के सिक्के अत्यधिक विरल हैं जिनमें प्रायः भारी मिलावट होती है। थामस ने इस राजा के एक सिक्के को चाँदी और तांबे का बताया है तथा कनिंघम ने एक-दूसरे सिक्के को विलोन का बताया है। इनका भार भारतीय मान के अनुसार ३२ रत्ती का होता है। लेकिन वास्तव में १.२५ ग्रा॰ से लेकर १.६२ ग्रा॰ के भार वाले सिक्के मिले हैं जबकि ३२ रत्ती लगभग २ ग्रा॰ का होता है।

कुछ विद्वानों ने यह अनुमान लगाया है कि मदनपाल के शासनकाल में तुरुष्क आक्रमणकारियों ने आक्रमण करके कन्नौज पर विजय प्राप्त कर ली थी और मदनपाल को बंदी बना लिया था। गोविन्दचन्द्र ने मुक्तिधन देकर मदनपाल को मुक्त कराया था। इस मत की प्रबल समर्थक रोमा नियोगी[५२] हैं जिनके तर्कों का संक्षिप्त विवरण इस प्रकार है।

रोमा नियोगी के अनुसार, बसाही दानपत्र में यह उल्लिखित है कि चन्द्रदेव ने कान्यकुब्ज को अपनी राजधानी बना लिया था (कन्याकुब्जे करोद्राजा राजधानीमनिंदिताम्)। उनका यह अनुमान है कि यह दानपत्र मदनपाल के शासनकाल में विक्रम संवत् ११६१ में लिखवाया गया था; तथा विचित्र बात यह है कि कमौली दानपत्र में यह श्लोक नहीं मिलता यद्यपि अन्य सभी श्लोक वैसे ही मिलते हैं। वास्तव में कोई भी गहड़वाल लेख कान्यकुब्ज को राजधानी नहीं बताता। इस प्रकार उन्होंने यह अनुमान लगाया है कि २५ दिसम्बर ११०४ ई॰ (बसाही दानपत्र की तिथि) तथा २४ अक्टूबर ११०५ ई॰ (कमौली दानपत्र की तिथि) के बीच में किसी समय गहड़वालों को राजधानी कान्यकुब्ज को छोड़ना पड़ा होगा तथा गोविन्दचन्द्र को ११०५ ई॰ में नगर को पुनः प्राप्त करने के लिए युद्ध करना पड़ा। वे राहन दानपत्र में इसका कारण खोजती हैं जिसमें यह उल्लेख आता है कि असमान युद्ध के बार-बार होने के कारण हम्मीर को अपना वैर छोड़ना पड़ा (हम्मीरं न्यस्तवैरं मुहुरसमरणक्रीड़या यो विधत्ते)। उनके अनुसार, हम्मीर अथवा अमीर (मुस्लिम सेनापति) जो विक्रम संवत् ११६६ के पूर्व गोविन्दचन्द्र द्वारा पराजित किया गया था, गजनी का सुल्तान मसूद इब्न इब्राहीम (तृतीय, १०९९ से १११५ ई॰) अथवा उसका कोई अधिकारी रहा होगा। *तबकात-ए-नासरी* के अनुसार, इस सुल्तान के शासनकाल में हाजिब तुघातगीन ने गंगा पार करके हिन्दुस्तान के उन क्षेत्रों तक जेहाद छेड़ा जहां सुल्तान महमूद के अतिरिक्त अन्य किसी की सेनाएं नहीं पहुँची थीं। समकालीन कवि सलमान ने अपने दीवान में इस घटना का विवरण इस प्रकार दिया है : –

> इस्लाम की सहायता से मसूद ने एक सेना खड़ी की। जेहाद के लिए उसने हिन्दुस्तान पर धावा बोला। हिन्द के शासक खुदा के मारे हुए मल्ही को बन्दी बनाया; कन्नौज हिन्द की राजधानी थी जिसे काफिर अपना ध्रुवतारा मानते थे। यह सुमनियों का काबा था और काफिरों का किबला था। सारे हिन्द की धनराशि यहां पर जमा होती थी जैसे कि सभी नदियां समुद्र में मिलती हैं। मल्ही के पास सेना, धन, हाथी, हथियार क्या कुछ नहीं था।

रोमा नियोगी ने मल्ही अथवा मल्हीर को मदन का अपभ्रंश माना है। वे कुछ लोगों के इस सुझाव का विरोध करती हैं कि यह मल्ही विक्रम संवत् ११७६ में जारी किए गए दानपत्र का मदन रहा होगा। उनके अनुसार, मल्ही को हिन्द का शासक कहा गया है तथा कान्यकुब्ज को हिन्द की राजधानी बताया गया है। इस कारण पराजित राजा स्वयं गहड़वाल शासक रहा होगा। इस प्रकार वे यह परिणाम निकालती हैं कि विक्रम संवत् ११६१-६२ में गजनी के सुल्तान मसूद तृतीय की सेना का नेतृत्व करते हुए हाजिब तुघातगीन कान्यकुब्ज तक चढ़ आया और यदि कवि सलमान पर विश्वास किया जाए तो उसने गहड़वाल राजा मदनपाल को बन्दी बना लिया तथा प्रत्यर्पण राशि पाने के बाद छोड़ा।

यहां पर रोमा नियोगी के उपरोक्त सिद्धान्त में कई कमियां हैं जो हमारा ध्यान आकृष्ट करती हैं। बसाही के दानपत्राभिलेख में चन्द्रदेव के विषय में जो यह कहा गया है कि उसने कान्यकुब्ज को अपनी राजधानी बनाया वह किसी दूसरे संदर्भ में स्वीकार नहीं किया जाना चाहिए। वास्तव में समस्त गहड़वाल लेखों में चन्द्रदेव का वर्णन करते समय यह उल्लेख मिलता है कि उसने अपने बाहुविक्रम से कान्यकुब्ज का राज्य प्राप्त किया। बसाही दानपत्र लेख में इसी बात का उल्लेख ठीक उसी स्थान पर यह कहकर किया गया है कि उसने कान्यकुब्ज को अपनी राजधानी बनाया। यह एक सामान्य उल्लेख विभिन्न प्रकार की शब्द-रचना में नए श्लोक के रूप तें बसाही दानपत्र में आता है। इसके आधार पर अनुमान लगाना कि कमौली अभिलेख में राजधानी शब्द नहीं आता इसलिए कान्यकुब्ज राजधानी के रूप में गहड़वालों से छिन गया था, पंक्तियों के बीच में पढ़ने का प्रयास कहा जाएगा। वास्तव में कमौली दानपत्र लेख के बाद के किसी भी गहड़वाल अभिलेख में कान्यकुब्ज के राजधानी होने का उल्लेख नहीं आता, तो क्या इसका यह अर्थ निकाला जा सकता है कि बाद में फिर कभी कन्नौज गहड़वालों की राजधानी नहीं बन सका?

दूसरी बात मल्ही की पहचान मदनपाल से करने से सम्बन्धित है। किसी भी भाषा-शास्त्रीय दृष्टिकोण से मदन का अपभ्रंश मल्ही नहीं बनाया जा सकता । यदि मल्ही के समीप कोई नाम आता है तो वह चन्द्रदेव के पिता महीचन्द्र का नाम हो सकता है जिसका दूसरा रूप महीयल या महीतल आदि लेखों में प्राप्त होता है। लेकिन यदि हम कवि सलमान के द्वारा बन्दी बताए गए मल्ही की पहचान, महीयल अथवा महीतल से करते हैं तो हमें काल विपर्यय की समस्या का हल खोजना होगा तथा यह भी विचार करना होगा कि क्या चन्द्रदेव का पिता इतना बड़ा राजा था जितना वर्णन कवि सलमान ने किया है।

कवि सलमान ने अपने दीवान (संग्रह) में जो बातें लिख दी हैं उन सभी को यदि हम इतिहास के रूप में स्वीकार करें तो इसे विडम्बना ही कहा जाएगा क्योंकि मुसलमान कवि प्रायः अपने धर्म अथवा स्वामी की प्रशस्ति में बढ़ा-चढ़ाकर बातें करते हैं। एक अन्य बिन्दु यह है कि *तबकात-ए-नासरी* में आक्रमणकारी का नाम हाजिब तुघातगीन कहा गया है जबकि सलमान आक्रमणकारी का नाम मसूद बताता है जो स्वयं गजनी का सुल्तान था। इस कारण भी इन दोनों मुस्लिम स्रोतों को संदेह से परे नहीं माना जा सकता। सबसे बड़ी विडम्बना यह है कि मुस्लिम स्रोतों को भारत का इतिहास लिखने वाले विद्वानों ने, बिना किसी प्रकार की आलोचनात्मक दृष्टि के, ज्यों-का-त्यों स्वीकार कर लेने की सिद्धता दिखाई है जबकि भारतीय स्रोतों में उनका कोई उल्लेख नहीं मिलता। फिर भी, किसी प्रकार खोजकर उसके सम्बन्ध में आधे-अधूरे प्रमाण जुटाए जाते हैं। यह प्रवृत्ति प्रशंसनीय नहीं है। इस संबन्ध में नियाल्तगीन के १०३३ ई० में बनारस के लूट की घटना का उल्लेख किया जा सकता है जिसके विषय में वैहाकी ने अपने *तारीख-ए-सुबुकत्तिगिन* में इस तरह लिखा है : –

> उसने (नियाल्तगीन) अपने योद्धाओं और सेना के साथ १०३३ ई० में लाहौर से निकलकर ठाकुरों से जबरदस्ती खूब रकम वसूली। बाद में वह गंगा पार करके उसके बाएं किनारे से नीचे की ओर चल पड़ा। यकायक यह बनारस नाम के शहर में, जो गंग नाम के राजा के राज्य में था, आ पहुँचा। इसके पहले कोई भी मुस्लिम सेना वहां तक नहीं पहुँची थी। नगर दो फरसंग मुरब्बे में था और उसमें काफी पानी था। सेना वहां सवेरे-दोपहर की नमाज तक ठहरी क्योंकि ज्यादा ठहरने में खतरा था। बजाजा तथा गंधियों और जौहरियों के बाजार लूट लिए गए लेकिन इससे अधिक करना नामुमकिन था। सेना के सिपाही भी इसलिए अधीर हो गए क्योंकि वे अपने साथ लूट का सोना, चाँदी, अतर और जवाहरात लेकर सही.सलामत लौट जाना चाहते थे।[५३]

इस मुस्लिम इतिहासकार के इस तरह की गपबाजी को गंभीर ऐतिहासिक तथ्य के रूप में मान्यता दी गई है। लाहौर से निकलकर लगभग १००० किलोमीटर पार करके वह अचानक बनारस में प्रादुर्भूत होता है और दोपहर की नमाज तक बनारस को लूटकर वापस चला जाता है क्योंकि ज्यादा ठहरने से उन्हें खतरा दिखाई पड़ता है। ऐसा लगता है कि दिल्ली में कनाट प्लेस से चाँदनी चौक पर छापा मारकर दो-चार घण्टे में वह वापस फिर कनाट प्लेस पहुंच गया। नियाल्तगीन के इस आक्रमण को लगभग सभी इतिहासकारों ने ऐतिहासिक तथ्य के रूप में मान्यता दी है। लेकिन उसके कथन को तर्क की कसौटी पर कभी नहीं कसा गया। मुस्लिम इतिहासकारों की यह प्रवृत्ति रही है कि वे अधिकांश घटनाओं को बढ़ा-चढ़ाकर लिखते हैं तथा प्रायः शेखी बघारते हैं। इसके साथ ही जिन युद्धों में उनके सुल्तानों की पराजय हो जाती है अथवा सेनापति या राजा मारा जाता है उसका उल्लेख तक नहीं करते।

गोविन्दचन्द्र

यद्यपि गोविन्दचन्द्र ने अपने पिता के जीवनकाल में ही शासन-सूत्र संभाल लिया था तथा उसको भी एक युवराज के रूप में महत्त्वपूर्ण अधिकार प्राप्त थे लेकिन वह अपने पिता की भाँति अपने पिता के जीवनकाल में राजपद पर अभिषिक्त नहीं हुआ था। उसका पितामह चन्द्रदेव लम्बी आयु तक जीवित रहा। इस कारण उसका पिता काफी प्रौढ़ावस्था में ही राजा बन पाया होगा और बहुत संभावना इस बात की की जा सकती है कि वह भी अपने शासनकाल में यौवनोचित तेजस्विता खो चुका रहा हो जिसके कारण गोविन्दचन्द्र को कुछ अधिक ही अधिकार प्राप्त रहे हों। इसकी सूचना राजपुत्र के रूप में जारी किए गए गोविन्दचन्द्र के दानपत्रों से मिलती है। गोविन्दचन्द्र की माता का नाम राल्हादेवी था जिसका उल्लेख विक्रम संवत् ११७६ के कमौली ताम्रपत्राभिलेख में मिलता है। मदनपाल की एक अन्य रानी पृथ्वीश्रीका के विषय में भी हमको विक्रम संवत् ११६४ के बहुवरा दानपत्र से ज्ञात होता है जिसे 'टेरी एण्ड कम्पनी' का दानपत्र भी कहा जाता है। किन्तु यह मूल लेख अब उपलब्ध नहीं है। गोविन्दचन्द्र गहड़वाल राजवंश का सबसे महान् शासक था। उसने लगभग आधी शताब्दी तक उत्तर भारत की राजनीति को प्रभावित किया। एक युवराज के रूप में अपने पिता के शासन-काल में ही उसने जो सफलताएं प्राप्त कीं उसके कारण उसे अभिलेखों में "समस्तराजप्रक्रियोपेत" कहा गया है। उसका औपचारिक राज्याभिषेक ११०६ ई० से १११४ ई० के बीच में किसी समय हुआ होगा क्योंकि युवराज के रूप में उसका अंतिम राहन दानपत्र विक्रम संवत् ११६६ (११०६ ई०) में जारी किया गया था तथा महाराजाधिराज के रूप में पालि ताम्रपत्रालेख विक्रम संवत् ११७१ (१११४ ई०) में जारी किया गया था। अतः उसका राज्याभिषेक तथा उसके पिता मदनपाल की मृत्यु इन्हीं दो तिथियों के मध्य रखी जा सकती है। गोविन्दचन्द्र के द्वारा जारी किया गया अन्तिम गौली दानपत्र वि० सं० १२११ (१२५४ ई०) का है जबकि उसके पुत्र विजयचन्द्र का पहला दानपत्र वि० सं० १२१७ में (११६० ई०) में जारी किया गया था। इस प्रकार गोविन्दचन्द्र की मृत्यु ११६० ई० के पूर्व कभी हुई होगी। एक युवराज़ के रूप में उसका प्रथम दानपत्र वि० सं० ११६१ (११०४ ई०) में जारी किया गया था। इस प्रकार गोविन्दचन्द्र को उत्तर भारत की राजनीति में कार्य करने का लगभग ५६ वर्ष का कार्यकाल प्राप्त हुआ।

पुरातात्त्विक स्रोत

उसके शासनकाल के लगभग ४५ अभिलेख प्राप्त हैं जो उसके युवराज काल में लिखवाए गए तीन अभिलेखों के अतिरिक्त हैं। इस कारण यह निश्चयपूर्वक कहा जा सकता है कि गोविन्दचन्द्र ने अपने राजवंश में सबसे अधिक दानपत्र लिखवाए। लेकिन इन दानपत्रों में एक उसकी रानी कुमारदेवी द्वारा पाषाण-खण्ड पर लिखवाई गई सारनाथ से प्राप्त प्रशस्ति भी शामिल हैं तथा तीन अभिलेख उसके राजकुमारों के द्वारा तथा एक किसी अन्य व्यक्ति द्वारा लिखवाया गया है। अभी हाल ही में ६ दिसम्बर १९९२ को राम-जन्मभूमि पर स्थित ढांचे को गिराते समय दो अन्य अभिलेख प्राप्त हुए हैं जिनमें एक पत्थर के फलक पर उत्कीर्ण बीस पंक्तियों का विष्णुहरि मन्दिर अभिलेख शामिल है जिस पर गोविन्दचन्द्र का नाम उल्लिखित है (दे० परिशिष्ट क)। एक खण्डित स्तम्भ पर दो अभिलेख भी इसी स्थान से प्राप्त हुए थे। खण्डित होने के कारण जिसकी पंक्तियों के प्रारम्भ और अन्त के अंश टूट गए हैं अतः इनका अर्थ निकलना संभव नहीं है। (दे० परिशिष्ट ख)। किन्तु लिपिशास्त्र की दृष्टि से इन्हें गहड़वाल काल का अभिलेख माना गया है। इस प्रकार गहड़वाल काल में इस राजवंश तथा उससे सम्बन्धित सामन्त राजवंशों के अभिलेखों की कुल संख्या सौ हो गई है। इनमें से लगभग आधे गोविन्दचन्द्र द्वारा अथवा उसके शासनकाल में लिखवाए थे। इसके अतिरिक्त गोविन्दचन्द्र के अनेक सिक्के सोने, चाँदी और ताँबे के उपलब्ध हैं।

साहित्यिक स्रोत

इन पुरातात्त्विक साक्ष्यों के अतिरिक्त गोविन्दचन्द्र के महासान्धि-विग्रहिक लक्ष्मीधर द्वारा लिखित *कृत्य-कल्पतरु* ग्रन्थ भी उपलब्ध है जिसके विषय में लेखक का यह कथन है कि उसकी मंत्रणा ने राजा को यश प्राप्त करवाया (तत् सर्वं खलु यस्य मंत्रमहिमाश्चर्यं सह लक्ष्मीधरः)। इसके अतिरिक्त लक्ष्मीधर यह भी कहता है कि उसने काशी के राजा के शत्रुओं से सफलतापूर्वक युद्ध किया था (नीताकाश्याधिपस्ययेन रिपुवस्ते ब्रह्मचर्यपरम्)। इस प्रकार गोविन्दचन्द्र का महासान्धिविग्रहिक लक्ष्मीधर केवल लेखक और एक विद्वान् ही नहीं वरन् एक योद्धा तथा राजनीतिकुशल व्यक्ति भी था। अपनी पुस्तक के अन्त में 'व्यवहारकाण्ड' के अन्त में लक्ष्मीधर यह कहता है कि उसने *कृत्यकल्पतरु* की रचना गोविन्दचन्द्र के आदेश पर की थी (महाराजधिराज गोविन्दचन्द्र देवादिष्टेन . . . श्री लक्ष्मीधरभट्टेन विरचितं. . .)। इस प्रकार यह ग्रंथ भी गोविन्दचन्द्र के शासन-काल के इतिहास का एक स्रोत है। एक अन्य ग्रन्थ नयचन्द्र द्वारा विरचित *रम्भामञ्जरी नाटक* है जिसमें गोविन्दचन्द्र के शासनकाल के कुछ उल्लेख मिलते हैं। यहां यह उल्लेखनीय है कि अभी हाल ही में अयोध्या से प्राप्त अभिलेख में नयचन्द्र नामक

एक व्यक्ति को गोविन्दचन्द्र द्वारा साकेत मण्डल के अधिपति के रूप में नियुक्त किए जाने का उल्लेख मिलता है जो अल्हण का भतीजा बताया गया है। इस बात की संभावना की जा सकती है कि यह नयचन्द्र *रम्भामंजरी नाटक* का लेखक नयचन्द्र हो सकता है। इसके अतिरिक्त गोविन्दचन्द्र के शासनकाल के सम्बन्ध में कुछ उल्लेख अन्य समकालीन राजवंशों के अभिलेखों से भी प्राप्त होते हैं। मुस्लिम इतिहासकारों के कुछ उल्लेख भी प्रत्यक्ष अथवा अप्रत्यक्ष रूप से गोविन्दचन्द्र के शासनकाल पर प्रकाश डालते हैं। लेकिन अधिकांश मुस्लिम आक्रमणों में आक्रान्ताओं को मुँह की खानी पड़ी थी तथा मुस्लिम इतिहासकारों द्वारा मुस्लिम शासकों की पराजयों का उल्लेख न करने की प्रवृत्ति के कारण अनेक युद्धों का उन्होंने उल्लेख तक नहीं किया है जो गोविन्दचन्द्र और मुस्लिम आक्रान्ताओं के बीच लड़े गए थे।

मुस्लिम आक्रमण

गोविन्दचन्द्र ने युवराज के रूप में जब से शासन कार्य प्रारम्भ किया तभी से उसने अपनी प्रशासनिक प्रतिभा और सामरिक कुशलता का प्रदर्शन प्रारम्भ कर दिया था। यद्यपि उसने आसपास के राज्यों पर अपनी धाक जमा ली थी तथा अनेक राजवंशों को पराजित करके उनके राज्यक्षेत्र अपने शासन के अन्तर्गत शामिल कर लिए थे; फिर भी, उसकी सामरिक प्रतिभा का प्रदर्शन पश्चिम से होने वाले मुस्लिम आक्रमणों के प्रत्यावर्तन में दिखाई पड़ता है। कुछ इतिहासकारों ने यह दिखाने का प्रयास किया है कि गजनी के यामिनी सुल्तानों की सेना ने कान्यकुब्ज पर आक्रमण करके अस्थायी रूप से उस नगर को अपने अधिकार में कर लिया था और संभवतः गोविन्दचद्र के पिता मदनपाल को बन्दी बना लिया था। किन्तु पीछे हम यह देख आए हैं कि इस प्रकार की कल्पना में कोई सच्चाई नहीं है तथा मुसलमानों द्वारा कान्यकुब्ज पर आक्रमण, अधिकार तथा मदनपाल के बन्दी बनाए जाने के पीछे कोई तथ्यात्मक प्रमाण नहीं उपलब्ध हैं। इस कारण रोमा नियोगी का यह कहना कि यामिनी सुल्तानों द्वारा कान्यकुब्ज की पराजय से गहड़वालों को एक धक्का लगा था, उचित नहीं होगा।

गहड़वाल राजवंश के प्रथम शासक चन्द्रदेव के अभिलेखों में जो यह उल्लेख मिलता है कि उसने काशी, कान्यकुब्ज, अयोध्या तथा इन्द्रस्थानीयक आदि तीर्थों का परिपालन (संरक्षण) किया था, यह दर्शाता है कि मुस्लिम आक्रमणकारियों के द्वारा इन तीर्थों की सुरक्षा को खतरा उत्पन्न हो गया था और ऐसे समय में चन्द्रदेव ने उत्तर भारत के एक बड़े भू-खण्ड पर आधिपत्य स्थापित करने का जो कार्य किया उसके पीछे इन तीर्थ क्षेत्रों की मुस्लिम आक्रान्ताओं से सुरक्षा ही मुख्य उद्देश्य था। यह कार्य उसके पुत्र मदनपाल तथा पौत्र गोविन्दचन्द्र के शासनकाल में सफलतापूर्वक किया जाता रहा। अयोध्या से प्राप्त पाषाण फलक अभिलेख से यह ज्ञात होता है कि गोविन्दचन्द्र के समय में पश्चिम से आने वाले भीति को प्रत्यावर्तित किया गया था। इस अभिलेख में उल्लिखित यह 'पाश्चात्य भीति' निश्चय ही पश्चिम से आने वाली मुस्लिम आक्रमण के भय की ओर संकेत करती है।

पश्चिम से होने वाले मुस्लिम आक्रमणकारियों का केन्द्रबिन्दु गजनी था जहां पर यामिनी सुल्तान शासन कर रहे थे। गोविन्दचन्द्र की शासनावधि में लगभग पाँच सुल्तानों ने गजनी पर शासन किया। यद्यपि ये सुल्तान आन्तरिक झगड़ों में व्यस्त रहे फिर भी, भारतभूमि पर लाहौर में केन्द्र स्थापित करके ये आन्तरिक भागों पर बार-बार आक्रमण करते रहे। इन आक्रमणों की प्रकृति मुख्य रूप से डाकुओं की भांति लूट-पाट के लिए आक्रमण करना और वापस चले जाने तक ही सीमित रही। वे आक्रान्त क्षेत्रों पर कभी शासन स्थापित नहीं कर सके। भारतीय राजवंश भी इसे खेल के रूप में लेते रहे। गोविन्दचन्द्र के यौवराज्य काल में लिखवाए गए ११०६ ई० के राहन दानपत्राभिलेख में यह स्पष्ट रूप से कहा गया है कि 'मुहूरसमरणक्रीड़ा' में हार जाने के कारण अमीर को वैर त्याग देना पड़ा। (हम्मीर शब्द अरबी शब्द अमीर का भारतीय रूप है)। लेकिन इस उल्लेख में रणक्रीड़ा शब्द ध्यान देने योग्य है जिसके आधार पर यह अनुमान लगाया जा सकता है कि भारतीय इसे युद्ध का खेल ही मानते थे क्योंकि मुस्लिम आक्रान्ता अचानक प्रकट होते और जनता को लूटते-पाटते तथा गुलाम बनाने के लिए बन्दी करते और राजा की सेना से सामना होने पर थोड़ा-बहुत युद्ध करके भाग खड़े होते। लेकिन इस उल्लेख में दो शब्द सबसे महत्त्वपूर्ण हैं वे हैं – 'मुहूर' और 'असम'। मुहुर का अर्थ होता है बार-बार तथा असम का अर्थ होता है असमान शक्ति। मुस्लिम आक्रान्ता लूट-पाट के इरादे से थोड़ी-सी भी सेना एकत्र कर पाने के बाद इस प्रकार की लूटपाट के लिए निकल पड़ते थे और जमकर युद्धों में सामना नहीं करते थे। जहां कहीं पर उनको सफलता मिल जाती वहां उनके दरबारी इतिहासकार विजयघोष के साथ उनकी सफलता का उल्लेख करते तथा साथ ही वे इन तीन बातों का भी उल्लेख करना नहीं भूलते – १. कितने हिन्दुओं को मारा और गुलाम बनाया; २. कितने ऊँटों पर धन-दौलत लादकर वापस ले गए; तथा ३. कितने हिन्दू देव मंदिरों को ध्वस्त किया (तथा अवसर मिलने पर उनके ऊपर मस्ज़िदों का निर्माण कराया)।

इस अभिलेख में हम्मीर द्वारा शत्रुता छोड़ देने का जो संकेत किया गया है वह यही बताता है कि गहड़वाल सेना द्वारा पराजित होने के बाद कुछ वर्षों तक मुस्लिम आक्रान्ता इस ओर पुनः आने का साहस नहीं कर सके।

गोविन्दचन्द्र के समकालीन जो पाँच यामिनी शासक हुए उनके नाम और शासनकाल इस प्रकार हैं — १. मसूद (तृतीय) इब्न इब्राहीम (ल॰ १०६६-१११५ ई॰), २. शीरजाद (१११५-१६ ई॰), ३. अर्सलान शाह (१११६-१८ ई॰), ४. बहराम शाह (१११८-५२ ई॰), और ५. खुसरब शाह (११५२-६० ई॰)। ये सुल्तान गद्दी के लिए परस्पर युद्धरत रहते थे। इनमें सबसे अधिक विनाशकारी संघर्ष अर्सलान शाह और बहराम शाह के बीच में हुआ जिसमें खुरासान के सुल्तान संजर ने मौके का लाभ उठाकर बहराम शाह का साथ दिया और अर्सलान को भागकर भारतीय क्षेत्र में शरण लेनी पड़ी। बहराम सुल्तान संजर के संरक्षण में गजनी का सुल्तान बना। बाद में अर्सलान ने बहराम को पराजित कर दिया। किन्तु खुरासान के सुल्तान के द्वारा बहराम की सहायता किए जाने के बाद एक युद्ध में अर्सलान मारा गया। बहराम शाह ने १११८ से ११५२ ई॰ तक के अपने लम्बे शासनकाल में भारत पर कई आक्रमण किए ऐसा मुसलमान इतिहासकारों का कहना है। लेकिन रोमा नियोगी का यह कहना सर्वथा उचित है कि 'इन सुल्तानों द्वारा भारत पर किए जाने वाले आक्रमणों का कोई भी विस्तृत विवरण मुस्लिम इतिहासकारों ने नहीं दिया है।' जबकि गोविन्दचन्द्र के महासान्धिविग्रहिक ने *कृत्यकल्पतरु* की राजप्रशस्ति में गोविन्दचन्द्र के बारे में यह लिखा है कि उसने असमान युद्ध में हम्मीर वीर को मार डाला (असम-समर-सम्पल-लम्पट शौर्यभाजाम्-अवधिरवधि-युद्धे येन हम्मीर-वीर)। लक्ष्मीधर गोविन्दचन्द्र के महासान्धिविग्रहिक थे और इस कारण उन्होंने गोविन्दचन्द्र के विषय में यह जो सूचना दी है कि उन्होंने असम युद्ध में अमीर का वध कर दिया था, गलत नहीं हो सकता। लेकिन इस युद्ध में मारे गए अमीर का क्या नाम था और यह युद्ध किस समय हुआ था इसका निश्चय करना बहुत कठिन है, क्योंकि मुस्लिम इतिहासकार अपनी पराजयों की कहानियों को प्रायः अनदेखी कर गए हैं। राहन दानपत्र में भी, जैसा हम देख आए हैं, एक अमीर के द्वारा शत्रुता त्याग दिये जाने का उल्लेख है। ऐसा लगता है कि ये दोनों उल्लेख दो अलग-अलग समय में हुई घटनाओं से संबन्धित हैं। राहन दानपत्राभिलेख उस समय लिखवाया गया था जब गोविन्दचन्द्र एक युवराज अथवा महाराजपुत्र थे। लेकिन लक्ष्मीधर द्वारा किया गया उल्लेख गोविन्दचन्द्र के महाराजाधिराज बन जाने के बाद की घटना कहा जा सकता है जिसमें आक्रमणकारी नेता मारा गया था। इस बात की संभावना तो नहीं लगती कि यह कोई यामिनी सुल्तान रहा होगा, लेकिन यह भारत में गजनी के सुल्तान का कोई प्रतिनिधि निश्चित रूप से रहा होगा। राहन दानपत्र और *कृत्यकल्पतरु* दोनों में ही एक बात समान रूप से देखने को मिलती है। एक में 'असम रण क्रीड़ा' और दूसरे में 'असम समर' का उल्लेख मिलता है और इन दोनों ही शब्दों का एक ही अर्थ है कि इन युद्धों में दोनों सेनाओं के बल समान नहीं थे। ऐसा लगता है कि गोविन्दचन्द्र की विशाल सेना के सामने एक बार तो आक्रान्ता को भाग जाना पड़ा और दूसरी बार के युद्ध में वह मारा गया।

विष्णुहरि मन्दिर अभिलेख

अयोध्या से प्राप्त पाषाण फलक अभिलेख में भी इसी प्रकार का उल्लेख मिलता है। यह पाषाणिक फलक अभी भी उत्तर प्रदेश के शासन के अधिकार में है और उसे ठीक से पढ़ा नहीं जा सका है। फिर भी जो कुछ पढ़ा जा सका है वह परिशिष्ट 'क' में दिया गया है। इस अभिलेख के पढ़ने से जो ध्वनि निकलती है, वह इस प्रकार है — इसकी चौथी पंक्ति में 'अप्रतिमविग्रह जन्मभूमि' और 'देवकुलमाकुलता' शब्द आए हैं और उसके बाद की पंक्तियों में किसी युद्ध का वर्णन है जिसमें किसी 'सल्लक्षण' नामक एक योद्धा के वीरतापूर्वक युद्ध करते हुए मारे जाने का उल्लेख है। यहां पर सल्लक्षण का नाम तीन बार आया है। उसके स्वर्गगामी होने के उपरांत 'अल्हण' का नाम ग्यारहवीं पंक्ति में आता है। तेरहवीं पंक्ति से यह ज्ञात होता है कि 'श्रीमान् नयचन्द्र को राजाओं के गुरु गोविन्दचन्द्र के प्रसाद से साकेत मण्डल का आधिपत्य प्राप्त हुआ।' नयचन्द्र के द्वारा भी किए गए किसी युद्ध का वर्णन अगली पंक्ति में आता है। इस प्रकार ऐसा लगता है कि इस अभिलेख में किसी मुस्लिम आक्रमणकारी द्वारा किए गए आक्रमण और युद्ध का वर्णन है जिसमें जन्मभूमि पर स्थित देवकुल (मन्दिर) में आकुलता के निवारण के लिए युद्ध किया गया और इसके बाद विष्णुहरि का एक विशाल मन्दिर निर्मित किया गया। तेरहवीं पंक्ति में 'गोविन्दचन्द्र' का नाम आता है तथा उन्नीसवीं पंक्ति में 'पाश्चात्य भीति' को अपने भीषण बाहुदण्ड से नष्ट करने का उल्लेख आता है। इस कारण यह कहा जाता है कि मुस्लिम आक्रमणकारियों का कोई आक्रमण अयोध्या में राम-जन्मभूमि पर हुआ था और संभवतः इस आक्रमण से मंदिर को क्षति पहुँची थी जिसके कारण इसका पुनर्निर्माण कराना पड़ा था। यह युद्ध किस समय हुआ इस संबंध में कुछ निश्चयपूर्वक नहीं कहा जा सकता।

सबसे मुख्य बात यह है कि इसमें अठारहवीं और उन्नीसवीं पंक्ति में विष्णु के विभिन्न अवतारों का वर्णन है। सबसे पहले नरसिंह अवतार का वर्णन है जिसमें हिरण्यकश्यपु को संयमित करने का उल्लेख आता है। इसके बाद वामन अवतार का उल्लेख है जिसमें बलिराज के बाहुदलन का उल्लेख है तथा त्रिविक्रम स्वरूप प्रदर्शित करने की बात कही गई है। इसके पश्चात् 'रामावतार' का वर्णन है जिसमें दुष्ट दशानन को पराजित करने का उल्लेख है। इसके बाद पश्चिम से आने वाली भीति को अपने भीषण बाहुदण्ड से नष्ट करने का उल्लेख है। गोविन्दचन्द्र को अपने जीवनकाल में ही विष्णु का अवतार स्वीकार कर लिया गया था यह किसी भी तत्कालीन राजा के लिए एक गौरव की बात है। उसकी रानी कुमारदेवी के सारनाथ के पाषाण फलक अभिलेख में यह उल्लेख आता है कि गोविन्दचन्द्र के रूप में भगवान विष्णु ने 'दुष्ट तुरुष्क सुभट' से वाराणसी की रक्षा करने के लिए भगवान शंकर के अनुरोध पर अवतार लिया था।

> वाराणसी भुवन-रक्षण-दक्ष एको दुष्टान्तुरुष्क-सुभटादवितुं हरेण।
>
> उक्तो हरिस्स पुनरत्र वभूव तस्माद्गोविन्दचन्द्र इति प्रथिताभिधानः।

इस प्रकार गोविन्दचन्द्र को अपने जीवनकाल में ही एक अवतार की मान्यता मिल गई थी और ऐसा संभवतः उनके द्वारा बार-बार शत्रुओं (तुरुष्क आक्रमणकारियों) को पराजित करने के कारण हुआ। राहन दानपत्र लेख में गोविन्दचन्द्र की तुलना दाशरथि राम से की गई है (राजात्मजेन भवता समुर्ज्जितानि रामेण दाशरथिनेव यशांसि येन)। इस प्रकार गोविन्दचन्द्र गहड़वाल को अपने लम्बे शासनकाल में न केवल महान् राजा के रूप में प्रतिष्ठा प्राप्त हुई वरन् उसे एक रक्षक के रूप में विष्णु का अवतार भी माना जाने लगा था।

गोविन्दचन्द्र के सामन्त एवं समकालीन

कुमारदेवी के सारनाथ अभिलेख में यह उल्लेख है कि उसने वाराणसी की रक्षा के लिए कार्य किया। लक्ष्मीधर के *कृत्यकल्पतरु* में भी यह उल्लेख है कि वह शत्रुओं से काशी की रक्षा के लिए लड़ा। ये दोनों ही उल्लेख यह संकेत करते हैं कि काशी पर भी तुरुष्क आक्रमणकारियों का धावा हुआ था जिनसे काशी की रक्षा के लिए गोविन्दचन्द्र को लड़ना पड़ा। रोमा नियोगी का यह विचार है कि गोविन्दचन्द्र के शासनकाल में गहड़वाल राज्य का पश्चिमी सीमान्त काफी सुरक्षित रहा होगा क्योंकि दिल्ली में तोमर उसके अधीन राज्य कर रहे थे। बदायूँ में राष्ट्रकूट थे तथा कान्यकुब्ज में गाधिपुराधिति गोपाल के वंशज राज्य कर रहे थे। संभवतः गहड़वाल शासक की यह सुविचारित नीति रही हो कि पश्चिमी सीमान्त को इन शासकों के अधीन छोड़ दिया जाए जिससे वे तुरुष्कों से पहले निपट लें। लेकिन, भारतीय सामन्तवाद के अनुसार एक बड़े राजा के अधीन अनेक छोटे-बड़े सामन्त हुआ करते थे जो स्थानीय प्रशासन अपनी रुचि के अनुसार चलाते थे और उनके दैनन्दिन कार्यों में अधिराजा का कोई हस्तक्षेप नहीं होता था। ये सभी सामन्त अपनी-अपनी सेना के साथ अधिराज की सेना का निर्माण करते थे। आवश्यकता पड़ने पर एक साथ एकत्र होते थे। इस कारण यह कहना उचित नहीं है कि पश्चिम में गोविन्दचन्द्र ने इन तीनों राजवंशों को जान-बूझकर इसलिए छोड़ दिया था कि वे तुरुष्क आक्रमणों का पहले सामना करेंगे। वास्तव में सम्पूर्ण गहड़वाल साम्राज्य क्षेत्र में सैकड़ों छोटे-मोटे राजवंश शासन करते रहे होंगे जिनमें से केवल कुछ के विषय में ही हमें अभिलेखों अथवा अन्य स्रोतों से सूचना मिल पाती है। इन सामन्तों के बावजूद साम्राज्य की स्थायी सेना सीमान्तों पर नियुक्त रहती होगी। लेकिन इसके बावजूद तुरुष्क आक्रमणकारी किसी प्रकार काशी अथवा अयोध्या अथवा मथुरा तक आक्रमण करने में सफल हो जाते होंगे जिनका उल्लेख कभी-कभी भारतीय स्रोतों से हमें ज्ञात होता है।

गोविन्दचन्द्र का साम्राज्य पूर्व में पटना और मुंगेर तक विस्तृत था और इस दृष्टि से कभी-कभी उसका संघर्ष गौड़ के पाल राजाओं से भी हुआ था। पटना के निकट मोनेर नामक स्थान से प्राप्त वि.सं. ११८३ (११२४ ई.) लेख से यह ज्ञात होता है कि इस समय तक बिहार में कम-से-कम पटना का क्षेत्र उसके शासनान्तर्गत आ गया था। इसके अतिरिक्त उत्तर प्रदेश में स्थित लार से प्राप्त वि. सं. १२०२ (११४६ ई.) के एक अभिलेख से यह ज्ञात होता है कि इस वर्ष उसने मुग्दगिरि (मुंगेर, बिहार) से इस लेख का प्रकाशन किया था। यह उल्लेखनीय है कि गोविन्दचन्द्र के पिता मदनपाल के शासनकाल में यह क्षेत्र बंगाल के पाल राजा रामपाल के अधीन था। लेकिन किसी समय गोविन्दचन्द्र ने इस क्षेत्र पर अपना अधिकार कर लिया था। दक्षिण में उसने त्रिपुरी के हैहय कल्चुरि राजा को हराकर उसका क्षेत्र अपने राज्य में मिला लिया था। कल्चुरि राजा यशःकर्ण को उसके पितामह चन्द्रदेव ने परास्त किया था। वि. सं. ११७७ (११२० ई.) के बंगाल एशियाटिक सोसाइटी के दानपत्र से यह ज्ञात होता है कि गोविन्दचन्द्र ने कल्चुरि राजा यशःकर्ण के द्वारा अपने गुरु शिवाचार्य भट्टारक को दिए गए दान को वापस लेकर ठक्कुर वशिष्ठ नामक ब्राह्मण को दे दिया था। इस अभिलेख में पहली बार गोविन्दचन्द्र ने सुप्रसिद्ध कल्चुरि

उपाधि 'अश्वपति, गजपति, नरपति, राजत्रयाधिपति' को धारण कर लिया जिसका अर्थ यह माना जाता है कि उसने कल्चुरि राजवंश पर अपनी विजय को रेखांकित करने के लिए इस उपाधि को धारण किया था, जिसे उसके वंशज अन्त तक धारण करते रहे। इसके अतिरिक्त गोविन्दचन्द्र ने कल्चुरियों द्वारा प्रचलित लक्ष्मीप्रकार के सिक्कों को भी अपनाया जो उसकी कल्चुरियों पर विजय का एक प्रमाण माना जाता है।

गोविन्दचन्द्र ने दक्षिण दिशा में दशार्ण अथवा पूर्वी मालवा पर भी विजय प्राप्त की थी । इसका उल्लेख नयचन्द्र रचित *रम्भामञ्जरी नाटक* में हुआ है। इस नाटक के अनुसार जिस दिन गोविन्दचन्द्र ने दशार्ण पर विजय प्राप्त की उसी दिन उसके पौत्र जयचन्द्र का जन्म हुआ था और इसी कारण उसका नाम जयचन्द्र रखा गया। उस समय दशार्ण पर परमार वंश के शासक राज्य कर रहे थे तथा नरवर्मन और यशोवर्मन गोविन्दचन्द्र के समकालीन थे। लेकिन गोविन्दचन्द्र द्वारा मालवा विजय की पुष्टि किसी अन्य स्रोत से नहीं हो पाई है।

गोविन्दचन्द्र का चंदेल समकालीन मदनवर्मा (११२६-६३ ई॰) था और इसके शासनकाल में चन्देल शक्ति का विशेष विकास हुआ। मदनवर्मा के मऊ अभिलेख से ज्ञात होता है कि काशी के राजा सौहार्द्र के साथ अपना समय बिताते थे (कालं सौहार्द्रयवृत्या गगमयति सततं त्रास्तः काशिराजः)।

दक्षिण भारत से भी गोविन्दचन्द्र के राजनयिक संबन्ध रहे होंगे इसके आभिलेखिक प्रमाण गंगैकोण्डचोलपुरम् से प्राप्त होते हैं। कुलोत्तुगं प्रथम (१०७०-११२० ई॰) के इकतालीसवें राज्यवर्ष में उत्कीर्ण लेख के नीचे गहड़वाल राजवंश की वंशावली यशोविग्रह से चन्ददेव तक गहड़वाल शैली की लिपि में उत्कीर्ण है। यद्यपि यह लेख अचानक रुक जाता है फिर भी कुलोत्तुंग चोल के उक्त अभिलेख के आधार पर यह कहा जा सकता है कि इसे मदनपाल अथवा गोविन्दचन्द्र के शासनकाल में उत्कीर्ण किया गया होगा। दक्षिण भारत के बौद्ध भिक्षु श्रावस्ती (सहेत-महेत) में उपस्थित थे इसकी सूचना गोविन्दचन्द्र के वि॰ सं॰ ११७६ के सहेत-महेत अभिलेख से प्राप्त होती है। इनमें एक भिक्षु चोल देश का था, दूसरा भिक्षु ओड्र देश (उड़ीसा) का था जिन्हें दान दिया गया था। इसके अतिरिक्त चालुक्य राजा सिद्धराज जयसिंह के एक राजदूत के काशी के राजा जयचन्द्र के दरबार में जाने का उल्लेख मेरुतुंग के *प्रबन्ध चिन्तामणि* में मिलता है। इसी प्रकार *राजतरंगिणी* से यह ज्ञात होता है कि गोविन्दचन्द्र के समकालीन कश्मीर के राजा जयसिंह से उसके अच्छे संबंध थे। रोमा नियोगी का यह कहना है कि 'यद्यपि गहड़वाल अभिलेखों में गोविन्दचन्द्र के समकालीन राजाओं के साथ राजनयिक संबंधों का कोई उल्लेख नहीं मिलता फिर भी समकालीन राजवंशों के अभिलेखों तथा अन्य साहित्यिक स्रोतों से प्रायः सभी महत्त्वपूर्ण पड़ोसी राजाओं के साथ मित्रता के सम्बन्धों के उल्लेख मिलते हैं। इस बात में कोई संदेह नहीं है कि उत्तर भारत में राजनीति के क्षेत्र में इस तीसरे गहड़वाल राजा को अत्यंत उच्च आदरणीय स्थान प्राप्त था।'[५४]

गहड़वाल शासक गोविन्दचन्द्र को परम्परानुसार अनेक सामन्त भी प्राप्त हुए थे। इसके अतिरिक्त उसने कुछ और क्षेत्रों को जीतकर वहां के शासकों को अपना सामन्त बनने के लिए विवश किया। यद्यपि दिल्ली के तोमर गहड़वालों की अधीनता के विषय में अपने अभिलेखों में कोई संकेत नहीं देते फिर भी ऐसा लगता है कि वे गहड़वालों की छत्रछाया में लगभग स्वतंत्र रूप से शासन कर रहे थे। गोविन्दचन्द्र का समकालीन तोमर राजा संभवतः महीपाल देव था। इसके अतिरिक्त बदायूँ में शासन कर रहे राष्ट्रकूट राजवंश में गोविन्दचन्द्र के समकालीन शासक संभवतः गोपाल के पुत्र और पौत्र रहे होंगे। रोमा नियोगी ने यह संभावना व्यक्त की है कि गाधिपुराधिपति गोपाल का राजवंश संभवतः बदायूँ के राष्ट्रकूट गोपाल के राजवंश से भिन्न रहा होगा। इस गाधिपुराधिपति गोपाल का वंशज मदनपाल गोविन्दचन्द्र का समकालीन था जिसके मंत्री विद्याधर ने वि॰ सं॰ ११७६ (१११६ ई॰) का सहेत-महेत दानपत्र जारी किया था।

विक्रम संवत् ११६१ (११३४ ई॰) के कमौली दानपत्र से एक अन्य सामन्त श्रृंगर वंशीय वत्सराज का अभिलेख मिलता है। इस अभिलेख में चन्द्रदेव से लेकर गोविन्दचन्द्र तक गहड़वाल वंशावली दी गई है। इसके बाद श्रृंगर वंश के राजाओं की वशावली भी दी हुई है । इसमें दानकर्त्ता वत्सराज को महाराजपुत्र कहा गया है तथा उसके पिता का नाम लोहणदेव बताया गया है। लोहणदेव के पिता का नाम अल्हण तथा उसके पिता का नाम श्रीकमलपाल बताया गया है। श्रीकमलपाल श्रृंगरोटा नामक स्थान से आए थे अतः इस वंश का नाम श्रृंगर वंश पड़ा।

इसके अतिरिक्त बारहवीं शताब्दी के नागरी लिपि में लिखे गए कसया (कुशीनगर, उ॰ प्र॰) से प्राप्त एक खण्डित अभिलेख से भी एक अन्य कल्चुरि राजवंश का उल्लेख मिलता है जो गहड़वालों के सामन्त रहे होंगे। इसमें अन्तिम राजाओं, शिवराज प्रथम (भूदा का पति), लक्ष्मणराज तृतीय तथा भीमत में से कोई भी गोविन्दचन्द्र का समकालीन सामन्त रहा होगा।

कुछ गहड़वाल अभिलेखों में 'सरवार' शब्द आया है जो सरयूपार का प्राकृत रूप कहा जा सकता है। लार से प्राप्त

मोनेर अभिलेख के अतिरिक्त गोविन्दचन्द्र ने वि॰ सं॰ (११४६ ई॰) में मुग्दगिरि (मुंगेर) से एक अन्य अभिलेख जारी किया था। इस अभिलेख में सरयूपार गोविसालक के अन्तर्गत पानदल पतला में दुधेली ग्राम के दान का उल्लेख है। सरयूपार का उल्लेख गोविन्दचन्द्र के वि॰ सं॰ ११७१ के पालि अभिलेख में भी हुआ है जिसमें पालि और उनवल ग्रामों के नाम आते हैं।

एक अन्य अभिलेख से इसी क्षेत्र से एक अन्य राजा कीर्तिपाल देव के विषय में जानकारी मिलती है। लखनऊ संग्रहालय में संग्रहीत वि॰ सं॰ ११६७ (११११ ई॰) के एक ताम्रपत्राभिलेख से ज्ञात होता है कि परमभट्टारक महाराजाधिराज परमेश्वर परममाहेश्वर श्री कीर्तिपालदेव ने एक दान दिया था जो परमभट्टारक महाराजाधिराज, परममेश्वर परमाहेश्वर श्री विक्रमपालदेव के पादानुध्यात थे तथा जिन्होंने उत्तर समुद्र अथवा सिन्धु का स्वामित्व अपने बाहुबल से प्राप्त किया था।[५५] यह लेख विक्रम संवत् ११६७ के फाल्गुन मास के शुक्ल पक्ष द्वितीया, दिन शनिवार, को जारी किया गया था जो ११ फरवरी ११११ ई० में पड़ता है। जिन ग्रामों का दान किया गया उनको दरद गण्डकी देश में स्थित बताया गया है। यद्यपि इस क्षेत्र की पहचान नहीं हो पाई फिर भी कीलहार्न का यह सुझाव है कि यह क्षेत्र बिहार में बहने वाली गण्डकी नदी की घाटी में रहा होगा। रोमा नियोगी का यह विचार है कि यह क्षेत्र गोरखपुर जिले के पूर्वोत्तर में पड़ना चाहिए जो इस समय देवरिया जिले का उत्तरी भाग है।[५६] रोमा नियोगी ने स्मिथ द्वारा कलकत्ता के इण्डियन म्यूजियम में वर्णित 'कीर्ति' लेख वाले कुछ सिक्कों को कीर्तिपालदेव का सिक्का माना है।[५७] उन्होंने यह भी सुझाव दिया है कि दरद गण्डकी देश घाघरा और बड़ी गण्डक के बीच का क्षेत्र रहा होगा और तिथि की दृष्टि से कीर्तिपाल मदनपाल अथवा गोविन्दचन्द्र का समकालीन रहा होगा। इन्होंने यह भी संभावना व्यक्त की है कि गोविन्दचन्द्र के पालि ताम्रपत्राभिलेख में जो 'नौराज्य गज' का उल्लेख मिलता है इससे यह अनुमान लगाया जा सकता है कि गोविन्दचन्द्र ने कीर्तिपाल के उत्तर समुद्र अथवा सौम्य सिन्धु राज्य को विक्रम संवत् ११६७ (११११ ई॰) तथा वि॰ सं॰ ११७१ (१११४ ई॰) के बीच में युवराज अथवा राजा के रूप में जीत लिया था।[५८]

इसी संदर्भ में अयोध्या से प्राप्त खण्डित स्तम्भ अभिलेख की भी चर्चा की जा सकती है जिसमें रत्नपाल और रत्नपाल के अनुज तेजपाल के नाम आते हैं (दे॰ परिशिष्ट 'ख')। इस अभिलेख में रत्नपाल अथवा उनके भाई तेजपाल के नामों के साथ किसी प्रकार की उपाधि अथवा 'श्री' आदि सम्मानजनक शब्द का प्रयोग नहीं किया गया है जबकि लखनऊ संग्रहालय के ताम्रपत्राभिलेख में रत्नपाल को परमभट्टारक महाराजाधिराज आदि कहा गया है। इस कारण इस खण्डित लेख के रत्नपाल और उसके भाई तेजपाल का उपरोक्त ताम्रपत्र के रत्नपाल से क्या सम्बन्ध है यह नहीं कहा जा सकता। इसके अतिरिक्त इस खण्डित लेख में कर्णादित्य नाम भी दो बार आया है लेकिन इस कर्णादित्य की पहचान भी संभव नहीं है।

अयोध्या से प्राप्त बीस पंक्ति वाले अभिलेख में 'नयचन्द्र' का उल्लेख आता है जिसको 'धरणीचन्द्र गुरु गोविन्दचन्द्र' के प्रसाद से साकेत मंडल का आधिपत्य प्राप्त हुआ था। इस नयचन्द्र के विषय में भी कुछ निश्चयपूर्वक नहीं कहा जा सकता। लेकिन पीछे हम यह संकेत कर आए हैं कि इसकी पहचान *रम्भामञ्जरी* नाटक के लेखक नयचन्द्र से की जा सकती है। इस अयोध्या अभिलेख में ग्यारहवीं पंक्ति में अल्हण का नाम आता है और हमने यह संभावना भी व्यक्त की है कि यह अल्हण नयचन्द्र का चाचा हो सकता है। अयोध्या अभिलेख की सोलहवीं पंक्ति में यह उल्लेख भी मिलता है कि इंस प्रशस्ति की रचना अल्हण के छोटे पुत्र आयुषचन्द्र ने की थी। इसी पंक्ति में यह भी कहा गया है कि आयुषचन्द्र की तुलना कवि लोग न तो सहसांक (राजा भोज) से कर सकते हैं और न शूद्रक से। उल्लेखनीय है कि सहसांक और शूद्रक दोनों ही राजा थे। इस कारण यह माना जा सकता है कि अल्हण और उसके पुत्र आयुषचन्द्र किसी राजवंश से संबन्धित थे। अयोध्या प्रशस्ति की रचना आयुषचन्द्र ने की थी जिसका नाम इस प्रशस्ति की बीसवीं पंक्ति में भी मिलता है। दूसरी ओर नयचन्द्र को भी *रम्भामञ्जरी नाटक* लिखने का श्रेय प्राप्त है। इसके कारण यह संभावना व्यक्त की जा सकती है कि इस परिवार में राजनीति के साथ-साथ काव्य-संबंधी प्रतिभा भी थी। यहां यह बात भी उल्लेखनीय है कि गोविन्दचन्द्र के वि॰ सं॰ ११८२ के कमौली ताम्रपत्राभिलेख में भी एक अल्हण का नाम आता है जिसके पुत्र कीठण ने इस ताम्रपट्ट लेख की रचना की थी। इस ताम्रपत्र में अल्हण को *'श्रीवास्तव्य कुलोद्भूत कायस्थ'* कहा गया है।

श्रीवास्तव्य-कुलोद्भूत-कायस्थोल्हण-सूनुना।
लिखितस्ताम्ब्र(म्र)पट्टोऽयं कीठणेन नृपाज्ञयेति ।। १५ ।।

इस प्रकार अल्हण के दो पुत्रों का उल्लेख मिलता है और ये दोनों ही साहित्यकार थे। भतीजा नयचन्द्र जो साकेत मण्डल का अधिपति था और जिसने *रम्भामञ्जरी नाटक* की रचना की थी। एक पुत्र कीठण या 'कृष्ण' था जिसे कृष्णचन्द्र भी इस आधार पर कहा जा सकता है कि उसके दो अन्य भाइयों के नाम के

अन्त में चन्द्र शब्द आता है और कीठण को कृष्णचन्द्र का अपभ्रंश मान सकते हैं। इस कीठण को गोविन्दचन्द्र के शासन काल में प्रचारित कमौली दानपत्र की रचना का श्रेय प्राप्त है। अल्हण का दूसरा और छोटा (कनियान) पुत्र आयुषचन्द्र था जिसने अयोध्या की प्रशस्ति की रचना की थी और इस प्रशस्ति ये यह भी संकेत मिला है कि वह इस समय स्वयं अयोध्या का राजा था। अयोध्या में प्रचलित एक परम्परा यह भी स्वीकार करती है कि इस क्षेत्र पर श्रीवास्तव वंश ने राज्य किया था। कारनेगी ने यह भी उल्लेख किया है कि संभवतः सैय्यद सालार का असफल अवध अभियान श्रीवास्तव राजवंश के विरुद्ध ही हुआ था।[५६] लेकिन इस अभिलेख में अल्हण के पूर्वज को सूर्यवंशी क्षत्रिय बताया गया है।

अयोध्या अभिलेख की प्राप्ति के बाद जब इसका आंशिक वाचन किया गया और कुछ अंशों को प्रेस में समाचारों के रूप में प्रकाशित किया गया तो कतिपय इतिहासकारों ने यह आपत्ति उठाई कि ग्यारहवीं-बारहवीं शताब्दियों में मण्डल की अवधारणा ही नहीं थी तथा गहड़वाल अभिलेखों में विषय, पथक, पत्तला तथा ग्राम और पाटक आदि भौगोलिक-प्रशासनिक विभाजन के शब्द ही मिलते हैं, तथा मण्डल शब्द नहीं मिलता। इस कारण यह अभिलेख जाली है। लेकिन इस काल-खण्ड में मण्डल शब्द उत्तर भारत के अनेक अभिलेखों में आता है। उदाहरण के लिए, कादि अभिलेख[६०] में इस बात का उल्लेख मिलता है कि चौलुक्य राजवंश के संस्थापक मूलराज ने सारस्वत मण्डल को अपने बाहुबल से जीत लिया तथा अनहिलपाटक में अपनी राजधानी स्थापित की। इसके अतिरिक्त सीयक द्वितीय को 'महामाण्डलिक चूड़ामणि महाराजाधिराज' कहा गया है जो परम भट्टारक महाराजाधिराज, परमेश्वर अकालवर्ष (कृष्ण तृतीय) का सामन्त था।[६१] इसके अतिरिक्त विक्रम संवत १०६३ (१०३६ ई॰) के एक अन्य अभिलेख में, जो इलाहाबाद के समीप कुर्रा नामक स्थान से मिला है, यह उल्लेख मिलता है कि महाराजाधिराज यशःपाल ने कौशाम्बी मण्डल में पैलास ग्राम को दान किया। इस प्रकार यदि कौशाम्बी मण्डल और सारस्वत मण्डल हो सकते हैं तो उसी काल में साकेत्त मण्डल क्यों नहीं हो सकता। इसके अतिरिक्त यदि इस अयोध्या अभिलेख में साकेत मण्डल का उल्लेख है तो इसे अपने आप में एक प्रमाण माना जाना चाहिए कि साकेत गहड़वाल काल में एक मण्डल था। यह सत्य है कि अब तक के प्राप्त अभिलेखों में विषय, पथक, पत्तला, ग्राम और पाटक आदि शब्द मिलते हैं, किन्तु इस अयोध्या अभिलेख के आधार पर अब मण्डल को भी इस सूची में जोड़ लेना चाहिए। इसके अतिरिक्त गोविन्दचन्द्र के महासान्धिविग्रहिक लक्ष्मीधर ने भी गहड़वाल राजाओं के 'स्वमण्डल' का उल्लेख किया है जिसके अनेक उपविभाग किए गए थे। यहां पर स्वमण्डल का अर्थ गहड़वाल राजाओं द्वारा प्रत्यक्ष रूप से शासित प्रदेश माना जा सकता है।

इस अयोध्या अभिलेख की सत्रहवीं पंक्ति में भी साकेत मण्डल का उल्लेख किया गया है। इसमें कहा गया है कि अयोध्या में अनेक ऊँचे देवमन्दिर निर्माण कराए गए तथा साकेत मण्डल में अनेक कूप, वापी, धर्मशालाएं तथा तड़ाग आदि बनवाए गए थे। इसके अतिरिक्त पन्द्रहवीं पंक्ति में यह कहा गया है कि विशाल शैल शिखर की श्रेणियों से युक्त पत्थरों से विष्णुहरि का मन्दिर बनवाया गया जैसा कि इसके पहले राजा अब तक नहीं बनवा सके थे।[६२] इस उल्लेख से यह संकेत मिलता है कि विष्णुहरि का यह मन्दिर गोविन्दचन्द्र के शासन-काल में दुबारा बनवाया गया। इस समय यह निश्चयपूर्वक नहीं कहा जा सकता कि विष्णुहरि के मंदिर का यह निर्माण पुराने मंदिर के किसी आक्रमण में ध्वस्त किए जाने के कारण करना पड़ा अथवा पुराना मन्दिर जीर्ण-शीर्ण हो जाने के कारण उसको नए सिरे से बनवाना पड़ा। हम पीछे यह उल्लेख कर आये हैं कि चन्द्रावती अभिलेख में चन्द्रदेव द्वारा अयोध्या के विष्णुहरि मन्दिर में पूजा करने तथा अनेक सोने के अलंकरण कराने की बात कही गई है। रोमा नियोगी का यह मानना है कि गहड़वाल राज्य का अधिकांश भाग यथा, कान्यकुब्ज, बदायूँ, जौनपुर, चुनार, रोहतासगढ़, वाराणसी तथा संभवतः अयोध्या भी मुस्लिम राजनीतिक प्रभाव क्षेत्र से बाहर थे।[६६]

गोविन्दचन्द्र के सिक्के बहुत बड़ी मात्रा में लगभग सम्पूर्ण उत्तर भारत से प्राप्त हुए है। उसके केवल सोने के सिक्कों की संख्या लगभग एक हजार बताई जाती है। चाँदी और ताँबे के सिक्कों की संख्या अपेक्षाकृत कम है। उसके सिक्के बिहार और उत्तर प्रदेश से लेकर दिल्ली तक के क्षेत्र से मिले हैं। बहराइच जिले के नानपारा से ८०० सोने के सिक्के मिले थे। इसके अतिरिक्त इलाहाबाद, बनारस, उन्नाव जिले में परमेदा, बिहार में चौसा और झबुआ तथा मुंगेर के पास सूरजगढ, राँची, नालन्दा और राजगिरि से भी मिले हैं। दिल्ली के पास से भी गोन्दिचन्द्र के सिक्के प्राप्त हुए हैं। गोविन्दचन्द्र के सिक्के दो प्रकार के हैं, प्रथम प्रकार में लक्ष्मी की आकृति वाले सिक्के आते हैं और दूसरे प्रकार में अश्वारोही प्रकार के सिक्के आते हैं। इन पर 'श्रीमद् गोविन्दचन्द्र देवः' लेख तीन पंक्तियों में मिलते हैं। लेकिन अधिकांश सिक्कों में देव शब्द नहीं मिलता। गोविन्दचन्द्र के

सोने के सिक्के ३.८८ ग्रा. के हैं। यद्यपि कुछ सिक्के ०.४ ग्राम के भी मिले हैं।

गोविन्दचन्द्र के परिवार के विषय में भी हमको अभिलेखों अथवा अन्य स्रोतों से जानकारी मिलती है। गोविन्दचन्द्र की माता का नाम राल्हा देवी था। गोविन्दचन्द्र की चार रानियों के नामों के उल्लेख मिलते हैं। इनमें कुमारदेवी के द्वारा लिखवाई गई एक प्रशस्ति सारनाथ से प्राप्त हुई है। कुमारदेवी तिठि के चिक्कोर राजवंश के राजा देवरक्षित की पुत्री थी। देवरक्षित गौड़ के पाल राजा का सामन्त था। कुमारदेवी ने सारनाथ में बौद्ध भिक्षुओं को दान दिया था। गोविन्दचन्द्र के कमौली दानपत्र लेख से उसकी एक अन्य पट्ट महादेवी नयनकेलि का नाम मिलता है। इसके अतिरिक्त बागरमऊ दानपत्रों से एक अन्य पट्ट महादेवी गोसल्लदेवी का नाम मिलता है। एक चौथी रानी बसन्तदेवी के नाम का उल्लेख नेपाल के दरबार पुस्तकालय में संग्रहित *अष्टसाहस्रिका प्रज्ञापारमिता* नामक पाण्डुलिपि से ज्ञात होता है।

गोविन्दचन्द्र के दो पुत्रों के नाम भी हमें अभिलेखों से प्राप्त होते हैं। वि. सं. ११६० (११४० ई.) के उनबरी दानपत्राभिलेख में युवराज आस्फोटचन्द्र का उल्लेख मिलता है। इसके अतिरिक्त दो अन्य अभिलेखों में महाराजपुत्र राज्यपाल देव का भी उल्लेख मिलता है। लेकिन गोविन्दचन्द्र के पश्चात् उसका पुत्र विजयचन्द्र शासक हुआ। इस कारण यह कहा जा सकता है कि आस्फोटचन्द्र और राज्यपाल देव की मृत्यु गोविन्दचन्द्र के जीवनकाल में ही हो गई थी।

विजयचन्द्र

प्रायः ऐसा समझा जाता है कि गोविन्दचन्द्र के बाद से ही गहड़वाल शक्ति का पतन प्रारम्भ हो जाता है। गोविन्दचन्द्र ने राजसत्ता का उपयोग काफी समय तक किया। उसके शासनकाल का अन्तिम अभिलेख वि. सं. ६२६६ (११५४ ई.) का है। ऐसा लगता है कि इसके शीघ्र बाद ही गोविन्दचन्द्र का देहान्त हो गया और उसका पुत्र विजयचन्द्र शासनारूढ़ हुआ। गहड़वाल राजवंश में यह परम्परा रही है कि अपने पिता के जीवनकाल में ही युवराज भी दानपत्र जारी करते थे। चन्द्रदेव के जीवनकाल में ही मदनपाल का राज्याभिषेक कर दिया गया था, इसका उल्लेख हम कर आए हैं। मदनपाल के शासनकाल में गोविन्द ने महाराज के पुत्र के रूप में दानपत्र जारी किए। इसी प्रकार गोविन्दचन्द्र के शासनकाल में उसके दो पुत्रों ने शासनपत्र जारी किए। युवराज आस्फोटचन्द्र ने भदैनी का दानपत्राभिलेख वि. सं. ११६० में जारी किया था। उसके बाद महाराजपुत्र राज्यपालदेव ने उनवल दानपत्राभिलेख वि. सं. १२०१ में जारी किया था। ऐसा लगता है कि युवराज आस्फोटचन्द्रदेव का देहान्त वि. सं. ११६० के बाद किसी समय हो गया। सम्भवतः महाराजपुत्र राज्यपालदेव भी अपने पिता के जीवनकाल में ही दिवंगत हो गया था। गहड़वाल राजवंश में सम्भवतः केवल विजयचन्द्र ही एकमात्र ऐसा शासक है जिसको अपने पिता के जीवनकाल में दानपत्राभिलेख जारी करने का अवसर नहीं प्राप्त हो सका था।

विजयचन्द्र के शासनकाल के कुल छः दानपत्राभिलेख प्राप्त होते हैं। उसका पहला दानपत्र वि. सं. १२१७ (११६१ ई.) में जारी किया गया था। इसके अतिरिक्त उसने वि. सं. १२२१ (११६५ ई.) तथा वि. सं. १२२३ (११६६ ई.) में भी स्वतंत्र रूप से दानपत्र जारी किए थे। वि. सं. १२२४ में विजयचन्द्र के शासनकाल में महाराजपुत्र जयचन्द्र ने हरिपुरा का दानपत्र जारी किया था। इसके बाद वि. सं. १२२५ (११७० ई.) में 'यौवराज्याभिषिक्त महाराजपुत्र श्रीजयचन्द्रदेव' ने नागली दानपत्र जारी किया। इन पाँच दानपत्रों के अतिरिक्त विजयचन्द्र के शासनकाल में विक्रम संवत् १२२५ (११६६ ई.) में जौनपुर से किसी 'भट्टारक भविभूषण' ने एक स्तम्भ अभिलेख दो पंक्तियों में लिखवाया था।

डॉ. रोमा नियोगी ने जिस समय *गहड़वाल राजवंश का इतिहास* नामक पुस्तक का प्रणयन किया था तब तक वि. सं. १२१७ के कण्डिनी दानपत्र का प्रकाशन नहीं हो सका था अैर १२२१ तथा १२२३ के दानपत्र भी उस समय तक प्रकाश में नहीं आ सके थे जिसके कारण उन्होंने यह अनुमान लगाया था कि ११५४ ई. में गोविन्दचन्द्र के अन्तिम दानपत्र के पश्चात् ११६८ ई. तक विजयचन्द्र के शासनकाल का कोई अन्य दानपत्र लेख नहीं मिलता। यह तेरह वर्षों का अन्तराल इस राजवंश के लिए असाधारण सा लगता है। जबकि इसके पहले तक अनेक दानपत्र जारी किए जा चुके थे। इसके लिए उन्होंने आन्तरिक कलह को जिम्मेदार माना था तथा यह भी बताया था कि शायद युवराज आस्फोटचन्द्र और महाराजपुत्र राज्यपाल देव के साथ उत्तराधिकार का संघर्ष हो सकता है। इसके अतिरिक्त एक दूसरी संभावना मुसलमानी आक्रमणों के कारण दिल्ली का हाथ से निकल जाना भी हो सकता है।[६४]

अभिलेखों में विजयचन्द्र को परम्परागत रूप से प्रशंसित किया गया है। इसके साथ ही यह भी कहा गया है कि संसार को दलित करने वाले हम्मीर के नारियों की आँखों से निकलने वाली जलधारा से उसने पृथ्वीलोक के ताप को धो डाला था "भुवन-दलन-हेला-हर्म्य-हमवीर-नारी-नयन-जलद-धौत-भूलोक-तापः"। यहां पर उल्लिखित हम्मीर का तात्पर्य विजयचन्द्र के दो

समकालीन यामिनी सुल्तानों से हो सकता है — १. खुसरु शाह, जिसने ११५०-६० ई॰ के बीच शासन किया और २. खुसरु मालिक, जिसने ११६०-८६ के बीच शासन किया था। इसमें पहले यामिनी सुल्तान की संभावना अधिक की जा सकती है क्योंकि उसका शासनकाल अफगानिस्तान के धुज़ कबीले के लेागों के आक्रमण के कारण विचलित रहा और उसे भागकर भारत में लाहौर में अपना केन्द्र बनाना पड़ा। अमीर और विजयचन्द्र के बीच यह संघर्ष ११६१ ई॰ के पूर्व हुआ होगा। क्योंकि उसके बाद के सभी अभिलेखों में विजयचन्द्र के लिए इसका उल्लेख मिलता है। यह भी संभव है कि विजयचन्द्र ने तुरुष्कों पर यह विजय अपने पिता के शासनकाल में प्राप्त की हो।

पृथ्वीराजरासो में चन्दवरदायी ने विजयचन्द्र द्वारा की गई कई विजयों का उल्लेख किया है जिसके विषय में इतिहासकारों को संदेह है। इसके अनुसार, विजयचन्द्र ने कटक (उड़ीसा) के सोमवंशी राजा मुकुन्ददेव को पराजित किया था तथा उसे इस बात के लिए बाध्य किया था कि वह अपनी पुत्री का विवाह उसके पुत्र जयचन्द्र से कर दे। जयचन्द्र की इसी पत्नी से संयोगिता अथवा संयुक्ता का जन्म हुआ था जिसका बाद में पृथ्वीराज चौहान से विवाह हुआ। लेकिन इतिहासकारों का यह विश्वास है कि दक्षिण कोशल के सोमवंशी राजाओं को गंगो ने गोविन्दचन्द्र के शासनकाल के प्रारम्भ में ही परास्त करके उनका राज्य हड़प लिया था तथा मुकुन्ददेव नाम के किसी राजा का नाम उड़ीसा के इतिहास में नहीं मिलता। इसके उत्तर में यह कहा जा सकता है कि मुकुन्ददेव सोमवंशी राजाओं का कोई अल्पज्ञात उत्तराधिकारी रहा होगा। क्योंकि यदि उसके अस्तित्व से ही इंकार कर दिया जाएगा तो पृथ्वीराज और संयोगिता की कथा का आधार ही समाप्त हो जाएगा जो *पृथ्वीराजरासो* का मुख्य विषय है। रासो में ही यह भी कहा गया है कि विजयचन्द्र ने दिल्ली के तोमर राजा अनंगपाल को हराया था। इसके अतिरिक्त पट्टनपुर के भोलाभीम को भी उसने हराया था। इस भोलाभीम की पहचान अनहिलपाटक के चालुक्य नरेश भीमदेव द्वितीय से की जा सकती है जिसके शासन का प्रारम्भ ११७३ ई॰ से होता है। इसके पूर्व उसके पिता चालुक्य कुमारपाल ने १११४ ई॰ से ११७३ ई॰ तक शासन किया था। इस प्रकार इतिहासकारों का यह मानना है कि भीमदेव द्वितीय के शासनारूढ़ होने के तीन वर्ष पूर्व ही विजयचन्द्र का शासनकाल समाप्त हो गया था। लेकिन इस सम्बन्ध में यह कहा जा सकता है कि भीमदेव द्वितीय से विजयचन्द्र का संघर्ष उस समय हुआ हो सकता है जब भीमदेव युवराज था। उसका पिता चालुक्य कुमारपाल लगभग ५६ वर्षों तक शासन करता रहा और बहुत संभव है कि उसके शासनकाल के अन्तिम दिनों में उसका पुत्र ही शासन कार्य देखता रहा हो।

रोमा नियोगी ने यह भी संभावना व्यक्त की है कि बंगाल के सेन राजाओं ने भी गहड़वाल प्रदेश पर विजय प्राप्त की थी क्योंकि लक्ष्मणसेन के माधाई नगर अभिलेख से यह ज्ञात होता है कि जब वह कुमार था तभी उसने गौड़ पर अधिकार कर लिया, युद्ध में काशीराज को जीतकर (येन-आसौ-काशीराज समर-भुवविजिता) तथा कलिंग की नारियों के साथ क्रीड़ा की।

इसके अतिरिक्त विश्वरूपसेन तथा सूर्यसेन के अभिलेखों से यह ज्ञात होता है कि या तो लक्ष्मणसेन ने अथवा विश्वरूपसेन ने प्रयाग और काशीपुरी पर विजय प्राप्त करके विजय स्तम्भ खड़े किए थे (क्षेत्रे विश्वेश्वरस्य . . . त्रिवेण्याः . . . धनोच्चैर-यज्ञ-यूपैः सह समर जय-स्तम्भ-मालान्य धायि)।[६५] लेकिन ऐसा लगता है कि ये उक्तियां परम्परागत प्रशंसात्मक बातें ही थीं क्योंकि विजयचन्द्र के शासनकाल में उसकी राजधानी वाराणसी तथा राज्य के हृदयस्थल में स्थित प्रयाग पर गौड़ सेनाएं विजय प्राप्त कर सकी हों, यह संभव नहीं लगता। यह अवश्य कहा जा सकता है कि तीर्थयात्री के रूप में इन राजाओं ने वाराणसी और प्रयाग में यज्ञ करके यज्ञ-यूप खडे किए हों।

रोमा नियोगी[६६] ने *प्रबन्ध चिन्तामणि* की एक घटना का उल्लेख किया है तथा उसको गहड़वाल क्षेत्र पर सेन और तुरुष्क आक्रमणों के साथ जोड़ा है। इस घटना के अनुसार चौलुक्य कुमारपाल के शासनकाल (१११४-७३ ई॰) में वाराणसी के एक कवि विश्वेश्वर पट्टन गए तथा उन्होंने जैनाचार्य हेमचन्द्र द्वारा बुलाई गई एक साहित्यिक संगोष्ठी में भाग लिया। बाद में चौलुक्य राजा कुमारपाल ने उनसे अपने राज्य में ही ठहर जाने का अनुरोध किया। किन्तु विश्वेश्वर ने विनम्रतापूर्वक उत्तर देते हुए यह कहा कि उनका मन प्रभास तीर्थ जाने को व्याकुल है क्योंकि 'कर्ण केवल नाममात्र को कहानियों में शेष रह गए हैं। वाराणसी नगर में लोग नहीं रह गए हैं तथा हरि के क्षेत्र में हम्मीर के घोड़े प्रसन्नतापूर्वक हिनहिना रहे हैं।' यहां पर उपरोक्त उद्धरण में कहीं भी सेन राजा के आक्रमण का संकेत नहीं मिलता। चौलुक्य कुमारपाल का शासनकाल १११४ ई॰ में प्रारम्भ हुआ था और यही वह वर्ष है जब गोविन्दचन्द्र ने गहड़वाल नरेश के रूप में अपना प्रथम अभिलेख जारी किया था। इस कारण विश्वेश्वर के द्वारा ऊपर दिया गया वर्णन गोविन्दचन्द्र के शासनकाल पर भी लागू किया जा सकता है। बनारस के साथ-

साथ 'हरि के क्षेत्र' में हम्मीर के घोड़ों की हिनहिनाहट का अर्थ अयोध्या पर मुस्लिम आक्रमण से सम्बन्धित किया जा सकता है। हाल ही में अयोध्या से प्राप्त पाषाण फलक अभिलेख की चर्चा हम कर आए हैं तथा ऐसा लगता है कि कवि विश्वेश्वर का यह उल्लेख अयोध्या के उस अभिलेख में वर्णित घटना से सम्बन्धित है जो कि गोविन्दचन्द्र के शासनकाल में हुई होगी।

इसी संन्दर्भ में वि॰ सं॰ १२२३ (५ सितम्बर, ११६६ ई॰) को बिहार के शाहाबाद जिले के सुनहर ग्राम से प्राप्त एक जाली ताम्रपत्राभिलेख का उल्लेख किया जाना चाहिए। वास्तव में यह दानपत्र महाराजा विजयचन्द्र ने विधिपूर्वक दान करने के बाद लिखवाया था तथा इसका लेखक महाअक्षपटलिक ठक्कुर श्री श्रीपति हैं जिन्होंने गोविन्दचन्द्र के शासनकाल में कई अभिलेखों को लिखा था। इस अभिलेख के अनुसार, स्वर्णहल ग्राम के ब्राह्मणों को भूमि दी गई थी। यह स्वर्णहल अथवा सोनहल ग्राम वर्तमान में सुनहर ग्राम कहा जाता है। इसका महत्त्व इस दृष्टि से है कि प्रताप धवल के ताराचण्डी शिलालेख में इसको 'कुताम्र पत्र' कहा गया है जिसको गाधिनगर के राजा के एक दास (अधिकारी), जिसका नाम देउ था, को स्वर्णहल के ब्राह्मणों ने घूस (उत्कोच) देकर लिखवा लिया था। प्रताप धवल नै १६ अप्रैल, ११६६ ई॰ को यह शासनपत्र जारी किया कि इस ग्राम के ब्राह्मणों को सुई की नोक बराबर भूमि भी न दी जाए तथा यह आदेश महानायक प्रताप धवल के वंश के पुत्र-पौत्रों को भी बता दिया जाए कि इन लम्पट ब्राह्मणों के ऊपर तनिक भी विश्वास नहीं किया जाना चाहिए। ताराचण्डी के इस शिलालेख से कई रोचक बातें प्रकाश में आती हैं। पहली बात तो यह है कि महानायक प्रताप धवल अपने को सामन्त कहता है। इसके अतिरिक्त स्वयं को जापिलाधिपति महानायक श्रीप्रतापधवल भी बताता है। इस प्रकार यह कहा जा सकता है कि प्रताप धवल विजयचन्द्र का एक सामन्त रहा होगा। लेकिन इसके बावजूद उसके प्रदेश में कान्यकुब्ज के राजा विजयचन्द्र ने एक ग्राम की कुछ भूमि दान में दी जिसके विषय में प्रताप धवल ने यह आदेश जारी किया कि यह दानपत्र देउ नामक राजकर्मचारी को घूस देकर लिखवाया गया था और उन ब्राह्मणों को जिन्हें भूमि दान में मिली थी उससे बेदखल कर दिया गया। यहां पर सामन्त और अधिराज के अधिकारों के संबंध में रोचक तथ्य प्राप्त होते हैं और यह ज्ञात होता है यदि अधर्मपूर्वक उत्कोच या घूस देकर, कोई दान अधिराज से करवा लिया जाए तो अधीनस्थ सामन्त राजा उसको मानने से इन्कार भी कर सकता था। विजयचन्द्र का सुनहर दानपत्र लेख इसी श्रेणी में आता है।

विजयचन्द्र का अन्तिम दानपत्र माघ सुदी १५, वि॰ सं॰ १२२५ में जारी किया गया था तथा उसके पुत्र जयचन्द्र का प्रथम दानपत्र आषाढ़ सुदी ६, १२२६ को जारी किया गया था। इस प्रकार यह अनुमान लगाया जा सकता है कि माघ १२२५ के बाद तथा आषाढ़ १२२६ के पूर्व किसी समय विजयचन्द्र का देहान्त हुआ।

जयचन्द्र

जयचन्द्र का प्रथम दानपत्राभिलेख २१ जून ११७० ई॰ को जारी किया गया था और उसके बाद उसने लगभग २४ वर्षों तक शासन किया। ऐसी मान्यता है कि मुइज्जुद्दीन मुहम्मद गोरी के साथ ११६४ ई॰ में चन्दवर के युद्ध में वह मारा गया था। इस बीच में उसके शासनकाल के लगभग २४ अभिलेख प्रकाश में आए हैं। इनमें कुछ अभिलेख कुछ सामान्य नागरिकों द्वारा भी जारी किए गए हैं। अपने पितामह और पिता की भांति जयचन्द्र के समय में भी गहड़वाल राज्य अपनी शक्ति की चरम सीमा पर था। उसका समकालीन चन्देल राजा परमार्दि था तथा पश्चिम में चौहान राजा पृथ्वीराज भी उसका समकालीन था। चौहानों और चन्देलों में परस्पर कई युद्ध हुए जिनमें जयचन्द्र की सहानुभूति चन्देलों के साथ रही। जयचन्द्र के शासनकाल में ही पृथ्वीराज और जयचन्द्र की पुत्री संयोगिता की घटना की जानकारी साहित्यिक स्रोतों से मिलती है। लेकिन इसके संबन्ध में कोई आभिलेखिक प्रमाण नहीं मिलता। जयचन्द्र के शासनकाल में भी उसका राज्य क्षेत्र प्रायः वही बना रहा जो उसके पिता के शासनकाल में था।

भारतीय साहित्यिक स्रोत जयचन्द्र को अपने समय का सबसे बड़ा राजा सिद्ध करते हैं तथा मुस्लिम इतिहासकारों के कथन भी इसी बात की पुष्टि करते हैं कि 'वह भारत का सबसे बड़ा राजा था तथा सबसे बड़े क्षेत्र का स्वामी था।' उसके पास बहुत बड़ी सेना थी। जयचन्द्र गहड़वाल राजवंश में एकमात्र ऐसा राजा है जो भारतीय साहित्य में जाना जाता है। उसके शासनकाल की कोई बड़ी महत्त्वपूर्ण घटना अभिलेखों से नहीं ज्ञात होती लेकिन भारतीय साहित्य इस बात की सूचना देते हैं कि उसका मुसलमानों से कई बार संघर्ष हुआ था।

विद्यापति के ग्रन्थ *पुरुषपरीक्षा* तथा नयचन्द्र के *रम्भामञ्जरी* नाटक एवं *पृथ्वीराजरासो* से यह ज्ञात होता है कि मुइज्जुद्दीन (शिहाबुद्दीन) गोरी से जयचन्द्र के कई बार संघर्ष हुए तथा जयचन्द्र ने उसे परास्त करके भागने पर विवश कर दिया। दूसरी ओर सभी मुस्लिम इतिहासकार गयासुद्दीन के भाई मुईज्जुद्दीन

मुहम्मद गोरी के साथ पृथ्वीराज के केवल दो युद्धों तथा जयचन्द्र के केवल एक युद्ध का उल्लेख करते हैं। गयासुद्दीन मुहम्मद गोरी ११६३ ई॰ में गोर का सुल्तान हुआ और उसने अपने भाई शिहाबुद्दीन मुहम्मद गोरी को गजनी का राज्यपाल नियुक्त किया जिसने भारत पर अनेक आक्रमण किए, लेकिन बार-बार परास्त होना पडा। मुहम्मद के प्रारम्भिक अभियान डेरा इस्माईल खान के पश्चिम में स्थित गोमल दर्रे से होते थे क्योंकि यह मार्ग छोटा और अधिक सुरक्षित था। परिणामस्वरूप मुल्तान और ऊछ उसके अधीन हो गए। बाद में सिन्ध भी धराशायी हुआ लेकिन जब उसने मरुभूमि पार करके गुजरात पर आक्रमण करने का प्रयास किया तो उसे मुँह की खानी पड़ी। ११७८ ई॰ में मुहम्मद गोरी मरुभूमि पार करके आबू तक पहुँच गया था लेकिन इसमें उसकी सेना नष्ट हो गई और बची-खुची सेना को चालुक्य राजा मूलराज द्वितीय ने नष्ट कर दिया। मुहम्मद गोरी अपने थोड़े से सिपाहियों के साथ कठिनाईपूर्वक जान बचा सका। उसके बाद उसने दूसरा रास्ता अपनाया। उसने ११७८ ई॰ में पेशावर और ११८५ में स्यालकोट ले लिया। अगले वर्ष लाहौर पर भी उसका कब्जा हो गया। इसके बाद वह चौहान राजा पृथ्वीराज तृतीय पर चढ़ दौड़ा तथा उससे कई बार पराजित हुआ। अंत में ११९२ ई॰ में तराईन के युद्ध में पृथ्वीराज पराजित हुआ और मारा गया। उसके एक सेनापति कुतुबुद्दीन ऐबक ने ११९२ में हाँसी को जीत लिया तथा मेरठ और बरान (बुलन्दशहर) इन दो स्थानों से उसने पूर्व में अपने आक्रमणों का संचालन किया। फिर बाद में उसने चौहान राजा को दिल्ली से भगाकर ११९३ में अपनी राजधानी बना लिया। छोटे-मोटे आक्रमणों में उसने कोल (अलीगढ़) तक अपना प्रभाव फैला लिया।

चन्दवर का युद्ध

चन्दवर का युद्ध ११९३ ई॰ में लड़ा गया और इस युद्ध में जयचन्द्र को पराजय झेलनी पड़ी। जयचन्द्र एक विशाल सेना का स्वामी था। चन्दवरदायी के अनुसार उसकी सेना इतनी बड़ी थी कि अभियान करते समय सेना का अगला भाग युद्ध क्षेत्र में पहुँच जाता था जबकि पिछला भाग अभी प्रयाण प्रारम्भ भी नहीं कर सका होता था। सूरज प्रकाश का कहना है कि उसकी सेना में अस्सी हजार कवचधारी सैनिक थे, तीस हजार घोड़े थे तथा तीन लाख पैदल सेना थी। इसके अतिरिक्त दो लाख धनुर्धर और परशुधर थे। गजसेना इसके अतिरिक्त थी। मुस्लिम इतिहासकार भी जयचन्द्र की सेना का बढ़ा-चढ़ाकर विवरण देते हैं। ताजउलमाथीर के अनुसार जयचन्द्र को अपनी सेना की संख्या और हाथियों पर गर्व था जो बालू के कणों की भाँति असंख्य थे। कामिलउत्तवारीख का कहना है कि हिन्दू राजा के पास सात सौ हाथी और दस लाख सैनिक थे। इसके अतिरिक्त अनेक सामन्त भी उसकी सेना में थे। फिरिश्ता ने भी यह सूचना दी है कि कन्नौज और बनारस के राजा के अधीन तीन सौ हाथियों के अतिरिक्त बहुत बड़ी घुड़सवार सेना थी। मुस्लिम इतिहासकारों के अनुसार, मूर्तिपूजक राजा जयचन्द्र हिन्दुस्तान का सबसे बड़ा राजा था और उसका राज्य लम्बाई में चीन की सीमा से लेकर मालवा प्रदेश तक तथा चौड़ाई में समुद्र से लेकर लाहौर से दस दिनों तक की यात्रा तक फैला था। यद्यपि इन विवरणों में अतिशयोक्ति दिखाई पड़ती है फिर भी जयचन्द्र अपने समय का सबसे शक्तिशाली शासक था और समकालीन इतिहासकारों और मुस्लिम आक्रान्ताओं में उसका आतंक था इसमें कोई सन्देह नहीं है।

उपरोक्त कारणों से यदि *रासो*, *पुरुषपरीक्षा* और *रंभा-मंजरी* नाटक आदि यह विवरण देते हैं कि गोरी के सुल्तान को कई बार पराजय का मुख देखना पड़ा तो इसमें सत्य का कुछ अंश अवश्य ही है। लेकिन मुसलमान इतिहासकार गहड़वाल सेना के साथ एक छोटी झड़प तथा चन्दवर के मैदान में एक बड़े युद्ध का विवरण मात्र देते हैं। हसन निजामी के ताजउलमाथीर के अनुसार दिल्ली, अजमेर और कोल को पराजित करने के बाद सुल्तान ने अपना ध्यान गहड़वालों की ओर लगाया। कुतुबुद्दीन के नेतृत्व में ५०,००० की सेना के साथ उसने दीन (धर्म) के दुश्मनों की सेना का सामना किया और उसे हराया। ऐसा कहा जाता है कि यह झड़प गहड़वाल सेना के सीमान्त प्रदेश की सुरक्षा में लगी टुकड़ी के साथ हुई होगी न कि उसकी मुख्य सेना से। *कामिलउत्तवारीख* में भी इब्न अथीर ने कुतुबुद्दीन के इस चढ़ाई का उल्लेख किया है जिसमें उसने अनेक को मार डाला था तथा बन्दियों और लूट के साथ घर वापिस आ गया था। जब जयचन्द्र को इसकी सूचना दी गई तो उसने अपनी सेना को एकत्र करके मुसलमानों के क्षेत्र में प्रवेश किया। गहड़वालों और मुस्लिम सेना के बीच चन्दवर के मैदान में युद्ध हुआ। इसमें जयचन्द्र स्वयं हाथी पर चढ़कर युद्ध का संचालन कर रहा था। फिरिश्ता के अनुसार कुतुबुद्दीन द्वारा चलाए गए एक तीर से जयचन्द मारा गया। इसके बाद भयंकर मारकाट हुई और तीन सौ हाथी जिन्दा पकड़ लिए गए। अस्नी के किले को लूट लिया गया, जहां पर गहड़वाल राजाओं ने अपने सोने-चाँदी तथा रत्नों के भण्डार जमा कर रखे थे। बनारस, जो हिन्द देश का केन्द्र माना जाता था, भी लूट लिया गया और वहाँ पर लगभग एक हजार मन्दिर गिरा दिए गये और उनकी नींव के ऊपर मस्जिदें उठा दी गईं। मुस्लिम इतिहासकारों ने यह सूचना

दी है कि हिन्द के राजा और सामन्त अमीर के प्रति अपनी अधीनता जताने के लिए आगे आए। देश का प्रबन्ध एक विश्वस्त व्यक्ति को सौंपा गया जो लोगों को न्याय दे सके और मूर्तिपूजकों को दबा सके। लेकिन मुस्लिम इतिहासकारों ने इस व्यक्ति का नाम नहीं बताया है। बाद में कुतुबुद्दीन दिल्ली का राज्यपाल नियुक्त किया गया और दिल्ली में उसने अपनी राजधानी बना ली।

गहड़वाल राजवंश के इतिहास को लिखने वाले प्रायः सभी इतिहासकारों का यह मत है कि चन्दवर के इस युद्ध के बाद गहड़वाल साम्राज्य ध्वस्त हो गया और मुस्लिम आक्रमणकारियों के मार्ग की सबसे बड़ी बाधा दूर हो गई। लेकिन इस प्रकार के किसी अभिमत को सही नहीं माना जा सकता क्योंकि चन्दवर के युद्ध के पाँच-छः साल बाद भी जयचन्द्र का पुत्र हरिश्चन्द्र पूरी राजकीय उपाधियों के साथ शासन कर रहा था। जौनपुर के मछलीशहर तहसील में घिसवा परगना के कोटवा नामक ग्राम से एक ताम्रपत्राभिलेख प्राप्त हुआ है जिस पर रविवार पौष सुदी १५ वि॰ सं॰ १२५३ (६ जनवरी ११६७ ई॰) की तिथि पड़ी हुई है। इसके अनुसार 'परम भट्टारक महाराजाधिराज परमेश्वर, परममाहेश्वर अश्वपति गजपति नरपति राजत्रयाधिपति विविध विधा विचार वाचस्पति श्री हरिश्चन्द्र देव' द्वारा पमहयि ग्राम दान दिए जाने का उल्लेख है। इस पमहयि ग्राम की पहचान अभिलेख के प्राप्ति स्थल के समीप स्थित पोहा नामक ग्राम से की गई है। इस कारण यह स्वीकार करने में कठिनाई नहीं होनी चाहिए कि चन्दवर युद्ध के पाँच-छः वर्ष बाद भी जयचन्द्र का पुत्र हरिश्चन्द्र अपने वंश की संपूर्ण राजकीय उपाधियों के साथ शासन कर रहा था।

यहां पर उल्लेखनीय है कि चन्दवर के युद्ध के समय हरिश्चन्द्र की आयु लगभग १६ वर्ष रही होगी क्योंकि हरिश्चन्द्र का जन्म ११७५ ई॰ में हुआ था। जयचन्द्र के बड़ेसर दानपत्राभिलेख में, जो रविवार भाद्र बदी ८ वि॰ सं॰ १२३२ (१० अगस्त, ११७५) में लिखवाया गया था, हरिश्चन्द्र के जातकर्म का उल्लेख है तथा जयचन्द्र के वि॰ सं॰ १२३२ के आश्विन सुदी १४, दिन सोमवार (२६ सितम्बर, ११७५) के चन्दवर अभिलेख में महाराज पुत्र हरिश्चन्द्र देव के जातोत्सव का उल्लेख है। इस प्रकार मछलीशहर के दानपत्र को लिखवाने के समय हरिश्चन्द्र की आयु २२-२३ वर्ष रही होगी। कुछ इतिहासकारों का यह विचार है कि इस युवक राजा ने मुस्लिम आक्रमणों को कैसे झेला होगा इस पर विचार करना कठिन काम है। उन्होंने यह सुझाया है कि संभवतः मुइज्जुद्दीन मुहम्मद गोरी की राजनीतिक दूरदर्शिता के कारण हरिश्चन्द्र को एक सामन्त राजा के रूप में शासन करने की अनुमति दे दी गई थी। आर॰ एस॰ त्रिपाठी का यह विचार है कि इस संघर्षपूर्ण काल में बालक राजा द्वारा अपनी स्वतंत्रता की एक छोटी सीमा को भी बचाए रख पाना अविश्सनीय लगता है। लेकिन हरिश्चन्द्र के द्वारा सभी उपाधियों को धारण करते हुए मछलीशहर के दानपत्र को जारी करना यह प्रदर्शित करता है कि चन्दवर के युद्ध के तुरंत बाद गहड़वाल साम्राज्य ध्वस्त नहीं हो गया था; यद्यपि उसकी प्रतिष्ठा को धक्का लगा था। गहड़वाल साम्राज्य के अनेक सामन्तों के लेख भी इस बात की पुष्टि करते हैं कि वे इस समय भी गहड़वाल आधिपत्य को ही स्वीकार करते थे न कि मुस्लिम आधिपत्य को। उदाहरण के लिए, राणक विजयकर्ण का एक अभिलेख मिर्जापुर जिले के बेलखरा ग्राम से प्राप्त हुआ है जो वि॰ सं॰ १२५३ के वैशाख सुदी ११ (२६ अप्रैल, ११६७ ई॰) को जारी किया गया था। इसमें राणक श्रीविजयकर्ण के राज में एक व्यक्ति द्वारा एक स्तम्भ की स्थापना का उल्लेख है। इसमें हरिश्चन्द्र का नाम नहीं है। फिर भी, 'कान्यकुब्ज विजयराज्य' का उल्लेख किया गया है (परमभट्टारक – इत्यादि राजावली). . . . अश्वपति-गजपति-नरपति-राजत्रयाधिपति-विविध-विधा विचार-वाचस्पति-श्रीमत्-कान्यकुब्ज विजयराज्य)।

इसी प्रकार मध्य प्रदेश में नागोद जिले में उद्दल देवी द्वारा लिखवाया गया एक खण्डित अभिलेख प्राप्त हुआ है जिस पर १२३७ ई॰ की तिथि पड़ी हुई है। इस अभिलेख को महासामन्त राज बरहदेव की पुत्री उद्दलदेवी, जो कान्यकुब्ज में पैदा हुई थी तथा जो श्री महमन्ददेव की पट्टराज्ञी थी, ने लिखवाया था। इसमें विन्ध्येश्वर शिव के मंदिर के निर्माण का उल्लेख है। महमन्ददेव गहड़वाल राजवंश के श्री आडक्कमल्लम का सामन्त था (श्रीमद् गहड़वाल-कुल-विकसन-सहस्रांशु-श्री आ (डक्क) मल्ल-सामन्त-शरण-आगत-वज्र-पंजर-श्रीमन्-महमन्ददेव-पट्टराज्ञा-श्री उद्दल्लदेव्या)। ऐसा लगता है कि गोविन्दचन्द्रदेव ने जिस समय विन्ध्य क्षेत्र में कल्चुरि राजा को हराया था उसी समय गहड़वाल वंश के किसी राजकुमार को वहां का शासक नियुक्त किया था जिसका वंशज आडक्कमल था। यद्यपि इस अभिलेख में कान्यकुब्ज के गहड़वाल राजवंश का उल्लेख नहीं है फिर भी यह उल्लेखनीय है कि उस क्षेत्र में मुस्लिम आक्रमणों का कोई प्रभाव हुआ नहीं लगता। इसके अतिरिक्त रोहतासगढ़ (बिहार) से विक्रम संवत् १२६७ (१२२३ ई॰) का एक अभिलेख खैरवाल राजवंश के प्रताप धवल द्वितीय का प्राप्त हुआ है जिसमें उसने यवनों को खेल-खेल में हराने का उल्लेख किया है। (जवन-दलन-मानसलैः)।[६७] धवल राजवंश भी गहड़वालों के अधीन था।

अतः गहड़वाल राजवंश का साम्राज्य चन्दवर के युद्ध के

बाद एकदम धराशायी हो गया, इतिहासकारों की यह अवधारणा सही नहीं लगती। मुस्लिम इतिहासकारों के विवरणों को देखने से यद्यपि यह जरूर सूचित होता है कि ११९३ ई॰ के चन्दवर के युद्ध में बनारस को जीत लिया गया था और उसके एक हजार मन्दिर धराशायी कर दिए गए थे। लेकिन ऐसा लगता है कि बनारस की यह लूट केवल अस्थायी ही सिद्ध हुई और गहड़वालों ने उस पर पुनः कब्जा कर लिया था। *तबकात-ए-नासरी* के अनुसार इल्तुतमिश की प्रारम्भिक विजयों में बनारस को भी शामिल किया गया है।[९९] इस प्रकार यदि यह मानें कि हरिश्चन्द्र ने ११९३ के युद्ध के बाद पुनः अपनी राजधानी काशी पर कब्जा कर लिया था तो अनुचित नहीं होगा।

मुस्लिम इतिहासकारों द्वारा सम्पूर्ण गहड़वाल साम्राज्य पर अधिकार कर लेने वाली बात कितनी खोखली है यह उनके उल्लेखों के विश्लेषण से भी सिद्ध किया जा सका है। ११९३ के चन्दवर के युद्ध के बाद कन्नौज जीता नहीं जा सका था, केवल फिरिश्ता ही उस वर्ष के युद्ध के बाद यह कहते हुए कि सुल्तान ने बंगाल की सीमा तक-क्षेत्र को अपने अधिकार में कर लिया था, कन्नौज को विजित किए गए नगरों में शामिल किया गया है। लेकिन फिरिश्ता का विवरण बाद का होने के कारण विश्वसनीय नहीं माना जाता। *तबकात-ए-नासरी* भी यह उल्लेख नहीं करता कि मुस्लिम सेनाएं कन्नौज में पहुँची या नहीं। लेकिन वह यह अवश्य बताता है कि कान्यकुब्ज इल्तुतमिश के द्वारा विजय किया गया तथा इस अवसर पर नए सिक्के चलवाए गए। इसके अतिरिक्त *ताजउलमाथीर* तथा *कामिलउत्तवारीख* जैसे समकालीन इतिहासों में भी ११९३ ई॰ में मुस्लिम सेना द्वारा विजित नगरों में कन्नौज का उल्लेख नहीं मिलता। *तबकात-ए-नासरी* में कन्नौज के साथ-साथ बदायूँ और अयोध्या को भी इल्तुतमिश के द्वारा जीते जाने का उल्लेख मिलता है। इस प्रकार पश्चिमी उत्तर प्रदेश में बदायूँ, मध्य उत्तर प्रदेश में कन्नौज तथा पूर्वी उत्तर प्रदेश में काशी और अयोध्या में इल्तुतमिश द्वारा विजय किए जाने के उल्लेखों के कारण यह मानना पड़ेगा कि इल्तुतमिश के शासनकाल तक ये क्षेत्र गहड़वाल शासकों की सत्ता स्वीकार करते रहे। यद्यपि एक-आध स्थानों पर कहीं-कहीं मुस्लिम सेनापतियों को जागीर दिए जाने के उल्लेख मिलते हैं। उदाहरण के लिए मुहम्मद इब्न बख्तियार को ११९६ ई॰ में गंगा कर्मनाशा के बीच में भगवान और भिउली की जागीरें दिए जाने का उल्लेख मिलता है।[९९] लेकिन इस प्रकार जागीरों को बनाए रख पाना बड़ा कठिन काम होता रहा होगा क्योंकि चारों ओर हिन्दू राजा और सामन्त शासन कर रहे थे जो मुस्लिम सत्ता को चुनौती देते रहते थे। धीरे-धीरे दिल्ली के सुल्तानों की सत्ता अन्तर्वेदी के आन्तरिक क्षेत्रों में भी स्वीकार की जाने लगी होगी लेकिन गहड़वाल राजवंश के अंतिम (?) शासक हरिश्चन्द्र ने कब तक शासन किया और उसके बाद इस राजवंश का क्या हुआ इसके विषय में किसी भी स्रोत से कोई जानकारी नहीं मिलती।

सन्दर्भ

१. दे॰ के॰ के॰ थपलियाल, *इन्सक्रिशंस आव दि मौखरीज, लेटर गुप्ताज, पुष्यभूतीज़ एण्ड यशोवर्मन आव कन्नौज*, पृ॰ १३३-१३८।

२. आर॰ जी॰ बसाक, *हिस्ट्री आव नार्थ ईस्ट इण्डिया*, पृ॰ १३८।

३. के॰ के॰ थपलियाल, पूर्वोक्त, पृ॰ १३९-४०।

४. उपरोक्त, पृ॰ १४१-४६।

५. उपरोक्त, पृ॰ १४९।

६. उपरोक्त, पृ॰ १४७-४८।

७. उपरोक्त, पृ॰ १५०-५१।

८. उपरोक्त, पृ॰ १५२।

९. उपरोक्त, पृ॰ १५३।

१०. उपरोक्त, पृ॰ १५४-५५।

११. आर॰ एस॰ त्रिपाठी, *हिस्ट्री आव कन्नौज*, पृ॰ ५५-५६ तथा आर॰ के॰ मुकर्जी, *हर्ष*, पृ॰ ५७-५८।

१२. बी॰ पी॰ सिन्हा, *डिक्लाइन आव दि किंगडम आव मगध*, पृ॰ १६१ पाद टि॰-३।

१३. दे॰ आर॰सी॰ मजूमदार, *न्यू हिस्ट्री आव इण्डियन पीपुल*, खण्ड छः, पृ॰ २११ तथा बी॰ पी॰ सिन्हा, पूर्वोक्त, पृ॰ २१८-१९।

१४. आदित्यसेन का अफसाढ़ अभिलेख, श्लोक ५ (के॰ के॰ थपलियाल पूर्वोक्त, पृ॰ १६१)।

१५. के॰ के॰ थपलियाल, पूर्वोक्त, पृ॰ २९।

१६. *इपिग्राफिया इण्डिका*, खण्ड १९, पृ॰ १५ तथा आगे।

१७. जीवितगुप्त द्वितीय का देववर्णाक अभिलेख, पंक्ति १४-१६ (के॰ के॰ थपलियाल, पूर्वोक्त पृ॰ १७२)।

१८. जे॰ एफ॰ फ्लीट, *कार्पस इन्सक्रिप्शनम् इण्डीकेरम*, खण्ड तीन, पृ॰ २०० तथा आगे।

१९. बी॰ पी॰ सिन्हा, पूर्वोक्त पृ॰ १६९, पाद टि॰ ३।

२०. यो मौखरेः समितिषूद्धहूणसैन्या वल्गद्धटा विघटन्नुरुवारणानां। संमूर्च्छितः सुरवधूर्वरयं ममेति तत्पाणिपङ्कजसुखस्पर्शेद्विबुद्धः।।

२१. जे॰ एफ॰ फ्लीट, *कार्पस*, तीन पृ॰ २५०।

२२. धनवज्र वज्राचार्य, *लिच्छविकाल का अभिलेख* (विक्रम संवत् २०३०) पृ॰ ५५०।

२३. सिन्हा, पूर्वोक्त, पृ॰ ३०३।

२४. थपलियाल, उपरोक्त, पृ॰ १८६।

२५. वाक्यपतिराज कृत *गौड़वहो*, श्लोक सं॰ ४६५-५०८; हन्स बेकर, *अयोध्या*, खण्ड एक, पृ॰ ३४, पाद टि॰ २ में संदर्भित।

२६. आर॰ बर्न, 'सम क्वायन्स आव मौखरी एण्ड आव दि थानेश्वर लाइन', जे॰ आर॰ ऐ॰ एस॰ (१६०६) पृ॰ ८४३-५०।

२७. डी॰ देवभूति, *हर्ष : पोलिटिकल स्टडी*, पृ॰ २३६।

२८. *इण्डियन एण्टीक्वेरी*, खण्ड १८ पृ॰ ३३-३४।

परम भट्टारक महाराजाधिराज विजयपालदेव पादानुध्यात् परमभट्टारक महाराजाधिराज श्रीराज्यपालदेव पादानुध्यात् परमभट्टारक महाराजाधिराज परमेश्वर त्रिलोचनपालदेव'।

२६. 'तीर्थानिकाशिकुसि(शि)कोत्तरकोश लेन्द्रःस्थानीयकानि परिपालयताभिगम्यः' चन्द्रदेव का चन्द्रावती ताम्रपत्राभिलेख, विक्रम संवत् ११४८ (१०६० ई॰), *इपिग्राफिया इण्डिका*, खण्ड ६, पृ॰ २०३-२०५।

३०. 'तस्मिन वंशे समुत्पन्नो यशोविग्रह संज्ञकः विगृह्य मेदनी येन दण्डप्रणयिनी कृता। *इण्डियन हिस्टॉरिकल क्वार्टरली*, पृ॰ ३६।

३१. 'तत्सुतोभून्महीचन्द्रधामनिभं निजं।
येनापारमकूपारपारे व्यापारितं यशः।। पूर्वोक्त, पृ॰ ३६।

३२. 'अभूनृपो गाहड़वालवंशे महीतलो नाम जितारिचक्र'। पूर्वोक्त पृ॰ ३६।

३३. दे॰ *कम्प्रीहेन्सिव हिस्ट्री आव इंडिया*, खण्ड ४, भाग १, पृ॰ ३८६ तथा पा॰ टि॰ ३१।

३४. 'याते श्री भोजभूपेविबुधवरवधूनेत्र सीमातिथित्वं श्री कर्ण्णशशेषं गतवति च नृपे क्ष्मात्यये जायमाने। भर्त्तारं यं वधरित्री त्रिदिवविभुनिभं प्रीतीयोगादुपेता त्राता विश्वास्य पूर्व्वं समभवदिह स क्ष्मापतिश्चंद्रेवः।।

— डी॰ सी सरकार, *सेलेक्ट इन्सक्रिप्शंस*, भाग दो, नं॰ १७, पृ॰ २७६-८२।

३५. तस्याभूतनयो नयैकरसिकः क्रांतिद्विषन्मंडलो विध्वस्ताद्धतधीरयोध तिमिरः श्रीचन्द्रदेवो नृपः। येनोदारतर प्रताप शमितोशेष प्रजोपद्रवं श्रीमद्गाधिपुराधिराज्यमसमं दोर्विक्रमेणार्जितं।।

— स्टेन कोनो, *इपि॰ इण्डि॰*, खण्ड ६, पृ॰ ३०२-०५।

३६. रोमा नियोगी; *दि हिस्ट्री आव गहड़वाल डायनेस्टी*, १६५६, पृ॰ ४८।

३७. सोयं नरपति मुकुट मकरिकामरकरतप्रभापटलपल्लवितपादपीठो गजपतिगलगर्ज्जितप्रलयपंचाननत्रिशंकुपतिकपटपाटनक्रकचपातश्चपलपं चाल चूल चुंवनचण चंद्रहांसो गिरिपतिपिचुपिण्ड चण्ड मारुतः

— डी॰ आर॰ साहनी, *इपि॰ इण्डि॰*, १४ पृ॰ १६२ और आगे।

३८. रोमा नियोगी, पूर्वोक्त, पृ॰ ५०-५१।

३६. डी॰ सी॰ गांगुली; 'ओरिजिन ऑव दि गहड़वालाज़' *इण्डियन हिस्टॉरिकल क्वार्टरली*, खण्ड ६, १६३३, पृ॰ ६५१ और आगे; और *हिस्ट्री एण्ड कल्चर आव इण्डियन पीपुल, खण्ड*' ५, दि स्ट्रगल फॉर इम्पायर, पृ॰ ५१-५२।

४०. हन्स बेकर, *अयोध्या*, खण्ड एक, पृ॰ ४६।

४१. डी॰ सी॰ गांगुली, पूर्वोक्त, तथा रोमा नियोगी, पूर्वोक्त, पृ॰ ३७ पर संदर्भित।

४२. रोमा नियोगी, पूर्वोक्त, पृ॰ ३७; तथा *कम्प्रीहेन्सिव हिस्ट्री आव इण्डिया*, खण्ड ४, भाग एक पृ॰ ३८५-८६।

४३. दे॰ *कम्प्रीहेन्सिव हिस्ट्री ऑव इण्डिया*, पूर्वोक्त, पृ॰ ३८६, पाद टि॰ ३१।

४५. दे॰ आर॰ साहनी, *इपि॰ इण्डि॰*, खण्ड १४, पृ॰ १६२ और आगे।

४५. उदाहरण के लिए देखिये, गोविन्दचन्द्र का कमौली दानपत्र, वर्ष ११७१, पंक्ति १८-२०, तथा गोविन्दचन्द्र का वडेरा ताम्रपत्राभिलेख, वर्ष ११७१, पंक्ति १७-१६ इत्यादि।

४६. दिनेश चन्द्र सरकार, *सेलेक्ट इन्सक्रिप्शंस*, खण्ड दो, पृ॰ २७३।

४७. हैमानि येन मणिभिः खचितान्यनर्घैर्दत्तानि विष्णुहरये च विभूषणानि। काश्यां व्यभूषयदनेक सुवर्ण्णरत्नैर्यश्चादिकेशव विभोः प्रतिमां निवेश्य।। चन्द्रवती ताम्रपत्र, वर्ष ११५०।

४८ *इण्डियन एण्टीकवेरी*, खण्ड १८, पृ॰ ६-१४।

४६. श्रीमन्मदनदेवेन पितृदान प्रकाशकः।
शासनस्य विषन्धोयंकारितः स्वीयमुद्रया।। पूर्वोक्त

५०. के॰ चट्टोपाध्याय, *जर्नल आव यू॰ पी॰ सोसाइटी*, खण्ड १४ पृ॰ ६६-७७।

५१. तस्मादजायत नरेश्वरवृदंवंद्य पादारविंदयुगलो ज्वलितप्रतापः। क्षोणीपतीन्द्रतिलको रिपुरंगभंगी गोविन्दचन्द्र विश्रुतराजपुत्रः।। डी॰ सी॰ सरकार, *सेलेक्ट इन्सक्रिप्शंस*, खण्ड दो, पृ॰ २७६-८२।

५२. रोमा नियोगी, पूर्वोक्त, पृ॰ ५६ और आगे।

५३. डॉ॰ मोतीचन्द्र, *काशी का इतिहास* (द्वितीय संस्करण, १६८५) पृ॰ १०४ पर उद्धृत।

५४. रोमा नियोगी, पूर्वोक्त, पृ॰ ८३।

५५. *इपि॰ इण्डि॰* खण्ड ७, पृ॰ ६३ और आगे।

५६. रोमा नियोगी; जे॰ एन॰ एस॰ आई॰ खण्ड १०, भाग एक, पृ॰ ७३।

५७. उपरोक्त, पृ॰ ७२-७४।

५८. रोमा नियोगी, *हिस्ट्री ऑव दि गहड़वाल डायनेस्टी*, पृ॰ ७०-७१।

५६. पी॰ कारनेगी, *हिस्टॉरिकल स्केच आव फैजाबाद तहसील*, लखनऊ १८६६, पृ॰ १७।

६०. *इपि॰ इण्डि॰*, खण्ड ६, पृ॰ १६१।

६१. दे॰ विशुद्धानन्द पाठक, *उत्तर भारत का राजनीतिक इतिहास*, पृ॰ १७७।

६२. विशाल शैलशिखर श्रेणी शिला संहतिव्यूहैर्विष्णुहरे हिरण्य कलश श्रीसुन्दरमन्दिरं। पूरैरप्यकृतं कृतनृपतिभिर्येनेदमित्यद्भुतं . . .।

६३. रोमा नियोगी, *हिस्ट्री आव दि गहड़वाल डायनेस्टी*, पृ॰ १२७।

६४. उपरोक्त, पृ॰ ६१।

६५. *जेएएसबी*, १८६६, भाग एक, पृ॰ ११।

६६. रोमा नियोगी, उपरोक्त, पृ॰ ६६-६७।

६७. टी॰ पी॰ वर्मा, *जर्नल आव इपीग्रफैकिल सोसाइटी आव इण्डिया*, खण्ड १५, पृ॰ १६।

६८. *तबकात-ए-नासरी*, पृ॰ ६२७।

६९. उपरोक्त, पृ॰ ५४६-५०।

८

सल्तनत एवं मुगल काल में अयोध्या

इस्लाम की स्थापना के बाद ही आठवीं शताब्दी के प्रारम्भ में अरबों ने भारतभूमि पर सबसे पहले सिन्ध पर आक्रमण किया लेकिन वहां उन्हें कोई बहुत बड़ी सफलता प्राप्त नहीं हो सकी थी। वहां पर केवल एकाध क्षेत्रों पर ही उनका राज्य कायम हो सका जहाँ वे लगभग अज्ञात रूप से तीन शताब्दियों तक अपना अस्तित्व बनाए रख सके। इस बीच में इस्लाम ने यूरोप से लेकर चीन तक के विशाल भू-भाग को जीत लिया था किन्तु भारत में सिन्धु के आगे वे अपना विस्तार नहीं कर सके थे। सिन्धु नदी की घाटी में भी इस बीच में उनका अस्तित्व डाँवाडोल ही रहा। शक्तिशाली अब्बासी खलीफा जिस भारतभूमि को नहीं जीत सके उन्हें अफगानिस्तान में स्थापित होने वाले छोटे-मोटे तुरुष्क राजवंशों ने शताब्दियों तक बारम्बार किए जाने वाले प्रयासों के बाद प्राप्त किया। नवीं शताब्दी में अलममून के एक सेनापति ताहिर को खुरासान का प्रशासक नियुक्त किया गया तथा बगदाद के पूर्व का पूरा क्षेत्र उसके शासन में दे दिया गया। शीघ्र ही ताहिर और उसके वंशजों ने स्वतन्त्रता प्राप्त कर ली और भारत की सीमाओं तक अपना विस्तार किया। नवीं शताब्दी के चौथे चरण में अयूब इब्न नयत अलसफर के नेतृत्व में एक नए राजवंश का उदय हुआ जिसने ताहिर के वंशजों के स्थान पर अपने को स्थापित किया तथा काबुल, जाबुल और सिन्ध तक के प्रदेशों को जीता। दसवीं शताब्दी के अन्तिम दशक में शक्तिशाली सामानी साम्राज्य को दो तुरुष्क राजवंशों ने आपस में बांट लिया। सामानी साम्राज्य के दक्षिण का भाग यामीनी राजवंश के लोगों ने प्राप्त किया, जिन्हें आधुनिक इतिहास के लेखक गजनवी कहते हैं।

सल्तनत काल

यामीनी राजवंश के लोग अपने को फारस के सम्राटों का वंशज बताते हैं। इसी वंश में सुबुक्तगीन नामक व्यक्ति का जन्म हुआ था जिसने गजनी में यामीनी राजवंश की नींव डाली थी। लेकिन, प्रारम्भ में जब वह केवल बारह वर्ष का एक बालक था, पड़ोस के एक कबीले द्वारा बन्दी बना लिया गया। भाग्य के फेर से वह कई बार बेचे जाने के बाद खुरासान के सामानी शासक के एक अधिकारी अलप्तगीन के द्वारा खरीद लिया गया। ६७७ ई॰ में सुबुक्तगीन ने अपने शासन की स्थापना की और शीघ्र ही उसने बस्त, दावर, कुसदार, तुखारिस्तान तथा घूर को अपने राज्य में मिला लिया। उसके बाद भारत में उसने शाही राजवंश के साथ युद्ध किया तथा उसके कुछ क्षेत्रों को अपने राज्य में मिलाया। सुबुक्तगीन की मृत्यु ६६७ ई॰ में ५८ वर्ष की आयु में बल्ख के सीमान्त पर हुई। उसके बाद उसका पुत्र महमूद गजनी के सिंहासन पर ६६८ ई॰ में बैठा। उस समय उसकी आयु मात्र २७ वर्ष की थी। १००० ई॰ में उसने भारत पर पहला आक्रमण किया। उसके बाद उसने प्रायः प्रत्येक वर्ष भारत पर आक्रमण किए। भारतीय इतिहास में वह महमूद गजनवी के नाम से प्रसिद्ध है। उसके आक्रमणों की प्रकृति मुख्य रूप से लूटने तथा पराजित राजाओं से धन वसूलने की थी।

मुस्लिम इतिहासकारों ने महमूद गजनवी के आक्रमणों के जो विवरण दिए हैं वे अतिरंजित मालूम होते हैं और उनमें केवल उसकी सफलताओं के विवरण ही मिलते हैं। इन विवरणों को किन्हीं अन्य स्रोतों से समर्थित नहीं किया जा सकता लेकिन प्रायः इन्हें सही मान लिया जाता है। आगे जो विवरण दिया जा रहा है वह पूरी तरह मुस्लिम इतिहासकारों के विवरणों के आधार पर ही है। गंगा-यमुना की घाटी में उसका आक्रमण १०१८ ई॰ में हुआ था। उसने २ दिसम्बर, १०१८ को यमुना नदी को पार किया तथा रास्ते में कुछ पहाड़ी किलों को जीतते हुए बरन, वर्तमान बुलन्दशहर, पहुँचा। उस समय वहां का राजा हरदत्त था जिसने महमूद का मुकाबला किया लेकिन परास्त हुआ। उसे सुल्तान को दस लाख दिरहम और तीस हाथी देकर संधि करनी पड़ी। उसके बाद महमूद ने महाबन में यादव राजा कुलचन्द्र को परास्त किया। तत्पश्चात् मथुरा उसके कोप का

भाजन बना। मथुरा नगर इस समय पत्थर के प्राकार से घिरा हुआ था जिसमें अनेक विशाल मन्दिर थे। इसमें सबसे बड़ा मन्दिर नगर के केन्द्र में था। संभवतः यह कृष्ण-जन्मभूमि का मन्दिर था। इसकी विशालता से महमूद अत्यधिक प्रभावित हुआ। उसका अनुमान था कि यह मन्दिर कम-से-कम दस करोड़ लाल दीनारों से बनवाया गया होगा तथा अत्यधिक कुशल शिल्पियों ने भी इसको बनाने में कम-से-कम दो सौ वर्ष का समय लगाया होगा। इन मन्दिरों की अनेक मूर्तियों में पांच मूर्तियां शुद्ध सोने की बनाई गई थीं जिनकी आँखों में एक लाख दीनार के रत्न जड़े थे। इन सभी पाँचों मूर्तियों में ९८,३०० मिष्कल भार का सोना था। चाँदी की मूर्तियों की संख्या २०० थी। यह नगर दिल्ली के राजा के अधीन था लेकिन, बिना किसी संघर्ष के महमूद ने मथुरा पर अधिकार कर लिया तथा सोने और चाँदी की सभी मूर्तियों को अधिकार में लेने के बाद उसने सभी मन्दिरों को जलाकर राख कर देने का आदेश कर दिया। इन मूर्तियों को जान-बूझकर टुकड़े-टुकड़े कर दिया गया। नगर में बीस दिनों तक लूटमार होती रही तथा अधिकांश भवन जलाकर राख कर दिए गए।

मथुरा को लूटने के बाद महमूद गजनवी ने कन्नौज की ओर प्रयाण किया। यद्यपि मार्ग में उसे प्रतिरोध का सामना करना पड़ा, फिर भी वह कन्नौज पहुँच गया। यह नगर सात दुर्गों से युक्त था जिसमें दस हजार मन्दिर थे। महमूद के आगमन की सूचना पाकर प्रतिहार वंश का राजा राज्यपाल गंगा के दूसरी ओर बारी नामक स्थान में चला गया। इस प्रकार कन्नौज को महमूद ने पूरी तरह लूटा। कन्नौज के अभियान में महमूद को दो करोड़ दिरहम, तिरपन हजार बन्दी तथा तीन सौ पचास हाथी हाथ लगे।

महमूद कन्नौज से आगे नहीं बढ़ा और इस प्रकार अयोध्या उसके आक्रमण से बच गई। लेकिन महमूद के मुख्य आक्रमण के अतिरिक्त उसकी सेना के कुछ सेनापतियों के आक्रमणों को अयोध्या को अवश्य झेलना पड़ा होगा। महमूद ने १०२५ ई॰ के जनवरी महीने के मध्य में सोमनाथ पर आक्रमण किया और उसे लूटा। सोमनाथ के मन्दिर के शिवलिंग को उसने तोड़कर खण्डित कर दिया तथा दो करोड़ दिरहम का धन भी लूटा। मन्दिर को भी ध्वस्त कर दिया गया तथा शिवलिंग के टुकड़ों को गजनी ले जाया गया जहां पर उन टुकड़ों को जामी मस्जिद में द्वार की सीढ़ियों में लगा दिया गया। इस जामी मस्जिद का निर्माण १०१९ ई॰ में कन्नौज को लूटने के बाद कराया गया था। सोमनाथ के इस युद्ध में सैय्यद सालार मसूद भी शामिल था। उस समय उसकी आयु १२ वर्ष की थी। इसी मसूद ने १०३१ ई॰ में सेना एकत्र करके अवध पर आक्रमण किया। लेकिन वह १४ जून, १०३३ ई॰ को बहराइच में कौडियाला नदी के किनारे हुए युद्ध में मारा गया। इसके संबंध में शेख अब्दुर्रहमान चिश्ती ने १६८२ ई॰ में शोध करके *मीरअत-इ-मसूदी* नामक ग्रन्थ का प्रकाशन किया था। अब्दुर्रहमान चिश्ती का यह कहना है कि उन्होंने इस ग्रन्थ को मुल्ला मुहम्मद गजनवी नामक एक व्यक्ति के ग्रन्थ के आधार पर लिखा था जो महमूद गजनवी का एक नौकर था। इसके अतिरिक्त उसने महमूद गजनवी के *तवारीख रोजाबुस्सफा, तवारीख-ए-फीरोज-शाही, मुन्तखाबुत्तवारीख* आदि ग्रन्थों का भी सहारा लिया था। इस ग्रन्थ के लेखक ने यह भी दावा किया है कि उसने इन तथ्यों की पुष्टि के लिए एक ब्राह्मण विद्वान् आचार्य माली बहार बहादुर का भी सहयोग प्राप्त किया है। चिश्ती ने यह लिखा है कि 'बादशाह नूरुद्दीन मुहम्मद जहाँगीर के आदेश से वह हिमालय के तराई के क्षेत्रों में गया था जहां पर्वतीय राजाओं के प्रतिनिधि के रूप में आचार्य माली बहार बहादुर से भेंट हुई। वह हिन्दू ब्राह्मणों द्वारा लिखे गए इतिहास से भली-भाँति परिचित था। उसने मसूद के हिन्दुस्तान के अभियान के बारे में हिन्दू इतिहासों की सम्पूर्ण जानकारी दी। इस आचार्य ने यह भी बताया कि अभी भी मसूद को मौत के घाट उतारने वाले श्रावस्ती के राय सुहेल देव के वंशज पर्वतीय प्रदेशों के राजा हैं और उनके पुस्तकालय में रखे हिन्दू इतिहासों में उसने ये सारे विवरण पढ़े हैं।[२] यद्यपि चिश्ती द्वारा दिए गए विवरणों में अत्यधिक अतिरञ्जना है फिर भी यह एक ऐतिहासिक घटना है, इससे इन्कार नहीं किया जा सकता क्योंकि बहराइच में अभी भी हिन्दू और मुसलमान दोनों ही उस स्थान पर पूर्व परम्परानुसार अलग-अलग एकत्र होते हैं। इसके अतिरिक्त *फैजाबाद गजेटियर* इस बात की सूचना देता है कि 'पुराने लखनऊ मार्ग पर अनेक कब्रें हैं जिनके विषय में मुसलमानों का यह दावा है कि वे सैय्यद सालार के अनुयायियों की हैं।'

अब्दुर्रहमान चिश्ती के अनुसार मसूद महमूद गजनवी की बहन मौला का पुत्र था। इसके पिता का नाम सुल्तान सालार साहू था जो अपने समय का प्रसिद्ध ईरानी योद्धा था। सोमनाथ पर आक्रमण के समय मसूद भी महमूद गजनवी के साथ था और उस समय उसकी आयु केवल १२ वर्ष थी। सोमनाथ की लूट के पाँच वर्षों के बाद मसूद ने इस्लाम के नाम पर एक सेना एकत्र की और अपने पिता सालार शाह की सेना के साथ हिन्दुस्तान को फतह करने के इरादे से सिन्धु नदी को पार किया। मसूद ने पहले मुल्तान के शाही राजा अनंगपाल को पराजित किया। इसके बाद उसने दिल्ली के राजा महिपाल के विरुद्ध मोर्चा लिया। दिल्ली के बाद मसूद ने मेरठ पर चढ़ाई

की। मेरठ और कन्नौज के राजाओं ने उसके साथ युद्ध करना ठीक न समझकर मित्रता कर ली। इसके बाद मसूद की सेनाओं ने सतराखा (सतरिख, अयोध्या) जीतकर उसे अपना मुख्यालय बना लिया। अयोध्या के मियां रजब सालार सैफुद्दीन ने बहराइच, अमीर हसन अरब ने महूना तथा मलिक फजल ने बनारस जीत लिया। सुलतान्नुसलादीन और मीर बख्तियार दक्षिण की ओर कन्नूर तक गए। लेकिन वहां मीर बख्तियार हिन्दू सेना द्वारा मार डाला गया। सालार मसूद ने रजब मास की १४वीं तारीख अर्थात् रविवार १४ जून, १०३३ ई० के दिन बहराइच में बालार्क (बाल सूर्य) के मन्दिर पर आक्रमण कर दिया। मसूद का वध राजा सुहेल देव के द्वारा हुआ। इस युद्ध में बहुत से लोगों की जानें गईं लेकिन २२ वर्षीय सालार मसूद की मृत्यु के बाद यह आक्रमण बिखर गया। चिश्ती ने सेनाओं की संख्या बहुत बढ़ा–चढ़ाकर लिखी है। उसके अनुसार, हिन्दू सेना में बीस लाख घुड़सवार और तीस लाख पैदल थे तथा दोनों ओर से लगभग पौन करोड़ सैनिक लड़े थे। लेकिन ये संख्याएं अत्यधिक अतिरंजित हैं। अब्दुर्रहमान चिश्ती ने *मीरात-ए-मसूदी* के अन्त में लिखा है कि –

> सालार मसूद की मृत्यु के बाद अजमेर में मुजफ्फर खान भी मारा गया। उसके उत्तराधिकारियों को हिन्दुओं ने मार भगाया। जो मूर्तियां तोड़ी गई थीं, वे पुनः स्थापित हो गईं।

फैजाबाद गजेटियर में भी इसका विवरण दिया गया है। स्मिथ ने *अर्ली हिस्ट्री आव इण्डिया* में लिखा है कि –

> वर्षा के बाद मसूद ने अपनी सेना को अजुधन (अयोध्या) के विरुद्ध संचालित किया। यद्यपि उन दिनों वह स्थान व उसके आसपास घनी आबादी थी फिर भी बिना संघर्ष के उसे जीत लिया गया। मसूद अजुधन के मौसम से काफी प्रसन्न था और चूंकि यहां पर शिकार अच्छे मिलते थे इसलिए वह अगली वर्षा तक यहां रुक गया और उसके बाद दिल्ली गया।

सालार मसूद के आक्रमण का काफी प्रतिरोध हुआ और उसकी सेना के लोगों को जगह-जगह मार खानी पड़ी। लखनऊ-फैजाबाद के पुराने मार्ग पर मसूद की तथाकथिक कब्रों से इसकी सत्यता का ज्ञान होता है।

महमूद की सेना का एक अन्य सेनानायक अहमद नियाल्तगीन भी था जिसे महमूद गजनवी ने पंजाब सूबे का अधिकारी बनाया था। ऐसा कहा जाता है कि उसने १०३४ ई० में बनारस को लूटा था। हन्स बेकर का कहना है कि या तो उसने अथवा उसकी सेना के किसी अन्य नायक ने इस अवसर पर अयोध्या पर आक्रमण किया हो सकता है।[३] लेकिन हन्स बेकर के इस कथन को हम केवल उनकी शुभ कल्पना मात्र कह सकते हैं क्योंकि इसका कोई भी प्रमाण नहीं मिलता कि नियाल्तगीन की सेना के किसी सेनापति ने अयोध्या पर आक्रमण किया था। इसके अतिरिक्त लगभग एक ही वर्ष पूर्व सालार मसूद अयोध्या के निकट बहराइच में मारा गया था। वैसे, अहमद नियाल्तगीन के इस आक्रमण को भी हम मुस्लिम इतिहासकारों की 'गप' ही मानते हैं क्योंकि *तवारीख-ए-सुबुक्तगीन* में बैहाकी ने जिस तरह से इस घटना का वर्णन किया है वह बड़ा संदिग्ध सा लगता है और ऐसा लगता है कि नियाल्तगीन की सेना लाहौर से निकलकर अचानक बनारस पहुँच गई और दोपहर तक लूटपाट करके नमाज के समय तक वापस लौट गई। बैहाकी का विवरण इस प्रकार है –

> उसने (नियाल्तगीने) अपने योद्धाओं और सेना के साथ १०३३ ई० में लाहौर से निकलकर ठाकुरों से जबरदस्ती खूब रकम वसूली। बाद में वह गंगा पार करके उसके बाएं किनारे से नीचे की ओर चल पड़ा। यकायक वह बनारस नाम के शहर में, जो गंग नाम के राजा के राज्य में था, आ पहुँचा। इसके पहले कोई भी मुस्लिम सेना वहां तक नहीं पहुँची थी। नगर दो फरसंग मुरब्बे में था और उसमें काफी पानी था। सेना वहां सवेरे से दोपहर की नमाज तक ठहरी क्योंकि ज्यादा ठहरने में खतरा था। बजाजों तथा गंधियों और जौहरियों की बाजारें लूट ली गईं, लेकिन इससे कुछ अधिक करना नामुमकिन था। सेना के सिपाही भी इसलिए अधीर हो गए क्योंकि वे अपने साथ लूट का सोना, चाँदी, अतर और जवाहरात लेकर सही-सलामती लौट जाना चाहते थे।[४]

इस प्रकार नियाल्तगीन द्वारा बनारस की लूट की घटना बिल्कुल विश्वसनीय नहीं लगती।

महमूद गजनवी के अन्तर्वेदि (दोआबा) में इन आक्रमणों के

बाद यहां पर एक शक्तिशाली साम्राज्य की स्थापना हुई। गहड़वाल वंश के चन्द्रदेव अथवा चन्द्रादित्य देव ने जिस साम्राज्य की नींव रखी उसने लगभग एक शताब्दी तक अन्तर्वेदी की सुरक्षा की। चन्द्रदेव और उसके उत्तराधिकारियों के अभिलेखों से यह ज्ञात होता है कि गहड़वाल वंश के सभी राजाओं को तुरुष्क आक्रमणकारियों का सामना करके उन्हें बार-बार प्रत्यावर्तित करना पड़ा। कुमारदेवी के सारनाथ अभिलेख से यह ज्ञात होता है कि दुष्ट तुरुष्क-वीर से वाराणसी की रक्षा के लिए भगवान विष्णु को गोविन्दचन्द्र के रूप में अवतार लेना पड़ा जिसके लिए शिव ने प्रार्थना की थी। गोविन्दचन्द्र के राहन ताम्रपत्र से यह ज्ञात होता है कि गोविन्दचन्द्र ने असम युद्ध में हम्मीर को शत्रुता त्यागने के लिए बाध्य कर दिया था। बदायूँ के लखनपाल के एक अभिलेख से भी यह ज्ञात होता है कि उसके पूर्वज मदनपाल ने हम्मीर के देवनदी (गंगा) की घाटी में आक्रमण को असंभव बना दिया था। गोविन्दचन्द्र के पुत्र विजयचन्द्र को भी हम्मीर की गतिविधियों को सफलतापूर्वक रोकने का श्रेय दिया गया है। दिल्ली-शिवालिक स्तम्भ लेख में विशालदेव को म्लेच्छों का नाश करने का श्रेय दिया गया है। इस प्रकार अन्तर्वेदी में मुस्लिम आक्रमणकारी लगातार प्रयास करते रहे और यहां के राजवंशों ने उनका प्रतिरोध भी समय-समय पर किया। इसका उल्लेख न केवल मुस्लिम इतिहासकार करते हैं बल्कि भारतीय राजाओं के अभिलेखों से भी इनकी सूचना मिलती है। उसके अतिरिक्त अयोध्या से अभी हाल ही में प्राप्त किए गए पाषण फलक अभिलेख से भी यह ज्ञात होता है कि गोविन्दचन्द्र के शासनकाल में किसी प्रकार का आक्रमण अयोध्या में हुआ था। ११६३ ई॰ में चन्दवर के युद्ध में जयचन्द्र के पराजित हो जाने के बाद मुसलमान सेनाओं ने वाराणसी को नष्ट किया था, इसकी तो सूचना मिलती है, किन्तु, अयोध्या में भी उनका आक्रमण हुआ था इसकी कोई सूचना नहीं मिलती। कुछ इतिहासकार यह मानते हैं कि मुहम्मद गोरी के एक अधिकारी मखदूमशाह जुरान गोरी ने अयोध्या पर आक्रमण करके आदिनाथ के जैन मन्दिर को तोड़ा था। लेकिन उसने अयोध्या के किसी अन्य हिन्दू मन्दिर को भी नष्ट किया था इसकी निश्चित सूचना नहीं मिलती। गहड़वाल सम्राट् के युद्ध में पराजित हो जाने के बाद मुस्लिम सेनाएं सारे गहड़वाल साम्राज्य पर अपना प्रशासन स्थापित कर सकी होंगी इस पर भी विश्वास करना कठिन है क्योंकि अनेक जगहों पर स्थानीय रूप से मुस्लिम सेनाओं का प्रतिरोध जारी रहा और कहीं-कहीं पर बहुत शक्तिशाली प्रतिरोध किया गया; इसका उल्लेख हम पीछे कर आए हैं। १२२६ ई॰ में इल्तुतमिश के पुत्र मलिक नासिरुद्दीन महमूद को अवध का प्रशासक नियुक्त किया गया और संभवतः उस समय हिन्दू प्रतिरोध को एक धक्का लगा। *तबकात-ए-नासरी* में यह उल्लेख किया गया है कि अयोध्या में बरतूह नामक एक व्यक्ति ने बीस हजार मुसलमानों को मौत के घाट उतार दिया था। लेकिन नसीरुद्दीन महमूद ने अवध के इन काफिरों को उखाड़ फेंका।

अवधवासी लाला सीताराम ने अपने *अयोध्या का इतिहास* में लिखा है कि चन्दवर के युद्ध में जयचन्द्र के पराजित होने के बाद शहाबुद्दीन गोरी ने ११९४ में अवध पर आक्रमण किया और मखदूमशाह जुरान गोरी अयोध्या में मारा गया और वहीं उसकी समाधि बनी। परन्तु बख्तियार खिलजी ने सबसे पहले अवध में राज्य प्रबन्ध किया और उसे सेना का एक केन्द्र बनाया। इसमें उसको इतनी सफलता मिली कि आसाम तक का क्षेत्र उसने अपने अधीन कर लिया। उसने अपनी शक्ति इतनी बढ़ा ली थी कि कुतुबुद्दीन की मृत्यु के बाद जब इल्तुतमिश गद्दी पर बैठा तो उसको दास समझकर उसकी अधीनता स्वीकार करने से इन्कार कर दिया। उसके पुत्र गियासुद्दीन ने बंगाल में स्वतन्त्र राज्य स्थापित कर लिया किन्तु कुछ ही दिनों में अयोध्या उसकी अधीनता से छिन गई और बहराइच और मानिकपुर के बीच का प्रदेश दिल्ली के अधीन कर दिया गया। इससे हिन्दुओं में बड़ी प्रतिक्रिया हुई और संघर्ष में बहुत से मुसलमान मारे गए। हिन्दुओं का दमन करने के लिए शाहजादा नसीरुद्दीन को दिल्ली से भेजा गया। १२३६ और १२४२ ई॰ में क्रमशः नसीरुद्दीन महमूद और कमरुद्दीन केरान अवध के प्रशासक रहे।

११५५ ई॰ में सुल्तान नसीरुद्दीन की मां मलक-ए-जहाँ ने कुतलुग खान से विवाह कर लिया था। इस कारण कुतलुग खान को अवध का हाकिम बना दिया गया तथा १६ फरवरी १२५५ को उसे अवध जाने का आदेश दिया गया। इस बीच में उलुघ खान दिल्ली दरबार में शक्तिशाली हो गया था तथा उसने बादशाह से यह हुक्म निकलवा दिया कि मलिक ताजुद्दीन माह पेशानी को बहराइच का हाकिम बनाया जाता है। इस पर कुतलुग खान ने मलिक ताजुद्दीन को बन्दी बना लिया, लेकिन वह भाग निकला और बहराइच पहुंच गया। इधर दिल्ली दरबार ने पुनः कुतलुग खान को अवध से बहराइच स्थानान्तरित कर दिया लेकिन उसने इस आदेश को नहीं माना। बाद में १२५६ ई॰ में दिल्ली से सेना आने पर वह गायब हो गया। उसके स्थान पर अर्सलान खान संजर को अवध का हाकिम बनाया गया किन्तु १२५६ ई॰ में उसने भी विद्रोह कर दिया तथा निकाल दिया गया।

इसके बाद मलिक एतिगीन मुई-दराज (लम्बे वालों वाला),

जिसे अमीन खान भी कहा जाता था, को अवध का हाकिम बनाया गया। बलबन ने लखनौती के तुघ्रील के विद्रोह को दबाने के लिए एक बड़ी सेना के साथ अमीन खान को भेजा, लेकिन वह हार गया। इस पर बलबन की आज्ञा से अमीन खान का सिर काटकर अवध (अयोध्या) के द्वार पर टांग दिया गया। इसके थोड़े ही दिन बाद फरहत खान को अवध का हाकिम नियुक्त किया गया। उसने शराब के नशे में एक नीच को मार डाला। उसकी विधवा ने बलबन से फरियाद की। बलबन ने फरहत खान को ५०० कोड़े लगवाए और उसे उस विधवा को सौंप दिया।

सल्तनत काल में अवध को ही हिन्दुस्तान समझा जाता था। बलबन दिल्ली से अवध के मार्ग को निष्कण्टक बनाने के लिए प्रयत्नशील था। वह दो बार दिल्ली छोड़कर कम्पिल और पटियाली में पांच-छह महीने ठहरा जिसमें लुटेरों और डाकुओं से दिल्ली से अवध का मार्ग साफ हो जाए। इसके लिए कई प्रयास भी किए गए। बंगाल में तुघ्रील के विद्रोह का दमन करने के लिए जाते समय वह अवध में ठहरा था तथा वहां पर सेना में काम आने वाले विभिन्न प्रकार के व्यक्तियों, यथा – घुड़सवार, पैदल, पायक, धनुर्धर, कहार, कैवानी, तीरन्दाज, गुलाम, नौकर, व्यापारी, दुकानदार, आदि को दो लाख की संख्या में एकत्रित कराया। लखनौती विजय के बाद बलबन ने बुगरा खान को वहां पर नियुक्त किया। राजधानी लौटने पर उत्सव मनाया गया तथा तुघ्रील के समर्थकों को मौत के घाट उतारने का आदेश दिया। यद्यपि काजी ने कुछ को बचा लिया किन्तु इतिहासकार बर्नी लिखता है कि तुघ्रील के समर्थकों में से एक अयोध्या के शेख फरीद के गंज-ए-शाकर के जमातखाना में आत्मिक शान्ति पाने की इच्छा रखता था।

बलबन के बाद बुगरा खान का बेटा कैकुबाद दिल्ली का सुल्तान बना। उधर लखनौती में बुगरा खान स्वतंत्र हो गया था। बाप-बेटे दोनों की सेनाएं आमने-सामने थीं। एक घाघरा के इस किनारे पर डेरा डाले था तो दूसरा घाघरा के उस पार। काफी संदेशों के आदान-प्रदान के बाद पिता-पुत्र एक स्थान पर मिले तो कैकुबाद ने अपने पिता बुगरा खान के चरणों पर गिरकर उसे आंसुओं से भिगो दिया। बाद में दोनों अपने-अपने राज्यों में लौट गए।

फरहत खान के निकाले जाने के बाद खानजहाँ अवध का हकिम बनाया गया। उसी के काल में अमीर खुसरो दो वर्ष तक अयोध्या में रहा और यहां की बोली में फारसी-हिन्दी कोश *खालिकबारी* की रचना की।

जब खिलजी वंश की सल्तनत दिल्ली में कायम हुई तो इस वंश के संस्थापक जलालुद्दीन का भतीजा अलाउद्दीन अवध का शासक बनाया गया। अलाउद्दीन इलाहाबाद के निकट कड़ा में रहता था जहां उसने धोखे से अपने चाचा का सिर कटवाकर धड़ को गंगा की रेती में फिंकवा दिया और खुद सुल्तान बन बैठा।

चौदहवीं शताब्दी में खिलजी वंश के बाद तुगलक वंश अस्तित्व में आया। *तारीख-ए-फिरोज शाही* में लिखा है कि मुहम्मद बिन तुगलक ने गंगा के तट पर एक नगर बसाना चाहा था जिसका नाम उसने स्वर्गद्वारी रखा था। सुल्तान फिरोज तुगलक दो बार अयोध्या आया था। पहली बार १३२४ ई॰ में और दूसरी बार १३४८ ई॰ में। उसके समय में मलिक सिगनि और आयानुल मुल्क अयोध्या के शासक रहे।

मुहम्मद तुगलक का पूर्व नाम जूना खान था और यह कहा जाता है कि उसी के नाम पर जौनपुर बसाया गया था। बाद में जौनपुर में शर्की वंश का राज्य हुआ और अयोध्या उनके शासन के अन्तर्गत आ गई।

मुग़ल काल

सोलहवीं शताब्दी में बाबर ने भारत पर आक्रमण किया। भारत में मुगल साम्राज्य का वह प्रथम राजा था। उसके समय का इतिहास जानने के लिए मुख्य स्रोत *बाबरनामा*[५] है जिसमें वह अपनी नित्य की गतिविधियों तथा महत्त्वपूर्ण घटनाओं के विषय में लिखता था। बाबर ने *बाबरनामा* एक डायरी के रूप में लिखा है जिसमें उसके ४८ वर्षों के जीवन की घटनाओं का वर्णन किया गया है। इनमें केवल १८ वर्ष की घटनाएं ही *बाबरनामा* में मिलती हैं और वे भी कहीं-कहीं पर अधूरी हैं। इसकी आत्मकथा में जिन वर्षों की घटनाओं का उल्लेख मिलता है वे इस प्रकार हैं –

१. ८९९ हिजरी से ९०८ हिजरी, सन् १४९३-९४ से १५०२-३ ई॰ तक। अन्तिम घटनाओं के उल्लेख नहीं मिलते।

२. ९१० से ९१३ हिजरी, सन् १६०४-५ ई॰ से १५०७-८ ई॰ तक।

३. ९२५ हिजरी सन् १५०८-९ ई॰ का कुछ वर्णन मिलता है।

४. ९२५ हिजरी से इसफर ९२६ हिजरी, १५१९ ई॰ से २४ जनवरी १५२० ई॰ तक का वर्णन मिलता है। ९२६ हिजरी में केवल एक मास तीन दिनों का ही वर्णन

मिलता है।

५. १ सफर ९३२ हिजरी से १२ रजब ९३४ हिजरी, १७ नवम्बर सन् १५२५ ई॰ से २ अप्रैल १५२८ ई॰ तक का उल्लेख मिलता है।

६. ३ मुहर्रम ९३५ हिजरी से ३ मुहर्रम ९३६ हिजरी, १८ सितम्बर १५२८ ई॰ से ७ सितम्बर १५२९ ई॰ तक का वर्णन मिलता है। ९३६ हिजरी के पहले महीनों के केवल तीन दिनों का ही बयान मिलता है। ९३५ हिजरी में भी बीच के कई महीनों का कोई उल्लेख नहीं पाया जाता।

बाबरनामा में अवध पर अधिकार करने के बाद की घटना के उल्लेख के पश्चात् के कुछ पृष्ठ नहीं मिलते। उसके कारण इस सम्बन्ध में विद्वानों ने कई प्रकार के अनुमान लगाए हैं। चूँकि अयोध्या के इतिहास के लिए इनका बहुत महत्त्व है इस कारण *बाबरनामा* में अयोध्या की घटनाओं का उल्लेख न किया जाना अजीब लगता है। बाबर ने अपनी डायरी में २९ मई १५२९, दिन बृहस्पतिवार की रात की घटना का वर्णन किया है जिसमें एक तूफान के आने से पाण्डुलिपि के कुछ पन्नों के नष्ट हो जाने का उल्लेख है। बाबर लिखता है कि –

> उस रात को एक प्रहर ५ घड़ी (रात को लगभग १०.५५) के बाद, जब तरावीह समाप्त हो चुकी थी, उसके कुछ ही देर में एक भीषण तूफान आया। बरसात के मौसम वाले काले-काले बादलों से आसमान छिप गया और उसके बाद ही इतने जोर की आँधी उठी कि हमारे बहुत से खेमे उखड़कर गिर गए। मैं खरगाह (दरबार के लिए बड़ा खेमा) में लिखने के लिए जा रहा था। बारिश के साथ-साथ उस तूफान में हमको अपने लिखे कागजों को संभालने का भी मौका नहीं मिला, और खरगाह मय पेशखाना मेरे सिर पर गिर पड़ा। तुगलूक (खेमे की छत का वह हिस्सा जहां से हवा और रोशनी आती है) के टुकड़े-टुकड़े हो गए। खुदा की मेहरबानी से मुझे कोई चोट नहीं आई। मेरे लिखे हुए पन्ने पानी में बहुत भीग गए। किसी प्रकार मैंने उनको एकत्रित किया और फिर उन्हें सिंहासन के ऊनी कालीन की तहों में रखकर कम्बलों से दबा दिया। मुझे बहुत देर तक अपने पन्नों के भीग जाने और खराब हो जाने का अफसोस होता रहा . . . जो कागज भीग गए थे, उन्हीं में तबीयत लगी थी। इसलिए उनको बार-बार देखते रहे और किसी प्रकार संभालकर सुखाने की कोशिश करते रहे।[६]

बाबर के इस विवरण से ऐसा नहीं लगता है कि इस घटना में उसके डायरी के कुछ पन्ने गायब भी हो गए थे। केवल यही ज्ञात होता है कि कुछ पन्ने भीग गए थे और उन्हें सुखाने की कोशिश की जा रही थी। इसके अतिरिक्त अधिक संभावना यही है कि जो पन्ने भीगे थे वे डायरी के पुराने पन्ने नहीं रहे होंगे। कम-से-कम इस बात की संभावना तो नहीं ही की जा सकती कि एक वर्ष से पहले लिखे गए डायरी के कागज के पन्ने वह अपने खरगाह में इस प्रकार खुले में रखे रहा होगा कि तूफान आने पर उनके भीग जाने का भय रहा हो। इस कारण अधिक संभावना इसी बात की है इस घटना में जिन कागज के पन्नों के भीग जाने की बात कही गई है वह उसके जीवन की ताजा घटनाओं से सम्बन्धित डायरी के पन्ने रहे होंगे। अतः यह कहना कि अवध से सम्बन्धित घटनाओं के पन्ने गायब हो गए, उचित नहीं होगा। बाबर ने २ अप्रैल १५२८ को अवध में अपने डायरी के उस अध्याय को समाप्त किया था। उसके बाद लगभग ६ महीने के उपरान्त १८ सितम्बर, से डायरी का विवरण पुनः शुरू होता है। इस कारण यही अधिक संभव है कि बाबर ने इस बीच की डायरी लिखी ही नहीं, अथवा यदि लिखी है तो वे पन्ने उपलब्ध नहीं हैं।

बाबर का नाम जहीरुद्दीन मुहम्मद रखा गया था, लेकिन उसका प्यार का नाम 'बाबर' था। वह फरगना के सुल्तान उमर शेख मिर्जा का बड़ा लड़का था। जब वह १२ वर्ष का था तभी उसके पिता की मृत्यु हो गई और उसे फरगना का शासक बनाया गया। लेकिन वह अधिक दिन तक राज्य की रक्षा नहीं कर सका और संघर्ष करते-करते कभी एक क्षेत्र को जीतता और कभी दूसरे पर अधिकार करता। १५०४ ई. में बाबर ने गान्धार तथा उसकी राजधानी काबुल पर अधिकार कर लिया। १५१८-१९ में बाबर ने पंजाब के मीरा किले को जीत लिया लेकिन पंजाब के सूबेदार दौलत खाँ इब्राहिम लोदी के प्रतिरोध के कारण उसे भागना पड़ा। १५२०-२१ में भी बाबर ने एक बार फिर सिंध नदी पार की तथा मीरा तथा स्यालकोट पर कब्जा कर लिया। लेकिन इस बार फिर उसे वापस जाना पड़ा। १५२५ ई॰ के दिसम्बर मास में एक बार पुनः निर्णायक युद्ध के लिए बाबर

ने भारत की ओर कूच किया। अप्रैल १५२६ में पानीपत के युद्ध में इब्राहिम लोदी की मृत्यु हुई और बाबर को भारत भूमि में पैर जमाने का अवसर मिला।

बाबर ने अपनी डायरी में अयोध्या का उल्लेख 'ओध' या 'औध' के नाम से किया है। 'अवध' शब्द अयोध्या से निकला है और सल्तनत काल में उसे अवध कहा जाता था। उसने यह लिखा है कि अवध और बहराइच क्षेत्रों से संयुक्त रूप से १,१७, ०१,३६६ टंका की मालगुजारी प्राप्त होती थी। मालवा को जीतने के बाद उसने चन्देरी का किला जीता और उसके बाद पूर्व की ओर अफगानों पर अपना ध्यान केन्द्रित दिया। २७ फरवरी, १५२८ को वह कन्नौज पहुँचा तथा गंगा पर एक पुल बनाकर उसके दूसरे किनारे आ गया जहां १३ मार्च को एक युद्ध हुआ। इसमें अफगान पराजित हुए और वे भाग खड़े हुए। १६ मार्च को बाबर ने बगर मऊ में एक झील के किनारे शिविर स्थापित किया। वह लखनऊ गया तथा गोमती नदी पार करके २१ मार्च को उसने वहां एक शिविर लगाया। अवध के बारे में अपनी डायरी में वह इस प्रकार लिखता है।[७]

> चीन तीमूर सुल्तान अवध की तरफ जहां तक पहुँच गया था, वह स्थान अवध के करीब था। उसके पास से एक आदमी समाचार लेकर आया कि 'शत्रु सरदा (शारदा) के उस पार मौजूद है। इसलिए सहायता के लिए सेना भेजी जाए।' इस समाचार को पाकर उसकी सहायता के लिए मैंने १००० आदमियों की सेना कराचा की अधीनता में रवाना की।
>
> २८ मार्च शनिवार ७ रजब को हम लोगों ने अवध से लगभग ६ मील के फासले पर गगर (घाघरा) और सरदा के संगम के पास मुकाम किया। उस समय तक शेख बायजीद सरदा के पार अवध के करीब था। उसने चीन तीमूर सुल्तान के पास सन्धि के सम्बन्ध में पत्र भेजे थे, लेकिन सुल्तान उसकी चालों से भली-भाँति परिचित था इसलिए उसने उसके उन पत्रों पर विश्वास नहीं किया और युद्ध की तैयारी करता रहा। जब कराचा एक हजार आदमियों की सेना लेकर सुल्तान के पास पहुँच गया तो उसने तेजी के साथ नदी को पार किया। शेख बायजीद के पास कुल ५० अश्वारोही और तीन-चार हाथी थे, वह युद्ध न कर सका और भाग गया। सुल्तान की सेना ने उसका पीछा किया। कुछ लोग मारे गए और कितने ही आदमियों के सिर काट लिए गए। उन सिरों को मेरे पास भेज दिया गया।
>
> चीन तीमूर सुल्तान के पश्चात् बीखूब सुल्तान, कूज़बेग के भाई तरदी बेग, बाबा चुहरा और बाकी शगावल (मीर बाकी बेग) ने नदी को पार किया। इनके पहले जिन्होंने नदी पार की थी, उन्होंने शेख बायज़ीद का शाम की नमाज के समय तक लगातार पीछा किया। लेकिन वह भागकर जंगल में गायब हो गया।
>
> चीन तीमूर ने रात को किसी तालाब के किनारे मुकाम किया और ठीक आधी रात के समय उसने विद्रोहियों पर आक्रमण करने के लिए प्रस्थान किया। ८० मील की यात्रा करके वह ऐसे मुक़ाम पर पहुँच गया, जहां पर शेख बायज़ीद के परिवार के सभी लोग, रिश्तेदार और नजदीकी प्रियजन ठहरे हुए थे, लेकिन वह किसी को वहां पर पा न सका और उन लोगों के भाग जाने की बात उसको मालूम हुई। इसलिए उसने अपने साथ के सवार सैनिकों को चारों तरफ रवाना किया। बाक़ी शगावल ने कुछ सवारों के साथ एक स्थान पर जाकर शत्रु के कुछ लोगों को घेर लिया और उसके परिवार के करीब पहुँचकर उसने कुछ अफगानों को कैद कर लिया।
>
> अवध और उसके आसपास के स्थानों की व्यवस्था ठीक करने के लिए हमको अपने उसी मुकाम पर कुछ दिनों के लिए ठहर जाना पड़ा। अवध से सात-आठ कोस के फासले पर सरदा नदी के किनारे के एक स्थान के सम्बन्ध में कहा जाता था कि शिविर के लिए वह एक अच्छा स्थान है। मीर मुहम्मद जालावान को इसलिए भेजा कि वह पता लगाकर बताए कि गगर और

सरदा नदियों को किस स्थान से पार किया जा सकता है।

२ अप्रैल – बृहस्पतिवार के दिन १२ रजब को अपने आदमियों के साथ हम शिकार करने के लिए अपने शिविर से गए।

इस प्रकार *बाबरनामा* में २ अप्रैल १५२८ तक की घटनांओं का विवरण मिलता है। लेकिन इससे यह भी स्पष्ट होता है कि उसकी सेना में अन्य सेनापतियों के साथ-साथ बाकी शगावल (मीर बाकी बेग ताशकन्दी) भी था। उसी मीर बाक़ी को अवध की सेना का प्रभारी बनाकर बाबर ग्वालियर की विजय यात्रा पर निकल गया था। लगभग १५ महीनों के बाद अपनी वापसी यात्रा में बाबर ने १० जून, १५२६ ई॰ को गोमती का पड़ाव छोड़ा तथा वहां से दो रातों के पड़ाव के बाद दुलमऊ पहुँचा जहां उसकी सेना ने गंगा को पार किया तथा शिविर लगाया। बाबर ने अपनी डायरी में लिखा है कि –

१३ जून – सोमवार ७ शैव्वाल को बाकी सेना नदी को पार करती रही। पूरी सेना को नदी पार करने में बहुत समय लग गया। अवध की सेना लेकर बाक़ी ताशकन्दी हमारे पास आ गया।[८]

इस प्रकार मीर बाकी ताशकन्दी लगभग एक वर्ष तीन महीने अवध में बना रहा। इतना समय अयोध्या में एक मन्दिर को गिराकर मस्जिद बनाने के लिए पर्याप्त था।

मीर बाक़ी के द्वारा राम-जन्मभूमि पर स्थित मन्दिर को गिराकर मस्जिद का निर्माण कराया गया था। इसकी पुष्टि उस विवादित ढाँचे के ऊपर लगाए गये तीन शिलालेख फलकों से होती है। ये तीनों शिलाफलक अभिलेख विवादित ढाँचे के सामने तीनों गुम्बदों के नीचे छज्जे में लगे हुए थे। इनमें अगल-बगल के दो अभिलेख १६३४ ई॰ के दंगे में नष्ट हो गए बताए जाते हैं। जबकि बीच के गुम्बद के सामने लगाया गया दो मीटर लम्बा पचपन सेण्टीमीटर चौड़ा शिलालेख ६ दिसम्बर, १६६२ तक वहां था और ढाँचे के ध्वस्त हो जाने के बाद उसका पता नहीं चला। ये तीनों ही शिलालेख *इपीग्राफिया इण्डिका के अरैबिक एण्ड पर्शियन सप्लीमेण्ट* में छपे हैं। उनका अनुवाद नीचे दिया जाता है –

१. मध्य मेहराब के दक्षिण का अभिलेख[९]

पंक्ति १. बादशाह बाबर के आदेश से जिसका न्याय आकाश को चूमता एक भवन है,

पंक्ति २. फरिश्तों के उतरने के इस स्थान का निर्माण भाग्यशाली अमीर मीर बाक़ी ने करवाया।

पंक्ति ३. यह चिरस्थायी रहेगा। इसके निर्माण की तिथि इन शब्दों में निहित है 'बवद खैर बाक़ी' (६३५ हिजरी)।

२. मध्य मेहराब के बाईं ओर का शिलालेख[१०]

पंक्ति १. दुनिया के शासक बाबर की इच्छा के अनुसार

पंक्ति २. महल की भाँति ऊँचे भवन

पंक्ति ३. अल्लाह का यह स्थायी घर बनवाया गया

पंक्ति ४. भाग्यशाली अमीर बाक़ी द्वारा। ऐसे भवन का निर्माता सदा बना रहे (तथा) दुनिया और समय का वह शासक भी।

३. मध्य मेहराब का शिलालेख[१२]

पंक्ति १. कलिमा

पंक्ति २. संसार के उस बुद्धिमान (दानश्त) महान् (अकबर) सृष्टिकर्त्ता (खालिक) के नाम जिसका कोई घर नहीं है (लामकानी) के नाम पर। (छन्द १)

उसकी प्रशंसा के बाद (ईश्वर द्वारा) उस चुने गए व्यक्ति को आशीष जो पैगम्बरों का मुखिया है तथा संसार में सर्वश्रेष्ठ है। (छन्द २)

जबसे संसार ने उसके काल में समृद्धि प्राप्त की तब से बाबर-कलन्दर की कथा संसार में प्रचलित है। (छन्द ३)

पंक्ति ३. वह एक ऐसा शक्तिशाली सम्राट् है जिसने कि आसपास की भाँति सातों दुनिया को अपने वश में कर लिया है। (छन्द ४)

उसके दरबार में मीर बाकी नाम का एक मीर मु'अज्जम था जो दूसरा आसफ था (छन्द ५)

वह (मीर बाकी) उसके दरबार में सलाहकार था तथा उसके राज्य का प्रबन्धक था। उसने इस मस्जिद और किले को बनवाया। (छन्द ६)

पंक्ति ४. हे ईश्वर वह (बाबर) इस दुनिया में छत्र, तख्त और जिन्दगानी के साथ हमेशा बना रहे। (छन्द ७)

> इसके बनवाने की शुभ तिथि बवद खैर बाकी (६३५ हिजरी या १५२८ ई०) है। (छन्द ८)
>
> अल्लाह, रसूल और बादशाह की प्रशंसा पूरी हुई। अल्लाह इसका सबूत दे। विनीत लेखक फतुल्लाह मुहम्मद गोरी द्वारा लिखा गया।

इस प्रकार इन आभिलेखिक प्रमाणों के आधार पर यह सिद्ध होता है कि मीर बाकी नामक एक अमीर ने बाबर के आदेश से उस ढाँचे का निर्माण ६३५ हिजरी या १५२८-२६ ई॰ में कराया था। *बाबरनामा* तथा इन अभिलेखों के प्रमाण एक-दूसरे के पूरक हैं। जहां *बाबरनामा* २ अप्रैल, १५२८ की घटना के बाद मौन हो जाता है वहीं ये शिलालेख प्रकारान्तर से यह सूचित करते हैं कि मीर बाक़ी सेना के साथ अवध में १३ जून, १५२६ ई॰ तक लगभग १५ महीनों तक रहा। ये तीनों शिलालेख इन पन्द्रह महीनों में मीर बाकी के कारनामे की सूचना देते हैं।

इसके साथ ही साथ स्थानीय परम्परा भी इस सम्बन्ध में उल्लेखनीय है। अलामा मुहम्मद नजमुल गनी खान रामपुरी ने *तारीख-ए-अवध* नामक एक पुस्तक १६०६ में लिखी थी जिसका संक्षिप्त संस्करण डॉ॰ जकी काकोरवी ने प्रकाशित किया। इस संस्करण के दूसरे खण्ड के पृष्ठ ५७०-७५ पर लिखा है कि –

> सैय्यद आशिकान के संरक्षण में बाबर ने अयोध्या में रामचन्द्र के जन्मस्थान मन्दिर के स्थल पर एक विशाल मस्जिद का निर्माण कराया। सीता की रसोई इसके बगल में है। इस मस्जिद के निर्माण की तिथि खैर बाकी (६३५ हिजरी) है। अब तक इसे सीता की रसोई कहते हैं। इसके बगल में मन्दिर स्थित है। ऐसा कहा जाता है कि इस्लाम की विजय के समय वहां पर तीन मन्दिर थे यथा – जन्मस्थान, जो रामचन्द्र जी का जन्म का स्थान था, स्वर्गद्वार या दरबार तथा त्रेता के ठाकुर। बाबर ने जन्मस्थल को नष्ट करके मस्जिद का निर्माण करवाया।[12]

यह सैय्यद मूसा आशिकान, स्थानीय परम्पराओं के अनुसार बाबर से मिला तथा उसने यह घोषणा की कि बाबर की फतह होगी। मूसा आशिकान को जलालशाह अथवा हजरत कज्जल अब्बास मूसा आशिकान कलन्दर शाह कहा जाता है। वह एक स्थानीय सन्त बाबा श्यामनन्द का शिष्य था। बाबर आशिकान के द्वारा प्रभावित हुआ। आशिकान ने यह इच्छा जाहिर की कि वह सिद्धपीठ (श्रीराम-जन्ममन्दिर) को तबाह करना चाहता है। बाबर ने मूसा आशिकान को खुश करने के लिए सेनापति मीर बाकी को यह काम सौंपा। इस प्रकार साहित्य, अभिलेख तथा परम्परा, इतिहास के तीनों ही स्रोत, इस बात का साक्ष्य प्रस्तुत करते हैं कि अयोध्या में जन्मस्थान एक मन्दिर था जिसको तोड़कर १५२८ ई॰ में एक मस्जिद बना दी गई।

बाबरनामा में कहीं यह उल्लेख नहीं है कि उसने अयोध्या में मुकाम किया था। लेकिन *बाबरनामा* में ३० मई, १५२६ की तिथि में बाबर ने यह उल्लेख किया है कि वह सरयू नदी के किनारे लगभग दस कोस चलने के बाद सरयू के तट पर स्थित किलीरह नामक स्थान पर ठहरा जो फतेहपुर के अधिकार में है। इस 'किलीरह' की पहचान नहीं की जा सकी है। इसके बाद ६३४ हिजरी का एक अंश *बाबरनामा* में आता है जो इस प्रकार है –

> इस मुकाम पर कुछ दिनों तक हम सब लोग आनन्दपूर्वक रहे और उसके बाद गाजीपुर की तरफ जाने की तैयारी की गई। इस स्थान पर अनेक बातें बड़े आराम की थीं। बाग थे, नदी का बहता हुआ साफ जल था, अच्छे भवन थे। आमों के पेड़ों की संख्या अधिक थी और इन वृक्षों पर विभिन्न प्रकार के पक्षी देखने को मिलते थे।[13]

श्रीमती बेवेरिज़ ने यह अनुमान लगाया है कि संभवतः यह स्थान अवध (अयोध्या) रहा होगा जहां बाबर ने ६३४ हिजरी अथवा १५२७-२८ ई॰ में कुछ दिन बिताए थे।[14] बाबर ने उस स्थान का जो विवरण दिया है उसमें आमों के बगीचों, नदी के स्वच्छ जल के साथ-साथ अच्छे भवनों का भी उल्लेख किया है जो मन्दिर अथवा राजमहल हो सकते हैं। यद्यपि यह बहुत अस्पष्ट विवरण है तथा उसके आधार पर यह बहुत निश्चित मत नहीं बनाया जा सकता कि यह विवरण अयोध्या का ही है।

मुगलकाल में भी अवध दिल्ली सल्तनत की भांति एक सूबा रहा तथा निरन्तर संघर्ष और कलह का स्थल भी। अकबर के समय में अवध के सूबे को पाँच सरकारों में बांटा गया था जिनके नाम इस प्रकार थे – १. अवध, २. गोरखपुर, ३. बहराइच, ४. खैराबार और ५. लखनऊ। अवध के प्रदेश में ७,६४० अश्वारोही, ५६ हाथी और १,६८,२५० पैदल सेना रहा करती थी तथा यहां से २०,१७,५८,१७२ दाम (५०,४३,६५४ रुपये) की मालगुजारी की वार्षिक वसूली होती थी। अबुल फजल ने अवध के सूबे, विशेषकर

अयोध्या और उसके आसपास का जो विवरण दिया है वह इस प्रकार है –

> यह मध्यम जलवायु के क्षेत्र में स्थित है। इसकी लम्बाई गोरखपुर सरकार से कन्नौज तक १३५ कोस है। चौड़ाई में उत्तरी पहाड़ियों से इलाहाबाद सूबे की सीमा पर स्थित सिद्धपुर तक ११५ कोस है। इसके पूर्व में बिहार, उत्तर में पहाड़, दक्षिण में मानिकपुर (कड़ा) और पश्चिम में कन्नौज है। इसकी जलवायु अच्छी है। गर्मी और जाड़े औसत पड़ते हैं। इसकी मुख्य नदियां सरू (सरयू), घग्घर (घाघरा), सई तथा गोदी (गोमती) है। प्रथम उल्लिखित नदी में विचित्र प्रकार के जल-जन्तु पाए जाते हैं। कृषि समृद्ध अवस्था में है। विशेष रूप से सुखदास, मधुकर और झनवल चावल अपनी सफेदी, सुगन्ध, कोमलता और स्वाद के कारण अद्वितीय हैं . . . फूल, फल और शिकार की बहुतायत है। जंगली भैंसे असंख्य हैं। अवध (अयोध्या) भारत का सबसे बड़ा नगर है। यह ११८° ६′ अक्षांश तथा २७°२२′ देशान्तर पर स्थित है। प्राचीन काल में यह जनसंकुल क्षेत्र १४८ कोस लम्बा और ३६ कोस चौड़ा था तथा प्रचीन काल का सबसे पवित्र स्थल था।[१५] नगर के बाहर लोग थोड़ी-सी मिट्टी हटाते हैं तथा सोना प्राप्त कर लेते हैं। यह रामचन्द्र का आवास था जो त्रेतायुग में एक अवतार तथा राजा दोनों ही थे।
>
> (अयोध्या) नगर से एक कोस की दूरी पर घाघरा, सई (सरयू या तिलोई) के संगम के आगे किले के नीचे बहती है। शहर के पास ६ और ७ गज लम्बी दो कब्रें हैं। देहातियों का यह विश्वास है कि ये सेथ तथा पैगम्बर जोब की कब्रें हैं तथा उनके बारे में अजीब बातें कही जाती हैं।[१६] कुछ लोगों का कहना है कि रत्नपुर में कबीर की समाधि है जो ईश्वर के एकत्व पर विश्वास करते हैं।[१७] . . . सरयू नदी के किनारे बहराइच एक बड़ा शहर है। इसके चारों ओर खुशनुमा बगीचे हैं। सालार मसूद और रजब सालार दोनों ही यहां दफन हैं। सामान्य जनता के लोग, जो मुहम्मद के धर्म में विश्वास रखते हैं, इस स्थल की पूजा करते हैं और समूहों में हाथ में झंडे लिए दूर-दूर से तीर्थयात्री के रूप में आते हैं। इसमें प्रथम उल्लिखित व्यक्ति महमूद गजनवी (९९९-१०३० ई॰) का रक्त सम्बन्धी था और उसने बहादुरी के साथ युद्ध में अपनी जान दे दी तथा नाम अमर कर गया। दूसरा व्यक्ति सुल्तान फिरोज (फिरोज शाह तुगलक १३५१-८८ ई॰) दिल्ली के सुल्तान का पिता था और यहां पर शहादत करके यश प्राप्त किया। इस शहर के बगल में दोगाँव नाम का एक ग्राम है जहां पर बहुत दिनों से तांबे के सिक्कों की एक टकसाल है।[१८]

इस प्रकार सोलहवीं शताब्दी के अंतिम दिनों में दिए गए अबुल फजल के विवरण से ज्ञात होता है कि अयोध्या अकबर के शासनकाल में भारत का सबसे बड़ा नगर था तथा भगवान राम से इसका सम्बन्ध होने के कारण प्राचीन काल से ही यह पवित्रतम नगर माना जाता था। अबुल फजल ने अपना विवरण केवल प्रशासनिक मामलों तक ही सीमित रखा है और उनके ग्रन्थ को एक प्रकार से *इम्पीरियल गजेटियर* कह सकते हैं जिसके कारण यदि उन्होंने अयोध्या के श्रीराम-जन्मभूमि की मस्जिद का उल्लेख नहीं किया है तो इसे आश्चर्य की बात नहीं माना जा सकता। अयोध्या के बारे में उसने जो सूचनाएं दी हैं वे बहुत महत्त्वपूर्ण हैं। बहराइच के पास तांबे की टकसाल होने का उल्लेख भी महत्त्वपूर्ण है। इसके अतिरिक्त थोड़ी-सी मिट्टी हटाने के बाद सोना मिलने का भी उल्लेख महत्त्वपूर्ण है जिसके बारे में कुछ विदेशी समकालीन यात्रियों ने भी सूचना दी है। बहराइच में सालार मसूद की कब्र के विषय में अबुल फजल की सूचना महत्त्व रखती है। इसके विषय में हम पीछे के पृष्ठों में लिख आए हैं कि सालार मसूद महमूद गजनवी का भांजा था। इसके अतिरिक्त फिरोजशाह तुगलक के पिता रजब सालार की कब्र का उल्लेख भी एक ऐतिहासिक महत्त्व रखता है। अवध अथवा अयोध्या सल्तनत काल से ही एक महत्त्वपूर्ण स्थल ही नहीं वरन् एक बड़ा प्रान्त भी था जो यथार्थतः प्राचीन कोशल का पर्याय था।

अयोध्या के सम्बन्ध में तथा बाबरी मस्जिद के बारे में कई

मुस्लिम और योरोपीय लेखकों ने भी सूचना दी है जिनके विषय में हम आगे उल्लेख करेंगे। लेकिन यहां पर हम बाबर के सम्बन्ध में कुछ उन बातों का उल्लेख करेंगे जिनसे उसकी मानसिकता और काफिरों के बारे में उसके दृष्टिकोण का पता चलता है क्योंकि कुछ आधुनिक इतिहासकार इस विषय में भ्रम फैला रहे हैं। उनके अनुसार बाबर एक बुद्धिमान और बहादुर व्यक्ति था जिसने एक बहुत बड़े क्षेत्र पर विजय प्राप्त करके अपना शासन स्थापित किया था तथा विभिन्न प्रकार की जातियों और समूहों पर उसका शासन था। इस कारण कोई भी शासक अपनी सारी प्रजा को दूसरे धर्म का होने के कारण नष्ट करने की बात नहीं सोच सकता था। बाबर ने अपने पुत्र हुमायूं को जो (जाली) पत्र लिखा था उसमें उसने सभी के साथ समान व्यवहार करने का उपदेश दिया था जिसका ढिंढोरा पीटते हुए कुछ तथाकथित आधुनिक इतिहासकार बाबर की उदार दृष्टि और धर्म-निरपेक्षता अथवा सभी धर्मों का सम्मान करने का उल्लेख करते हैं। यह आलेख जाली है इस बात की अब पुष्टि की जा चुकी है। लेकिन बाबर अपने समय की देन था और किसी भी प्रकार उसको मध्यकालीन प्रवृत्तियों से अलग नहीं किया जा सकता। उसकी झलक उसकी डायरी से प्राप्त होती है।

राणा संग्रामसिंह के द्वारा एक बड़े आक्रमण की बात सुनकर बाबर की सेना में निराशा फैल गई थी। २५ फरवरी, १५२६ ई॰ को बाबर को यह लगा कि उसे शराब पीना छोड़ देना चाहिए। उसने लिखा है कि –

> मैंने कुछ दिन पहले वादा किया था कि अगर मैं राणा सांगा काफिर से युद्ध करके विजय प्राप्त करूंगा तो मैं अपने समस्त राज्यों के मुसलमानों के तमगा अर्थात् स्टैम्प टैक्स माफ कर दूंगा। मदिरा पान से तौबा करने के समय दरवेश मुहम्मद सारबान और शेख जैन ने मेरे वादे की बात याद दिलाई। मैंने उनको उत्तर देते हुए कहा – आपने बड़ी अच्छी याद दिलाई है। मैंने इस बात का वादा किया था कि तमगा की अदायगी से अपने राज्य के सभी मुसलमानों को माफ कर दूंगा।[१९]

राणा सांगा से युद्ध की तैयारी के समय शराब छोड़ने का जो निर्णय बाबर ने किया था उसका फरमान उसके सभी राज्यों में भेज दिया गया। उसके कुछ अंश इस प्रकार हैं –

> बहुत दिनों से मेरे मनोभावों में जो छिपा था वह खुलकर अब मेरे सामने आ गया है। उसी के आधार पर मैंने एक प्रतिज्ञा के साथ संकल्प किया है जो इस प्रकार है –
>
> मैं मदिरापान नहीं करूंगा। उसके पीने के लिए सोने-चांदी के कीमती पात्र छोटे और बड़े बर्तन जो बहुत बड़ी संख्या में थे तोड़वा डाले गए। इसी प्रकार यदि अल्लाह ने मौका दिया और उसकी इच्छा हुई तो मूर्तिपूजकों की मूर्तियों के टुकड़े-टुकड़े कर डाले जाएंगे।[२०]

इस युद्ध का विवरण देते हुए बाबर ने लिखा है कि "हमारा प्रत्येक सैनिक इस्लाम के नाम पर काफिरों की हत्या कर रहा था।"[२१] बाबर ने अपनी डायरी में 'जिहाद' का भी उल्लेख किया है और उसी प्रवृत्ति से युद्ध किया है। यद्यपि उसने किसी मन्दिर के तोड़े जाने और उसके ऊपर मस्जिद के निर्माण किए जाने का उल्लेख अपनी डायरी में नहीं किया है फिर भी इसमें कोई सन्देह नहीं कि अयोध्या में राम-जन्मभूमि का मन्दिर उसके आदेश पर उसके सेनापित मीर बाकी द्वारा तोड़ा गया और उस पर एक मस्जिद का निर्माण कराया गया।

बाबर के बाद औरंगज़ेब के शासनकाल में भी अयोध्या में मन्दिरों को तोड़कर मस्जिदें बनाई गईं। उनमें त्रेता के ठाकुर की मस्जिद विशेष रूप से उल्लेखनीय है। इस समय यह खण्डहर की स्थिति में है।

सन्दर्भ

१. *हिस्ट्री एण्ड कल्चर आव इण्डियन पीपुल*, खण्ड ५, स्ट्रगल फॉर इम्पायर, १९५७, पृ॰ १४।

२. दे॰ विनोद कुमार मिश्र, 'बहराइच में विदेशी आक्रमणकारी का सर्वनाश', *स्मारिका*, भारतीय इतिहास संकलन समिति, उत्तर प्रदेश १९८२, संपा॰ ठाकुर प्रसाद वर्मा, पृ॰ ६४।

३. हन्स बेकर, *अयोध्या*, खण्ड एक, पृ॰ ४६।

४. डॉ॰ मोतीचन्द्र, *काशी का इतिहास*, पृ॰ १०४।

५. *बाबरनामा*, सम्राट् बाबर की आत्मकथा, मूल तुर्की भाषा से मिस्टक लेइडन और विलियम अर्सकिन के अंग्रेज़ी अनुवाद का हिन्दी अनुवाद, रूपान्तरकार केशव कुमार ठाकुर, इतिहासकार, इलाहाबाद १९६८। इस पुस्तक में सभी उद्धरण इसी *बाबरनामा* से दिए गए हैं।

६. उपरोक्त, पृ॰ ६६-६७।

७. उपरोक्त, पृ॰ ४३६-४०।

८. उपरोक्त, पृ॰ ५००।

९. *इपी॰ इन्डि॰*, ए॰ पी॰ एस॰, १९६५, पृ॰ ५६।

१०. उपरोक्त, पृ॰ ६०।

११. उपरोक्त, पृ॰ ५८।

१२. *इवीडेन्स फॉर रामजन्मभूमि मन्दिर* (विश्व हिन्दू परिषद द्वारा भारत सरकार को २३ दिसम्बर, १९९० को प्रस्तुत), पृ॰ ११।

१३. *बाबरनामा*, पूर्वोक्त, पृ॰ ४९८।

१४. ए॰एस॰ बेवेरिज, *बाबरनामा या तुजुक-ए-बाबरी*, (बाबर के संस्मरण), दिल्ली १९७०, पृ॰ ६८०, पाद टि॰ २।

१५. *रामायण*, बालकाण्ड, पञ्चम सर्ग के सातवें श्लोक में भी अयोध्या को १२ योजन लम्बा और ३ योजन चौड़ा नगर कहा गया है।

१६. मुसलमानों का कहना है कि सृष्टि के आरम्भ से ही अयोध्या मुसलमानों के अधिकार में रही है। अल्लाह ताला ने आदम को बनाया और जब उन्होंने शैतान के बहकावे में गेहूँ खा लिया और फिरदौस (स्वर्ग) से गिरा दिए गए तो लंका द्वीप में गिरे। आदम हज करने मक्का जाया करते थे। उनके दो बेटों अयूब (जोब) और शीस (सेथ) की कब्रें अयोध्या में बताई जाती हैं। अबुल फजल ने इसी का उल्लेख किया है। अयोध्या को खुर्द मक्का भी कहा जाता है। थाने के पीछे प्रलय के बाद नूह की कब्र बताई जाती है जो नौ गज लम्बी थी।

१७. शायद रतनपुर मगहर का दूसरा नाम हो।

१८. अबुल फज़ल का *आईन-ए-अकबरी*, खण्ड दो, एस॰ एच॰ जारेड द्वारा अनूदित (दिल्ली, पुनर्मुद्रण, १९७९), पृ॰ १८१-८३।

१९. *बाबरनामा*, पृ॰ ३९७-९८।

२०. उपरोक्त, पृ॰ ३९९।

२१. उपरोक्त, पृ॰ ४१४।

नवाब वज़ीरों के काल में अयोध्या १८५७ ई० तक तथा अयोध्या का ब्राह्मण राजवंश

नवाब वज़ीरों का काल

मुगल साम्राज्य के पतन के दिनों में दिल्ली के बादशाह मुहम्मदशाह का वजीर सआदत खाँ था। उसका एक उप नाम मुहम्मद अमीर बुरहान-उल-मुल्क था। १७३१ ई. में सआदत खाँ ने अवध की सूबेदारी हासिल की। चूँकि वह दिल्ली के बादशाह का वज़ीर था इस कारण स्वतन्त्र हो जाने के बाद भी इस वंश के शासक नवाब वजीर ही कहलाते रहे और नाममात्र के लिए दिल्ली की वरिष्ठता को स्वीकार करने लगे। सआदत खाँ अवध का सूबेदार बनने के बाद भी दिल्ली में चलने वाले षडयन्त्रों और झगड़ों में फंसा रहा। वह अवध में बहुत कम आया। लेकिन अवध पर अधिकार करने के लिए भी उसे स्थानीय प्रतिरोध का सामना करना पड़ा। सबसे प्रबल सामना अमेठी के राजा गुरुदत्त सिंह ने किया था और प्रचलित इतिहास ग्रन्थों में केवल इतना लिखा मिलता है कि सआदत खाँ के दामाद तथा उत्तराधिकारी नवाब सफदर जंग ने राजा गुरुदत्त सिंह पर चढ़ाई की और १८ दिन तक रायपुर के गढ़ को घेरे पड़ा रहा। बाद में राजा गढ़ को छोड़कर रामनगर के गढ़ में भाग गया। अमेठी के राजा गुरुदत्त सिंह के दरबार के कवि कवीन्द्र ने सआदत खाँ और गुरुदत्त सिंह के बीच होने वाले युद्ध का विवरण एक घनाक्षरी छन्द में दिया है।[1]

सआदत खाँ को गंगा के दक्षिणी किनारे असोथर के राजा भगवन्तराय खीचर ने भी चुनौती दी जिसमें खीचर राजा मारा गया।

सआदत खाँ का प्रधानमंत्री दीवान दयाशंकर था।

सआदत खाँ के बाद उसका दामाद मंसूर अली, उप नाम सफदरजंग, अवध का शासक हुआ। उसने भी अपना अधिकांश समय दिल्ली की बादशाहत के झगड़ों में ही बिताया। *सुजानचरित* के लेखक सूदनकवि ने अपनी एक कविता में ऐसे ही एक झगड़े का वर्णन करते हुए लिखा है कि मंसूर अली ने सूरजमल जाट को बुलाकर दिल्ली शहर लुटवाया और बादशाही सेना को परास्त किया।

नवाब सफदरजंग के समय में अयोध्या को काफी प्रधानता मिली। उसका प्रधानमंत्री और सेनानायक इटावा का रहने वाला सक्सेना कायस्थ नवलराय था। नवलराय ने रुहेलों को अवध से मार भगाया लेकिन बाद में फर्रुखाबाद के नवाब वंगश की लड़ाई में धोखे से मार डाला गया। नवलराय वीर होने के साथ-साथ धर्मपरायण व्यक्ति भी था। उसने अयोध्या में नागेश्वरनाथ महादेव के वर्तमान मन्दिर को बनवाया था। लाला सीताराम ने यह लिखा है कि लक्ष्मणजी के मन्दिर के विषय में भी ऐसी कथा प्रसिद्ध है कि उन्हीं दिनों किसी कायस्थ ने बनवाया था। लाला सीताराम ने जो जाँच की उसके अनुसार यही ज्ञात हुआ कि लक्ष्मणजी के मन्दिर को भी बनवाने वाला नवलराय ही था। नवलराय सरजू के तट पर बने जिस मकान में रहता था उसे नवलराय का छत्ता कहते थे। इसके अतिरिक्त इलाहाबाद में भी दारागंज में नवलराय का तालाब प्रसिद्ध था जहां उसके वंशज अभी तक रहते हैं।

अवध के नवाबों की एक विशेषता यह थी कि उन्होंने अपने सेवकों और प्रजा को पूरी धार्मिक स्वतन्त्रता दी थी। नवाब वजीरों के पहले की अयोध्या के विषय में पं॰ माधवराव शुक्ल ने सुदर्शन पत्र में लिखा था कि मुसलमान राज्य में अयोध्या मुसलमान मर्दों के लिए 'कर्बला' बन गई। मन्दिरों की जगह पर मस्जिदों और मकबरों का अधिकार हुआ। अयोध्या का बिल्कुल स्वरूप ही बदल दिया गया और ऐसी आख्यायिका और मसनवी गढ़ी गई जिनसे यह सिद्ध हो कि मुसलमान औलियों और फकीरों का यहां कदीमी अधिकार है।[2]

सफदरजंग के बाद उसका बेटा शुजाउद्दौला बादशाह हुआ। उसने ही फैज़ाबाद नगर को बसाया था और उसे इतना अधिक

सजाया था कि उसकी शोभा देखकर अंग्रेज़ यात्री चकित हो जाते थे। उसने घाघरा के तट पर एक ऊँचा कोट बनवाया। अयोध्या की प्राचीन बस्ती की तुलना में फैज़ाबाद ने एक आधुनिक नगर का रूप ले लिया था जिसके कारण अंग्रेज़ों के काल में अयोध्या के स्थान पर फैजाबाद को वरीयता मिलने लगी और जिले का नाम भी फैजाबाद पड़ा। शुजाउद्दौला ने फैज़ाबाद में तिरपौलिया आदि इमारतें बनवाईं। इसके अतिरिक्त कई बांग भी बनवाए गए जैसे लाल बाग, ऐश बाग, बुलन्द बाग, अंगूरी बाग, राजा झाऊलाल का बाग, आदि। जवाहिर बाग में शुजाउद्दौला की मल्लिका बहू बेगम का मकबरा है।

शुजाउद्दौला ने अंग्रेज़ों के साथ सन्धि कर ली थी। उसके काल में रुहेलखण्ड जीत लिया गया तथा इलाहाबाद और अवध के सूबों में मिला दिया गया। इसी का परिणाम था कि जब अंग्रेजों का शासन हुआ तो वर्तमान उत्तर प्रदेश को 'यूनाइटेड प्रोविन्सेज़ आव आगरा एण्ड अवध' कहा जाने लगा। इस प्रकार अवध के नवाब के सम्पूर्ण शासन – क्षेत्र को अवध नाम मिला।

शुजाउद्दौला के मरने के बाद उसका पुत्र आसफुद्दौला नवाब बना और उसने लखनऊ को अपनी राजधानी बनाया। इस प्रकार नवाब की राजधानी फैज़ाबाद से लखनऊ स्थानान्तरित हो गई । संभवतः इसका कारण शुजाउद्दौला की पत्नी बहू बेगम थी। वह फैज़ाबाद में रहती थी क्योंकि फैज़ाबाद बहू बेगम को जागीर के रूप में दिया गया था। नगर में बहू बेगम का बड़ा आतंक था। जब उसकी सवारी निकलती थी तो अयोध्या और फैज़ाबाद में घरों के किवाड़ बन्द हो जाते थे और जो तिलक लगाए हुए निकलता था उसको दण्ड दिया जाता था। इसी से उस समय का एक दोहा प्रसिद्ध है –

> अवध बसन को मन चहे, पर बसिहैं केहि ओर।
> तीन दुष्ट यहि में रहें, बानर, बेगम, चोर ।।

बहू बेगम की मृत्यु फैज़ाबाद में १८१६ ई॰ में हुई। जिस मकबरे में वह दफन की गई है वह वास्तु की दृष्टि से बहुत महत्त्वपूर्ण है और उसके चारों ओर सुन्दर बगीचा है। शुजाउद्दौला के ही काल की एक अन्य घटना वह है जिसमें ईस्ट इण्डिया कम्पनी के गवर्नर जनरल वारेन हेस्टिंग्स के शासनकाल में बहू बेगम और उनकी सास को अनेक प्रकार के दुःख देकर १ करोड़ २० लाख रुपया अंग्रेज़ों द्वारा ले लिया गया था। जब इंग्लैण्ड में वारेन हेस्टिंग्स पर मुकदमा चला तो उस पर यह भी एक आरोप था।

शुजाउद्दौला की मृत्यु के बाद आसफुद्दौला के शासनकाल में काफी शान्ति रही और आसफुद्दौला का नाम दान देने वालों में विशेष प्रसिद्ध था। आसफुद्दौला के मंत्री टिकैत-राय श्रीवास्तव थे। उन्होंने बहुत छोटे-छोटे पदों से कार्य करना आरम्भ किया था लेकिन अपनी नीति-निपुणता से दीवान के पद पर पहुँचे और राजा की पदवी प्राप्त की। वे दान-पुण्य के लिए भी बहुत प्रसिद्ध थे और शाही खजाने से हजारों रुपये ब्राह्मणों को दिए जाते थे। अयोध्या का हनुमानगढ़ी मन्दिर इन्हीं के प्रयासों से शुजाउद्दौला और आसफुद्दौला के काल में बनाया गया था। टिकैतराय ने एक मस्जि़द और एक इमामबाड़ा भी बनवाया था।

आसफुद्दौला के सेनापति राजा झाऊलाल सक्सेना कायस्थ थे जिनके नाम से एक मोहल्ला लखनऊ में 'झाऊलाल का बाजार' कहलाता है। फैज़ाबाद में झाऊलाल के नाम का एक बाग भी बना था।

वज़ीर नवाब की राजधानी फैज़ाबाद से लखनऊ चले जाने पर भी अयोध्या पर कोई विशेष प्रभाव नहीं पड़ा। महाराजा दर्शन सिंह और उनके दरबारी कायस्थों ने अयोध्या में अनेक मन्दिर वजीर बादशाहों की छत्रछाया में बनवाए जो अब तक विद्यमान हैं।

१८५५ का मुस्लिम उन्माद

नवाब वज़ीर राजवंश का अन्तिम नवाब वाज़िद अली हुआ। इसके समय तक अंग्रेजों का प्रभाव अवध की नवाबी पर पूरी तरह फैल चुका था। नवाब वाज़िद अली शाह के काल में अयोध्या में एक दुर्घटना १८५५ ई॰ में हुई जो राम-जन्मभूमि के संघर्ष प्रकरण में एक और अध्याय जोड़ती है। वैसे इस दुर्घटना का प्रारम्भ हनुमानगढ़ी में एक तथाकथित काल्पनिक मस्जि़द को लेकर हुआ था। लाला सीताराम ने *अयोध्या का इतिहास* में यह लिखा है कि –

> गुलाम हुसैन नाम का एक सुन्नी फकीर हनुमानगढ़ी महन्तों के यहां पलता था। एक दिन वह बिगड़ बैठा और सुन्नियों को यह कहकर भड़काया कि औरंगज़ेब ने गढ़ी में एक मस्जिद बनवाई थी उसे बैरागियों ने गिरवा दिया है। इस पर मुसलमानों ने ज़िहाद की घोषणा कर दी और गढ़ी पर धावा बोल दिया। परन्तु हिन्दुओं ने उन्हें मार भगाया। वे भागकर जन्मभूमि मस्जिद में छिप गए। कप्तान ओर, मिस्टर हर्से और कोतवाल मिर्जा मुनीम बेग ने झगड़ा निपटाने का बड़ा प्रयास किया। बादशाही सेना खड़ी थी परन्तु उसको आज्ञा थी कि बीच में न पड़े। हिन्दुओं ने

फाटक खोल दिया और युद्ध में ११ हिन्दू और ७५ मुसलमान मारे गए। दूसरे दिन नासिर हुसैन नायब कोतवाल ने मुसलमानों को एक बड़ी कब्र में गाड़ दिया जिसे गंज-ए-शहीदां कहते हैं।[३]

इस घटना का विस्तृत विवरण काशी हिन्दू विश्वविद्यालय के डॉ॰ भूपेन्द्रपाल सिंह ने अपने दो लेखों में दिया है। यह घटना मुस्लिम मानसिकता को उजागर करती है और इसके साथ ही अवध के नवाब की तटस्थता और धार्मिक सहिष्णुता पर भी प्रकाश डालती है। इसके अतिरिक्त अंग्रेज़ अधिकारियों की तत्परता का भी इससे ज्ञान होता है जिसके कारण और अधिक रक्तपात रोका जा सका। ऐतिहासिक महत्त्व का होने के कारण इसको विस्तार से देने की आवश्यकता है अतः आगे का विवरण हम डॉ॰ सिंह के इन्हीं अप्रकाशित लेखों के आधार पर दे रहे हैं।[४]

हनुमानगढ़ी का निर्माण अवध के नवाब सफदरजंग तथा शुजाउद्दौला द्वारा प्रदत्त आदेश (१७३६-५४) के अन्तर्गत हुआ था। अवध के नवाब ने इस मन्दिर के निर्माण के लिए भूमि तथा अन्य सहायता उपलब्ध कराई थी जो उस उपकार को चुकाने का प्रयास था जो वैरागी अभयराम ने तत्कालीन मरणासन्न नवाब को जीवनदान देकर किया था। लेकिन ऐसा नहीं लगता कि मुस्लिम कट्टरपंथियों ने इस सौहार्दपूर्ण स्थिति को सरलता से स्वीकार कर लिया था। उनमें बहुत तिलमिलाहट व्याप्त थी। वह एक ऐसे अवसर की प्रतीक्षा में थे जब वे इस वातावरण को दूषित करके अपनी योजनाओं को क्रियान्वित कर सकें। उन्हें इसका मौका हनुमानगढ़ी के निर्माण के ठीक ११६ वर्षों बाद २७ जुलाई, १८५५ को तब मिला जब मुसलमानों ने यह घोषणा कर दी कि वे अगले रोज हनुमानगढ़ी की उस तथाकथित मस्जिद में सामूहिक रूप से नमाज़ पढ़ेंगे। इनका यह आरोप था कि हनुमानगढ़ी में औरंगज़ेब द्वारा बनवाई गई एक मस्जिद थी जिसको राजा दर्शन सिंह और नाज़िम सुल्तानपुर के समय में नष्ट कर दिया गया था। उल्लेखनीय है कि औरंगज़ेब के समय में हनुमानगढ़ी का अस्तित्व ही नहीं था। जो भी हो, शाह गुलाम हुसैन के नेतृत्व में सशस्त्र मुसलमानों ने एकत्र होने और हनुमानगढ़ी पर आक्रमण करने की योजना बनाई। इस घोषणा से हिन्दू जनता में भी आक्रोश फैला। इसकी सूचना अवध के तत्कालीन नवाब वाजिद अली शाह को दे दी गई और उन्होंने तुरन्त नाजिम आगा अली तथा शहर कोतवाल मुनीम बेग को मुसलमानों के इस आरोप की जाँच के लिए आदेश दिए।

अवध के नवाब की तत्परता के उपरांत भी आन्दोलनकारी शान्त नहीं हुए। उन्होंने लगभग ३०० की संख्या में जामा मस्जिद (जन्मभूमि मस्जिद) में एकत्र होकर यह निर्णय लिया कि वे वैरागियों के विरोध में आन्दोलन करेंगे। इस आन्दोलन का प्रारम्भ उन्होंने हनुमानगढ़ी में २८ जुलाई को दिन में दोपहर की आरती के समय जबरदस्ती प्रवेश करके नमाज पढ़ने की घोषणा करके किया। यह देखकर अयोध्या के आसपास के हिन्दू जमींदारों ने भी वैरागियों को सहायता देने का वचन दिया जिसके कारण स्थिति अधिक विस्फोटक हो गई।

वस्तुस्थिति की गंभीरता को देखते हुए, कैप्टन ओर ने २७ जुलाई, १८५५ को अयोध्या के लिए प्रस्थान किया। उन्होंने दोनों समुदायों से भेंट की और उनके बीच समझौता कराने का प्रयास किया। इसमें वे सफल भी हो गए थे। किसी अशोभनीय घटना को रोकने के लिए कैप्टन ओर ने हनुमानगढी में कुछ सैनिकों की नियुक्ति कर दी और स्वयं फैजाबाद लौट आए। इसी बीच कैप्टन हर्से भी फैज़ाबाद पहुँच गए और अगले दिन प्रातःकाल अयोध्या जाकर मुसलमान जनता से अनुरोध किया कि वे राजाज्ञा का पालन करें और अपने ज्ञापन को लखनऊ चलकर नवाब के समक्ष प्रस्तुत करें। लेकिन इसका कोई असर मुसलमानों पर नहीं पड़ा। अन्त में यह आग्रह किया गया कि वे चार-पाँच दिन प्रतीक्षा करें जिससे नवाब को उनके आन्दोलन के सम्बन्ध में सूचित किया जा सके। इसके पीछे यह कूटनीतिक दृष्टि भी थी कि इस बीच में और अधिक सैनिकों और बन्दूकों का प्रबन्ध किया जा सकता था। लेकिन आन्दोलनकारी इस प्रकार के किसी भी अनुरोध को मानने के लिए तैयार नहीं थे। वरन् उन्होंने यह धमकी दी कि वे २८ जुलाई को दोपहर आरती के समय वैरागियों पर आक्रमण अवश्य करेंगे। इस बीच कैप्टन ओर के द्वारा यह निर्णय किया गया कि जैसे भी हो संघर्ष को नए सैनिकों के आने तक टाला जाए और आवश्यकता पड़ने पर १५० सैनिकों से ही किसी प्रकार विद्रोहियों की कार्यवाही का प्रतिरोध किया जाए।

इस बीच मुसलमानों ने जामा मस्जिद में एक द्वार लगाने तथा युद्ध की तैयारी को तेज करने का निश्चय किया। कुछ लोग द्वार लाने के लिए बेगमपुरा मोहल्ला भेजे गए। जब वे दरवाजा लेकर लौट रहे थे तो उनको वैरागियों ने घेर लिया और उनसे इस आक्रामक निर्णय को त्यागने का अनुरोध किया। कुछ ही क्षणों में यह समाचार आग की तरह चारों ओर फैल गया तथा मुसलमान जनता अपने साथियों की सहायता के लिए दौड़ी तथा क्रोध में वैरागियों पर आक्रमण कर दिया। दोनों समुदायों के इस झगड़े ने शीघ्र ही युद्ध का स्वरूप ग्रहण कर

लिया। मुसलमानों ने हनुमानगढ़ी में प्रविष्ट होने का भी प्रयास किया लेकिन असफल होकर पीछे भागना पड़ा। उनके कुछ साथी आहत अवस्था में गढ़ी में ही छूट गए थे। शेष आन्दोलनकारी जो जन्मभूमि मस्जिद में रुके हुए थे उनको बचाने के लिए अंतिम प्रयास के रूप में कैप्टन ओर तथा हर्से ने एक सिपाही द्वारा सन्देश भिजवाया कि उपस्थित आन्दोलनकारी अपने हथियार रखकर विसर्जित हो जाएं। इस पर उन्होंने इनकार किया और कहा कि वे पीछे हटेंगे अपने हथियारों के साथ ही। इस उत्तर-प्रति-उत्तर के आदान-प्रदान में काफी देर हो चुकी थी। तब तक वैरागियों ने हनुमानगढ़ी से निकलकर प्रत्याक्रमण किया और जन्मभूमि मस्जिद में घुसकर मारकाट प्रारम्भ कर दी। अपने लगभग ७५ मृतकों को छोड़कर गुलाम हुसैन अपने कुछ सहयोगियों के साथ मस्जिद की दीवार फांदकर भाग गया।

जब इस झगड़े की सूचना फैज़ाबाद पहुँची तो वहां की मुसलमान जनता में भी उत्तेजना फैल गई और वे भारी संख्या में एकत्र होने लग गए। तहसीलदार मिर्जा आला अली ने उत्तेजित जनसमुदाय को शान्त करने का प्रयास किया तो लोगों से उनका झगड़ा हो गया। बाद में शहर कोतवाल के कहने पर यह जमावड़ा विसर्जित हुआ। दूसरे दिन नायब शहर कोतवाल नासिर हुसैन ने इन मृतकों को एक बड़ी कब्र में दफनाने का प्रबन्ध किया।

गुलाम हुसैन अयोध्या से भागकर फैज़ाबाद के समीप कोन्हाई गाँव में छिप गया था और वहीं से अपने अनुयायियों को हनुमान-गढ़ी पर दूसरे आक्रमण के लिए उत्तेजित करने लगा। अवध राज्य के रेजीडेण्ट ने नवाब से गुलाम हुसैन और उसके सहयोगी मौलवी मुहम्मद सालेह को गिरफ्तार करने तथा भविष्य में उसके लिए जमानत देने का अनुरोध किया। नवाब ने रेजीडेण्ट को हर संभव प्रयास करने का आश्वासन दिया। इस सम्बन्ध में रेजीडेण्ट ने अपने विचार व्यक्त करते हुए कहा कि संघर्ष का मूल कारण असामाजिक तत्त्व गुलाम हुसैन है जो पिछले कई वर्षों से कुछ बदमाशों के साथ आवारा जीवन बिता रहा है और कुछ ही समय पूर्व समीप के एक उद्यान में अपना एक शिविर लगाकर अनैतिक कार्य करने के कारण नगर से निकाला भी गया था। नवाब द्वारा एक विज्ञप्ति प्रसारित करके कहा गया कि जब तक गुलाम हुसैन गिरफ्तार और दण्डित नहीं होता वे संतुष्ट नहीं होंगे।

नवाब ने रेजीडेण्ट को विश्वास दिलाया कि उन्होंने न केवल चकलादार आगा अली खाँ तथा मानसिंह को तुरन्त फैज़ाबाद पहुँचकर झगड़ा सुलझाने की आज्ञा दी है वरन् चार बटालियन सैनिक तथा बीस बन्दूकें भी वहां भेज दी हैं। रेजीडेण्ट ने नवाब को परिस्थिति से मुकाबला करने के लिए कैप्टन ओर, राजा मानसिंह तथा आगा अली खान चकलादार की नियुक्ति करने तथा इस समिति को नवाब के नाम पर निर्णय लेने का अधिकार प्रदान करने की सलाह दी। नवाब ने प्रसन्नतापूर्वक सलाह स्वीकार कर ली और इस सामयिक तथा मित्रतापूर्ण सलाह के लिए रेजीडेण्ट की प्रशंसा की।

इधर लखनऊ नगर में भी इस काण्ड को लेकर बड़ी तीव्र प्रतिक्रिया थी। मस्जिदों की मजलिसों में हिन्दुओं के प्रति घृणा की भावना फैलाई जा रही थी। मुल्लाओं ने अमेठी में इस्लाम का झण्डा गाड़ दिया था तथा मुसलमानों को बड़ी संख्या में एकत्र होने के लिए कहा जा रहा था। हजारों की संख्या में मुसलमान इस कार्य में सम्मिलित होने के लिए तैयार हो गए थे। लेकिन नवाब के सैनिकों ने बहुतों को गोमती नदी पार करके अमेठी जाने से रोका। नवाब ने शहर के महत्त्वपूर्ण क्षेत्रों में सशस्त्र व्यक्तियों के एकत्रीकरण को रोकने के समुचित प्रबन्ध किए और अवध के प्रत्येक जिले में इस आशय की राजाज्ञा प्रसारित करवा दी गई कि कोई भी व्यक्ति किसी भी फिरके, हिन्दू या मुसलमान, को किसी प्रकार की सहायता न करे।

इसी बीच में घटना ने एक और मोड़ ले लिया। कुछ अज्ञात कारणों से नवाब ने हनुमानगढ़ी काण्ड की जाँच के लिए जिन तीन व्यक्तियों का नाम रेजीडेण्ट के सामने रखा था उन्हें बदल दिया। कुछ अन्य व्यक्तियों को जाँच के लिए नियुक्त किया। ये व्यक्ति थे मौलवी निहालुद्दीन, हफीजुल्लाह (दारोगा-ए-अदालत), अली मुहम्मद, फैज़ाबाद के इमाम तथा नगर के काज़ी। इन्होंने हिन्दू तथा मुसलमानों दोनों की गवाहियां लीं और अन्त में हिन्दुओं को दोषी ठहराया। उन्होंने अपने निर्णय में कहा कि तथाकथित स्थान पर एक मस्ज़िद का निर्माण पूर्वकाल में दिल्ली सल्तनत के अन्तर्गत हुआ था और बुरहान-उल-मुल्क के समय में एक ऐसा ही झगड़ा हुआ था और तत्कालीन हिन्दुओं ने यह आश्वासन दिया था कि उन्हें मस्ज़िद की उपस्थिति से कोई मतलब नहीं है। धनीसिंह नामक एक हिन्दू चपरासी ने यह गवाही दी कि उसने नासिरुद्दीन हैदर के मुख्यमंत्री हकीम मेंहदी के समय में इस स्थान पर मस्जिद देखी थी। छेदी नामक एक अन्य हिन्दू ने भी कहा कि उसने अक्सर मस्ज़िद को देखा है।

उपरोक्त व्यक्तियों के बयानों के कारण हिन्दुओं को दोषी ठहराया गया तथा उन्हें मुसलमानों पर अत्याचार और कुरान के अपमान का अपराधी सिद्ध किया गया। हिन्दुओं पर यह भी दोषारोपण किया गया कि उन्होंने बीच की दीवाल, जिसका

निर्माण नवाब वाजिद अली शाह के समय में हुआ था, नष्ट कर दी है। इसके अतिरिक्त यह भी आरोपित किया गया कि संघर्ष में मृत मुसलमानों को मस्ज़िद के दरवाजे के समीप दफनाए जाने के समय उन्होंने शंख बजाए तथा सुअर की बलि दी और मस्जिद के समीप स्थित ख्वाजा मीठे सैय्यद सालार की कब्रों को भी नष्ट किया।

दूसरी ओर रेजीडेण्ट की सलाह पर नियुक्त की गई मूल जाँच समिति ने अपनी पहली बैठक ७ अगस्त, १८५५ को की। अनेक आवश्यक मुद्दों पर विचार करने के पश्चात् यह निर्णय लिया गया कि राजा मानसिंह इस घटना की विशद् रूप से व्यक्तिगत जाँच करेंगे और समिति को अपनी रिपोर्ट देंगे।

राजा मानसिंह ने अपनी जाँच में यह पाया कि वहां पर कोई भी मस्जिद किसी काल में नहीं थी। इसके साथ ही साथ उन्होंने हनुमानगढ़ी के वैरागियों से दो हस्ताक्षरयुक्त सनदें भी प्राप्त कीं जिनमें उन्होंने यह आश्वासन दिया था कि वे जाँच के समय सभी प्रकार का सहयोग देंगे। सनदें रेजीडेण्ट के पास भेज दी गईं।

११ अगस्त १८५५ को समिति ने अपनी रिपोर्ट दी कि नगर में अनेक सुन्नी नेताओं तथा मुसलमानों को सेना की अनुपस्थिति ने बड़ी संख्या में आकर्षित किया है और इन लोगों का यह भी विचार है कि न केवल तथाकथित मस्जिद की स्थापना होगी वरन् उनके मृत साथियों का बदला भी लिया जाएगा। इस समिति ने नवाब के दरबार द्वारा मौलवी निहालुद्दीन इत्यादि अन्य व्यक्तियों की नियुक्ति पर भी क्षोभ प्रकट किया। क्योंकि सर्वप्रथम गठित जाँच समिति के वे ही वैधानिक सदस्य थे। उनके विचार से नवाब द्वारा दूसरी समिति का गठन अपनी ही आज्ञा की खुली अवहेलना थी। रेजीडेण्ट ने भी इन व्यक्तियों की नियुक्ति पर क्षोभ प्रकट किया और नवाब को सलाह दी कि वे अवैधानिक जाँच समिति की कार्यवाही को कोई महत्त्व न दें तथा प्रथम नियुक्त वैध समिति की जाँच की प्रतीक्षा करें। रेजीडेण्ट ने वैरागियों से प्राप्त सनदें भी नवाब को प्रस्तुत कीं जिनको वैरागी पुजारियों ने १० अगस्त, १८५५ को लिखा था। इन पर महन्त बलरामदास, किशनदास, तुलसीदास तथा धनुराम के हस्ताक्षर थे। प्रथम सनद में महन्तों ने लिखा था कि

> गुलाम हुसैन तथा अन्य व्यक्तियों ने हनुमानगढ़ी में मस्जिद की उपस्थिति की बात कही तथा इसी कारण हम लोगों से संघर्ष भी किया। जफरअली, मुहम्मद हुसैन, शेख बुधु आदि अवध निवासियों ने हमसे क्रुद्ध होकर गुलाम हुसैन की सहायता की लेकिन पूर्व मित्रता के आधार पर हम घोषणा करते हैं कि इन व्यक्तियों से हमारी कोई शत्रुता शेष नहीं है और देव हनुमान की शपथ लेकर हम आगा अली खान, कैप्टन ओर तथा राजा मानसिंह आदि को अपना पंच स्वीकार करते हुए यह आश्वासन देते हैं कि अगर हमको कोई पीड़ित नहीं करेगा तो हम अपनी ओर से कोई अशोभन कार्य नहीं करेंगे। समस्त वैरागी, जो कुछ हमने लिखा है उससे सहमत हैं तथा कोई विरोधात्मक कार्यवाही नहीं करेंगे। और जैसा कि हमने पूर्व में किया है जफर अली आदि व्यक्तियों से मित्रवत् व्यवहार करेंगे। अगर लिखित वक्तव्य के विरोध में हम कुछ करें तो दरबार से जो कुछ भी दण्ड मिलेगा हमें स्वीकार होगा।

दूसरी सनद में इन वैरागियों ने कहा था कि

> गुलाम हुसैन आदि व्यक्तियों ने कहा है कि हनुमानगढ़ी में मस्जिद है जिसके कारण हमारे तथा मुसलमानों के बीच संघर्ष हुआ है। कथित तीन महानुभावों की उपस्थिति में, जो जाँच के लिए नियुक्त हुए हैं, हम घोषित करते हैं कि इन महानुभावों की जाँच से अगर हनुमानगढ़ी में मस्जिद की उपस्थिति साबित हो जाए तो हम उनकी बात को मानेंगे और किसी भी मूल्य पर उसका विरोध नहीं करेंगे। इसलिए हम इस घोषणा-पत्र को सबूत के लिए लिख रहे हैं कि उनसे सहमत हैं।

जाँच कमेटी ने फैजाबाद में शुजाउद्दौला के मकबरे में एक जनसभा का आयोजन किया जिसमें अयोध्या तथा फैज़ाबाद के महत्त्वपूर्ण सम्मानित मुसलमानों को अपने विचार प्रकट करने के लिए आमन्त्रित किया। जितने व्यक्ति उस सभा में आए उनमें से किसी ने भी मस्जिद की उपस्थिति की बात नहीं कही। २० अगस्त, १८५५ को समिति ने अपनी समस्त कार्यवाही पूरी कर ली तथा रिपोर्ट रेजीडेण्ट के सामने प्रस्तुत कर दी। समिति ने बताया कि १६ गवाहों में, जिन्होंने इस संबंध में अपनी गवाहियां मौलवी हफीजुल्लाह, निहालुद्दीन तथा सैय्यद अली के समक्ष प्रस्तुत की थीं, ११ इस कमेटी के सामने भी प्रस्तुत हुए पर उनके बयान पहले के बयानों से एकदम विपरीत हैं। मुसलमानों की गवाहियां बहुत कम थीं। समिति को इन थोड़ी-सी गवाहियों को एकत्र करने के लिए बड़ी कठिनाई उठानी पड़ी। सबसे बड़े आश्चर्य की बात तो यह है कि जिस घटना के कारण इतनी उत्तेजना फैली और रक्तपात हुआ, अपनी तथाकथित पवित्र इमारत का सबूत देने के लिए मुसलमान इतनी कम संख्या में आगे आए।

दूसरे पक्ष में महन्तों ने इस बात पर जोर दिया कि गढ़ी में कहीं भी कभी मस्जिद का अस्तित्व नहीं था। उन्होंने कहा कि अगर पिछले २५-३० वर्षों में भी हनुमानगढ़ी में कभी मस्जिद रही होती तो नगर कोतवाल मिर्जा मुनीम बेग ने उसको अवश्य देखा होता जो महन्तों के कथनानुसार गढ़ी में कई बार आए हैं। इसके अतिरिक्त राज मिस्त्री जुम्मन खाँ और उसके पिता ने भी, जो पिछले १६ वर्षों से गढ़ी में मरम्मत का कार्य करते रहे हैं, मस्जिद के अस्तित्व के बारे में इन्कार किया।

समिति ने इस विषय में जानकारी के लिए एक पत्र मुनीम बेग के पास भेजा जिसका उत्तर २७ अगस्त, १८५५ को प्राप्त हुआ। शहर कोतवाल मुनीम बेग ने लिखा कि,

> पिछले तीस वर्षों से मैं अवध राज्य में इस पद पर कार्य कर रहा हूँ। इस अवधि में कभी भी किसी मुसलमान द्वारा इस तथ्य की ओर मेरा ध्यान आकर्षित नहीं कराया गया कि हनुमानगढ़ी में मस्जिद है, न ही दरबार से मुझे किसी प्रकार की जाँच की आज्ञा मिली। जब स्वर्गीय राजा दर्शन सिंह नाजिम थे तब मैं उनके साथ कई बार गढ़ी में महन्तों के साथ घूमा हूँ पर कहीं पर भी मुझे मस्जिद नहीं दिखाई पड़ी। अगर कभी भी मैंने उसको देखा होता तो सरकार को अवश्य सूचित करता।

हनुमानगढ़ी के वैरागियों द्वारा प्रस्तुत सनदों से ज्ञात होता है कि अवध के सूबेदार मंसूर अली खाँ, सफदरजंग तथा अवध के नवाब वजीर शुजाउद्दौला ने अयोध्या में अपने अधिकारियों को आज्ञा दी थी कि वे महन्तों के लिए हनुमानगढ़ी में कुछ इमारतों के निर्माण कार्य में सहायता करें। इन सनदों में कहीं भी हनुमानगढ़ी के भीतर या बाहर मस्जिद के अस्तित्व की कोई चर्चा नहीं है। और यह सोचना कल्पना है कि तत्कालीन अधिकारियों ने मस्जिद को नष्ट किया है। इसके अतिरिक्त सनदों के लेखन काल में अवध में मुसलमानों की संख्या काफी अधिक थी। अगर ऐसी कोई बात होती तो वे अवश्य ही इसका कड़ा विरोध करते। पहली सनद अभयराम वैरागी को नवाब वजीर के स्वास्थ्य लाभ की प्रार्थना करने के एवज में सफदरजंग द्वारा प्रदान की गई थी। दूसरी सनद भी अभयराम वैरागी को शुजाउद्दौला द्वारा प्रदान की गई थी।

मुसलमानों को अपनी बात को साबित करने के लिए अधिक-से-अधिक मौका देने के उद्देश्य से समिति ने २६ अगस्त, १८५५ को हनुमानगढ़ी प्रस्थान किया तथा मौलवी हफीजुल्लाह और अन्य सम्मानित मुसलमानों को इस संदर्भ में आमन्त्रित किया गया और उनको यह निर्देश दिया गया कि वे गढ़ी में मस्जिद वाला स्थान दिखाएं। लेकिन किसी ने इस संबन्ध में कोई रुचि नहीं दिखाई। केवल एक व्यक्ति ने एक ऐसे स्थान पर मस्जिद का अस्तित्त्व बताया जहां इस्लाम धर्म के अनुसार मस्जिद का निर्माण ही असंगत था। उसके बयानों में एक अजीब-सी असंगतता थी।

उपरोक्त सभी बातों पर गंभीरता से विचार करने के पश्चात् समिति ने सर्वसम्मति से वैरागियों के पक्ष में अपना निर्णय दिया जिसका विवरण इस प्रकार है —

> उपरोक्त वर्णित परिस्थितियों को ध्यान में रखकर तथा हनुमानगढ़ी की अनेक बार सावधानीपूर्वक जाँच करने के उपरान्त समिति इस निष्कर्ष पर पहुँचने में असमर्थ है कि गढ़ी में कभी भी मस्जिद विद्यमान थी। इस प्रकार के भवन का छोटा या बड़ा किसी प्रकार का चिह्न वहां नहीं मिलता और न ही वैरागियों के कथन से ऐसा आभास मिलता है कि वहां कभी मस्जिद का अस्तित्व था। अनेक संतोषजनक सबूतों के आधार पर समिति उपरोक्त निर्णय लेने को बाध्य है। वास्तव में दो विभिन्न मतों के भवनों का एक-दूसरे के इतने समीप रहना ही असंभव.सा लगता है। और यह एक आश्चर्यजनक बात है कि मंसूर अली खाँ के समय से और आज तक इतने वर्षों के लम्बे अन्तराल में राजा अथवा प्रजा ने किसी प्रकार की आपत्ति नहीं उठाई। एकमात्र आपत्ति शाह गुलाम हुसैन तथा उसके अनुयायियों द्वारा उठाई गई है। पर क्या उनकी आपत्ति विचार किए जाने योग्य है?

वह स्थान जहां पर मुसलमान मस्जिद होने की बात करते हैं हनुमान मंदिर से केवल १२ गज की दूरी पर है। मस्जिद इतनी कम दूरी पर निर्मित ही नहीं हो सकती है। मन्दिर तथा मस्जिद के बीच का फासला बहुत ही कम पड़ेगा। यह बात २८ अगस्त को नवाब को दी गई पेटिशन में कही गई है।

समिति का निर्णय बहुत संतुलित था। रेजीडेण्ट ने नवाब को इस निर्णय को स्वीकृत करने तथा मुहम्मद हफीजुल्लाह द्वारा की गई जाँच को अस्वीकृत करने की सलाह दी।

जब समिति की रिपोर्ट की सूचना लखनऊ पहुँची तो वहां मुसलमान जनता में उत्तेजना फैलाने की कोशिश की गई। उन्होंने भारी संख्या में एकत्र होकर शपथ ली कि वे इस धार्मिक

कार्य के लिए अपने जीवन की बलि देने के लिए प्रस्तुत हैं। फिरंगी महल के मौलवी ने नेतृत्व किया तथा इस युद्ध के लिए सैकड़ों की संख्या में मुसलमानों का नामांकन किया गया। एक संघर्ष समिति की नियुक्ति की गई जिसमें मौलवी अबदुर्रज्जाक, मौलवी तुरानअली, मौलवी बुरहान-उल-मुल्क, मौलवी हैदर अली तथा मौलवी हमीरुद्दीन उर्फ अमीर अली आदि व्यक्ति थे। मौलवी हमीरुद्दीन उर्फ अमीर अली का चुनाव पांचवें इमाम तथा नेता के रूप में किया गया। अमीर अली ने अपने २०० सशस्त्र साथियों के साथ २ सितम्बर १८५५ को लखनऊ से प्रस्थान किया। उसके रोकने का कोई भी प्रयास नहीं किया गया तथा इसकी सूचना भी प्रधानमन्त्री द्वारा रेजीडेण्ट को ६ सितम्बर के बाद दी गई। इस प्रकार की सूचना को सूचना लिपिक द्वारा प्रसारित भी नहीं किया गया। जबकि २ सितम्बर, १८५५ को शहर छोड़ने की इस घटना का विवरण दर्ज है। उसने तमाम व्यक्तियों के चले जाने तक इस घटना की सूचना को छिपाए रखा।

अमीर अली ने अपना प्रथम शिविर अमेठी में लगाया जहां पर मीर सफदर अली चकलादार ने विद्रोहियों को अपनी शक्ति भर समझाया और आश्वासन दिया कि अगर वैधानिक जाँच द्वारा मस्जिद का अस्तित्व स्वीकृत हुआ तो वे मस्जिद का निर्माण करा देंगे। इतना समझाने के बाद भी वे केवल मौलवी अब्दुल रज्जाक तथा उसके मित्रों को लखनऊ वापस भेजने में सफल हुए। लेकिन अमीर अली को लखनऊ वापस करने के प्रयास में उन्हें असफलता ही मिली।

जब प्रधानमन्त्री को आन्दोलनकारियों की इन गतिविधियों का पता चला तो उन्होंने नवाब से प्रार्थना की कि उनकी इच्छा थी कि इस समस्या को बुद्धिमत्तापूर्वक सुलझाएं। पर हिजड़े इसको पर्दे के पीछे से पेश करा रहे थे। मौलवी अमीर अली बशीरुद्दौला तथा उसके मुख्य सहायक मीर हैदर का सम्बन्धी था। बशीरुद्दौला इस घटना को इतना भड़का देना चाहता था कि जिससे उस पर इस कार्य की जिम्मेदारी न आने पाए। जब इस बात को बशीरुद्दौला ने प्रधानमन्त्री को बताया तो उसने मीर हैदर को अमीर अली के पास बुला लाने के लिए भेजा जिससे वह अपनी स्थिति साफ कर ले। मीर हैदर अमीर अली को प्रधानमन्त्री के पास इस शर्त पर ले आने में सफल हुआ कि उसको सुरक्षित वापस भेजा जाएगा। पर अमीर अली का असंगत व्यवहार परिस्थितियों को देखते हुए प्रधानमन्त्री के संदेहों का संतोषजनक निराकरण नहीं कर सका। अमीर अली लखनऊ आया और अमजद अली के मकबरे में ठहरा। उसको प्रधान-मन्त्री के पास लाया गया तथा प्रधानमन्त्री ने प्रयास किया कि उसके साथ कोई समझौता हो जाए। इसके लिए उन्होंने उसको खिलअत भी बख्शनी चाही। लेकिन वार्ता आगे नहीं चल सकी क्योंकि अमीर अली हनुमानगढ़ी में मस्जिद निर्माण के अतिरिक्त कोई भी बात सुनना नहीं चाहता था। अमीर अली ने अपने पक्ष को बड़े कठोर और अपमानजनक भाषा में प्रस्तुत किया जिससे क्रुद्ध होकर प्रधानमन्त्री ने उसे गिरफ्तार करना चाहा। लेकिन बशीरुद्दौला आदि ने उसके सुरक्षित वापस लाने की शर्त का ध्यान दिलाया जिससे अमीर अली वापस लौट सका। प्रधानमन्त्री ने जनता के नाम विज्ञप्ति जारी की कि वे हनुमानगढ़ी के झगड़े में आन्दोलनकारियों की किसी भी प्रकार की सहायता न करें।

इस प्रकार की आज्ञा के बाद अमीर अली लखनऊ से आन्दोलन को पूर्ण गति से जीवित करने का दृढ़ निश्चय लेकर चल दिया। उसके इस प्रकार चले जाने से दरबार को बड़ी निराशा हुई। नवाब ने ६ सितम्बर को रेजीडेण्ट को यह लिखा कि –

> यह विश्वास किया जाता है कि अमीर अली ने फिर अपने अनुयायियों को एकत्र कर लिया है पर हमने भी उनके विद्रोह को दबाने के लिए पूरी तैयारी कर ली है।

अमीर अली ने अपने शिविर वंसा नामक स्थान पर लगाए तथा भारी संख्या में व्यक्तियों को कथित आन्दोलन के लिए आकर्षित करने में सफल हुआ। सरकार को जब उसकी शक्ति का पता चला तो उसकी प्रगति को रोकने के लिए विशेष कदम उठाए गए। तहसीलदार के नाम उसको रोकने की आज्ञा प्रसारित की गई तथा रमजान अली खाँ तथा मीर सफदर अली आदि व्यक्तियों को उसे वापस लाने के लिए भेजा गया। रमजान अली और सफदर अली विद्रोही मौलवी से मिले तो बातचीत के दौरान मारपीट की नौबत आ गई तथा अमीर अली ने इन दोनों व्यक्तियों को गिरफ्तार कर लिया। ये दोनों लोग तब तक स्वतन्त्र नहीं किए गए जब तक कि उन्होंने मौलवी के समक्ष पूर्ण रूप से समर्पण नहीं कर दिया। प्रधानमन्त्री ने इसके बाद शेख हुसैन अली को भेजा जिसने बड़ी बुद्धिमत्तापूर्वक मीर अली को मुहर्रम तक, जो शीघ्र ही शुरू होने वाला था, अपनी कार्यवाही रोके रखने के लिए राजी कर लिया। उन्होंने अमीर अली को यह भी सुझाव दिया कि नवाब को इस विषय में सोचने का समय मिल जाएगा और उसको इस सम्बन्ध में एक अच्छे उत्तर की भी आशा रखनी चाहिए। इस प्रकार आन्दोलन ६ अक्टूबर तक के लिए स्थगित हो गया तथा मौलवी अपने अनुयायियों के साथ सुहाली जाकर दरबार की अगली कार्यवाही की प्रतीक्षा करने लगा।

इसी दौरान नवाब ने यह प्रस्ताव रखा कि मन्दिर के समीप एक मस्जिद का निर्माण कर दिया जाए जिसका मुँह मन्दिर के एकदम वितरीत दिशा में हो और इसके एवज़ में हनुमानगढ़ी के महन्तों को एक बड़ी जागीर प्रदान कर दी जाए। परन्तु गढ़ी के महन्तों ने नवाब द्वारा दी गई दो सनदों का हवाला देते हुए इस प्रस्ताव का विरोध किया और कहा कि जब प्रत्येक दृष्टि से जाँच करने के बाद वहां पर मस्जिद होने की बात एंकदम निराधार साबित हुई है तो हमसे ऐसा आग्रह क्यों किया जा रहा है। अगर ऐसा किया गया तो हम लोग इस स्थान को छोड़ देंगे। यही नहीं अवध राज्य के प्रत्येक मन्दिर को छोड़ देंगे। रेजीडेण्ट ने भी इस प्रस्ताव का घोर विरोध किया। नवाब ने अपना पक्ष कमजोर जानकार प्रस्ताव पर जोर नहीं दिया।

दूसरी ओर नवाब की ओर से मुसलमानों को समझाने का हर संभव प्रयास किया गया। परन्तु कट्टरपन्थी मुसलमानों पर कोई प्रभाव नहीं पड़ा। उस समय अमीर अली सुहाली में ठहरा था और उसने अवध राज्य के बाहर से अनुयायी एकत्र कर लिए थे। ४ अक्टूबर को रेजीडेण्ट ने गवर्नर जनरल को सूचित किया कि पूरे सितम्बर महीने भर अमीर अली और उसके अनुयायी पूरे क्षेत्र में अराजकता फैलाते रहे हैं । उन्होंने गाँवों के मन्दिरों में शंख बजाने को मना किया और हिन्दुओं पर आक्रमण किया। देवमूर्तियों को दूषित करके तालाब में फेंक दिया और ब्राह्मणों को बेइज्जत करके बाहर भागने को विवश कर दिया। अमीर अली ने सुहाली के निकट के गाँव नवाबगंज के मन्दिरों को नष्ट किया और गायों की कुर्बानी दी। २५ सितम्बर को उसके अनुयायियों ने आसपास के क्षेत्रों में लूटपाट तथा आग लगाने की घटनाएं कीं। गणेशदास वैरागी के घर में आग लगा दी गई। एक गाय को काटा गया तथा एक हिन्दू को इतना पीटा गया कि वह मर गया। हिन्दुओं पर इन अत्याचारों को सुनकर नवाब वज़ीर ने कैप्टन बरबरी को आज्ञा दी कि वह हनुमानगढ़ी की सुरक्षा के लिए अपनी रेजीमेण्ट भेज दें। ७ अक्टूबर को तहावर हुसैन को भी सैनिक अधिकारियों के साथ मुसलमानों को रोकने के लिए भेजा गया।

जनता में एक अफवाह फैली कि एक महीने बाद नवाब हनुमानगढ़ी में मन्दिर के निकट मस्जिद निर्माण की आज्ञा देने जा रहे हैं। मलीहाबाद तथा आसपास के मुसलमान इस युद्ध में सम्मिलित होने के लिए एकत्र हुए थे। लेकिन मौलवी हसन अहमद ने उनको यह कहकर रोक दिया कि वे जेहाद को स्थगित रखें तथा प्रारम्भ तभी करें जब सरकार अपने आश्वासनों को भंग करे।

नवाब इस समस्या का सम्मानजनक ढंग से हल करना चाहते थे इसलिए दोनों समुदायों के लोगों की एक गोष्ठी आमन्त्रित की गई। राजा मानसिंह को वैरागियों को लाने का काम सौंपा गया। एक अन्य अधिकारी आन्दोलनकारियों के नेताओं को लाने के लिए भेजा गया। हिन्दुओं की ओर से महन्त बलरामदास तथा मुसलमानों की ओर से बुरहान-उल-मुल्क, अब्दुल रज़ाक तथा तुराबअली गोष्ठी में उपस्थित हुए। प्रतिदिन बैठकें होती रहीं पर ऐसा लग रहा था कि इसके पूरा होने में महीनों लग सकते हैं। मुसलमान आन्दोलनकारी अस्थिर हो रहे थे और उन्होंने अपने पूर्व कार्यक्रमों के अनुसार आगे बढ़ने तथा हिन्दुओं से बदला लेने का निर्णय किया। मुसलमानों के प्रतिनिधियों ने इस निर्णय के बाद भी विद्रोहियों के शिविर में लौटाने का प्रयास नहीं किया लेकिन उन्होंने गोष्ठी की कार्यवाही से अपने सम्बन्ध तोड़ लिए। इस प्रकार थोड़े समय के लिए गोष्ठी बिना किसी निर्णय पर पहुँचे भंग हो गई। ११ अक्टूबर को वजीर ने हनुमानगढ़ी के झगड़े की जाँच के लिए दूसरी समिति नियुक्त करने की इच्छा जाहिर की। लेकिन तत्कालीन गवर्नर जनरल इसके लिए सहमत नहीं हुए और उन्होंने रेजीडेण्ट को भी इस आशय का कोई प्रस्ताव स्वीकार न करने की आज्ञा दी।

इधर विद्रोही मौलवी अमीर अली को समझाने-बुझाने के तमाम प्रयासों में असफल रहने के बाद नवाब ने धर्म की सीमा में निर्णय की अपेक्षा की। इसके लिए उन्होंने शिया और सुन्नी समुदायों के बड़े धर्म गुरुओं को पत्र भेजे तथा घटना का विवरण देते हुए उनसे निर्णय की अपेक्षा की। शिया समुदाय के बड़े धर्मगुरु मौलाना सैय्यद मुहम्मद के पास भेजे गए पत्र का अंश इस प्रकार है –

> अगर मान लिया जाए कि कुछ धर्मानुयायी मुसलमान यह सोचते हैं कि पूर्वकाल में तथाकथित स्थान पर मस्जिद थी जिसको काफिरों ने दखल कर लिया है जिसके फलस्वरूप उसकी पुनः स्थापना की बात उत्पन्न हुई। पर उनका यह अधिकार शताब्दियों से निष्क्रिय था। वास्तविकता तो यह है कि वर्तमान मनुष्य की स्मरण सीमा में इस तरह की कोई बात नहीं हुई। काफिर इस झगड़े में पञ्चों के निर्णय का सम्मान करने तथा राजा के निर्णय को, जो स्वयं मुसलमान है, मानने की पूरी स्वीकृति देने का आश्वासन देते हैं। लेकिन मुसलमान धर्मानुयायियों ने इन बातों को अस्वीकार करके शस्त्रों की सहायता से काफिरों पर आक्रमण किया। पर असफल होकर पीछे हट गए

> और युद्ध की उत्तेजना में काफिरों द्वारा जहां-तहां मारे गए। ऐसी परिस्थिति में आपके विचार से क्या मुसलमान राज्य के किसी भी व्यक्ति के लिए शस्त्र ग्रहण करना और जेहाद का आह्वान करना धर्मानुसार वैध होगा जबकि सरकार स्वयं जेहाद अथवा कोई धार्मिक युद्ध करना ठीक नहीं समझती है।

धर्मगुरु ने अपने उत्तर में इन परिस्थितियों के अन्तर्गत जेहाद को अनुचित ठहराया। पर यह कहा कि सरकार को एक मस्जिद का निर्माण करना चाहिए जिसे हिन्दू जनता को स्वीकार करना होगा।

नवाब ने इसी प्रकार का एक प्रश्न अदालत-ए-आलिया के सुन्नी मुफ्ती मुहम्मद युसूफ के समक्ष निर्णय के लिए रखा। प्रश्न इस प्रकार था –

> मान लिया जाय कि मुसलमान हनुमानगढ़ी में मस्जिद की आधिकारिक बात करते हैं और हिन्दू उसका विरोध करते हैं जिससे दोनों के बीच रक्त बहता है। इसके उपरान्त भी सरकार आश्वासन देती है कि जाँच के बाद पूरा न्याय होगा पर मुसलमान इस आश्वासन तथा नवाब की आज्ञा को अस्वीकार करते हैं और अपने कार्यों से विमुख नहीं होते तो कानून और धर्म का निर्णय क्या है?

मुफ्ती ने उत्तर दिया कि नवाब की आज्ञा का मुसलमान जनता को सम्मान करना चाहिए।

नवाब ने दोनों उत्तरों को उनके प्रश्नों के साथ पूरे अवध में प्रकाशित कराया और आज्ञा दी कि जेहाद इस्लाम धर्मानुसार अवैध है और इसमें सहायता देने वाले व्यक्ति के साथ कठोर व्यवहार किया जाएगा।

४ अक्टूबर को रेजीडेण्ट द्वारा गवर्नर जनरल के लिए भेजे गए पत्र में अमीर अली की ज्यादतियों का वर्णन है। उसमें यह भी लिखा गया है कि अमीर अली के अनुयायी जैदपुर के सैय्यदों के साथ भी मारपीट पर उतर आए और उनको हनुमानगढ़ी में मस्ज़िद बन जाने तक ताज़िया दफन न करने को बाध्य किया। इस झगड़े में ८ व्यक्ति मारे गए और ६ घायल हुए थे। अमीर अली ने जैदपुर तथा सुहाली के निकट नवाबगंज में मंदिरों को नष्ट किया और जुलाहों की गायों को पकड़कर काटा। अमीर अली की विध्वंसात्मक प्रवृत्ति को देखकर अन्य स्थानो से भी मुसलमान इस आन्दोलन में सम्मिलित होने के लिए आए। २५ सितम्बर को कुछ मुसलमानों ने अपना ताज़िया दफन नहीं किया और दूसरे दिन भी लगभग २०० की संख्या में एकत्र होकर लूटमार तथा आग लगाने की घटनाएं कीं। हिन्दुओं पर इन अत्याचारों को सुनकर प्रधानमन्त्री ने कैप्टन बरबरी को अपनी रेजीमेण्ट अयोध्या भेजने का आदेश दिया। ७ अक्टूबर को तहावर हुसैन को भी सैनिक अधिकारियों के साथ विद्रोहियों के दमन के लिए भेजा गया। १७ अक्टूबर को रेजीडेण्ट ने गवर्नर जनरल को सूचित किया कि विद्रोही मौलवी अपने ३५० अनुयायियों के साथ सुहाली से बंसा की ओर बढ़ रहा है और हुसैन अली और कारिन्दा नवाब अली भी ४०० अनुयायियों के साथ आगे बढ़ रहे हैं। लेकिन अवध के प्रधानमन्त्री नवाब अली से अपनी मित्रता के आधार पर आश्वस्त थे कि उनके कहने पर वह अमीर अली का विरोध करेगा। वह इससे भी आश्वस्त थे कि मसौली के जमींदार शुजातअली तथा जहाँगीराबाद के रजा बख्श ने विद्रोहियों द्वारा प्रेषित नवाब के विरोध का प्रस्ताव ठुकरा दिया था।

जब महन्तों ने मुसलमानों के इन अत्याचारों तथा विद्रोहियों के अयोध्या की ओर बढ़ने का समाचार सुना तो उन्होंने भी हनुमानगढ़ी के परकोटों की मरम्मत की तथा दीवारों में छोटे-छोटे छेद किए और अनाज आदि की व्यवस्था की। हिन्दू राजाओं से भी सहायता के लिए अपील की गई और कई महत्त्वपूर्ण हिन्दू राजाओं ने वैरागियों की सहायता करना स्वीकार किया। बहुत से राजाओं ने सहयोग के पत्र तथा धन-सम्बन्धी सहायता भेजी जिसमें बंसा, प्यारेसपुर, रामनगर धमेरी के राजा तथा देखा की रानी आदि और ग्वालियर तथा जोधपुर के महाराजा मुख्य थे।

१६ अक्टूबर १८५५ को अमीर अली ने बसा से दरियाबाद के लिए प्रस्थान किया और नवाब की सेनाओं से युद्ध करने का निर्णय लिया। लेकिन इसके पूर्व उसने प्रधानमन्त्री के पास एक प्रतिनिधिमंडल भेजकर पूछा कि नवाब का हमारे विरोध में सेना भेजना क्या उचित है? इसके उत्तर में अंतिम प्रयास के लिए प्रधानमन्त्री ने मौलवी युसूफ, अबुल हसन, महबूब अली, हैदर अली तथा मुफ्ती सदाउल्लाह आदि कई विद्वानों को विद्रोहियों के पास भेजा। इस प्रतिनिधिमंडल को अमीर अली से भेंट करने में बड़ी कठिनाई उठानी पड़ी। इन मौलवियों ने नवाब की आज्ञा का स्मरण कराते हुए इस जेहाद को अवैध ठहराया। इस वार्ता का प्रभाव अन्य विद्रोहियों पर अच्छा पड़ा और लगभग एक हजार व्यक्तियों ने अपने नेता का साथ छोड़ दिया। अमीर अली ने जब सरकार का कड़ा रुख देखा और अपने साथियो को भागते हुए देखा तो वह बहुत डर गया। उसने अपनी पगड़ी

नवाब के पास भेजी और कहा कि वह इस आश्वासन पर लखनऊ लौटने को तैयार है कि वे तुरन्त मस्जिद का निर्माण करवा दें। और अगर नवाब किसी कारणवश इस प्रकार का आश्वासन दे सकने की स्थिति में न हो तो इस झगड़े की फिर से जाँच करवाएं। इस याचिका का उत्तर नवाब ने इस प्रकार दिया। –

> तुम सुन्नी हो हम शिया हैं और नगर तथा राज्य में मुसलमानों के नेता हैं। तुम्हें हमारे पास इस प्रकार की भाषा में पत्र लिखने की हिम्मत कैसे हुई? अगर जाँच से हम सन्तुष्ट हुए भी कि वहां पर कभी मस्जिद थी तो भी यह हम पर निर्भर करता है कि मस्जिद का निर्माण होगा अथवा नहीं। पर तुम किस अधिकार से इस मामले में अपने को शामिल करते हो।

इसी दौरान प्रधानमन्त्री ने रेजीडेण्ट से दूसरी समिति नियुक्त करने का अनुरोध किया जिसमें नवाब के स्वयं प्रमुख होने की बात थी। रेजीडेण्ट ने नवाब के ग्रन्थागार की एक पुस्तक की चर्चा की जिसकी रचना बहादुरशाह के समय १७०७ में हुई थी। इस पुस्तक में हनुमानगढ़ी में मस्जिद होने का उल्लेख था। रेजीडेण्ट ने इतने वर्षों के बाद फिर से इस किस्से को उभाड़ने की चर्चा को नितान्त अनावश्यक तथा अव्यावहारिक बताते हुए कहा कि –

> अगर कोई मस्जिद उस स्थान पर थी भी तो अवश्य ही वह वर्तमान अवध राजवंश के पूर्व में रही होगी। अगर इस घटना को फिर से उभाड़ा गया तो फैजाबाद, बनारस, मथुरा अथवा कहीं की भी हिन्दू जनता सरकार से यह अनुरोध करेगी कि जिन स्थानों पर हिन्दू मन्दिरों और पूजा.स्थलों को गिराकर बनाई गई मस्जिदें वर्तमान हैं उनको तोड़कर फिर से मन्दिर का रूप दिया जाए। इस प्रकार एक अन्तहीन प्रक्रिया शुरू हो जाएगी।

रेजीडेण्ट का यह उत्तर कितना बुद्धिमत्तापूर्ण और दूरदर्शिता से युक्त था यह आज के सन्दर्भ में देखने पर स्पष्ट हो जाता है। लेकिन मुसनमानों की मनःप्रवृत्ति इसके विपरीत थी। प्रधानमन्त्री ने रेजीडेण्ट के इस उत्तर पर आश्चर्य व्यक्त किया कि रेजीडेण्ट दोनों स्थितियों को समान समझते हैं। उनके विचार से ये दोनों एकदम भिन्न बातें हैं। उन्होंने लिखा कि –

> क्या अन्तर पड़ता है यदि दर्जन भर मन्दिर तोड़कर मस्जिदें बना दी जाती हैं? लेकिन मस्जिद तोड़ने का कार्य तो घोरतम अपराध है और हमेशा से इसका दण्ड मृत्यु रहा है।

रेजीडेण्ट ने प्रधानमन्त्री को बताया कि कम्पनी सरकार इस बात को कभी स्वीकार नहीं कर सकती कि उनकी प्रजा के एक भाग को दूसरे के लिए कष्ट दिया जाए। रेजीडेण्ट ने दरबार को चेतावनी दी कि वह इस प्रकार के विचारों को त्याग दे क्योंकि यह कभी पूरा नहीं होगा।

उधर ७ नवम्बर को मौलवी अमीर अली और उसके अनुयायियों ने रुदौली की ओर प्रस्थान किया। इस स्थान पर कैप्टन बर्लो ने अमीर अली को वापस लौटने के लिए कहलाया और उसको अंतिम चेतावनी दी कि अगर वह आगे बढ़ने की चेष्टा करेगा तो वे गोली चलाएंगे। लेकिन मौलवी ने इसकी परवाह नहीं की। दोपहर की नमाज और खाने के बाद विद्रोही घनी पंक्तियों में आगे बढ़ने लगे। ६ पौण्ड वाली दो तोपों, जो सेना के साथ थीं, को विद्रोहियों की दिशा में कर दिया गया। तोपों के पीछे पैदल सैनिक थे। जैसे ही विद्रोही तोपों की मारक सीमा में आए गोली तथा तोप चलाने की आज्ञा दे दी गई जिसका प्रत्युत्तर भी तुरन्त मिला। कुछ ही चक्र गोली चलने के बाद वह स्थान धुएं से भर गया जिसका सहारा लेकर विद्रोही रुदौली जाने वाली सड़क के किनारे गड्ढों में उतर गए। *अफजलउत्तवारीख* में लिखा है कि अमीर अली को लड़ाई बन्द करने की आज्ञा दी गई थी जिस पर अमीर अली ने कैप्टन बर्लो पर गोली चला दी जो उसको नहीं लगी। लेकिन इससे युद्ध शुरू हो गया। सेना की बाईं ओर एक गन्ने का खेत था और विद्रोहियों के बाईं ओर एक टीला था। विद्रोहियों ने यह सोचकर कि सर्वप्रथम सेना की तोप पर कब्जा कर लिया जाए एक बारगी तलवार लेकर तोपचियों पर टूट पड़े लेकिन सैनिकों ने उनका जमकर मुकाबला किया। भीषण संघर्ष के बाद आक्रमणकारी मारे गए। बाकी विद्रोही दाहिनी ओर टीले के पीछे छिप गए और छिपने के स्थान से गोली चलाते रहे। कैप्टन बर्लो ने अपने अधीनस्थ अधिकारियों से दो कम्पनी सैनिक ले जाकर विद्रोहियों को उखाड़ने की आज्ञा दी, जिसका तुरन्त पालन हुआ। तोपों की मार और गोलीबारी के बीच संघर्ष दो घण्टे तक चला। सैकड़ों घायल मुसलमान भाग खड़े हुए। बहुत से तो पहली गोली चलने के साथ ही मैदान छोड़ गए थे। अमीर अली एक सैनिक की तलवार से मारा गया। ८ नवम्बर को प्रातःकाल कैप्टन हर्से ने दरियाबाद जाते समय देखा कि नजदीक के गाँव में मुसलमानों ने पाँच बड़े और गहरे गड्ढे खोद लिए थे जिसमें वह मृतकों को दफना रहे थे।

कहा जाता है कि अवध राज्य में इतनी भयानक लड़ाई पिछले कई वर्षों में नहीं हुई थी। मुसलमान विद्रोहियों ने अपनी शक्तिभर सब कुछ किया। लेकिन तोपों और बन्दूकों के सामने वे टिक नहीं सके। नवाब की सेना की कुल संख्या तीन सौ थी और यह कल्पना की जा सकती थी कि क्या हो सकता था। तमाम योरोपीय अफसर बाल-बाल बच गए थे और कोई भी मरा अथवा घायल नहीं हुआ था। मृतकों की संख्या चार-पाँच सौ के आसपास रही होगी। *अफजलउत्तवारीख* के आधार पर ६३५ विद्रोही तथा १०० हिन्दू मारे गए थे।

लड़ाई समाप्त हो जाने पर बची हुई विद्रोही सेना प्रतिदिन २२ मील की गति से अपने मृतकों तथा घायलों को लेकर मुहम्मदपुर की ओर भागी। नवाब की सेना में १६ सैनिक मारे गए थे तथा ८३ घायल हुए थे। इसमें से १० मृतक तथा ५६ घायल कैप्टन बर्लो की बटालियन के थे। बाकी ६ मृतक तथा २४ घायल कैप्टन हुसैन अली, शीतला बख्श, ठाकुर सिंह तथा गोण्डा के तालुकदार राजा शेरबहादुर की रेजीमेण्ट के थे।

सावधानी के लिए प्रधानमन्त्री ने राज्य के सभी सरकारी अफसरों को कड़ी आज्ञा दी कि वे अपने जिले में दस से अधिक व्यक्तियों का जमाव न होने दें तथा हनुमानगढ़ी से सम्बन्धित निर्णय का विरोध करने वाले आन्दोलन को कठोरता से दबा दें।

इस प्रकार एक अस्तित्वहीन मस्जिद को आधार बनाकर किए गए संघर्ष का पटाक्षेप हुआ। इस सारे प्रकरण में सर्वाधिक महत्त्वपूर्ण प्रश्न यह है कि अंग्रेज़ों ने अवध के मुसलमान नवाब द्वारा रखी गई मस्जिद निर्माण की योजना का विरोध क्यों किया और उन्होंने हिन्दुओं का साथ क्यों दिया। वे बड़ी सरलता से नवाब तथा मुसलमानों की इच्छा पूरी करने मे सहायक बन सकते थे। वास्तव में अंग्रेज़ काफी दूर की सोच रहे थे। वे अपने को भारत का भावी शासक समझ रहे थे। अवध के रेजीडेण्ट द्वारा गवर्नर जनरल को भेजे गए गुप्त आलेख में यह लिखा था कि यदि किसी मस्जिद का निर्माण हुआ तो वह मुसलमानों के इस आरोप को सिद्ध करेगा कि हनुमानगढ़ी में मस्जिद तोड़ी गई थी, जो कि एक निराधार बात थी। इसके अतिरिक्त यदि मस्जिद का निर्माण होता तो हिन्दू जनता भी अयोध्या, मथुरा, वाराणसी आदि प्रसिद्ध धार्मिक स्थलों पर मन्दिर तोड़कर बनाई गई मस्जिदों के पुनर्निर्माण की मांग करने लगेगी, जो पूर्णतया तर्कसंगत होगी। ऐसी कोई स्थिति न बनने पाए इसको ध्यान में रखकर अंग्रेज़ों ने नवाब की योजना को दृढ़ता से अस्वीकार कर दिया और उन्हें चेतावनी दी कि उनकी सरकार इस बात को कभी स्वीकार नहीं करेगी कि उनकी प्रजा के एक भाग को, ऐसी मस्जिद के बदले, जो न कभी बनी थी और न टूटी, एक नई मस्जिद का निर्माण करके कष्ट दिया जाए। उन्होंने नवाब को स्पष्ट कर दिया कि वह इस प्रकार के विचारों को त्याग दें क्योंकि वे कभी पूरे नहीं होंगे। उन्होंने यह भी सत्य ही कहा था कि इससे एक अन्तहीन प्रक्रिया प्रारम्भ हो जाएगी। इसके अतिरिक्त एक और बात थी। अंग्रेज़ यह जानते थे कि देश में हिन्दू और मुसलमान दोनों ही बड़ी संख्या में रहते हैं। मुसलमान अधिकतर प्रबल हैं तथा राज्यों के स्वामी होने के साथ धार्मिक रूप से उन्मादी भी हैं। इस देश पर शासन करने के लिए दोनों ही समुदायों को आपस में न मिलने देने में ही उनका हित है। अवध का नवाब मुसलमान होने के साथ अंग्रेज़ों के दबाव में भी था। कम्पनी के रेजीडेण्ट ने अपने इस प्रभाव का उपयोग किया तथा साथ ही हिन्दुओं का साथ देकर उनकी सहानुभूति भी प्राप्त की। इसका परिणाम यह हुआ कि १८५७ के स्वातंत्र्य समर में राजा मानसिंह ने अंग्रेज़ों का साथ दिया और अनेक अंग्रेज़ महिला-पुरुषों की जान बचाई। बाद का इतिहास साक्षी है कि जब हिन्दू प्रबल हो गए तो अंग्रेज़ों ने मुसलमानों का साथ दिया।

दूसरी ओर जहां तक अयोध्या में मुसलमानों का प्रश्न है, कट्टरपंथियों ने मस्जिद ही नहीं मजारों को भी अपनी स्वार्थसिद्धि का साधन बनाया था। अयोध्या क्षेत्र में गृहस्थों के बसने की परम्परा न होने के कारण वहां आवासीय स्थल लगभग नगण्य थे। परिणामस्वरूप यह नगर केवल मन्दिरों एवं मठों के लिए सुरक्षित क्षेत्र बन गया था। परन्तु इन छोटे-बड़े मन्दिरों-मठों की उपस्थिति के उपरान्त भी अयोध्या का एक विस्तृत भू-भाग खाली था जहां भविष्य में मन्दिरों का निर्माण सम्भव था। अवध के नवाब के उच्चपदस्थ हिन्दू अधिकारियों ने इन क्षेत्रों में मन्दिरों के निर्माण का सिलसिला भी जारी किया था। यह स्थिति मुसलमान कट्टरपंथियों को सहन नहीं थी। उन्होंने अयोध्या में इस प्रकार सम्भावित विस्तार को रोकने के लिए एक ऐसी योजना बनाई जिसकी कोई भी मिसाल नहीं मिलती। मौलवियों ने इस नगर को 'खुर्द मक्का' (छोटी मक्का) घोषित कर दिया। वे जानते थे कि अवध (अयोध्या) अति प्राचीन काल से ही भारत का सबसे प्रमुख और बड़ा नगर रहा है। वह पहले बड़े-बड़े साम्राज्यों की राजधानी रहा और बाद में सूबे की राजधानी रहा है। मुस्लिम शासनकाल में अवध (प्रान्त) और हिन्दुस्तान पर्यायवाची शब्द बन गए थे। इस कारण इस नगर पर आबादी की दृष्टि से ही नहीं धार्मिक दृष्टि से भी मुसलमानों का कब्जा रहना आवश्यक समझा जा रहा था।

अयोध्या का बिल्कुल स्वरूप ही बदल दिया गया। ऐसी आख्यायिकाएं और मसनवी गढ़ी गईं कि जिनसे यह सिद्ध हो कि मुसलमान औलिये फकीरों का यहां कदीमी अधिकार है। आदम यहीं के थे तथा उनके दो बेटों अयूब और शीस की क्रमशः छः और सात गज लम्बी कब्रें यहां बताई गईं। थाने के पीछे नौ गज़ लम्बी कब्र तूफान वाले नूह की बताई जाती है जिसे गंज-ए-शहीदाँ कहते हैं। लेकिन यह गंज-ए-शहीदाँ वास्तव में १८५५ के संघर्ष में मारे गए उन ७५ मुसलमानों की सामूहिक कब्र है जिन्हें यहां दफना दिया गया था। लेकिन जनता में इन्हें तूफान वाले नूह की कब्र कहकर प्रचारित किया गया। अयोध्या बड़ी मक्का के बाद दूसरा पवित्र स्थल 'खुर्द मक्का' बना दी गई जिससे धर्मान्तरित स्थानीय क्षेत्रों के मुसलमान, जो पहले हिन्दू थे तथा परम्परागत रूप से रामनवमी आदि त्यौहारों पर अयोध्या की तीर्थ-यात्रा पर जाने की आदत पाले हुए थे, अपने नए धर्म के अनुरूप भी इस स्थान की तीर्थ-यात्रा कर सकें। यद्यपि यह योजना यहां बहुत सफल नहीं हो सकी किन्तु बहराइच में बालार्क मन्दिर के स्थल पर बाले मियां की मजार (?) पर एकत्र होने की परम्परा अभी तक प्रचलित है। एक दूसरा उपाय (?) जो किया गया वह यह था कि एक फतवे द्वारा यह घोषित किया गया कि प्रत्येक मुसलमान का यह फ़र्ज बनता है कि मरने के बाद वह इस पवित्र भूमि में दफन हो। परन्तु कुछ समय के बाद ही मौलवियों को इस फतवे की व्यावहारिक त्रुटि का अहसास हो गया कि बाहर के सभी मुसलमानों का यहां दफन हो सकना व्यावहारिक नहीं होगा अतः इस फतवे में थोड़ी तरमीम की गई। एक दूसरे फतवे में कहा गया कि प्रत्येक मुसलमान का यहां दफन होना फ़र्ज है लेकिन यदि सम्भव न हो तो मृतक का कोई वस्त्र, आभूषण आदि दफनाने के लिए भेजें। इस प्रकार अयोध्या में खाली या मसनवी कब्रों का सिलसिला शुरू हो गया तथा अधिकृत कब्रिस्तानों के बाहर भी अयोध्या में खाली कब्रों का अम्बार लग गया। इस सारे षडयंत्र के पीछे भावना यह थी कि अयोध्या की अधिक.से.अधिक खाली भूमि को मजहबी दखल में ले लिया जाए जिससे दूसरा समुदाय उस पर अपने मन्दिर आदि न बना सके।

इस विवेचना से अवध के प्रधानमंत्री का वह कथन भी मुसलमानों की मानसिक प्रवृत्ति को दर्शाता है कि –

> क्या अन्तर पड़ता है कि अगर दर्जन भर मन्दिर तोड़कर मस्जिद बना दी जाती है? पर मस्जिद तोड़ने का कार्य तो घोरतम अपराध है और सदा से इसका दण्ड मृत्यु रहा है।

जिस शासन में सबसे बड़े अधिकारी की यह मनोवृत्ति रही हो उससे न्याय की आशा नहीं की जा सकती थी।

अवध के नवाब वजीरों के शासनकाल में जिस तेजी से राजनीतिक घटनाएं हुईं तथा परिस्थितियों ने जो मोड़ लिया उससे अयोध्या का महत्त्व बहुत घट गया। सआदत खां के अवध का हाकिम नियुक्त होने तक तो अयोध्या का महत्त्व बना रहा। इसके पूर्व तक सभी मुस्लिम सूबेदार अयोध्या को ही अपना केन्द्र बनाकर शासन कार्य चलाते रहे। सआदत खां के बाद उसका दामाद मन्सूर अली, उपनाम सफदरजंग, अवध का शासक हुआ। ये दोनों ही प्रायः दिल्ली दरबार में अपना समय बिताते थे। सफदरजंग के पुत्र शुजाउद्दौला ने अयोध्या से तीन मील पश्चिम में फैज़ाबाद नगर बसाया। उसकी मृत्यु के बाद उसकी विधवा बहू बेगम को फैज़ाबाद जागीर देकर उसके पुत्र आसफुद्दौला ने अपनी राजधानी लखनऊ बनाई। इस प्रकार अयोध्या का महत्त्व कम हो गया और फैज़ाबाद तथा लखनऊ केन्द्रीय नगर बन गए। बाद में ब्रिटिश ईस्ट इण्डिया कम्पनी द्वारा शासित क्षेत्र जब १८५७ के संघर्ष के बाद ब्रिटिश साम्राज्य का अंग बन गया तब लखनऊ को आगरा और अवध के संयुक्त प्रान्त की राजधानी बनाया गया। अयोध्या एक जिले का भी केन्द्र नहीं रह गया और उसका स्थान फैज़ाबाद को दे दिया गया। इस प्रकार अयोध्या एक छोटे कस्बे या नगर की स्थिति को पहुँच गया। यदि अवध के नवाबी काल में ये घटनाएं न हुई होतीं तो अयोध्या ही उत्तर प्रदेश की राजधानी बनी होती।

अयोध्या का वर्तमान राजवंश

इस अध्याय को समाप्त करने के पूर्व दो शब्द अयोध्या राज्य और अयोध्या के वर्तमान राजवंश के विषय में भी कहना उचित होगा। पिछली चर्चा में राजा मानसिंह का नाम आया है जिन्होंने हनुमानगढ़ी विवाद को सुलझाने में महत्त्वपूर्ण भूमिका निभाई थी। महाराजा मानसिंह इस वंश के पहले प्रसिद्ध राजा हुए। इनका पूरा नाम हनुमानसिंह था तथा ये शाकद्वीपी ब्राह्मण थे। इनके पूर्वज गंगा के किनारे विलसिया या विलासू ग्राम के रहने वाले थे। ये गर्ग गोत्र के तथा द्वादशादित्य शाखा के ब्राह्मण थे। कहा जाता है कि विलासी ग्राम के एक पण्डित को बादशाह अकबर ने मझवारी गांव की जमींदारी दी। अकबर की मृत्यु के बाद मझवारी के पुराने जमींदारों ने डाका डालकर सभी पाठकों को मार डाला। केवल एक गर्भवती स्त्री किसी प्रकार बच निकली। कहा जाता है कि बाद में उसे दो जुड़वा बच्चे पैदा हुए जिनके नाम मधुसूदन पाठक और टिकमन पाठक रखे गए। बड़े

होने पर इन दोनों ने औरंगज़ेब के दरबार में फरियाद की जिसने इन्हें मझवारी के अतिरिक्त ६६ गांव और दिए तथा चौधरी की उपाधि प्रदान कर वापस भेज दिया। बाद में मुर्शिदाबाद के हाकिम नवाब कासिम अली खां के शासनकाल में मझवारी की जमींदारी भी नष्ट हो गई तथा महाराजा मानसिंह के प्रपितामह अपना देश छोड़कर गोरखपुर जिले में बिडहल के पास नरहर गाँव में बस गए। उनके पुत्र पुरन्दर राय पाठक अपनी ससुराल पलिया गाँव में जाकर बस गए।

पुरन्दर राय पाठक के पांच पुत्र थे ओरी, शिवदीन, दर्शन, इच्छा और देवी प्रसाद। ओरी ने १४ वर्ष की अवस्था में ईस्ट इण्डिया कम्पनी की नौकरी कर ली। एक बार अवकाश लेकर लखनऊ घूमने आए तो अवध के नवाब सआदत अली खाँ की नजर ओरी पर पड़ी जो अच्छे डीलडौल के सुन्दर नवयुवक थे। लखनऊ के रेजीडेण्ट डेली साहब को पत्र लिखकर नवाब ने ओरी को ८ सवारों का दफादार बनाकर अरदली रख लिया। एक बार ओरी ने नवाब पर आक्रमण करने वाले को मारकर उनकी जान बचाई जिस पर उसे पलिया की जमींदारी देकर सौ सवारों का अफसर नियुक्त किया गया। बाद में वे रिसालदार बना दिए गए और उनका नाम बख्तावर सिंह कर दिया गया। बाद में गाजीउद्दीन हैदर (सफदरजंग) ने उन्हें राजा की उपाधि प्रदान की। धीर-धीरे अपनी पद-प्रतिष्ठा बढ़ाते हुए उन्होंने अपने भाई दर्शनसिंह को चकलेदारी प्रदान करवाई। आगे चलकर दर्शनसिंह को भी अपनी वीरता एवं कुशलता के कारण राजा की उपाधि प्राप्त हुई। राजा दर्शनसिंह ने शाहगंज में एक मजबूत कोट तथा बाजार और महल बनवाए। अयोध्या में भी उन्होंने दर्शनेश्वरनाथ का पत्थर का शिवालय बनवाया। सूर्यकुण्ड तालाब और दर्शन नगर बाजार उनकी कृतियां बताई जाती हैं। उनकी सेवाओं के लिए अयोध्या में लाल बाग को उन्हें कचहरी के लिए दे दिया गया जहां इस समय अयोध्या का राज प्रासाद है।

राजा दर्शनसिंह की मृत्यु के उपरान्त उनके राज्य में अव्यवस्था फैल गई। जिन लोगों की जमींदारियां राजा बख्तावर सिंह ने दबा ली थीं वे अपनी-अपनी जमींदारी दबाकर बैठ गए। राजा दर्शनसिंह के दो पुत्र राजा राम अधीन सिंह और राजा रघुबर सिंह तथा कुछ प्रतिष्ठित अधिकारियों ने अपना देश छोड़ कर अंग्रेजी राज्य में जाने का निश्चय कर लिया। लेकिन उनके छोटे लड़के हनुमानसिंह ने, जो उस समय केवल १८ वर्ष के थे, इसे स्वीकार नहीं किया। एक छोटी-सी सेना लेकर विरोधियों से भिड़ गए और सफलता मिल जाने पर उनकी धाक जम गई। उसी समय उनके बड़े चाचा राजा बख्तावर सिंह बादशाही में नजरबन्द थे। मानसिंह ने महाजन से तीन लाख रुपये कर्ज लेकर उन्हें छुड़ाया जिससे वे फिर दरबार में पहुँच गए। नवाब ने बख्तावर सिंह को कहा कि अपने भतीजे मानसिंह को भेजकर सूरजपुर के अत्याचारी तालुकदार को दण्डित करो। मानसिंह ने बड़ी बुद्धिमत्ता के साथ धावा बोला तथा अन्दर कैद ४०० बन्दियों को छुड़ा लिया। इसके बाद कई तालुकदारों को सर किया। राजा बख्तावर सिंह के वृद्ध हो जाने पर उन्होंने अपना पद और राज मानसिंह के नाम लिखकर बादशाह की स्वीकृति ले ली। इसके बाद अपने एक अन्य चाचा राजा रामधीन सिंह के कर्जों को भरकर उनके हिस्से को भी अपने नाम करा लिया।

हनुमानगढ़ी के झगड़े में उन्होंने बड़ी भूमिका निभाई। वे जाँच समिति के तीन सदस्यों में से एक थे। अवधवासी लाला सीताराम ने लिखा है कि इस मामले की जाँच के समय मुसलमानों ने एक फरमान प्रस्तुत किया जिसमें लिखा था कि हनुमानगढ़ी के भीतर एक मस्जिद है। राजा मानसिंह को यह सूचना मिली कि यह फरमान अवध के काजी का बनाया हुआ है और उसके पास दिल्ली के बादशाह और नवाब शुजाउद्दौला आदि की मुहरें हैं। राजा मानसिंह ने काजी के घर की तलाशी ली तो दिल्ली के बादशाहों, नवाब शुजाउद्दौला, नवाब आसफुद्दौला, नवाब सआदत खान और कई नाजिमों की मुहरें मिलीं। उन मुहरों को राजा मानसिंह ने ओर साहब को सौंप दिया। ओर साहब ने उन मुहरों को मिलाया तो बनावटी फरमान पर उन्हीं मुहरों की छाप मिली। ओर साहब ने उन मोहरों को बादशाही दरबार में भेज दिया। इस कारगुजारी के बदले बादशाह ने राजा मानसिंह को राज-ए-राजगान का पद दिया। इसके बाद १८५७ का स्वतंत्रता संग्राम हुआ और लखनऊ की बादशाही खत्म हो गई तथा अंग्रेजी राज स्थापित हुआ।

१८५७ के स्वातंत्र्य समर में राजा मानसिंह ने अंग्रेज़ों के साथ अपनी मित्रता निभाई और तीस अंग्रेज़ स्त्री-बच्चों को अपने शाहगंज के किले में सुरक्षित रखा। फिर उनको गोला गोपालपुर पहुँचा दिया। इसी अवसर पर चार अंग्रेज़ महिलाओं और आठ बच्चों को, जो घाघरा नदी के माझा में भटक रहे थे, सवारियां भेजकर बुलवा लिया और पन्द्रह दिन अपने पास रखा। बाद में उन्हें आसबर्न के पास बस्ती भेजने का प्रबन्ध किया। इस पर लारेन्स साहब ने उनको २ लाख रुपये तथा जागीर देकर महाराजा की उपाधि दी। राजा मानसिंह ने कई स्थानों पर आक्रमणकारियों का सामना किया। अंग्रेजों का साथ देने के कारण उन्हें गोंडा जिले का तालुका विशम्भरपुर उपहार में मिला और सात हजार रुपये की खिलअत मिली। १८७० में

उनका स्वर्गवास हुआ। वीरता के साथ-साथ उनमें साहित्य के प्रति भी रुचि थी। वे द्विजदेव के नाम से कविता भी करते थे। उन्होंने *शृंगारलतिका* नायिका भेद नामक ग्रन्थ लिखा।

राजा मानसिंह ने यद्यपि अपनी विरासत में अपनी पत्नी को उत्तराधिकारी नियुक्त किया था जिन्होंने राजा रघुवीर सिंह के छोटे पुत्र लाल त्रिलोकी नाथ सिंह को गोद ले लिया था, किन्तु उनकी पुत्री के पुत्र लाल प्रतापनारायण सिंह ने अदालत में अपना दावा पेश कर दिया तथा उत्तराधिकारी घोषित हुए। लाल प्रतापनारायण राजा मानसिंह की पुत्री ब्रजविलासकुंवरि, उपनाम बच्ची साहिबा तथा आरे के रईसबाबू नरसिंह नारायणजी के पुत्र थे। वे ददुआ के नाम से जाने जाते थे। महाराज प्रतापनारायण के देहावसान के बाद उनकी दूसरी पत्नी जगदम्बा देवी उत्तराधिकारिणी हुई। उन्होंने राजा प्रतापनारायण की वसीयत के अनुसार इच्छा सिंह के कुल से लाल जगदम्बिका प्रताप सिंह को गोद लिया। यही इस वंश के अन्तिम राजा थे। इस समय उनके उत्तराधिकारी उनके दामाद डॉ॰ रमेन्द्र मिश्र हैं।

सन्दर्भ

१. समर अमेठी के सरोष गुरुदत्तसिंह,
सादत की सेना समसेरन ते मानी है।
भनत कविन्द काली हुलसी असीसन को,
सीसन को ईस की जमाति सरसानी है।।
तहाँ एक जोगिनी सुभट खोपरी लै तामें,
सोनित पियत ताकी उपमा बखानी है।
प्यालो लै चिनी को छकी जोबन तरंग मानो,
रंग हेतु पीवति मजीठ मुगलानी है।।

— अवधवासी लाला सीताराम के *अयोध्या का इतिहास*, पृ॰ १५५ से उद्धृत।

२. उपरोक्त पृ॰ १५६ पर उद्धृत। लाला सीताराम ने (पृ॰ १५३ पर) यह लिखा है कि "मुसलमान कहते हैं कि सृष्टि के आरम्भ से ही अयोध्या मुसलमानों के अधिकार में रही। अल्लाह ताला ने पहले आदम को बनाया और जब उन्होंने शैतान के बहकाने से गेहूँ खा लिया और फिरदौस (स्वर्ग) से गिरा दिए गए तो लंका द्वीप में गिरे जहां पर्वत पर उनका तीन गज लम्बा चरण चिह्न अब तक दिखाया जाता है। इससे अनुमान किया जा सकता है कि आदम किस डील-डौल के थे। आदम हज़ करने मक्के को जाया करते थे। उनके दो बेटों अयूब और शीस की कब्रें अयोध्या में बताई जाती हैं। परन्तु सम्राट् अकबर के सुप्रसिद्ध मन्त्री अबुल फजल ने जो कुछ लिखा है उसका सारांश यह है कि – इस नगर में दो बड़ी कब्रें हैं। एक छः गज लंबी और दूसरी सात गज की। साधारण लोग कहते हैं कि जोब और सेथ की कब्रें हैं और उनके बारे में विचित्र बात करते हैं इससे प्रकट है कि अबुल फजल को भी इन कब्रों के दावे पर संदेह था। अयोध्या में यह स्थान खुर्द (मक्का) भी है। थाने के पीछे तूफान वाले कब्र की नींव नौ गज लम्बी बताई जाती है। इतिहासज्ञ इन्हें गंज-ए-शहीदां मानते हैं।" लेकिन वास्तव में यह गंज-ए-शहीदां १८५५ ई॰ के दंगे में मारे गए ७५ मुसलमानों की कब्र है जो जन्मभूमि स्थल पर मारे गए थे।

३. *उपरोक्त*, पृ॰ १६१

४. डॉ॰ भूपेन्द्र पाल सिंह के ये दोनों लेख ईस्ट इण्डिया कम्पनी के विभिन्न डिस्पैचों के आधार पर हैं। इनके अतिरिक्त उन्होंने कुछ अन्य स्रोतों का भी सहारा लिया हैं। यहां पर हम उन डिस्पैचों आदि के सन्दर्भ नहीं दे रहे हैं।

१०

श्रीराम-जन्मभूमि संघर्ष का इतिहास

१५२८ ई॰ में बाबर के सेनापति मीर बाकी द्वारा श्रीराम-जन्मभूमि पर स्थित श्री विष्णु हरि के मन्दिर को गिराकर उस स्थान पर मस्जिद का ढांचा खड़ा किए जाने के बाद से अयोध्या का इतिहास मूलरूप से श्रीराम-जन्मभूमि के लिए किए गए संघर्षों का इतिहास है। वास्तव में श्रीराम-जन्मभूमि की स्थिति देश के अन्य मन्दिरों की अपेक्षा कुछ विशेष होने के कारण हिन्दू इस स्थान पर से अपनी आस्था को कम नहीं कर पाए। अन्य मन्दिरों के तोड़े जाने के बाद तो वे या तो उस स्थान को अपवित्र जानकर छोड़ देते थे अथवा उसके बगल में कोई अन्य मन्दिर खड़ा करके वहां पूजा-अर्चना करते थे। लेकिन जन्मभूमि न तो बदली जा सकती है और न ही उसका बहिष्कार किया जा सकता है। इस कारण प्रत्येक रामनवमी के दिन हिन्दू जनता उस स्थान पर पूजा-अर्चना करने के लिए उमड़ पड़ती थी। मुस्लिम साम्राज्यों के दमनकारी युगों में भी उसने इस आस्था को नहीं छोड़ा और यही कारण है कि जन्मभूमि के लिए निरन्तर संघर्ष होते रहे। इनमें से कुछ संघर्षों की कथा हमें परम्परागत अनुश्रुतियों के रूप में मौखिक रूप से मिलती है और कुछ संघर्षों की कथा विभिन्न ग्रन्थों में लिखित रूप से प्राप्त होती है। इतिहास की पूर्णता की दृष्टि से हम यहां इन दोनों ही स्रोतों को लेखबद्ध कर रहे हैं। इसके अतिरिक्त हम उन प्रयासों की भी चर्चा करेंगे जो विभिन्न तरीकों से श्रीराम-जन्मभूमि को मुक्त कराने के लिए किए गए। लेकिन इसके पूर्व यह आवश्यक है कि हम बाबरी मस्जिद के स्थापत्य तथा उसके सम्बन्ध में कुछ वैचारिक विषयों की भी चर्चा कर लें जिससे उस आधार की जानकारी हो सके जो ६ दिसम्बर १९९२ की घटना के मूल में थी।

बाबरी ढांचे का स्थापत्य

बाबरी ढांचे को स्थानीय मुसलमान जामा मस्जिद भी कहते थे। यह एक तीन गुम्बदों वाला ऊँचा भवन था जिसमें तीनों गुम्बदों के नीचे तीन बड़े चौकोर कक्ष थे। बीच वाला कक्ष तथा उसके ऊपर वाला गुम्बद अपेक्षाकृत बड़ा था। इसके पीछे वाली दीवार थोडा पश्चिम की ओर हटकर इस प्रकार बनाई गई थी कि इसके अन्दर की सतह अगल-बगल के कक्षों की पश्चिमी दीवारों की बाहरी सतह के सीध में पड़ती थी। इसी दीवार के बीच में पत्थर की नक्काशी की हुई मेहराब बनी थी जो काबा का प्रतीक होती है। बीच के गुम्बद की यह पश्चिमी दीवाल अन्य दीवालों की अपेक्षा मोटी थी (दे॰ संलग्न मानचित्र)। जिस समय ६ दिसम्बर १९९२ को ढांचा ढहाया जा रहा था तो लोगों को यह ज्ञात हुआ कि यह बीच की दीवार अन्दर से लगभग पोली है और इसमें बीस पंक्तियों वाले अभिलेख का पाषाण फलक तथा एक अन्य अभिलिखित स्तम्भ के टुकड़े एवं कुछ मूर्तियां आदि चिन दी गई थीं, जिन्हें कहा जाता है कि ढांचा तोड़ते समय प्राप्त किया गया था।

इस ढांचे की दीवारें काफी मोटी और ईंटों की चिनाई करके बनाई गई थीं लेकिन गुम्बद बनाने के लिए पत्थरों के टुकडों को एक-दूसरे के ऊपर रखकर निर्मित किया गया था। यह पद्धति हिन्दू वास्तुकला की प्राचीन पद्धति थी तथा भारत में इस समय तक पारसीक गुम्बद पद्धति का प्रचलन नहीं हो सका था। गुम्बदों में पत्थरों के ऊपर खूब मोटा पलस्तर किया हुआ था। कुछ विद्वानों का विचार था कि यदि इस पलस्तर को उखाड़ा जाए तो इन पर हिन्दू मन्दिरों की भाँति शालभञ्जिकाओं तथा अप्सराओं की उभड़ी हुई मूर्तियों की नक्काशी मिल सकती है। हिन्दू मन्दिरों के शिखरों के आन्तरिक भागों में इस प्रकार की उभरी नक्काशी की मूर्तियों को बनाने का प्रचलन था। विद्वानों का यह मत इस अनुमान पर आधारित था कि इन गुम्बदों के निर्माण में श्रीराम-जन्मभूमि स्थल पर बनाए गए श्रीविष्णुहरि के मन्दिर के पुराने शिखरों के प्रस्तर खण्डों का उपयोग किया गया होगा। इसी ढांचे के बीच वाले कक्ष की पश्चिमी दीवार से निकले बीस पंक्ति के अयोध्या शिलाफलक

लेख में यह उल्लेख किया गया है कि श्रीविष्णुहरि का यह मन्दिर विशाल शैल-शिखरों से युक्त निर्मित किया गया था। किन्तु इस ढांचे के ध्वस्त हो जाने के बाद उसका अधिकांश मलबा किधर चला गया यह ज्ञात नहीं हो सका। इस कारण अब इन अनुमानों का परीक्षण संभव नहीं है।

इस ढांचे को बनाने के लिए बीच वाले कक्ष के चारों कोनों पर ईंटों के चिने हुए चौड़े स्तम्भ बनाए गए थे। इन चारों स्तम्भों के ऊपर ही बीच के गुम्बद का पूरा भाग तथा अगल-बगल के गुम्बदों के आन्तरिक अंशों के भाग टिके हुए थे। इन चारों स्तम्भों के अतिरिक्त बीच के कक्ष में प्रवेश द्वार बनाने के लिए वैसे ही स्तम्भ थोडा अन्दर की ओर हटकर बनाए गए थे। इन ईंटों से बने हुए भारी स्तम्भों में प्रत्येक में बाहर के कोनों पर लगभग छः फीट ऊँचे काले पत्थर (सिस्टोज) के स्तम्भ लगाए गए थे मानो वे ऊपर के विशाल गुम्बदों के भार को संभालने में भारी स्तम्भों की सहायता कर रहे हों। वास्तविकता भी यही है कि ये स्तम्भ केवल सजावटी नहीं थे। इन पर भी गुम्बद का भार वितरित होता था। यह इस तथ्य से स्पष्ट है कि इन कसौटी के छोटे स्तम्भों के ऊपरी सिरों पर एक प्रस्तर खण्ड दोनों स्तम्भों को जोड़ता हुआ रखा गया था जिस पर स्तम्भों का भार संतुलित होता था। ये काले पत्थर के स्तम्भ विशेष रूप से आगन्तुकों का ध्यान आकर्षित करते थे क्योंकि मस्जिद निर्माण की शैली के विपरीत इन स्तम्भों पर पूर्ण कलश तथा लता-वल्लरी की नक्काशी की गई थी, जो केवल हिन्दू मन्दिरों के स्तम्भों की ही विशेषता है। इस ढांचे में कुल १२ स्तम्भ लगाए गई थे। ढांचे के मुख्य भवन में प्रवेश करने की चहारदीवारी के प्रवेश द्वार में भी इसी प्रकार के दो स्तम्भ थे। इसी प्रकार के दो अन्य स्तम्भ अयोध्या में ही एक उपेक्षित कब्र के समीप खेत में उल्टे गड़े हुए थे। इस प्रकार कुल स्तम्भों की संख्या १६ होती है। इसी प्रकार का एक अन्य प्रस्तर खण्ड नवीन जन्मस्थान मन्दिर में भी रखा हुआ है जो प्रवेश द्वार की द्वार-शाखा का अंश कहा जा सकता है। इसके अतिरिक्त यह भी बताया जाता है कि एक अन्य स्तम्भ फैजाबाद में कैन्टोनमेण्ट क्षेत्र में भी रखा हुआ है। कला-शैली के पारखी विद्वानों के अनुसार ये स्तम्भ ईसा की ग्यारहवीं-बारहवीं शताब्दी में बनवाए गए थे जो गहड़वाल काल था। यह स्तम्भ पूर्व के श्रीविष्णुहरि मन्दिर के किस अंश में लगाए गए होंगे यह केवल अनुमान का ही विषय है। ऐसा लगता है कि ६ दिसम्बर १९९२ की घटना के बाद से इन स्तम्भों का अता-पता नहीं है। इसी प्रकार किसी ने यह भी सूचित किया कि अयोध्या के खेत में पड़े मूसा आशिकान की कब्र के समीप गाड़े गए दोनों स्तम्भ भी अब वहा नहीं हैं।

भ्रम उत्पन्न करने का प्रयास

श्री आर॰ नाथ ने अयोध्या के इस विवादित भवन के स्थापत्य पर एक पुस्तक लिखी है।[1] श्री आर॰ नाथ ने इस विवादित ढांचे के स्थापत्य का विवरण देते हुए सल्तनत काल में बनाई गई अन्य मस्जिदों के स्थापत्य से इसकी तुलना की है और यह निष्कर्ष निकाला है कि अयोध्या की यह मस्जिद भी सल्तनतकालीन शैली की देन है तथा यह मुग़ल स्थापत्य से भिन्न है। वास्तव में संभावना भी इसी बात की की जानी चाहिए थी। बाबर के समय तक तो मुगल साम्राज्य की स्थापना भी नहीं हो पाई थी। अतः १५२८ ई॰ में किसी मुग़ल शैली की अपेक्षा भी नहीं करनी चाहिए। लेकिन आर॰ नाथ इस भवन को सल्तनत काल में बनाई गई मस्जिदों की श्रेणी में रखकर यह सिद्ध करना चाहते हैं कि बाबर के नाम पर जितनी भी मस्जिदें जानी जाती हैं उनके निर्माण में बाबर या उसके अधिकारियों, सेनापतियों का कोई हाथ नहीं था। उनके अनुसार, *बाबरनामा* में उसके द्वारा केवल धवलपुर में ही एक मस्जिद के निर्माण का उल्लेख मिलता है, लेकिन अब उस मस्जिद का अस्तित्व भी नहीं रह गया है। वे कहते हैं कि —

> यह आश्चर्य की बात है कि उसने दिल्ली, आगरा, फतेहपुर सीकरी या ग्वालियर, जिनके बारे में वह विस्तार से विवरण देता है, कोई मस्जिद बनाने का उल्लेख नहीं किया है। वहां उसने बावलियां, उद्यान तथा राजकीय भवन खड़े किए थे। वह रांगल, पानीपत, रोहतक, पालम, पिलखुआ, महम और सोनीपत की मस्जिदों का उल्लेख भी नहीं करता, जबकि इन स्थानों पर पाए गए अभिलेखों में उसके नाम का उल्लेख मिलता है।[2]

फिर तर्क करने के बाद वे आगे कहते हैं कि —

> इनमें से कोई भी मस्जिद बाबर की अपनी विशिष्ट वास्तु शैली में नहीं बनाई गई है और इस बात की कोई संभावना नहीं है कि इनके निर्माण में उसका कोई आदेश रहा हो या इन मस्जिदों को उसने कभी देखा भी हो जिन पर उसके नाम लिखे गए हैं। वे अधिकांश प्रचलित दिल्ली सल्तनत की शैली में बनाई गई हैं तथा ज्यादातर त्रिमुखी वर्ग की हैं। बाबर का नाम तो प्रचलित परम्परा के तहत तत्कालीन शासक (साहिब-ए-दौर) के रूप में दे दिया गया है।[3]

आर॰ नाथ के बहुत से तर्कों, बातों और निष्कर्षों से सहमत होते

हुए भी हम कुछ बातों को समझने में असमर्थ हैं। उदाहरण के लिए, जब वह स्वयं यह बात स्वीकार करते हैं कि धवलपुर की अस्तित्वविहीन मस्जिद के अलावा बाबर ने कोई भी मस्जिद नहीं बनवाई थी तो मस्जिदों के बारे में 'बाबर की अपनी विशिष्ट वास्तुशैली' की बात वह कैसे करते हैं। क्या वे बाबर की इस विशिष्ट वास्तुशैली का कोई विवरण दे सकते हैं? दूसरी बात यह है कि 'इनके निर्माण में बाबर के आदेश की कोई संभावना नहीं है' जैसे वाक्यांश को भी हम समझने में असमर्थ हैं। क्योंकि ऊपर गिनाई गई सभी मस्जिदों के अभिलेखों में बाबर के आदेश से उनके बनाए जाने का उल्लेख मिलता है; कम-से-कम अयोध्या की इस मस्जिद के ऊपर तीन में से दो अभिलेखों में तो इस बात का स्पष्ट उल्लेख है। जैसा हम पहले दिखा आए हैं, दक्षिण की दिशा में लगा हुआ अभिलेख तो प्रारम्भ ही इस शब्द से होता है 'बाबर के आदेश से' तथा उत्तर की दिशा वाले अभिलेख में भी 'बाबर की इच्छा के अनुरूप' शब्दावली का प्रयोग हुआ है। इसके बावजूद यदि आर॰ नाथ यह कहते हैं कि उसके निर्माण में बाबर का कोई हाथ या आदेश नहीं था तो इसका कारण उनका एकांगी पक्षपातपूर्ण दृष्टिकोण ही हो सकता है और कुछ नहीं। वे भी कुछ तथाकथित मार्क्सवादी इतिहासकारों की भाँति पंक्तियों के बीच में पढ़ने का प्रयास कर रहे प्रतीत होते हैं।

एक अन्य प्रचलित परम्परा की बात भी उन्होंने की है, जिसके अनुसार उन्होंने यह सुझाव देने का प्रयास किया है कि उस काल में शासन करने वाला राजा (साहिब-ए-दौर) का नाम इन मस्जिदों के अभिलेखों में डाल दिए जाने की परम्परा थी। इसमें किसी को कोई आपत्ति नहीं हो सकती। लेकिन जिन दिनों बाबर उत्तर भारत में अपने अस्तित्व के लिए संघर्ष कर रहा था उस समय उसे अपना शासक मानने वाले वे अफगाान सुल्तान तो हो नहीं सकते थे जिनके पीछे वह शिकारी कुत्ते की तरह पड़ा हुआ था। उनको अपना बादशाह मानने वाले उनके अपने अधिकारी और सेनापति पहले की बनवाई गई मस्जिदों के ऊपर इस प्रकार के भ्रामक अभिलेख क्यों लिखवाने लगे कि 'बाबर के आदेश से अमुक सेनापति या अधिकारी ने इस मस्जिद का निर्माण करवाया'। क्या मध्यकालीन इतिहास में आर॰ नाथ कोई एक भी ऐसा उदाहरण दे सकते हैं जिसमें दूसरे के द्वारा बनवाई गई मस्जिद पर किसी अन्य सुल्तान के सेनापति या अधिकारी ने अपने स्वयं के राजा के आदेश से बनवाए जाने का अभिलेख जड़ दिया हो!

यह नितान्त संभव है कि इन बाबरी मस्जिदों में से सभी को बाबर को देखने या नमाज पढ़ने का अवसर न मिला हो तथा यह भी संभव है कि इनमें से कुछ के निर्माण के लिए उसका औपचारिक या लिखित आदेश न लिया गया हो। लेकिन इस बात को न मानने का काई कारण नहीं दिखाई देता कि इन मस्जिदों का निर्माण बाबर के अपने अधिकारियों, सेनापतियों ने करवाया था तथा इनमें से अनेक पूर्वस्थापित मन्दिरों को ध्वस्त करके बनवाई गई थीं। बाबर जब स्वयं अपने संस्मरण में काफिरों की मूर्तियों के खण्ड-खण्ड करने की इच्छा को उजागर करता है तो आर॰ नाथ उसकी वकालत करने तथा उसे धर्म-निरपेक्ष और सहिष्णु बनाने में इतनी मेहनत क्यों कर रहे हैं, यह समझ में नहीं आता। परम्परा, अभिलिखित प्रमाण तथा मस्जिद का स्थापत्य ये तीनों ही बातें इस बात की ओर संकेत कर रही हैं कि अयोध्या की बाबरी मस्जिद एक मन्दिर को तोड़कर बनवाई गए थी। समस्त परम्पराएं मीर बाकी बेग ताशकन्दी तथा मूसा आशिकान को इसके लिए जिम्मेदार बताती हैं। तथा मीर बाकी स्वयं बाबर के आदेश एवं इच्छा की गवाही देता है। फिर भी हमारे इतिहासकार इसके विपरीत प्रमाण और तर्क खोजने में लगे हुए हैं, यह आश्चर्य की बात है।

सहिष्णुता की परम्परा

भारत अपने अस्तित्व के प्रारम्भिक काल से ही एक सहिष्णु विचारधारा और परम्परा से समृद्ध राष्ट्र रहा है। यहां पर मस्जिदों के निर्माण की भी एक लम्बी परम्परा है जो बारहवीं शताब्दी के अन्त में मुस्लिम काल के प्रारम्भ से ही नहीं उससे भी शताब्दियों पहले से दिखाई पड़ती है। कहा जाता है कि मस्जिद बनाने के लिए तत्कालीन केरल से राजाओं ने मुफ्त जमीन दी थी। यही नहीं, सोमनाथ मन्दिर को महमूद गजनी द्वारा गिराए जाने के बाद गुजरात के सोलंकी राजा निःशंक मल्ल अर्जुनदेव ने अनहिल पाटक (अनहिलवाड़) से एक आदेश जारी करके १२६४ ई॰ में मुसलमान नाविक फिरोज को पूर्वाभिमुख मस्जिद बनाने के लिए न केवल भूमि दी बल्कि उसके संचालन में दीप, तेल, जल तथा पुजारी, अजान देने वाले, *कुरान* पढ़ने वाले तथा शब-ए-बारात और खतम रात्रि (एक ही रात में *कुरान* पढ़कर समाप्त करने आदि) उत्सवों के लिए धन की भी व्यवस्था की थी। इसके अतिरिक्त इनमें से बचे हुए धन को मक्का और मदीना भेजने का भी प्रावधान किया था।[४] सबसे उल्लेखनीय बात यह है कि इस अभिलेख में 'श्री विश्वनाथ प्रतिबद्धजनों के बोधक रसूल मुहम्मद' के संवत् ६६२, वि॰ सं॰ १३२०, वलभी सं॰ ६५४ तथा सिंह सं॰ १५१ की तिथि दी हुई है। इसके अतिरिक्त इसमें सोमनाथदेव का भी कई बार नाम आया है। लेकिन कुछ ही समय पूर्व गजनी के महमूद द्वारा तोड़े गए सोमनाथ मन्दिर का आक्रोश इस अभिलेख में कहीं भी नहीं दिखाई पड़ता, बल्कि

एक निश्छल उदारता ही दिखाई पड़ती है। इसी प्रकार चित्तौड़ के महाराणा कुम्भा ने भी जब १४५० ई॰में अपने कीर्ति-स्तम्भ का निर्माण करवाया तो उस पर उत्कीर्ण कराए गए अभिलेख में भारत में पूजे जाने वाले सभी देवी-देवताओं के नामों के साथ-साथ अल्लाह के नाम को भी उत्कीर्ण करवाया। भारत ही वह देश है जहां पर 'अल्लोपनिषद' की रचना सोलहवीं शताब्दी में की गई जिसमें अल्लाह को स्वयं ब्रह्म कहा गया है तथा उनकी तुलना मित्र और वरुण जैसे वैदिक देवी-देवताओं से की गई है।[५] यह इसलिए संभव हो सका कि भारतीय संस्कृति सर्वधर्म-समन्वय एवं समभाव में विश्वास करती है।

यह एक आश्चर्य की ही बात है कि जब अरबी या फारसी भाषा में मस्जिद के स्थापत्य के विषय में कोई भी पुस्तक नहीं लिखी गई तब पन्द्रहवीं शताब्दी में वास्तु-शास्त्र पर लिखी गई एक संस्कृत पुस्तक में विष्णु-प्रासाद, शिव-प्रासाद और सूर्य-प्रासाद की भाँति 'रहमान-प्रासाद' (रहमान = अल्लाह के मन्दिर या मस्जिद) के निर्माण की विधि भी बताई गई है। इसमें कहा गया है कि रहमानदेव मन्दिर में मुसलमान पूजा करते हैं तथा उसमें देव मूर्तियां नहीं होतीं। (रहमान सुरालय, तत्र ध्यायन्ति यवनः देवरूप विवर्जितम्) 'रहमान' को (ब्रह्म की भाँति) 'निराकार', 'निरञ्जन' कहकर मस्जिद को बनाने के आवश्यक सूत्रों को बताते हुए यह कहा गया कि इसे 'पूर्वाभिमुख' होना चाहिए तथा सुन्दर मेहराब (मेहराब मनोहरम्) से युक्त होना चाहिए। इसमें अलंकरण के नाम पर केवल लता-वल्लरी (पुष्पकं पुष्पं) का भी प्रयोग होना चाहिए। ये सभी बातें इस्लाम के सिद्धान्तों के अनुरूप हैं। यहां यह बात उल्लेखनीय है कि इस तथ्य को प्रकाश में लाने का श्रेय श्री आर॰ नाथ को ही जाता है।[५]

क्या ये प्रयास मुसलमानों और इस्लाम को गले लगाने के लिए नहीं किए गए थे। इन तथ्यों के बावजूद कोई किस मुँह से कट्टरतावादी कहकर हिन्दुओं की आलोचना कर सकता है। भारत में आज भी मुसलमानों को जो सुविधाएं और विशेषाधिकार प्राप्त हैं उनकी कल्पना वह इस्लामी देशों में भी नहीं कर सकते। शिया शासित देशों में सुन्नियों की और सुन्नी शासित देशों में शियाओं की जो दशा है, तथा अपने पड़ोसी पाकिस्तान में ईसाइयों, हिन्दुओं तथा अहमदिया मुसलमानों की जो स्थिति है क्या उसकी तुलना भारतीय मुसलमान भारत में अपनी स्थिति से कर सकते हैं? क्या हिन्दुओं की यह धारणा गलत है कि भारत में धर्म-निरपेक्षता केवल हिन्दुओं के कारण है; और जिस दिन मुसलमानों की आबादी ५० प्रतिशत के आसपास हो जाएगी धर्म-निरपेक्षता की यह सनक समाप्त हो जाएगी? आज एक क्षण रुककर हमें यह सोचना पड़ेगा कि भारतीय समाज में मिलने के लिए फैले हुए हिन्दू हाथों से बचने के लिए कठमुल्लाओं ने प्रयत्नपूर्वक अपने को अलग बनाए रखने के प्रयास क्यों किए।

मस्जिदों का महत्त्व एवं स्थापत्य का इतिहास

जहां तक मस्जिदों की स्थापना का प्रश्न है इस्लाम में इस संबन्ध में कोई भी निश्चित नियम नहीं है। इस्लाम में केवल 'काबा' ही एक ऐसा स्थल है जो सबसे महत्त्वपूर्ण है। इसके अतिरिक्त मुस्लिम संसार में और कोई भी प्रतीक महत्त्व नहीं रखता। इसी कारण सभी मस्जिदें, संसार में चाहे कहीं भी हों, 'काबा' की ओर मुँह करके नमाज पढ़ने की दृष्टि से बनाई जाती हैं। इसलिए भारत की सभी मस्जिदों में मेहराब, जो काबा का प्रतीक होता है, पश्चिम की दीवार में बनाया जाता है। इसी कारण मस्जिद का स्थल और स्थापत्य इस्लाम में गौण स्थान रखते हैं। इस्लामी देशों में अनेक ऐसे उदाहरण मिलते हैं जब मस्जिदों को गिरा दिया गया है। सऊदी अरब में मक्का (काबा) से मदीना तक ५५ किमी॰ तक १२ फीट चौड़ी सड़क को ८० फीट चौड़ा करने के लिए ३०० के लगभग मजारें और कब्रें तथा अनेक मस्जिदें और ईदगाहें ध्वस्त कर दी गईं। उनमें से तीन मस्जिदें इस दृष्टि से ऐतिहासिक थीं कि उनमें स्वयं हजरत मुहम्मद ने नमाज पढ़ी थी। इसका एकमात्र कारण यह है कि इस्लाम में मस्जिद के भवन तथा निर्माण स्थल को इतना अधिक महत्त्व नहीं दिया जाता कि विकास कार्यों को रोका जा सके। लेकिन भारत में इतना अधिक तूल दिया जाता है कि संसद की कार्यवाही तक नहीं चलने दी जाती और विवादित मस्जिद पर विचार करने के लिए राष्ट्रीय एकता परिषद की बैठकें बुलाई जाती हैं जबकि कश्मीर समस्या, विभिन्न राज्यों की आतंकवादी समस्या आदि के लिए कभी भी बैठकें नहीं बुलाई गईं। जब ६ दिसम्बर, १९९२ को विवादित ढाँचा ढहा दिया गया तो इसे 'राष्टीय शर्म' के रूप में चित्रित किया गया। अब कहा जा रहा है कि मन्दिर के निर्माण से राष्ट्र की एकता खतरे में पड़ती है।

यदि मस्जिदों के स्थापत्य के विकास पर दृष्टि डालें तो यह स्पष्ट होगा कि उनका कोई भी निश्चित रूप नहीं होता। इस्लाम की पहली मस्जिद सन् ६२२ में मदीना के निकट कूबा नामक स्थान पर पैगम्बर ने स्वयं बनाई थी जो कच्ची ईंटों का ५१ मीटर लंबा, चौड़ा अहाता था। इसमें ताड़ के वृक्ष के खंभों पर ताड़ के पत्तों का छाजन मात्र था। मेहराब इत्यादि कुछ नहीं था। प्रारम्भ में नमाज़ी उत्तर की ओर मुँह करके नमाज़ पढ़ते थे जो यरूसलम की ओर संकेत करता था। इसे 'किबलाह' कहते हैं। बाद में ६२४ ई॰ में 'किबलाह' मक्का में 'काबा' को माना

जाने लगा। तब से ये सभी नमाज़ी, संसार में वे जहां भी हों, काबा की ओर मुँह करके नमाज़ पढ़ते हैं। इस्लाम का प्रसार बड़ी द्रुत गति से हुआ तथा शीघ्र ही सीरिया, ईरान, मिस्र आदि जीत लिए गए। वे जहां कहीं भी विजयी होते थे, वहां के पूर्व प्रतिष्ठापित पूजा-स्थलों को तोड़कर मस्जिद के लिए उपयुक्त बना लेते थे। हजरत मुहम्मद ने स्वयं यह कार्य काबा के पूजा-स्थल के साथ किया था; आगे चलकर यह कार्य स्पेन से भारत तक के समस्त विजित क्षेत्रों में किया गया। यही कारण है कि मस्जिद के स्थापत्य में ईसाई, जोरोस्ट्रियन, बौद्ध, हिन्दू आदि विभिन्न स्थापत्यों के तत्त्व दिखाई पड़ते हैं। भारत में और सुविधा इसलिए भी हो गई कि हिन्दू देवालय प्रायः पूर्व की ओर मुँह करके बनाए जाते हैं तथा उनको मस्जिद में परिवर्तित करने के लिए पूरी तरह ध्वस्त करना आवश्यक नहीं होता था। उदाहरणार्थ, बनारस की ज्ञानवापी मस्जिद को बनाने के लिए प्राचीन विश्वनाथ मन्दिर के वास्तु से ज्यादा छेड़-छाड़ नहीं की गई। विश्वनाथ मन्दिर के नौ मण्डपों को तीन मण्डपों वाली मस्जिद में परिवर्तित कर दिया गया। पीछे के तीन मण्डप तोड़ डाले गए। बीच के तीन मण्डप वैसे ही छोड़ दिए गए तथा सामने के मण्डपों को दालान में परिवर्तित कर दिया गया। ऐसी अवधारणा है कि तीन मण्डपों वाली (त्रिमुख) जितनी भी मस्जिदें हैं उनमें से अधिकांश हिन्दू मन्दिरों को तोड़कर बनाई गई हैं। श्रीराम-जन्मभूमि पर स्थित अयोध्या की तथाकथित बाबरी मस्जिद भी इसी कोटि में आती थी।

लाहौर हाईकोर्ट का निर्णय

हिन्दू मन्दिरों और मस्जिदों के स्वामित्व-सम्बन्धी अन्तर को भी ध्यान में रखना होगा। इस दृष्टि से लाहौर हाईकोर्ट के उस निर्णय को उद्धृत करना उचित होगा जो उसने एक मुकदमे के सम्बन्ध में दिया था। लाहौर हाईकोर्ट की सम्पूर्ण बैंच ने किसी गैरमुस्लिम द्वारा मस्जिद पर कब्जा करने के सम्बन्ध में निर्णय देते हुए यह कहा था –

> जब किसी गैरमुस्लिम या कहा जाए तो हिन्दू द्वारा किसी मस्जिद पर विपरीत ढंग से कब्जा कर लिया जाए तो मुसलमान उस भूमि और भवन पर पूजा के अधिकार सहित सभी प्रकार के अधिकारों को खो देते हैं। उस भवन का मस्जिद के रूप में बने रहना आवश्यक नहीं है तथा उस पर कब्जा करने वालों पर यह कर्तव्य नहीं लादा जा सकता कि वे उसके मूल चरित्र को अथवा उसके भवन के रूप को भी सुरक्षित रखें। इस प्रकार मुसलमानों के सभी अधिकार, पूजा करने के अधिकार सहित, समाप्त हो जाते हैं तथा उस पर कब्जा करने वाले यदि उस पर मुसलमानों को नमाज़ पढ़ने का अधिकार देने से मना करें तो कोई गलती नहीं करेंगे। एक मुसलमान द्वारा मस्जिद में नमाज़ पढ़ने के अपने अधिकार का प्रयोग करने के लिए दायर किए गए मुकदमे में वह अपने व्यक्तिगत अधिकारों से आवेदन करता है जो अपराध संहिता के आदेश संख्या एक नियम संख्या आठ के अन्तर्गत नहीं आते हैं।[६]

प्रीवी काउन्सिल का निर्णय

इस निर्णय के विरुद्ध प्रीवी काउन्सिल में अपील की गई और उसमें भी हाईकोर्ट के निर्णय को स्वीकार करते हुए यह कहा गया कि –

> कानूनी दृष्टि से व्यक्तिगत हिन्दू देवताओं तथा मुसलमानों द्वारा पूजा के स्थानों के अधिकार के सम्बन्ध में कोई समानता नहीं है। मस्जिद की भूमि और भवन एक साधारण सम्पत्ति है न कि एक वैधानिक व्यक्ति की। किसी मस्जिद के नाम पर अथवा उसके विरुद्ध कोई भी मुकदमा नहीं स्थापित किया जा सकता। एक मुसलमान नमाज़ी के किसी विशेष मस्जिद में नमाज़ पढ़ने के अधिकार को व्यक्तिगत अधिकार ही माना जा सकता है। यह एक सामान्य सुविधा की बात नहीं है बल्कि सामान्य अधिकार का एक तत्त्व है जिसमें किसी संधारक से वक्फ की संपत्ति को प्राप्त करने का अधिकार है। इस प्रकार का कोई व्यक्ति यदि वह समय के अन्दर मुकदमा कायम करता है तो जबरदस्ती घुसने वाले को निकलवा सकता है तथा संपत्ति के मुतवल्ली को वक्फ के लिए दिला सकता है। लेकिन यदि समय बीत जाने पर इसके लिए आवेदन किया जाए तो वह प्रभावी नहीं रहता। किसी व्यक्ति का मस्जिद में पूजा के लिए जाना कोई महत्त्व नहीं रखता, जबकि वह सम्पत्ति वक्फ की नहीं रह जाती तथा उस पर किसी प्रकार का अधिकार नहीं रह जाता। किसी भी नमाज़ी का एक मस्जिद में अधिकार वक्फ की संपत्ति होने के बाद बनता है। इस कारण जैसा कि कानून है इस संपत्ति पर कोई अधिकार नहीं दिया जा सकता।[७]

इस प्रकार यह स्पष्ट होता है कि हिन्दू मन्दिर के लिए उसके

निर्माण का स्थल विशेष महत्त्व का होता है जबकि मस्जिद के लिए ऐसा नहीं है। यदि मन्दिर राम अथवा कृष्ण जैसे किसी महापुरुष के जन्म-स्थल तो से सम्बन्धित हो तो उस पर किसी भी प्रकार की बहस ही नहीं की जा सकती, क्योंकि शताब्दियों पूर्व पैदा हुए व्यक्ति का जन्म स्थल तो एक ही हो सकता है और उस स्थान को किसी भी कारण से नहीं बदला जा सकता। इस कारण श्रीराम-जन्मभूमि पर मन्दिर छोटा रहा हो या विशाल, भव्य रहा हो या सामान्य, यहां तक कि यदि वह भूमि एकदम खाली भी हो तो भी वह पूज्य-स्थल ही माना जाएगा, क्योंकि उस स्थल पर एक ऐसे महापुरुष ने जन्म लिया था जो विष्णु के अवतार माने जाते हैं। हिन्दुओं के भगवान श्रीराम एक ही थे और उन्होंने उस भूमि पर जन्म लेकर इस धरा को पावन किया था। हिन्दुओं के लिए कोई दूसरा श्रीराम-जन्मस्थल हो ही नहीं सकता। उस स्थल पर विद्वेषवश उसे अपवित्र करने के उद्देश्य से एक आक्रान्ता द्वारा मस्जिद बनवाई गई थी और इस प्रकार के दमन को हिन्दुओं ने स्वीकार नहीं किया।

कल्पना करें कि यदि चंगेज खाँ ने अरब पर आक्रमण करके काबा की मस्जिद को नष्ट करके वहां एक मंगोल पूजा-स्थल बनवा दिया होता तथा कुछ वर्षों अथवा शताब्दियों बाद अरबवासी स्वतन्त्रता प्राप्त करके शक्तिशाली हो जाते, तो क्या स्थिति होती? क्या तब भी कोई अरब इस बात के लिए अपनी बलि देने को तैयार हो जाता कि इस पूजा-स्थल को गिराए बिना पास-पड़ोस में मस्जिद बना ली जाए? क्या वह यह कह सकता था कि (जैसा कि कुछ नेतागण भारत में कह रहे थे) वह मस्जिद बनाने के विरोधी नहीं हैं किन्तु उस पूजा-स्थल को किसी भी दशा में न छुआ जाए? क्या यह अरबों की राष्ट्रीय अस्मिता के लिए स्वीकार्य होता? फिर भारत ने ही ऐसे सपूतों को क्यों जन्म दिया जो इस प्रकार की बातें करते रहते हैं और राष्ट्र उन्हें बर्दाश्त करता है। क्या योरोप में चर्चों को तोड़कर मस्जिदें नहीं बनाई गई थीं और योरोपीय राष्ट्रों ने अपनी स्वतन्त्रता प्राप्त करने के बाद इन मस्जिदों के स्थल पर अपने गिरजाघर नहीं स्थापित कर लिए? क्या कोई इतिहासकार यह बता सकता है कि उस समय उन राष्ट्रों में कितने ऐसे व्यक्ति निकले थे जिन्होंने गिरजाघरों के बनाने का विरोध किया था तथा उन मस्जिदों की रक्षा करने के लिए अपनी जान तक देने की धमकी दी थी? यदि कोई ऐसा करता तो वे राष्ट्र ऐसे व्यक्तियों के साथ कैसा व्यवहार करते, क्या इस पर बहस करने की आवश्यकता है?

अयोध्या में जिस स्थल पर बाबरी मस्जिद का निर्माण कराया गया था वह कोई खाली भूमि तो नहीं थी। नीचे से ऊपर तक पचासों फीट मोटी परत-दर-परत संस्कृतियों के चिह्न अपने अंचल में छिपाए यह भूमि चीख-चीखकर कह रही है कि यहीं पर अति प्रारम्भिक युग से लेकर अब तक हिन्दू आबादी रही है। चारों ओर हिन्दू मंदिर बने हुए हैं। जिस समय यह मस्जिद बनाई गई थी कोई भी मुस्लिम आबादी उस क्षेत्र में नहीं थी जिसके लिए उसका निर्माण हुआ हो। समीप में सरयू नदी का तट है जिस पर अनेक प्राचीन पक्के घाट बने हुए थे। शताब्दियों से हिन्दू जनता विभिन्न त्यौहारों पर अपने आराध्य को भाव-सुमन अर्पित करने के लिए एकत्र होती थी और आज भी एकत्र होती है। ऐसे स्थल के विषय में यह भी नहीं कहा जा सकता कि इस भूमि को, उस पर मस्जिद बनाने के लिए बनाने वाले ने उचित मूल्य देकर, खरीदा था। एक विजेता आक्रमणकारी ने अपनी पराजित प्रजा की भावनाओं को आहत करने तथा उसको यह अहसास दिलाते रहने के लिए कि वह पददलित है तथा उसके भगवान भी हमारा (आक्रमणकारी का) कुछ भी बिगाड़ नहीं सकते, उनके विशाल देवमन्दिर को ध्वस्त करके उस स्थान पर इस मस्जिद का निर्माण कराया था। इसको बनाने के लिए ध्वस्त मन्दिर की सामग्री का ही उपयोग किया गया। यह पहली बार नहीं हुआ था। बाबर के पूर्व होने वाले अनेक मुस्लिम शासकों ने भी इसी प्रकार के कार्य किए थे और इस परम्परा का पालन बाबर के वंशजों, औरंगज़ेब आदि, ने भी किया। दिल्ली के समीप मेहरौली में स्थित 'कुब्बतुल इस्लाम' मस्जिद का नाम ही इस बात की घोषणा करता चला आ रहा है कि यहां पर जो मन्दिर था उसे इस्लाम की शक्ति प्रदर्शित करने तथा हिन्दू प्रजा को आतंकित बनाए रखने के लिए तोड़ा गया था। काशी की ज्ञानवापी मस्जिद, मथुरा का श्रीकृष्ण-जन्मभूमि स्थान मस्जिद, धार की भोजशाला मस्जिद, अजमेर की अढ़ाई दिन का झोपड़ा मस्जिद, माण्डु की मुगीथ मस्जिद तथा सिद्धपुर की रुद्र महालय मस्जिद इत्यादि कितनी ही मस्जिदें हैं जो केवल विजेता की धौंस का प्रतीक बनी हुई हैं। भारत का मुसलमान आज भी अपने को इस मनोवृत्ति से अलग नहीं कर पा रहा है कि वह विजेता और शासक है तथा हिन्दू उसकी प्रजा है। तथाकथित मार्क्सवादी इतिहसकार शाहजहाँ के उस फरमान का बड़ा प्रचार कर रहे हैं जिसमें उसने ताजमहल बनवाने के लिए मिर्जा राजा जयसिंह कछवाहा के भूमिदान के प्रस्ताव को ठुकरा दिया था तथा भूमि के बदले में खालसा से सम्पत्ति दी गई थी। लेकिन यहां पर ताजमहल बनवाने की बात मुगल सम्राट् शाहजहाँ का व्यक्तिगत मामला था जिसमें वह अपनी प्रिय पत्नी की समाधि के लिए भूमि चाहता था। लेकिन भारत में ही नहीं शायद संसार में

एक भी उदाहरण ऐसा नहीं मिलेगा जिसमें मस्जिद बनवाने के लिए किसी बादशाह या सुल्तान ने शरीयत के नियमों के अनुरूप भूमि को खरीदा हो या उचित मुआवजा दिया हो। पराजित काफिरों के देवस्थानों को ध्वस्त करने के बाद उन पर मस्जिद बनवाना तो विजय के गर्व में उन्मत्त इन मुस्लिम आक्रान्ताओं की सर्वमान्य परम्परा रही है।

औरंगज़ेब के दो फरमान

इसी प्रकार औरंगज़ेब के उस बनारस फरमान का भी बड़ा प्रचार किया जाता है जिसमें उसने २८ फरवरी, १६५६ ई॰ में बनारस के फौजदार अबुल हसन को यह हिदायत दी थी बनारस में किसी भी मन्दिर को न तोड़ा जाए। इस फरमान का मुख्य अंश इस प्रकार है –

> हमारे शरीयत कानून के हिसाब से यह निश्चित किया गया है कि पुराने मन्दिर न गिराए जाएं और कोई नया मन्दिर न बनने दिया जाए। हमारे दरबार में खबर पहुँची है कि कुछ लोगों ने बनारस और उसके आसपास रहने वाले हिन्दुओं और कुछ ब्राह्मणों को जिनको बनारस के कुछ मन्दिरों में पूजा करने का अधिकार है, तंग किया है। वे कहते हैं कि इन ब्राह्मणों को पूजा करने के मौरूसी हक़ से भी हटा दिया गया है। इसलिए मैं यह फरमान जारी करता हूँ कि तुम भविष्य में ऐसा प्रबन्ध करो कि कोई भी गैरकानूनी तरीके से उस जगह रहने वाले हिन्दुओं और ब्राह्मणों के कार्यों और हकों में दखलन्दाज़ी न कर सके।

लेकिन इस फरमान के बावजूद दस वर्ष बाद १८ अप्रैल, १६६९ ई॰ में बादशाह औरंगजेब को इस बात की सूचना दी गई कि उसकी आज्ञानुसार उसके अमलों द्वारा बनारस के विश्वनाथ मन्दिर को गिरवा दिया गया है। अब प्रश्न उठता है कि दस वर्ष पूर्व निकाले गए इस 'बनारस फरमान' के बाद कौन-सी ऐसी बात हो गई जिसके कारण औरंगजेब ने आज्ञा देकर बनारस के सुप्रसिद्ध विश्वनाथ मन्दिर को गिरवा दिया जिसका निर्माण उसके प्रपितामह अकबर के शासनकाल में किया गया था। वास्तविकता तो यह है कि औरंगजेब के मन्दिर-विध्वंस की नीति में कोई परिवर्तन नहीं हुआ था बल्कि वह अपने शासन के प्रारम्भ में हिन्दुओं की भावनाओं का राजनैतिक लाभ लेना चाहता था जिसके कारण यह फरमान निकाला गया। सर जे॰ एन॰ सरकार ने इसकी विवेचना करते हुए यह लिखा है कि 'औरंगज़ेब द्वारा जारी किया गया यह फरमान शुजा के साथ संघर्ष के समय निर्गत किया गया था और हिन्दुओं के सहयोग से शुजा को पकड़ने के लिए हिन्दुओं का दिल जीतने का औरंगजेब का यह एक राजनीतिक कदम था और इसका उसकी सहिष्णुता की भावना से कुछ लेना-देना नहीं था।' अतः औरंगज़ेब के जिस फरमान का इतना प्रचार राष्ट्रीय एकता के नाम पर हमारे तथाकथित मार्क्सवादी इतिहासकार कर रहे हैं उसको सर यदुनाथ सरकार ने काफी पहले एक राजनीतिक चालबाजी कहा था। इसी प्रकार मुस्लिम कट्टरवादियों की जो मनोवृत्ति ६ दिसम्बर, १९९२ की घटना के पहले और बाद में दिखाई पड़ती है उसमें कोई परिवर्तन नहीं हुआ है। इस कारण वे अभी बाबरी मस्जिद को अपनी इज्जत का सवाल बनाए हुए हैं। ऐसी स्थिति में हमारे राजनेता कट्टरवादियों की भावनाओं को आहत न करने की बातें करके केवल औरंगज़ेब की भाँति एक राजनीतिक चाल ही चल रहे हैं।

अयोध्या श्रीराम की स्मृतियों से जुड़ी हुई है तथा उसका इतिहास श्रीराम के क्रियाकलापों और उनकी स्मृति में हजारों वर्षों से सम्पूजित उनकी जन्मभूमि का ही इतिहास है। यदि इसे निकाल दिया जाए तो अयोध्या के इतिहास में कहने-सुनने के लिए कुछ भी नहीं रह जाएगा। भारत की कोटि-कोटि जनता जिस महापुरुष की जन्मभूमि पर प्रणत होने की आकांक्षा लेकर जन्म लेती है तथा उसी आकांक्षा को जन्म भर संजोए रखकर मृत्यु का वरण करती है उसके लिए तो दूसरी जन्मभूमि का मिलना असंम्भव ही है। तलवार की नोक पर बनाई गई ऐसी अनेक 'बाबरी मस्जिदें' विश्व में खड़ी हैं किन्तु जन्मभूमि के स्थल पर खड़ा वह ढांचा राष्ट्रीय अस्मिता के लिए एक चुनौती था जिसे उसी प्रकार ढहा दिया गया जैसे ४६४ वर्ष पूर्व गहड़वाल राजा गोविन्दचन्द्र के काल में इस स्थान पर बनवाया गया विष्णुहरि का मन्दिर ढहाया गया था।

अर्नाल्ड टायन्बी का मत

इतिहासकार, यदि उसका दृष्टिकोण विकृत नहीं है तथा किसी पक्ष के प्रति प्रतिबद्ध नहीं है, तो वह समान ढंग से ही सोचेगा। इस शताब्दी के महान् इतिहासकार अर्नाल्ड टायन्बी ने दिल्ली में आजाद मेमोरियल लेक्चर देते समय जो विचार व्यक्त किए थे वह उल्लेखनीय हैं। यहां उसका मुख्य अंश उद्धृत किया जा रहा है[६] –

> जब मैं बोल रहा हूँ तो हमारी मन की आँखों के सामने कुछ स्पष्ट दृश्य-बिम्ब उमड रहे हैं। इनमें से एक मानसिक चित्र पोलैण्ड के वार्सा नगर के मुख्य चौक

का १६२० के दशक के अन्तिम दिनों का है। वार्सा पर प्रथम रूसी अधिकार के समय (१६१४-१५) रूसियों ने इस नगर के, जो किसी समय स्वतन्त्र रोमन कैथोलिक देश पोलैंड की राजधानी था, एक ईस्टर्न आर्थोडॉक्स क्रिश्चियन कैथेड्रल बनवाया था। रूसियों ने पोलिश लोगों को निरन्तर यह दृश्यमान अहसास दिलाने के लिए यह कार्य किया था कि अब उनके स्वामी रूसी लोग हैं। १६१८ में पोलैण्ड की स्वतन्त्रता की पुनर्स्थापना के बाद पोलिश लोगों ने इस कैथेड्रल को गिरा दिया था। यह विध्वंस कार्य हमारे वहां पहुँचने के एक दिन पूर्व ही किया गया था। मैं पोलैण्ड की सरकार को इस रूसी चर्च को गिरा देने के कारण लांछित नहीं करता। जिस प्रयोजन के लिए रूसियों ने इसका निर्माण किया था वह धार्मिक न होकर राजनीतिक था और यह उद्देश्य भी जानबूझकर आहत करने वाला था। दूसरी ओर, मैं भारत सरकार की इसलिए प्रशंसा करता हूँ कि उन्होंने औरंगज़ेब की मस्जिदों को नहीं ढहाया। मैं विशेष रूप से उन दो के विषय में सोच रहा हूँ जिनमें से एक बनारस के घाटों पर बनी है और दूसरी मथुरा में कृष्ण के टीलों पर।

इन तीनों मस्जिदों को बनाने में औरंगज़ेब का प्रयोजन जानबूझकर आहत करने वाला वही राजनीतिक प्रयोजन था जिसने रूसियों को वार्सा के केन्द्र में आर्थोडॉक्स कैथेड्रल बनाने के लिए प्रेरित किया था। ये तीनों मस्जिदें यह घोषित करने के लिए बनवाई गई थीं कि इस्लामी सरकार सर्वोच्च है। यहाँ तक कि हिन्दुओं के पवित्रतम स्थानों के लिए भी। मैं यह अवश्य कहूँगा कि औरंगज़ेब में भड़काने वाले स्थानों को चुनने की वास्तविक प्रतिभा थी। औरंगज़ेब तथा स्पेन के फिलिप द्वितीय की जोड़ी बनती है। ये कट्टरतावादी अन्धकारमय गर्व के ईसाई, मुसलमान और यहूदू धर्मों के अवतार हैं। औरंगजेब – एक दरिद्र, दुष्ट, भटका हुआ बुरा आदमी – ने अपना जीवन ऐसे विशाल स्मारकों को खड़ा करने के परिश्रम में बिता दिया जो उसे बदनामी प्रदान करते हैं। संभवतः पोलैण्ड के लोग रूसियों द्वारा अपनी बदनामी में वार्सा में खड़े किए गए स्मारक को ढहाने में अधिक मेहरबान थे बनिस्बत आप लोगों के, जिन्होंने औरंगजेब की मस्जिदों को छोड़ दिया है। कुछ भी हो वह औरंगजेब ही होगा, न कि हिन्दुओं के वे पवित्र स्थल जिन पर ये मस्जिदें खड़ी की गई हैं, जो इनके दृश्यमान अस्तित्व से पीड़ित हो रहा है . . . .

भारतीय मुस्लिम वास्तुशास्त्र में औरंगज़ेब की मस्जिदें बहुत अधिक सुन्दर नहीं हैं। लेकिन समस्त मुगल कृतियों का मानदण्ड अधिक ऊँचा है। मैंने यह ध्यान दिया है कि किस प्रकार प्रतिबद्ध सावधानीपूर्वक भारतीय पुरातत्त्व विभाग आगरा के ताजमहल तथा वहां और यहां शाहजहानाबाद (दिल्ली) के किलों जैसे विश्व प्रसिद्ध कृतियों की देखभाल कर रहा है। इसके लिए केवल इस्लामिक दुनिया ही नहीं बल्कि समस्त संसार को भारत के प्रति अनुग्रहीत होना चाहिए। किन्तु सार्वजनिक स्मारकों का संरक्षण उतना महत्त्वपूर्ण नहीं है जबकि वे अत्यधिक सुन्दर हों। लेकिन यह उस समय भी करना चाहिए जबकि वे लोगों की सौन्दर्य भावना को न जगाएं। भारत में ब्रिटिश शासकों ने अपने मुस्लिम पूर्ववर्तियों की भाँति अपनी उपस्थिति को स्थायी स्मृति का रूप देने के लिए स्मारकों को बनाने की प्रथा अपनाई थी। ब्रिटिश लोगों के दुर्भाग्य से उनका काल भारत में मुगलों की भाँति नहीं था। वह विक्टोरियन गॉथिक था। यदि मेरे देशवासी अभी भी भारत के लोक निर्माण मंत्रालय की नीतियों के निर्धारण में कोई आवाज रखें तो मुझे संदेह है कि वे भारत के ब्रिटिश युग के इतिहास से इन फिलिस्तीनी अवशेषों को नष्ट करने के लिए दबाव डालेंगे, लेकिन भारतीय अधिकारी ऐसे नहीं हैं। जहां तक मैं जानता हूँ वे ब्रिटिश क्रूरता के प्रति भी उतने ही कोमल हैं जितने कि ताज के प्रति।

इस प्रकार ब्रिटिश इतिहासकार अर्नाल्ड टायन्बी ने दिल्ली में आकर अपनी मानसिक वेदना को किंचित व्यंग्यात्मक स्वर में व्यक्त करने का साहस किया। उसने हिन्दू पवित्र तीर्थो के प्रति अपनी वेदना को नहीं छिपाया था।

यहां पर योरोपीय इतिहासकार विल्डूराँ को भी उद्धृत करना अनुचित नहीं होगा जो उसने भारत के इतिहास में मुस्लिम आक्रमणों के प्रति अपनी भावनाओं को व्यक्त करने में किया है –

भारत में मुसलमानों की विजय संभवतः इतिहास की सर्वाधिक रक्त-रञ्जित कथा है। यह एक हतोत्साहित

> करने वाली कहानी है क्योंकि इसका स्पष्ट नैतिक निष्कर्ष यह है कि सभ्यता एक बहुमूल्य वस्तु है जिसका आदर्श और स्वतन्त्रता, संस्कृति और शान्ति, किसी भी समय बर्बरों के द्वारा उखाड़ फेंकी जा सकती है।[९]

इससे इतिहास के उस तथ्य को रेखांकित किया जाना चाहिए कि 'आक्रमणकारी के उकसाने वाले स्मारक शान्ति का संदेश नहीं दे सकते'।

हिन्दुओं के प्रयास

अयोध्या में सोलहवीं शताब्दी में जन्मभूमि के मन्दिर को तोड़े जाने के बाद से हिन्दुओं में विशेष प्रतिक्रिया हुई। स्वभाव से ही सहिष्णु और भीरू हिन्दू मन्दिरों को ध्वस्त करने के पश्चात् उनके ऊपर मस्जिद के निर्माण को विधि का विधान मानकर सहन कर लेता था। मुसलमान आक्रान्ताओं की आक्रामक और क्रूर नीति का एक दुष्परिणाम हिन्दू धार्मिक स्थलों के विनाश में हुआ। लेकिन उससे भी बुरी बात यह होती थी कि उन धर्मस्थलों का हिन्दू जनता फिर से उपयोग न कर सके इस कारण उन पर मस्जिदों का निर्माण करा दिया जाता था। धार्मिक विद्वेष के कारण निर्मित इन मस्जिदों को हिन्दू जनता को क्रूर सैनिक प्रशासन के दबाव में स्वीकार करना पड़ता था। ये मस्जिदें मुस्लिम धर्म की विजय की घोषणा करती रहती थीं। उदाहरण के लिए, दिल्ली में मेहरौली के निकट एक मस्जिद का नाम 'कुव्वतुल इस्लाम मस्जिद' है। इसका अर्थ होता है इस्लाम की शक्ति को प्रदर्शित करने वाली मस्जिद। अजमेर में अढ़ाई दिन का झोपड़ा, धार में भोजशाला मस्जिद, माण्डु में मस्जिद मुगीथ, सिद्धपुर में रुद्रमहालय मस्जिद, वाराणसी में ज्ञानवापी मस्जिद कुछ ऐसी मस्जिदें हैं जिनका निर्माण पुराने मन्दिरों के ऊपर उन्हीं की सामग्रियों से कराया गया था। लेकिन इन मस्जिदों के लिए कोई विशेष संघर्ष नहीं हुए तथा हिन्दुओं ने उन्हें भगवान की मर्जी मानकर स्वीकार कर लिया था। कुछ दिनों तक तो दूर से उस स्थान की पूजा करते थे और बाद में अवसर मिलने पर, उसके बगल में ही, दूसरा मन्दिर बनाकर पूजा करने लगते जैसा कि काशी में ज्ञानवापी के बगल में विश्वनाथ मन्दिर को बना हुआ देखते हैं। लेकिन अयोध्या की बाबरी मस्जिद के कारण विशेष तूफान उठ खड़ा हुआ। उसका कारण यह था कि यह मस्जिद जिस स्थान पर बनाई गई थी वह हजारों वर्षों की परम्परा के अनुसार हिन्दुओं के आराध्य देवता भगवान राम का जन्म स्थान था। किसी एक देवता के मन्दिर के ध्वस्त कर दिए जाने के बाद कहीं आसपास एक दूसरे स्थान पर पूजा का विधान हो सकता था किन्तु किसी महापुरुष के जन्मस्थान को कैसे बदला जा सकता था। अयोध्या और मथुरा दोनों ही ऐसे स्थल हैं जहां पर भगवान राम और भगवान कृष्ण के जन्म हुए थे और इन स्थानों पर हिन्दुओं ने अपना अधिकार कभी नहीं छोड़ा। वास्तव में १५२८ ई॰ में राम-जन्मभूमि मन्दिर के तोड़े जाने के बाद से उस स्थान के लिए हिन्दुओं ने अनेक बार संघर्ष किए। इसकी अनुश्रुति लोगों में प्रचलित है।[१०] जिस समय देश में मुस्लिम शासन था उस समय नियम कानून की प्राकृतिक अथवा स्वाभाविक प्रक्रियाओं का मान नहीं होता था। मुख्य रूप से शासितों को पशुबल से दबाए रखने की प्रवृत्ति ही शासकों में प्रभावी रहती थी। इस कारण प्रारम्भिक प्रतिरोध का स्वरूप सैनिक बल के आधार पर ही किया जाता था। अनेक बार सैनिक शक्ति से राम-जन्मभूमि को मुक्त कराने के प्रयास भी हुए।

मुग़ल साम्राज्य के निर्बल पड़ जाने के पश्चात् देश के विभिन्न क्षेत्रों में स्थानीय शक्तियों का उदय होना प्रारम्भ हो गया था। उत्तर प्रदेश में बुरहान-उल-मुल्क सआदत अली खान के नेतृत्व में १७०७ ई॰ में अवध की नवाबी की नींव पड़ी। उधर दक्षिण में मराठे काफी शक्तिशाली हो गए थे तथा दक्षिण और पूर्व में ईस्ट इण्डिया कम्पनी भी एक शक्ति के रूप में उभर रही थी। इसलिए अठारहवीं शताब्दी में मराठों ने अवध के नवाब से अयोध्या के साथ-साथ मथुरा, काशी और प्रयाग को भी मुक्त कराने के कूटनीतिक प्रयास किए। इन प्रयासों के लिखित उल्लेख उपलब्ध हैं।

१८५५ में १२ अगस्त को नवाब वाजिद अली शाह का एक पत्र ब्रिटिश रेजीडेन्ट मेजर जेम्स आट्रम को लिखा गया था जिसमें फैज़ाबाद के काजी की मुहर के साथ यह उल्लेख किया गया था कि १७३५ ई॰ में 'दिल्ली के बादशाह द्वारा बनवाई गई' मस्जिद के स्थल पर हिन्दुओं और मुसलमानों के बीच बुरहान-उल-मुल्क सआदत अली खान, अवध के प्रथम नवाब (१७०७-३६ ई॰) के शासनकाल में मस्जिद पर अधिकार प्राप्त करने के लिए एक दंगा हुआ था।

मराठों के शक्तिशाली हो जाने के उपरान्त उत्तर भारत में उनकी यह नीति रही है कि अयोध्या, काशी और प्रयाग के पवित्र तीर्थों को मुक्त कराया जाए। १७५१ ई॰ में अवध के दूसरे नवाब सफदरजंग के निमन्त्रण पर मल्हार राव होल्कर के नेतृत्व में मराठा सेनाओं ने दोआब में पठान सेनाओं को परास्त किया। इस विजय के तुरन्त बाद मल्हार राव होल्कर ने सफदरजंग से यह अनुरोध किया कि अयोध्या, काशी और प्रयाग को पेशवा को

सौंप दिया जाए। (आशीर्वादी लाल श्रीवास्तव, *दि फर्स्ट टू नवाब्स आव अवध*)।

१७५६ ई॰ में तीसरे नवाब शुजाउद्दौला ने आसन्न अफगान आक्रमण में मराठों को सहायता के लिए आमन्त्रित किया था। लेकिन अवध के दरबार में मराठा प्रतिनिधि से अयोध्या सहित तीन तीर्थ-स्थलों को सौंपने के प्रश्न पर बातचीत लगभग एक वर्ष चलती रही। अन्त में जुलाई १७५७ में शुजाउद्दौला ने अयोध्या और काशी को मराठा नेता राघोबा को सौंप देने की स्वीकृति दी। लेकिन यह कार्य इसलिए सम्पन्न नहीं हो सका क्योंकि मराठा सेनाओं ने पंजाब की विजय में अपने को उलझा दिया और अन्ततः १७६१ ई॰ में पानीपत के युद्ध में उनकी पराजय हो गई थी।

पेशवा बालाजी बाजीराव अयोध्या को हस्तगत करने के बारे में कितने इच्छुक थे इसका पता उनके २३ फरवरी, १७५६ ई॰ के उत्तर भारत में मराठा सेनापति दत्ताजी सिंधिया को लिखे गए पत्र से होता है। इस पत्र में पेशवा बालाजी बाजीराव ने यह याद दिलाया था कि मंसूर अली के लड़के (शुजाउद्दौला) ने दादा (राघोबा) को बनारस और अयोध्या देने का वादा किया था और सिंधिया को यह ताकीद की थी कि प्रयाग के साथ इन स्थानों को हस्तगत कर लें।[११]

कुछ इतिहासकारों जैसे जे॰ एन॰ सरकार, आशीर्वादी लाल श्रीवास्तव, जी॰ एस॰ सरदेसाई, हरिराम गुप्ता आदि ने इस युग के इतिहास को गहराई के साथ अध्ययन किया है तथा वे इस निष्कर्ष पर पहुँचे हैं कि "यदि भाऊ (सदाशिवराव) पानीपत युद्ध में विजयी हुए होते तो कुछ ही वर्षों के अन्दर अयोध्या, काशी और प्रयाग को मुक्त करा दिया गया होता।[१२]

योरोपीय व्यक्तियों के द्वारा किए गए उल्लेख

बाबरी मस्जिद के संबंध में अनेक यूरोपीय यात्रियों, इतिहासकारों, पुरातत्त्वज्ञों तथा प्रशासनिक अधिकारियों ने टिप्पणियां की हैं, जिनसे बाबर के बाद के युग में अयोध्या के इतिहास पर प्रकाश पड़ता है। यहां पर इन उल्लेखों का संक्षिप्त विवरण देना उचित होगा।

१. विलियम फिन्च

विलियम फिन्च[१३] नामक एक योरोपीय यात्री १६०८ ई॰ से १६११ ई॰ तक भारत में रहा था। उसने अयोध्या की भी यात्रा की थी। उसके बारे में उसने लिखा है कि अवध (अयोध्या) एक प्राचीन नगर है जो एक पठान राजा की राजधानी है और इस समय खण्डहर हो गई है। यहां का किला चार सौ वर्ष पुराना है। यहां पर रामीचन्द्र (रामचन्द्र) का किला और महल भी खण्डहर के रूप में वर्तमान हैं। इसको भारतीय लोग बड़ा देवता मानते हैं और यह कहते हैं कि उन्होंने दुनिया का तमाशा देखने के लिए यहां अवतार लिया था। यहां पर कुछ ब्राह्मण रहते हैं जो पास की नदी में स्नान करने वाले सभी यात्रियों के नाम लिखते हैं और उनके अनुसार यह प्रथा चार लाख साल से चली आ रही है (जो संसार की उत्पत्ति के ३,६४,५०० वर्ष पहले था) (ईसाई विश्वास के अनुसार, विश्व का निर्माण ईसा से चार हजार वर्ष पहले हुआ था)।

२. जोसेफ टाइफेन थेलर

टाइफेन थेलर आस्ट्रिया का एक जेसुइट पादरी था जिसने १७६६ से १७७१ ई॰ के बीच का समय अवध में बिताया था। उसने अपने संस्मरण में भारत के इतिहास और भूगोल का विवरण फ्रेन्च में दिया है जिसका अंग्रेजी में भी अनुवाद हुआ है। टाइफेल थेलर[१४] लिखता है कि –

> बाबर ने राम-जन्मस्थान पर स्थित मन्दिर को नष्ट करके उसके खंभों का उपयोग करते हुए एक मस्जिद बना दी, लेकिन हिन्दुओं ने उस स्थान पर अपना अधिकार छोड़ने से इन्कार कर दिया, तथा मुगलों के द्वारा उनको रोकने के प्रयासों के बावजूद वे इस स्थान पर पूजा के लिए आते रहे। मस्जिद के प्रांगण में उन्होंने एक राम चबूतरा बना लिया था जिसकी तीन बार प्रदक्षिणा करने के बाद वे भूमि पर साष्टांग लेटकर प्रणाम करते हैं। वे चबूतरा और मस्जिद में अपनी पूजा करते हैं। इससे भी अधिक प्रसिद्ध स्थल सीता की रसोई है जो राम की पत्नी थीं। यह शहर के पास एक ऊँचे टीले के बीच में है।
>
> सम्राट् औरंगजेब ने रामकोट किले को ध्वस्त करके उसी स्थान पर तीन गुम्बदों वाला एक मुसलमानी पूजा-स्थल बनवाया; कुछ लोगों का कहना है कि बाबर ने बनवाया। पाँच हाथ ऊँचे काले पत्थरों से बने उन चौदह स्तम्भों को कोई भी देख सकता है जो यहां लगे हैं। इनमें से १२ तो मस्जिद के अन्दर मेहराबों को संभालने के लिए लगे हैं। यह कहा जाता है कि स्तम्भों के ये टुकड़े, जिन पर कलाकारों ने नक्काशी की हुई है, बन्दरों के राजा हनुमान् द्वारा लंका, जिसे योरोप के लोग सिलोन कहते हैं, से लाए गए थे।

इसके बाईं ओर पाँच इंच ऊँचा एक चबूतरा है जो चूना-पत्थर से आच्छादित है तथा लगभग पाँच आउनेस लम्बा और चार आउनेस चौड़ा है। हिन्दू इसको वेदी कहते हैं। इसका कारण यह है कि यहां पर विष्णु ने राम के रूप में जन्म लिया था और यहीं उनके तीन भाई भी पैदा हुए थे। बाद में औरंगजेब, कुछ कहते हैं बाबर, ने इसको नष्ट कर दिया, जिससे काफिरों को यहां पर अपने उत्सव मनाने से रोका जा सके। फिर भी वे इन दोनों ही स्थानों पर राम का जन्मस्थान मानकर तीन बार इस स्थान की प्रदक्षिणा करके, फिर भूमि पर दण्डवत् प्रणाम करके पूजा करते चले आ रहे हैं। ये दोनों ही स्थान चारदीवारी से घिरे हैं। कोई सामने के कक्ष में बीच में बने एक छोटे दरवाजे से अन्दर जा सकता है।

चैत के २४वें दिन (शुक्ल पक्ष की नवमी को) यहां राम के जन्मदिन को मानने के लिए बहुत बड़ा मेला लगता है। यह मेला सारे भारत में प्रसिद्ध है।

३. माण्टगोमरी मार्टिन

एक ब्रिटिश सर्वेक्षक माण्टगोमरी मार्टिन[१५] ने १८२८ ई॰ में इस क्षेत्र का सर्वेक्षण करने के बाद लिखा है कि –

धर्मान्ध ने, जिसके द्वारा मन्दिर गिराए गए थे, कहा जाता है कि अत्यधिक महत्त्वपूर्ण मन्दिरों के ऊपर मस्जिदों का निर्माण कराया; लेकिन अयोध्या की मस्जिद, जो अब तक पूरी खड़ी है तथा जो आधुनिक दिखती है, की एक दीवार पर लगे हुए अभिलेख के द्वारा बाबर द्वारा बनाई हुई कही गई है, जो औरंगजेब से पाँच पीढ़ियों पहले हुआ था . . . इसके नाम, रामकोट से मेरा यह अनुमान है कि यह वास्तव में राम द्वारा बनाए गए भवन का वास्तविक हिस्सा रहा होगा।

यह कहा जाता है कि ईंटों के लिए खुदाई करते समय कई मूर्तियाँ निकली थीं लेकिन उनमें कुछ को, जिन्हें मैं ढूँढ सका, इतनी खण्डित हो गई थीं कि उनकी पहचान मुश्किल थी केवल एक मूर्ति को छोड़कर, जो गुप्तार (घाट) के अखाड़े से प्राप्त हुई थी, जहां से यह कहा जाता है कि लक्ष्मण ने जल समाधि ली थी। इस मूर्ति में एक नारी और पुरुष एक साथ दिखाए गए हैं। नारी के सिर पर कोई ऐसी चीज है जैसा कि मैंने पहले कभी नहीं देखा था। इन दो आकृतियों के अतिरिक्त बाबर द्वारा निर्मित मस्जिद में लगाए गए खंभे ही हैं जो इस नगर की प्राचीनता का संकेत देते हैं। ये काले पत्थर के हैं तथा इस प्रकार के खंभे पहले हमने कभी नहीं देखे थे। जैसा कि संलग्न रेखाचित्र से समझा जा सकता है, ये किसी हिन्दू मन्दिर से लिये गए होंगे, यह इन स्तभों के आधार पर बने आकारों से समझा जा सकता है। यद्यपि ये आकृतियां धर्मान्ध के मानस को सन्तुष्ट करने के लिए काट दी गई हैं, यह संभव है कि ये खंभे विक्रम द्वारा बनवाए गए मन्दिर के हों; लेकिन मेरा विचार है कि इस प्रकार के मन्दिर का अस्तित्व संदिग्ध था और यह मन्दिर अगर अस्तित्व में नहीं थे तो संभव है कि वे महल के खण्डहरों से लिए गए होंगे। इनकी ऊँचाई केवल छः फीट है।

४. एडवर्ड थार्नटन

एडवर्ड थार्नटन[१६] ने १८५४ ई॰ में ईस्ट इण्डिया कम्पनी के सरकार के गजेटियर को लिखा था और उसने भी यह उल्लेख किया है कि बाबर की मस्जिद में १४ खम्भे बहुत सुन्दर नक्काशी किए हुए हैं जो पुराने हिन्दू मन्दिर से लिए गए थे। उसने यह भी लिखा है कि हिन्दू यहां तीर्थ-यात्रा पर आते हैं तथा राम चबूतरा की पूजा करते हैं, क्योंकि उनका यह विश्वास है कि यह राम का जन्मस्थान था।

५. एडवर्ड बालफोर

एडवर्ड बालफोर सर्जन जनरल था। उसने अपनी *इन्साइक्लोपीडिया* में लिखा है कि –

अयोध्या अवध में फैज़ाबाद के निकट घाघरा नदी के दाहिने किनारे पर स्थित है, इसका अक्षांश २६°४८′२०″ उत्तर तथा देशान्तर ४२°१४′४०″ पूर्व है। इस समय इसकी हिन्दू-मुस्लिम जनसंख्या ७,५१८ है। लेकिन प्राचीन काल में यह कोशल के राजा की राजधानी थी। आधुनिक अवध सूर्यवंश के महान् राजा दशरथ द्वारा शासित थी जो रामचन्द्र के पिता थे। किसी समय यह १२ योजन या ६६ मील के क्षेत्र में फैली थी। बौद्ध काल में अयोध्या की अवनति हुई लेकिन ब्राह्मण धर्म के पुनरुत्थान के बाद राजा विक्रमादित्य के काल (५७ ई॰ पू॰) में इसका पुनरुद्धार किया गया। यहां पर

> कई जैन मन्दिर तथा तीन मस्जिदें हैं जो तीन हिन्दू मन्दिरों के स्थान पर बनी हैं। जन्मस्थान की मस्जिद, जहां राम पैदा हुए थे, स्वर्गद्वार मन्दिर, उनके अवशेष खड़े हैं तथा त्रेता का ठाकुर, जहां उन्होंने यज्ञ किया था।[१७]

६. पी॰ कारनेगी

पी॰ कार्नेगी ने फैज़ाबाद तहसील का इतिहास १८७० में लिखा। उसने अयोध्या में रामकोट के बुर्ज, मीनारों और महलों का विवरण देते हुए यह बताया है कि राम-जन्मस्थान मन्दिर के स्तम्भ कसौटी पत्थर के नक्काशी करके बनाए गए हैं जिनका उपयोग मुसलमानों ने बाबर की मस्जिद के निर्माण के लिए किया था। कारनेगी ने यह भी उल्लेख किया है कि अठारहवीं शताब्दी के प्रारम्भ में समीप की ही भूमि में एक नए जन्मस्थान मन्दिर का निर्माण कराया गया था। उसका यह कहना है कि १८५५ ई॰ तक हिन्दू और मुसलमान दोनों ही इस मस्जिद में पूजा करते थे। कारनेगी आगे लिखता है कि –

> हनुमानगढ़ी से कुछ १०० कदम दूर जन्मस्थान है। १८५५ ई॰ में जब बड़ा दंगा हुआ था तो हिन्दुओं ने हनुमानगढ़ी और मुसलमानों ने जन्मस्थान पर कब्जा कर लिया। इस अवसर पर मुसलमानों ने हनुमानगढ़ी पर हमला किया लेकिन उनको काफी नुकसान के साथ पीछे भागना पडा। हिन्दुओं ने उनका पीछा किया और तीसरे प्रयास में जन्मस्थान पर अधिकार कर लिया जिसके दरवाजे पर ७५ मुसलमानों की मृत्यु हुई। जिनकी कब्रें वहां पर हैं, उसे गंज-ए-शहीदां कहा जाता है। अवध के राजा (नवाब) की सैनिक टुकड़ियां वहां खड़ी थीं किन्तु उन्हें हस्तक्षेप करने का आदेश नहीं था। यह कहा जाता है कि इस समय तक हिन्दू और मुसलमान दोनों ही समान रूप से जन्मस्थान मन्दिर-मस्जिद में पूजा करते थे। ब्रिटिश काल में झगड़े को दूर करने के लिए एक रेलिंग बना दी गई जिसके अन्दर मुसलमान पूजा करते थे तथा उसके बाहर हिन्दुओं ने एक चबूतरा बना लिया और पूजा करने लगे।
>
> दो अन्य पुरानी मस्जिदें, जिसके विषय में कहा जाता है कि नवरंगशाह या औरंगजेब ने बनवाया था, इस समय खण्डहर हैं। हिन्दुओं ने रामदरबार के मन्दिर (स्वर्गद्वार मस्जिद) को पुनरुद्धार करने के लिए कुछ भी नहीं किया। त्रेता के ठाकुर के मन्दिर को पुराने खण्डहर के पास कालु के राजा (जो पंजाब की एक रियासत बताई जाती है) ने दो शताब्दियों पहले बना दिया था तथा इसका पुनरुद्धार हिल्लाबाई मराठिन (अहिल्याबाई होलकर) ने करवाया और उसी ने १७८४ में बगल के घाट का निर्माण करवाया। वह इन्दौर के जयवन्त राव होलकर की विधवा थीं तथा उस परिवार से अभी भी इस मन्दिर के लिए २३१ रुपए वार्षिक प्राप्त होते हैं।[१८]

इसके अतिरिक्त फैज़ाबाद अथवा अवध के लिए कई गजेटियर्स और प्रतिवेदन आदि भी प्रकाशित हुए हैं जिनसे अयोध्या में बाबरी मस्जिद के राम-जन्मभूमि के ऊपर बनाए जाने की सूचना प्राप्त होती है। उनकी सूची इस प्रकार है –

१. *गजेटियर आव दि प्रॉविन्स आव अवध*, खण्ड एक, १८७७ पृ॰ ६-७।

२. *फैजाबाद सेटलमेण्ट्स रिपोर्ट*, १८८०।

३. इम्पीरियल गज़ेटियर आव इन्डिया, प्रॉविन्शियल सीरीज, *यूनाइटेड प्रॉविन्सेस ऑव आगरा एण्ड अवध*, वाल्यूम दो, १८८१, पृ॰ ३३८-३६।

४. ए॰ फ्यूरर, *आर्कियॉलॉजिकल सर्वे ऑव इण्डिया रिपोर्ट, १८६१, दि मान्यूमेण्टल एण्टीक्वीटीज एण्ड इन्सक्रिप्शंस इन दि नार्थ वेस्ट प्राविन्सेज़ एण्ड अवध*, पृ॰ २६६-६७।

५. एच॰ आर॰ नेविल, *बारॉबंकी डिस्ट्रिक्ट गजेटियर*, लखनऊ १६०२, पृ॰ १६८-६६।

६. एच॰ आर॰ नेविल, *फैजाबाद डिस्ट्रिक्ट गजेटियर*, लखनऊ, १६०५, पृ॰ १७२-७७।

७. *इनसाइक्लोपीडिया ब्रिटेनिका*, १५वां संस्करण, १६७८ (एवं पूर्व के संस्करणों में भी), खण्ड एक, पृ॰ ६६३।

न्यायमूर्ति एफ॰ ई॰ ए॰ चामियर का निर्णय

फैज़ाबाद के जिला जज कर्नल चामियर का वह निर्णय भी उल्लेखनीय है जो उन्होंने सिविल अपील संख्या २७/१८८५ के सिलसिले में इस स्थल का निरीक्षण करने के बाद दिया था। उसकी शब्दावली कुछ इस प्रकार है –

> मैंने कल भी सभी पक्षों की मौजूदगी में विवादित सभी स्थलों का निरीक्षण किया। मैंने पाया कि सम्राट् बाबर

द्वारा निर्मित मस्जिद अयोध्या में नदी के किनारे पर पश्चिम अथवा दक्षिण पर खड़ी है तथा यहां आबादी नहीं है। यह अत्यन्त दुर्भाग्यपूर्ण है कि एक मस्जिद, हिन्दुओं द्वारा विशेष रूप से पवित्र मानी जाने वाली भूमि पर खड़ी है, किन्तु यह घटना ३५६ वर्ष पहले की है और अब इस शिकायत को दूर करने के लिए काफी विलम्ब हो गया है। अब जो किया जा सकता है वह यह है कि पक्षों को यथास्थिति में रखा जाए। प्रस्तुत मुकदमे जैसे मामले में किसी भी प्रकार का परिवर्तन लाभ की अपेक्षा हानि तथा व्यवस्था को नुकसान ही पहुँचाएगा।[१६]

न्यायाधीश कर्नल चामियर का यह निर्णय इस दृष्टि से विशेष महत्त्व रखता है कि अब से एक शताब्दी से भी पूर्व एक न्यायाधीश इसी निष्कर्ष पर पहुँचता है कि बाबर द्वारा राम-जन्मभूमि पर मस्जिद का बनाया जाना दुर्भाग्यपूर्ण बात है। लेकिन इसके साथ ही यह बात भी उतनी ही महत्त्वपूर्ण है कि हिन्दुओं ने कभी भी उस पर से अपना दावा नहीं छोड़ा और वर्षानुवर्ष वहां पर आकर श्रीरामलला को अपनी पूजा अर्पित करते रहे हैं। क्या शताब्दियां बीत जाने पर कोई अन्याय न्याय बन जाता है? अंग्रेज़ों को अपना राज्य कायम रखने की मजबूरी थी जिसके कारण यह निर्णय दिया गया। अब तो देश स्वतंन्त्र हो गया है तथा यदि इस राष्ट्रीय अपमान का निराकरण नहीं हुआ तभी कानून और व्यवस्था को हानि पहुँचने की स्थिति बन सकती है। इस बात को हमारे राजनेताओं को समझना ही पड़ेगा और ६ दिसम्बर १९९२ को यह स्थिति बन गई।

अयोध्या के राजस्व अभिलेख

६ दिसम्बर १९९२ को विवादास्पद ढांचा कारसेवकों द्वारा ढहा दिया गया था। लेकिन उसके पहले इस विवाद की तह में जाने के लिए प्रो॰ बी॰ आर॰ ग्रोवर ने राजस्व अभिलेखों की छानबीन की तथा उसके अनुसार जो प्रमाण प्रकाश में आए वे उल्लेखनीय हैं –

जहां तक राजस्व अभिलेखों का प्रश्न है बाबरी मस्जिद का नाम किसी भी अभिलेख में नहीं मिलता। यहां तक कि हदबस्ती नक्शों में भी इसको कहीं नहीं दिखाया गया है। ब्रिटिश सरकार के बन्दोबस्ती अभिलेख्रों में इसे सर्वत्र कोटरामचन्द्र कहा गया है। उसके पहले के अभिलेखों में सीता की रसोई कहा गया है। कोटरामचन्द्र अयोध्या शहर से अलग दिखाया गया है। अभिलेखों को कोटरामचन्द्र परिसर के अन्तर्गत नवाबी तथा मुग़ल काल के बन्दोबस्ती कागजातों के आधार पर ही तैयार किया गया है। उसके बाद तीन और बन्दोबस्त फसली सन् १३०१, १३४४ और १३९७, तदनुसार ईस्वी सन् १८९१, १९३७ और १९८९ में किए गए थे। १८९१ ई॰ के बन्दोबस्त में खसरा नं॰ १९३ के अन्तर्गत दस प्लाटों के साथ जन्मस्थान को सरकार बहादुर नजूल की भूमि कहा गया है। अर्थात् उसका प्रथम स्वामित्व सरकार में निहित है। साथ ही मालिकान-ए-मातहत के रूप में जन्मस्थान के महन्तों का स्वामित्व माना गया है। १८९१ ई॰ के हदबस्ती नक्शे में केवल जन्मस्थान का उल्लेख है; कहीं भी बाबरी मस्जिद का संकेत तक नहीं है। आगे के बन्दोबस्तों में भी यही स्थिति बरकरार है। १९३७ ई॰ के खसरा किस्तवार नक्शे में भी १८९१ ई॰ के हदबस्ती नक्शे को ही स्वीकार किया गया है। यह नियम है कि नए बन्दोबस्तों में प्लाटों तथा उपप्लाटों की संख्या में जो परिवर्तन किए जाते हैं उनमें पुराने प्लाटों को भी निहित माना जाता है। १९८९-९० ई॰ के बन्दोबस्त में जन्मस्थान को चार खसरा नम्बर दिए गए – १५९, १६०, १४६ और १४७ आर। रामजन्मभूमि को खसरा नं॰ १५९ तथा १६० में बिना नाम लिए दिखाया गया है। इसका कुछ भाग स्थानीय महन्त की सम्पत्ति के रूप में दिखाया गया है तथा कुछ नजूल के रूप में – यद्यपि १९३१ ई॰ के नजूल विभाग के खसरा अभिलेख संख्या ५८० में बाबरी मस्जिद और चबूतरा दोनों को वक्फ के अधीन दिखाया गया है लेकिन उसका मालिक मातहत महन्त रघुनाथ को लिखा गया है। उल्लेखनीय है कि १९३१ ई॰ के नजूल अभिलेख का यह उल्लेख न तो १९३६-३७ ई॰ के बन्दोबस्त में किया गया है और न १९८९-९० ई॰ के बन्दोबस्त में। १८९१ ई॰ के बाद से उपलब्ध किसी भी बन्दोबस्ती अभिलेख में कोई भी प्लाट वक्फ के रूप में नहीं दिखाया गया है।

वक्फ का मतलब होता है 'अल्लाह को समर्पित'। वह किसी की मिल्कियत नहीं होती। वक्फ का एक मुतवल्ली नियुक्त किया जाता है। कोई भी ऐसा व्यक्ति नहीं है जो यह कहे कि उसके पूर्वज बाबरी मस्जिद के मुतवल्ली थे। सुन्नी वक्फ बोर्ड के लोगों ने मुहम्मद जकी को मुतवल्ली के रूप में फार्म भरने को कहा तो उसने लिखा 'यह स्थान वक्फ का नहीं है बल्कि यह बाबर के समय से उसके पास नानकार के तौर पर है।' लेकिन इसका कोई राजस्व आधार नहीं है। मुहम्मद असगर और मीर रजब अली, जो अपने को क्रमशः बाबरी मस्जिद के खातिब और मुअज्जन कहते हैं, वास्तव में कोटरामचन्द्र से ६ मील दूर शहनबा नामक गाँव के जमींदार थे जिनको वह गाँव ब्रिटिश सरकार की खिदमत के एवज में नानकार मुआफी के रूप में दिया गया था।

इस प्रकार राजस्व अभिलेख तो बाबरी मस्जिद का उल्लेख ही नहीं करते। उसके हिसाब से बाबरी मस्जिद का अस्तित्व ही नहीं है।

श्रीराम-जन्मभूमि आन्दोलन में न्यायपालिका की भूमिका

श्रीराम-जन्मभूमि स्थल को प्राप्त करने के लिए हिन्दुओं ने जो मार्ग अपनाए उनमें प्रयासों के अतिरिक्त न्यायालय की शरण जाना तथा जन-आन्दोलन खड़ा करना भी शामिल था। मुसलमानी शासन व्यवस्था के अन्तर्गत न्यायालय की शरण जाना बेमानी था क्योंकि 'जिम्मियों (काफिर प्रजा) के लिए बनाए गए कानून पूरी तरह लागू नहीं किए गए थे। हिन्दुओं को, जो मूर्तिपूजक तथा बहुदेववादी थे, जिम्मी का दर्जा भी नहीं प्राप्त था, वे केवल धर्मान्तरित किए जा सकते थे अथवा मार दिए जाते थे। और यदि इस विचार को त्याग देने का भी विचार किया जाता तो उन पर जजिया नामक कर का भार लाद दिया जाता तथा उनके मामूली मन्दिरों तथा अतिसामान्य प्रकार के सामूहिक पूजा तक ही सीमित रखा जाता था।' यह अभिमत रेनाल्ड न्यवेट विल्सन ने इस शताब्दी के प्रारम्भ में 'एंगलो-मोहम्मडेन ला' पर लिखते हुए व्यक्त किए थे। अतः मुस्लिम काल में हिन्दुओं को मुसलमानी प्रशासन द्वारा किसी प्रकार के विधिक सहायता की सम्भावना नहीं थी। लेकिन जब ब्रिटिश शासन ने भारत में अपनी जड़ें जमाईं तथा 'प्रशासन में कानून का शासन' की अवधारणा प्रस्थापित की गई, तभी से हिन्दुओं ने इस दिशा में प्रयास करने प्रारम्भ कर दिए थे।

पहला मुकदमा १८८५ में

श्रीराम-जन्मभूमि की पुनर्प्राप्ति के लिए पहला मुकदमा महन्त रघुबर दास ने १८८५ में फ़ैज़ाबाद के जिला न्यायालय में दायर किया था। अपने निर्णय में अंग्रेज़ न्यायाधीश कर्नल एफ़० ई० ए० चामियर ने मार्च १८८६ में स्वीकार किया कि 'यह अत्यन्त दुर्भाग्यपूर्ण है कि हिन्दुओं द्वारा विशेष रूप से पवित्र मानी जाने वाली भूमि पर एक मस्जिद का निर्माण करा दिया गया, किन्तु जैसा कि यह घटना ३६५ वर्ष पूर्व घटी थी, अब इस शिकायत का उपचार करने के लिए बहुत देर हो चुकी है। अब तो सभी पक्षों को यथास्थित में ही रखा जा सकता है। ऐसे मुकदमे में, जैसा कि यह है, कोई भी नया परिवर्तन किसी लाभ की अपेक्षा व्यवस्था में गड़बड़ी और हानि ही अधिक करेगा।'

इंस प्रकार विशुद्ध कानून की दृष्टि से दिए गए इस निर्णय के अनुसार हिन्दू इस मुकदमे को जीत तो गए किन्तु श्रीराम-जन्मभूमि का स्वामित्व नहीं प्राप्त कर सके। सन् १६३४ के दंगे में हिन्दुओं ने एक बार और इस पर बलपूर्वक कब्जा करने का प्रयास किया किन्तु वे सफल नहीं हो सके। लेकिन इसका एक परिणाम यह हुआ कि मुसलमानों को इस स्थल पर नमाज पढ़ने से रोक दिया गया। वास्तविकता तो यह है कि उसके बाद से तो फिर कभी भी यहां नमाज़ नहीं पढ़ी गई।

दिसम्बर १६४६ की घटना

सन् १६४६ के दिसम्बर मास के २२-२३ की रात्रि में अचानक उस भ्वन में श्रीराम मूर्तियां प्रकट हुईं और हिन्दुओं ने उस पर कब्जा करके अखण्ड कीर्तन करना प्रारम्भ कर दिया। जिस न्यायालय ने लगभग ६५ वर्ष पूर्व किसी भी प्रकार की राहत देने से इन्कार कर दिया था उसी जिला अदालत ने १६५० में तथा उच्च न्यायालय ने १६५५ में अपनी स्वीकृति की मुहर लगा दी। श्री गोपाल सिंह विशारद तथा परमहंस रामचन्द्र दास ने दो मुकदमे दायर किए थे जिनमें मूर्तियों को हटाने के सम्बन्ध में स्थायी निषेधाज्ञा तथा उसकी पूजा करने के अधिकार की मांग की गई थी। न्यायालय ने दोनों अनुरोधों को स्वीकार कर लिया।

उच्च न्यायालय को खेद

इलाहाबाद उच्च न्यायालय ने १६५५ में हिन्दुओं को श्रीरामलला की मूर्तियों की पूजा के अधिकार को स्वीकृत करते हुए यह खेद व्यक्त किया था कि ये दोनों मुकदमे १६५० से निचली अदालत में अनिर्णीत पड़े हुए हैं तथा निर्देश दिया था कि उन्हें तत्काल निर्णीत किया जाए। न्यायालय ने कहा कि 'यह अत्यन्त वाञ्छनीय है कि इस प्रकार के मुकदमे का जितनी जल्दी हो सके निर्णय कर दिया जाए तथा यह खेद की बात है कि चार वर्षों के बाद भी वे अनिर्णीत पड़े हुए हैं। देरी का मुख्य कारण यह हो सकता है कि निचली अदालत से मुकदमे के अभिलेख इस अदालत द्वारा १६५३ में अपीलकर्ताओं की प्रार्थना पर तलब कर लिए गए थे। यदि ऐसा न हुआ होता तो सम्भवतः अब तक मुकदमों पर निर्णय हो गया होता। . . . हम यह अत्यन्त वाञ्छनीय समझते हैं कि मुकदमों पर तुरन्त निर्णय दिया जाए तथा इस बात का निर्देश देते हैं कि मुकदमे के अभिलेख निचली अदालत में भेज दिए जाएं'।

क्या यह आश्चर्य एवं क्षोभ का विषय नहीं है कि वे मुकदमे अभी भी (१६६८) अनिर्णीत पड़े हुए हैं। पहले मुकदमे के वादी गोपाल सिंह विशारद तथा अन्य पांचों प्रतिवादियों का देहान्त हो चुका है। दूसरे मुकदमे में केवल परमहंस रामचन्द्र दास ही

सौभाग्य से जीवित बचे हुए हैं किन्तु कोई प्रतिवादी जीवित नहीं बचा है।

दो से पांच मुकदमे

हाँ! इस बीच एक प्रगति अवश्य हुई और वह यह है कि मुकदमों की संख्या बढ़कर पांच हो गई।

निर्मोही अखाड़े के छः व्यक्तियों ने यह दावा किया कि प्रतिवादियों को यह निर्देश दिए जाएं कि वे अयोध्या में श्रीराम के इस मन्दिर से छेड़छाड़ न करें। ये सभी छः वादी अब तक दिवंगत हो चुके हैं।

चौथा मुकदमा सुन्नी वक्फ बोर्ड की ओर से १८ दिसम्बर १९६१ को दायर किया गया जिसमें यह प्रार्थना की गई थी कि राम-जन्मभूमि तथा ढांचे को हिन्दुओं के अधिकार से लेकर मुसलमानों को दे दिया जाए तथा ढांचे के अन्दर से मूर्तियों को हटा दिया जाए। उल्लेखनीय है कि यह मुकदमा सुन्नी वक्फ बोर्ड द्वारा निरुद्ध अधिकार की १२ वर्ष की समय सीमा के समाप्त होने के मात्र चार दिन पूर्व ही दाखिल किया गया था।

यहां यह ध्यातव्य है कि श्रीराम-जन्मभूमि पर स्थित बाबरी मस्जिद का ढांचा एक शिया मस्जिद थी। सुन्नी कट्टरपंथियों के अनुसार शिया मस्ज़िदें मस्ज़िदें होती ही नहीं। फिर भी सुन्नी वक्फ बोर्ड इस मुकदमेबाज़ी में कूद पड़ा तथा अड़ंगे लगाकर विलम्ब कराने की युक्तियां अपनाने लगा। यह मुकदमा भी लटका हुआ है तथा इसके भी बारह वादकार दिवंगत हो चुके हैं।

इसमें सबसे मनोरंजक बात यह है कि इस्लामी कानून के अनुसार केवल मस्जिद के मुतवल्ली को ही किसी विधिक प्रक्रिया को प्रारम्भ करने का अधिकार है। बाबरी ढांचे के कथित मुतवल्ली मीर जावेद हसन थे और उन्होंने सुन्नी वक्फ बोर्ड के मुकदमे में शामिल होने से इन्कार कर दिया तथा उन्होंने यह मांग की थी कि इस बाबरी ढांचे को अयोध्या से १० किलोमीटर दूर उनके गाँव में स्थानान्तरित कर दिया जाए जहां वे उसमें नमाज पढ़ सकेंगे तथा हिन्दू अपने जन्मभूमि स्थल पर पूजा भी कर सकेंगे। अतः कानून के अनुसार इस विवाद से सुन्नी वक्फ बोर्ड की हैसियत मात्र घुसपैठिए की है। फैजाबाद नगर के सिविल जज ने प्रारम्भिक अन्वेषणों के बाद २१ अप्रैल १९६६ को यह निर्णय दिया कि विवादित ढांचा वक्फ की सम्पत्ति नहीं है क्योंकि इसके लिए कानूनन किसी भी प्रकार की अधिसूचना कभी भी जारी नहीं की गई है।

किन्तु महत्त्वपूर्ण बात यह है कि लाहौर उच्च न्यायालय के मुख्य न्यायाधीश ने मस्जिद शहीदगंज एवं अन्य बनाम शिरोमणि गुरुद्वारा प्रबन्धक कमेटी अमृतसर के मुकदमे में यह निर्णय दिया था कि जहां एक मस्जिद पर गैर-मुस्लिमों द्वारा अधिकार कर लिया गया हो तो वह स्थल एक मस्जिद के रूप में अपना पवित्र स्वरूप खो देता है। इस निर्णय की पुष्टि लन्दन स्थित प्रिवी काउन्सिल ने भी कर दी थी। भारत के उच्चतम न्यायालय ने अपने 'अयोध्या संदर्भ' वाले राष्ट्रपति की इच्छा पर निर्णय देते हुए इसकी पुष्टि की और कहा कि 'अतः, यह मत कि एक बार संस्थापित पवित्र मस्जिद सदैव मस्जिद के रूप में पूजा का स्थल बना रहेगा, भारत का मुस्लिम कानून नहीं है, जैसा कि भारतीय न्यायालयों द्वारा स्वीकार किया जा चुका है। आगे (जजों के) बहुमत ने यह भी माना कि 'भारत में मस्जिद एक अचल सम्पत्ति है तथा एक स्थल विशेष पर पूजा का अधिकार उस समय समाप्त हो जाता है जब उस स्थल का साम्पत्तिक अधिकार, जहां पर वह खड़ी है, विरुद्ध कब्ज़े के कारण समाप्त हो जाता है।' इस प्रकार अब ध्वस्त बाबरी ढांचे पर हिन्दुओं द्वारा १९४९ में कब्जा कर लिए जाने के बाद से वह न तो मस्जिद रह गई थी और न मुस्लिमों का उस पर कोई अधिकार रह गया था। इस स्पष्ट न्यायालयीय निर्णय के होते हुए भी, जिसे सर्वोच्च न्यायालय ने भी मान्यता दे दी है, इस मुकदमे को लटकाए रखना दुर्भाग्यपूर्ण ही कहा जा सकता है।

इस सम्बन्ध में पांचवाँ मुकदमा श्री देवकीनन्दन अग्रवाल द्वारा भगवान राम के नाम से १ जुलाई १९८९ में कायम किया गया। ये पांचों मुकदमे १० जुलाई १९८९ को इलाहाबाद उच्च न्यायालय द्वारा उत्तर प्रदेश सरकार के १९८७ के एक प्रार्थना-पत्र के आधार पर अपने यहां स्थानान्तरित करा लिए गए तथा तीन न्यायाधीशों की एक विशेष अदालत को सौंप दिया गया। इसके बावजूद अभी तक मुकदमा चल ही रहा है तथा कोई निर्णय नहीं लिया जा सका।

न्यायालय की त्वरित तत्परता

किन्तु ऐसा नहीं है कि इस मामले में सदैव शिथिलता ही रही है। कुछ मामलों में उसने तड़ितवेग से कार्य किया है। उसका उदाहरण इस प्रकार है – फ़ैज़ाबाद के एक अज्ञात से वकील श्री उमेश चन्द्र पाण्डेय ने २१ जनवरी १९८६ को फ़ैज़ाबाद के मुन्सिफ न्यायालय में श्रीराम-जन्मभूमि के ताले खोलने का प्रार्थना-पत्र दिया। उल्लेखनीय है कि इसके दो दिन पूर्व सन्तों ने इस बारे में एक अन्तिमेत्थम दिया था। २८ जनवरी को मुन्सिफ ने इस पर कोई आदेश देने से इन्कार कर दिया। तुरन्त

ही एक प्रार्थना-पत्र इसी विषय पर फैज़ाबाद के जिला जज के यहां दिया गया। तीन दिनों के अन्दर ही १ फरवरी १९८६ को जिला जज ने उत्तर प्रदेश सरकार को ताला खोलने का आदेश दिया तथा यह भी निर्देश दिया कि हिन्दुओं के पूजा तथा दर्शन में किसी भी प्रकार की बाधा न पहुँचने पाए। और विस्मय यह कि कुछ ही घंटों के अन्दर मन्दिर के ताले खोल दिए गए तथा दूरदर्शन की टीम इस दृश्य को फिल्माने पहुँच गई और उसे सारे देश में प्रदर्शित किया गया।

क्या यह आश्चर्य की बात नहीं है कि जिस बात के लिए हिन्दू ३७ से भी अधिक वर्षों से संघर्ष करते चले आ रहे थे वह बड़ी त्वरित गति से न्यायालय द्वारा निपटा दिया गया। इसके पीछे क्या रहस्य था यह तो स्पष्ट नहीं है, किन्तु यह अवश्य कहा जा सकता है कि जहां सरकार चाहती है वहां न्यायालय भी तत्परता दिखाते हैं। दिसम्बर १९९२ में बाबरी ढांचे की सुरक्षा के निमित्त सर्वोच्च न्यायालय ने कितनी तत्परता दिखाई थी तथा प्रतिदिन निर्देश जारी किए जा रहे थे और एक विशेष पर्यवेक्षक नियुक्त किया गया था, यह बात अभी भी लोगों की स्मृति में ताज़ी है।

उच्च न्यायालय द्वारा सर्वोच्च न्यायालय की उपेक्षा

जिस इलाहाबाद उच्च न्यायालय ने निचली अदालत द्वारा इस मुकदमे के निर्णय में चार वर्षों की देरी पर १९५५ में खेद व्यक्त किया था तथा निचली अदालत ने उस पर ध्यान नहीं दिया था, उसी उच्च न्यायालय ने सर्वोच्च न्यायालय के विचार की उपेक्षा कर दी। सर्वोच्च न्यायालय ने परमहंस रामचन्द्र दास के प्रार्थना-पत्र पर यह विचार व्यक्त किया था कि वक्फ बोर्ड के द्वारा दायर मुकदमे में समय सीमा के उल्लंघन को मुख्य मुद्दा मानकर उच्च न्यायालय को इस पर अपना निर्णय देना चाहिए क्योंकि प्रतिवादीगण इस पर दबाव दे रहे हैं। यह विचारणा सर्वोच्च न्यायालय ने १२ जनवरी १९९० को दी थी। इसे लेकर प्रतिवादीगण उच्च न्यायालय पहुँचे जहां २२ अगस्त १९९० को इलाहाबाद उच्च न्यायालय ने प्रतिवादियों को सुने बिना इसे खारिज कर दिया तथा इस प्रकार उच्चतम न्यायालय की उपेक्षा की।

इससे दुखी होकर परमहंस रामचन्द्र दास अगली २३ अगस्त १९९० को व्यक्तिगत रूप से न्यायालय में प्रार्थना पत्र देकर १९५० में दायर किए गए मुकदमे को वापस लेने की अनुमति मांगी कि 'चालीस वर्षों पूर्व दाखिल किए गए मुकदमे में उच्च न्यायालय की विशेष बैंच द्वारा भी वे न्याय प्राप्त करने की सभी आशाएं छोड़ चुके हैं।' उन्होंने न्यायालय को मौखिक रूप से यह बताया कि जब वे चालीस वर्ष की आयु के थे तब उन्होंने भगवान श्रीराम की पूजा बहाली के अधिकार के लिए यह मुकदमा किया था जिसे वे पूर्णतया वापस ले रहे हैं। अब वे अस्सी वर्ष के वृद्ध हैं तथा इस मुकदमे का कोई अन्त नहीं देख पा रहे हैं।

और सबसे मज़े की बात यह है कि उच्च न्यायालय ने जिस समय सीमा को प्राथमिक मामला मानने से इन्कार कर दिया वह अब भी सर्वोच्च न्यायालय के समक्ष सितम्बर १९९० से निर्णय के लिए लम्बित पड़ा हुआ है।

उत्तर प्रदेश सरकार द्वारा अधिग्रहण

जून १९९१ के चुनावों में जनता ने भारतीय जनता पार्टी को पूर्ण बहुमत प्रदान किया तथा श्री कल्याण सिंह के नेतृत्व में उत्तर प्रदेश में भाजपा सरकार अस्तित्व में आ गई। इस सरकार को यह जनादेश श्रीराम-मन्दिर मुद्दे पर मिला था, तथा उसने इस प्रश्न पर एक दूसरे पहलू से कार्य करने की योजना बनाई। अब राम-मन्दिर के निर्माण के प्रश्न को विवादित ढांचे से अलग करके अक्टूबर १९९१ में २.७७ एकड़ भूमि का अधिग्रहण किया गया जिसमें राम-जन्मभूमि न्यास की २.०८ एकड़ भूमि शामिल थी। इस पर राम-मन्दिर निर्माण की योजना बनी। लेकिन बड़ी तत्परता के साथ उच्च न्यायालय तथा सर्वोच्च न्यायालय में इसके विरुद्ध याचिकाएं प्रस्तुत की गईं। उच्च न्यायालय की उसी विशेष पीठ ने अधिग्रहण को तो मान्य कर लिया किन्तु किसी भी प्रकार के स्थायी निर्माण पर रोक लगा दी। यह अन्तरिम आदेश २५ अक्टूबर १९९१ को दिया गया।

उच्च न्यायालय तथा सर्वोच्च न्यायालय ने अपने पास लम्बित याचिकाओं को १५ अक्टूबर १९९१ को इलाहाबाद उच्च न्यायालय के पास यह कहकर भेज दिया कि वह इस मामले में दिसम्बर १९९१ में अन्तिम निर्णय दे देगी। लेकिन उच्च न्यायालय इस मामले में महीने दर महीने सुनवाई करता रहा था। जुलाई १९९२ में जब कारसेवा की जा रही थी तब भी सुनवाई चल रही थी।

कारसेवा के बीच में ही २३ जुलाई को सर्वोच्च न्यायालय ने यह कहा कि यदि उत्तर प्रदेश सरकार कारसेवा रुकवा सके तो सर्वोच्च न्यायालय अधिग्रहण के मुकदमों को अपने पास लेकर उन पर एकमुश्त निर्णय दे देगा। किन्तु अन्ततः सर्वोच्च न्यायालय ने इस आधार पर ऐसा नहीं किया कि उच्च न्यायालय में सुनवाई काफी आगे तक बढ़ चुकी है। लेकिन उसने इस बात पर अवश्य बल दिया कि उच्च न्यायालय सुनवाई और निर्णय में जल्दी करे।

इलाहाबाद उच्च न्यायालय ने अन्तिम सुनवाई ४ नवम्बर १९९२ को पूरी कर ली। लेकिन उस पर निर्णय सुरक्षित रखा गया। इसके बाद कारसेवा ६ दिसम्बर १९९२ को रखी गई। उत्तर प्रदेश सरकार एवं जन्मभूमि मन्दिर आन्दोलन के संयोजकों का यह प्रयास रहा कि निर्णय सुना दिया जाए चाहे वह पक्ष में हो या विपक्ष में। कारण यह था कि यदि उच्च न्यायालय का निर्णय विपक्ष में होता तो भी कारसेवा विश्व हिन्दू परिषद के स्वामित्व वाली भूमि पर हो सकती थी।

उच्च न्यायालय के निर्णय की ६ दिसम्बर के पूर्व ही बड़ी आवश्यकता थी। उत्तर प्रदेशा सरकार ने २८ नवम्बर १९९२ को सर्वोच्च न्यायालय से प्रार्थना की कि वह एक आदेश जारी कर उच्च न्यायालय से निर्णय देने का अनुरोध करे। सर्वोच्च न्यायालय ने ऐसा आदेश जारी कर दिया। किन्तु उच्च न्यायालय ने अपना निर्णय ११ दिसम्बर को देने का आदेश दिया। उत्तर प्रदेश सरकार यह चाहती थी कि निर्णय का केवल कार्यान्वयन वाला भाग ही ६ दिसम्बर के पूर्व सुना दिया जाए जिससे अनिश्चितता का अन्त हो। किन्तु यह दलील भी निरस्त कर दी गई।

और इस प्रकार ६ दिसम्बर १९९२ को बाबरी ढांचे के विध्वन्स में न्यायालयों की भूमिका के बारे में पाठक स्वयं निर्णय करें। कोनराड एल्स्ट[२०] ने लिखा है कि —

> 'निष्क्रिय जजों, दो.मुंहे राजनीतिज्ञों तथा धर्मनिरपेक्ष कट्टरपंथियों के दायित्व को भी, जिन्होंने भक्तों के रोष को उस सीमा तक पहुँचा दिया था, कभी भी नजरअन्दाज नहीं किया जा सकता।' उन्होंने लिखा है कि 'इस बात को ध्यान में रखते हुए कि जिस उद्धतता के साथ इलाहाबाद उच्च न्यायालय ने एक बार फिर उत्तर प्रदेश सरकार द्वारा (शान्तिपूर्ण हल के लिए बनाई गई व्यूह.रचना के लिए अभिप्रेत) अयोध्या में भूमि अधिग्रहण पर अपने निर्णय को, ४२ वर्षों के अन्तहीन मुकदमेबाज़ी के बाद, स्थगित करने का निर्णय लिया, यह आरोप लगाना उचित नहीं है कि रामभक्तों ने न्यायिक प्रक्रिया तथा लोकतान्त्रिक व्यवस्था के प्रति अनादर व्यक्त किया था। उन्होंने राजनीतिक खेल के लिए न्यायालयों के दुरुपयोग के प्रति अपना अनादर व्यक्त किया था, उन्होंने उचित ही न्यायाधीशों द्वारा किए जा रहे हिन्दू समाज के उस अपमान के प्रति विद्रोह किया जो राम.जन्मभूमि जैसे मसले को सुलझाने में उनकी अनिच्छा में स्पष्ट रूप में दिखाई पड़ा।'

उन्होंने यह भी लिखा है कि —

> . . . मैं समझता हूँ कि (बाबरी ढांचे का) विध्वन्स एक आवश्यकता बन गया था। इलाहाबाद उच्च न्यायालय में ४२ वर्षों के कपटपूर्ण मुकदमेबाजी के बाद यह स्पष्ट हो गया था कि न्यायपालिका निर्णय नहीं लेना चाहती थी। यही बात राजनीतिक व्यवस्था के बारे में भी कही जा सकती है, जो अपने प्रिय वोट.बैंक को भी खुश रखना चाहती थी किन्तु उसमें इतना साहस नहीं था कि सीधे तौर पर हिन्दू समाज को उसके पवित्र तीर्थ स्थल से वंचित कर सके।'

उच्च न्यायालय का निर्णय ११ दिसम्बर को आया लेकिन तब तक जो होना था, हो चुका था। कल्याण सिंह की भाजपा सरकार ने त्यागपत्र दे दिया था। लेकिन उनके इस अपराध के लिए केन्द्र सरकार ने मध्यप्रदेश तथा राजस्थान की भाजपा सरकारों को धारा ३५६ के तहत बर्खास्त कर दिया। बाद में न्यायालय ने भी कल्याण सिंह को एक दिन की सादी कैद तथा एक रुपया अर्थदण्ड देकर अपना दायित्व निभा लिया।

अयोध्या संदर्भ

राम-जन्मभूमि पर मन्दिर बनाने का आन्दोलन अभी चल ही रहा है। लेकिन इस कहानी का एक महत्त्वपूर्ण अंश छूट जाएगा यदि 'अयोध्या संदर्भ' पर उच्चतम न्यायालय के ऐतिहासिक निर्णय का उल्लेख न किया जाए। इसके लिए थोड़ा पीछे जाना पड़ेगा।

श्रीराम-जन्मभूमि मुक्ति आन्दोलन जोर पकड़ता जा रहा था तथा दूसरा पक्ष इस फिराक में रहता था कि न्यायालयों में लम्बित मुकदमे जितना अधिक लटकाए जा सकते हों लटकाए जाएं। इसके लिए तरह-तरह के हथकण्डे अपनाए जा रहे थे। लेकिन इसी बीच कुछ अन्य तरीकों से मामले को सुलझाने का प्रयास किया जाने लगा। श्री चन्द्रशेखर की सरकार ने दोनों पक्षों को बातचीत के लिए सहमत करने में सफलता पाई। कई मुस्लिम नेताओं ने यह कहना प्रारम्भ कर दिया था कि यदि उस स्थल पर मस्जिद बनवाने के पहले किसी मन्दिर का प्रमाण मिल जाए तो वे अन्य मुस्लिम बन्धुओं को सलाह देंगे कि उसे हिन्दुओं को सौंप दिया जाए। सैयद शाहबुद्दीन ने *इन्डियन एक्सप्रेस* (१३ दिसम्बर १९९०) में लिखा कि एक बार मुसलमान बाबरी मस्जिद स्थल को हिन्दुओं को 'दान देने' को तैयार हो जाएंगे। उन्होंने लिखा कि 'कानून बाबरी मस्जिद की सुरक्षा करता है, भले ही वह उस स्थल पर स्थित एक मन्दिर को ध्वस्त करके बनाई गई

हो, लेकिन साम्प्रदायिक सौहार्द के लिए, एक बार अपवाद के रूप में, मुस्लिम समुदाय उसे शरीयत के नियमों के अनुसार, नैतिक भाव दर्शाते हुए देने को इच्छुक है।' श्री चन्द्रशेखर की सरकार ने दोनों पक्षों को जानने के बाद इसे 'मूल प्रश्न' के रूप में स्वीकार किया, जिसका समाधान किया जाना था कि 'क्या उस स्थल पर मस्जिद बनने के पूर्व कोई हिन्दू मन्दिर था?' दोनों पक्षों के प्रतिनिधियों ने प्रमाण जुटाने शुरू कर दिए तथा सरकार के पास जमा किए। इस काम में बाबरी मस्जिद एक्शन कमेटी की सहायता तथा मार्गदर्शन कुछ वामपन्थी इतिहासकार कर रहे थे। लेकिन जब उन्होंने देखा कि सारे प्रमाण उनके विरुद्ध ही जा रहे हैं तो उन्होंने प्रमाण भेजना बन्द कर दिया जिनको भेजने के लिए वे राजी हो गए थे, तथा उन्होंने सरकार द्वारा, उनकी सहमति से आयोजित, बैठकों में भी आना बन्द कर दिया। इस प्रकार बातचीत द्वारा किसी समझौते पर पहुँचने के द्वार भी बन्द हो गए।

श्री नरसिम्हा राव की सरकार ने मामले को लटकाने, छद्मवाक्यता, चकमा देने तथा एक पक्ष से कुछ तथा दूसरे पक्ष से दूसरी तरह की बातें करके भुलावे में रखने की नीति अपनाई। छः दिसम्बर की कारसेवा के दौरान अयोध्या में सैनिक एवं अर्द्ध-सैनिक बलों तथा त्वरित कार्यवाही बलों आदि की इतनी सैन्य शक्ति का प्रदर्शन किया था मानो किसी देश को जीतने की तैयारी की जा रही थी। यातायात सम्बन्धी सारे प्रतिबन्धों तथा बड़ी कड़ाई से की जा रही जांचों के बावजूद लगभग तीन लाख से अधिक कारसेवक उस छोटे से कस्बे में एकत्र हो गए थे और लगभग इतने ही सारे उत्तर प्रदेश में अयोध्या जाने के मार्ग में रोककर निरुद्ध कर दिए गए थे। उच्च न्यायालय द्वारा ११ दिसम्बर १९९२ को निर्णय सुनाए जाने की घोषणा के बाद उनके सामने दो ही विकल्प रह गए थे, या तो वे प्रतीक कारसेवा करके अपने घरों को वापस जाएं या ५-६ दिनों तक न्यायालय के निर्णय की प्रतीक्षा करें। इसमें उन्होंने प्रतीक कारसेवा करने का ही निर्णय लिया। उधर सरकारी शक्ति प्रदर्शन अलग से चिढ़ाने का काम कर रही थी। अन्ततः आयोजकों की योजनाएं धरी रह गई जब अचानक कुछ अति उत्साही जनों ने घेरेबन्दी तोड़कर ढांचे को गिराना शुरू कर दिया। जो काम कुशल मजदूर २० दिनों में भी कठिनाई से कर सकते थे वह ४-५ घंटों में ही पूरा हो गया तथा रात्रि के तीसरे प्रहर तक वहां पर एक अस्थायी मन्दिर भी खड़ा कर लिया गया। उसके बाद ही सैन्य बल अपना हस्तक्षेप कर सका।

इसके बाद जो हुआ वह इतिहास का विषय बन गया है। नरसिम्हा राव की सरकार ने अपनी पूर्ववर्ती सरकार द्वारा पहचाने गए 'मूल प्रश्न' को संविधान की धारा १४३(१) के तहत सर्वोच्च न्यायालय को संदर्भित किया तथा प्रार्थना की कि –

'क्या राम-जन्मभूमि-बाबरी मस्जिद के निर्माण के पूर्व उस क्षेत्र में जहां ढांचा खड़ा था (उस परिसर में बाहरी तथा अन्दर के प्रांगणों सहित) कोई हिन्दू धार्मिक इमारत अस्तित्व में थी?'

राष्ट्रपति द्वारा भेजे गए इस 'मूल प्रश्न' का उत्तर देने में सर्वोच्च न्यायालय ने एक वर्ष नौ मास का समय लिया। १९९४ की फरवरी से सितम्बर तक प्रत्येक सप्ताह तीन दिन की अनवरत सुनवाई के बाद उसने कोई निर्णय न लेने का निर्णय लिया तथा राष्ट्रपति के इस 'विशेष संदर्भ' को ससम्मान वापस कर दिया।

इस निर्णय में कुछ महत्त्वपूर्ण टिप्पणियां की गई हैं जिनका उल्लेख आवश्यक है। जजों ने अपने निर्णय के पैरा ५६ में कहा है कि –

> यह ध्यान में रखना आवश्यक है कि दिसम्बर १९९२ को मस्जिद के विध्वन्स के लिए उत्तरदायी व्यक्ति कुछ कुकर्मी थे जिनकी पहचान समानता सारे हिन्दू समाज से नहीं की जा सकती अतएव, इन कुकर्मियों द्वारा विध्वन्स के इस अपराध कर्म को, कानून बनाने की वैधानिकता का न्याय करने के लिए, समस्त हिन्दू समाज का कार्य नहीं माना जा सकता। ढांचे के विध्वन्स के विरोध में हिन्दुओं की तीव्र प्रतिक्रिया तथा भर्त्सना इसका प्रमाण है। उत्तर प्रदेश में भारतीय जनता पार्टी की इस धींगामुश्ती के लिए अगले चुनावों में तिरस्कृत कर दिया जाना इसका एक अन्य प्रभाव है। उन कुकर्मियों का, जिन्होंने मस्जिद का विध्वन्स किया था, कोई धर्म, जाति अथवा पंथ नहीं था सिवाय इसके कि वे अपराधी प्रवृत्ति के थे और केवल उनके किसी विशेष समुदाय में पैदा हो जाने की दुर्घटना के कारण समूचे समाज को अपराधी नहीं माना जा सकता।

अगले पैरा में वे यह कहकर ७ जनवरी १९९३ से हिन्दुओं के भगवान राम के दर्शन और पूजा के अधिकार को सीमित करने वाले कनून को अपनी स्वीकृति देते हैं कि –

> अतः कुकर्मियों के तर्कसम्मत रूप से उस धर्म का होने के सन्देह में हिन्दू समाज को अपने सीने पर सलीब (क्रास) को ढोना ही होगा।

इन दो पैराग्राफों में परस्पर विरोधी टिप्पणियों की अनेक लोगों ने आलोचना की है। एक ओर तो विध्वंसकों को हिन्दू समाज से अलग करके, उन्हें 'अपराधी' बताकर, हिन्दू समाज को बरी कर दिया जाता है, किन्तु अगले ही अनुच्छेद में इन अपराधियों के कार्यों के लिए रामलला के दर्शन में लगाए गए शासकीय प्रतिबन्धों के कानून को मान्यता देकर हिन्दू समाज को इन्हें भोगने के लिए छोड़कर उस पर न्यायालय की स्वीकृति की मुहर लगा दी जाती है। इस प्रकार यह स्पष्ट कर दिया गया कि हिन्दू समाज अभी भी काले साहबों के उस दमनात्मक शासन से मुक्ति नहीं प्राप्त कर सका है जिसे वह विगत अनेक शताब्दियों से भोगता चला आ रहा है: पहले मुसलमानों के, फिर ईसाइयों के, और अब ईसाई कट्टरवाद के नए अवतार नेहरूवादी मार्क्सवादी विचारकों के। यह कहना कि 'विध्वन्सकों का कोई धर्म या जाति या पन्थ नहीं था और वे केवल अपराधी थे' नेहरूवादी धर्म-निरपेक्षतावादियों के मिथ्या वाग्जाल के अतिरिक्त और कुछ नहीं है, जिसे स्वतंत्रता के बाद के वर्षों से अब तक दुहराया जाता रहा है। इससे जहां एक ओर मुस्लिम कट्टरपन्थियों की पीठ सहलाई जाती है वहीं राष्ट्रवादियों की भर्त्सना की जाती है। सभी जानते हैं कि राम-जन्मभूमि का मुद्दा राष्ट्रीय अस्मिता का प्रश्न बन गया है, और इसी भावना की तीव्रता ने लाखों कारसेवकों को अयोध्या में जमा होने के लिए प्रेरित किया था। इसमें कोई सन्देह नहीं है कि आयोजकों के मन में बाबरी मस्जिद के विध्वन्स की बात किसी कोने में नहीं थी। वे सदैव राममन्दिर के निर्माण के लिए योजनाएं तथा कार्यक्रम बनाते थे। किन्तु समकालीन समाचारपत्र इस बात के साक्षी हैं कि अन्य सभी राजनीतिक दलों के नेतागण ने, जो मुस्लिम 'वोट-बैंक' के इच्छुक और भिक्षुक थे, सदैव यह हल्ला मचाया कि बाबरी मस्जिद तोड़ने का कार्यक्रम बनाया जा रहा है। श्री कल्याण सिंह की सरकार ने बाबरी ढांचे से राममन्दिर को अलग करने के लिए भूमि अधिग्रहण किया तथा उसी पर कारसेवा करने की योजना बनाई लेकिन धर्मनिरपेक्षतावादी नेतागण सदैव विध्वन्स की बात करते रहे। प्रशासन, राजनीतिक दल तथा काफी हद तक प्रचार माध्यम भी इसी मानसिकता के शिकार थे और न्यायपालिका भी उसी से ग्रस्त थी तथा हठवादी ढंग से अपने निर्णय की तिथि को टालती जा रही थी। अन्ततः जो होना था वह हो गया। आयोजक, जो प्रशासन, न्यायपालिका तथा राजनीतिक दलों के प्रभाव से सहमे हुए थे, किसी भी प्रकार का विध्वन्स नहीं चाहते थे। लेकिन यह शाश्वत नियम है कि प्रत्येक क्रिया की उतनी ही तीव्र प्रतिक्रिया होती है। लाखों की उस भीड़ में हजारों ऐसे निकल आए जो ढांचे के विध्वन्स में जुट गए। इस पर स्वप्न दासगुप्त ने लिखा है कि विश्व हिन्दू परिषद तथा भारतीय जनता पार्टी के नेताओं ने स्पष्ट कहा है कि लखनऊ न्यायालय में इस पर जो मुकदमा चल रहा है उसमें दोषी पाए जाने पर वे सजा भुगतने को तैयार हैं। तब इस विषय पर उच्चतम न्यायालय ने अपना निर्णय, बिना दूसरे पक्ष को अपनी बात कहने का मौका दिए, सुनाकर क्या जल्दबाजी नहीं की है?[२१]

अधिकांश हिन्दुओं ने इसे खेदजनक माना, किन्तु वे मन ही मन इससे प्रसन्न भी थे। वे इसे चाहते तो थे किन्तु इसको कार्यान्वित करने से डरते थे। वे जानते थे कि वह ढांचा अब एक मन्दिर के रूप में प्रयुक्त हो रहा है तथा कोई भी शक्ति उसे प्रत्यावर्तित नहीं कर सकती। फिर भी वह इमारत राष्ट्रीय अपमान का प्रतीक बनी हुई थी। और जब वह ध्वस्त हो गई तो अधिसंख्य जनता ने उसे स्वीकार कर लिया। लेकिन जिस अचानक ढंग से यह हुआ वह आदर्श नहीं कहा जा सकता। श्री कोनराड एल्स्ट लिखते हैं कि 'कभी राम-जन्मभूमि की समस्या नहीं रही है, केवल बाबरी मस्जिद की समस्या रही है। हिन्दू अपने पवित्र स्थल पर एक मन्दिर बनाना चाहते हैं, यह संसार में सबसे स्वाभाविक एवं सामान्य बात है। इसके विपरीत यह एक अत्यन्त आश्चर्यजनक और कुरुचिपूर्ण परिस्थिति है कि कुछ मुस्लिम इस पवित्र हिन्दू स्थल पर अपना दावा पेश कर रहे हैं तथा कब्जा करने का प्रयास कर रहे हैं।'

इसके अतिरिक्त, न्यायालय द्वारा राजनीतिक चुनाव विश्लेषक की भूमिका भी एक अनहोनी बात है। न्यायालय ने नवम्बर १९९३ के चुनावों में उत्तर प्रदेश में भारतीय जनता पार्टी के मतदाताओं द्वारा ठुकरा दिए जाने को एक मुद्दे के रूप में पेश कराने का प्रयास किया है। लेकिन विद्वान् न्यायाधीशों ने इस बात पर ध्यान नहीं दिया कि १९९१ के चुनाओं की अपेक्षा १९९३ में भारतीय जनता पार्टी की मतदाता संख्या में ३ प्रतिशत की वृद्धि हुई थी। सरकार बना सकना अन्य अनेक तत्त्वों के कारण सम्भव नहीं हो सका, जिसका विश्लेषण भावी इतिहासकार करेंगे। किन्तु क्या ऐसा विश्लेषण न्यायालय के निर्णय में आना उचित है? इस पर कई लेखकों ने अपनी उंगली उठाई है।[२२]

राष्ट्रपति ने सर्वोच्च न्यायालय से 'अयोध्या संदर्भ' में पृच्छा की थी कि 'क्या उस स्थल पर बाबरी मस्जिद बनने के पूर्व कोई हिन्दू मन्दिर अथवा पवित्र निर्माण था'। इसका उत्तर पांच न्यायाधीशों की पीठ ने अनुत्तरित ही लौटा दिया। तीन न्यायाधीशों के बहुमत ने इसे 'फालतू' (सुपरफ्लुअस) और अनावश्यक (अननेसेसरी) कहा तो दूसरी ओर न्यायमूर्ति अहमदी और न्यायमूर्ति

भरूचा के अल्पमत निर्णय में यह कहा गया कि 'इसमें एक धार्मिक समुदाय के पक्षपात तथा दूसरे विपक्ष की बात' दिखाई पड़ती है।' यदि प्रस्तुत किए गए प्रमाणों को देखें तो राष्ट्रपति की पृच्छा का केवल एक ही उत्तर हो सकता है, और वह यह कि 'हाँ उस स्थल पर बाबरी मस्जिद बनने के पूर्व एक हिन्दू मन्दिर था'। श्री अरुण शौरी ने यहां यह प्रश्न उठाया है कि क्या न्यायालय उस समय भी इस पृच्छा को अनुत्तरित वापस कर देता जब प्रमाण इसके विपरीत बात सिद्ध कर रहे होते?'[२३]

श्री शौरी ने यह भी प्रश्न उठाया है कि न्यायालय ने यह कहा है कि एक मस्जिद केवल एक सम्पत्ति का टुकड़ा मात्र है तथा दीवानी कानून उस पर भी उसी प्रकार लागू होंगे जैसा कि किसी अन्य सम्पत्ति पर। क्या यह बात सर्वोच्च न्यायालय तब भी कहता जबकि बाबरी मस्जिद अभी भी उस स्थल पर खड़ी होती? वास्तव में इसी बात का मुकदमा १९४९ में वहां पर पूजा-कीर्तन प्रारम्भ होने के बाद से चल रहा है। क्या निचली अदालतें सर्वोच्च न्यायालय की इस टिप्पणी के सन्दर्भ में उन मुकदमों में अपना फैसला देने का साहस दिखा सकती हैं?

वास्तविकता तो यह है कि हमारे न्यायालय एक राष्ट्रीय समस्या का समाधान करने से चूक गए। न्यायाधीशों ने यह कहकर मामले को निपटाने की कोशिश की कि 'यह विशेषज्ञों की बात है तथा इसका निर्णय पुरातत्त्वज्ञ आदि ही दे सकते हैं। न्यायाधीश इन क्षेत्रों के विशेषज्ञ न होने के कारण प्रमाणों की जाँच नहीं कर सकते।' अरुण शौरी ने पूछा है कि 'क्या वे नियमित रूप से उन विषयों के प्रमाणों की जाँच नहीं करते जिनके वे विशेषज्ञ नहीं हैं – वे शल्य चिकित्सक नहीं हैं फिर भी वे निर्णय करते हैं कि एक शल्य चिकित्सक लापरवाह रहा है, वे हवाई उड़ानों के विशेषज्ञ नहीं हैं फिर भी वे एक हवाई दुर्घटना की जिम्मेदारी तय करते हैं, वे सिंचाई इंजीनियर नहीं हैं फिर भी वे यह तय करते हैं कि किस राज्य को कितना जल दिया जाना चाहिए, वे तकनीकज्ञ नहीं हैं फिर भी वे यह तय करते हैं कि किसी भौगोलिक परिवर्तन अथवा तेलशोधक कारखाने के तकनालोजी में परिवर्तन का अर्थव्यवस्था अथवा वातावरण पर क्या प्रभाव पड़ेगा। इसी प्रकार न्यायालय – विशेषकर सर्वोच्च न्यायालय – नियमित रूप से विशेषज्ञों की सहायता मांगते रहते हैं। क्या न्यायाधीश इस बार विशेषज्ञों की सहायता नहीं ले सकते थे? क्या प्रमाण इतने अधिक उलझे हुए थे? यदि इस प्रश्न का परीक्षण किया गया होता तो न्यायालय किस प्रकार के प्रमाण से दो चार होते?'

वे आगे कहते हैं कि '४२ वर्षों तक न्यायालयों का दरवाजा खटखटाने के बाद मुकदमे जहां के तहां पड़े हुए हैं। क्या उन्हें उन्हीं न्यायालयों में वापस भेज देने के निर्णय से समस्या के समाधान में सहायता मिलेगी। अथवा क्या यह भविष्य के लिए टाइमबम लगाने जैसा नहीं है?'

वे आगे लिखते हैं कि 'तुरन्त मन्दिर निर्माण की बात छोड़ भी दें तो न्यायालय के इस निर्णय से क्या सिद्धान्त उभरते हैं? क्या ये वास्तविक धर्मनिरपेक्षता की ओर एक भी कदम आगे ले जाते हैं? यदि ऐसा है तो, क्या न्यायालय, वास्तव में सर्वोच्च न्यायालय स्वयं, इनके पालन का साहस रखता है?'

श्रीराम-जन्मभूमि मन्दिर के इस मुकदमे में न्यायालय द्वारा निर्णय न करने का फैसला दोनों पक्षों के लिए निराशाजनक रहा है। यदि वे प्रमाणों के सम्यक् आकलन के आधार पर फैसला करते और राम-जन्मभूमि मन्दिर के पक्ष में सुनाते तो श्री नरसिम्हा राव की सरकार अपने सरकारी न्यास को मन्दिर बनाने के लिए हरी झण्डी दिखाने को तैयार बैठी थी। लेकिन यदि वे विपरीत फैसला देते, जिसके समर्थन के लिए प्रमाणों का नितान्त अभाव है, तो क्या केन्द्रीय सरकार राम-जन्मभूमि मन्दिर को वहां से हटाने का साहस कर सकती थी? पाठक स्वयं निर्णय करें।

संदर्भ

१. आर० नाथ, *आर्किटेक्चर एण्ड साइट आव बाबरी मस्जिद आव अयोध्या*, जयपुर, १९९१।

२. उपरोक्त, पृ० १९।

३. उपरोक्त, पृ० २४।

४. दे० डी० सी० सरकार, *सेलेक्ट इन्सक्रिप्शंस*, खण्ड दो, पृ० ४०२ तथा आगे।

५. दे० आर० नाथ, 'आन द आथेन्टीसिटी आव अल्लोपनिषद,' *जर्नल आव द ओरियन्टल इन्स्टीट्यूट*, बड़ौदा, वाल्यूम २६, ३, पृष्ठ २३८-४०।

६. *ए० आई० आर० १९३०*, लाहौर, पृ० ३६९।

७. *ए० आई० आर० १९४०*, पी० सी०, पृ० ११६।

८. *वन वर्ल्ड इन इण्डिया*, नेशनल बुक ट्रस्ट द्वारा संकलित, पृ०५९–६१।

९. विल्डूरां, *दि स्टोरी आव सिविलाइजेशन, अवर ओरियण्टल हेरिटेज*, पृ० ४६६।

१०. दे० आदित्य स्वरूप, *सत्यदर्पण में अयोध्या* (१९९३, वाराणसी) पृ० ११३-१४ पर राम-जन्मभूमि मन्दिर के लिए किए गए संघर्षों का विवरण दिया गया है जिसको यहां यथावत् दिया जा रहा है। पूरा विवरण बहुत आधिकारिक नहीं लगता।

१५२८ ई॰ — श्रीराम मन्दिर पर आक्रमण

(मीर बाकी के द्वारा मन्दिर तोड़े जाते समय) "भाटी नरेश महताब सिंह, हंसवर नरेश रणविजय सिंह, हंसवर के राजगुरु पण्डित देवीदीन पाण्डे ने मुकाबला किया और मीर बाकी की सेना से उनका १५ दिनों तक घमासान युद्ध चला। पं॰ देवीदीन ने भयंकर मारकाट की। देवीदीन पाण्डे के विषय में 'तुजुक बाबरी' में लिखा है कि अकेले देवीदीन ने ही सात सौ से अधिक सैनिकों को मार दिया। बाद में सर फट जाने के बाद भी वह पट्टी बांधकर लड़ा और अन्त में, वह मीर बाकी की गोली से मारा गया। इस तरह मन्दिर पर मीर बाकी का कब्जा हो गया और उसे ध्वस्त कर दिया गया। उसके अधिकांश मलबे से ही, उसी स्थान पर, मस्जिद तामीर करवाई गई।

अंग्रेज़ इतिहासकार कनिंघम, लखनऊ गजेटियर में लिखते हैं कि "एक लाख चौहत्तर हजार हिन्दुओं की लाशें गिर जाने के बाद ही मीर बाकी मन्दिर को तोप के गोलों से गिराने में सफल हो सका।"

१५२८ से १५३० तक बाबर के काल में ही उसे वापस पाने के लिए चार बार युद्ध हुए।

१५३० से १५५६ ई॰ — हुमायूँ का काल

हुमायूँ के शासनकाल में दस बार युद्ध हुए। रानी जयराज कुँवारी स्त्री सेना लेकर तथा स्वामी महेश्वरानन्द साधुसेना लेकर, छापामार शैली में बराबर युद्ध करते रहे और अन्त में गुरु महेश्वरानन्द के बाद वह स्वयं भी युद्ध में मारी गई।

१५५६ से १६०५ ई॰ — अकबर का काल

अकबर के काल में २० बार युद्ध हुए। स्वामी बलरामाचार्य जी बराबर लड़े और अन्त में वीरगति को प्राप्त हुए। रियाया और न भड़के और माहौल को शान्त करने की सोचकर, बादशाह अकबर ने राजा बीरबल और टोडरमल की राय मानकर, मस्जिद में सामने एक चबूतरे पर एक छोटा-सा राम मन्दिर बनाने की इजाजत दे दी और यह भी हुक्म दिया कि कोई भी शख्स पूजा-पाठ में रोक-टोक न करे। बाद में इस चबूतरे पर एक संगमरमर का मन्दिर निर्मित किया गया था जिसमें पूजन-अर्चन चलता रहा।

१६५८ से १७०७ ई॰ — औरंगज़ेब काल

अत्याचारी औरंगज़ेब के काल में ३० बार युद्ध हुए। बाबा वैष्णवदास गोपाल सिंह, ठाकुर जगदम्बा सिंह आदि ने डटकर लोहा लिया।

गुरु गोविन्दसिंह अयोध्या में

गुरु गोविन्दसिंह का औरंगजेब की सेनाओं का मुकाबला करने के लिए अयोध्या आगमन तथा बाबा वैष्णवदास के साथ मिलकर, उन्होंने आक्रमण को विफल किया। १६६४ ई॰ के आसपास जाकर औरंगजेब ने अयोध्या पर विजय प्राप्त की। इससे पूर्व के सभी युद्धों में हिन्दू ही विजयी रहे। इस हार के कारण मन्दिर पूरी तरह से मुग़लों के हाथ में चला गया। औरंगज़ेब ने चबूतरे पर बने छोटे से राम मन्दिर को खुदवाकर वहां गड्ढा बनवा दिया।

१७६३ से १८३६ ई॰ — सआदत अली काल (अवध)

अवध के नवाब सआदत अली के काल में, मन्दिर का स्थान हस्तगत करने के लिए हिन्दुओं ने ५ बार आक्रमण किए। अमेठी के राजा गुरुदत्त सिंह तथा पिपरा के राजकुमार सिंह ने युद्ध लड़े। बार-बार के आक्रमणों से परेशान होकर नवाब ने अकबर की तरह हिन्दुओं और मुसलमानों को साथ-साथ पूजन तथा नमाज की अनुमति दे दी।

१८४७ से १८५६ ई॰ — नवाब वाजिद अली शाह काल

"वहाँ मस्जिद नहीं थी"

"नवाब वाजिद अली शाह काल में, अयोध्या में मन्दिर स्थल पर अधिकार पाने के लिए ४ बार युद्ध किए। बाबा उद्धवदास और भाटी नरेश ने ये युद्ध लड़े। नवाब वाजिद अली शाह ने इस लम्बे विवाद और युद्धों की परम्परा को समाप्त करने के उद्देश्य से निष्पक्ष निर्णय के लिए एक तीन सदस्यीय जाँच समिति गठित की। उस समिति में एक हिन्दू सदस्य, एक मुसलमान सदस्य तथा तीसरा निष्पक्ष सदस्य के रूप में ईस्ट इण्डिया कम्पनी का प्रतिनिधि रखा। खोज-बीन के बाद समिति का निष्कर्ष था कि "मीर बाकी ने किसी भवन को तोड़कर इसे बनाया है, क्योंकि इस पर लिखा है, साफ तौर से, कि यह फरिश्तों के अवतरण का स्थल है। इसमें भवन का मलबा भी लगा है।"

१८५६ ई॰ — अंग्रेज़ों का अवध पर कब्जा

"१८५६ ई॰ में अंग्रेज़ों ने अवध पर अधिकार स्थापित कर लिया। अंग्रेज़ों ने तथाकथित बाबरी मस्जिद के चारों ओर रेलिंग लगा दी और हिन्दू उपासकों को अलग कर दिया। इस कारण हिन्दुओं के पास अपनी पूजा-अर्चना बाहर करने के अतिरिक्त कोई और चारा नहीं था। तभी से पूजा बाहर होने लगी। हजारों प्रयासों के बाद भी पूजा-अर्चना बन्द नहीं हुई। इससे दोनों समुदायों के मध्य कटुता बढ़ी और समय-समय पर दंगे होने लगे।

१८५७ ई॰ — स्वतन्त्रता संग्राम, असफल निर्णायक मोड़

"१८५७ ई॰ का 'स्वतन्त्रता संग्राम' जहां एक ओर भारतीय दृष्टिकोण में जनचेतना लाने के लिए महत्त्वपूर्ण है, वहीं यह राम-जन्मभूमि में ऐतिहासिक स्थान रखता है। इस वर्ष यह विवाद पूर्ण रूप से समाप्त प्रायः सा था, परन्तु अंग्रेज़ों की कुटिल नीति ने इसे फिर से उलझा दिया।

बहादुर शाह जफर और अमीर अली द्वारा स्थल हिन्दुओं को देने का निर्णय

जब १८५७ ई॰ के संग्राम में सम्पूर्ण प्रजा के द्वारा बहादुर शाह जफर को नेतृत्व सौंपते हुए, भारत का सम्राट् घोषित कर दिया गया, अयोध्या के राजा देवी बख्श सिंह, गोड़ा नरेश तथा

विद्रोही नेता महन्त रामचरण दास ने सम्राट् जफर के समर्थन में अंग्रेज़ों के विरुद्ध विद्रोही बागडोर सम्हाल ली, तो विद्रोही मुसलमान नेता अमीर अली ने भी हिन्दुओं के साथ अंग्रेज़ी सरकार के खिलाफ झण्डा बुलन्द कर दिया। उस समय के नेता अमीर अली ने अपने समर्थक मुसलमानों से कहा – "बिरादराने वतन। मुल्क की आजादी को कायम रखने, बेगमों के जेवरात बचाने और हमारी जान और माल को बचाने में, हमारे हिन्दू भाइयों ने अंग्रेज़ों से लड़कर, जिस कदर बहादुरी दिखाई है, उसे हम भूल नहीं सकते। इसलिए फर्ज़े इलाही हमें मजबूर करता है कि हिन्दुओं के खुदा रामचन्द्र जी की पैदाइशी जगह पर जो बाबरी मस्जिद बनी है, वह हम हिन्दुओं को बखुशी सुपुर्द कर दें क्योंकि हिन्दू-मुस्लिम नाइत्तफाकी की सबसे बड़ी जड़ यही है और ऐसा करके हम हिन्दुओं के दिल पर फतह पा जाएंगे।" इस प्रकार का एक फरमान बादशाह जफर ने भी जारी किया था।

इस तरह श्रीराम-जन्मभूमि हिन्दुओं को बखुशी वापस करने का फैसला हो गया। परन्तु इस संग्राम से परेशान अंग्रेज़ों में इस सूचना से और खलबली मच गई। संग्राम की विफलता के बाद, इस सत्य को सुल्तानपुर गजेटियर के पृष्ठ ३६ पर कर्नल मार्टिन ने कबूलते हुए लिखा है कि – "अयोध्या की बाबरी मस्जिद हिन्दुओं को (मुसलमानों द्वारा) वापस देने की खबर से हममें (अंग्रेज़ों में) घबराहट फैल गई और यह लगने लगा कि हिन्दुस्तान से अंग्रेज़ खत्म हो जाएंगे।"

अमीर अली और रामचरण को फाँसी, निर्णय का अनुपालन रह गया

परिणामस्वरूप, जैसे ही १८५७ ई॰ की क्रान्ति असफल हुई, अंग्रेज़ों ने हिन्दू-मुस्लिम एकता के प्रतीक तथा मन्दिर-मस्जिद विवाद को समाप्त करने के हिमायती, अमीर अली तथा बाबा रामचरणदास को १८ मार्च १८५८ को कुबेरटीला के इमली के पेड़ से लटकाकर हजारों हिन्दुओं और मुसलमानों के सामने कड़ी सुरक्षा के बीच फाँसी दे दी। इस संदर्भ में मार्टिन लिखता है कि "जिसके बाद फैज़ाबाद के बलवाइयों की कमर टूट गयी और तमाम फैज़ाबाद जिले में हमारा रौब ग़ालिब हो गया।" इस प्रकार विवाद का अन्त होते-होते रह गया, और जन्मस्थान हिन्दुओं को सौंपने का निर्णय इतिहास के पृष्ठों में खो गया।

१८८६ ई॰ — न्यायाधीश चेमियर ने कहा - मन्दिर के स्थान पर मस्जिद है

फैजाबाद के जिला न्यायालय के मुख्य न्यायाधीश कर्नल एफ॰ ई॰ चेमियर ने १८८५ ई॰ की एक नागरिक अपील संख्या २७ में प्रेक्षित किया कि – 'यह दुर्भाग्यपूर्ण है कि मस्जिद का निर्माण हिन्दुओं के एक पवित्र स्थल पर भवन तोड़कर किया गया है। चूँकि वह घटना ३५६ वर्ष पूर्व की है इसलिए इसमें कुछ करना कठिन है।

१६१२-३४ ई॰ — निरन्तर संघर्ष

अंग्रेज़ों के काल में भी, राम-जन्मभूमि पर अधिकार प्राप्त करने के लिए हिन्दू सदैव संघर्ष करते रहे। इन संघर्षों के कारण समय-समय पर साम्प्रदायिक दंगे हुए।

१६३४ ई॰ — हिन्दुओं का अधिकार

साधु समाज और हिन्दू जनता ने मिलकर आक्रमण किया और जन्मभूमि को अपने अधिकार में ले लिया था। परन्तु अंग्रेज़ों की चालाकी और छलनीति के कारण यह अधिकार अधिक समय तक बना नहीं रह सका।

१५२८ ई॰ में श्रीराम-जन्मभूमि पर बाबर के काल में तथाकथित बाबरी मस्जिद के निर्माण के बाद से, १६३४ ई॰ तक उस पर पुनः अधिकार प्राप्त करने के लिए ७६ बार युद्ध लड़े गए। इन युद्धों में लगभग ३ लाख ५० हजार हिन्दुओं ने अपने प्राण न्यौछावर किए।"

११. जे॰ एन॰ सरकार, *फॉल आव दि मुगल इम्पायर*, खण्ड दो, पृ॰ २३१-३३।

१२. हरिराम गुप्ता, *मराठाज़ एण्ड पानीपत*, चण्डीगढ़, १६६१, पृ॰ २६२।

१३. विलियम फॉस्टर (संपा॰): *अर्ली ट्रेवल्स इन इण्डिया, १५८३-१६१६*, लंदन १६२१, पृ॰ १७६। आगे के उद्धरण, *इवीडेन्स आव दि रामजन्मभूमि मन्दिर, प्रजेण्टेड टू दि गवर्नमेण्ट ऑव इण्डिया ऑन दिसम्बर २३, १६६०, बाई दि विश्व हिन्दू परिषद*, पृ॰ १२ और आगे तथा उसमें संलग्न प्रमाणों की फोटोस्टेट प्रतियों से लिए गए हैं।

१४. टाईफेन थेलर्स *डिस्क्रिप्शंस हिस्टारिक यट जियोग्राफिक डि ल इण्डे* तथा अंग्रेज़ी अनुवाद, पृ॰ २५३-५४।

१५. माण्टगोमरी मार्टिन, *हिस्ट्री, एण्टीक्वीटीज, टोपोग्राफी एण्ड स्टेटिस्टिक्स आव ईस्टर्न इण्डिया*, खण्ड दो, पृ॰ ३३५-३६।

१६. ई॰ थार्नटन, *गज़ेटियर आव दि टेरिटरीज़ अण्डर दि गवर्नमेण्ट आव ईस्ट इण्डिया कम्पनी*, पृ॰ ७३६-४०।

१७. एडवर्ड बालफोर, *इन्साइक्लोपीडिया आव इण्डिया एण्ड ऑव ईस्टर्न एण्ड सदर्न एशिया*, पृ॰ ५६।

१८. पी॰ कारनेगी, *हिस्टॉरिकल स्केच आव तहसील फैजाबाद, जिला फैजाबाद, विथ दि ओल्ड कैपिटल्स अजुधिया एण्ड फैजाबाद*, लखनऊ १६७०, पृ॰ २१।

१६. दे॰ *मुस्लिम इण्डिया*, मार्च १६८६, पृ॰ १०७, जिस पर इस निर्णय का सार प्रस्तुत किया गया है।

२०. कोनराड एल्स्ट, 'द अयोध्या डिमोलीशन : एन इवैल्यूएशन', द *अयोध्या रिफरेन्स, सुप्रीम कार्ट जजमेन्ट एण्ड कमेन्टरीज़, वायस आव इन्डिया*, नई दिल्ली, १६६५, पृ॰ १३६।

२१. उपरोक्त, पृ॰ ६२।

२२. इस पर देखिए, उपरोक्त में, स्वप्न दासगुप्त, ४ पृ॰ ६२; अरुण जेतली, पृ॰ ११० आदि।

२३. उपरोक्त, *इन्ट्रोडक्शन*, पृ॰ १० एवं आगे।

११

श्रीराम-जन्मभूमि स्थल : पुरातात्त्विक साक्ष्य

अयोध्या में श्रीराम-जन्मभूमि स्थल अति प्राचीन काल से ही हिन्दुओं के लिए एक पवित्र तीर्थ रहा है। इस बात के अनेक पुरातात्त्विक साक्ष्य उपलब्ध हैं। यह विस्तृत टीला, जिसे रामकोट कहा जाता है, अभी भी अपने नीचे कितने पुरातात्त्विक महत्त्व की वस्तुएं छिपाए हुए है, यह केवल सुनियोजित पुरातात्त्विक उत्खननों से ही जाना जा सकता है। लेकिन स्थल को समतल बनाने की प्रक्रिया एवं ६ दिसम्बर १९९२ के जनाक्रोश में हुए विध्वन्स के कारण जो भी सामग्री प्रकाश में आई है वह इस बात को सिद्ध करने के लिए पर्याप्त है कि इस स्थल पर अति प्राचीन काल से ही हिन्दू पूजा-स्थल विद्यमान रहे हैं।

यह एक ऐतिहासिक तथ्य है कि मुग़ल आक्रान्ता बाबर के एक सेनापति मीर बाकी ने १५२८ ई॰ में अपने सम्राट् के आदेश पर इस स्थल पर एक मस्जिद का निर्माण कराया था जिसके लिए उसने गहड़वाल राजा गोविन्दचन्द्र के शासनकाल में निर्मित विष्णुहरि के मन्दिर को तोड़ा था, इसकी सूचना नव प्राप्त बारहवीं शताब्दी के लेख से हो जाती है। मस्जिद का निर्माण बाबर के आदेश से हुआ था, इसकी पुष्टि उस पर लगे लेखों से हो जाती है जिनका प्रकाशन *इपीग्रेफिया इन्डिका* (पर्शियन सप्लीमेन्ट) १९६५, पृ॰ ५८-६२, तथा अन्य कई पुस्तकों में किया गया है। राम-जन्मभूमि-बाबरी मस्जिद भवन समूह ६ दिसम्बर १९९२ तक एक मोटी चारदीवारी से घिरा हुआ था जिसमें पूर्व की ओर प्रवेश द्वार था। इसमें तीन निर्माण स्थित थे। पहला तीन गुम्बदों वाला भवन, जिसे 'बाबरी मस्जिद' कहा जाता था तथा जिसके अन्दर १९४९ से हिन्दू देवी-देवताओं की मूर्तियां रखी गई थीं और जिनकी पूजा की जाती थी। इसके बाहरी प्रांगण में एक चबूतरा था जिस पर हिन्दू देवी-देवताओं की मूर्तियां रखी गई थीं तथा इसे 'राम चबूतरा' कहा जाता था। तीसरा एक साधारण आच्छादन था जिसके नीचे एक चूल्हा, बेलन तथा तवा आदि रखे थे, इसे 'सीता की रसोई' कहा जाता था। मुग़ल काल से ही अयोध्या का सन्दर्भ देने वाली प्रायः सभी पुस्तकों में इन तीनों का ही उल्लेख मिलता है।

आगे के पृष्ठों में हम उन पुरातात्त्विक साक्ष्यों का अध्ययन प्रस्तुत करेंगे जो इस बात की ओर स्पष्ट संकेत कर रही हैं कि यह स्थल अति प्राचीन काल से एक पवित्र हिन्दू स्थल रहा है।

खण्ड १

समकालीन अभिलेख

पुरातात्त्विक साक्ष्यों में सर्वाधिक महत्त्व आभिलेखिक साक्ष्यों को दिया जाता है। और यदि यह समकालीन हों तो उसकी प्रामाणिकता सर्वोत्कृष्ट मानी जाती है। संयोग से ६ दिसम्बर १९९२ के विध्वंस में से कुछ अभिलेख भी निकलकर आए जिनमें सबसे महत्त्वपूर्ण अभिलेख बारहवीं शताब्दी के गहड़वाल राजा गोविन्दचन्द्र के काल में उत्कीर्ण उसके साकेत मण्डल के सामन्त का लेख है जो राम-जन्मभूमि स्थल पर विष्णुहरि के मन्दिर के निर्माण का उल्लेख करता है। यह एक समकालीन प्रमाण है जिसका साक्ष्य निर्विवाद रूप से यह सिद्ध करने के लिए पर्याप्त है कि बाबरी मस्जिद के निर्माण के पूर्व जन्मभूमि स्थल पर एक मन्दिर स्थित था।

यह प्रशस्ति पाँच फीट लम्बे तथा सवा दो फीट चौड़े एक आयताकार शिलाफलक पर बीस पंक्तियों में उत्कीर्ण है। इसको उस मन्दिर पर उपयुक्त स्थान पर लगाया गया था जिसे यह अभिलेख विष्णुहरि का मन्दिर कहता है। इसकी भाषा संस्कृत है तथा अधिकांश भाग पद्य में है। इसकी लिपि नागरी है जो बारहवीं शताब्दी में उत्तर भारत के गहड़वाल अभिलेखों में प्राप्त होती है। लिपिशास्त्रीय विशेषताएं भी इसे इसी काल का सिद्ध करती हैं।

यह अभिलेख तथा अन्य पुरावस्तुएं सरकारी कब्ज़े में रखी गई हैं तथा उनको अध्ययन के लिए विद्वानों को उपलब्ध नहीं कराया जा रहा है। इसी कारण इसका समुचित रूप से उद्वाचन नहीं किया जा सका है। इस ग्रन्थ के सहलेखक (डॉ॰ एस॰ पी॰

गुप्त) ने, भोपाल की डॉ॰ सुधा मल्लैया के साथ, १३ दिसम्बर १६६२ को अनेक बाधाओं तथा आतंकपूर्ण परिस्थितियों का सामना करते हुए अयोध्या जाकर इस अभिलेख तथा अन्य पुरावस्तुओं के छापे, फोटोग्राफ्स, रंगीन पारदर्शी (स्लाइड) तथा वीडियो फिल्में तैयार की थीं। अभिलेख का उद्वाचन इस ग्रन्थ के सहलेखक (डॉ॰ टी॰ पी॰ वर्मा) तथा सयाजी राव विश्वविद्यालय, ग्वालियर के डॉ॰ अरविन्द कुमार सिंह ने संयुक्त रूप से किया। किन्तु इसके कुछ महत्वपूर्ण अंशों को सबसे पहले मैसूर के डा० रमेश, जो उस समय दिल्ली में थे, ने डा० गुप्त और डा० मल्लैया के आग्रह पर पढ़ा था। तत्पश्चात् प्रो० अजयमित्र शास्त्री, डा० डी०पी० दूबे, डा० गयाचरण त्रिपाठी एवं डा० सुधा मल्लैया ने भी इसे पढ़ने में अपना-अपना योगदान दिया था। वह इस बात की पुष्टि के लिए पर्याप्त है कि ईसा की बारहवीं शताब्दी के पूर्वार्ध में इस जन्मभूमि स्थल पर श्रीविष्णुहरि का एक विशाल मन्दिर निर्मित किया गया था जब गहड़वाल वंश के प्रबल प्रतापी राजा (धरणीन्द्रगुरु) गोविन्दचन्द्र उत्तर भारत पर शासन कर रहे थे। (दे॰ परिशिष्ट क,)।

यह प्रशस्ति बताती है कि 'श्रीमान नयचन्द्र ने राजाओं के गुरु गोविन्दचन्द्र के प्रसाद से साकेत मण्डल का आधिपत्य प्राप्त किया था।' उसने 'विशाल शैल शिखर श्रेणियों वाले, स्वर्ण कलश से युक्त विष्णुहरि के व्यूह (परिवार समूह) के इस श्री सुन्दर मन्दिर' का निर्माण कराया। 'इस प्रकार के अद्‌भुत मन्दिर का निर्माण इससे पूर्व राजाओं द्वारा भी नहीं करवाया जा सका था।' (पंक्ति १३-१५)। भगवान विष्णु ने, अपने विभिन्न अवतारों में, 'हिरण्यकश्यपु को मारकर, बलि के बाहु का दलन करके भूविक्रम स्वरूप का प्रदर्शन कराया तथा दुष्ट दशानन अर्थात् रावण को मारा'। (पंक्ति १८-१६)। इसके बाद 'पश्चिम से आने वाली भीति का अपने भीषण बाहुदण्ड से नष्ट करने' का उल्लेख २०वीं पंक्ति में है जो पश्चिम दिशा से किए जाने वाले मुस्लिम आक्रमणों की ओर संकेत करती है।

गोविन्दचन्द्र गहड़वाल के शासन का काल १११४ ई॰ से ११५४ ई॰ तक माना जाता है। उसका सामन्त नयचन्द्र भी बारहवीं शताब्दी में साकेत मण्डल में शासन कर रहा था।

यहां पर महत्त्वपूर्ण बात यह है कि अयोध्या में जन्मभूमि स्थल पर निर्मित यह मन्दिर गर्भगृह से लेकर कलश तक इसी समय पूरा किया गया था जिसके मुख्य अधिष्ठातृ देवता स्वयं भगवान राम, विष्णु के अनेक अवतारों में एक थे। विष्णुहरि के इस सुन्दर और भव्य मन्दिर के निर्माण की घोषणा करने वाला बीस पंक्तियों का यह संस्कृत अभिलेख एक शिलापट्ट पर उत्कीर्ण कराकर मन्दिर की दीवार पर उचित स्थान पर लगाया गया रहा होगा, इसमें कोई संदेह नहीं है। क्या इसके बाद भी किसी अन्य प्रमाण की आवश्यकता शेष रह जाती है कि चार शताब्दियों बाद बाबर के सेनापति मीर बाकी ने जिस मस्जिद का निर्माण सोलहवीं शताब्दी में १५२८ ई॰ में कराया था वह इसी विष्णुहरि के मन्दिर को तोड़कर ही कराया था, जबकि यह अभिलेख उसी बाबरी मस्जिद के ध्वन्सावशेष में से बरामद किया गया था। यही इस अभिलेख का महत्त्व है जो विवादित स्थल पर मस्ज़िद के पूर्व एक मन्दिर के अस्तित्व में होने का पूर्ण, अकाट्य और अन्तिम प्रमाण है।

यहां यह भी ध्यान देने की बात है कि इस अभिलेख में यह कहा गया है कि विष्णुहरि के इस सुन्दर मन्दिर का 'निर्माण' कराया गया था। अतः यह प्रश्न उठता है कि इसको पुनः निर्मित करने की आवश्यकता क्यों पड़ी? क्या इस स्थल पर यह मन्दिर गहड़वाल काल में पहली बार बनाया गया था अथवा किसी पुराने जीर्ण मन्दिर का जीर्णोद्धार किया गया था अथवा कि ध्वस्त किए गए किसी मन्दिर के स्थान पर इसको बनाया गया था। कोनराड एल्स्ट (*दि अयोध्या रिफरेन्स*, १६६२, पृ॰ १२५-२६) ने यह सम्भावना व्यक्त की है कि राम-जन्मभूमि स्थल बाबर और मीर बाकी के अयोध्या में पैर रखने के पूर्व कई बार अपवित्र किया गया था। इस ग्रन्थ के सहलेखक डॉ॰ वर्मा ने तो इन्डियन हिस्ट्री एण्ड कल्चर सोसाइटी के गोरखपुर अधिवेशन में अपने अध्यक्षीय भाषण में, नवम्बर १६६५ को, इसका विस्तृत विवरण देते हुए यह स्पष्ट कहा कि सालार मसूद ने १०३२-३३ ई॰ में इस क्षेत्र पर आक्रमण किया था और रविवार, १४ जून १०३३ ई॰ को वह राय सहर देव या राजा सुहेल देव के हाथों बहराइच में मारा गया था। इसके पूर्व उसने सतरख (साकेत अथवा अयोध्या) में डेरा डाला था। इसका विस्तृत विवरण अब्दुर रहमान चिश्ती ने *मीरात-ए-मसूदी* में दिया है। उसने सोमनाथ मन्दिर के विध्वन्स में भी भाग लिया था और उसी से प्रेरणा लेकर एक बड़ी फौज के साथ साकेत पर आक्रमण किया था। सालार मसूद ने जन्मभूमि के इस सबसे सुप्रसिद्ध मन्दिर को सन् १०३३ में ध्वस्त किया था इसकी सूचना अयोध्या से प्राप्त अभिलेख द्वारा हो जाती है। अभिलेख की चौथी पंक्ति में यह कहा गया है कि जब समस्त क्षत्रियगण रक्षा करने में क्षीण हो गए थे तब देवकुल में जन्मभूमि की प्रतिमा व्याकुल हो गई थी। ऐसे समय में सल्लक्षण ने विश्वविलक्षण अमानुषीय पौरुष दिखाया। शत्रु का वध करने के बाद सल्लक्षण भी अपने सुकृत से अमरपुरी (स्वर्ग) गामी हुआ। मुस्लिम इतिहासकारों ने इस सल्लक्षण को ही राय सहर देव अथवा सुहेल देव कहा है। सल्लक्षण का पुत्र अल्हण हुआ

और उसके भतीजे नयचन्द्र के समय में इस जन्मभूमि मन्दिर का निर्माण कार्य पूरा हुआ। डॉ॰ वर्मा ने यह भी ध्यान दिलाया कि इस अभिलेख की १३वीं पंक्ति में गोविन्दचन्द्र के नाम के साथ कोई राजकीय उपाधि नहीं लगाई गई है अतः यह अनुमान किया जा सकता है कि उस समय तक गोविन्दचन्द्र का राज्याभिषेक नहीं हुआ था और वे युवराज मात्र थे। यह उल्लेखनीय है कि अपने पिता के शासनकाल में भी गोविन्दचन्द्र राज्य कार्य देख रहे थे तथा उन्होंने अपने नाम से कई दान पत्र जारी किए थे। इस प्रकार इस मन्दिर के निर्माण की तिथि ११४ ई॰ से पूर्व रखी जा सकती है। १०३३ ई॰ में मसूद के वध के बाद तीसरी पीढ़ी में सल्लक्षण के पौत्र नयचन्द्र के समय में मन्दिर का निर्माण कार्य पूरा होना एक सामान्य बात कही जा सकती है।

आलोचनाओं के उत्तर

विरोधी पक्ष से कुछ तर्क प्रस्तुत किए गए हैं जो संक्षेप में इस प्रकार रखे जा सकते हैं – (क) यह अभिलेख ६ दिसम्बर १९९२ को बाबरी मस्जिद के ध्वन्सावशेषों से एक आकस्मिक प्राप्ति है न कि किसी आधिकारिक वैज्ञानिक उत्खनन से। अतः इसकी प्रामाणिकता संदिग्ध है। (ख) यह सम्भव है कि इसे किसी दूसरी जगह से लाकर विश्व हिन्दू परिषद/भारतीय जनता पार्टी द्वारा राम-जन्मभूमि स्थल पर जालसाज़ी करके स्थापित कर दिया गया हो। (ग) यह अभिलेख आधुनिक काल का है। और (घ) यह तथ्य कि यह अभिलेख बिना टूट-फूट के प्राप्त कर लिया गया, अपने आप में इसकी प्रामाणिकता के विषय में गम्भीर शंकाएं उत्पन्न करता है। उनका कहना है कि कारसेवकों के विध्वन्स से यह कैसे बचा रह गया। यह स्वीकार करते हुए भी कि इन तर्कों में कोई तथ्य नहीं है तथा इन्हें भ्रम उत्पन्न करने के दृष्टिकोण से प्रसारित किया जाता रहा है, हम इन पर अधोलिखित बातें कहना चाहते हैं।

(क) एक इतिहासकार के लिए इस बात का कोई महत्त्व नहीं है कि एक पुरातात्त्विक प्रमाण आधिकारिक वैज्ञानिक उत्खनन से प्राप्त हुआ है अथवा आकस्मिक रूप से। पहली बात यह है कि विगत सौ वर्षों में सारे संसार में दसियों लाख पुरावस्तुएं आकस्मिक रूप से इत्तिफाक से ही प्राप्त हुई हैं तथा उनका सम्मान प्रामाणिक साक्ष्यों के रूप में किया जाता रहा है। उदाहरण के लिए स्पेन की अत्तामीरा तथा भारत में अजन्ता की गुफाएं इत्तिफाक से ही खोजी गई थीं। अतः 'आधिकारिक' और 'वैज्ञानिक' उत्खनन की बात सामान्य जनता में भ्रम की स्थिति उत्पन्न करने के लिए ही उठाई जाती है। अभी भी प्रति वर्ष सैकड़ों की संख्या में पुरावस्तुएं आकस्मिक रूप से 'अवैज्ञानिक' और 'अनाधिकारिक' सर्वेक्षणों एवं खुदाइयों में प्राप्त होती हैं जिन्हें भारतीय पुरातत्त्व सर्वेक्षण की वार्षिक पत्रिका *इन्डियन आर्कयालाजी : ए रिव्यू* में प्रति वर्ष संग्रहीत किया जाता है। ये वस्तुएं गर्वपूर्वक संग्रहालयों में प्रदर्शित भी की जाती हैं तथा निरन्तर इतिहासकारों द्वारा प्रामाणिक साक्ष्यों के रूप में प्रयोग में लाई जाती हैं। दूसरी बात यह है कि एक पुरावस्तु अपने उत्खनित स्तर के सन्दर्भ के अलावा भी अपना स्वयं का आन्तरिक महत्त्व रखती है। उदाहरण के लिए यदि किसी सिक्के पर केवल किसी राजा का नाम है तथा हमें उस राजा के विषय में अन्य स्रोतों यथा अभिलेखों आदि से, पूर्व जानकारी है, तो एक इतिहासकार उसका स्रोत के रूप में उपयोग करने में पूरी तरह न्यायसंगत है चाहे वह सिक्का किसी 'आधिकारिक' अथवा 'अनाधिकारिक' खुदाई में मिला हो, अथवा भूमि पर पड़ा मिला हो या किसी सिक्का विक्रेता के पास से। निःसंदेह एक वैज्ञानिक उत्खनन में पुरावस्तु की प्रामाणिकता उसके स्तर के संदर्भ में की जाती है किन्तु, अक्सर, प्रायः ऐतिहासिक कालों के सन्दर्भ में, एक पुरावस्तु भी किसी स्तर के काल निर्धारण का काम करती है।

(ख) यह ध्यान देने की बात है कि पुरातत्त्व के क्षेत्र में आभिलेखक साक्ष्य, यथा पाषाण उपकरणों अथवा मिट्टी की पुरावस्तुओं की अपेक्षा, अपना विशेष स्थान रखते हैं क्योंकि वे अपने लिखित अक्षरों के माध्यम से अपने विषय में बहुत कुछ बोल देते हैं, तथा उनकी अपनी व्याख्या के लिए अन्य पुरावस्तुओं की भांति विद्वानों की व्याख्या पर उतना निर्भर नहीं रहना पड़ता है। इस प्रकार का आरोप कि यह अभिलेख निहित स्वार्थों द्वारा कहीं बाहर से लाकर यहां आरोपित कर दिया गया था, गम्भीर विद्वानों का घोर अपमान है। अभिलेख की पूरी तरह छानबीन किए बिना तथा उसका सम्यक् परीक्षण किए बिना इस प्रकार के आरोप जहां आरोपियों की कुत्सित बुद्धि और ढपोरशंखी विद्वत्ता का भंडा फोड़ते हैं वहीं अकादमिक जगत् का घोर अपमान भी करते हैं। कोनराड एल्स्ट (वहीं, पृ॰ १२७) कहते हैं कि 'सहकर्मी अकादमिक साथियों पर इस प्रकार के जालसाज़ी के आरोप अकादमिक जगत् में प्रायः आरोपियों को ही कटघरे में खड़ा कर देते; किन्तु यहां वे बिना दण्ड पाए छूट ही नहीं गए वरन् उन्हें व्यापक प्रचार भी मिल गया'। वास्तव में किसी अभिलेख का प्राप्ति स्थल बहुत महत्त्व नहीं रखता विशेष रूप से जब अभिलेख की विषय-वस्तु के आधार पर उसके मूल स्थल की जानकारी प्राप्त की जा सकती हो।

यहां पर हम एक सुप्रसिद्ध उदाहरण देना चाहेंगे। दिल्ली में

फिरोजशाह कोटला पर एक अशोक स्तम्भ खड़ा है जिसमें अशोक के सात अभिलेख उत्कीर्ण हैं। इसे फिरोज़शाह तुगलक ने १३५६ ई० में अम्बाला जिले के टोपरा नामक गाँव से दिल्ली मंगवाया था। किसी भी विद्वान् ने इस स्तम्भ पर उत्कीर्ण लेखों को अशोकीय इतिहास के मान्य स्रोत के रूप में सन्देह की दृष्टि से नहीं देखा। सबसे बड़ी बात तो यह है कि सातवां स्तम्भ लेख केवल इसी स्तम्भ में प्राप्त होता है और हमारे तथाकथित वामपंथी इतिहासकारों के तर्कों के अनुसार केवल इसी बात को लेकर इस पर संदेह किया जाना चाहिए था। किन्तु उलटे इस तथ्य ने इस स्तम्भ की महत्ता को और बढ़ा दिया है। वास्तविकता तो यह है कि पाषाण अभिलेखों की जाली प्रतियां तैयार करना लगभग असम्भव है। ताम्रपत्रों एवं सिक्कों आदि को ढालकर जाली प्रतियां बनाई जा सकती हैं तथा इसके उदाहरण भी मिलते हैं। जाली ताम्रपत्र भी उत्कीर्ण करके बनाए जा सकते हैं, यथा गया का सुप्रसिद्ध ताम्रपत्राभिलेख, जो समुद्रगुप्त के काल का था, प्राचीन काल में ही जाली रूप से तैयार किया गया था। जहां तक पाषाण अभिलेखों का प्रश्न है सैकड़ों-हजारों अक्षरों वाले लेखों को उस काल की प्राचीन लिपि में उत्कीर्ण करके जाली रूप से तैयार करना असम्भव कार्य है।

इसके अतिरिक्त प्रायः सभी इतिहासकारों एवं पुरातत्त्ववेत्ताओं ने यह माना है कि ताम्रपत्र भूमि सम्बन्धी दानपत्र होने के कारण उनकी जाली प्रतियां बनाने के लिए किसी निहित स्वार्थ की बात खोजी जा सकती है किन्तु इस प्रकार के प्रशस्ति लेख जिनमें किसी मन्दिर के निर्माण की घोषणा की गई हो किसी निहित स्वार्थ की बात नहीं की जा सकती। भारतीय इतिहास एवं पुरातत्त्व में इस प्रकार का कोई भी उदाहरण नहीं खोजा जा सकता।

(ग) जो विद्वान्/व्यक्ति इस अभिलेख को आधुनिक जालसाजी बताते हुए इसमें विहिप/भाजपा का हाथ देखते हैं उन्हें आगे आना चाहिए और इस प्रकार के किसी लेख की वैसे ही पत्थर पर जाली प्रति तैयार करके दिखा देनी चाहिए तथा न्यायालय में एवं लिपि शास्त्रियों द्वारा संसार में कहीं भी उनकी सत्यता की जांच के लिए भेजना चाहिए। हम जोर देकर कहना चाहते हैं कि यह असम्भव कार्य है।

(घ) जो लोग अभिलिखित पाषाणखण्ड के सुरक्षित अवस्था के प्रति चिन्तित हैं वे क्षेत्र-पुरातत्त्व से नितान्त अपरिचित लगते हैं जिसमें पुरावशेषों का संरक्षण किया जाता है। यह एक सामान्य निरीक्षण की बात है कि विध्वन्स कृत्य में इमारत जब ऊपर की ओर से गिराई जाती है तो दीवार के नीचे के भागों में लगे हुए पाषाणखण्ड सुरक्षित रह जाते हैं। यहां तक कि दीवार के भी निचले कुछ रद्दे गिरने से बचे रहते हैं। ऐसा गुरुत्वाकर्षण के सिद्धान्त के कारण होता है। यह समझा जाता है कि यह अभिलिखित पाषाणखण्ड बाबरी मस्जिद की दीवालों में नीचे के भागों में चिना रहा होगा जिसके कारण विध्वन्स के समय वह अधिक टूट-फूट से बचा रह गया।

यहां यह बता देना भी आवश्यक है कि यह अभिलिखित पाषाणखण्ड अयोध्या के रामकथा कुंज में भूमि पर रखते समय ही तिर्यक् रूप से टूटा था क्योंकि जब १३ दिसम्बर १६६२ को इस ग्रन्थ का सहलेखक डॉ० सुधा मल्लैया के साथ वहां गया था तो खण्डित अंश के कुछ टुकड़े और चूरे वहां दिखाई पड़े थे।

विवादित भवन तथा उसके परिसर की चारदीवारी की दीवारें बहुत मोटी थीं; विशेष रूप से बीच वाले कक्ष की पश्चिमी दीवार तो अत्यधिक मोटी थी। (दे० मानचित्र)। ऐसा लगता है कि पाँच फीट चौड़े इस अभिलिखित पाषाणखण्ड का उपयोग इसी दीवार की ऊपरी सतह के आच्छादन के लिए किया गया था जिसमें अभिलेख वाला भाग अन्दर की ओर कर दिया गया था। इस तकनीक का प्रयोग दिल्ली में कुतुब आदि क्षेत्र की अनेक मस्जिदों एवं इमारतों में किया गया मिलता है जिसमें हिन्दू देवी-देवताओं की प्रतिमा युक्त भाग को उलट करके लगा दिया गया है ताकि सादा वाला भाग बाहर रहे और इमारत के लिए स्तराच्छादन का काम करे।

इस प्रकार यह स्पष्ट है कि आलोचकों के तर्क सत्य की कसौटी पर खरे नहीं हैं।

अन्य अभिलेख

राम-जन्मभूमि स्थल से ६ दिसम्बर १६६२ की घटना में विष्णुहरि मन्दिर अभिलेख के अतिरिक्त एक खण्डित स्तम्भ पर दो अन्य अभिलेख भी प्राप्त हुए हैं। इनमें एक अभिलेख, जो खण्डित स्तम्भ के ऊपरी भाग पर उत्कीर्ण है, आठ पंक्तियों में है तथा उसके निचले भाग पर उत्कीर्ण लेख दो पंक्तियों में है। इन दोनों अभिलेखों की प्रत्येक पंक्ति का प्रारम्भिक और अन्तिम भाग टूटा हुआ है जिससे इन लेखों का अर्थ निकालना सम्भव नहीं है। (दे० परिशिष्ट ख,)। इनकी विषयवस्तु के सम्बन्ध में सप्तम अध्याय में विस्तार से विचार किया गया है। यहां पर हम केवल यह इंगित करना चाहते हैं कि ये दोनों अभिलेख भी लिपिशास्त्रीय आधार पर बारहवीं शताब्दी ई० में जा सकते हैं। इनकी तिथि विष्णुहरि मन्दिर अभिलेख से २५-५० वर्ष आगे या पीछे हो सकती है। इनमें उल्लिखित व्यक्तियों/राजाओं के

नामों के विषय में आगे शोध करने की आवश्यकता है।

इन अकाट्य आभिलेखिक प्रमाणों के साथ-साथ अनेक स्थापत्य सम्बन्धी प्रमाण भी इस जन्मभूमि स्थल से प्राप्त हुए हैं जो इस बात को स्पष्ट रूप से सिद्ध करते हैं कि यहां पर मन्दिर निर्माण की एक अनवरत परम्परा रही है जो कम-से-कम कुषाण काल (पहली से तीसरी शताब्दी ई०) से लेकर बारहवीं शताब्दी तक चलती रही।

खण्ड २

कलात्मक वास्तु अवशेषः काले पत्थर के स्तम्भ

अयोध्या में राम-जन्मभूमि परिसर, अन्यत्र तथा फैजाबाद में कुछ ऐसे वास्तु अवशेष बिखरे हुए हैं जो १५२८ में बाबरी ढांचे के बनाए जाने के पूर्व के किसी हिन्दू मन्दिर के हैं। हम बाबरी मस्जिद परिसर से ही प्रारम्भ करते हैं जो ६ दिसम्बर १६६२ के दोपहर तक अस्तित्व में थी। ये प्रमाण काले पत्थर के नीली आभा वाले एक-पाषाणीय स्तम्भों के रूप में थे जिन पर अत्यन्त सुन्दर उत्कीर्णन किया गया था। जैसा कि मानचित्र से स्पष्ट है ये स्तम्भ मस्जिद में भित्तिस्तम्भों के कोनक-स्तम्भों के रूप में प्रयुक्त किए गए थे तथा अन्य दो चारदीवारी के प्रवेश द्वार में लगे थे। ये किसी भी प्रकार से इस्लामी उद्भव के नहीं कहे जा सकते क्योंकि इन पर हिन्दू कला प्रतीकों के साथ-साथ यक्ष-गन्धर्वो आदि के चित्र भी उकेरे गए थे। अतः प्रकृत्या ये स्तम्भ बाबरी मस्जिद पूर्व के किसी मन्दिर वास्तु के ही अंग रहे होंगे। इनके विवरण इस प्रकार हैं –

(१) तत्कालीन तथाकथित विवादित बाबरी मस्जिद के अन्दर काले पत्थर के १४ स्तम्भ थे जिसे लोकभाषा में कसौटी पत्थर कहा जाता है तथा भूभौतिकी भाषा में सिस्टोज का स्लेट प्रकार कहा जाता है जो उत्तर प्रदेश के गढ़वाल-कुमायूँ क्षेत्र में पाया जाता है। इन सभी का उपयोग मस्जिद में वास्तु अंग के रूप में किया गया था।

(२) मस्जिद के मध्यकक्ष के प्रवेशद्वार के उत्तरी महास्तम्भ के बाहर की ओर के कोनक स्तम्भ पर ग्यारहवीं-बारहवीं शताब्दी की नागरी लिपि में 'सि' अक्षर उत्कीर्ण किया गया मिला था। यह अक्षर विष्णुहरि मन्दिर अभिलेख में प्राप्त 'स' अक्षरों की भाँति ही है।

(३) जन्मभूमि स्थल से लगभग २०० मीटर की दूरी पर स्थित एक कब्रिस्तान में इसी प्रकार के दो स्तम्भ उलटे गड़े हुए थे। जिस कब्र के पास ये स्तम्भ गड़े हुए थे वह मुस्लिम सन्त मूसा आशिकान की कही जाती है जो विवादित भवन के बनाने वाले मीर बाकी का गुरु कहा जाता है।

अयोध्या से ८-१० किमी दूर फैज़ाबाद के कैन्टूमेन्ट क्षेत्र में भी दो ऐसे ही काले पत्थर के स्तम्भ खड़े हैं। इनमें से एक जो एक सेना अधिकारी के आवास में गैर-कानूनी ढंग से रखा गया था, पर भी बारहवीं शताब्दी का नागरी अक्षर 'सि' उत्कीर्ण है।

(४) प्रत्येक स्तम्भ, जो अपने आधार के पास ११ या १२ इंच वर्ग का है, मध्य में अठपहला हो गया है तथा ऊपर पुनः चौकोर बनाया गया है। इनमें निचले भाग पर 'कलश' या 'पूर्ण कुम्भ' अथवा 'पूर्णघट' बना हुआ है मानो ये स्तम्भ 'कलश' में से निकल रहे हों। 'पूर्णघट' का प्रतीक वैदिक अवधारणा की देन है तथा हिन्दू वास्तुशास्त्र में विशेष रूप से लोकप्रिय प्रतीक है। (संदर्भ – 'अशोकन पिलर – रीअसेसमेन्ट आव द इविडेन्स' पार्ट ४, सिम्बॉलिज्म, *बर्लिंगटन मैगजीन* १६७३, जान इरविन द्वारा)।

(५) प्रत्येक 'पूर्णघट' चार यक्षों के कंधों पर रखा हुआ दिखाया गया है जो घुटनों के बल बैठे हुए हैं तथा दोनों हाथ पृथ्वी पर टेके हैं। स्तम्भ की चारों दिशाओं में ऐसे ही यक्ष-कलश उत्कीर्ण हैं। हिन्दू मूर्तिशास्त्र पर लिखी गई एक प्राचीन संस्कृत पुस्तक *साधनमाला* में यह बताया गया है कि प्रत्येक मानव बस्ती का एक अपना 'यक्ष' देवता तथा उसकी पत्नी 'यक्षी' होती थी। (संदर्भ – *यक्ष*, के० कुमारस्वामी द्वारा लिखित)। यहां पर ये यक्ष 'भारवाहक यक्ष' के रूप में उत्कीर्ण हैं।

(६) इन स्तम्भों पर विभिन्न प्रकार के हिन्दू प्रतीक एवं अभिप्राय यथा गण, देवकन्याएं या अप्सरा, हंस, कमल तथा अन्य ज्यामितिक आकृतियां उत्कीर्ण की गई हैं जो प्रायः हिन्दू मन्दिरों में दिखाई पड़ते हैं। (संदर्भ – आनन्द कुमारस्वामी कृत '*आर्ट आव इन्डिया एण्ड इन्डोनेसिया*')।

इन साक्ष्यों की प्रामाणिकता का विरोध करने वाले विद्वानों में एक प्रो० आर० एस० शर्मा अपने तर्क इस प्रकार देते हैं – (क) ये स्तम्भ किसी बौद्ध मन्दिर के हो सकते हैं; (ख) चूँकि सभी स्तम्भों पर एक ही प्रकार के अलंकरण नहीं हैं, इन पर अलग-अलग प्रकार की मालाएं बनी हुई हैं, अतः ये अयोध्या से न आकर हिमालय से लेकर विन्ध्य तक के क्षेत्र में फैले अलग-अलग स्थानों के मन्दिर से लाए गए होंगे; (ग) ये किसी धार्मिक भवन के अवशेष न होकर गैर-धार्मिक उपयोग के भवनों के अवशेष हो सकते हैं; तथा (घ) ये विवादित भवन में केवल अलंकरण के लिए लगा दिए गए होंगे और इनका कोई वास्तुपरक उपयोग नहीं था।

यह मानते हुए कि ये तर्क पक्षपातपूर्ण, विद्वेष तथा अज्ञान पर आधारित हैं और इनका उत्तर देने की भी आवश्यकता नहीं है, मेरे अपने विचार इस प्रकार हैं –

(क) बौद्ध विहारों और मन्दिरों में बारहवीं शताब्दी में इस प्रकार के स्तम्भों के निर्माण नहीं किए जाते थे तथा अयोध्या में सातवीं शताब्दी ई॰ से ही बौद्ध विहार निर्जन हो चले थे, जैसा कि इस समय भारत की यात्रा पर आए चीनी बौद्ध यात्री ह्वेन त्सांग के विवरण से स्पष्ट है। उक्त विद्वान् लेखक का तर्क समझ में आने वाला नहीं लगता। वे भली-भाँति जानते हैं कि मुस्लिम आक्रमणकारियों के लिए हिन्दू, बौद्ध अथवा जैन मन्दिर समान रूप से भंजनीय एवं अपवित्र करने के पात्र होते थे तथा नालन्दा के बौद्ध विहारों और विश्वविद्यालय को उन्होंने उसी उत्साह और धार्मिक विद्वेष के साथ जलाकर नष्ट कर दिया था जिस प्रकार उन्होंने अयोध्या में हिन्दुओं-जैनियों के मन्दिरों को नष्ट किया था। किन्तु यदि थोड़ी देर के लिए यह मान भी लिया जाए कि ये स्तम्भ किसी बौद्ध विहार के रहे होंगे तो क्या यह भी मान लिया जाए कि विद्वान प्रोफेसर शर्माजी के अनुसार उन्होंने बौद्ध विहार को नष्ट करके उसके स्तम्भों का अपनी मस्जिद में प्रयोग करके कोई पुण्य कार्य किया था?

इस सम्बन्ध में यह उल्लेखनीय है कि अयोध्या में ऐसे किसी भी बौद्ध मन्दिर या विहार के अवशेष नहीं मिले हैं। इस प्रकार के काले पत्थरों के स्तम्भ लगे होने की बात ही नहीं उठती।

(ख) दूसरी बात पूर्वमध्य काल में मन्दिर स्थापत्य के ज्ञान से सम्बन्ध रखती है। इस काल में बने मन्दिरों में लगे स्तम्भों की सामान्य शैली तथा आकार और बनावट तो प्रत्येक मन्दिर में एक समान होती थी किन्तु प्रत्येक के अलंकरण भिन्न होते थे। यह वास्तुकारों की कला की विशेषता होती थी। वैसे गर्भगृह के सामने मण्डप और अन्तराल तथा प्रदक्षिणापथों में लगने वाले स्तम्भों के आकारों में आवश्यकतानुसार भिन्नता भी हो सकती है किन्तु सामान्य शैलीगत लक्षणों में वे एक ही श्रेणी के होने चाहिए लेकिन अलंकरणों में प्रत्येक का भिन्न होना आवश्यक है। यहां एकरसता और समरसता के सिद्धान्त को समझने की कलाकार की दृष्टि की आवश्यकता है।

मध्य प्रदेश में खजुराहो से लेकर, राजस्थान से उडीसा तक तथा ओसिया से गढ़वाल-कुमायूँ तक नागर शैली के विभिन्न मन्दिरों में यही बात देखने को मिलती है। इस पर असंख्य पुस्तकें लिखी जा चुकी हैं (संदर्भ – स्टेला क्रमरिश कृत *हिन्दू टेम्पल्स*)। अतः कुछ लता-वल्लरियों की भिन्नता के आधार पर यह कहना कि ये स्तम्भ हिमालय से विन्ध्य तक फैले विभिन्न मन्दिरों से आए होंगे एक अज्ञानता भरा वक्तव्य है क्योंकि ये सभी स्तम्भ काले पत्थर में तराशे गए हैं, निर्माण की दृष्टि से समान आकार-प्रकार के हैं, अलंकरण की दृष्टि से एक ही वास्तुकार कुल की कृतियां लगते हैं और बनावट की दृष्टि से एक ही मन्दिर, विष्णुहरि मन्दिर के अंश लगते हैं तथा जिस विवादित भवन में वे लगे हुए थे वह इसी मन्दिर के मलबे तथा वास्तु अवशेषों से बनाया गया था। अध्ययनों से भी इसी बात की पुष्टि होती है कि उनके निर्माण में हिन्दू मन्दिरों के वास्तु अवशेषों का प्रचुरता तथा उदारता के साथ प्रयोग किया जाता था।

(ग) तीसरी बात यह है कि यद्यपि गैर-धार्मिक भवनों में स्तम्भों का प्रयोग अवश्य होता था किन्तु न केवल अयोध्या तथा उसके ४०० किमी की परिधि में बारहवीं शताब्दी क्या उससे भी २०० वर्ष पहले और २०० वर्ष बाद किसी भी ऐसे गैर-धार्मिक भवन के अवशेष नहीं मिले हैं जिसमें इस प्रकार के स्तम्भ लगे रहे हों। वास्तव में मन्दिर का स्थापत्य समस्त समुदाय के लिए विशेष होता था और विष्णुहरि का मन्दिर तो और भी महत्त्व रखता था और इसको बनवाने वाले का दावा है कि इस प्रकार का अद्भुत मन्दिर इसके पूर्व के राजागण भी नहीं बनवा सके थे। अतः यह स्वाभाविक था कि इस प्रतिष्ठापरक मन्दिर को बनवाने के लिए विशेष रूप से गढ़वाल-कुमायूँ क्षेत्र से विशिष्ट पत्थरों को मंगवाकर स्तम्भ बनवाए जाएं।

(घ) चौथे, यह बात सोच से भी परे है कि इस बाबरी मस्जिद के निर्माता ने इन स्तम्भों को केवल सजावट के लिए वहां लगवा दिया था और उनका कोई वास्तुपरक उपयोग नहीं था। क्या यह सोचा भी जा सकता है कि हिन्दू अलंकरणों से युक्त इन स्तम्भों को उस मस्जिद में केवल सजावट के लिए लगवा दिया गया था यदि इनका कोई स्थापत्यीय उपयोग न होता?

राम-जन्मभूमि स्थल पर बने उस विवादित भवन में ये स्तम्भ उन भारी महास्तम्भों के कोनों पर लगे हुए थे जिनके ऊपर गुम्बद टिके हुए थे। स्पष्ट ही ये उस भार को भी कुछ-न-कुछ संभाले हुए थे। कुछ छायाचित्र यह दर्शाते हैं कि इन काले पत्थर के स्तम्भों के ऊपरी सिरों पर गुम्बद के चाप के वास्तु अंग टिके हुए थे। यहां यह भी उल्लेखनीय है कि इस बाबरी भवन में बनाए गए सभी इस्लामी अलंकरण उस मोटे पलस्तर के ऊपर बनाए गए थे जो न केवल ईंटों की जुड़ाई वरन् पाषाण-खण्डों को भी ढके हुए थे। यदि इस ढांचे के

निर्माता मीर बाकी को इन स्तम्भों को केवल अलंकरण की दृष्टि से लगाना होता तो वह इन पर भी चूने के पलस्तर लगवाकर इस्लामी प्रतीकों से इन पर सजावट करवाता। अतएव इस बात की दूर-दूर तक कोई सम्भावना नहीं है कि इन स्तम्भों का कोई वास्तुपरक उपयोग नहीं था और ये केवल सजावटी थे।

ऊपर के विवरण से यह स्पष्ट हो गया कि इस प्रकार के तर्क अधकचरे हैं। ये स्तम्भ बारहवीं शताब्दी के हैं जिनका उपयोग सोलहवीं शताब्दी के भवन में कर लिया गया था। ये एक हिन्दू मन्दिर के वास्तु अवशेष थे। जब उस मन्दिर को नष्ट किया गया तो उसके स्तम्भ, जो टूट-फूट से बचे रह गए थे, इधर-उधर बिखर गए। बाद में उन्हीं में से कुछ का उपयोग भवन में कर लिया गया था। इसी प्रकार उस मन्दिर के कुछ अन्य पाषाण-खण्डों का भी प्रयोग इस भवन में किया गया था और शेष अन्य को गड्ढा खोदकर पाट दिया गया जो बाद में हम लोगों को तब मिले जब भूमि समतल की जा रही थी।

खण्ड ३

उत्खनन में प्राप्त स्तम्भ-आधार

आर्कियोलाजिकल सर्वे आव इन्डिया के एक भूतपूर्व महानिदेशक, प्रोफेसर बी॰ बी॰ लाल ने १९७५ से १९८० तक भारतीय पुरातत्त्व सर्वेक्षण की ओर से अयोध्या में चौदह स्थलों पर उत्खनन करवाया। उन्होंने एक खन्ती तत्कालीन विवादित ढांचे की चारदीवारी से बाहर सटकर दक्षिण की ओर बनाया। इसमें उन्हें दो पंक्तियों में छः वर्गाकार स्तम्भों के आधार प्राप्त हुए जो दो पंक्तियों में बने हुए थे। ये पकी हुई ईंटों से बनाए गए थे जिनमें बीच में पत्थर के खण्ड रखे गए थे। उत्खनक ने स्वाभाविक ही यह परिणाम निकाला कि ये स्तम्भ-आधार उन काले पत्थरों के स्तम्भों के रहे होंगे जब वे अपने मूल स्थान पर लगे रहे होंगे।

लेकिन, जो हमारे मत के विरोधी हैं वे प्रायः यह तर्क देते है कि, (क) चूँकि ये स्तम्भ-आधार विवादित भवन की चार-दीवारी के बाहर प्राप्त हुए हैं अतः ये किसी पशुशाला या गरीब व्यक्ति की कुटी के स्तम्भ आधार हो सकते हैं; (ख) ये स्तम्भ-आधार मुख्य रूप से ईंटों के बने हैं अतः ये पत्थर के स्तम्भों के भार को वहन नहीं कर सकते; (ग) स्तम्भ-आधारों की तिथि निर्धारित नहीं की जा सकती; तथा (घ) इन स्तम्भ-आधारों पर खड़े स्तम्भों पर आधारित भवन का विध्वन्स बाबर के भारत में आने से काफी पहले बारहवीं या तेरहवीं शताब्दी में हुआ हो सकता है।

इस बात को स्वीकार करते हुए कि इन तर्कों में कोई दम नहीं है इस बारे में हमारा विचार इस प्रकार है –

(क) एक बार यह स्वीकार कर लेने के बाद कि से स्तम्भ-आधार अपने मूल स्थान पर हैं तथा काले पत्थरों वाले स्तम्भों के आधार भाग से थोड़े ही बड़े, अर्थात् ११ से १२ इंच वर्ग के हैं प्रो॰ बी॰ बी॰ लाल का यह मत कि ये स्तम्भ-आधार विवादित ढांचे में लगे स्तम्भों के लिए ही थे, उपरोक्त आपत्तियों की अपेक्षा अधिक स्वीकार्य हो जाता है। यह एक तथ्य है कि इन स्तम्भ-आधारों के ऊपर वाले निर्माण बिल्कुल ध्वस्त कर दिए गए थे। यह कल्पना कि ये किसी महत्त्वहीन निर्माण के अंग रहे होंगे उस समय स्वतः अमान्य हो जाती है जब हमारा ध्यान इस ओर जाता है कि ये राम-जन्मभूमि परिसर से सम्बद्ध स्थल पर प्राप्त होते हैं।

दूसरी बात यह है कि इस बात के प्रमाण मौजूद हैं कि अनेक भवनों में पाषाण स्तम्भों के आधार ईंटों के बनाए गए हैं। उदाहरण के लिए दीघ के राजमहल में स्तम्भ तो पत्थर के हैं तथा उनके आधार ईंटों के बने हैं। लेकिन ये स्तम्भ-आधार केवल ईंटों के ही नही हैं, जैसा कि पहले कहा जा चुका है। इनमें से कई में पत्थर के खण्डों का भी प्रयोग किया गया है। निःसन्देह ऐसा स्तम्भों तथा उसके ऊपर के भार को वहन करने के लिए मजबूती देने के लिए किया जाता था।

यह ध्यान देने की बात है कि इस क्षेत्र में अयोध्या और उसके आस-पास कोई पहाड़ी नहीं है, केवल नदियों द्वारा लाई गई उपजाऊ मिट्टी के मैदान हैं। अतः यह स्वाभाविक है कि पत्थरों के उपयोग को सीमित करके पकी ईंटों का उपयोग किया जाए। इन स्थापत्यों की तकनीकी परम्परा एवं पद्धति बिलकुल वैसी ही है जैसी राम-जन्मभूमि स्थल पर और आस-पास तीसरी-चौथी शताब्दी ई॰पू॰ से चली आ रही है। इसकी पुष्टि प्रो॰ लाल द्वारा प्राप्त उन पकी ईंटों के अवशेषों से भी होती है जो विवादित भवन के पश्चिम की ओर बनाई गई खन्तियों से प्राप्त हुई हैं तथा जिनके चित्र प्रो॰ लाल ने *इन्डियन आर्कियोलाजी – ए रिव्यू*, १९७६-७७ तथा बाद के अंकों में प्रकाशित की हैं। यही बात प्रो॰ ए॰के॰ नारायण के उत्खननों द्वारा उद्घाटित अवशेषों से भी सिद्ध होती है जो उन्होंने प्रो॰ लाल के पहले कराई थीं।

(ग) तीसरी बात यह है कि इन स्तम्भ-आधारों की तिथि पुरातत्त्व विज्ञान के स्तरीकरण पद्धति द्वारा निर्धारित की गई है तथा इसमें कोई संदेह नहीं है कि ये स्तम्भ-आधार ग्यारहवीं-बारहवीं शताब्दी के हैं तथा इन्हें किसी भी प्रकार सोलहवीं शताब्दी ई॰ के बाद नहीं रखा जा सकता। प्रो॰ लाल ने अपने सभी उत्खनन प्रतिवेदनों में यह कहा है कि राम-जन्मभूमि स्थल

पर एक लम्बे अन्तराल के बाद, ग्यारहवीं शताब्दी में आवासीय क्रियाकलाप शुरू होते हैं। यह बात शिमला के इन्डियन इन्स्टीट्यूट आव एडवान्स्ड स्टडीज़ द्वारा प्रकाशित रिपोर्ट में भी कही गई है तथा भारतीय पुरातत्त्व सर्वेक्षण द्वारा प्रकाशित *इन्डियन आर्कियोलाजी – ए रिव्यू* के अंकों में भी कही गई है।

यह भी ध्यातव्य है कि इस स्थल के तलयोजना तथा काट का सम्यक् निरीक्षण एवं परीक्षण करने के पश्चात् कम-से-कम तीन अन्य सुप्रसिद्ध पुरातत्त्ववेत्ताओं, प्रो॰ के॰ वी॰ रमन, पूर्व-अध्यक्ष प्राचीन इतिहास एवं पुरातत्त्व विभाग, मद्रास, डॉ॰ यज्ञदत्त शर्मा और डॉ॰ के॰एम॰ श्रीवास्तव, दोनों पूर्व-निदेशक, भारतीय पुरातत्त्व सर्वेक्षण, भी इसी निर्णय पर पहुँचे हैं। उन्होने यह स्वीकार किया है कि स्तम्भों की नीवें, स्तम्भ-आधारों के आसपास के स्तर, उनेक चूने की फर्शें, मलबे, मलबों से प्राप्त विभिन्न पुरावस्तुएं तथा स्तम्भ-आधारों के ऊपर की फर्शें, सभी बातों इसी ओर संकेत करती हैं कि ये स्तम्भ-आधार ग्यारहवीं-बारहवीं शताब्दी ई॰ में बने थे। जैसा पहले बताया जा चुका है कि ध्वस्त भवन में लगे एक स्तम्भ पर भी 'सि' अक्षर बारहवीं शताब्दी की नागरी लिपि में उत्कीर्ण मिला था तथा स्तम्भ-आधार भी यही बताते हैं कि वे अपने आकार प्रकार से इन्हीं स्तम्भों को धारण करने के लिए बनाए गए थे। अतः सभी ओर से यही निष्कर्ष निकलता है कि दोनों ही एक ही काल, अर्थात् बारहवीं शताब्दी ई॰ की कृतियां थीं।

(घ) चौथी बात यह है कि बारहवीं शताब्दी के इस मन्दिर के विध्वन्स की तिथि सोलहवीं शताब्दी में पड़ती है इसके पुरातात्विक प्रमाण इस प्रकार हैं। फर्श के ठीक नीचे एक गड्ढे में तथा फर्श के ऊपर मिलने वाले मलबे में अनेक चमकीली पालिश वाले बर्तनों के टुकड़े तथा वैसे ही चूड़ी के अंश मिले हैं। ये चमकीली पालिश वाले रंगीन बर्तन पन्द्रहवीं–सोलहवीं शताब्दी ई॰ में ईरान से आते थे तथा उसी समय भारत में भी उनकी नकल की जाने लगी थी। इनमें कुछ सोलहवीं शताब्दी के चमकीली पालिश के रंगीन बर्तनों के टुकड़े भी शामिल हैं। पुरातत्त्ववेत्ता यह भली-भाँति जानते हैं कि जब पुरानी वस्तुएं बाद के स्तरों में मिली हुई प्राप्त जा सकती हैं बाद के स्तरों की वस्तुएं नीचे के स्तरों में तब तक प्राप्त नहीं हो सकतीं जब तक कि स्तरों की निरन्तरता को किसी प्रकार बाधित न किया गया हो। गड्ढा खोदने, कुंआ या नाली आदि बनाने आदि से स्तरीकरण एकदम उलटा जा सकता है। सबसे पुरानी वस्तुएं ऊपर के स्तर पर आ सकती हैं तथा बाद के काल की वस्तुएं नीचे के स्तर में जा सकती हैं। अतः पन्द्रहवीं-सोलहवीं शताब्दी वह महत्त्वपूर्ण तिथि है जिसमें बाद की वस्तुएं आच्छादित फर्श के ठीक ऊपर भी मिल रहीं हैं तथा उसके नीचे भी। संयोग से यह तिथि विवादित भवन के निर्माण की तिथि (१५२८-२९ ई॰) से मेल खाती है।

(ङ) और अन्त में यह अवधारणा कि, राम-जन्मभूमि स्थल तेरहवीं शताब्दी के बाद से केवल आवासीय स्थल था और मन्दिर स्थल नहीं था क्योंकि प्रो॰ बी॰ बी॰ लाल को इस्लामी चमकीले पालिश किए हुए बर्तनों के टुकड़े प्राप्त हुए हैं, अर्थहीन है, क्योंकि यह किसी ने नहीं कहा है कि अयोध्या में तेरहवीं शताब्दी में मुस्लिम बस्ती नहीं थी। यह एक ज्ञात ऐतिहासिक तथ्य है कि बारहवीं शताब्दी के अन्त में मीर जूरान ने आदिनाथ का जैन मन्दिर तोड़कर वहां एक मस्जिद बना दी थी।

स्तम्भों और स्तम्भ-आधारों का प्रमाण एक अन्य तथ्य से भी पुष्ट होता है। उसी पत्थर का और उसी शैली में उत्कीर्ण एक द्वारशाखास्तम्भ भी समीप के एक भवन में रखा हुआ है जो इस मन्दिर के प्रवेशद्वार में लगा रहा होगा। इस पर अगले खण्ड में विचार किया जा रहा है।

अतः यह स्पष्ट है कि प्रो॰ शर्मा के तर्क आधारहीन हैं तथा किसी भी दशा में सम्माननीय नहीं हैं।

खण्ड ४

काले पत्थर का द्वार शाखास्तम्भ

इसी काले पत्थर का इसी शैली में बना हुआ एक द्वार शाखास्तम्भ समीप के एक आधुनिक भवन के प्रांगण में रखा हुआ है जिसे 'जन्म स्थान' कहा जाता है। यह द्वार शाखास्तम्भ मूल विष्णुहरि मन्दिर के गर्भगृह के प्रवेशद्वार में लगा रहा होगा। इस द्वार शाखास्तम्भ में दो खड़ी समानान्तर पंक्तियां उत्कीर्ण हैं। एक में लहराती लता-वल्लरी का उत्कीर्णन है। दूसरी पंक्ति अधिक महत्त्वपूर्ण है क्योंकि यह कई आयताकार पटलों में विभक्त है, जो एक-दूसरे के ऊपर बने हैं; तथा प्रत्येक पटल में किसी अभिप्राय का अंकन है। सबसे निचले पटल में त्रिभंग मुद्रा में खड़े एक द्वारपाल का अंकन है जो एक चापाकार आच्छादन के नीचे खड़ा दिखाया गया है। द्वारपाल सिर पर एक करण्डमुकुट धारण किए हुए है तथा गले में घुटनों तक जाती हुई वनमाला पहने है। हिन्दु प्रतिमाशास्त्र के अनुसार जब कोई देवता इन दोनों लक्षणों को अपने शरीर पर धारण किए हुए हो तो वह वैष्णव सम्प्रदाय से सम्बन्धित होता है। प्रतिमा के सिर के ऊपर की मेहराब तीन अर्ध-वृत्ताकार चापों से निर्मित है तथा उसके

दोनों पार्श्व स्तम्भ पूर्णघट से निकल रहे हैं और ऊपर की ओर अलंकृत हैं। इस पटल के ऊपर एक नारी आकृति त्रिभंग मुद्रा में एक मेहराबदार द्वार के अन्दर खड़ी दिखाई गई है। इसके ऊपर के पटल में भी एक अन्य नारी आकृति त्रिभंग मुद्रा में खड़ी बनाई गई है। अगले पटल में भी एक मातृदेवी की आकृति सम्मुख मुद्रा में एक आच्छादन के अन्दर खड़ी दिखाई गई है। चौथे पटल में एक वामन गण एक आच्छान के नीचे नृत्य मुद्रा में प्रदर्शित है। सबसे ऊपरी पटल में एक सुन्दर शालभंजिका की आकृति उत्कीर्ण है जो बांहें उठाए हुए एक पुष्पित वृक्ष की डाल थामे हुए है।

यहां पर यह उल्लेखनीय है कि द्वारपाल अपने बाएं हाथ में एक शूल थामे हुए है। इसके हाथ में शस्त्र होने का अभिप्राय यह है कि यह गर्भगृह के अन्दर वास करने वाले देवता की रक्षा करने के लिए खड़ा द्वारपाल है। इसका दाहिना हाथ व्याख्यान अथवा वरदमुद्रा में है। इस काल में बनाए जाने वाली अन्य आकृतियों की भांति यह भी पूर्ण विकसित कमल के ऊपर खड़ा बनाया गया है। अतः यह पूर्णरूप से सिद्ध होता है कि जिस मन्दिर की यह द्वारशाखा है वह एक वैष्णव मन्दिर रहा होगा; विष्णु के अवतार भगवान राम का, क्योंकि यह अयोध्या में प्राप्त हो रहा है।

यह सम्भव है कि जो हमसे सहमत नहीं हैं वे यह तर्क दें कि (१) इस शाखास्तम्भ का पत्थर विवादित भवन में लगे हुए स्तम्भों के पत्थर से भिन्न है; (२) द्वार शाखास्तम्भ विवादित भवन परिसर के अन्दर नहीं प्राप्त हुआ है; (३) द्वार शाखास्तम्भ किसी राजभवन का हो सकता है; (४) द्वारपाल का चेहरा छिला हुआ है अतः आकृति को पूरी तरह पहचाना नहीं जा सकता; (५) यह किसी गैर-हिन्दू मन्दिर का भाग हो सकता है; तथा (६) यह एक शैव मन्दिर का भाग हो सकता है।

यह मानते हुए भी कि इन तर्कों में कोई दम नहीं है हमारे विचार इस प्रकार हैं –

१. यह तर्क एकदम निराधार है क्योंकि सभी भूभौतिकीविद् इस बात पर एकमत हैं कि विवादित ढांचे के अन्दर के काले पत्थर के स्तम्भ तथा इस द्वार शाखास्तम्भ के पत्थर एक ही हैं जो हिमालय की तराई में पाए जाते हैं तथा जिन्हें सिस्टोज कहा जाता है। ये राजमहल की पहाड़ियों, जो बिहार एवं बंगाल में पड़ती हैं, से बहुत दूर हैं।

२. यह तो किसी ने भी नहीं कहा कि द्वार शाखास्तम्भ अपने मूल स्थान पर है। हम अभी बता आए हैं कि दो काले पत्थर के स्तम्भ मूसा आशिकान की कब्र पर उलटे गड़े हुए हैं तथा दो अन्य फैज़ाबाद के कैन्टूनमेन्ट क्षेत्र में हैं। क्या इसी आधार पर इन चारों स्तम्भों की प्रामाणिकता पर संदेह किया जा सकता है? यह एक सामान्य समझ की बात है कि जिस समय विष्णुहरि के मन्दिर का विध्वन्स किया गया था तो विवादित ढांचे को बनाने वालों ने जितनी आवश्यकता समझी अपनी इमारत में प्रयोग किया, शेष को जहां-तहां छोड़ दिया जिन्हें जिसने जहां चाहा वहां ले गया। लेकिन एक कला इतिहासज्ञ इन सभी का कला-शैली के आधार पर ही अध्ययन करेगा, जिसका हमने प्रयास किया है।

३. इस द्वार शाखास्तम्भ को किसी राजमहल का भाग बताना कल्पना लोक की स्वच्छन्द उड़ान ही कहा जा सकता है; जबकि हमने देखा है कि द्वार शाखास्तम्भ पर उत्कीर्ण द्वारपाल की आकृति एक वैष्णव देवता की अनुकृति है जिसके कारण उसे किसी वैष्णव मन्दिर के गर्भगृह के प्रवेशद्वार से ही सम्बन्धित किया जा सकता है। जो हिन्दू प्रतिमाशास्त्र और मन्दिर स्थापत्य की प्रारम्भिक बातें भी जानते हैं वे इस प्रकार की बातें कह ही नहीं सकते। इस कलाकृति को किसी भी दशा में राजमहल की कला से नहीं जोड़ा जा सकता।

४. यह कोई नई बात नहीं कि इस द्वार शाखास्तम्भ के द्वारपाल के चेहरे को विकृत कर दिया गया है; मुस्लिम आक्रान्ताओं ने सारे भारत में जहां वे मूर्तियों को, किसी भी कारण से, तोड़ नहीं सके वहां उन्होंने उनके चेहरे विकृत करने अथवा कम-से-कम नाक तोड़ देने की वीरता अवश्य प्रदर्शित की है। पूर्व मध्यकाल में किए गए इन आक्रमणों में शायद ही कोई मूर्ति बिना इस प्रकार से क्षतिग्रस्त किए गए छोड़ी गई हो। इस बात की पुष्टि किसी भी संग्रहालय में संग्रहीत मूर्तियों से की जा सकती है। लेकिन यह बात किसी पुरातत्त्ववेत्ता अथवा इतिहासकर को अपने अध्ययन का स्रोत बनाने से नहीं रोकती।

५. स्तम्भों की भांति द्वार शाखास्तम्भ पर भी कोई भी ऐसा अभिप्राय या मूर्ति नहीं अंकित की गई है जिसे सिर्फ जैन अथवा बौद्ध कहा जा सके। समस्त प्रमाण इनके एक वैष्णव मन्दिर में लगे होने के ही हैं।

६. यद्यपि एक शिवमन्दिर में भी इसी प्रकार के द्वार शाखास्तम्भ लगे हो सकते हैं लेकिन इस द्वार शाखास्तम्भ के सम्बन्ध में ऐसी कोई भी बात दिखाई नहीं देती जो इसे शैवधर्म से सम्बन्धित करती हो। समस्त कलात्मक तथा पारिस्थितिक साक्ष्य इसके एक वैष्णव मन्दिर का अंश होने की ही पुष्टि करते

हैं।

खण्ड ५

जून १६६२ में अन्य कला एवं स्थापत्य वस्तुओं की खोज

अब तक हम लगभग एक सुनिश्चित आधार पर पहुँच चुके हैं कि सोलहवीं शताब्दी में बाबर के आदमियों ने जिस मन्दिर का विध्वन्स करके बाबरी ढांचे का निर्माण किया था वह श्रीराम-जन्मभूमि का विष्णुहरि मन्दिर था जिसका निर्माण गोविन्दचन्द्र गहड़वाल के शासनकाल में बारहवीं शताब्दी के पूर्वार्ध में कराया गया था। और यह भी स्पष्ट हो गया होगा कि विष्णुहरि का यह मन्दिर उस विवादित ढांचे की अपेक्षा अधिक बडा, भव्य और कलात्मक रहा होगा। उसके जिन अंगों को बाबरी मस्जिद के निर्माता अपने नवनिर्मित भवन में पुनरोपयोग कर सकते थे, किया था। उदाहरण के लिए काले पत्थरों के वे स्तम्भ तथा कम-से-कम लम्बे पत्थर का एक टुकड़ा और था जिसे मध्य मण्डप के कोने के पत्थर के रूप में लगाया गया था और जिस पर एक कमल उत्कीर्ण था। सम्भवतः यह पत्थर किसी द्वार का 'ललाटबिम्ब' वाला पत्थर रहा होगा। लेकिन इसके बावजूद, अनेक ऐसे पाषाणखण्ड, उत्कीर्ण अथवा अनुत्कीर्ण रहे हैं जिसका प्रयोग उस तथाकथित मस्जिद में नहीं किया जा सका होगा। ऐसे पत्थर के खण्डों को आक्रान्ताओं ने किसी गड्ढे में गाड़ दिया था। सौभाग्य से इनकी खोज संयोगवश ही की जा सकी।

कल्याण सिंह की उ॰प्र॰ सरकार द्वारा १८ जून १६६२ को जब राम-जन्मभूमि परिसर की भूमि समतल की जा रही थी अयोध्या में एक अति सनसनीखेज़ खोज की गई। राम-जन्मभूमि मन्दिर के टीले के निकट दक्षिण दिशा में सबसे ऊपरी तल से लगभग १२ फीट नीचे चारदीवारी से बाहर बालुका पाषाण खण्डों का एक बड़ा जखीरा प्राप्त किया गया जिसमें अनेक अलंकृत तथा तराशे हुए, किन्तु खण्डित किए गए, वास्तु अवशेष थे।

आठ इतिहासकारों तथा पुरातत्त्वज्ञों के एक विद्वत् समूह ने इन अवशेषों का अध्ययन किया और पाया कि ये सभी बारहवीं शताब्दी के एक हिन्दू मन्दिर के वास्तु अवशेष थे। इस विद्वत् समूह में जो विद्वान् शामिल थे उनके नाम हैं — डॉ॰ यज्ञदत्त शर्मा, आर्कियोलाजीकल सर्वे आव इन्डिया के पूर्व सह महानिदेशक, डॉ॰ के॰एम॰ श्रीवास्तव, आर्कियोलाजिकल सर्वे आव इन्डिया के पूर्व निदेशक, डॉ॰ स्वराज्य प्रकाश गुप्त, इलाहाबाद संग्रहालय के पूर्व निदेशक, प्रो॰ के॰पी॰ नौटियाल, अवध विश्वविद्यालय के तत्कालीन कुलपति एवं गढ़वाल विश्वविद्यालय के प्राचीन इतिहास एवं पुरातत्त्व विभाग के पूर्व अध्यक्ष, प्रो॰ बी॰आर॰ ग्रोवर, इन्डियन काउन्सिल आव हिस्टारिकल रिसर्च के पूर्व निदेशक, श्री देवेन्द्र स्वरूप अग्रवाल तथा डॉ॰ शरदीन्दु मुखर्जी, दोनों दिल्ली विश्वविद्यालय एवं डॉ॰ श्रीमती सुधा मलैया, भोपाल।

मन्दिर — इन विशेषज्ञों ने, जो दिल्ली स्थित 'द हिस्टोरियन्स फोरम' के सदस्य थे, २ और ३ जुलाई १६६२ को इस स्थल का निरीक्षण किया और एक मत से इस निष्कर्ष पर पहुँचे कि जिस मन्दिर के ये अवशेष हैं वह उत्तर भारत में प्रचलित नागर शैली का एक पूर्ण विकसित मन्दिर था, जैसा कि पूर्वमध्यकाल (६०० ई॰ से १२०० ई॰) में इस क्षेत्र में प्रचलित थे। इस प्रकार के मन्दिर अपने विशिष्ट शिखर के लिए जाने जाते थे जो गर्भगृह के ऊपर बनाए जाते थे और जिसके नीचे देवता की मूर्ति प्रतिष्ठापित होती थी।

शिखर आमलक — पूर्ण विकसित नागर शैली के शिखर में अनेक अंगशिखरों की श्रेणियां होती हैं। इनके अतिरिक्त अर्धशिखर और कर्णशिखर भी होते हैं। ये सभी मूल शिखर के ऊपर लगे होते हैं तथा मुख्य मूल शिखर की भाँति ही इन पर उसी अनुपात में छोटे आमलक लगे होते हैं। मूल शिखर में लगे होने के कारण ये आमलक अर्ध-चन्द्राकार होते हैं। 'आमलक' की बाहरी परिधि पर चारों ओर गरारी की भांति दांते कटे होते हैं जिसके कारण ये चपटे आमले की भांति दिखते हैं तथा इसी कारण आमलक कहे जाते हैं। जन्मभूमि परिसर में मिले इस निधान में अंगशिखरों में लगाए जाने वाले अनेक आमलक प्राप्त हुए हैं।

जाल अलंकरण — शिखर के अलंकरण में अनेक लता-वल्लरियों तथा ज्यामितिक डिजाइनों को बनाया जाता था। इसमें इन अलंकरणों के आस-पास के पत्थर को छील करके निकाल दिया जाता था जिससे अलंकरण उभड़े हुए दिखाई पड़ते हैं। इन्हें जाल अलंकरण कहा गया है। नागर शैली में ६०० ई॰ के बाद बनने वाले शिखरों पर ये अलंकरण प्रायः बनाए जाते थे। इस प्रकार के जाल अलंकरण वाले शिखर के कई टुकड़े इस संग्रह में प्राप्त हुए हैं।

शीर्ष — इस संग्रह में तीसरी जो सबसे महत्त्वपूर्ण वस्तु प्राप्त हुई है वह है एक आयताकार स्तम्भ का शीर्ष। इसमें शीर्ष के चारों ओर अति रूढ़ कमलदल की नक्काशी की गई है।

छज्जा या छाद्य — उकेरे गए पाषाण में चौथा महत्त्वपूर्ण टुकड़ा नागर शैली के मन्दिरों में शिखर के निचले भाग के समीप एक बढ़े हुए अंग के रूप में होता था जिसे छाद्य अथवा छज्जा या कोर्निस कहा जाता है। जहां पर गर्भगृह की दीवार

शिखर के निचले भाग से मिलती है वहीं पर यह बढ़ा हुआ भाग बनाया जाता है। इसका निर्माण एक आयताकार मंगलोर टाइल या खपड़े की तरह किया गया है तथा यह न केवल धूप में छाया प्रदान करता था वरन् वर्षा से भी रक्षा करता था। यहां पर छज्जे का यह टुकड़ा मन्दिर के कोने का भाग लगता है।

जगती का लता थर — एक ऐसा लता-वल्लरी के अलंकरण से युक्त पाषाण खण्ड मिला है जो मन्दिर की जगती के किसी थर (स्तर) में लगा रहा होगा। उल्लेखनीय है मन्दिरों की ऊँची जगती विभिन्न अलंकृत थरों से सज्जित बनाई जाती है। उन विभिन्न थरों में से यह लता थर का टुकड़ा मिला है।

द्वारशाखा — द्वारशाखा के दो उहाहरण भी मिले हैं जिन पर लता-वल्लरी की डिजाइन उभड़ी नक्काशी विधि से बनी हुई है।

चक्रधारी विष्णु के दशावतारों का अंकन — एक पाषाण खण्ड पर अनेक मूर्तियों का अंकन किया गया है जो विष्णु के अवतारों से सम्बन्धित है। मुख्य मूर्ति त्रिभंग मुद्रा में खड़ी विष्णु की एक खण्डित मूर्ति है जिसके दाहिने हाथ में एक चक्र आयुध है। दाहिनी ओर ऊपर पद्मासन पर बैठे एक पुरुष की आकृति है जिसके बाएं हाथ में एक परशु है। यह विष्णु के एक अवतार परशुराम की मूर्ति है। इसके नीचे बलराम की मूर्ति है, जो श्रीकृष्ण के भाई थे। उनके सिर पर सर्पफण का घटाटोप तथा हाथ में एक प्याला है। उसके भी नीचे मातृदेवी का अंकन है।

शिव-पार्वती — इसके अतिरिक्त शिव-पार्वती की भी एक मूर्ति मिली है जिसे उमा-महेश्वर कहा जाता है। यह मूर्ति पाषाण-खण्डों के इस संग्रह से लगभग २०० मीटर दूर नल टीला नामक स्थल से मिली थी। यद्यपि शिव के हाथ टूट गए हैं किन्तु उनके हाथ में थामा हुआ त्रिशूल बचा हुआ है। इसी प्रकार यद्यपि पार्वती की आकृति भी खण्डित हो चुकी है किन्तु उनका दाहिना हाथ शिव की गर्दन से पीछे जाता हुआ आलिंगन की मुद्रा में आबद्ध है। शैली की दृष्टि से यह ग्यारहवीं-बारहवीं शताब्दी की कलाकृति है।

मृण्मूर्तियां — पकाई हुई मिट्टी की कलाकृतियां कुषाण काल से ही मिलनी शुरू हो जाती हैं। ये मूर्तियाँ यक्ष-यक्षी एवं विभिन्न हिन्दू देवी-देवताओं की हैं।

पकी ईंटों की फर्श — चार जुलाई १९९२ से १८ जुलाई १९९२ तक प्रो॰ बी॰ आर॰ ग्रोवर ने अयोध्या में ठहरकर उत्तर प्रदेश सरकार द्वारा आवास भूमि के समतलीकरण की प्रक्रिया का निरीक्षण किया था। इस निरीक्षण के दौरान प्रो॰ ग्रोवर ने जन्मभूमि के दक्षिण और पूर्व की दिशाओं में इस्लाम पूर्व काल के स्तर में बहुत बड़े भू-भाग पर ईंटों के फर्श को प्राप्त किया। इन स्थलों का, इसके बाद, विधिपूर्वक उत्खनन किया गया तथा प्रत्येक भाग का खण्डशः छायाचित्र लेकर संरक्षित कर लिया गया। उन्होंने यह भी देखा कि रामकोट के टीले को काटकर अंग्रेज़ों द्वारा जो सड़क बनवाई गई थी, जन्मस्थान के उस भाग में भी, वैसी ही ईंटों का फर्श और दीवार थी। पकी ईंटों से आच्छादित यह प्राचीन फर्श हजारों वर्ग मीटर के क्षेत्र में विस्तृत था और अब वह १९९२ में निर्मित रामदीवार के घेरे के अन्दर आ गई है।

नई खुदाइयां

विशाल ईंटों की दीवार — २२ और २३ जुलाई १९९२ को डॉ॰ के॰ एम॰ श्रीवास्तव एवं इस ग्रंथ के सहलेखक (डॉ॰ गुप्त) ने पुनः अयोध्या की यात्रा की तथा उस टीले, जिस पर विवादित ढांचा खड़ा था, की खड़ी ऊँचाई में कुछ छीलनें लगाईं। ये छीलनें टीले की पूर्व शिला में लगाई गईं जिससे स्तरों की खडी काट की जानकारी ली जा सके। इसी क्षेत्र में एक स्थान पर उन्होंने लगभग दो फीट गहरी खन्ती भी काटी। उन्हें पकाई गई ईंटों की एक विशाल दीवार मिली जिसके एक दर्जन से ज्यादा रद्दे दिखाई पड़ रहे थे। ये खड़ी काट के आगे भी जा रहे थे। इसके नीचे, एक अन्तराल के बाद, एक दूसरी दीवार के अवशेष भी मिले। वहीं इस्लाम पूर्व स्तरों पर ईंटों से जड़े हुए दो फर्श मिले हैं।

महाविध्वन्स के चिह्न — यहां पर बड़े-बड़े गड्ढों और ईंटों के प्रभूत मलबे मिले हैं जो इस बात के प्रमाण हैं कि यहां पर महाविध्वन्स हुआ था। इसके अतिरिक्त यहां पर चूनम और कंकड़ के दो कड़े और भली-भाँति पिटे हुए फर्श मिले हैं जो एक-दूसरे के ऊपर हैं तथा दोनों के बीच में थोड़ा-सा स्पष्ट अन्तराल भी है।

अतएव यहां पर इस बात के पर्याप्त पुरातात्त्विक प्रमाण हैं, जैसा कि इस स्थल की खुदाई कराने वाले प्रो॰ बी॰ बी॰ लाल ने बार-बार कहा है, कि यहां राम जन्मभूमि स्थल पर ग्यारहवीं-बारहवीं शताब्दी ई॰ में एक विशाल भवन था जिसमें पकी ईंटों के अधिष्ठान पर खड़े किए गए स्तम्भों पर एक प्रभावशाली इमारत खड़ी थी तथा ये वही पाषाण स्तम्भ हैं जिनको विवादित भवन में लगाया गया था।

ये पुरातात्त्विक अवशेष लेखक (डॉ॰ गुप्त) के १९९० में व्यक्त

किए विचार की भी पुष्टि करते हैं कि ये सोलह काले पत्थर के स्तम्भ तथा द्वार शाखास्तम्भ, जिन पर हिन्दू देवी-देवताओं की मूर्तियां अंकित हैं, तथा जो बाबरी मस्जिद तथा समीपस्थ क्षेत्र में दिखाई पड़ते हैं, बारहवीं शताब्दी में निर्मित श्रीराम के मन्दिर के अवशेष हैं जो भगवान विष्णु के एक अवतार थे।

जो हमसे सहमत नहीं हैं वे अपने तर्क इस प्रकार रखते हैं — (१) ये खुदाइयां भारतीय पुरातत्त्व सर्वेक्षण के अधिकारपत्र के बिना अनाधिकारिक तौर पर की गई हैं अतएव किसी पक्ष द्वारा प्रेरित एवं अवैधानिक हैं; (२) ये खुदाइयां पी॰ डब्ल्यू॰ डी॰ शैली में की गई हैं न कि वैज्ञानिक पुरातात्त्विक ढंग से; (३) तल विन्यास और काट के प्रमाण काल्पनिक हैं; (४) पाषाण की वस्तुएं सातवीं शताब्दी से नवीं शताब्दी तक के बीच की हैं; तथा (५) ये टुकड़े किसी गैर-धार्मिक इमारत के हो सकते हैं।

(१) यहां पर यह बताना आवश्यक है कि अपने देश में पुरावशेषों से सम्बन्धित दो कानून प्रचलित हैं। एक *द एन्शियन्ट मान्यूमेन्ट्स एण्ड आर्कियॉलाजिकल साइट्स एण्ड रिमेन्स एक्ट, विद रूल्सः १६६६*, तथा दूसरा *द ट्रेज़र ट्रोव एक्ट, १८७८* है। अयोध्या से प्राप्त पुरावशेष दूसरे एक्ट के अन्तर्गत आते हैं क्योंकि आकस्मिक रूप से प्राप्त समस्त पुरावस्तुएं इसी श्रेणी के अन्तर्गत आती हैं। अतएव अयोध्या में समतलीकरण के दौरान प्राप्त पुरावस्तुएं उतनी ही कानूनी और वैधानिक हैं जितनी कि भारतीय पुरातत्त्व सर्वेक्षण द्वारा प्राप्त लाइसेन्स के तहत खुदाई से प्राप्त कोई भी अन्य पुरावस्तु। इस सम्बन्ध में यह बता देना भी आवश्यक है कि यह समतलीकरण १६६१ में आवाप्त राम-जन्मभूमि परिसर में स्थित २.७७ एकड़ भूमि में उत्तर प्रदेश शासन के द्वारा फैज़ाबाद के तत्कालीन जिलाधीश श्री आर॰ एन॰ श्रीवास्तव के अधीन कराया गया था। अतएव यह जोर देकर कहा जा सकता है कि पी॰ डब्ल्यू॰ डी॰ की खुदाई तथा इन अवशेषों की प्राप्ति से विश्व हिन्दू परिषद आदि का कुछ भी लेना-देना नहीं है। ये पुरावस्तुएं उत्तर प्रदेश शासन की वैधानिक सम्पत्ति हैं तथा राम कथा संग्रहालय में सभी के द्वारा देखने के लिए प्रदर्शित हैं।

(२) तलविन्यास और काट के नक्शे जो हमने दिखाए हैं वे भारतीय पुरातत्त्व सर्वेक्षण के श्री एम॰ एस॰ मणि जैसे विशेषज्ञों द्वारा तब बनाए गए थे जब खुदाई चल रही थी। स्थल का नक्शा फैज़ाबाद के जिलाधीश द्वारा आधिकारिक रूप से हमें दिया गया था।

(३) यह निष्कर्ष निकालना आश्चर्यजनक ही होगा कि कला एवं स्थापत्य सम्बन्धी ये अवशेष, जो अयोध्या में १८ जून १६६२ को राम-जन्मभूमि के निकट एक गड्ढे में से समतलीकरण के दौरान प्राप्त हुए थे, सातवीं शताब्दी से लेकर सोलहवीं शताब्दी तक के ६०० वर्षों के भिन्न-भिन्न कालों के हैं। यहां यह बात साफ तौर पर समझ लेनी होगी कि ये सभी अवशेष एक ही बार में मिले हैं। यदि ये उस गड्ढे में विभिन्न समयों पर फेंकी गई होतीं तो इनके जमावों के बीच में अन्तराल होता। इनको एक ही समय में जमा नहीं किया गया था इसको सिद्ध करने वाला कोई भी स्तरीकरण सम्बन्धी प्रमाण दिखाई नहीं पडता। अतः यह कल्पना निर्मूल है कि ये अवशेष भिन्न-भिन्न समयों के हैं।

कुछ विद्वानों ने यह भी सुझाया है कि ये अलंकृत पत्थर के टुकड़े लोगों द्वारा विभिन्न स्थानों एवं कालों के मन्दिरों से लाए गए थे। ऐसी स्थिति में हम उन विद्वानों से यह जानने का अधिकार अवश्य रखते हैं कि वे उन लोगों तथा उन स्थलों के नाम बताएं। हमें इस बात से प्रसन्नता होगी कि कोई भी विद्वान् पुरातात्त्विक और कला-ऐतिहासिक तथ्यों के आधार पर अपने इस प्रकार के मत को सिद्ध करे। क्या ऐसे विद्वानों में से कोई यह बताने का श्रम करेगा कि इनमें से कौन सा टुकडा सातवीं शताब्दी का है कौन आठवीं, नौवीं या तदनुसार सोलहवीं शताब्दी का है? वास्तविकता तो यह है कि इस प्रकार के आरोपों में कोई दम नहीं है तथा वे पूर्णतया गैर-अकादमिक हैं।

(४) यह कहना भी एक गैर-अकादमिक अभिव्यक्ति होगी कि उस गड्ढे में प्राप्त अवशेष धार्मिक और गैर-धार्मिक, दोनों ही प्रकार की इमारतों के हैं। इस प्रकार का कथन भारतीय स्थापत्य शास्त्र के अज्ञान को दर्शाता है तथा ऐतिहासिक और पुरातात्त्विक दोनों ही दृष्टि से नितान्त निराधार है। हम यह पूछना चाहेंगे कि अयोध्या और उसके आस-पास ऐसे पुरावशेष कहां पर स्थित हैं जहां से ये कला एवं वास्तु के टुकड़े प्राप्त किए जा सकते हैं?

(५) यह भी एक विचित्र सुझाव है कि स्थापत्य के ये टुकड़े किसी गैर-धार्मिक इमारत के हैं। यहां यह स्पष्ट कर देना उचित होगा कि, वास्तुशास्त्र के ग्रन्थों तथा वर्तमान वास्तु अवशेषों, दोनों के ही आधार पर आमलक केवल नागर शैली के मन्दिरों में ही प्रयुक्त किया जाता था जो शिखर का एक अंग होता था। यही बात अन्य वास्तु अवशेषों, यथा शीर्ष, लता, जाल आदि के विषय में भी कही जा सकती है। अतएव इस प्रकार के तर्कों में न तो सत्य का कोई अंश है और न किसी प्रकार का तथ्य।

क्या यह याद दिलाने की आवश्यकता है कि इसी पाषाण खण्ड संग्रह में से विष्णु के दशावतार फलक के खण्डित अवतारों की मूर्तियां भी प्राप्त हुई हैं जो यह सिद्ध करने के लिए

पर्याप्त हैं कि जिस मन्दिर के ये अवशेष हैं वह वैष्णव मन्दिर रहा होगा।

अन्य खोजें

देश के सुप्रसिद्ध इतिहासकारों तथा पुरातत्त्वज्ञों ने, जो अक्टूबर १६६२ में अयोध्या में एक संगोष्ठी में शामिल हुए थे, जन्मभूमि स्थल का सर्वेक्षण किया और कई महत्त्वपूर्ण खोजें कीं। दि॰ १० से १३ अक्टूबर तक सारे देश से लगभग ४५ सुविख्यात इतिहासकारों एवं पुरातत्त्वज्ञों ने अयोध्या में इसी विषय पर एक संगोष्ठी की तथा जन्मभूमि स्थल के भवनों, तल विन्यास एवं काट तथा मूर्तियों एवं अन्य वस्तुओं का व्यक्तिगत रूप से सूक्ष्मता के साथ निरीक्षण किया। राजस्थान सरकार के जयपुर स्थित पुरातत्त्व एवं संग्रहालयों के पूर्व निदेशक श्री रत्नचन्द्र अग्रवाल ने विवादित भवन के प्रवेश द्वार में लगे काले पत्थर के एक स्तम्भ पर बारहवीं शताब्दी के नागरी लिपि का 'सि' अक्षर खोजा। इसका विवरण पीछे दिया जा चुका है। इसी प्रकार मद्रास विश्वविद्यालय के प्राचीन इतिहास एवं पुरातत्त्व विभाग के तत्कालीन अध्यक्ष प्रो॰ के॰ वी॰ रमन ने विवादित भवन की चारदीवारी की पूर्वी दीवार में लगे एक जगती पत्थर की पहचान की। गोवा के समुद्रविज्ञान संस्थान में समुद्रीय पुरातत्त्व के सलाहकार डॉ॰ एस॰ आर॰ राव ने विवादित भवन में दक्षिणी गुम्बद की पूर्वी दीवार में कमल के अलंकरण वाले पत्थर के बड़े खण्ड को पहचाना।

खण्ड ६

६ दिसम्बर १६६२ को निकली पुरावस्तुएं

राम-जन्मभूमि परिसर से ६ दिसम्बर १६६२ को कारसेवकों ने मलबे से २५० से भी अधिक कला एवं वास्तु सम्बन्धी अवशेष निकाले जिन्हें वहां से लगभग १०० मीटर दूर रामकथा कुंज नामक एक स्थल पर रखा गया। रामकथा कुंज एक अस्थायी निर्माण है जिसमें आधे दर्जन के लगभग कमरे विश्व हिन्दू परिषद ने अपने उपयोग के लिए बनवा रखे थे। इनमें कुछ कमरे प्रकाश एवं हवा से विहीन लगभग बन्द से कमरे थे। उत्तर प्रदेश सरकार ने इन पुराने अवशेषों को, दिसम्बर के तीसरे या चौथे सप्ताह में अपने कब्जे में लेकर, इन कमरों में बन्द कर दिया। जिस अवांछनीय दशा में ये पुरावस्तुएं इन कमरों में बन्द हैं उससे इस बात की आशंका हो रही है कि ये शीघ्र ही नष्ट हो जाएंगे। राष्ट्रीय धरोहर की अमूल्य निधि स्वरूप इन वस्तुओं को किसी संग्रहालय के स्वास्थ्यकर वातावरण में रखना अधिक उपयोगी होगा जहां पर इनके सम्यक् संरक्षण एवं संपोषण की आवश्यकता है। अतः यह आग्रह किया जा रहा है कि इन कलावशेषों को उत्तर प्रदेश सरकार के संस्कृति विभाग के अन्तर्गत चलने वाले अयोध्या स्थित राम कथा संग्रहालय में यथाशीघ्र स्थानान्तरित किया जाए जिससे उनको यों ही नष्ट होने से बचाया जा सके। इनमें से कुछ का संक्षिप्त विवरण इस प्रकार है।

अभिलेख

१. लगभग ५ फीट लम्बे एवं २-१/४ फीट चौड़े एक पत्थर की पटिया पर २० पंक्तियों में ग्यारहवीं शताब्दी की नागरी लिपि में उत्कीर्ण एक संस्कृत अभिलेख जिसे विष्णुहरि मन्दिर अभिलेख कह सकते हैं। इसमें गहड़वाल राजा गोविन्दचन्द्र का नाम भी मिलता है तथा यह बाबर के सैनिकों द्वारा ध्वस्त विष्णुहरि मन्दिर के सम्बन्ध में एक महत्त्वपूर्ण दस्तावेज़ है। यह संग्रह करते समय खण्डित हो गया था और इसके विषय में हम पहले लिख आए हैं। अब यह किस दशा में है यह नहीं कहा जा सकता।

२. एक खण्डित स्तम्भ पर उत्कीर्ण आठ पंक्तियों का बारहवीं शताब्दी की नागरी लिपि में लिखा लेख जिसकी प्रत्येक पंक्ति के शुरू एवं अन्त के अंश नष्ट हो चुके हैं। इसका भी उल्लेख हम कर चुके हैं।

३. इसी स्तम्भ पर कुछ नीचे दो पंक्तियों का उसी काल का एक अन्य नागरी लेख है।

मूर्तियां

१. मौसम के प्रकोप से क्षरित विष्णु की एक खड़ी आकृति जो वनमाला धारण किए हुए है। यह मूर्ति एक द्वार शाखास्तम्भ पर उत्कीर्ण है तथा दसवीं शताब्दी में तिथ्यांकित की जा सकती है।

५. बारहवीं शताब्दी की एक भैरव मूर्ति जो सिर पर जटा-जूट धारण किए है तथा बड़ी-बड़ी आखों एवं दो लम्बे दांतों से युक्त है।

६. एक फलक में, जो एक यक्ष द्वारा धारण किया गया है, अत्यन्त खण्डित त्रिभंग मुद्रा में खड़ी एक मूर्ति। यह बारहवीं शताब्दी की हो सकती है।

७. मालाधारी गण (विद्याधरों) के युगलों को दर्शाती हुई

एक पंक्ति। यह भी बारहवीं शताब्दी की हो सकती है।

८. विद्याधरों की एक अन्य खण्डित पंक्ति। यह भी बारहवीं शताब्दी की हो सकती है।

वास्तु अवशेष

९. एक अन्य द्वार शाखास्तम्भ जिसमें चार समानान्तर खड़ी पंक्तियों में नक्काशी की गई है तथा विष्णु की एक मूर्ति है। यह दसवीं शताब्दी की हो सकती है।

१०. शिखर के ऊपर लगाए जाने वाले एक पत्थर पर जाल अलंकरण। यह भी बारहवीं शताब्दी का हो सकता है।

११. गहरे नीले रंग का एक पत्थर जो छत पर लगा रहा होगा तथा संकेन्द्रित आयतों के बीच में बड़ी-बड़ी आंखों एवं सींग से युक्त दो कीर्तिमुखों तथा चढ़ती हुई लता-वल्लरी की नक्काशी से अलंकृत है। यह भी बारहवीं शताब्दी में तिथ्यांकन योग्य है।

१२. फूल-पत्तियों से अलंकृत एक पट्टिका। इसके कुछ भागों में चूना पुता हुआ लगता है। यह भी बारहवीं शताब्दी का है तथा यह प्रमाणित करता है कि इस प्रकार के अलंकृत पत्थर के टुकड़ों को मस्जिद में इस प्रकार लगाया गया था कि उसके अलंकृत भाग अन्दर की ओर हो जाएं।

१३. बालुका पत्थर के लगभग आधे दर्जन कोष्ठक युक्त स्तम्भ जो बारहवीं शताब्दी में तिथ्यांकन योग्य हैं।

१४. तीन आमलक जो मन्दिर के शिखर के कर्ण शिखरों के अंग रहे होंगे। ये भी उसी काल के हैं।

१५. गुम्बद की छत का केन्द्रीय भाग जो पूर्णविकसित पुष्प एवं लौह श्रृंखला से अलंकृत है। यह सोलहवीं शताब्दी का लगता है।

१६. शिरदल का पत्थर जो पहले मस्जिद के मुख्य प्रवेश द्वार पर ऊपर लगा था। इस पर कमल का अलंकरण है तथा बारहवीं शताब्दी का है।

१७. एक वितान या छाद्य पत्थर जो बारहवीं शताब्दी का है।

फारसी अभिलेख

१८. फ़ारसी अभिलेख युक्त उस पत्थर के पटिये का एक खण्ड जिसको मीर बाकी ने लिखवाया था और जो कभी उस विवादित ढांचे पर लगा हुआ था। यह सोलहवीं शताब्दी का है।

यह उन सभी वस्तुओं की विस्तृत सूची नहीं है जो ६ दिसम्बर १९९२ को राम.जन्मभूमि भवन परिसर से प्राप्त हुई थीं। लेकिन ये वस्तुएं यह दिखाने के लिए पर्याप्त हैं कि यहां कम-से-कम दो हिन्दू मन्दिरों के अवशेष प्राप्त हुए हैं जो दसवीं से बारहवीं शताब्दी के बीच के थे।

ये अवशेष यह भी दिखाते हैं कि बाबरी मस्जिद भवन कम-से-कम इनके ४०० वर्षों के बाद अस्तित्व में आता है। इन वास्तु एवं कला अवशेषों से यह भी ज्ञात होता है कि बारहवीं शताब्दी में बने इस मन्दिर को बर्बरतापूर्वक ध्वस्त किया गया था जैसा कि अनेक वस्तुओं के खण्डित अवस्था से पता चलता है। खण्डित शिव फलक, मालाधारी विद्याधर वाला पत्थर, खण्डित यक्षों, देवकन्याओं, भैरव के सिर तथा आमलक आदि सभी इस बात की साक्षी देते हैं कि इसका विध्वन्स हुआ था।

प्रश्न उठता है कि यह विध्वन्स कब हुआ? वे कौन लोग थे जिन्होंने देव-मूर्तियों को विकृत तथा खण्डित किया? ऐसा करने में किन लोगों की रुचि रही हो सकती है? हमारे पास केवल एक ही उत्तर है कि ये वे मुस्लिम आक्रान्ता थे जो घोषणापूर्वक हिन्दुओं के धार्मिक सम्प्रदायों को अपमानित एवं नष्ट करने के इरादे से निकलते थे और जिनके दरबारी इतिहासकारों ने अपनी इस घृणा को कभी छिपाया नहीं तथा शेखी के साथ इनका विस्तृत विवरण दिया है।

सारांश

ये ४५ पुरातात्त्विक साक्ष्य

इतिहास की अन्य विधाओं के साथ पुरातत्त्व भी इस प्रश्न के समाधान में कि तथाकथित बाबरी मस्जिद के निर्माणपूर्व राम-जन्मभूमि स्थल पर कोई हिन्दू धार्मिक भवन या भवन समूह अस्तित्व में था, एक अति महत्त्वपूर्ण साधन सिद्ध हो सकता है। ज्ञान की वर्तमान स्थिति में पुरातत्त्व कम-से-कम ४५ ऐसे साक्ष्य उपलब्ध करा सकता है जिससे यह सिद्ध होता है कि 'हाँ, राम-जन्मभूमि स्थल पर एक विराट् हिन्दू मन्दिर, जो बारहवीं शताब्दी में बनवाया गया था, सोलहवीं शताब्दी तक लगभग ४०० वर्षों तक खड़ा था, जिसका ध्वन्स तथाकथित बाबरी मस्जिद को बनाने के लिए बाबर के सेनानियों ने किया था।

अभिलेख

१. विष्णुहरि मन्दिर अभिलेख, जो बारहवीं शताब्दी के नागरी अक्षरों में संस्कृत भाषा में लिखा हुआ है। यह अयोध्या में इस स्थल पर विष्णुहरि के मन्दिर के निर्माण की घोषणा करता है तथा यह बताता है कि उस समय गहड़वाल वंश का सुप्रसिद्ध राजा गोविन्दचन्द्र शासन कर रहा था।

२. दो अन्य खण्डित स्तम्भलेख, जो बारहवीं शताब्दी के नागरी लिपि में लिखे गए हैं।

३. बारहवीं शताब्दी की नागरी लिपि में लिखे गए नागरी अक्षर *'सि'* दो काले पत्थर के स्तम्भों पर उत्कीर्ण पाए गए जिनमें एक विवादित इमारत में लगा था और दूसरा फैजाबाद के कैन्टूनमेन्ट क्षेत्र में रखा हुआ है।

स्तम्भ

४. तथाकथित बाबरी मस्जिद में १४ काले पत्थर के स्तम्भ लगे हुए थे जिन पर कलश, यक्ष, लता-वल्लरी तथा ज्यामितिक डिजाइनें आदि हिन्दू अभिप्राय उत्कीर्ण किए गए थे। ये सभी अलंकरण गैर-इस्लामिक हैं।

इसी प्रकार के दो अन्य स्तम्भ जन्मभूमि स्थल से कुछ दूरी पर स्थित एक कब्रिस्तान में उलटे गड़े हुए थे।

तथा, दो अन्य ऐसे ही स्तम्भ फैजाबाद के कैन्टूनमेन्ट क्षेत्र में संरक्षित हैं।

शिरदल

५. विवादित भवन में दो ऐसे पाषाण खण्ड लगे हुए थे जिन पर कमल के विभिन्न अलंकरण किए हुए थे। सम्भवतः ये पूर्व मन्दिर में शिरदल के रूप में प्रयुक्त किए गए थे।

अलंकृत पाषाण खण्ड

६. विवादित भवन की दीवाल में दो ऐसे पत्थर के टुकड़े लगे थे जिन पर फूल-पत्तियों की डिजाइन उभड़ी नक्काशी करके बनाई गई थी।

जगती का पत्थर

७. एक हिन्दू मन्दिर के जगती का पत्थर विवादित भवन की चारदीवारी की पूर्वी दीवाल में लगा था।

अन्य वास्तु अवशेष

८. कर्ण आमलक (एक से अधिक)।

९. जाल अलंकरण वाले पत्थर।

१०. ललाट बिम्ब का पत्थर।

११. लता अलंकृत पत्थर।

१२. द्वार शाखास्तम्भ चार समानान्तर अलंकृत खडी पंक्तियों से युक्त (बालुका पत्थर में)।

१३. द्वार शाखास्तंभ, करण्ड मुकुट एवं वनमाला धारण किए आकृति से युक्त (काले पत्थर में)।

१४. सर्पिल लता वल्लरी से अलंकृत छत का भाग

१५. वृत्तों में बनाए गए लता-वल्लरी एवं पुष्पों का अलंकरण।।

१६. एक हिन्दू मन्दिर में लगने वाले बालुका पत्थर के शीर्ष युक्त स्तम्भ।

१७. एक हिन्दू मन्दिर के भित्ति में लगा छज्जा या कोर्निस

देवी-देवताओं के अलंकरण

१८. स्तम्भों पर देवकन्याओं की आकृतियां।

१९. द्वार शाखास्तम्भों पर गणों की आकृतियां।

२०. द्वार शाखास्तम्भ पर द्वारपाल की आकृति।

२१. द्वार शाखास्तम्भ पर शालभंजिका आकृति।

२२. दशावतार (चक्रपुरुष) वाले फलक पर मातृदेवी की आकृति।

२३. चक्रधारी विष्णु की आकृति, दशावतार फलक पर।

२४. दशावतार फलक पर बलराम की आकृति।

२५. दशावतार फलक पर परशुराम की आकृति।

२६. उमामहेश्वर की आकृति।

२७. काले स्तम्भों पर तथा मिट्टी के फलकों पर यक्ष आकृतियां।

२८. मिट्टी के फलक पर नन्दी की आकृति।

अन्य हिन्दू अभिप्राय

२९. स्तम्भों पर घट पल्लव अभिप्राय।

३०. स्तम्भों पर पूर्व घट अभिप्राय।

३१. स्तम्भों तथा शिरदल पर कमल पुष्प का अलंकरण।

३२. द्वार शाखास्तम्भों पर आवर्तन करती लता-वल्लरी या कल्पद्रुम।

३३. शिखर के पत्थरों पर लता अलंकरण।

३४. स्तम्भों पर पुष्प माला तथा रत्नों का अलंकरण।

३५. द्वारपाल के शिर पर करण्ड मुकुट।

३६. द्वारपाल के गले में लटकी लम्बी वनमाला।

३७. चक्रपुरुष के शरीर पर यज्ञोपवीत

३८. चक्रपुरुष के हाथ में विष्णु का चक्र।

३९. त्रिभंग मुद्रा में खड़ी आकृतियां।

४०. द्वार शाखा पर विष्णु आकृति।

४१. शिव भैरव की आकृति।

४२. विवादित भवन में लगे एक स्तम्भ पर कमल पर हंस की आकृति।

४३. उड़ते हुए विद्याधर या गंधर्व आकृतियाँ।

४४. पीपल के पत्ते का अलंकरण।

४५. सेवकों सहित नृत्य गणेश की आकृति।

इस प्रकार पुरातात्विक साक्ष्य इसी ओर इंगित कर रहे हैं कि अयोध्या में तेरहवीं शताब्दी में बाबर के सेनापति मीर बाकी द्वारा जिस मन्दिर को गिराकर तथाकथित बाबरी मस्जिद का निर्माण किया गया था तथा वह एक वैष्णव मन्दिर था जनता में विष्णुहरि का मन्दिर के नाम से विख्यात था। उसका निर्माण बारहवीं शताब्दी के प्रारम्भ में गहड़वाल राजा गोविन्दचन्द्र के शासन-काल में उसके एक सामन्त नयचन्द्र द्वारा करवाया गया था।

परिशिष्ट - क
अयोध्या का विष्णुहरि मन्दिर शिलालेख

१. ॐ नमः शिवाय।
◡ ◡ – – ◡ ◡ सुविक्रमतयो [रासो रासं सारितां] प्रांशुत्वेन
नि[श्च]र्व्वषो।

२. ॐ शतमुद्देशां दधानस्तनुं ।। १ ।।
संवर्त्त प्रमदोद्धतः कुलगिरि . . .
ग्राव प्रहारक्षणद्ब्रह्माण्डंकर संपुटेन . . .
विबुधा [न्वोन्यो] [महा] . . .
भ्भार्ग्गव विभ्रतान उर्द्वसावतंसो भुवः ।। २।।
यस्मिन्त्रा . . .

३. ◡ ◡ ल सांक्लनि चिरस्थायिन्या
[देवद्विजकृत्यवाञ्छो] पचिते
परार्थ वेदना वंद्यानमं जज्ञिरे ।। ३ ।।

ते चंडीपति चंड[तां]डव चलत्चूडा . . .
ब्रह्मांडोच्चकपाल[रन्ध्र सर]णि प्रस्थायि[स]त्कीर्तयः।
वीरास्तत्र कुले ज[निं]जग्रहि

४. [रे]ये भार्गवीयाहव
क्षीण क्षत्रिय शेष रक्षण विधौ बद्धो नियोग ग्रहः ।। ४ ।।

वं[दयित] देवकुलमाकु[लि]ता निवृत्ति
निर्व्यूढनप्रतिम वि[ग्रह]जन्म भूमिः ।
यत्राति साहस सहस्र समिद्धधामा

मा मे जनिष्ट जगदिष्टतमोत्त
५. म श्रीः ।। ५ ।।

मा मे दया न वपुषि द्रविणेषु तृष्णा
निष्णाति रम्यविरसा सरसेंद्रियार्थो(र्था:)।
इत्युद्वृणन्ननुदिनं स दिनेश [वंन्सो]
मामैषणा स जगदे जगदेक वी[रः] ।। ६।।

युद्ध केलि दलिताखिल मेदनिल्ल पल्ली सहश्र(स्र)
वनितासु निकुंजगासु। उत्कंठा

६. काचिदपिनो विट विष्टि [रा]
or [दा] लितेषु स्तनेषु जघनेषु मुहुर्लिखंतः।। ७ ।।

पुरा कीर्त्यान्यस्तन्तदनु तनुनाध्यासि[तु]मना
मनस्वी स्वर्लोकं परिणति मुपेतां[प्रण]यिनीं।
स सर्वस्वं क्षात्रं कर च भुवि सल्लक्षण सुते
श्रिया सार्द्ध दध्रे हुतभुजि[दि]वा

७. श्चा निरमहः।। ८ ।।

तद्धाम निःसीम ममद्यमन्यैवन्यैव सा कांचन दान शक्तेः।
अमानुषं पोरुषमाविरासीत्सल्लक्षणे विश्वविलक्षण-
न्तत्।। ६ ।।
खड्गः श्री क[रवालता]धिकरणं वाहुर्महा वाहिनी
कीर्तिः शंभृत[सूप]कार विधये भेद्यंत यदं

८. शनं ।
राज्यमपि विना निजोपकरणोन्येतानि निःकंटकं
सांम्राज्य परिच्छदं विदधरे चिंता वितानोज्झितं।। १०।।

समस्त जितरा[ज्यो](ज्य)स्य चिरं निस्त्रिंश[प]ठसः
. . . पिधृतो मूर्द्ध्ना योजहाराशु जीवित[म्]।। ११।।

मलय वलय स्यान्ते शान्ते

६. वियत्तटिनी तटे
हिमगिरि गुहागेह द्वारे दरी मधि नैषर्धी।
प्रथम लिखितां सिद्धैर्यस्य प्रस(श)स्ति पदावलीं
पठति निपुणं स्त्रैणं मोदान्नभस्तल वारिणां ।। १२।।

कैला[सा]चल [मेख]लासु मलय प्रान्तेषु मेरोः
शिरोभागे स्वर्ग्ग तरंगिणी तट भुवि

१०. स्थानेषु चान्येष्वापि।
कृत्वा तर्प्पण शिल्पजां प्रतिकृतिं वृद्धोपदेशात्पति
प्राप्त्यै खेचर कन्यकाभिरनिशं यद्बाहुरभ्यर्च्यते।। १३।।
च।।

रज्यद्धाराः पेशलैरिष्ट सिद्धि ∪∪∪ न्ह वंन्यं जगद्भिः।
गेहे यस्य श्री विलासाभिरामेत्या (।)

११. गा द्वैतं गीयते चारणौप्तैः।। १४।।

अमरपुर पुरंध्री वंधुतामव्यलीकां
भजति सुकृत रासौ तत्र सल्लक्षणाख्ये।
प्रति च पुरिवरस्य प्राप्य सद्योनवद्यं
सुत मुदित विवेकं स्तोकमुर्वीतलंतल।। १५।।

अल्हणः प्रणय पेशलैः सतां गर्ज्जतां क्रकच।

१२. कोटि रुद्भटः।
आनिनाय नय निन्हवे नयः प्रहृतां पूज्यति चंचला-
श्रियं।।१६।।

लोकोत्तरः सखलु कोपि यदाभिमुख्यो हंकार राशिर
गलच्चिर संभृतोपि।
संसारि पाशभि[दु]दृशै च यस्य जाताश्लथाः सुकृत
दुःकृतकंतुकाश्च।। १७ ।।

१३. पौरुष प्रतिरंध्रीति पुरंध्रीति च विभ्यतां।
येन लोकानुरुद्धापि प्रतिषिद्धान्न गोन्न[निः]।। १८ ।।

तद्भ्रातृजो जगति मेघसुतः श्रुताद्यः श्रीमानभूदय-
चन्द्रपदाभिलष्यः।
गोविन्दचन्द्र[ध]रणीन्द्र गुरु प्रसादात्साकेत मंडल
पतित्वमं [।]

१४. लाभियेन।। १६ ।।

सश्वत्संगर रंग नामितरिपु स्कंधेन युद्धोद्धुशं
वीरास्तेन न केवल वलवता दोर्दु[ ]म्मद मोचिताः।
अप्युद्दाम वसु प्रदान निरतस्वान्तेन चैकान्ततो
दूरारुढ़ वदान्यतामदमसौ कल्पद्रुमस्या जितः।। २०।।

टंकोत्खात वि

१५. शाल शैल शिखर श्रेणी शिला संहति
व्यूहैर्विष्णु हरेर्हिरण्य कलश श्री सुन्दरं मंदिरं।
पूर्व्वैरप्य कृतं कृतं नृपतिभिर्येनेदमित्यद्भुतं
संसाराण्र्णव सी(शी)घ्र लंघन लघूपादान्धियाध्यायता।। २१ ।।
गोविन्दचन्द्र क्षितिपाल राज्य

१६. स्थै[र्य]निस्तंद्रभुजार्ग्गलस्य ।
अथ प्रपेदेस्य पदं कनीयानायुष्चन्द्रोल्हण सूनुरेव ।। २२ ।।

न साहसांकेन न शूद्रकेण तस्योपमानं विदधुः कवीन्द्राः।
कृतंभिया यस्य पुरो न कामादन्येन मन्ये धनुरातभ(भा)
ज्यं ।। २३ ।।

१७. उद्दाम सौध विवु(बु)धालयनीमयोध्याम-
ध्यास्य तेन नय निन्हुत वै[भवे]न।
साकेत मंडलमखंडमकारि कूप वापी
प्रतिश्रय तडाग सहस्रमिश्रं।। २४।।

निद्रा निरोध विधये निज वल्लभानां
हेमाचलामल शिलाचलतला।

१८. लीनाः।
कस्तूरि [कै]ण तरुणी श्रवणोपशेव्य
योग्यं जगुः सरसनश्च रसोपशोस्य।। २५।।

अविमुक्त विशालाक्षी ललितानंदिता सदा।
कासी(शी)वरस्य देहश्रीः सतां निर्व्वाण कारणं।। २६।।

अ[विपचित]तन्हिरयक

१९. सि(शि)पुं संयम्य वाणं रणे
कुर्व्वाणो वलिराज वा(बा)हुदलनं कृत्वा बहून्विक्रमान्।
कुर्व्वन्दुष्ट दशानन व्यथन[मं] . . . . . [कः] च न्यः
सदशाधिको पुण्यवता।। २७।।
अत्रावसरे ते नृपते . . .

२०. ता निहन्ति[पा]श्चा[त्य] भीति
मपि भीषण बाहुदंडः ।
तेजः प्रभाव महतां महनीयमेव पूर्व्वापरा . . . . .ः प्रजानां
परिणमवद्भिः।। २६।।

ख्याते क्षितौराज . . . [वं श्री] आयुष्च[न्द्रः]

[इस लेख को पढ़ने में डॉ॰ रमेश, डॉ॰ अजय मित्र शास्त्री, डॉ॰ गया चरण त्रिपाठी, डॉ॰ डी॰ पी॰ दुबे, डॉ॰ सुधा मलैया, आदि ने लेखकों की सहभागी की]

विष्णुहरि मन्दिर शिलालेख
भावानुवाद

यह अभिलेख बताता है कि

१. ॐ नमः शिवाय। अच्छे पराक्रम वाले . . . अपनी उच्चता के कारण . . . शतधा शरीर धारण करने वाले . . . (ऐसे भगवान शिव को नमस्कार है।)

२. प्रलयकाल में उद्धत पर्वतों के (द्वारा किए जा रहे) पत्थरों के प्रहार से देवताओं की रक्षा के लिए समस्त ब्रह्माण्ड को अपने कर सम्पुट में भर लेने वाले (भगवान शिव की कृपा से) . . . भार्गव वंश के (यश को) ऊँचा करने के लिए हुए।

३. जिस . . . में . . . चिरस्थायित्व के लिए (देव एवं द्विजों के वांछित कार्य को सम्पन्न कराने के लिए) दूसरों के दुःख को समझने वाले उत्पन्न हुए।

४. उस कुल में उन वीरों ने जन्म लिया जिनकी कीर्ति भगवान शिव के प्रचण्ड ताण्डव नृत्य के समय उनके ब्रह्माण्ड रूपी उच्च कपाल के चूड़ा (केश राशि) रन्ध्र के मार्ग को लांघ रही थी (अर्थात् ऊँचे जा रही थी) तथा भार्गवीय युद्ध में शेष बचे हुए क्षत्रियों की रक्षा के लिए जो कृत-संकल्प थे।

५. वन्दनीय जन्मभूमि के देवकुल (मन्दिर) के अप्रतिम देवविग्रह (मूर्ति) की रक्षा के लिए जिस जगत् प्रसिद्ध उत्तमश्री वाले (कुल में) सहस्रों अति साहसिक कार्यों के पुंज के रूप में जिसका जन्म हुआ।

[टिप्पणी : यहाँ पर संभवतः सालार मसूद के अयोध्या पर आक्रमण का उल्लेख है जिसका वध बहराइच में १४ जून १०३३ ई॰ को राजा सुहेल देव तथा उनके साथियों द्वारा कर दिया गया था।]

६. वह जगदे (व) जगत् का सर्वश्रेष्ठ सूर्यवंशी वीर प्रतिदिन उद्विग्नतापूर्वक यही सोचा करता था कि मुझे न तो अपने शरीर के प्रति कोई मोह है और न अन्य कोई इच्छा है, और न इन्द्रियों के मधुर आकर्षणों के प्रति कोई लगाव है।

७. उसके द्वारा लड़े गए युद्ध-क्रीड़ाओं में परास्त शत्रुओं की हजारों स्त्रियाँ अपना घर-गांव छोड़कर जंगलों में भाग गईं जहाँ उत्कण्ठापूर्वक विचरते हुए उनके जंघाओं एवं स्तनों पर घाव (चिन्ह) बन गए थे।

८. उस मनस्वी वीर ने स्वर्ग तक पहुँचने वाली अपनी प्रिय कीर्ति को प्राचीन परम्परा के अनुसार अपने उत्तराधिकारी को देने की प्रथा को ध्यान में रखकर लक्ष्मी सहित अपने समस्त क्षात्रतेज को अपने सल्लक्षण-पुत्र में उसी प्रकार न्यस्त कर दिया जैसे लोग यज्ञ की अग्नि में आहुति के रूप में अपने सर्वस्व को समर्पित कर देते हैं।

९. वह असीमित तेज जो उसे अपने पिता से दान शक्ति के रूप में प्राप्त हुआ था उस विश्व विलक्षण सल्लक्षण (देव) में अति दैवी पौरुष के रूप में प्रकट हुआ।

१०. उस (सल्लक्षण देव) की तलवार ही लक्ष्मी का निवास थी, उसकी भुजा ही महान् सेना थी, उसकी कीर्ति सूपकार (रसोइये) द्वारा निर्मित स्वादिष्ट व्यंजनों (के स्वाद) की तरह ऊर्ध्वगामिनी थी। उसने कण्टक रहित राज्य के लिए, जो पहले उपकरणों से रहित था, प्रयासपूर्वक साम्राज्य परिच्छद की रचना की।

११. चिरकाल से तलवार का सेवन करने वाले उसने अपने समस्त विजित राज्य में किसी भी सिर उठाने वाले को नष्ट कर दिया।

१२. मलयाचल के शान्त छोर पर, देवनदी (गंगा) के तट पर, हिमालय की गुफारूपी गृह के द्वार पर, सिद्धों द्वारा लिखी गई उसकी प्रशंसा की पदावली को नभस्तल में विहार

करने वाली निपुण स्त्रियों का समूह प्रसन्नतापूर्वक पढ़ता रहता है।

१३. कैलाश पर्वत के मेखला भागों में, मलयाचल के किनारों पर, सुमेरू पर्वत के शीर्ष भाग में, स्वर्गनदी मन्दाकिनी के तट भागों में तथा अन्य स्थानों पर भी वृद्धाओं के उपदेश से पति प्राप्ति के लिए खेचर कन्याओं द्वारा पर्वतों की प्रतिमा बनाकर तर्पण करते हुए उस वीर की निरन्तर अर्चना की जाती है।

१४. लक्ष्मी के विलास के कारण जिसके अतिशय सुन्दर लगने वाले घर में इष्ट की प्राप्ति के लिए कन्याओं द्वारा दो-दो के युग्म में सुन्दर गीत गाए जाते हैं।

१५. उस सल्लक्षण नाम वाले के द्वारा अपने सुकृत के कारण देवताओं की बन्धुता प्राप्त कर लेने (मृत्यु को प्राप्त होने) पर उसके पुत्र विवेकपूर्वक नगर श्रेष्ठ (अयोध्या) तथा पृथ्वी तल का भार ग्रहण किया।

१६. (उसके पुत्र) अल्हण ने, जो गर्जना करने वाले शत्रुओं को आरे के समान काट डालता था, प्रेमपूर्वक, नये (नीति) के साथ चंचला राज्यलक्ष्मी को प्रसन्नतापूर्वक प्राप्त किया।

१७. जिसका साक्षात्कार (= दर्शन – अभिमुख्य) लोकोत्तर प्रभाव वाला था, जिससे पुराना संचित अहंकार भी नष्ट हो जाता था, तथा जिसके देख लेने मात्र से संसार को पाशबद्ध करने वाले सुकृत्यों से मुक्ति मिल जाती थी।

१८. जिस (जितेन्द्रिय) ने (परकीया) कुलस्त्री को अपने पौरुष में बाधक (प्रतिरन्ध्री) मानकर डरते हुए लोक प्रचलित होते हुए भी निषेध किया।

१९. उसके भतीजे नयचन्द्र ने, जो संसार में विद्वानों में अग्रणी था तथा मेघ का पुत्र था, राजाओं के गुरु गोविन्द्र के प्रसाद (कृपा) से साकेत मण्डल का अधिपतित्व प्राप्त किया।

[टिप्पणी – यहाँ गहड़वाल वंश के राजा गोविन्दचन्द्र का उल्लेख है जिसने १११४ ई० से ११५४ ई० तक शासन किया था, तथा इसके भी पूर्व अपने पिता के काल में युवराज के रूप में शासन किया था। यहाँ पर गोविन्दचन्द्र के नाम के साथ राजा शब्द का उल्लेख न होने के कारण ऐसा लगता है कि यह १११४ ई० के पूर्व की घटना है तथा इसी समय अयोध्या के मन्दिर का पुनर्निर्माण किया गया। गोविन्दचन्द्र को उसकी रानी कुमारदेवी के सारनाथ अभिलेख में विष्णु का अवतार कहा गया है जिसने शिव के अनुरोध पर म्लेच्छों से काशी की रक्षा के लिए अवतार ग्रहण किया था। अगले २२वें श्लोक में गोविन्दचन्द्र को स्पष्ट रूप से क्षितिपाल (राजा) कहा गया है।]

२०. जिस वीर द्वारा न केवल सुप्रसिद्ध शत्रु समूह के युद्ध के मद को संग्राम में नष्ट किया गया वरन् अत्यधिक रूप में धन प्रदान करने के कारण कल्पवृक्ष (इच्छा करने मात्र से ही उसकी पूर्ति करने वाले वृक्ष) की पदवी भी प्राप्त कर ली।

२१. उसने संसार सागर को शीघ्र लांघ जाने के उद्देश्य से (भगवान वामन के) लघु चरणों का ध्यान करते हुए पूर्व राजाओं द्वारा भी कभी बनवाए न जा सकने वाले इस अति अद्भुत टंकों द्वारा उत्कीर्ण शैल शिखर की भाँति शिला समूह श्रेणी से युक्त स्वर्ण कलश वाले श्री विष्णुहरि (भगवान राम) के इस श्री सुन्दर मन्दिर का निर्माण करवाया।

[टिप्पणी – सालार मसूद के आक्रमण के लगभग सात दशकों के बाद श्रीराम जन्मभूमि पर इस मन्दिर का पुनर्निर्माण गोविन्दचन्द्र गहड़वाल के शासन काल में करवाया गया। इसी का विध्वंस बाबर के सेनापति मीर बाकी ताशकन्दी द्वारा १५२८ ई० में किया गया जिसके अवशेष ६ दिसम्बर, १९९२ ई० को ढांचे के गिराए जाने के एक दो वर्ष पूर्व समतलीकरण की प्रक्रिया में प्राप्त हुए थे।]

२२. महाराज गोविन्दचन्द्र के राज्य की स्थिरता के लिए निरालस्य (आलस्य रहित) भुजा रूपी अर्गला (सांकल) के रूप में अल्हण के छोटे पुत्र आयुष्चन्द्र को यह पद प्राप्त हुआ।

२३. कवियों में उसकी उपमा न तो साहसांक (राजा भोज) से की जा सकती है और न शूद्रक से तथा न तो इच्छा होने के बावजूद किसी ने उसके सामने धनुष पर डोर चढ़ाने का साहस किया।

२४. उसने नीतिपूर्वक अर्जित वैभव के द्वारा ऊँचे भवनों वाले देव मन्दिरों से युक्त अयोध्या को सजाया तथा समस्त साकेत मण्डल को सहस्रों कूप, वापी, तडाग, धर्म शालाओं आदि से युक्त करवाया।

२५. हेमाचल (सुमेरू पर्वत) की निर्मल शिलाओं पर निद्रा में लीन कस्तूरि सुगन्ध वाली अपनी तरूणी वल्लभाओं (पत्नियों) की निद्रा का निरोध करने के लिए (जगाने के लिए) कानों को अच्छा लगने वाले उसके (आयुष्चन्द्र के) यश के गीत (देवगण) गाते हैं।

२६. श्रेष्ठ काशी में (भगवान) अविमुक्त (शंकर) विशालाक्षी और ललिता देवियों को आनन्द प्रदान करते हुए भक्तों के निर्वाण के कारण हैं।

२७. हिरण्यकशिपु को मारकर, वाणासुर को युद्ध में संयमित करके, बलिराज के बाहु का दलन करके भूविक्रम का दर्शन कराने वाले, दुष्ट दशानन को मारकर . . . वह दूसरा कौन पुण्यशाली है जिसने इस अवसर पर दश से अधिक बार अपने भीषण बाहुदण्ड से पश्चिम की ओर से आने वाले भय को नष्ट किया। तथा अपने महनीय तेज प्रभाव से प्रजा में विश्वास उत्पन्न किया।

[टिप्पणी – यहाँ पर संभवतः गोविन्दचन्द्र के पराक्रम का वर्णन है तथा उसकी तुलना विष्णु के विभिन्न अवतारों से की गई है।]

सुविख्यात राजा श्री आयुष्चन्द्र

[टिप्पणी – इस प्रशस्ति के रचयिता स्वयं आयुष्चन्द्र हैं। उसका पूर्ववर्ती राजा नयचन्द्र भी एक विख्यात लेखक था जिसने 'रम्भा मंजरी नाटक' की रचना की थी।]

परिशिष्ट - ख

स्तम्भ से प्राप्त-खण्डित अभिलेख — १*

१. . . . लमाला सवलोधू श्रीपाण्डुः शिवाश्रितः वीरभद्रद्भि . . .

२. . . . ल्लभः।। विसिद्भैर्व्विद्विष्टैरनुमतिगतिक्रम्यनृपतेर्व्विलः . . .

३. . . . वास्तव्य विधुरा। धनं कर्ण्णादित्यात्प्रचुरमुट्टत्सयु पुरुषं स च . . .

४. . . . प्रकटनं।। प्रत्याह गदवहिततोद्यायसिज्यां विलप्वां . . .

५. . . . कटकं रत्नपाल सामेद्ये। कर्ण्णादित्य सुखापदगोदशन . . .

६. . . . गुणाद्यागुणः कांदशीकं।। रत्नपालानुजस्तत्र तेजःपाले . . .

७. . . . लावत्तध्वल्लोप्राप च वापिनी।। चिन्ताशतव्याधि भवी . . .

८. . . . मथवस्भ्रसंमसु षीक्षाज्र - दुर्ध्विपहामवम

स्तम्भ से प्राप्त खण्डित अभिलेख — २

१. . . . पुलितमद्भुतरणक्रीडाक्रमकोहद्त। यत्रव्यस्तक . . .

२. . . . हितं गधसैगुण्डान्र्मांरावशास्त्रयानसुहितस्थर्भा . . .

---

*इस स्तम्भ के लेख को पढने में डॉ॰ अरविन्द कुमार सिंह ने लेखक की सहायता की है।

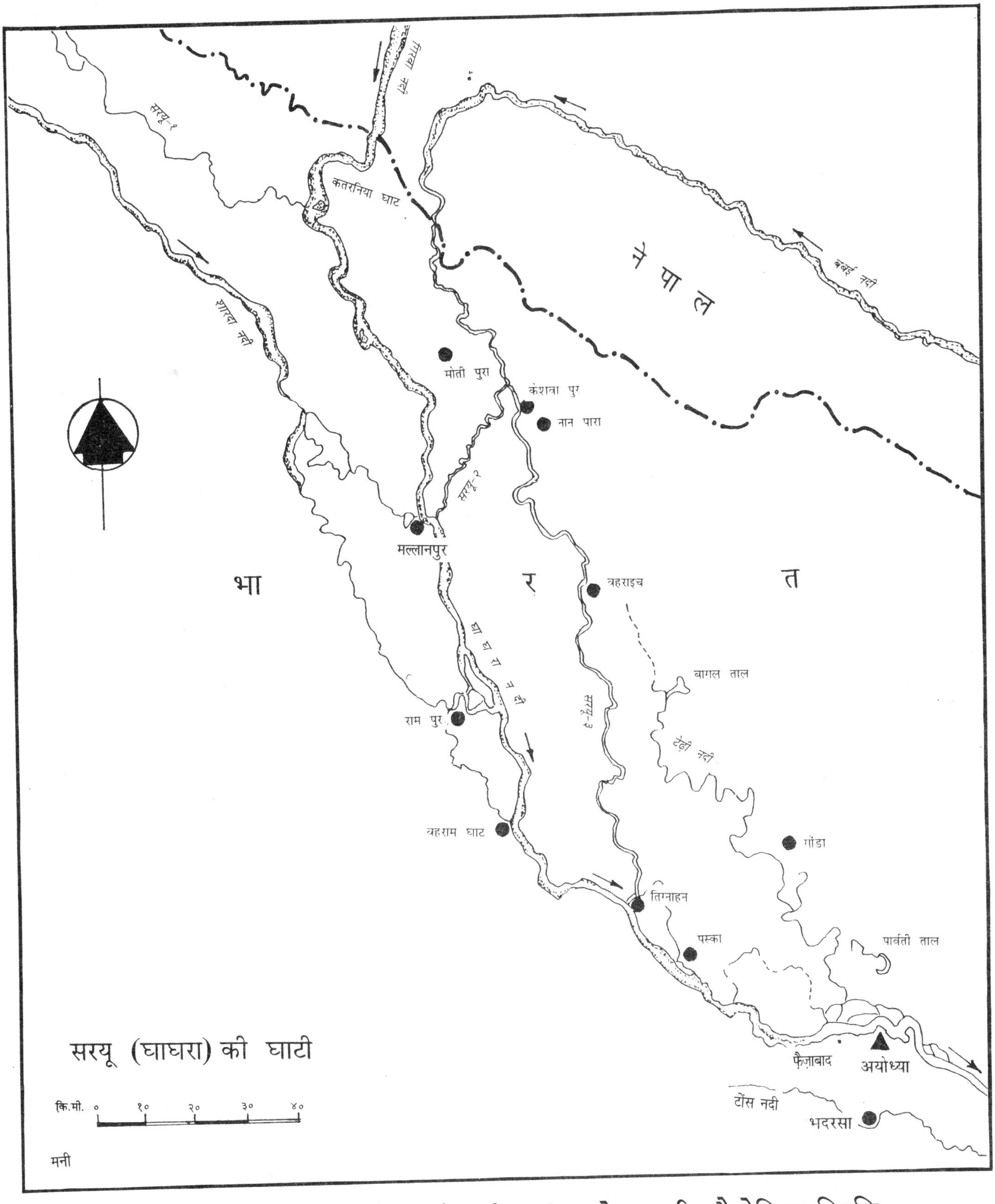

मानचित्र – 1 सरयू (घाघरा) नदी एवं अयोध्या की भौगोलिक स्थिति

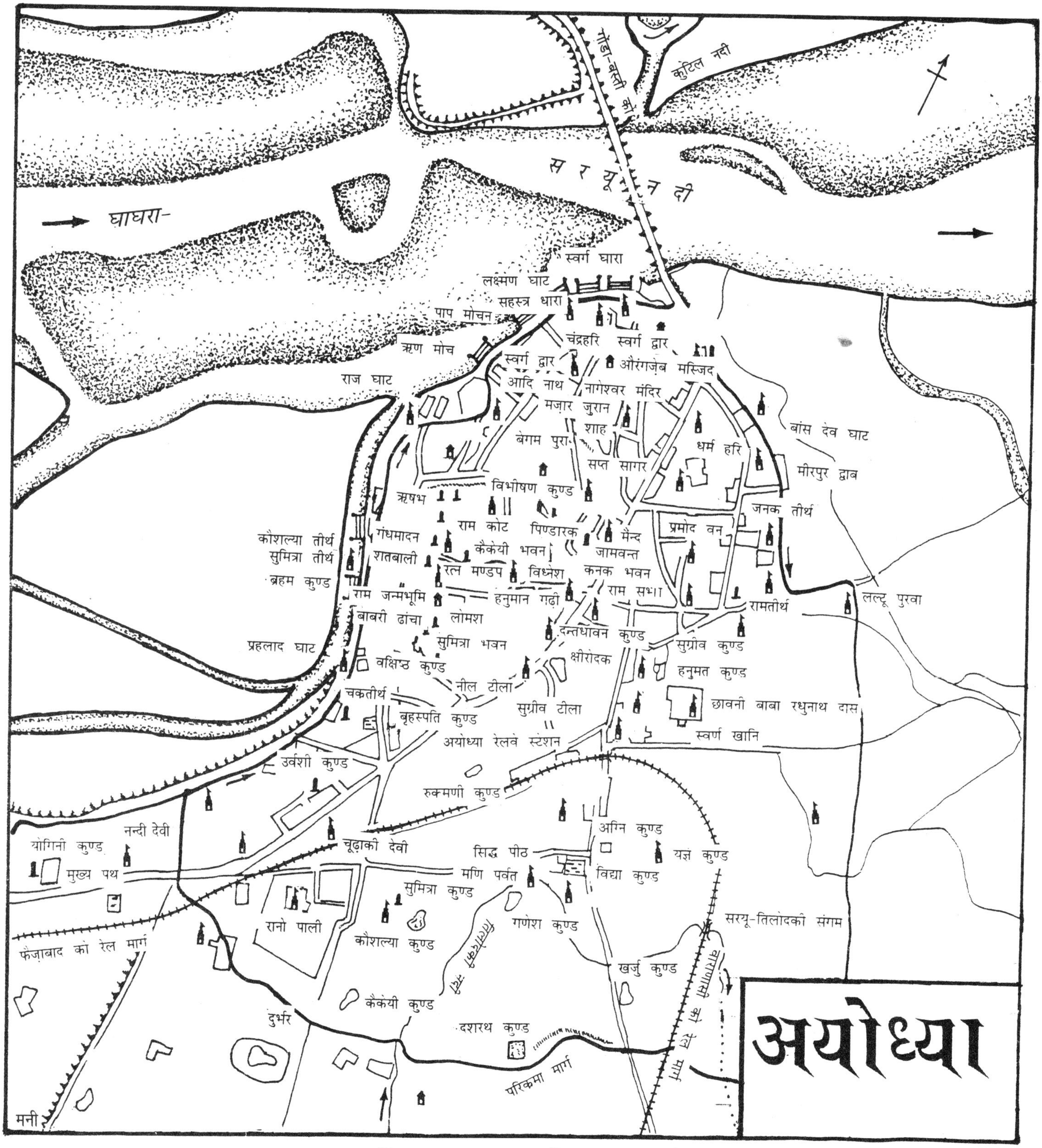

मानचित्र - 2 अयोध्या नगरी

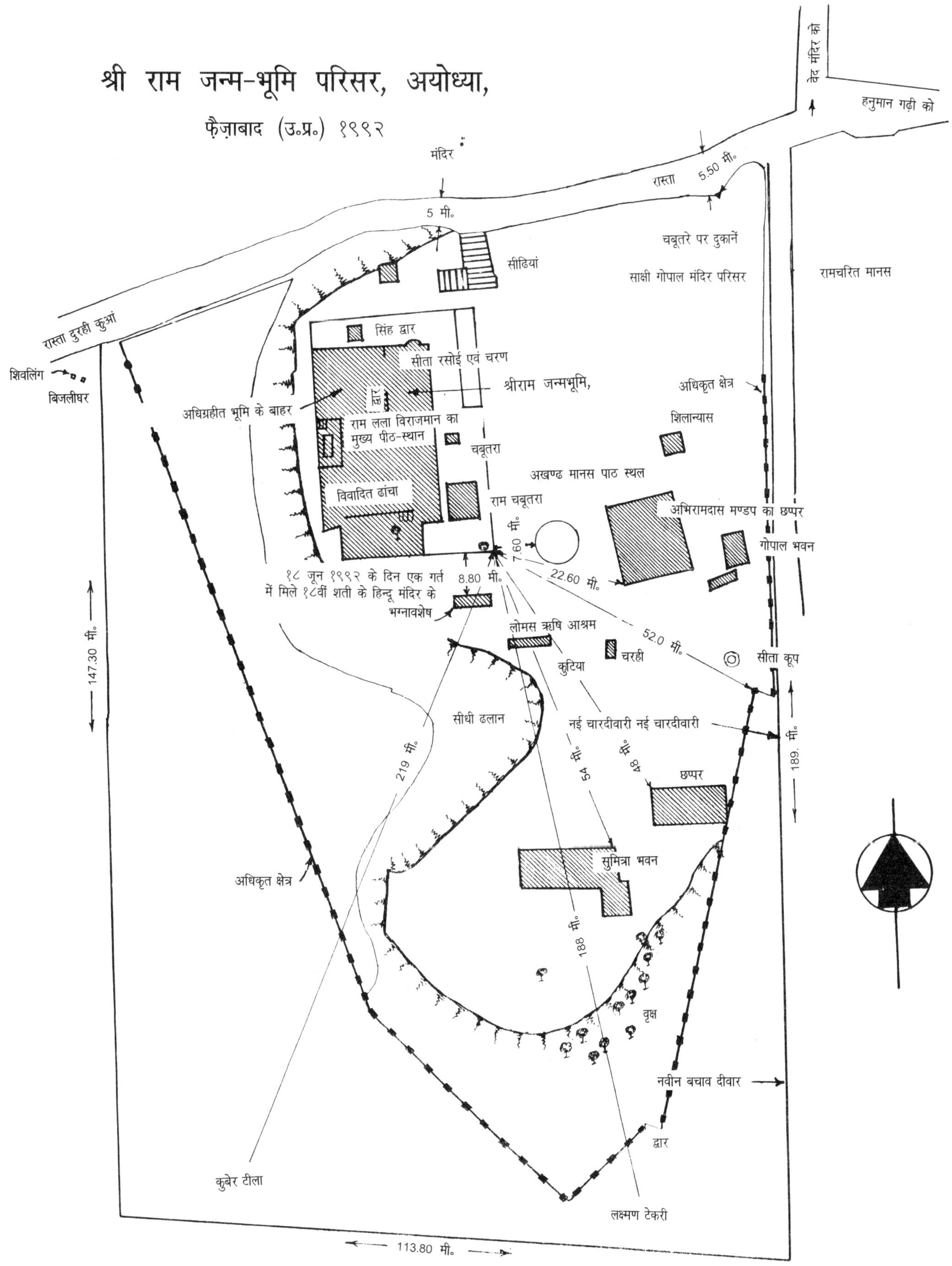

मानचित्र – 3 श्री राम जन्म-भूमि परिसर, अयोध्या, फ़ैज़ाबाद (उ.प्र.) १९९२

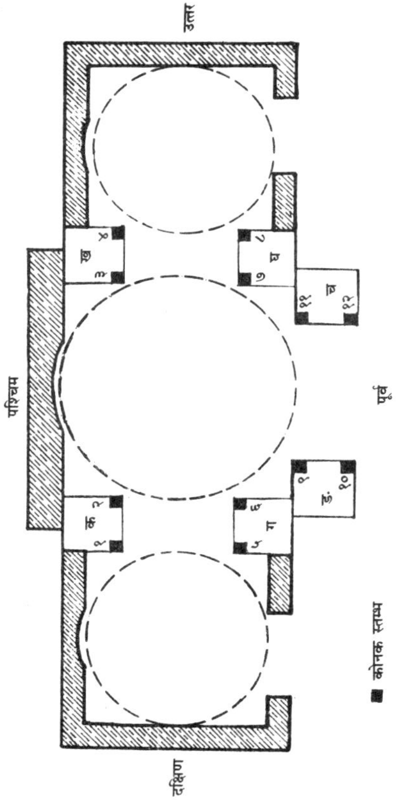

बाबरी ढांचे का मानचित्र (आर॰ नाथ)

राम जन्म-भूमि, अयोध्या

(भारतीय पुरातत्त्व सर्वेक्षण, भारत सरकार, १८८९)

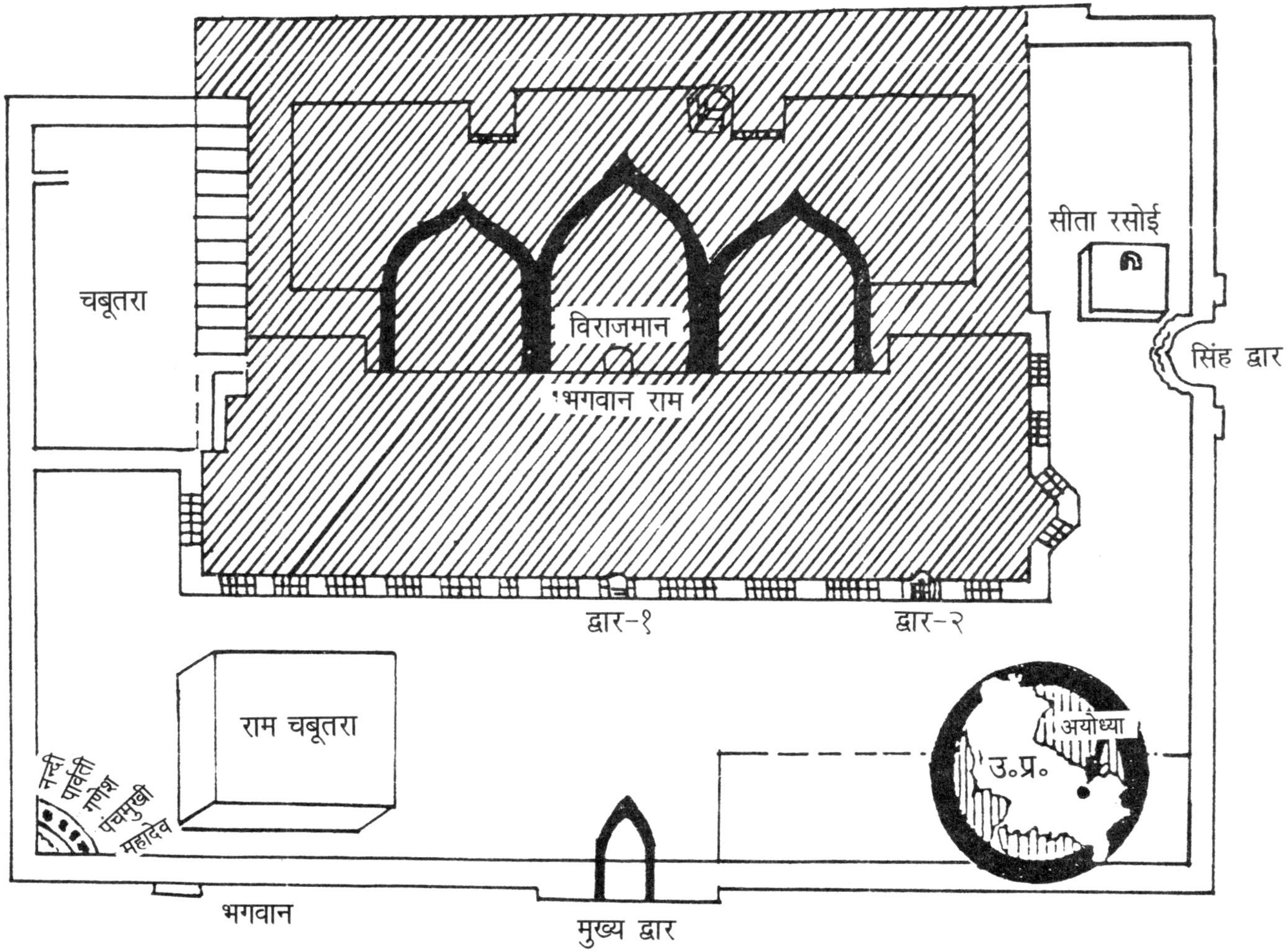

मानचित्र - 4 राम जन्म भूमि-विवादित ढांचे के साथ

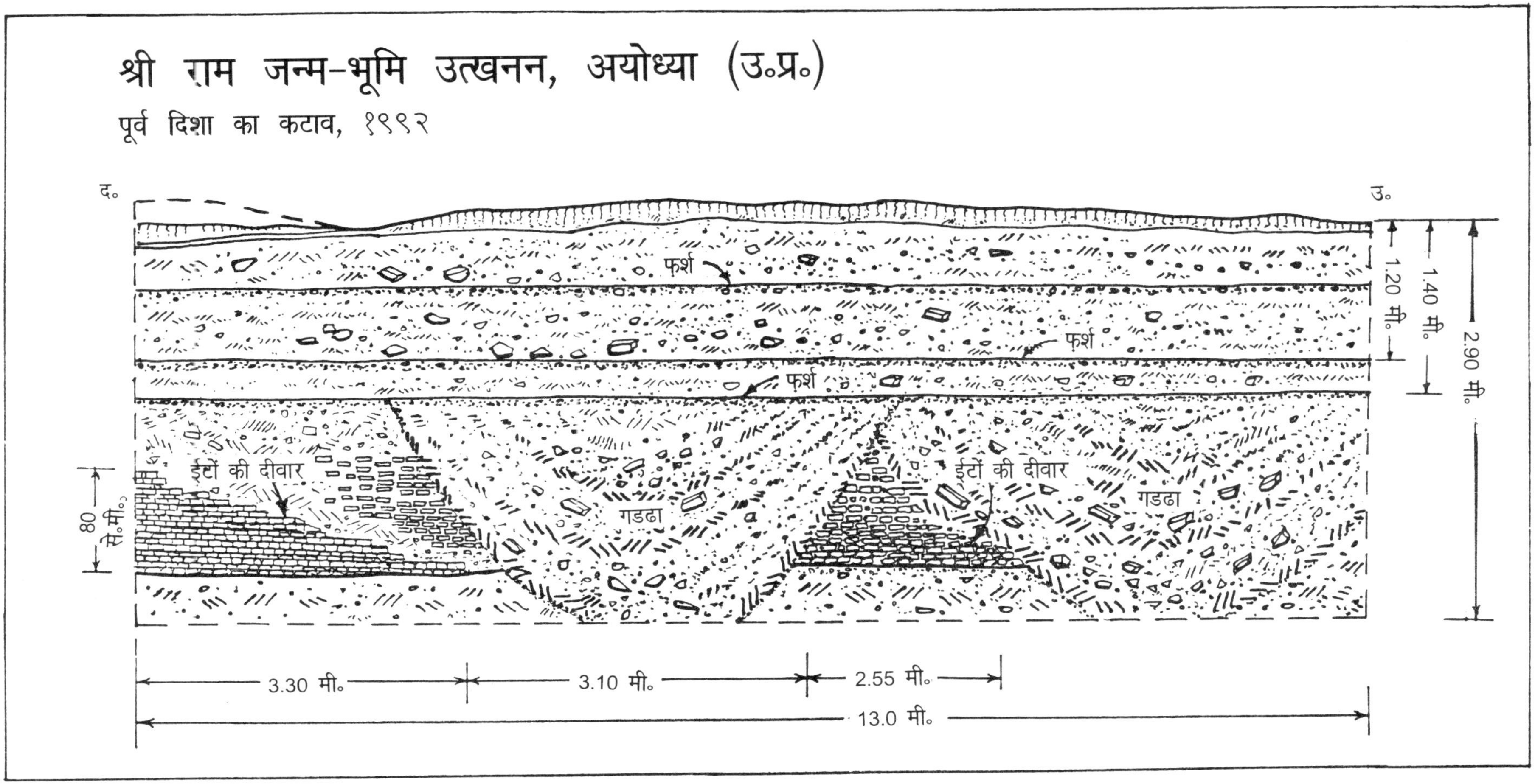

मानचित्र - 5 श्री राम जन्म-भूमि उत्खनन, अयोध्या (उ॰प्र॰) पूर्व दिशा का कटाव, १९९२

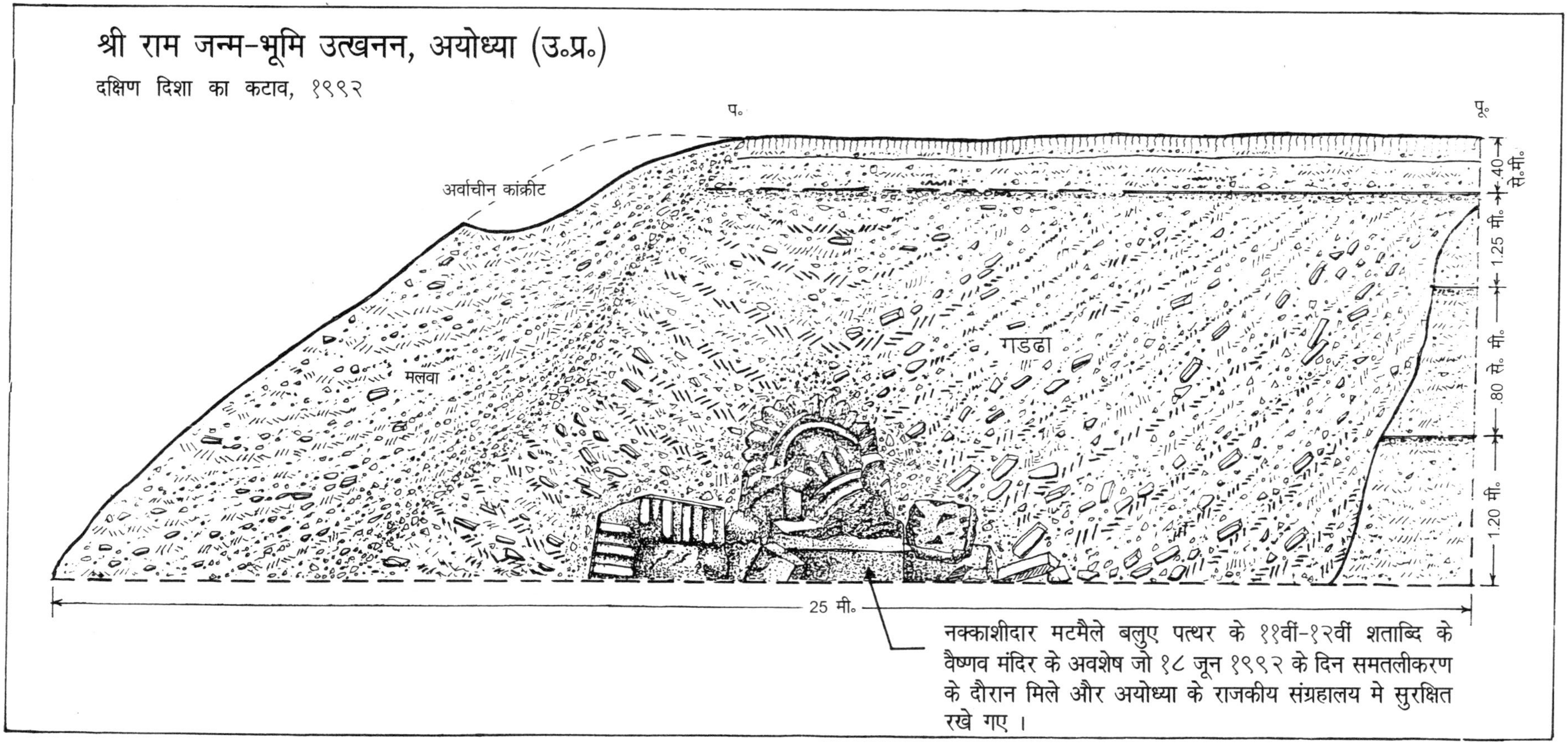

मानचित्र - 6 श्री राम जन्म-भूमि उत्खनन, अयोध्या (उ॰प्र॰) दक्षिण दिशा का कटाव, १९९२

'विवादित ढांचे' के सामने समतलीकरण के ठीक बाद का दृश्य; सामने शिलान्यास की गेरुए रंग की छतरी स्थित है

तथाकथित बाबरी-मस्ज़िद अथवा 'विवादित ढांचा' जिसके पीछे, पश्चिम की ओर, 1970 के दशक में, प्रो॰ ब्रज बासी लाल ने भारत सरकार की ओर से वर्षों पुरातात्त्विक उत्खनन किया था

उत्खनन के एक हिस्से का विहंगम दृश्य जिसमें स्तम्भों के आधार दो समानान्तर पंक्तियों में स्पष्ट दृष्टिगोचर हैं।
जन्मभूमि की दक्षिणी बाहरी दीवार के साथ–साथ

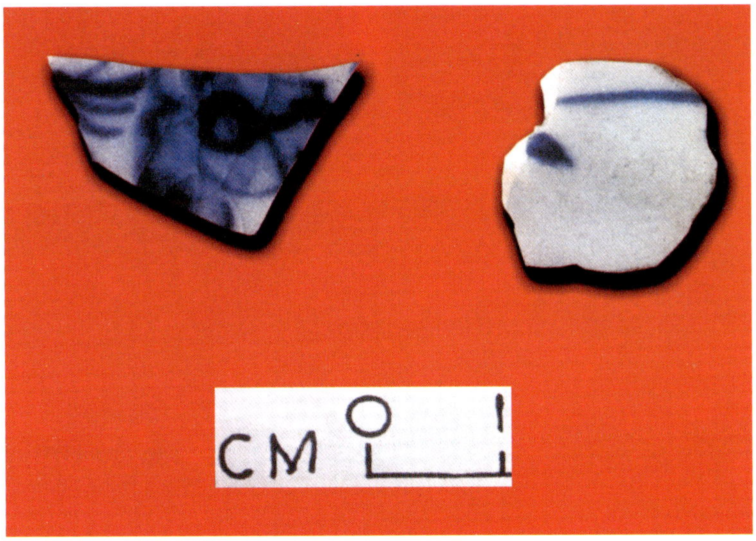

15वीं–16वीं शती में प्रचलित ईरानी 'पोर्सिलिन' के चित्रित बर्त्तनों के टुकड़े (प्रो॰ बी॰बी॰ लाल)

15वीं–16वीं शती के स्थानीय 'ग्लेज़्ड' भृद्‌भाण्ड के चित्रित टुकड़े (प्रो॰ बी॰बी॰ लाल)

15वीं–16वीं शती की 'ग्लेज़्ड वेयर' की स्थानीय कारीगरी से बनी चूडियां (प्रो॰ बी॰बी॰ लाल)

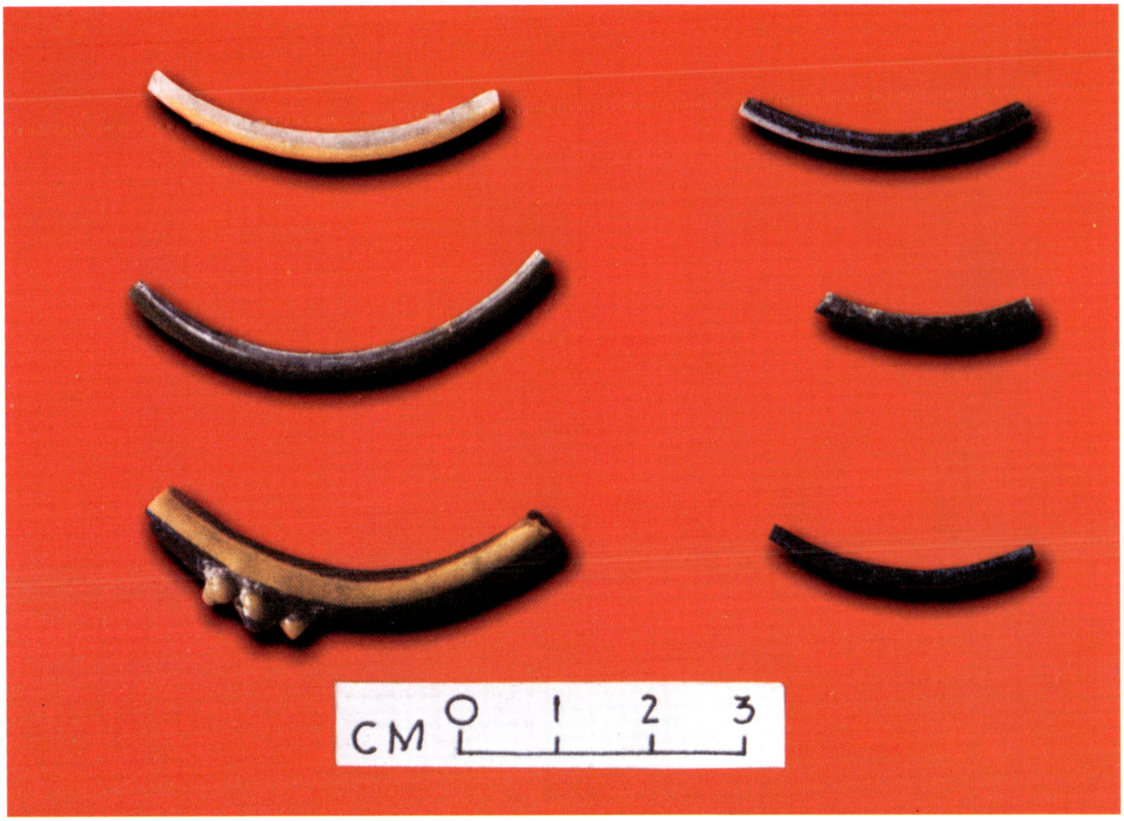

12वीं शती का 20 पंक्तियों का नागरी लिपि और संस्कृत भाषा का विष्णुहरि शिलालेखः कारसेवकों की असावधानी के कारण खण्डित
(लगभग 48 इंच लम्बा एवं 22 इंच चौड़ा)

अयोध्या में मूसा अशीकान की क़ब्र पर एक स्तम्भ उल्टा गड़ा हुआ था। नीचे कलश को चारों कोनों से उठाते हुए उकडूं बैठे हुए भारवाहक यक्षों की प्रतिमायें जिनके मुखों को भग्न कर दिया गया था

विवादित ढांचे में लगा हुआ मंदिर–स्तम्भ : 1992

पूजारत एक स्तम्भ का निचला भागः
कमल–दल पर खड़ी मूर्ति खण्डित की गई
वहां सिंदूर लगा कर पूजा की जाती थी : 1992

12वीं शती का 8 पंक्तियों का आधे स्तम्भ पर उत्कीर्ण एक शिलालेख

दो पंक्तियों का शिलालेख जो 8 पंक्तियों वाले लेख के नीचे आधे स्तम्भ पर उत्कीर्ण है

काले कसौटी पत्थर का एक स्तम्भ जिसके ऊपर विवादित ढांचे की एक दीवार की शिला रखी थी : 1992

मूसा अशीकान की क़ब्र पर गड़ा एक उल्टा स्तम्भ : अयोध्या में जन्मभूमि से थोड़ी दूर पर स्थित : 1992

मंदिर की 'जगती' का एक शिला–खण्ड जिस पर वल्लरी का अलंकरण है

एक स्तम्भ का निचला भाग : पूर्णघट चार खण्डित यक्षों द्वारा उठाया गया है

'विवादित ढांचे' से प्राप्त एक खण्डित स्तम्भ जिस पर कलश, कमल, हंस एवं फूल मालायें उत्कीर्ण हैं

मूसा अशीकान की क़ब्र पर लगे एक स्तम्भ पर उकेरी देव–कन्या की क्षति–ग्रस्त मूर्ति

लता–वल्लरी से अलंकृत एवं कमल दल के पीठ सहित एक स्तम्भ का शिला–खण्ड

एक प्राचीन (10वीं शती) मंदिर का द्वार–स्तम्भ : एक के ऊपर एक कोष्टकों में भगवान विष्णु की प्रतिमायें

शिव–भैरव की खण्डित मूर्ति : केवल सिर

गंधर्व एवं गंधर्वियाँ माला लेकर जाते हुएः एक शिला–फलक

एक स्तम्भ पर देवकन्या नर्तन मुद्रा में जिसकी प्रतिमा क्षतिग्रस्त की गई

स्तम्भों पर उकेरे एक फूलदार अलंकरण की छवि

मंदिर की एक द्वार–शाखा जिस पर सभी
विष्णु प्रतिमायें खण्डित की गईं स्पष्ट दिख रही हैं

एक प्राचीन (10वीं शती) मंदिर का द्वार–स्तम्भ : एक के ऊपर एक कोष्टकों में भगवान विष्णु की प्रतिमायें

शिव–भैरव की खण्डित मूर्ति : केवल सिर

गंधर्व एवं गंधर्वियाँ माला लेकर जाते हुएः एक शिला–फलक

एक स्तम्भ पर देवकन्या नर्तन मुद्रा में जिसकी प्रतिमा क्षतिग्रस्त की गई

स्तम्भों पर उकेरे एक फूलदार अलंकरण की छवि

मंदिर की एक द्वार–शाखा जिस पर सभी
विष्णु प्रतिमाएं खण्डित की गईं स्पष्ट दिख रही हैं

मंदिर के द्वार के चौखट का एक भागः मूर्तियां खण्डित कर दी गई किन्तु लता–वल्लरी छोड़ दी

किसी भग्न मूर्ति का कमल–पीठः देवता के पांव की उगलियां स्पष्ट हैं

राम जन्म–भूमि के बगल में, पूर्व की ओर पुरातात्त्विक उत्खनन के समय; विभिन्न कालों की फर्शें और ईंटों की दीवार (उत्खननकर्त्ताः डा॰ स्वराज्य प्रकाश गुप्त)

द्वार–शाखा पर विष्णु की चक्र पकड़े
त्रिभंगमयी प्रतिमा एवं अन्य देवतागण
एक के ऊपर एक प्रकोष्ठ में

शिव–पार्वती की आलिंगन मुद्रा में खण्डित मूर्ति :
त्रिशूल की शैली 11वीं–12वीं शती की है

'राम जन्मस्थान' में रखे एक द्वार का शिला–खण्ड
जिस पर देवियां एवं लता–वल्लरी है और नीचे द्वारपाल है

राम मंदिर के द्वारपाल की खण्डित मूर्तिः करण्ड मुकुट, वनमाला, कमल पीठ, त्रिभंग मुद्रा, बांये हाथ में शूल, दांया हाथ अभय मुद्रा में

मंदिर का एक फलक जिसकी प्रतिमायें
अत्यंत क्रूरता से खण्डित की गई थीं

कुषाणकालीन, पहली शती, मृण्ड–मूर्तियांः अयोध्या के एक पत्रकार के पास

मंदिर की भीतरी छत (सीलिंग) का एक शिला–खण्ड जिसके मध्य कमल एवं नीचे है– कीर्ति–मुख एवं वल्लरी

मंदिर की जगती का एक शिला–खण्ड जिस पर घुमावदार वल्लरी है

मंदिर के छाद्य अथवा छज्जे के एक कोने का शिला–खण्ड : नालियां पानी बह जाने के लिए बनाई गई थीं

एक गुप्तकालीन मंदिर के स्तम्भ का निचला भाग जिसमें कलश को उठाए भारवाहक यक्ष उसी तरह दिखाए गए हैं जैसे जन्मभूमि के स्तम्भ पर दिखाए गए हैं किन्तु वे सभी खण्डित हैं

'नागर–भूमिज' शैली के एक मन्दिर का शिखर जिस पर आमलक हैं।
केवल उदाहरण के लिए

समतलीकरण के दौरान उत्तर भारत
के मंदिरों के शिखर पर लगने वाले एक 'आमलक' शिला–खण्ड

6 दिसम्बर, 1992 के दिन 'रामकथाकुंज' भवन के पास कारसेवकों
द्वारा एकत्र किए गए मंदिर के भग्नावशेष (साभार : इण्डिया टूडे)

मंदिर के शिखर के ऊपरी भाग का एक नक्काशीदार शिला–खण्ड

एक स्तम्भ के कोने का शिला–खण्ड

मंदिर के छज्जे का एक शिला–खण्ड जो मंगलोर
की छत की 'टाइल' जैसा है

जाल अलंकरण, आमलक के नीचे का भाग

मंदिर की दीवार का एक अलंकृत शिला–खण्ड

मंदिर के एक स्तम्भ के ऊपर रखा शिला–खण्ड जिस पर कमल की पंखुडियां उकेरी गई थी

मंदिर का एक शिला–खण्ड जिस पर फूल–पत्ती गढ़ी हैं

सूर्य समान अर्द्ध–कमल दर्शाते मंदिर के निचले भाग का एक शिला–खण्ड

मंदिर का एक अलंकृत शिला–खण्ड

कमल एवं मनको की माला युक्त स्तम्भ–शीर्ष

अक़बर द्वार मृत्यु से पहले जारी किए हुए चांदी के एक सिक्के के आगे और पीछे के चित्रः
पीछे धर्नुधारी राम एवं सीता के चित्र, ऊपर नागरी लिपि में 'सिया राम' लिखा है।
सिक्का भारत कला भवन, काशी हिन्दू विश्वविद्यालय में सुरक्षित है

विवादित ढांचे में लगे फारसी में लिखा एक शिला–खण्ड : 1992

6 दिसम्बर 1992 के दिन विवादित ढांचे से निकले गंधर्वों की मूर्तियों से युक्त भग्न मंदिर के एक शिला–खण्ड को कंधों पर ले जाते हुए कारसेवक (साभार : इण्डिया टूडे)

6 दिसम्बर को कारसेवक पुरातत्त्व की वस्तुओं को इकट्ठा करने जा रहे हैं

तत्कालीन प्रधानमंत्री श्री नरसिंह राव को पुरातत्त्वीय प्रमाणों के चित्र दिखाते हुए डा॰ स्वराज्य प्रकाश गुप्त।
साथ में हैं विश्व हिन्दू परिषद् के अध्यक्ष श्री विष्णु हरि डालमिया एवं बाबरी मस्ज़िद एक्शन कमेटी के एक सदस्य

विवादित ढांचे में लगे फारसी में लिखा एक शिला–खण्ड : 1992

6 दिसम्बर 1992 के दिन विवादित ढांचे से निकले गंधर्वों की मूर्तियों से युक्त भग्न मंदिर के एक शिला–खण्ड को कंधों पर ले जाते हुए कारसेवक (साभार : इण्डिया टूडे)

6 दिसम्बर को कारसेवक पुरातत्त्व की वस्तुओं को इकट्ठा करने जा रहे हैं

तत्कालीन प्रधानमंत्री श्री नरसिंह राव को पुरातत्त्वीय प्रमाणों के चित्र दिखाते हुए डा॰ स्वराज्य प्रकाश गुप्त।
साथ में हैं विश्व हिन्दू परिषद् के अध्यक्ष श्री विष्णु हरि डालमिया एवं बाबरी मस्जिद एक्शन कमेटी के एक सदस्य

मूल संदर्भ ग्रंथ-सूची

(क) मौलिक संदर्भ ग्रंथ

अंगुत्तर निकाय, संपा० आर० मौरिस, तथा ई०, हार्डी, पालि टेक्स्ट सोसाइटी, १८८५-१९००।

अष्टाध्यायी, पाणिनि कृत, मद्रास, १९१६।

अथर्ववेद, दिल्ली।

ऋग्वेद, दिल्ली।

कामसूत्र, वात्सायन कृत, संपा० डी० एल० गोस्वामी, बनारस, १९२६।

जातक, संपा० वी० फौसबाल, ७ वाल्यूम्स, लण्डन, १८७७-९७, अंग्रेज़ी अनुवाद संपा० ई० बी० कोवेल, कैम्ब्रिज, १८९५-१९१३।

तैत्तिरीय आरण्यक, संपा०, वी० एस० आप्टे, पूना, १८९८।

दिव्यावदान, संपा० ई० बी० कावेल एवं आर० ए० नील, कैम्ब्रिज, १८८६।

दीघनिकाय, संपा० टी० डब्ल्यू० रीस डोविड्स एवं जे० एफ० कारपेन्टर, तीन वाल्यूम्स, दिल्ली (पुनर्मुद्रण) १९६७।

धम्मपद, संपा० एस० एस० थेट, पा० टे० सो०, दिल्ली, (पुनर्मुद्रण) १९६३।

पद्मपुराण, व्यंकटेश्वर स्टीम प्रेस, बाम्बे, १९२७।

ब्रह्मपुराण, व्यंकटेश्वर स्टीम प्रेस, बाम्बे, १९०६।

ब्रह्माण्ड पुराण, दिल्ली, १९७३।

बृहत्संहिता, वराहमिहिरकृत, संपा० एच० कर्न, कलकत्ता, १८६५।

श्रीमद्भागवत महापुराण, दो खण्ड, गीताप्रेस, गोरखपुर संस्करण।

महाभारत, छः खण्डों में, गीता प्रेस, गोरखपुर संस्करण।

महाभाष्य, पतंजलिकृत, संपा० कीलहार्न, ३ खण्ड, बाम्बे, १८९२–१९०८।

महावस्तु, संपा० ई० सेना, पेरिस, १८८२–९७।

मालविकाग्निमित्रम्, कालिदासकृत, कालिदास ग्रन्थावली, संपा० सीताराम चतुर्वेदी, सं० २०२०।

श्रीमद्वाल्मीकीय रामायण, गीता प्रेस, गोरखपुर संस्करण।

(ख) सहायक संदर्भ ग्रन्थ-सूची

अग्रवाल, पृथ्वी कुमार, *गुप्ताधिराज लेखमालाः इम्पीरियल गुप्ता इन्सक्रिपशन्स*, वाराणसी, १९९३।

अबुल फजल का *आईन-ए-अकबरी*, खण्ड दो एस॰ एच॰ जारेड द्वारा अनूदित (दिल्ली, पुनर्मुद्रण) १९७८।

अलतेकर, ए॰ एस॰, *क्वायनेज आव दि गुप्ता इम्पायर*, वाराणसी, १९५७।

आदित्य स्वरूप, *सत्य दर्पण में अयोध्या*, वाराणसी, १८८३।

आर॰ नाथ, *आर्किटेक्चर एण्ड साइट आव बाबरी मास्क आव अयोध्या*, जयपुर, १९९१।

इलियट एण्ड डाउसन, *दि हिस्ट्री आव इण्डिया एज़ टोल्ड बाय इट्स ओन हिस्टोरियन्स*, आठ वाल्यूम्स, दिल्ली, पु॰मु॰ १९९०।

एवीडेन्स फार राम जन्मभूमि मन्दिर, विश्व हिन्दू परिषद द्वारा भारत सरकार को २३ दिसम्बर १९९० को प्रस्तुत।

एलन, जान, *ए कैटेलाग आव दि क्वायन्स आव दि गुप्ता डायनेस्टी एण्ड आव शशांक किंग आव गौड़*, लण्डन, १९१४ (भारतीय पुनर्मुद्रण)। *कैटेलाग आव इन्डियन क्वायन्स इन दि ब्रिटिश म्यूजियम*।

कनिंघम, ए॰, *आर्केयालाजिकल सर्वे आव इण्डिया*, (रिपोर्ट्स बाय अलेक्ज़ैण्डर कनिंघम एण्ड अदर्स,) दिल्ली (पुनर्मुद्रण)। १९६६-७३, २९ वाल्यूम्स।

कनिंघम, ए॰, *दि एन्शियन्ट ज्याग्रफी आव इण्डिया*, वाराणसी (पुनर्मुद्रण) १९९२।

कनिंघम, ए॰, *क्वायन्स आव एन्शियन्ट इण्डिया*, वाराणसी, (पुनर्मुद्रण) १९९२।

काणे, पी॰ वी॰, *हिस्ट्री आव धर्मशास्त्र*, पूना, १९३०-६२, पांच खण्ड।

कारनेगी, पी॰, ए॰, *हिस्टारिकल स्केच आव फैजाबाद तहसील इन्क्ल्यूडिंग दि फार्मर कैपिटल्स अजुधिया एण्ड फैज़ाबाद*, लण्डन, १८९६।

कावेल, ई॰ बी॰, एण्ड नील, आर॰ ए॰, *दिव्यवदान, ए कलेक्शन आव अर्ली बुद्धिष्ट* लीजेण्ड्स, १८९६।

कोनराड एल्स्ट, *'दि अयोध्या डिमालीशनः एन इवेल्यूएशन'*, *दि अयोध्या रिफरेन्स – सुप्रीम कोर्ट जजमेन्ट एण्ड कमेन्टरीज*, नई दिल्ली, १९९५, पृ॰ ११३-२३।

गांगुली, डी॰ सी॰, 'ओरिजन आव दि गहड़वालाज' *इण्डियन हिस्टारिकल क्वार्टरली*, वाल्यूम ९, १९३३।

गुप्ता, हरिराम, *मराठाज एण्ड पानीपत*, चण्डीगढ़, १९९१।

गोयल, एस॰ आर॰, *ए हिस्ट्री आव इम्पीरियल गुप्ताज*, मेरठ, १९९७।

गोयल, एस॰ आर॰, *गुप्त साम्राज्य का इतिहास*, मेरठ, १९८७।

गोयल, एस॰ आर॰, *मगध-सातवाहन-कुषाण साम्राज्यों का युग*, मेरठ, १९८८।

गोयल, ए॰, *दि हिस्ट्री आव अर्ली मिडिवल इण्डिया*, १९९०।

जगन्नाथ, *पोस्ट-मौर्यन डायनेस्टीज़* (१८४ ई॰ पू॰ २०० ई॰।

ए कम्प्रीहेन्सिव हिस्ट्री आव इण्डिया, वाल्यूम २, १९८७।

जायसवाल, का॰ प्र॰, *अन्धकार युगीन भारत*, अनुवादक, रामचन्द्र वर्मा, वाराणसी, वि॰ स॰ २०१४।

जायसवाल, के॰ पी॰, *हिस्ट्री आव इण्डिया – १५० ई॰ से ३५० ई॰*, लाहौर, १९३३।

टार्न, डब्ल्यू॰ डब्ल्यू॰, *ग्रीक्स इन बैक्ट्रिया एण्ड इण्डिया*, कैम्ब्रिज, १९६६ (पुनर्मुद्रण)।

त्रिपाठी, आर॰ एस॰, *हिस्ट्री आव कन्नौज टू दि मुस्लिम कान्क्वेस्ट*, बनारस, १९३७।

थपलियाल, के॰ के॰, *इन्सक्रिप्शन्स आव दि मौखरीज़, लेटर गुप्ताज़, पुष्यभूतिज़ एण्ड यशोवर्मन आव कन्नौज*, दिल्ली, १९८५।

देवहूति, डी॰, *हर्ष : ए पोलिटिकल स्टडी*, आक्सफोर्ड, १९७०।

नारायण, ए॰ के॰, *फ्राम अलेक्जाण्डर टू कनिष्क*, वाराणसी, १९६७।

नियोगी, रोमा, *'दि हिस्ट्री आव गहड़वाल डायनेस्टी*, कलकत्ता।

नियोगी रोमा, *ए कम्प्रीहेन्सिव हिस्ट्री आव इण्डिया*, वाल्यूम ४, पार्ट १, पृ॰ १८४-४०६, नई दिल्ली, १९९२।

निसार अहमद, 'दि दत्ताज़ आव कोशल,' *जर्नल आव एंशियन्ट हिस्ट्री*, वाल्यूम ५, १९९१-९२।

निसार अहमद, 'लेटर मित्राज़ आव कोशल,' *जर्नल आव एशियाटिक सोसाइटी*, वाल्यूम १९,१९७७।

निसार अहमद, 'हिस्ट्री आव द शुंगाज़ आव कोशल,' *डी॰ डी॰ कोसम्बी कमेमोरशन वाल्यूम*, वाराणसी, १९८७।

पार्जिटर, एफ॰ ई॰, *दि पुराण टेक्स्ट आव दि डायनेस्टीज़ आव दि कलि एज विद इन्ट्रोडक्शन एण्ड नोट्स*, लण्डन, १८१३।

पार्जिटर, एफ॰ ई॰ *एंशियन्ट इण्डियन हिस्टारिकल ट्रेडीशन*, दिल्ली (पुनर्मुद्रण) १९७२।

पाठक, विशुद्धानन्द, *हिस्ट्री आव कोशल अप टू राइज़ आव मौर्याज़*, वाराणसी, १९८३।

पाठक, विशुद्धानन्द, *उत्तर भारत का राजनीतिक इतिहास (६००-१२०० ई॰)*, लखनऊ, १९७७।

फ्लीट, जे॰ एफ॰, *कार्पस इन्सक्रिप्शनम इण्डिकेरम*, वाल्यूम ३, *इन्सक्रिप्शन्स आव द अर्ली गुप्ता किंग्स एण्ड देयर सक्सेसर्स*, वाराणसी, १९६३ (पुनर्मुद्रण)।

बर्न, आर॰, सम क्वायन्स आव मौखरीज़ एण्ड दि थानेसर लाइन, *जे॰ आर॰ ए॰ एस॰* १९०६।

बसाक, आर॰ जी॰, *हिस्ट्री आव नार्थ-ईस्ट इण्डिया*, कलकत्ता, १९३४।

बाबरनामा, विलियम आर्सकिन के अंग्रेज़ी अनुवाद का हिन्दी रूपान्तर, इलाहाबाद, १९६८।

बेविरिज, ए॰ एस॰, *बाबरनामा या तुजुक-ए-बाबरी*, दो खण्ड, एस॰ एच॰ जारेड द्वारा अनूदित, दिल्ली, १९७९ (पुनर्मुद्रण)।

भगवद्दत्त एवं सत्यश्रवा, *वैदिक वाङ्मय का इतिहास*, १९७८।

मजूमदार, आर॰ सी॰, एण्ड ए॰ डी॰ पुसालकर, *दि हिस्ट्री एण्ड कल्चर आव दि इण्डियन पीपुल*, *दि वैदिक एज*, बाम्बे, १८६५ (चतुर्थ छाप)।

मजूमदार, आर॰ सी॰, *दि हिस्ट्री एण्ड कल्चर आव दि इण्डियन पीपुल*, वाल्यूम ५, *दि स्ट्रगल फार इम्पायर*, बाम्बे, १९५७।

मललसेकर, *डिक्शनरी आव पालि प्रापर नेम्स*, दिल्ली, १९७४ (पुनर्मुद्रण)।

माथुर, विजयेन्द्र, *ऐतिहासिक स्थानावली*, १९९०।

मिराशी, वि॰ वा॰, *वाकाटक राजवंश का इतिहास तथा अभिलेख*, वाराणसी, १९६४।

मिश्र, विनोद कुमार, बहराइच में विदेशी आक्रमणकारी का सर्वनाश, स्मारिका, *भारतीय इतिहास संकलन समिति पत्रिका,* उ॰ प्र॰, सं॰ ठाकुर प्रसाद वर्मा, १९८२।

मुखर्जी बी एन॰, 'कामरा इन्सक्रिप्शन,' *इण्डियन म्यूजियम बुलेटिन,* कलकत्ता, १९७३।

मुखर्जी, आर॰ के॰, *हर्ष,* आक्सफोर्ड, १९२६।

मुखर्जी, आर॰ के॰, *दि गुप्ता इम्पायर,* बाम्बे, १९४८।

मैक्डानेल, ए॰ ए॰ एण्ड ए॰ बी॰, कीथ *वैदिक इन्डेक्स आव नेम्स एण्ड सबजेक्ट्स,* २ वाल्यूम्स, वाराणसी १९५८ (पुनर्मुद्रण)।

मैक्रिण्डल, जे॰ डब्ल्यू॰, *एंशियन्ट इण्डिया एज़ डिस्क्राइब्ड बाय टालेमी,* बाम्बे, १८८५।

मोती चन्द्र, *काशी का इतिहास,* वाराणसी, १८८५ (द्वितीय संस्करण)।

राय चौधरी, एच॰ सी॰, *पोलिटिकल हिस्ट्री आव एंशियन्ट इंडिया,* कलकत्ता, १९५० (पंचम संस्करण)।

रीस डेविड्स, टी॰ डब्ल्यू, *बुद्धिष्ट इंडिया,* लण्डन, १९०३।

रेप्सन, आर॰ जी॰, *कैम्ब्रिज हिस्ट्री आव इण्डिया,* वाल्यूम ६।

लाला सीताराम अवधवासी, *अयोध्या का इतिहास,* प्रयाग, १९३२।

लाला सीताराम अवधवासी, *अवध की झांकी,* प्रयाग, १९३३।

ला, बी॰ सी॰, 'अयोध्या इन एंशियन्ट इण्डिया', *दि जर्नल आव दि सर गंगानाथ का रिसर्च इन्स्टीट्यूट,* वाल्यूम १।

लाहिड़ी, बेला, *इण्डिजिनस स्टेट्स आव नार्दर्न इण्डिया,* (२०० ई॰ पू॰ से ३२० ई॰), कलकत्ता, १९७४।

वज्राचार्य, धनवज्र, *लिच्छवि काल का अभिलेख* (नेपाली) काठमाण्डो, सं॰ २०३०।

वसु, नगेन्द्र नाथ, *हिन्दी विश्वकोश,* दिल्ली, १९८६।

वर्मा, ठाकुर प्रसाद, 'ए नोट आन दि रेह इन्सक्रिप्शन,' रंगवल्ली, रीसेन्ट रीसर्चेज इन इण्डोलोजी, *एस॰ आर॰ राव फेलीसिटेशन वाल्यूम,* नई दिल्ली, १९८३।

वर्मा, ठाकुर प्रसाद, *'आर्यों का आदि देश भारत,' युगयुगीन सरयूपार,* सम्पा॰ ठाकुर प्रसाद वर्मा, वाराणसी, १९८७।

वर्मा, ठाकुर प्रसाद, सासाराम कापरप्लेट आव विक्रमधवल, वि॰ १२५१, *जर्नल आव दि इपीग्रेफिकल सोसाइटी आव इण्डिया,* वाल्यूम १५, १९८८।

वर्मा, ठाकुर प्रसाद, 'आइडेन्टीफिकेशन आव प्लेस नेम्स इन सोहगौरा ब्रांज़ प्लाक,' *जर्नल आव दि इपीग्रेफिकल सोसायटी आव इण्डिया,* वाल्यूम १६, १९९१।

वर्मा, ठाकुर प्रसाद, *पुराभिलेख चयनिका,* प्रथम भाग, वाराणसी, १९९०।

वर्मा, ठाकुर प्रसाद, सं॰ *श्री राम विश्वकोश,* खण्ड ५, वाराणसी, १९९३।

वल्डूरां, *दि स्टोरी आव सिविलाइजेशन, आवर ओरियन्टल हेरिटेज।*

शर्मा, गोवर्द्धन राय, *रेह इन्सक्रिप्शन आव मिनाण्डर एण्ड दि इण्डो-ग्रीक इनवेज़न आव गंगा वैली,* इलाहाबाद, १९८०।

शर्मा, राम शरण, *साम्प्रदायिक इतिहास और राम की अयोध्या*, १६६२।

श्रीवास्तव, के॰ एम॰, *ए डिस्कवरी आव कपिलवस्तु*, १६८६।

सचाऊ, ई॰ सी॰, *अलबेरूनीज इण्डिया*, दिल्ली, १६६४।

सरकार डी॰ सी॰, *सेलेक्ट इन्सक्रिप्शन्स*, वाल्यूम १, कलकत्ता, १६६५।

सरकार, जे॰ एन॰, *फाल आव दि मुगल इम्पायर*।

सिन्हा, बी॰ पी॰, *डिक्लाइन आव दि किंगडम आव मगध*, १६५४।

सि-यु-की, *बुद्धिस्ट रिकार्ड्स आव दि वेस्टर्न वर्ल्ड, चायनीज़ एकाउन्ट आव इण्डिया*, सैमुअल बील द्वारा अनूदित, १६८० (पुनर्मुद्रित)।

सिंह, अरविन्द कुमार, 'गुप्तादि राज्य,' *भारतीय इतिहास संकलन समिति पत्रिका*, उ॰ प्र॰, अंक २, १६८४।

सिंह, एच॰ सी॰, *चेन्जेज़, इन दि कोर्स आव रिवर्स एण्ड देयर इफेक्ट आन अर्बन सेटेलमेन्ट्स इन मिडिल गंगा प्लेन*, नेशनल जियाग्राफिक सोसायटी आव इण्डिया, वाराणसी, १६७३।

सिंह, शम्भू नाथ, *वैदिक जाति का निवास स्थान और भारतीय संस्कृति का स्वरूप*, वाराणसी, १६८६।

स्मिथ, वी॰ ए॰, *अर्ली हिस्ट्री आव इण्डिया*, आक्सफोर्ड, १६६२ (पु॰ मु॰)।

हैन्स बेकर, *अयोध्या*, ग्रोनिन्जेन, १६८६।

(ग) राम-जन्मभूमि पर विशेष संदर्भ ग्रंथ एवं लेख

Dubashi, Jay, The Road to Ayodhya, *Voice India,* New Delhi, 1992.

Dube, D. P., Ayodhya of the Ramayana: Where did it Exist? *Itihas Darpan,* Vol. III, No. 1, 1996, pp. 14-23.

Gupta, S. P., Ram Janmabhumi: Presidential Reference and Archaeological Evidence, *Itihas Darpan* , Vol. II No. 1-2, pp. 13-33.

Harsh Narain, The Ayodhya Temple-Mosque (Focus on Muslim Sources), Penman Publishers, New Delhi, 1993.

Koenoroad Elst, Ram Janmabhumi vs. Babri Masjid, Voice of India, New Delhi, 1990.

Koenoroad Elst, Ayodhya and After, Voice of India,New Delhi, 1993.

Lal, B.B., Ayodhya of the Valmiki Ramayana: An Energizing Debate on its Identification, Puratattva, No. 16, pp. 73-78.

Swapan Das Gupta, The Ayodhya Reference, *Voice of India*, New Delhi, 1995.

Arun Sourie., History versus Casuistry, *Voie of India*, New Delhi, 1991.

Tripathi,G.C., D. P., Dube, T. P. Verma., Notes on Ram Janmabhumi Inscription. *Itihas Darpan,* Vol. III, No. 2, 1996, pp. 61-73.

Allahabad High Court Judgement on Gyanvapi Mandir at Varanasi, Allahabad 1936.

White Paper on Rama Janmabhumi Dispute-

One published by Govt. of India and the other published by Bharatiya Janata Party, New Delhi in 1992. There are several publications made by Vishva Hindu Parishad, R. K. Puram, Sector VI, New Delhi. One can write to Prof. B. R. Grover, c/o VHP, New Delhi, for full documentation on the subject. For coloured photographs, etc., see *Rama Janmabhumi, New Archaeological Discoveries*, published by Historians Forum, New Delhi, 1992, c/o VHP, New Delhi.

Itihas Darpan is published twice in a year by All India Itihas Sankalan Yojana c/o Keshav Kunj, Jhandewalan, New Delhi.

सूची-पत्र

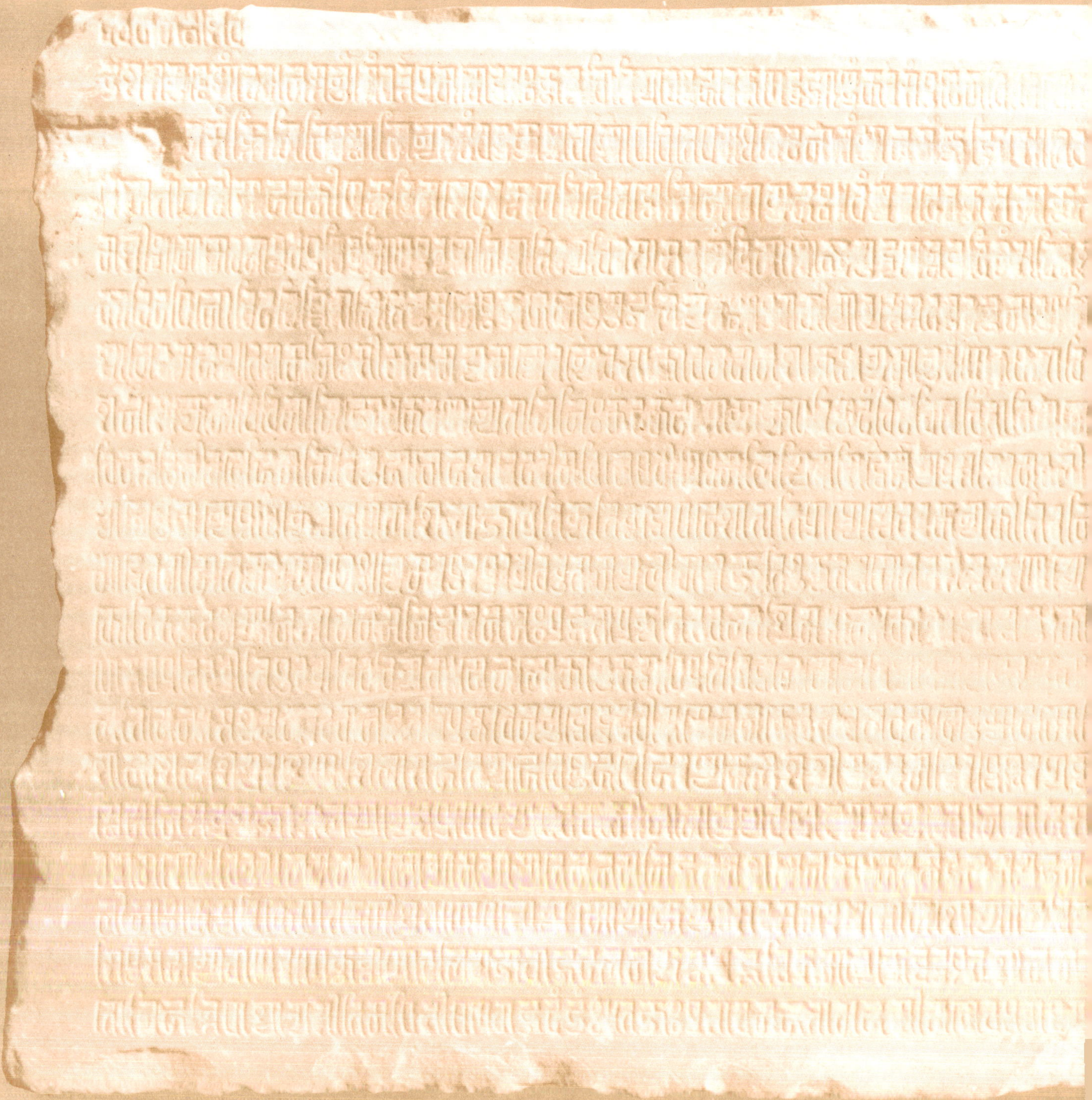